westermann

Philip Lattas, Barbara Meier, Ria Ruhland, Burkhard Schneider, Johannes Wolframm

Gemeinsam handeln

Politik an berufsbildenden Schulen

12. Auflage

Die in diesem Produkt gemachten Angaben zu Unternehmen (Namen, Internet- und E-Mail-Adressen, Handelsregistereintragungen, Bankverbindungen, Steuer-, Telefon- und Faxnummern und alle weiteren Angaben) sind i. d. R. fiktiv, d. h., sie stehen in keinem Zusammenhang mit einem real existierenden Unternehmen in der dargestellten oder einer ähnlichen Form. Dies gilt auch für alle Kunden, Lieferanten und sonstigen Geschäftspartner der Unternehmen wie z. B. Kreditinstitute, Versicherungsunternehmen und andere Dienstleistungsunternehmen. Ausschließlich zum Zwecke der Authentizität werden die Namen real existierender Unternehmen und z. B. im Fall von Kreditinstituten auch deren IBANs und BICs verwendet.

Zusatzmaterialien zu Gemeinsam handeln, Politik an berufsbildenden Schulen

Für Lehrerinnen und Lehrer:

Lösungen: 978-3-427-21485-4
Lösungen Download: 978-3-427-21486-1
Lösungen zum Arbeitsheft: 978-3-427-21488-5
Lösungen zum Arbeitsheft Download: 978-3-427-21489-2

BiBox Einzellizenz für Lehrer/-innen (Dauerlizenz): 978-3-427-21490-8
BiBox Kollegiumslizenz für Lehrer/-innen (Dauerlizenz): 978-3-427-85204-9
BiBox Kollegiumslizenz für Lehrer/-innen (1 Schuljahr): 978-3-427-87646-5

Für Schülerinnen und Schüler:

Arbeitsheft: 978-3-427-21487-8

BiBox Einzellizenz für Schüler/-innen (1 Schuljahr): 978-3-427-21491-5

westermann GRUPPE

© 2021 Bildungsverlag EINS GmbH, Köln, www.westermann.de

Das Werk und seine Teile sind urheberrechtlich geschützt. Jede Nutzung in anderen als den gesetzlich zugelassenen bzw. vertraglich zugestandenen Fällen bedarf der vorherigen schriftlichen Einwilligung des Verlages. Nähere Informationen zur vertraglich gestatteten Anzahl von Kopien finden Sie auf www.schulbuchkopie.de.

Für Verweise (Links) auf Internet-Adressen gilt folgender Haftungshinweis: Trotz sorgfältiger inhaltlicher Kontrolle wird die Haftung für die Inhalte der externen Seiten ausgeschlossen. Für den Inhalt dieser externen Seiten sind ausschließlich deren Betreiber verantwortlich. Sollten Sie daher auf kostenpflichtige, illegale oder anstößige Inhalte treffen, so bedauern wir dies ausdrücklich und bitten Sie, uns umgehend per E-Mail davon in Kenntnis zu setzen, damit beim Nachdruck der Verweis gelöscht wird.

Druck und Bindung: Westermann Druck GmbH, Braunschweig

ISBN 978-3-427-21484-7

Inhaltsverzeichnis

Vorwort 8
Methodenübersicht 9

▶ **Methode: Gruppenlesen** 10

Eigene Lebenskonzepte entwickeln und andere respektieren

▶ **Methode: Karikaturenrallye** 12

1 Schulische Ausbildung – betriebliche Ausbildung 14

1.1 Der Wert der Berufsausbildung 14
1.2 Moderne Berufsausbildung 15
1.3 Wege der Berufsausbildung 16
1.4 Duale Ausbildung in Schule und Betrieb 17
1.5 Gesetzliche Grundlagen der Berufsausbildung 18
1.6 Das Jugendarbeitsschutzgesetz 20
1.7 Lebenslanges Lernen 22
1.8 Weiterbildung 23
1.9 Staatliche Fördermaßnahmen 24

2 Sozialversicherung – Individualversicherung 26

▶ **Methode: Gruppenpuzzle** 26
2.1 Der Sozialstaat Deutschland 28
2.2 Die Prinzipien der sozialen Sicherung 30
2.3 Die Entwicklung der sozialen Sicherung 32
2.4 Zweige der Sozialversicherung 33
2.4.1 Gesetzliche Krankenversicherung (GKV) 33
2.4.2 Rentenversicherung (RV) 37
2.4.3 Gesetzliche Unfallversicherung (GUV) 40
2.4.4 Arbeitslosenversicherung (AV) und Arbeitsförderung 42
2.4.5 Pflegeversicherung (PV) 44
2.5 Soziale Sicherung – Können wir sie uns noch leisten? 46
2.6 Sozialgerichtsbarkeit 47
2.7 Zusätzliche Sicherung 48

3 Lebensgemeinschaften 50

▶ **Methode: Herstellung einer Collage** 50
3.1 Familie – das höchste Gut? 51
3.2 Schutz der Familie 52
3.3 Staatliche Unterstützung von Familien 53
3.4 Rechtliche Bestimmungen für die Ehe 54
3.5 Eheliches Güterrecht 55
3.6 Die Ehescheidung 56
3.7 Das Kindschaftsrecht 57
3.8 Die Unterhaltspflicht 58
3.9 Die nicht eheliche Lebensgemeinschaft 59

Interessen in Schule und Betrieb wahrnehmen

▶ **Methode: Planspiel (vereinfacht): Gründung einer Jugend- und Auszubildendenvertretung (JAV)** 60

1 Mitbestimmung und Interessenvertretung im Betrieb 62

1.1 Der Betriebsrat 62
1.2 Mitwirkung und Mitbestimmung der Arbeitnehmer 64

1.3	Die Jugend- und Auszubildendenvertretung (JAV)	66
1.4	Betriebsvereinbarungen	68
1.5	Interessenausgleich und Sozialplan	68
1.6	Mitbestimmung in Unternehmen	69
2	**Arbeitsvertragsrecht**	**70**
2.1	Grundlagen des Arbeitsrechts	70
2.2	Der Abschluss des Arbeitsvertrags	72
2.3	Rechte und Pflichten aus dem Arbeitsvertrag	73
2.4	Lohn, Gehalt, Entgelt	76
2.5	Beendigung des Arbeitsverhältnisses und Kündigungsschutz	78
3	**Arbeitsschutz in Deutschland**	**82**
3.1	Technischer und medizinischer Arbeitsschutz	83
3.2	Sozialer Arbeitsschutz	86
4	**Tarifvertragsrecht**	**88**
4.1	Tarifautonomie	88
4.2	Tarifvertragsparteien	89
4.3	Verbindlichkeit von Tarifverträgen	91
4.4	Arten und Inhalte von Tarifverträgen	92
4.5	Tarifverhandlungen und Arbeitskampf	96
4.6	Wirtschaftliche Auswirkungen von Tarifpolitik	101
▶	**Methode: Rollenspiel**	102
5	**Arbeitsgerichte und Arbeitsgerichtsverfahren**	**104**
▶	**Methode: Die ABC-Methode**	107

Medien kritisch wahrnehmen und nutzen

1	**Medien in Demokratien**	**108**
2	**Information durch Medien**	**109**
2.1	Rechte und Pflichten bei Veröffentlichungen	110
2.2	Datenschutz im Internet – muss das sein?	111
2.3	Informationen aus dem Internet – Wahrheit oder Lüge?	112
2.4	Informationen durch Medien bei extremen Ereignissen	113
3	**Meinungsbildung durch Medien**	**114**
3.1	Meinungsbildung und Internet – Gefahren für den Nutzer?	115
3.2	Welchen Einfluss haben soziale Medien auf Politik und Gesellschaft?	116
3.3	Sind soziale Medien eine Gefahr für die Demokratie?	117
4	**Kritik- und Kontrollfunktion durch Medien**	**118**
5	**Unterhaltung durch Medien**	**120**
▶	**Methode: Die Internetrecherche**	121

Verantwortungsvoll wirtschaften

▶	Methode: Diagramme auswerten und erstellen	122
1	**Wirtschaftsordnung – Wirtschaftspolitik**	**124**
1.1	Die soziale Marktwirtschaft der Bundesrepublik Deutschland	124
1.2	Wirtschaftliche Grundbegriffe	126
1.2.1	Bedürfnisse als Ursache des Wirtschaftens	126
1.2.2	Güter	127
1.2.3	Prinzipien wirtschaftlichen Handelns	128
1.2.4	Markt	130
1.3	Wirtschaftspolitik	131
1.4	Ziele der Wirtschaftspolitik	132
1.4.1	Wirtschaftswachstum (Konjunktur)	133
1.4.2	Vollbeschäftigung	135
▶	Methode: Mindmap	137
1.4.3	Der Wert des Geldes – Geldwertstabilität	138
1.4.4	Außenwirtschaftliches Gleichgewicht	139
1.4.5	Gerechte Einkommens- und Vermögensverteilung	140
1.4.6	Umweltschonung und -erhaltung	141
2	**Betriebe in Wirtschaft und Gesellschaft**	**142**
2.1	Arten von Betrieben	142
2.2	Aufbau von Betrieben	144
2.3	Der Betrieb als Ort wirtschaftlicher Entscheidungen	145
2.4	Betriebswirtschaftliche Kenndaten	147
2.5	Industrie 4.0	149
2.6	Produktion von Gütern	150
3	**Unternehmensgründung**	**152**
3.1	Rechtsformen der Unternehmung	155
3.2	Wirtschaftliche Verflechtungen	160
3.3	Organisationen des Handwerks, der Landwirtschaft, der Industrie und des Handels	162
▶	Methode: Präsentieren	164
4	**Konsumenteninteresse – Produzenteninteresse**	**166**
4.1	Privatrechtliche Verträge – Rechtsfähigkeit	166
4.2	Die Geschäftsfähigkeit	167
4.3	Rechtsgeschäfte	168
4.4	Der Kaufvertrag	171
4.5	Weitere Vertragsarten	175
4.6	Leistungsstörungen	177
4.7	Durchsetzung von Rechten aus Verträgen	180
4.8	Überschuldung – Was nun?	183
4.9	Verbraucherschutzgesetze	185
5	**Steuern**	**188**
5.1	Einteilung der Steuern	189
5.2	Steuermoral, Steuergerechtigkeit, Steuermentalität – eine wacklige Balance	190
5.3	Die Einkommensbesteuerung von Arbeitnehmern	191
5.4	Der Einkommensteuertarif	192
6	**Ökonomie und Ökologie**	**194**
▶	Methode: Spinnwebanalyse	194
6.1	Das Ökosystem Erde	195

6.2	Ökologische Bedrohungen für unseren Planeten – und ihre Folgen	196
6.3	Die Agenda 21 – das Aktionsprogramm für das 21. Jahrhundert	198
6.4	Ökonomie – Ökologie – ein globales Spannungsfeld?	199
6.5	Umweltschutz als Staatsziel	200
6.6	Lassen sich Ökonomie und Ökologie miteinander vereinbaren?	201
6.7	Prinzipien und Instrumente staatlicher Umweltpolitik	202
6.8	Unternehmensverantwortung – was heißt das?	203
6.9	Die Macht des Einzelnen	204
6.10	Umwelt- und Sozialverträglichkeit von Produkten – wie kann ich das überprüfen?	205

Demokratie gestalten und vertreten

▶	Methode: Textanalyse	206
▶	Methode: Textbearbeitung	207
▶	Methode: „Spickzettel schreiben"	207
1	**Menschenrechte**	**208**
1.1	Menschenrechte im Grundgesetz	209
1.2	Menschenrechte und soziale Rechte	211
1.3	Die Grundrechte	212
1.4	Missachtung der Grundrechte	214
1.5	Recht auf Asyl – ein Grundgesetzproblem?	216
1.6	Zuwanderung – Einwanderung – Einbürgerung	217
▶	Methode: Arbeit mit Gesetzestexten	218
▶	Methode: Debatte	219
2	**Die deutsche Demokratie**	**220**
2.1	Grundlagen der Demokratie	220
2.2	Möglichkeiten politischer Beteiligung	221
2.3	Parteien in einer parlamentarischen Demokratie	224
2.4	Politische Wahlen	226
2.5	Gewaltenteilung und Gewaltenverschränkung	230
2.6	Die gesetzgebende Gewalt	232
2.7	Die vollziehende Gewalt	236
2.8	Das Bundesverfassungsgericht	238
2.9	Der Bundespräsident	239
2.10	Der bundesstaatliche Aufbau Deutschlands	240
2.11	Streitbare Demokratie – Sicherheit kontra Freiheit	242

In Europa leben und arbeiten

▶	Methode: Analyse politischer Karikaturen	246
1	**Die Europäische Union entsteht**	**248**
2	**Die Organe der Europäischen Union – zwischen nationaler Selbstständigkeit und gemeinsamer Politik**	**250**
3	**Die Europäische Zentralbank – Hüterin der Währung**	**252**
4	**Der europäische Binnenmarkt**	**254**
5	**Das soziale Europa**	**256**
6	**Europäische Struktur- und Beschäftigungspolitik**	**258**

7	**Die Agrarpolitik der EU**	260
8	**Gemeinsame Außen- und Sicherheitspolitik**	262
9	**Die Zukunft Europas – Chancen oder Risiken?**	263
9.1	Die Erweiterung der Europäischen Union	263
9.2	Europa und die Flüchtlinge – wo bleibt die Solidarität?	264
9.3	Neue Weltlage: Stärkung oder Zerfall der EU?	265

Welt im Wandel mitgestalten

▶	**Methode: Szenario**	266
1	**Frieden in der Welt?**	268
1.1	Die Vereinten Nationen, Ziele und Aufgaben	268
1.2	Das System der Vereinten Nationen	269
1.3	Der Weltsicherheitsrat	270
1.4	Die OSZE – die kleine UNO für Europa	271
1.5	Die NATO – Beiträge zur Friedenssicherung	272
1.6	Die Bundeswehr – Beiträge zur Friedenssicherung	273
2	**Armut und Hunger auf der Welt**	274
2.1	Folgen von Armut und Hunger	274
2.2	Die Agenda 2030 der UN	275
3	**Den Planeten schützen**	276
3.1	Klimawandel	277
3.2	Klimawandel – Reaktionen der Menschen	278
3.3	Klimaflüchtlinge	280
3.4	Weitere Fluchtursachen	281
3.5	Welt steht historische Trinkwasserknappheit bevor	282
3.6	UN machen Trinkwasser zum Menschenrecht	283
4	**Kann Entwicklungshilfe helfen?**	284
	Sachwortverzeichnis	286
	Bildquellenverzeichnis	291

Vorwort

Gemeinsam handeln – die Demokratie mitgestalten

„Gemeinsam handeln" ist ein Buch für die Fächer Politik/Wirtschafts- und Sozialkunde für den Unterricht an berufsbildenden Schulen. Mit der beruflichen Ausbildung bekommen diese Fächer eine besondere Bedeutung, denn es müssen z. B. viele arbeitsrechtliche Fragen geklärt werden. Studien haben ergeben, dass bei den meisten Jugendlichen zu Hause oftmals kaum noch Gespräche über Politik stattfinden. Medien und Schule sind daher besonders gefragt, bei jungen Menschen Interesse für Politik zu wecken und zu entwickeln.
Hier kann das vorliegende Unterrichtswerk „Gemeinsam handeln" entscheidende Hilfestellungen geben.
Es gibt genug Gründe, sich mit politischen, wirtschaftlichen, geschichtlichen und aktuellen gesellschaftlichen Themen auseinanderzusetzen. Mündige Bürgerinnen und Bürger sollten lernen, sich in die Politik einzumischen, eigene Rechte zu erkennen und zu erstreiten. „Gemeinsam handeln" will dazu einen Beitrag leisten. Autoren und Verlag haben ein Lehr- und Arbeitsbuch entwickelt, das dem Gedanken der Richtlinien entspricht, die Selbstständigkeit der Schülerinnen und Schüler zu fördern sowie die systematische Reflexion des Vorgehens zu üben. Durch die in die einzelnen Kapitel eingefügten Methoden werden die Lernenden in die Lage versetzt, gegenwärtige und zukünftige politische Problemstellungen am Beispiel konkreter Fälle aus der Sicht unterschiedlicher gesellschaftlicher Interessen zu analysieren, Lösungsmöglichkeiten immer wieder neu gegeneinander abzuwägen und sich eine eigene begründete Meinung zu bilden. Die angebotenen Lernmethoden tragen dazu bei, sich neue Zusammenhänge selbstständig effektiv anzueignen.
Das Buch enthält für die Vorbereitung auf die Abschlussprüfung notwendige Lerninhalte.
Die von der Kultusministerkonferenz für gewerblich-technische Ausbildungsberufe im Bereich „Wirtschafts- und Sozialkunde" festgelegten Lerngebiete sind integriert.
Die Arbeit mit dem Buch wird durch eine klare Gliederung und ein ansprechendes Layout erleichtert. Für das Verständnis werden notwendige Fremdwörter und Fachausdrücke erklärt. Autoren und Verlag hoffen, dass mithilfe dieses Buches nicht nur Prüfungen bestanden werden, sondern darüber hinaus auch das Interesse an Politik und Wirtschaft geweckt wird.

Vorwort zur 12. Auflage
In der vorliegenden Auflage wurden folgende Inhalte neu aufgenommen bzw. aktualisiert:

- Sozialversicherung
- Arbeitsschutz in Deutschland
- Tarifvertragsrecht
- Medien kritisch wahrnehmen und nutzen
- Wirtschaftsordnung – Wirtschaftspolitik: Umweltschonung und -erhaltung
- Betriebe in Wirtschaft und Gesellschaft: Industrie 4.0
- Konsumenteninteresse – Produzenteninteresse: Verbraucherschutzgesetze (Nutri Scoring)
- Ökonomie und Ökologie: Die Agenda 21, Ökonomie – Ökologie, Unternehmensverantwortung, Die Macht des Einzelnen
- In Europa leben und arbeiten: Die Europäische Zentralbank: Hüterin der Währung, Europa und die Flüchtlinge, Gemeinsame Außen- und Sicherheitspolitik
- Welt im Wandel mitgestalten: Die OSZE, Die NATO, Die Bundeswehr
- Armut und Hunger in der Welt: Die Agenda 2030 der UN
- Den Planeten schützen: Klimawandel

Das Autorenteam und der Verlag haben sich in diesem Titel für die Verwendung der männlichen und weiblichen Form entschieden, um die bessere Lesbarkeit der Texte zu gewährleisten. Angesprochen sind selbstverständlich alle Geschlechter.

Die Verfasser

Methodenübersicht

Methode	Kurzbeschreibung
Gruppenlesen, S. 10	Schüler und Schülerinnen übernehmen in Gruppen beim Gespräch über einen Text abwechselnd unterschiedliche Rollen: Sie sind Gruppenleiter/-innen oder lernende Gruppenmitglieder. Dabei geht es um einen gemeinsamen strukturierten und kooperativen Wissensaufbau.
Karikaturenrallye, S. 12	Zu verschiedenen Aspekten eines Themas werden Karikaturen in Gruppen besprochen und die Ergebnisse präsentiert.
Gruppenpuzzle, S. 26	Beim Gruppenpuzzle werden Schüler und Schülerinnen auf Gruppen verteilt. Jede dieser Gruppen (Expertengruppen) bearbeitet einen anderen Teil eines Gesamtthemas. Dann werden die Gruppen aufgelöst und neue Gruppen (Stammgruppen) gebildet. In der neuen Gruppe informiert jedes Gruppenmitglied die anderen darüber, was es vorher in der Expertengruppe gelernt hat.
Collage, S. 50	Die Collage ist eine Technik, bei der durch Aufkleben verschiedener Elemente ein Thema bearbeitet und dargestellt wird.
Planspiel, S. 60	Planspiele dienen dazu, konfliktreiche Situationen mit vielen Akteuren zu simulieren.
Rollenspiel, S. 102	Beim Rollenspiel lernen Spieler, die Rollen erdachter Personen zu übernehmen und dementsprechend zu handeln.
ABC-Methode, S. 107	Durch die Vorgabe eines leeren ABC-Blatts werden die Teilnehmer/-innen angeregt, ihre Assoziationen/Haltungen zu bestimmten Themen auszudrücken. Geeignet für den Einstieg in einen Themenbereich, für Wiederholungen und zur Prüfungsvorbereitung.
Internetrecherche, S. 121	Die Internetrecherche ermöglicht es, im Internet Informationen aus zuverlässigen Quellen zu finden.
Diagramme auswerten, S. 122	Bild- und Textinformationen werden ausgewertet.
Mindmap, S. 137	Eine Mindmap ist eine grafische Darstellung, die Beziehungen zwischen verschiedenen Sachverhalten/Themen aufzeigt.
Präsentieren, S. 164	Durch eine Präsentation können viele Zuhörer/-innen an den Ergebnissen einer Arbeit teilhaben. Hier werden einige Tipps dazu gegeben.
Spinnwebanalyse, S. 194	Die Spinnwebanalyse ist eine Methode, um Ursachen nachzugehen, Zusammenhänge darzustellen oder Folgen aufzuzeigen.
Textanalyse, S. 206	Texte werden erfasst und analysiert.
Textbearbeitung, S. 207	Texte werden nach einem vorgegebenen Schema bearbeitet.
Spickzettel, S. 207	Durch eine begrenzte Anzahl von Schlüsselwörtern und Symbolen auf einem kleinen Zettel wird ein Vortrag vorbereitet.
Arbeit mit Gesetzestexten, S. 218	Vorgestellt wird eine Vorgehensweise, um sich Gesetzestexte zu erschließen.
Debatte, S. 219	Die Debatte ist eine wesentliche Form zur Klärung politischer Standpunkte, die von Parteien in einem Parlament vertreten werden. Eine Bundestagsdebatte kann im Unterricht simuliert werden.
Analyse politischer Karikaturen, S. 246 f.	Karikaturen werden im Unterricht eingesetzt, um politische, wirtschaftliche oder gesellschaftliche Probleme zu analysieren.
Szenario, S. 266	Das Ziel der Entwicklung von Zukunftsszenarien ist es, alternative Möglichkeiten vorauszudenken, um so zu besseren Entscheidungen zu gelangen.

Methode:

Gruppenlesen

Gruppenlesen = schwere Texte gemeinsam erarbeiten

Arbeitsvorschlag

Starten Sie einen Versuch mit der Methode „Gruppenlesen".

1. Runde

Bilden Sie Vierergruppen. Nummerieren Sie die Mitglieder von eins bis vier. Wählen Sie einen Gruppensprecher.
- Alle Gruppenmitglieder lesen den ersten Textabschnitt zwei- bis dreimal leise.
- Der Gruppensprecher liest den Textabschnitt der Gruppe vor.
- Der Gruppensprecher stellt Fragen, die aus dem Text heraus beantwortet werden können.
- Im Uhrzeigersinn: Das nächste Gruppenmitglied formuliert eine Zusammenfassung des Textabschnitts.
- Im Uhrzeigersinn: Das nächste Gruppenmitglied fragt nach unverstandenen Wörtern/Sätzen. Anschließend dürfen auch die anderen Gruppenmitglieder nach nicht verstandenen Wörtern und Sätzen fragen.
- Im Uhrzeigersinn: Das nächste Gruppenmitglied erklärt, wie es den Text weiterführen würde.

> 1. **Fragen zum Text stellen**
> 2. **Zusammenfassung des Textabschnitts**
> 3. **Fragen nach unklaren Textstellen**
> 4. **Vorhersage zum weiteren Textverlauf wagen**

2. Runde

- Im Uhrzeigersinn: Wahl des neuen Gruppensprechers
- Lesen des nächsten Textabschnitts

(Ablauf wie oben beschrieben)

Duale Berufsausbildung – ein Erfolgskonzept aus Deutschland

Warum eigentlich? Seit vielen Jahrzehnten ist die duale Berufsausbildung eine wichtige Säule für die Deckung des Fachkräftebedarfs in Deutschland. Nach wie vor wählt mehr als die Hälfte eines Schülerjahrgangs genau diesen Weg, um eine qualifizierte Erwerbstätigkeit zu beginnen. Da in den vergangenen Jahren die Chancen auf dem Ausbildungsmarkt gestiegen sind, gibt es in Deutschland im europäischen Vergleich die niedrigste Jugendarbeitslosigkeit. Dieser Beleg der Bedeutung dieses besonderen Bildungsangebotes für den Arbeitsmarkt wurde lange Zeit – auch international – unterschätzt. Heute interessieren sich auch wirtschaftlich erstarkte Länder wie China für Berufsausbildung „made in Germany".

Die Ursache für das Erfolgskonzept liegt auf der Hand: Kaum eine Ausbildungsart verzahnt praktische Tätigkeit und Erfahrung so intensiv mit fundierten theoretischen Kenntnissen.

(Autorentext)

„Dual" bedeutet Ausbildung an zwei Lernorten

Die Ausbildung findet an zwei Lernorten statt: im Betrieb und in der Berufsschule. Das gemeinsame Ziel beider ist die Erreichung von Kompetenzen und Qualifikationen. Notwendig sind diese, um während und nach der Ausbildung eine qualifizierte Tätigkeit in einer sich stets wandelnden Arbeitswelt ausüben zu können. Berufserfahrung, Flexibilität, die Bereitschaft für lebenslanges Lernen sind nur einige der Erwartungen, die Arbeitgeber an ihre künftigen Mitarbeiter/-innen haben.

Die Qual der Wahl liegt bei den jungen Leuten: Sie können sich entscheiden zwischen den derzeit etwa 330 anerkannten Ausbildungsberufen. In diesen werden sie unter Aufsicht der Kultusministerkonferenz (KMK) und der Kammern bundesweit nach einheitlichen Standards ausgebildet und geprüft. Die Motivation ist hoch: Fachkräfte aus dem dualen Ausbildungssystem sind begehrt und haben gute Arbeits- und Verdienstmöglichkeiten – auch international.

Voraussetzungen für die duale Berufsausbildung

Formal gibt es für die duale Berufsausbildung keine Zugangsvoraussetzungen. Das System steht grundsätzlich allen offen. Die Mehrzahl der Auszubildenden verfügt über einen Mittleren Schulabschluss (10. Klasse), einige auch über Abitur oder Fachabitur. Ob das jeweilige Wissen für den Abschluss eines Ausbildungsvertrages reicht, prüfen Arbeitgeber auch gern über praktische oder theoretische Eingangstests. Dabei zählen nicht die Schulnoten, sondern anwendbare Grundkenntnisse, Interesse für den Beruf und die Bereitschaft, Neues zu lernen und umzusetzen. Durchhaltevermögen, Zuverlässigkeit, Teamfähigkeit, Selbstständigkeit und andere Kompetenzen sind bei den Arbeitgebern ebenfalls hoch willkommen.

Die Dauer der Berufsausbildung variiert zwischen zwei und 3,5 Jahren – je nach gefordertem Kompetenz- und Qualifikationsniveau. So dauert eine Mechatroniker-Ausbildung 3,5 Jahre, ein Fachlageristen-Ausbildung nur zwei Jahre.

Regelung der Berufsausbildung

Bundesweite gesetzliche Regelung für die Berufsausbildung ist die von der KMK für jeden einzelnen Beruf entwickelte Ausbildungsordnung. Diese gilt für die betriebliche Ausbildung. In der Ausbildungsordnung werden neben der korrekten Berufsbezeichnung und der Ausbildungsdauer, dem Ausbildungsberufsbild, dem Ausbildungsrahmenplan auch die Prüfungsanforderungen deutlich beschrieben. Der Betrieb konkretisiert diese Vorgaben in einem individuellen Ausbildungsplan. All dies zielt auf die zu erwerbenden beruflichen Handlungskompetenzen der Azubis.

Der Unterricht in der Berufsschule orientiert sich inhaltlich und zeitlich an der betrieblichen Ausbildung. Dazu werden auf Landesebene von den zuständigen Ministerien unter Mitarbeit der Berufsschulen Rahmenlehrpläne erstellt, die dann im jeweiligen Bundesland Gültigkeit haben.

Vor- und Nachteile der dualen Berufsausbildung

Die große Praxisnähe in der dualen Berufsausbildung hat zahlreiche **Vorteile**. Der Azubi kann die neuesten technischen Entwicklungen erleben. Er kann sich nach seinen Möglichkeiten und Neigungen einen Platz im Betrieb erarbeiten und somit seine Chance auf Übernahme verbessern. Die Ausbildungsvergütung ermöglicht ihm eine gewisse finanzielle Unabhängigkeit. So kann er sich besser auf die Ausbildung konzentrieren. Am Ende winkt ihm ein anerkannter Beruf mit vielen (sogar internationalen) Arbeitsmöglichkeiten.

Doch auch **Nachteile** sollen benannt werden. Der Abstimmungsaufwand zwischen Betrieb und Berufsschule ist aufwendig. Die Rahmenlehrpläne für die Berufsschule sind nur im jeweiligen Bundesland gültig. Das hat oft Konsequenzen für den allgemeinbildenden Anteil des Unterrichts.

Unter den Betrieben gibt es sogenannte schwarze Schafe. Dort werden Azubis als billige Arbeitskräfte betrachtet und nur unzureichend ausgebildet.

Arbeitsvorschlag

Notieren Sie auf Karten je zwei Vor- und Nachteile der Methode „Gruppenlesen" und präsentieren Sie Ihre Karten im Plenum.

Eigene Lebenskonzepte entwickeln und andere respektieren

Methode:

Karikaturenrallye

Methode

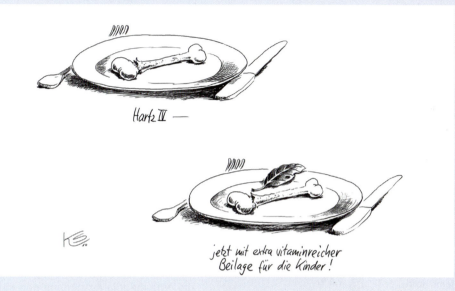

Arbeitsvorschläge

1. *Karikaturenrallye – So geht es in drei Schritten!*
  Schritt 1
  Stationengespräch:
  Zufallsgruppen werden entsprechend der Anzahl der Karikaturen gebildet (zur Bearbeitung dieser Buchseite vier Gruppen). Die Teilnehmer/-innen arbeiten pro Karikatur ca. fünf Minuten zu folgenden Fragestellungen:
  a) Welches Problem wird dargestellt?
  b) Wie äußert sich dieses Problem?
  c) Welche Lösungen bieten sich für dieses Problem an?
  Schritt 2
  Spezialisierung auf eine Karikatur:
  Jede Gruppe bearbeitet eine per Los ermittelte Karikatur ausführlich unter den bekannten Fragestellungen a), b) und c).
  Die Arbeitsergebnisse werden auf Karten festgehalten.
  Schritt 3
  Präsentation des Spezialgebiets:
  Die Gruppen stellen nacheinander ihre Ergebnisse vor.
2. *Ordnen Sie die Karikaturen dem Lernfeld „Eigene Lebenskonzepte entwickeln und andere respektieren" zu. Nehmen Sie dabei das Inhaltsverzeichnis dieses Buches zu Hilfe.*

1 Schulische Ausbildung – betriebliche Ausbildung

1.1 Der Wert der Berufsausbildung

M 1
Unser Rohstoff heißt Bildung. Sie ist Hauptbestandteil einer lebenswerten Zukunft.

M 2
Thesen zur Arbeit
- Ohne Arbeit wäre das Leben schön!
- Meine Arbeit – mein Beruf!
- Eigenarbeit ist prima, arbeiten für andere ist blöd!
- Ohne Arbeit kein Geld!
- Leben, um zu arbeiten!
- Arbeiten, um zu leben!
- Freizeit ja – Arbeit? Nein danke!
- Mir ist egal, was ich arbeite!
- Arbeiten = jobben!

M 3
Aus einer Umfrage: Überlegungen zur Berufswahl
- Der Beruf muss Spaß machen.
- Das Geld muss stimmen.
- Arbeitsbedingungen und Arbeitszeiten müssen passen.
- Der Beruf muss Zukunft haben.

Das wichtigste Kapital der Bundesrepublik Deutschland ist unsichtbar, denn es steckt in den Köpfen der Menschen. Bildung und Ausbildung, technisches und wissenschaftliches Können sowie die produktive Zusammenarbeit von Menschen garantieren der Bundesrepublik Deutschland Wohlstand, und das trotz mangelnder Rohstoffe. Die rund 44,6 Millionen Erwerbstätigen (Stand 5/2020, www.destatis.de) sorgen dafür, dass

- die Volkswirtschaft in ihren verschiedenen Bereichen funktioniert,
- der Staat Steuern einnimmt, die er für seine Aufgaben benötigt,
- alle Einwohner, auch die Erwerbslosen und Nichterwerbspersonen, einen gewissen Lebensstandard halten können.

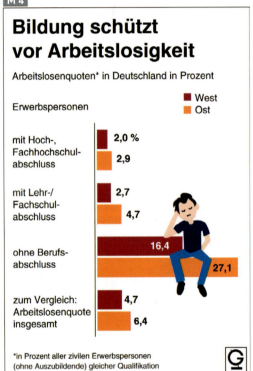

M 4

Um dieses Kapital zu erhalten, stellt sich allen an der Berufsausbildung Beteiligten die Aufgabe, die Ausbildung den tiefgreifenden Veränderungen in Handel, Industrie, Handwerk, Landwirtschaft, Schule und Staat schnell genug anzupassen. Schon heute arbeitet jeder zweite Arbeitnehmer in einem anderen als dem erlernten Beruf. Die **Flexibilität** der Arbeitskräfte wird zu einem entscheidenden Faktor der nächsten Jahre.
Unter beruflicher Flexibilität versteht man die Fähigkeit, sich wandelnden Anforderungen in Arbeitswelt und Gesellschaft erfolgreich anzupassen.

 M 5 Artikel 12 Absatz 1 Grundgesetz [Freiheit der Berufswahl]

(1) Alle Deutschen haben das Recht, Beruf, Arbeitsplatz und Ausbildungsstätte frei zu wählen. Die Berufsausübung kann durch Gesetz geregelt werden.

Unser Grundgesetz verbürgt sich für das Recht aller Deutschen, den Beruf frei zu wählen. Das ist so zu verstehen, dass es jedem Bürger der Bundesrepublik Deutschland freisteht, entsprechend seinen Fähigkeiten aus dem vorhandenen Arbeitsplatz- und Ausbildungsangebot den Beruf zu wählen, der ihm gefällt. Ein Anspruch auf einen bestimmten Beruf oder Arbeitsplatz kann aus dem Grundgesetz nicht abgeleitet werden.

Arbeitsvorschläge

1. Stimmt Ihrer Meinung nach die in M 1 gemachte Aussage? Begründen Sie Ihre Meinung.
2. Sortieren Sie die Thesen aus M 2 nach Wichtigkeit. Vergleichen Sie Ihre Ergebnisse mit denen eines Partners/einer Partnerin.
3. Berichten Sie über Ihre wichtigsten Überlegungen zur Berufswahl. (M 3)
4. Erläutern Sie M 4. Erarbeiten Sie hierzu drei Vorteile einer abgeschlossenen Berufsausbildung.
5. Sammeln Sie Vor- und Nachteile für ein Recht auf eine Berufsausbildung. (M 5)

1.2 Moderne Berufsausbildung

M 1 Die zunehmende Globalisierung, die rasante Entwicklung der modernen Informations- und Kommunikationstechnologien und der gesellschaftliche und wirtschaftliche Wandel von der Industriegesellschaft zur Wissens- und Informationsgesellschaft führen zu immer neuen Anforderungen an die Fachkräfte. Berufliche Bildung gewinnt im Zuge dieser Entwicklung immer mehr an Bedeutung und wird zum Schlüssel für die erfolgreiche Durchsetzung individueller Karrierewünsche. Deutschland verfügt heute noch über eines der besten Berufsbildungssysteme. Durch die Kombination von Theorie und Praxis bietet die deutsche Berufsbildung gute Voraussetzungen, um junge Menschen für die beruflichen Herausforderungen der Zukunft fit zu machen.

M 2 Ab wann ist man reif für eine Ausbildung?

Kriterium	Merkmale	Beispiele
Schulische Kenntnisse	(Recht-)Schreiben	Er/sie kann sich verständlich in Deutsch ausdrücken.
	Lesen – mit Texten/Medien umgehen	
	Sprechen und Zuhören	Der Wortschatz reicht zur Bewältigung von Alltagssituationen.
	Mathematische Grundkenntnisse	
Psychologische Leistungsmerkmale	Logisches Denken	Einfache Aufgaben können zügig bearbeitet werden.
	Rechnerisches Denken	
	Merkfähigkeit	
	Räumliches Vorstellungsvermögen	Räumliche Geometrieaufgaben können gelöst werden.
	Bearbeitungsgeschwindigkeit	
Arbeits- und Sozialverhalten	Teamfähigkeit	Kritik kann sachlich begründet werden.
	Kritikfähigkeit	
	Zuverlässigkeit	
	Leistungsbereitschaft	
Physische Merkmale	Altersgerechter Entwicklungsstand	Der Entwicklungsstand ist mindestens normal.
	Gesundheitliche Voraussetzungen	Die Gesundheit lässt einen 8-Std.-Tag zu.
Berufswahlreife	Selbsteinschätzungskompetenz	Realistische Einschätzung der eigenen Bedürfnisse, Fähigkeiten und Fertigkeiten
	Informationskompetenz	Informationen über Berufe können zielgerecht recherchiert werden.

Bundesagentur für Arbeit: Kriterienkatalog zur Ausbildungsreife, Nürnberg 2009, S. 20 ff. (Auszug)

M 3
Schlüsselqualifikationen

Handlungskompetenz eines Menschen

Fachkompetenz
Wissen

Fertigkeiten
Fähigkeit und Bereitschaft, Aufgaben- und Problemstellungen eigenständig, fachlich angemessen, methodengeleitet zu bearbeiten und das Ergebnis zu beurteilen

Personale Kompetenz
Sozialkompetenz
Selbstständigkeit

Fähigkeit und Bereitschaft, sich weiterzuentwickeln und das eigene Leben eigenständig und verantwortlich im jeweiligen sozialen, kulturellen bzw. beruflichen Kontext zu gestalten

Methodenkompetenz
Fähigkeit zur erfolgreichen Anwendung von Arbeitstechniken, Verfahrensweisen und Lernstrategien

Arbeitsvorschläge

1. a) Begründen Sie mithilfe von M 1, warum eine moderne Berufsausbildung für Deutschland unverzichtbar ist.
   b) Suchen Sie weitere Argumente und ordnen Sie diese nach ihrer Wichtigkeit.
2. Bewerten Sie Ihre eigene Ausbildungsreife. (M 2)
3. a) Definieren Sie die Begriffe „Kompetenz" und „Handlungskompetenz".
   Recherchieren Sie Informationen über weitere Kompetenzen im Internet. (M 3)
   b) Erklären Sie den Begriff „Schlüsselqualifikation".

1.3 Wege der Berufsausbildung

Berufsbildungsgesetz (BBiG)

www.gesetze-im-internet.de/bbig_2005/
Am 01.01.2020 ist das neue BBiG in Kraft getreten.

Das Berufsbildungsgesetz (BBiG) schafft Rahmenbedingungen für die berufliche Bildung, im Handwerk gilt darüber hinaus auch die Handwerksordnung. Als Grundlage für eine geordnete und einheitliche Berufsausbildung gelten die staatlich anerkannten Ausbildungsberufe und die hierzu erlassenen Ausbildungsordnungen. Die Ausbildung führt zu einem staatlich anerkannten Berufsabschluss.

M1 § 1 BBiG Ziele und Begriffe der Berufsbildung

Die Tarifbindung eines Betriebes hat immer Vorrang vor der Mindestvergütung.

Handlungsfähigkeit = Handlungskompetenz

[...]
(2) Die Berufsausbildungsvorbereitung dient dem Ziel, durch die Vermittlung von Grundlagen für den Erwerb beruflicher Handlungsfähigkeit an eine Berufsausbildung in einem anerkannten Ausbildungsberuf heranzuführen.
(3) Die Berufsausbildung hat die für die Ausübung einer qualifizierten beruflichen Tätigkeit in einer sich wandelnden Arbeitswelt notwendigen beruflichen Fertigkeiten, Kenntnisse und Fähigkeiten (berufliche Handlungsfähigkeit) in einem geordneten Ausbildungsgang zu vermitteln. Sie hat ferner den Erwerb der erforderlichen Berufserfahrungen zu ermöglichen.
(4) Die berufliche Fortbildung soll es ermöglichen, die berufliche Handlungsfähigkeit zu erhalten und anzupassen oder zu erweitern und beruflich aufzusteigen.
(5) Die berufliche Umschulung soll zu einer anderen beruflichen Tätigkeit befähigen.
Bundesgesetzblatt Jahrgang 2005, Teil I Nr. 20, ausgegeben zu Bonn am 31. März 2005, S. 932

M2

Ausbildung im Betrieb und in der Berufsschule („duales System")	Ausbildung im öffentlichen Dienst (Beamtenausbildung)	Berufsausbildung in der Schule (Berufe mit geregelten Ausbildungsgängen)

Dazu zählen:
• Industriebetriebe
• Betriebe des Groß- und Einzelhandels
• Banken
• Versicherungen
• Hotel- und Gaststättengewerbe
• Betriebe des Handwerks
• freie Berufe, z. B.
  – Ärzte/Apotheker
  – Rechtsanwälte/Notare
	Dazu zählen:
	• Polizei/Bundespolizei
	• Verwaltungsfachangestellte/-r
	• Sozialversicherungsfachangestellte/-r
	• Bundeswehr
	• Justizfachangestellte-/r
	• BND
	• Verfassungsschutz
	• Bundesagentur für Arbeit
	• Feuerwehr
	• Zoll
	u. a.
		Zum Beispiel:
		• im naturwissenschaftlich-technischen Bereich:
		  – biologisch-technischer Assistent
		  – medizinisch-technische Radiologie-Assistentin
		• im Gesundheits- und Pflegebereich:
		  – Gesundheits- und Krankenpfleger/-in
		• im sozialen Bereich:
		  – Erzieher/-in
		u. a.

*) Ausbildung in anerkannten Ausbildungsberufen – nicht zu verwechseln mit der Beamtenausbildung

Arbeitsvorschläge

1. Erklären Sie einem Partner/einer Partnerin die Begriffe „Berufsausbildungsvorbereitung", „Berufsausbildung", „berufliche Fortbildung" und „berufliche Umschulung". (M 1)
2. Grenzen Sie das duale System von der Berufsausbildung in der Schule ab. Stellen Sie konkrete Vor- und Nachteile dieser beiden Wege gegenüber. (M 2)

1.4 Duale Ausbildung in Schule und Betrieb

M 1

Mit **dualer Ausbildung** bezeichnet man das **duale Berufsausbildungssystem**. Hierunter versteht man die parallele Ausbildung in Betrieb und Berufsschule. Voraussetzung für eine Berufsausbildung im dualen System ist ein Berufsausbildungsvertrag. Am Ende der Ausbildung steht eine Abschlussprüfung. Die Prüfungen werden organisiert von den zuständigen Stellen, in der gewerblichen Wirtschaft z. B. von den Handwerkskammern und den Industrie- und Handelskammern (IHKs). Abgenommen werden sie von den durch die Kammern eingesetzten („berufenen") Prüfungsausschüssen.

In neu geordneten Berufen ist eine gestreckte Prüfung vorgesehen. Die Zwischenprüfung wird benotet und bildet Teil 1 der gesamten Prüfung. So steht nicht die ganze Prüfung am Ende der Ausbildung.

M 2 Vorteile des dualen Systems:
- qualitativ hochwertige, bundesweit einheitliche berufliche Qualifizierung (Mindeststandards)
- duale Ausbildung sichert die Mobilität von Fachkräften
- Verankerung in der betrieblichen Praxis
- Absolventen finden in der Regel gut in eine Beschäftigung – weit besser als nur mit einer schulischen Ausbildung

Für Unternehmen:
- bedarfsgerechte Berufe für jeden Bereich
- produktive Leistungen der Auszubildenden
- Sicherung des Fachkräftebedarfs

Für Auszubildende:
- praxisnahe Ausbildung
- Erlangen fachlicher und sozialer Kompetenzen im Betrieb
- Motivation durch Lernen und Geldverdienen

Für den Staat:
- Entlastung der öffentlichen Haushalte
- relativ niedrige Jugendarbeitslosigkeit

M 3 Wenn Ausbildungsstellen unbesetzt bleiben

So viel Prozent der Betriebe* in Deutschland konnten Ausbildungsplätze im Jahr 2018 nicht besetzen

Branche	%
Gastgewerbe	56 %
Verkehr (Transport, Logistik)	40
Bau	37
Industrie	33
Handel	32
Banken, Versicherungen	31
sonstige Dienstleistungen	27
unternehmensorientierte Dienste	26
IT	24
Gesundheit, Pflege	21
Medien	19
Immobilien	10

Die häufigsten Gründe (Mehrfachnennungen)
- keine geeigneten Bewerber: 69 %
- keine Bewerbungen: 30
- Ausbildungsplatz wurde nicht angetreten: 18
- Azubi kündigt nach Ausbildungsbeginn: 16
- Betrieb kündigt nach Ausbildungsbeginn: 10

*Online-Befragung von 12 467 Unternehmen im Bereich der Industrie- und Handelskammern vom 8. bis 31.5.2019
Quelle: DIHK

Arbeitsvorschläge

1. Beschreiben Sie das duale System der Berufsausbildung. (M 1)
2. Sammeln Sie in einer Tabelle Vor- und Nachteile der dualen Berufsausbildung. (M 2)
3. Beschreiben Sie die Ursachen und Folgen unbesetzter Ausbildungsstellen. (M 3)

1.5 Gesetzliche Grundlagen der Berufsausbildung

Bestimmungen aus dem Berufsbildungsgesetz zum Ausbildungsvertrag

Vertrag wird zwischen dem Ausbildenden und zum Auszubildenden abgeschlossen.

Bei Minderjährigen müssen die gesetzlichen Vertreter zusätzlich den Vertrag unterschreiben.

M 1 Unter Berücksichtigung von Gesetzen, Verordnungen und Vorschriften wird die Vertragsfreiheit beim Abschluss des Berufsausbildungsvertrags stark eingeschränkt. Die wichtigsten Grundlagen hierbei sind das **Berufsbildungsgesetz (BBiG)** und die **Handwerksordnung (HwO)** für Handwerksberufe sowie für Minderjährige das Jugendarbeitsschutzgesetz (JArbSchG). Unverzüglich nach Abschluss, spätestens jedoch vor Beginn der Berufsausbildung, muss der Berufsausbildungsvertrag von den Beteiligten unterschrieben werden.
Anschließend prüft die zuständige Kammer, ob alle Voraussetzungen erfüllt werden:
- die persönliche Eignung des Ausbildenden,
- die fachliche Eignung des Ausbildenden,
- die Eignung der Ausbildungsstätte.

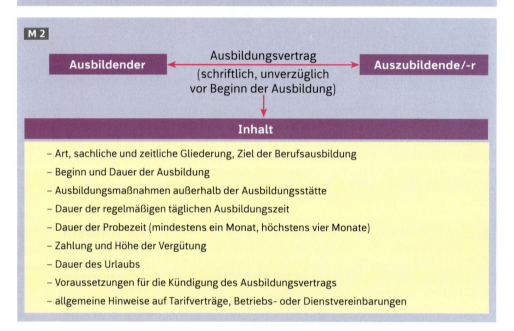

M 3 § 12 BBiG Nichtige Vereinbarungen

(1) Eine Vereinbarung, die Auszubildende für die Zeit nach Beendigung des Berufsausbildungsverhältnisses in der Ausübung ihrer beruflichen Tätigkeit beschränkt, ist nichtig. Dies gilt nicht, wenn sich Auszubildende innerhalb der letzten sechs Monate des Berufsausbildungsverhältnisses dazu verpflichten, nach dessen Beendigung mit den Ausbildenden ein Arbeitsverhältnis einzugehen.
(2) Nichtig ist eine Vereinbarung über
1. die Verpflichtung Auszubildender, für die Berufsausbildung eine Entschädigung zu zahlen,
2. Vertragsstrafen,
3. den Ausschluss oder die Beschränkung von Schadensersatzansprüchen,
4. die Festsetzung der Höhe eines Schadensersatzes in Pauschbeträgen.

Arbeitsvorschläge

1. Nennen Sie Gründe, warum es für Auszubildende wichtig ist, dass beim Ausbildungsvertrag die Vertragsfreiheit eingeschränkt ist. (M 1)
2. Listen Sie die Inhalte eines Ausbildungsvertrags nach ihrer Wichtigkeit. (M 2)
3. Begründen Sie die Notwendigkeit des § 12 BBiG über nichtige Vereinbarungen. (M 3)

Pflichten der Vertragspartner §§ 13, 14 BBiG

Wie bei jedem Vertrag ergeben sich auch beim Ausbildungsvertrag für beide Partner Rechte und Pflichten.

M 1

Pflichten von Ausbildenden	Pflichten von Auszubildenden
– erforderliche Kenntnisse und Fertigkeiten vermitteln	– übertragene Aufgaben sorgfältig ausführen
– selbst ausbilden oder einen Ausbilder beauftragen	– an Ausbildungsmaßnahmen, für die sie freigestellt sind, teilnehmen (z. B. Berufsschulbesuch)
– Ausbildungsmittel kostenlos zur Verfügung stellen	– den Weisungen von Ausbildendem und Ausbilder folgen, die im Rahmen der Berufsausbildung erteilt werden
– zum Berufsschulbesuch anhalten und freistellen	– die geltende Ordnung beachten
– charakterlich fördern, sittlich und körperlich nicht gefährden	– Werkzeug, Maschinen und Einrichtungen pfleglich behandeln
– nur Aufgaben übertragen, die dem Ausbildungszweck dienen	– über Betriebs- und Geschäftsgeheimnisse Stillschweigen bewahren
– bei Beendigung der Ausbildung ein Zeugnis ausstellen	

M 3

Bestehen Auszubildende vor Ablauf der Ausbildungszeit die Abschlussprüfung, so endet das Berufsausbildungsverhältnis mit Bekanntgabe des Ergebnisses durch den Prüfungsausschuss.
Bestehen Auszubildende die Abschlussprüfung nicht, so verlängert sich das Berufsausbildungsverhältnis auf ihr Verlangen bis zur nächstmöglichen Wiederholungsprüfung, höchstens um ein Jahr.

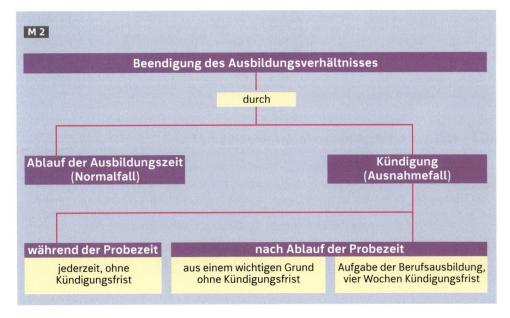

M 4

Arbeitsvorschläge

1. Sortieren Sie die Pflichten von Ausbildenden und Auszubildenden nach ihrer Wichtigkeit. Begründen Sie Ihre Meinung. (M 1)
2. Bearbeiten Sie alle Möglichkeiten der Beendigung eines Ausbildungsvertrags. (M 2, M 3) Stellen Sie eine Möglichkeit im Rollenspiel dar (s. S. 102).
3. Benennen Sie den in M 4 abgebildeten wichtigen Kündigungsgrund und erarbeiten Sie mögliche weitere wichtige Gründe, die zur sofortigen Beendigung des Ausbildungsverhältnisses führen können.

1.6 Das Jugendarbeitsschutzgesetz

M 2
Fragen während der Ausbildung zum Jugendarbeitsschutz

Wen schützt das Gesetz?
Was ist ein Gesundheitscheck?
Wie lang ist die Arbeitszeit?
Welche Pausen gibt es?
Wie viel Freizeit muss sein?
Wann herrscht Nachtruhe?
Wie steht es mit Wochenendarbeit?
Muss man zur Berufsschule gehen?
Wie viel Urlaub gibt es?
Wer überwacht das Gesetz?
Mit welchen Arbeiten dürfen Jugendliche nicht beschäftigt werden?

M 5
Bewertung der Ausbildungsberufe

Berufe mit den besten Bewertungen
Mechatroniker/-in
Industriemechaniker/-in
Zerspanungsmechaniker/-in
Bankkaufmann/-kauffrau
Elektroniker/-in für Betriebstechnik

Berufe mit mittleren Bewertungen
Industriekaufmann/-kauffrau
Fachinformatiker/-in
Kaufmann/Kauffrau für Büromanagement
Elektroniker/-in
Steuerfachangestellte/-r
Kfz-Mechatroniker/-in
Fachkraft für Lagerlogistik
Kaufmann/Kauffrau im Groß- und Außenhandel
Medizinische/-r Fachangestellte/-r
Metallbauer/-in
Verkäufer/-in
Friseur/-in
Kaufmann/Kauffrau im Einzelhandel
Tischler/-in
Anlagenmechaniker/-in

Berufe mit den schlechtesten Bewertungen
Koch/Köchin
Kaufmann/Kauffrau im Einzelhandel
Zahnmedizinische/-r Fachangestellte/-r
Verkäufer/-in
Hotelfachmann/Hotelfachfrau
Frisör/-in
Fachverkäufer/-in im Lebensmittelhandwerk

vgl. DGB-Bundesvorstand: Ausbildungsreport 2019, S. 39

M 1 Ein wirksamer Schutz für Kinder und Jugendliche bei der Arbeit ist besonders wichtig. Deshalb gilt in der Bundesrepublik Deutschland das Gesetz zum Schutze der arbeitenden Jugend (Jugendarbeitsschutzgesetz – JArbSchG).
Das Jugendarbeitsschutzgesetz verpflichtet die Arbeitgeber, Beschäftigte unter 18 Jahren entsprechend ihrem Entwicklungsstand vor Überforderungen und Gefahren am Arbeitsplatz zu schützen.

M 3 Ausbildungsreport 2019: Die wichtigsten Ergebnisse im Überblick

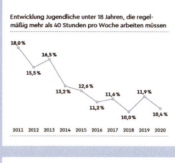
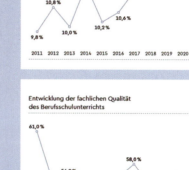

aus: DGB-Bundesvorstand: Ausbildungsreport 2019, Berlin, S. 6 ff.

M 4 Was tun bei Problemen in der Ausbildung?

	innerbetrieblich	außerbetrieblich
Auskunft oder Beschwerde	Ausbildender, Ausbilder, Betriebsrat, Jugend- und Auszubildendenvertretung	zuständige Stelle (= Kammer, Innung), Ausbildungsberater (bei der Kammer), Berufsausbildungsausschuss (bei der Kammer), Agentur für Arbeit (für den Bereich der Ausbildungsberufe und -stätten), Gewerbeaufsicht, Berufsgenossenschaft
gerichtliche Klage		Arbeitsgericht (vorher muss ein besonderer Ausschuss angerufen werden, der zu schlichten versucht)

Arbeitsvorschläge

1. Begründen Sie die Notwendigkeit des Jugendarbeitsschutzes. (M 1)
2. Beantworten Sie die in M 2 formulierten Fragen zum JArbSchG.
3. Ermitteln Sie die wesentlichen Aussagen der Grafiken aus dem DGB-Ausbildungsreport heraus. (M 3)
4. Entwerfen Sie einen Plan, wie Sie gegen Verstöße gegen das JArbSchG vorgehen würden, (M 4) und stellen Sie diesen zur Diskussion.
5. Analysieren Sie M 5 unter Berücksichtigung der Aussagen von M 3.

Auszug aus dem Jugendarbeitsschutzgesetz

§ 1 Geltungsbereich
(1) Dieses Gesetz gilt für die Beschäftigung von Personen, die noch nicht 18 Jahre alt sind,
1. in der Berufsausbildung [...]
4. in einem der Berufsausbildung ähnlichen Ausbildungsverhältnis.

§ 5 Verbot der Beschäftigung von Kindern
(1) Die Beschäftigung von Kindern (§ 2 Abs. 1) ist verboten.

§ 8 Dauer der Arbeitszeit
(1) Jugendliche dürfen nicht mehr als acht Stunden täglich und nicht mehr als 40 Stunden wöchentlich beschäftigt werden.
(2a) Wenn an einzelnen Werktagen die Arbeitszeit auf weniger als acht Stunden verkürzt ist, können Jugendliche an den übrigen Werktagen derselben Woche achteinhalb Stunden beschäftigt werden.
(3) In der Landwirtschaft dürfen Jugendliche über 16 Jahre während der Erntezeit nicht mehr als neun Stunden täglich und nicht mehr als 85 Stunden in der Doppelwoche beschäftigt werden.

§ 9 Berufsschule
(1) Der Arbeitgeber hat den Jugendlichen für die Teilnahme am Berufsschulunterricht freizustellen. Er darf den Jugendlichen nicht beschäftigen
1. vor einem vor 9 Uhr beginnenden Unterricht, dies gilt auch für Personen, die über 18 Jahre alt und noch berufsschulpflichtig sind,
2. an einem Berufsschultag mit mehr als fünf Unterrichtsstunden von mindestens je 45 Minuten, einmal in der Woche,
3. in Berufsschulwochen mit einem planmäßigen Blockunterricht von mindestens 25 Stunden an mindestens fünf Tagen; zusätzliche betriebliche Ausbildungsveranstaltungen bis zu zwei Stunden wöchentlich sind zulässig.
(2) Auf die Arbeitszeit werden angerechnet
1. Berufsschultage nach Absatz 1 Nr. 2 mit acht Stunden,
2. Berufsschulwochen nach Absatz 1 Nr. 3 mit 40 Stunden,
3. im Übrigen die Unterrichtszeit einschließlich der Pausen.
(3) Ein Entgeltausfall darf durch den Besuch der Berufsschule nicht eintreten.

§ 11 Ruhepausen, Aufenthaltsräume
(1) Jugendlichen müssen im Voraus feststehende Ruhepausen von angemessener Dauer gewährt werden. Die Ruhepausen müssen mindestens betragen
1. 30 Minuten bei einer Arbeitszeit von mehr als viereinhalb bis zu sechs Stunden,
2. 60 Minuten bei einer Arbeitszeit von mehr als sechs Stunden.
Als Ruhepause gilt nur eine Arbeitsunterbrechung von mindestens 15 Minuten.

§ 13 Tägliche Freizeit
Nach Beendigung der täglichen Arbeitszeit dürfen Jugendliche nicht vor Ablauf einer ununterbrochenen Freizeit von mindestens 12 Stunden beschäftigt werden.

§ 14 Nachtruhe
(1) Jugendliche dürfen nur in der Zeit von 6 bis 20 Uhr beschäftigt werden.
(2) Jugendliche über 16 Jahre dürfen
1. im Gaststätten- und Schaustellergewerbe bis 22 Uhr,
2. in mehrschichtigen Betrieben bis 23 Uhr,
3. in der Landwirtschaft ab 5 oder bis 21 Uhr,
4. in Bäckereien und Konditoreien ab 5 Uhr beschäftigt werden.
(3) Jugendliche über 17 Jahre dürfen in Bäckereien ab 4 Uhr beschäftigt werden.
(4) An dem einem Berufsschultag unmittelbar vorangehenden Tag dürfen Jugendliche auch nach Absatz 2 Nr. 1 bis 3 nicht nach 20 Uhr beschäftigt werden, wenn der Berufsschulunterricht am Berufsschultag vor 9 Uhr beginnt.

§ 15 Fünftagewoche
Jugendliche dürfen nur an fünf Tagen in der Woche beschäftigt werden.
Die beiden wöchentlichen Ruhetage sollen nach Möglichkeit aufeinander folgen.

§ 16 Samstagsruhe
(1) An Samstagen dürfen Jugendliche nicht beschäftigt werden.
(2) Zulässig ist die Beschäftigung Jugendlicher an Samstagen nur
1. in Krankenanstalten sowie in Alten-, Pflege- und Kinderheimen,
2. in offenen Verkaufsstellen, in Betrieben mit offenen Verkaufsstellen, in Bäckereien und Konditoreien, im Friseurhandwerk und im Marktverkehr,
3. im Verkehrswesen,
4. in der Landwirtschaft und Tierhaltung,
5. im Familienhaushalt,
6. im Gaststätten- und Schaustellergewerbe,
7. bei Musikaufführungen, Theatervorstellungen und anderen Aufführungen, bei Aufnahmen im Rundfunk (Hörfunk/Fernsehen), auf Ton- und Bildträger sowie bei Film- und Fotoaufnahmen,
8. bei außerbetrieblichen Ausbildungsmaßnahmen,
9. beim Sport,
10. im ärztlichen Notdienst,
11. in Reparaturwerkstätten für Kraftfahrzeuge.
Mindestens zwei Samstage im Monat sollen beschäftigungsfrei bleiben.
(3) Werden Jugendliche am Samstag beschäftigt, ist ihnen die Fünftagewoche (§ 15) durch Freistellung an einem anderen berufsschulfreien Arbeitstag derselben Woche sicherzustellen. In Betrieben mit einem Betriebsruhetag in der Woche kann die Freistellung auch an diesem Tag erfolgen, wenn die Jugendlichen an diesem Tag keinen Berufsschulunterricht haben.

§ 19 Urlaub
(1) Der Arbeitgeber hat Jugendlichen für jedes Kalenderjahr einen bezahlten Erholungsurlaub zu gewähren.
(2) Der Urlaub beträgt jährlich
1. mindestens 30 Werktage, wenn der Jugendliche zu Beginn des Kalenderjahres noch nicht 16 Jahre alt ist.
2. mindestens 27 Werktage, wenn der Jugendliche zu Beginn des Kalenderjahres noch nicht 17 Jahre alt ist.
3. mindestens 25 Werktage, wenn der Jugendliche zu Beginn des Kalenderjahres noch nicht 18 Jahre alt ist.
(3) Der Urlaub soll Berufsschülern in der Zeit der Berufsschulferien gegeben werden. Soweit er nicht in den Berufsschulferien gegeben wird, ist für jeden Berufsschultag, an dem die Berufsschule während des Urlaubs besucht wird, ein weiterer Urlaubstag zu gewähren.

Arbeitsvorschläge

1. Beantworten Sie mithilfe des Gesetzestextes die in M 2 (S. 20) genannten Fragen.
2. Spielen Sie in Kleingruppen den Fall eines Verstoßes gegen das JArbSchG der Klasse vor. Diskutieren Sie anschließend Lösungsmöglichkeiten.

1.7 Lebenslanges Lernen

M1 Lernen ist keine Strafe!

Zugegeben: Lebenslänglich klingt eher bedrohlich als spaßig, aber das liegt in erster Linie an den negativen Assoziationen mit dem Wort und daran, was wir mit dem Begriff Lernen verbinden: Anstrengung, Ausdauer und teilweise auch Langeweile. [...] Meist gerät in Vergessenheit, was Lernen auch sein kann: **Spaß, Unterhaltung, Glück, Zufriedenheit, der Motor für Ihre Karriere.** [...]

Globalisierung und Digitalisierung führen dazu, dass die Entwicklungen und Veränderungen über alle Branchen hinweg in kürzester Zeit passieren. Technischer Fortschritt kann innerhalb eines Jahres bisheriges Wissen ersetzen und unbrauchbar machen. Wer hier nicht bereit ist, dazuzulernen, wird von der Konkurrenz abgehängt.

Warkentin, Nils: Lebenslanges Lernen – warum Sie nie aufhören sollten: www.karrierebibel.de/lebenslanges-lernen/[20.05.2020]

M2 Lebenslanges Lernen – Europäische Förderungsprogramme

Auf europäischer Ebene gibt es verschiedene Programme, die lebenslanges Lernen fördern sollen. Vier Programme sind auf einzelne Bildungsbereiche und Altersgruppen zugeschnitten:
- Comenius – Schulbildung,
- Leonardo da Vinci – berufliche Bildung,
- Erasmus + – Hochschulbildung,
- Grundtvig – allgemeine Erwachsenenbildung

Erasmus+

Das geplante Erasmus+-Nachfolgeprogramm mit einer voraussichtlichen Laufzeit von 2021 bis 2027 wird derzeit vorbereitet. Damit es am 1. Januar 2021 beginnen kann, bedarf es eines längeren Beratungs- und Entscheidungsprozesses in den europäischen Organen (Europäische Kommission, Europäischer Rat und Europäisches Parlament). Weitere Informationen sind auf folgender Webseite abrufbar: www.machmehrausdeinerausbildung.de

M3 Erasmus+

„Erasmus+ ist das EU-Programm zur Förderung von allgemeiner und beruflicher Bildung, Jugend und Sport. [...]
Im Zentrum des neuen EU-Programms steht die Förderung der Mobilität zu Lernzwecken und der transnationalen Zusammenarbeit. [...]
- 2 Millionen Studierende können im Ausland studieren oder sich fortbilden, z. B. im Rahmen von 450 000 Praktikumsmöglichkeiten;
- 650 000 Berufsschülerinnen und -schüler sowie Auszubildende erhalten Stipendien, um im Ausland zu lernen, sich fortzubilden oder zu arbeiten;
- mehr als 500 000 junge Menschen können im Ausland Freiwilligendienst leisten oder an einem Jugendaustausch teilnehmen."

Deutsche Nationale Agenturen im EU-Bildungsprogramm Erasmus+ (Hrsg.): Erasmus+, EU-Programm für allgemeine und berufliche Bildung, Jugend und Sport: www.erasmusplus.de/erasmus/ [20.06.2020]

europass

Das Europass-Portal www.europass.eu ist ein Angebot der EU und ist das Portal für Lernen und Arbeiten in Europa. Die sichere, kostenlose und werbefreie Plattform bietet Interessenten Tools und Informationen für Bewerbung und Jobsuche in der EU und ist in 29 Sprachen verfügbar. Beratung:
www.europass-info.de

M4 Was ist der Europass?

Der Europass ist eine wichtige Hilfe, um die Chancen des geeinten Europas optimal zu nutzen. Seit 2005 fördert er die Mobilität zum Lernen und Arbeiten in Europa durch die einheitliche Darstellung von Bildungsabschlüssen, Lernerfahrungen und Lebensläufen. Ab dem 1. Juli 2020 präsentiert sich das Angebot in einem überarbeiteten Portal mit zahlreichen neuen Funktionen. [...] In dem Portal können Nutzerinnen und Nutzer kostenlos ein persönliches Profil anlegen und auf dieser Basis Job- und Weiterbildungsmöglichkeiten in ganz Europa suchen. Außerdem enthält das Portal allgemeine Informationen zum Lernen und Arbeiten in den einzelnen EU-Staaten und über spezielle Themen wie Anerkennungspraktiken oder die Validierung non-formalen und nicht-formalen Lernens.

Nationales Europass Center (NEC) in der Nationalen Agentur Bildung für Europa beim Bundesinstitut für Berufsbildung (NA beim BIBB), Bonn. www.europass-info.de/dokumente [15.02.2021]

Arbeitsvorschläge

1. Fassen Sie M 1 in Stichworten zusammen.
2. Erläutern Sie europäische Bildungsprogramme. (M 2, M 3)
3. Recherchieren Sie im Internet Informationen zu den fünf Bausteinen des Europasses und erläutern Sie deren Bedeutung. (M 4)

1.8 Weiterbildung

Berufliche Fortbildung

Die berufliche Fortbildung ist ein Teil der Weiterbildung im Beruf. Sie baut auf einer abgeschlossenen Berufsausbildung oder ausreichender Berufspraxis auf. Durch berufliche Fortbildung erhöhen sich für den Arbeitnehmer die Chancen,
- seinen Arbeitsplatz zu erhalten,
- mit der technischen Entwicklung Schritt zu halten,
- „aufzusteigen".

Über Aufstiegsmöglichkeiten informieren die Blätter zur Berufskunde. Sie können bei der Arbeitsagentur eingesehen werden. Die Bundesagentur für Arbeit fördert die Fortbildung je nach Lage und Entwicklung auf dem Arbeitsmarkt. Neben der Bundesanstalt für Arbeit fördern auch Unternehmen die Weiterbildung im Betrieb.

www.fernuni-hagen.de
Alles rund um's Fernstudium.

www.bfw.de
Seminarangebote des Berufsfortbildungswerks des DGB mit Kurz-Infos und Anmeldung.

www.ihk.de
Von hier aus geht's zum Weiterbildungs-Informationssystem der Industrie- und Handelskammern und Handwerkskammern.

www.bibb.de
Informationen über alle Ausbildungsberufe, neue Berufe und Weiterbildungsberufe.

www.zfu.de
Auflistung aller zugelassenen Fernlehrinstitute.

www.daa-bw.de
Das Bildungsangebot der Deutschen Angestellten-Akademie der DAG.

M 1

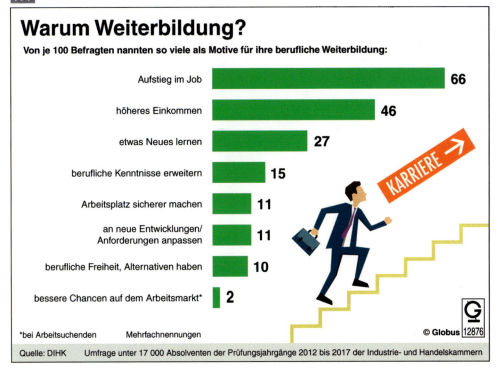

Umschulung

Eine Umschulung, d. h. das Erlernen eines neuen Berufs, kann aus verschiedenen Gründen notwendig sein:
- bei Arbeitslosigkeit,
- wenn der erlernte Beruf keine Zukunft mehr hat,
- bei Berufsunfähigkeit wegen Krankheit,
- beim persönlichen Wunsch nach einem Berufswechsel.

Arbeitsvorschläge

1. *Unterscheiden Sie berufliche Fortbildung und Umschulung.*
2. *Erläutern Sie die Motive für eine berufliche Weiterbildung. Erkunden Sie im Internet Ihre persönlichen Fortbildungsmöglichkeiten. (M 1)*

1.9 Staatliche Fördermaßnahmen

M 1

M 2 Berufsausbildungsbeihilfe (BAB)
Die Berufsausbildungsbeihilfe für Auszubildende und Teilnehmer an berufsvorbereitenden Bildungsmaßnahmen ist ein Zuschuss zu den Unterhalts- und Ausbildungskosten. Die Beihilfe ist grundsätzlich abhängig vom Einkommen der Auszubildenden, ihrer Eltern und Ehepartner; lediglich bei berufsvorbereitenden Bildungsmaßnahmen wird von der Einkommensanrechnung abgesehen.

Förderung von Ausbildungen
Gefördert werden in der Regel deutsche, aber unter bestimmten Voraussetzungen auch ausländische Antragsteller. Spezielle Voraussetzungen für die Förderung einer Ausbildung sind:
- Als Auszubildende erhalten Sie eine BAB, wenn Sie während der Ausbildung nicht bei den Eltern wohnen können, weil der Ausbildungsbetrieb vom Elternhaus zu weit entfernt ist. Sind Sie älter als 18 Jahre oder verheiratet (oder waren verheiratet) oder haben mindestens ein Kind, können Sie auch eine BAB erhalten, wenn Sie zwar nicht bei Ihren Eltern, aber in der Nähe des Elternhauses leben.
- Eine berufliche Ausbildung wird nur dann mit BAB gefördert, wenn Ihnen die erforderlichen Mittel zur Bestreitung Ihres Lebensunterhalts, für die Fahrkosten und die sonstigen Aufwendungen („Gesamtbedarf") nicht anderweitig zur Verfügung stehen. Auf den „Gesamtbedarf" wird im Rahmen einer Bedürftigkeitsprüfung Ihr eigenes Einkommen, ebenso das Einkommen Ihrer Eltern und Ihres Ehegatten bzw. Lebenspartners angerechnet, soweit das jeweilige Einkommen bestimmte Freibeträge übersteigt.
- Förderungsfähig ist eine betriebliche oder außerbetriebliche Ausbildung in einem anerkannten Ausbildungsberuf. Für die Ausbildung muss ein Ausbildungsvertrag abgeschlossen worden sein, der bei der zuständigen Stelle in das Ausbildungsverzeichnis eingetragen worden ist. BAB wird in der Regel nur für die erste Ausbildung geleistet.

Arbeitsförderungsgesetz
§ 1
Die Maßnahmen nach diesem Gesetz sind im Rahmen der Sozial- und Wirtschaftspolitik der Bundesregierung darauf auszurichten, dass ein hoher Beschäftigungsstand erzielt und aufrechterhalten, die Beschäftigungsstruktur ständig verbessert und damit das Wachstum der Wirtschaft gefördert wird.

M 3 Das Arbeitsförderungsgesetz (AFG)
Nach dem AFG fördert die Bundesagentur für Arbeit in Nürnberg die Berufsausbildung, die berufliche Fortbildung und Umschulung. Beihilfen für die Berufsausbildung werden nur gewährt, wenn der Antragsteller die erforderlichen Mittel nicht selbst aufbringen kann und dies den Unterhaltsverpflichteten nicht zugemutet werden kann.
Besondere Bedeutung kommt der beruflichen Fortbildung und Umschulung zu. Die Fortbildungs- und Umschulungsmaßnahmen sollen in der Regel nicht länger als zwei Jahre dauern. Erfolgen diese in ganztägigem Unterricht (Vollzeitform), so erhalten die Teilnehmer ein Unterhaltsgeld. Daneben werden Aufwendungen für Lernmittel, Fahrten, Arbeitskleidung usw. ganz oder teilweise erstattet.

Arbeitsvorschläge

1. Bearbeiten Sie die Karikatur (M 1) mit der Methode „Analyse politischer Karikaturen" (s. S. 246 f.).
2. Ermitteln Sie die unterschiedlichen Ziele der Berufsausbildungsbeihilfe (M 2) und des Arbeitsförderungsgesetzes. (M 3)
3. Erarbeiten Sie die notwendigen Voraussetzungen für die Gewährung von Leistungen gemäß Berufsausbildungsbeihilfe (M 2) und des Arbeitsförderungsgesetzes. (M 3)

Das BAföG

Eine gute Ausbildung ist heute wichtiger als je zuvor. Das gilt für den Einzelnen wie für unsere Gesellschaft insgesamt. Wissen und die Anwendung von Wissen sind das größte Potenzial, das wir in Deutschland haben. Das Bundesausbildungsförderungsgesetz (BAföG) ist ein Garant dafür, dass Jugendliche und junge Erwachsene eine ihrer Eignung und Neigung entsprechende Ausbildung absolvieren können – auch unabhängig davon, ob die finanzielle Situation ihrer Familie diese Ausbildung zulässt oder nicht.

Der Bildungskredit

Das Bildungskreditprogramm ist eine weitere Möglichkeit der Ausbildungsfinanzierung, die ergänzend zum BAföG zur Verfügung steht. Der Bildungskredit ist von Einkommen und Vermögen der Auszubildenden oder ihrer Eltern unabhängig. Durch Ausfallbürgschaften des Bundes sind die Konditionen besonders günstig.

Durch das Bildungskreditprogramm wird ein zeitlich befristeter, zinsgünstiger Kredit zur Unterstützung von Studierenden sowie Schülerinnen und Schülern in fortgeschrittenen Ausbildungsphasen angeboten, der neben oder zusätzlich zu Leistungen nach dem Bundesausbildungsförderungsgesetz (BAföG) als weitere Möglichkeit der Ausbildungsfinanzierung zur Verfügung steht.

Das Aufstiegsfortbildungsförderungsgesetz (AFBG) – „Meister-BAföG"

Mit dem von Bund und Ländern gemeinsam finanzierten Aufstiegsfortbildungsförderungsgesetz (AFBG) – dem sogenannten „Meister-BAföG" – ist ein individueller Rechtsanspruch auf Förderung von beruflichen Aufstiegsfortbildungen, d. h. von Meisterkursen oder anderen auf einen vergleichbaren Fortbildungsabschluss vorbereitenden Lehrgängen, eingeführt worden. Das „Meister-BAföG" unterstützt die Erweiterung und den Ausbau beruflicher Qualifizierung, stärkt damit die Fortbildungsmotivation des Fachkräftenachwuchses und bietet über den Darlehensteilerlass hinaus für potenzielle Existenzgründer einen Anreiz, nach erfolgreichem Abschluss der Fortbildung den Schritt in die Selbstständigkeit zu wagen und Arbeitsplätze zu schaffen.

M 1

BAföG

„BAföG – das ist nicht nur etwas für Studierende. Auch Schülerinnen und Schüler können von der staatlichen Förderung profitieren. Sie erhalten BAföG sogar als vollen Zuschuss, müssen also nichts zurückzahlen. 225 000 Schülerinnen und Schüler finanzieren derzeit ihre Ausbildung an einer beruflichen oder weiterführenden Schule in Deutschland mit dem BAföG, das belegen Zahlen des Statistischen Bundesamtes. Die Förderung ermöglicht ihnen, genau die Ausbildung zu ergreifen, die ihren Neigungen entspricht – auch wenn die Eltern sie nicht finanziell unterstützen können."

Bundesministerium für Bildung und Forschung: Das BAföG – Alle Infos auf einen Blick. www.bafög.de/588.php [22.06.2020]

Beispiele zum Bezug von BAföG finden Sie im Internet unter
www.bafög.de/de/beispiele-183.php

Arbeitsvorschläge

1. Erkunden Sie die Voraussetzungen zur Gewährung staatlicher Förderungen.
2. Erläutern Sie die Bedarfssätze des Schüler-BAföG anhand konkreter Beispiele. (M 1)
3. Überprüfen Sie, welche der aufgezeigten Fördermaßnahmen für Sie infrage kommen würden.

2 Sozialversicherung – Individualversicherung

Methode:

Gruppenpuzzle

Das Gruppenpuzzle ist eine besondere Form der Gruppenarbeit. Verschiedene Gruppen erarbeiten ein Thema arbeitsteilig.

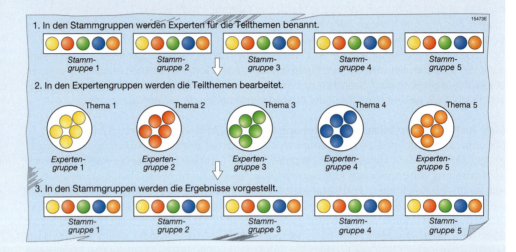

Ablauf eines Gruppenpuzzles

Phase 1: Zunächst werden die Schüler/-innen in verschiedene, gleich große Gruppen (ca. vier bis sechs Schüler) eingeteilt. Das Thema ist für alle Gruppen identisch und in so viele Teilaufgaben unterteilt, wie es Gruppenmitglieder gibt.

Innerhalb der Gruppe bekommt jeder Schüler/-innen eine eigene Teilaufgabe. Zu dieser Teilaufgabe erhält er Teilinformationen, die er zunächst allein bearbeitet.

Phase 2: Jetzt kommen alle Schüler/-innen, die sich mit demselben Teilthema beschäftigt haben, in „Expertengruppen" zusammen. Sie besprechen ihre Ergebnisse und überlegen gemeinsam, wie diese den anderen Gruppenmitgliedern am besten vermittelt werden könnten.

Phase 3: Nach der Arbeit in den Expertengruppen kehren die Schüler/-innen in ihre ursprüngliche Gruppe zurück und stellen der Reihe nach die Ergebnisse zu ihrem Teilgebiet vor. Die anderen Gruppenmitglieder stellen bei Bedarf Fragen an die Experten. In der Runde werden gemeinsam die Ergebnisse diskutiert.

Methode

Arbeitsvorschlag

Auf den folgenden Seiten finden Sie Informationen zum Thema „Soziale Sicherung". Sie haben die Aufgabe, die fünf Zweige der Sozialversicherung mit der **Methode „Gruppenpuzzle"** zu bearbeiten.

Zu Beginn eines jeden Kapitels, in dem es um die Sozialversicherungszweige geht, finden Sie eine Begebenheit mit dem Malerauszubildenden Fritz Klein. Auf diese Situationen beziehen sich die Fragen in den jeweiligen Teilaufgaben.

Nutzen Sie für die Bearbeitung der Aufgaben die folgenden Seiten und zusätzlich das Internet.

Teilaufgabe 1 – Gesetzliche Krankenversicherung

1. Listen Sie auf, welche Leistungen die Krankenkasse im Fall Fritz Klein erbringt. Erfassen Sie auch, welche Zuzahlungen er dabei übernehmen muss.
2. Klären Sie Fritz Klein über Träger, Versicherungspflichtige, Beitragsbemessungsgrenze, Beitragssatz und weitere Leistungen der gesetzlichen Krankenversicherung auf, und erläutern Sie ihm die Funktionsweise des Gesundheitsfonds.
3. Erläutern Sie den Unterschied zwischen Beitragsbemessungsgrenze und Versicherungspflichtgrenze in der gesetzlichen Krankenversicherung.
4. Erarbeiten Sie eine Übersicht zu den Selbstbeteiligungskosten der Versicherten an den Leistungen der gesetzlichen Krankenversicherung.

Teilaufgabe 2 – Gesetzliche Unfallversicherung

1. Ermitteln Sie, was unmittelbar nach dem Unfall erfolgen muss, damit Fritz Klein die genannten Leistungen in Anspruch nehmen kann. Erstellen Sie eine Leistungsübersicht. Beschreiben Sie, welche Rolle die Schuldfrage bei der Leistungserbringung spielt.
2. Klären Sie Fritz Klein über Träger, Versicherungspflichtige, Beitragssatz und weitere Leistungen der Unfallversicherung auf.
3. Erläutern Sie den Begriff „Solidaritätsprinzip".

Teilaufgabe 3 – Gesetzliche Arbeitslosenversicherung

1. Ermitteln Sie, welche Leistungen Fritz Klein aus der Arbeitslosenversicherung beanspruchen kann, wenn er
   a) die Gesellenprüfung bestanden hätte und nicht übernommen werden würde,
   b) die Gesellenprüfung nicht bestanden hätte,
   c) nach vierjähriger Gesellentätigkeit in seiner Unternehmung ordentlich gekündigt würde,
   d) die sechsmonatige Probezeit als Geselle nicht bestehen würde,
   e) wie im Beispiel beschrieben seine Berufsausbildung beenden muss.
2. Berichten Sie über Träger, Versicherungspflichtige, Beitragsbemessungsgrenze, Beitragssatz und weitere Leistungen der gesetzlichen Arbeitslosenversicherung.

Teilaufgabe 4 – Gesetzliche Rentenversicherung

1. Übernehmen Sie die Funktion eines Beraters der Deutschen Rentenversicherung und erläutern Sie Fritz Klein Träger, Versicherungspflichtige, Beitragsbemessungsgrenze, Beitragssatz und Leistungen der gesetzlichen Rentenversicherung.
2. Klären Sie folgende Begriffe: Dynamisierung der Renten, Umlageverfahren, Generationenvertrag.
3. Ergründen Sie, warum die Renten in Deutschland nicht mehr garantiert werden können. Finden Sie Erklärungen und Lösungsansätze.

Teilaufgabe 5 – Gesetzliche Pflegeversicherung

1. Berichten Sie Fritz Klein über Träger, Versicherungspflichtige, Beitragsbemessungsgrenze und Beitragssatz in der gesetzlichen Pflegeversicherung.
2. Finden Sie heraus, was seine Familie jetzt tun muss, um Leistungen der Pflegeversicherung in Anspruch nehmen zu können.
3. Erarbeiten Sie eine Übersicht zu den Leistungen, die Fritz Klein in den verschiedenen Pflegegraden erhalten kann.

2.1 Der Sozialstaat Deutschland

Soziale Sicherung – eine Bestandsaufnahme

> **M 1** Bürger unseres Landes äußern sich zur Notwendigkeit unseres Sozialsystems
>
> - Gunter F., 35 Jahre, Gärtner: „Einen Arztbesuch könnte ich mir ohne Versicherung kaum leisten, schon gar nicht einen Krankenhausaufenthalt."
> - Fabian A., 18 Jahre, Auszubildender zum Mechatroniker: „Ohne Berufsgenossenschaften und Unfallkassen wäre ich auf meinem Arbeits- oder Schulweg nicht unfallversichert."
> - Christin Z., 20 Jahre, Frisörin: „Sollte ich durch einen Arbeitsunfall arbeitsunfähig werden, müsste ich selbst schauen, wie ich weiterkomme."
> - Paul S., 30 Jahre, Gebäudereiniger: „Ohne Arbeitsagentur würde sich niemand um mich kümmern und mich finanziell unterstützen, wenn ich ohne Arbeit wäre."
> - Werner H., 56 Jahre, Stahlarbeiter: „Mit spätestens 67 Jahren kann ich aufhören mit dem Arbeiten, sonst müsste ich bis an mein Lebensende malochen."
> - Sarah P., 27 Jahre, Kauffrau für Bürokommunikation: „Fort- und Weiterbildungen auf eigene Kosten kämen für mich nicht infrage. Ich könnte mich den Veränderungen im Job kaum anpassen."

Die Sozialstaatlichkeit (s. auch Sozialstaatsprinzip in M 3) ist zwar im Grundgesetz definiert, ihre konkrete Ausgestaltung aber weitgehend dem Gesetzgeber überlassen. Der Staat ist verpflichtet, allen Bürgern das Existenzminimum zu sichern.

Die Sozialstaatlichkeit ist im Grundgesetz an zwei Stellen verankert: so in Art. 20 Abs. 1, der den sozialen Bundesstaat fordert, und in Art. 28, in dem die Bundesrepublik Deutschland als „sozialer Rechtsstaat" bezeichnet wird.

M 2   Aus dem Grundgesetz

Artikel 1: (1) Die Würde des Menschen ist unantastbar. Sie zu achten und zu schützen ist Verpflichtung aller staatlichen Gewalt.
Artikel 20: (1) Die Bundesrepublik Deutschland ist ein demokratischer und sozialer Bundesstaat.
Artikel 28: (1) Die verfassungsmäßige Ordnung in den Ländern muss den Grundsätzen des republikanischen, demokratischen und sozialen Rechtsstaates im Sinne dieses Grundgesetzes entsprechen.

M 3

Sozialstaatsprinzip

Die Prinzipien des Rechtsstaates sind unveränderlich und zeitlos gültig. Soziale Gerechtigkeit, die zentrale Zielsetzung des Sozialstaates, lässt sich nicht ein für alle Mal verbindlich definieren. Ihre Ausgestaltung hängt ab von der wirtschaftlichen und sozialen Entwicklung sowie dem gesellschaftlichen Bewusstsein. Das Sozialstaatsprinzip ist somit ein dynamisches Prinzip, das den Gesetzgeber verpflichtet, die sozialen Verhältnisse immer wieder neu zu regeln.

Pötzsch, Horst: Sozialstaat, Bundeszentrale für politische Bildung (Hrsg.). www.bpb.de/politik/grundfragen/deutsche-demokratie/39302/sozialstaat (Auszug) [20.05.2020]

Um die vom Grundgesetz geforderte Sozialstaatlichkeit umsetzen zu können, ist eine Vielfalt von Regelungen notwendig, die als **Sozialrecht** bezeichnet werden. Sie werden im **Sozialgesetzbuch (SGB)** beschrieben.

> **M 4** Ziel dieser Rechte im SGB ist vor allem die soziale Gerechtigkeit. Das bedeutet, dass hier die Grundlagen geschaffen wurden für
> - die Sicherung eines **menschenwürdigen** Daseins,
> - die Schaffung gleicher Voraussetzungen für die **freie Entfaltung der Persönlichkeit**, insbesondere auch für junge Menschen,
> - den Schutz und die Förderung der Familie,
> - die Möglichkeit, seinen Lebensunterhalt durch eine **frei gewählte Tätigkeit** zu bestreiten,
> - das Verhindern oder **Ausgleichen besonderer Belastungen** des Lebens, auch durch Hilfe zur Selbsthilfe.

Es gibt viele – auch junge – Menschen, die es nicht schaffen, aus eigenen Kräften ihren Lebensunterhalt zu bestreiten. Man spricht dann davon, dass sie sich nicht selbst helfen können. Oft erhalten sie auch von anderer Seite keine Hilfe, z. B. von Familienangehörigen. In solch einem Fall kann derjenige persönliche und wirtschaftliche Hilfe nach dem SGB erhalten. Diese soll ihm ein menschenwürdiges Dasein ermöglichen. Das bedeutet gleichzeitig ein Recht auf Teilhabe am Leben der Gemeinschaft. Wichtig dabei: Der Betroffene hat nicht nur das Recht, sondern auch die Pflicht, dabei tatkräftig mitzuwirken.

Die Bundesrepublik Deutschland gilt als einer der am besten ausgebauten Sozialstaaten. Seit ihrem Bestehen ist ein **soziales Netz** geschaffen worden, das allen Bürgern einen gesetzlich garantierten Rechtsanspruch auf vielfältige soziale Leistungen gibt.

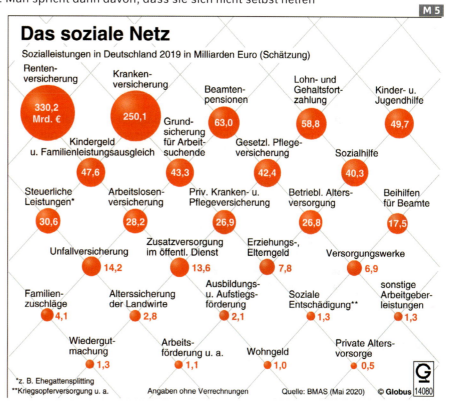

M 5

Arbeitsvorschläge

1. Notieren Sie, welche Bereiche der sozialen Sicherung in M 1 auf S. 28 angesprochen werden.

2. Bearbeiten Sie die Karikatur in M 3 auf S. 28 mit der Methode „Analyse politischer Karikaturen" (s. S. 246 f.).

3. Erarbeiten Sie die Ziele des SGB in M 4. Vergleichen Sie diese mit dem Auftrag gemäß Artikel 1 Absatz 1 und 2 und Artikel 20 Grundgesetz. (M 2, S. 28)

4. Ordnen Sie folgende soziale Leistungen den angeführten Grundsätzen in M 4 zu: Kindergeld, Wohngeld, Einrichtung einer Berufsinformationszentrale, Sozialhilfe, BAföG, Arbeitslosengeld II, Unfallrente.

5. Schildern Sie Fälle, in denen Sie schon Sozialleistungen in Anspruch genommen haben. Nehmen Sie dabei die Grafik M 5 zu Hilfe.

2.2 Die Prinzipien der sozialen Sicherung

M1 Das könnte auch Ihnen passieren.

Klaus F. ist unterwegs zur Arbeit. In einer lang gezogenen Rechtskurve verliert er die Kontrolle über sein Fahrzeug, gerät ins Schleudern und prallt frontal auf einen entgegenkommenden Pkw. Während der Fahrer des anderen Fahrzeugs wie durch ein Wunder fast unverletzt bleibt, erleidet Klaus F. schwere Verletzungen.

Die Bilanz (Sachschaden ausgenommen):

Bergung des Verletzten	600,00 €
Arztkosten	3 350,00 €
Krankenhauskosten 90 Tage à 185,00 €	16 650,00 €
Rehabilitationsmaßnahmen/Kuraufenthalt	7 150,00 €
Verdienstausgleich durch Verletztengeld	2 250,00 €
Umschulungsmaßnahmen wegen Berufsunfähigkeit	5 000,00 €
Summe der einmaligen Kosten	35 000,00 €
Verletztenrente pro Jahr	17 500,00 €

Grundsätzlich gilt, dass jeder Bürger unseres Staates die Pflicht hat, durch Eigenverantwortlichkeit für sich selbst zu sorgen. Erst wenn er dazu nicht mehr in der Lage ist, greift die Gemeinschaft ein.

Das Versicherungsprinzip

Dieses Prinzip stellt die Grundlage für die **Sozialversicherungen** dar.
Im Mittelpunkt des Versicherungsprinzips steht die Solidarität der Versicherten nach dem Leitsatz: **„Einer für alle, alle für einen."**

Eine Versicherung beruht darauf, dass Menschen, die bestimmten Risiken ausgesetzt sind, sich zusammenschließen. Dies tun sie,
– um mögliche Schadensfolgen für den Einzelnen zu begrenzen,
– um die Last auf viele Schultern verteilen zu können.

Durch ihre Beiträge finanzieren sie **gemeinsam** die Versicherungsleistungen. Sie erwerben dadurch gleichzeitig einen **Leistungsanspruch** für den Fall, dass sie selbst einmal zu den Betroffenen gehören.
Die große Mehrheit der Sozialversicherten ist durch Pflichtmitgliedschaft in die soziale Grundsicherung einbezogen. Die Höhe der Beiträge richtet sich nach ihrem Einkommen. In der Arbeitslosen- und Rentenversicherung bestimmt das Einkommen auch die Höhe der Versicherungsleistung.

Solidarität (lat.-fr.)
Zusammengehörigkeitsgefühl, Kameradschaftsgeist, Übereinstimmung, Eintreten füreinander

Das Versorgungsprinzip

Grundlage des Versorgungsprinzips ist die **Solidarität der staatlichen Gemeinschaft**. Die Versorgung ist eine Entschädigung der Gesellschaft für diejenigen, die der Allgemeinheit besondere Dienste leisten. Dazu gehören:
– Beamte und
– Bürger, die besondere Opfer für die Gesellschaft erbracht haben und dadurch gesundheitliche oder wirtschaftliche Nachteile erlitten haben, wie z. B. Kriegsopfer oder Vertriebene.

Die Versorgungsleistungen, die der Staat erbringt, werden aus Steuermitteln finanziert. Ein Versorgungsanspruch wird nicht durch Beitragszahlungen, sondern durch die Leistung der besonderen Dienste erworben.

Das Fürsorgeprinzip

Das Fürsorgeprinzip (**Subsidiaritätsprinzip**) kommt dann zur Anwendung, wenn die anderen Prinzipien oder Einrichtungen des sozialen Sicherungssystems keine Hilfe mehr bieten können.

Fürsorge in Form von ALG II, Wohngeld u. a. wird in der Regel erst dann gewährt, wenn:
- der Betroffene keine oder nur unzureichende Versicherungs- oder Versorgungsleistungen erhält,
- der Betroffene sich nicht selbst aus seiner Notlage befreien kann und auch andere Hilfe, wie z. B. durch die Familie, nicht zur Verfügung steht,
- Bedürftigkeit besteht.

Fürsorge ist unabhängig von Vorleistungen des Betroffenen und wird aus Steuermitteln finanziert.

Subsidiarität (lat.-fr.)
Gesellschaftspolitisches Prinzip, nach dem der Staat nur solche Aufgaben übernehmen soll, zu deren Wahrnehmung der Einzelne/die Familie nicht in der Lage ist.

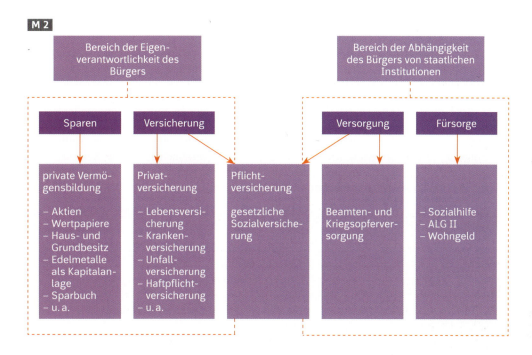

M 2

Arbeitsvorschläge

1. Erarbeiten Sie die Prinzipien der sozialen Sicherung mithilfe der Methode „Gruppenlesen" (s. S. 10).
2. Erstellen Sie einen Spickzettel (s. S. 207) mit maximal 15 Stichpunkten, mit deren Hilfe Sie die Prinzipien der sozialen Sicherung erläutern können.
3. Überlegen Sie, welches Versicherungsprinzip die Grundlage ist, damit Klaus F. (M 1, S. 30) Leistungen erhalten kann. Begründen Sie Ihre Antwort.
4. Führen Sie in der Klasse eine Pro- und Kontra-Diskussion zu folgender Forderung durch: „Es sollte jedem Bürger selbst überlassen bleiben, ob er sich gegen die Risiken Krankheit, Pflegebedürftigkeit, Arbeitslosigkeit sowie Erwerbsunfähigkeit versichert".
5. Erklären Sie einem Mitschüler die Übersicht M 2. Überlegen Sie sich weitere Beispiele zu den Bereichen und diskutieren Sie diese mit ihm.

2.3 Die Entwicklung der sozialen Sicherung

M1 „Schon im Februar d. J. haben wir unsere Überzeugung aussprechen lassen, dass die Heilung der sozialen Schäden nicht ausschließlich im Wege der Repression sozialdemokratischer Ausschreitungen, sondern gleichmäßig auf dem der positiven Förderung des Wohles der Arbeiter zu suchen sein werde [...]"
Kaiser Wilhelm I., 17.11.1881

M2 „Wenn wir 700 000 kleine Rentner, die vom Reiche ihre Renten beziehen, haben, gerade in diesen Klassen, die sonst nicht viel zu verlieren haben und bei einer Veränderung irrtümlich glauben, dass sie viel gewinnen können, so halte ich das für einen außerordentlichen Vorteil; [...] Wir beugen damit einer Revolution vor, die in 50 Jahren ausbrechen kann, aber auch schon in 10 Jahren, und die, selbst wenn sie nur für ein paar Monate Erfolg hätte, ganz andere Summen verschlingen würde als unsere Vorbeugungsmittel."
Otto von Bismarck, 18.05.1889, Rede vor dem Reichstag

aus: Rothfels, Hans: Bismarck und der Staat. Ausgewählte Dokumente, Wissenschaftliche Buchgemeinschaft, Darmstadt 1953, S.103

Im 19. und 20. Jahrhundert vollzieht sich ein gewaltiger gesellschaftlicher Umbruch: Aus einer landwirtschaftlich-handwerklich geprägten Gesellschaft wird die Industriegesellschaft. Die industrielle Revolution schafft die neue Klasse der „Arbeiter". Sie und ihre Familien waren sozial nicht abgesichert und litten daher bei Krankheit, Unfällen oder im Alter oft unter großer Not.

Soziale Unruhen und der zunehmende Druck der Arbeiterbewegung veranlassen schließlich die politisch Verantwortlichen, Arbeitsschutzgesetze zu verabschieden. Der Reichskanzler Bismarck wird zum Begründer der deutschen Sozialgesetzgebung, als er auf gesetzlichem Wege die ersten Sozialversicherungen einführt.

Otto von Bismarck (1815–1898)

Bismarck ist erster Reichskanzler des 1871 gegründeten Deutschen Reiches. Nach Zerwürfnissen mit dem deutschen Kaiser Wilhelm II. wird er von diesem 1890 entlassen.

M3
1883 Krankenversicherungsgesetz für Arbeiter
1884 Unfallversicherungsgesetz; erste Ortskrankenkassen
1889 Gesetz über die Invaliden- und Altersversicherung der Arbeiter
1911 Reichsversicherungsordnung (RVO) mit Rentenversicherung
1916 Rentenaltersgrenze für Frauen (60 Jahre), Männer (65 Jahre)
1927 Gesetz über die Arbeitsvermittlung und die Arbeitslosenversicherung
1952 Mutterschutzgesetz
1957 bruttolohnbezogene, dynamische Rente; Altershilfe für Landwirte
1972 Öffnung der Rentenversicherung für Selbstständige und Hausfrauen
1975 Gesetz über die Sozialversicherung Behinderter
1976 Jugendarbeitsschutzgesetznovelle
1979 Mutterschaftsurlaub
1986 Gleichstellung von Witwen und Witwern bei der Rente; Babyjahr
1990 Rentenreform (Nettolohnbezug)
1992 Betriebsrentengesetz (Unverfallbarkeit der Leistungen)
1995 Gesetzliche Pflegeversicherung
2003 Gesetze für moderne Dienstleistungen am Arbeitsmarkt (Hartz)
2009 Einführung des Gesundheitsfonds der gesetzlichen Krankenversicherung
2012 schrittweise Einführung der „Rente mit 67" für alle
2014 Einführung der Mütterrente für Mütter von vor 1992 geborenen Kindern

Arbeitsvorschläge

1. Bearbeiten Sie die Texte in M 1 und M 2 mithilfe der Methode „Textanalyse" (s. S. 206).
2. Gestalten Sie einen Zeitstrahl zur Geschichte der sozialen Sicherung in Deutschland mithilfe der Methode „Herstellung einer Collage" (s. S. 50). Gehen Sie dabei auch auf aktuelle Entwicklungen ein. (M 3)
3. Erstellen Sie ein Referat zum Thema „Die Entwicklung der sozialen Sicherung in Deutschland".

2.4 Zweige der Sozialversicherung

2.4.1 Gesetzliche Krankenversicherung (GKV)

M 1 **Was sein muss, muss sein**

Der Malerazubi Fritz Klein verbringt seinen Winterurlaub in den Bergen und stürzt bei der Skiabfahrt auf der Piste schwer. Ein Rettungshubschrauber bringt den Verletzten in das nächstgelegene Krankenhaus. In der Notaufnahme stellt man durch eine Röntgenaufnahme einen Kreuzbandriss und eine Bänderdehnung im linken Knie fest. Am nächsten Tag wird Fritz Klein operiert. Er bleibt acht Tage im Krankenhaus und wird mit einer vom Sanitätshaus gelieferten Orthese (Stützapparat) und Gehhilfen entlassen. Zum Muskelaufbau erhält er ambulante physiotherapeutische Maßnahmen. Nach insgesamt 12 Wochen ist er wieder arbeitsfähig.

Aufgabe der gesetzlichen Krankenversicherung (GKV)

Sie hat die Aufgabe, die Gesundheit der Versicherten zu **erhalten, wiederherzustellen** oder ihren Gesundheitsstand zu **bessern** (§ 1 SGB V). Dazu gehört auch, Krankheitsbeschwerden zu lindern (§ 27 SGB V). Dies alles wird von den gesetzlichen Krankenkassen realisiert.

M 2 **Leistungen der GKV**

Die gesetzlichen Krankenkassen stellen die erforderlichen Leistungen zur Verfügung, auf die grundsätzlich alle Versicherten Anspruch haben. Die gesetzlich vorgeschriebenen Leistungen (auch „Regelleistungen" genannt) werden von allen Krankenkassen im gleichen Umfang, in gleicher Höhe und unter gleichen Bedingungen bewilligt. Dazu gehören:

- **Gesundheitsvorsorge:** Maßnahmen zur Früherkennung und Verhütung von Krankheiten, z. B. Gesundheitsuntersuchungen, Prophylaxe (vorbeugende Untersuchung) zur Verhütung von Zahnerkrankungen, Impfungen (z. B. gegen Kinderkrankheiten wie Masern, Mumps und weitere, aber auch zum Grippeschutz).

- **Behandlung von Krankheiten:** z. B. ärztliche Behandlung einschließlich Psychotherapie, Krankenhausbehandlung, zahn- und kieferorthopädische Behandlung, Zahnersatz, Arznei-, Heil- und Hilfsmittel.

- **Mutterschaftshilfe**: Mutterschaftsvorsorge wie ärztliche Betreuung, Hebammenhilfe, Entbindung, Mutterschaftsgeld und Familienhilfe.

- **Krankengeld:** In der Regel 70 % des Bruttolohns ab der siebten Krankheitswoche für maximal 78 Wochen innerhalb von drei Jahren.

Arbeitsvorschläge

1. Notieren Sie die Ihrer Ansicht nach wichtigsten Leistungen der gesetzlichen Krankenversicherung. Beziehen Sie sich dabei auf M 2.

2. a) Erstellen Sie eine Übersicht der Leistungen, die Fritz Klein als Folge seines Skiunfalls in Anspruch genommen hat. (M 1)

   b) Recherchieren Sie im Internet die Höhe der einzelnen Behandlungskosten für Fritz Klein, die von der GKV erbracht werden müssen.

M1

Beitragsbemessungsgrenze:

Bis zu dieser Höchstgrenze des Bruttoentgelts werden maximal die Beiträge in der Sozialversicherung berechnet. Für die GKV beträgt sie 2021 4 837,50 € monatlich (oder 58 050,00 € jährlich).

Versicherungspflichtgrenze (Jahresarbeitsentgeltgrenze):

Höchstgrenze des Bruttoentgelts, die zwei Jahre überschritten werden muss, damit man als Arbeitnehmer die Möglichkeit hat, in die private Krankenversicherung zu wechseln. Für die GKV beträgt sie 2021 64 350,00 € jährlich.

M2

Risikostrukturausgleich:

Durch gesetzliche Bestimmungen haben Krankenkassen mit einem höheren Anteil an „günstigen Versicherungsrisiken" Ausgleichszahlungen an andere Kassen vorzunehmen, die aufgrund ihrer Versicherten geringere Beitragseinnahmen zu verzeichnen haben.

Im **Gesundheitsfonds** (Fonds = Geldvorrat für einen bestimmten Zweck) werden alle Gelder der gesetzlichen Krankenversicherungen gesammelt und umverteilt.

Versicherte und Beiträge

In der gesetzlichen Krankenversicherung gibt es Pflichtversicherte, freiwillig Versicherte und Familienversicherte.

- **Pflichtversichert** sind alle Arbeitnehmer/-innen, deren Bruttoentgelt die Versicherungspflichtgrenze nicht übersteigt, sowie Auszubildende, Studenten, Rentner, Arbeitslose und selbstständige Landwirte.
- **Freiwillig versichern** können sich Beschäftigte, die der Versicherungspflicht nicht mehr unterliegen (Weiterversicherte), und Personen, für die keine Versicherungspflicht besteht (Selbstversicherte).
- **Familienversichert** können der Ehegatte und die Kinder eines Mitglieds der GKV sein, vorausgesetzt, sie sind nicht schon selbst Mitglied.

Seit dem 01.01.2015 beträgt der Beitragssatz für alle Mitglieder der gesetzlichen Krankenversicherung 14,6 % des Bruttoentgelts, höchstens aber bis zur **Beitragsbemessungsgrenze**. Die Hälfte, also 7,3 % trägt der Arbeitgeber, die andere Hälfte der Arbeitnehmer. Jede Krankenkasse kann einen eigenen, einkommensabhängigen **Zusatzbeitrag** erheben, den Sie als Arbeitnehmer allein tragen. Es lohnt sich daher, zu vergleichen und wenn es vorteilhaft ist, die Krankenkasse zu wechseln. Informationen finden sich z. B. unter www.krankenkassen.de.

Beitragsfrei sind Arbeitnehmer, deren Arbeitsentgelt die Geringfügigkeitsgrenze von 450,00 € nicht überschreitet, z. B. bei einem Minijob. Gleiches gilt für **Auszubildende, die weniger als 325,00 € Ausbildungsvergütung** erhalten.

M3 Der Gesundheitsfonds

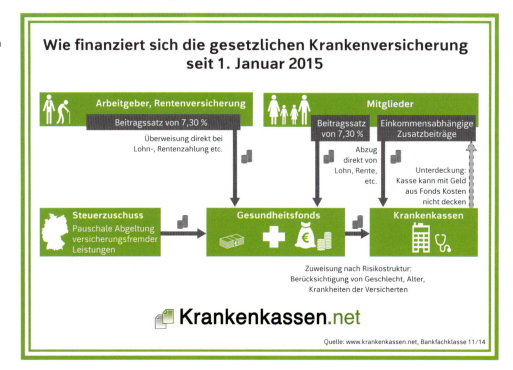

Quelle: www.krankenkassen.net, Bankfachklasse 11/14

Arbeitsvorschläge

1. *Arbeiten Sie den Unterschied zwischen Beitragsbemessungs- und Versicherungspflichtgrenze heraus. (M 1)*
2. *Erläutern Sie die Funktionsweise des Gesundheitsfonds (M 3) und des Risikostrukturausgleichs. (M 2)*

M1 Wahltarife: Vielfalt bei Krankenkassen

Mit Wahltarifen können Versicherte Geld sparen oder ihren Versicherungsschutz um besondere Leistungen erweitern. Allerdings binden sie sich dadurch für drei Jahre an die Krankenkasse. Diese Mindestlaufzeit ist gesetzlich vorgeschrieben.

Wahltarif Selbstbehalt
Der Versicherte verpflichtet sich, einen Teil der anfallenden Kosten für medizinische Leistungen selbst zu tragen und erhält im Gegenzug eine Prämie. Die Gestaltung des Tarifs steht den Kassen frei. Zu beachten ist allerdings, dass die Prämie nicht mehr als 20 % des Jahresbeitrags ausmachen und nicht mehr als 600,00 € betragen darf.

Wahltarif mit Prämie bei Leistungsfreiheit
Maximal 20 % des Jahresbeitrags (bis 600,00 €) Prämie werden dann gezahlt, wenn ein Versicherter und mitversicherte Familienangehörige ab 18 Jahre in einem Kalenderjahr keine Leistungen zulasten der Krankenkasse in Anspruch genommen haben (Ausnahme: Vorsorgeuntersuchungen und -impfungen). Leistungen für Kinder bis 18 Jahre zählen nicht dazu.

Wahltarif Kostenerstattung
Versicherte werden beim Arzt wie Privatpatienten behandelt und erhalten nach der Behandlung eine Rechnung, die sie bei der Krankenkasse einreichen. Da diese Kosten meist höher ausfallen, sollte man in diesem Fall durch einen zusätzlichen Beitrag eine höhere Erstattung vereinbaren.

Wahltarif Krankengeld für Selbstständige
Dieser Tarif ist für freiwillig versicherte Selbstständige und Freiberufler. Gesetzliche Forderung: Wahltarife müssen kostendeckend sein.

Wahltarif Vertragsarzt- und Hausarztmodell
In diesem Modell verpflichtet sich der Versicherte, nur von der Krankenkasse vorgeschriebene Ärzte (Vertragsärzte) in Anspruch zu nehmen. Außerdem wird ein Hausarzt für ihn festgelegt. Als Gegenleistung erhält der Versicherte Prämien oder Beitragsrückerstattungen.

„Hannemann geh du voran ...".

Träger der Krankenversicherung
- Orts-,
- Betriebs-,
- Innungs-,
- Ersatz-,
- Seekrankenkassen
- Landwirtschaftliche Krankenkassen

Arbeitsvorschläge

1. Erarbeiten Sie innerhalb der Gruppe eine Übersicht über die Vor- und Nachteile der Wahltarife der gesetzlichen Krankenkassen (M 1). Präsentieren Sie Ihr Ergebnis der Klasse.
2. Bearbeiten Sie die Karikatur M 2 mithilfe der Methode „Analyse politischer Karikaturen" (s. S. 246 f.).
3. Setzen Sie sich mit folgender Aussage auseinander: „Wer oft krank ist, soll auch höhere Krankenversicherungsbeiträge bezahlen". Begründen Sie Ihre Aussage.

Gesundheitsvorsorge – Eigenverantwortung ist gefragt

Masern gelten als Kinderkrankheit, sind aber alles andere als harmlos. Die Spätfolgen sind besonders gefährlich. Masern enden immer häufiger auch tödlich. Der Grund: Die Spätfolgen, wie z. B. chronische Gehirnentzündungen, sind unheilbar und können sich auch noch Jahre nach einer Ansteckung entwickeln.

Wichtig deshalb für Jugendliche: die im zarten Alter von elf Monaten gegebene Impfung beim Hausarzt auffrischen lassen. Dies beugt einer Ansteckung vor.

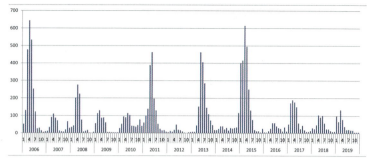

Dem RKI übermittelte Masernfälle pro Monat und Jahr seit 2006 bis 2019 in Deutschland

Maßnahmen zur Umsetzung der Gesundheitsvorsorge

www.bmg.bund.de
www.gbe-bund.de
www.gesundheit.de

„Vorbeugen ist besser als Heilen". Jeder kennt diesen Satz, aber wer richtet sich schon danach? Dabei sind gerade wir Deutschen ein sicherheitsbewusstes Volk. Regelmäßig geben wir unser Auto in die Inspektion, fahren zum TÜV und zur Abgasuntersuchung.

Aber wie und wann „warten" wir uns selbst? Dabei ist es so einfach, Gesundheitsvorsorge aktiv zu betreiben. Dabei helfen Krankenkassen und Berufsgenossenschaften. Sie übernehmen viele Kosten in diesem Bereich. Es ist also Ihre Eigenverantwortung, Gesundheitsvorsorge in die Hand zu nehmen.

Circa 70 % aller Erkrankungen in Industrieländern haben ihre Ursache in Ernährung und Lebensstil. Das vermuten Wissenschaftler. Unsere Ernährungsgewohnheiten entsprechen oft noch denen eines schwer arbeitenden Menschen, ohne dass ein körperlicher Ausgleich durch Bewegung stattfindet. Die häufige Folge: Übergewicht. Dazu kommen noch Nikotingenuss und Alkoholkonsum. Und schon steigt das Risiko für Herz-Kreislauf-Erkrankungen, Diabetes („Zuckerkrankheit"), Krebs und andere Erkrankungen, und dies nicht erst im Alter.

M2 Was machen wir falsch? – Unsere Ernährungssünden:

- Wir essen zu viel, zu süß, zu fett.
- Wir essen zu wenig Obst und Gemüse.
- Wir essen zu schnell und zu einseitig.
- Wir naschen zu oft.
- Wir bewegen uns zu wenig im Alltag und treiben zu wenig Sport.
- Wir machen zu viele Diäten.
- Wir trinken zu viel kalorienreiche Getränke und zu wenig Wasser.
- Wir essen zu wenig frisch Zubereitetes, zu viel Fertiggerichte.

Arbeitsvorschläge

1. Ergänzen Sie das Schaubild M 1 durch weitere mögliche Maßnahmen. Bereiten Sie zu dieser Übersicht einen Kurzvortrag vor.
2. Hand aufs Herz: Was trifft auf Sie persönlich zu? Erörtern Sie in Partnerarbeit, welche Ernährungssünden Sie selbst vermeiden möchten.
3. Erkundigen Sie sich bei Ihrer Krankenkasse, welche Impfungen Sie als Erwachsener in Anspruch nehmen können. Erstellen Sie dazu eine Übersicht, in der Sie festhalten, wogegen eine Impfung schützt bzw. in welchen Fällen sie empfohlen wird.

2.4.2 Rentenversicherung (RV)

M 1 **Wenn die Arbeitskraft nachlässt.**
Der Auszubildende Fritz Klein macht sich Gedanken über seine Altersvorsorge. Er hatte ein Gespräch mit seinem Nachbarn, der mit 55 Jahren vor Kurzem einen Herzinfarkt erlitten hat und sich jetzt zur Erholung in eine Rehaklinik begibt. Ob er wieder arbeiten kann, wird sich erst danach herausstellen. Er braucht jemand, der in der Zeit nach seiner Wohnung sieht. Selbstverständlich erklärt sich Fritz bereit. Aber er nimmt sich vor, gleich morgen einen Termin bei der Deutschen Rentenversicherung zu vereinbaren, denn er möchte wissen, was er von der gesetzlichen Rentenversicherung erwarten kann.

Die Altersversorgung in Deutschland ist bruttolohn- und beitragsbezogen. **Wer mehr und länger einzahlt, hat eine höhere Rente zu erwarten.** Die Rente soll nicht nur die Existenz sichern, sondern ein menschenwürdiges Dasein ohne finanzielle Not ermöglichen.

Die Rente wird an die wirtschaftliche Gesamtentwicklung angepasst (**Dynamisierung der Rente**). Maßgebend hierfür sind u. a. die
- Entwicklung der Bruttolöhne der Arbeitnehmer
- Veränderungen des Beitragssatzes und
- der **Nachhaltigkeitsfaktor**.

Dieser berücksichtigt die jährlichen Veränderungen im Verhältnis Leistungsempfänger zu Beitragszahlern. Sinkt die Anzahl der Beitragszahler, fallen die Rentenerhöhungen geringer aus als der Anstieg der Bruttoeinkommen.

M 4

Generationenvertrag
Die junge Generation zahlt für die alte Generation und erwartet dies von der künftigen Generation für sich selbst.

Umlageverfahren
Die eingezahlten Beiträge von Arbeitnehmern und Arbeitgebern werden sogleich an die Rentner ausgezahlt (umgelegt).

M 2 **Das Prinzip der gesetzlichen Rentenversicherung**
Das System der gesetzlichen Rentenversicherung arbeitet nach dem Prinzip des **Umlageverfahrens** (s. M 4).

M 3

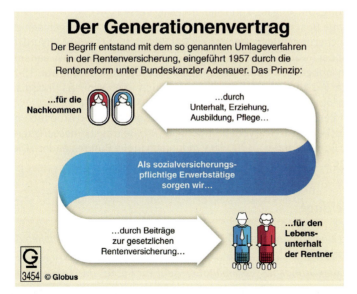

Arbeitsvorschläge

1. Erläutern Sie die Bedeutung des Generationenvertrags und des Umlageverfahrens in der Sozialversicherung. (M 2, M 3 und M 4)
2. Erläutern Sie den Begriff „Dynamisierung der Rente" und begründen Sie die Notwendigkeit dieses Verfahrens.

Rehabilitation
Wiedereingliederung eines Kranken oder eines Menschen mit körperlicher Behinderung in das berufliche und gesellschaftliche Leben.

M 1 Leistungen der gesetzlichen Rentenversicherung

- Leistungen zur medizinischen und beruflichen Rehabilitation folgen dem Grundsatz: **Rehabilitation geht vor Rente.**
  Leistungen zur Rehabilitation sind
  - medizinische Leistungen, z. B. Kur- und Heilverfahren,
  - berufsfördernde Leistungen, z. B. Umschulungen,
  - ergänzende Leistungen, z. B. Übergangsgeld.
- Rentenzahlungen an Versicherte und Hinterbliebene.

M 2 Rentenleistung

- **Altersrente** wird gewährt, wenn der Versicherte ein bestimmtes Lebensalter erreicht hat, wobei unterschiedliche Altersgrenzen gelten, z. B. 65 Jahre für die Regelaltersgrenze (schrittweise Anpassung bis 2029 auf 67 Jahre). Um als Versicherter selbst einen gestaltenden Einfluss auf den Zeitpunkt des Renteneintritts zu haben, wurde 2016 das Flexirentengesetz verabschiedet (Infos unter www.deutsche-rentenversicherung.de). Für Menschen mit Schwerbehinderung gelten Sonderregelungen.
- **Erwerbsminderungsrente** wird gezahlt bei teilweiser oder voller Erwerbsminderung. Versicherte, die täglich weniger als drei Stunden arbeiten können, erhalten eine volle Erwerbsminderungsrente. Wer noch mindestens drei, aber nicht mehr als sechs Stunden täglich arbeiten kann, erhält eine halbe Erwerbsminderungsrente.
- **Witwen- oder Witwerrente** erhalten die Ehegatten nach dem Tod des Versicherten. Heiratet der überlebende Ehegatte erneut, dann entfällt die Rente.
- **Waisenrente** erhalten die Kinder der verstorbenen Versicherten, solange sie noch kindergeldberechtigt sind.
- **Volle Rente mit bereits 63 Jahren** können ab dem 01.10.2014 diejenigen erhalten, die 45 Jahre Beiträge in die gesetzliche Rentenversicherung gezahlt haben. Abschläge bei der Rente müssen alle die in Kauf nehmen, die diese Zeit nicht nachweisen können.

Hilfe bei Fragen
Für alle Fragen rund um Altersabsicherung und Rente stehen die Träger der gesetzlichen Rentenversicherung zur Verfügung. Sie können jederzeit einen Termin vereinbaren oder das Servicetelefon Ihrer Versicherung nutzen.

Versicherte und Beiträge

Versicherungspflichtig sind Arbeitnehmer, Handwerker, Landwirte und Auszubildende. Wer nicht versicherungspflichtig ist, kann sich freiwillig versichern.
Auch geringfügige Beschäftigungen bis 450,00 € (Minijobs) unterliegen seit dem 01.01.2013 der Rentenversicherungspflicht. Der Vorteil: Der Beschäftigte erwirbt Ansprüche auf das volle Leistungspaket der Rentenversicherung. Und dies nur mit 3,9 % vom Arbeitsentgelt Eigenanteil für den Minijobber. Den Pauschalbetrag zur Rentenversicherung von 15 % vom Arbeitsentgelt trägt der Arbeitgeber. Weitere Informationen über Minijobs finden sich im Internet unter www.minijob-zentrale.de.
Den Beitrag zur Rentenversicherung übernehmen Arbeitgeber und Arbeitnehmer je zur Hälfte. Der Beitragssatz beträgt 18,6 % vom Bruttoentgelt, die Beitragsbemessungsgrenze 7 100,00 € monatlich (alte Bundesländer), 6 700,00 € monatlich (neue Bundesländer). Diese Zahlen gelten für 2021 und können jährlich angepasst werden.

Träger der Rentenversicherung
- Deutsche Rentenversicherung Bund,
- Deutsche Rentenversicherung Knappschaft-Bahn-See

Arbeitsvorschläge

1. *Erstellen Sie eine Mindmap (s. S. 137) zu den Leistungen der gesetzlichen Rentenversicherung (M 1 und M 2).*
2. *Erörtern Sie den Grundsatz „Rehabilitation geht vor Rente" (M 1).*
3. *Recherchieren Sie im Internet weitere Voraussetzungen für den Erhalt einer Erwerbsminderungsrente (M 2). Welche persönlichen Schlussfolgerungen ziehen Sie daraus?*
4. *Erkundigen Sie sich in Ihrer Familie und im Bekanntenkreis, aus welchen Gründen und in welchem Lebensjahr betroffene Personen Rentenempfänger geworden sind. Erfragen Sie jeweils den Grund der Rentenbewilligung. Fertigen Sie dazu eine Übersicht an. (M 2)*

Die Zukunft der Altersabsicherung

Das Thema „Rente" bleibt in Deutschland auch zukünftig aktuell. So werden weiterhin Rentenkürzungen und Beitragserhöhungen diskutiert, auch längere **Lebensarbeitszeiten** sind zu erwarten. Fest steht, dass auf die gesetzliche Rentenversicherung in Deutschland aufgrund des **demografischen Wandels** große Finanzierungsprobleme zukommen. Die gesetzliche Rente wird für viele Bürger, vor allem für Geringverdiener, nicht mehr ausreichen. Große finanzielle Lücken können entstehen. **Altersarmut** droht. Wer dieser entgehen möchte, dem bleibt nur eine **zusätzliche private Absicherung**.

Demografischer Wandel: Veränderungen und Tendenzen der Bevölkerungsentwicklung, z. B. in Bezug auf die Altersstruktur, Entwicklung von Geburten- und Sterbezahlen

M 3 Lösungsansätze

Reform der gesetzlichen Rentenversicherung	Staatliche Grundsicherung	Kapitalstockverfahren	Private Vorsorge
- Erhöhung der Beitragsbemessungsgrenze - Senkung der Rentenansprüche - Erhöhung der Lebensarbeitszeit - verringerte Anrechnung von Ausbildungszeiten - Umstellung vom Umlage- zum Kapitaldeckungsverfahren	- Grundsicherung für alle Bürger (Existenzminimum) - Umverteilung von Steuermitteln effizienter gestalten - Pflicht zur zusätzlichen privaten Absicherung	- private Absicherung durch Ansparen in der Versicherung - Kapitalstock ist Bestandteil des privaten Vermögens eines jeden Einzelnen - freie Wahl des Versicherers	- Zusatzversicherungen - Betriebsrente - Immobilienbesitz - privates Kapital

Flexirente

Seit 2017 haben Arbeitnehmer aktiv die Chance, den Eintritt in den Ruhestand selbst mitzugestalten. Besonders die Hinzuverdienstmöglichkeiten, die Rentenversicherungspflicht für pflegende Angehörige und der Bezug der Vollrente nach 45 Beitragsjahren werden häufig genutzt. Weitere Informationen erhalten Sie unter dem Stichwort „Flexirente" im Internet oder bei Ihrem Rentenversicherungsträger.

Arbeitsvorschläge

1. Diskutieren Sie die Lösungsansätze für die Zukunft der Altersabsicherung zunächst in Partner-, danach in Gruppenarbeit. Arbeiten Sie dabei die jeweiligen Vor- und Nachteile heraus. Präsentieren Sie das Ergebnis (M 3).
2. Bearbeiten Sie die Karikaturen M 1 und M 2 mithilfe der Methode „Karikaturenrallye" (s. S. 12).
3. Entwickeln Sie ein Szenario (s. S. 266) „Versorgung der älteren Generation im Jahr 2050".

2.4.3 Gesetzliche Unfallversicherung (GUV)

M 1 **Ein Unheil muss reichen**

Der Malerazubi Fritz Klein arbeitet mit seinem Kollegen auf einem Gerüst an der Gestaltung einer großen Werbetafel. Durch eine kleine Unachtsamkeit kommt Fritz aus dem Gleichgewicht, stürzt vom Gerüst und bleibt reglos liegen. Sofort kommen die anderen Arbeiter dazu, helfen ihm und rufen den Notarzt. Er wird mit dem Rettungswagen ins Krankenhaus gebracht. Nach einer Computertomografie ist die Sturzfolge erkannt: Fraktur (= Knochenbruch) des dritten Lendenwirbels. Eine Operation ist nicht notwendig. Fritz kann wieder ganz gesund werden. Nach einem achttägigen Krankenhausaufenthalt wird ihm ein Stützkorsett zur Stabilisierung angepasst. Er ist weitere vier Monate arbeitsunfähig und erhält in dieser Zeit täglich Physiotherapie. Es ist noch einmal gut gegangen.

Träger der Unfallversicherung
- Gewerbliche,
- Landwirtschaftliche,
- See-Berufsgenossenschaften
- Unfallkassen und Gemeindeunfallversicherungsverbände

Die fünf häufigsten anerkannten Berufskrankheiten (in Prozent), die zur Unterlassung aller schädigenden Tätigkeiten gezwungen haben (2018)
1. Hauterkrankungen 34 %
2. Bandscheibenerkrankungen 24,5 %
3. Durch Allergien verursachte Atemwegserkrankungen 22,2 %
4. Chemisch verursachte Atemwegserkrankungen 13,3 %
5. Erkrankungen durch Isocyanate 2,3 %

vgl. Bundesministerium für Arbeit und Soziales (Hrsg.): „Sicherheit und Gesundheit bei der Arbeit. Berichtsjahr 2018", S. 41

www.baua.de
www.unfallkassen.de

Das Risiko **Arbeits- bzw. Wegeunfall** oder eine **Berufskrankheit** ist durch die gesetzliche Unfallversicherung abgesichert. Dabei muss eindeutig nachgewiesen sein, dass der Unfall oder die Krankheit in direktem Zusammenhang mit der versicherungspflichtigen Tätigkeit steht.
Der Arbeitgeber hat die Pflicht, jeden Arbeitnehmer umgehend bei Arbeitsantritt der **Berufsgenossenschaft** zu melden.
Der Weg von und zur Arbeitsstelle ist ebenfalls durch die gesetzliche Unfallversicherung abgesichert. Als Wegeunfall wird ein Unfall aber nur dann anerkannt, wenn der Weg nicht länger als zwei Stunden unterbrochen wird und direkt nach Hause oder in den Betrieb führt. Erst dann kann die GUV ihre Leistungen in **unbegrenzter** Höhe erbringen.

Sozialpolitische Zielsetzung und Leistungen

Die Unfallversicherungsträger sollen Arbeitsunfällen und Berufskrankheiten vorbeugen, diese zu verhüten helfen, Unfallfolgen und Berufskrankheiten beseitigen oder mindern sowie eine finanzielle Absicherung leisten.

M 2
Ihre Leistungen umfassen drei Kernpunkte:
- **Unfallverhütung (Prävention)**
  Durch Erlass von Unfallverhütungsvorschriften und deren Überwachung sowie durch Kontrollen in den Betrieben sollen Unfälle vermieden werden.
- **Rehabilitation (Wiederherstellung)**
  Durch Maßnahmen zur Arbeits- und Berufsförderung, durch Heilbehandlung und Berufshilfe soll die Erwerbsfähigkeit wiederhergestellt werden.
- **Finanzielle Sicherung**
  Durch Leistungen an den Verletzten, seine Angehörigen und seine Hinterbliebenen soll eine finanzielle Absicherung erreicht werden.

Arbeitsvorschläge

1. Tragen Sie die Leistungen der GUV zusammen, die Fritz Klein nach seinem Unfall erhalten hat. (M 1)
2. Vergleichen Sie diese mit den in M 2 genannten Leistungen und kennzeichnen Sie Übereinstimmungen.
3. Ermitteln Sie die Leistungen, die Fritz Klein zur Verfügung ständen, wenn er durch diesen Unfall erwerbsunfähig geworden wäre.

Versicherte und Beiträge

Pflichtversichert sind alle Arbeitnehmer und Auszubildenden, unabhängig von der Art und Dauer der Beschäftigung und der Höhe des Einkommens. Landwirte, Schüler, Studenten, Kinder in Kindergärten, Arbeitslose während ihres Aufenthaltes in der Arbeitsagentur und bei Vorstellungsgesprächen, Helfer bei Unglücksfällen, Mitarbeiter des Zivil- und Katastrophenschutzes sowie Blutspender sind ebenfalls versichert.

M1 Den Beitrag zur Unfallversicherung trägt allein der Arbeitgeber oder die Institution, für die die jeweilige Person gerade tätig ist (z. B. für Schüler die Gemeinde, für Blutspender die Blutspendedienste wie das DRK). Die Beitragshöhe richtet sich hauptsächlich nach dem Gefahrentarif des Unternehmens oder der Institution. Bei gut funktionierendem Unfallschutz gibt es Beitragsnachlässe.
Die Unfallversicherung ist demnach eine Haftpflichtversicherung des Unternehmens für die Gefährdungen, denen der Arbeitnehmer während seiner Tätigkeit ausgesetzt ist. Gleiches gilt für die bei Institutionen Beschäftigten.

M2 Risiko am Arbeitsplatz

Zeichen für Ihre Sicherheit

Feuer, offenes Licht und Rauchen verboten

Warnung vor ätzenden Stoffen

Gehörschutz tragen

Augenspüleinrichtung

Schüler an berufsbildenden Schulen genießen den Schutz der gesetzlichen Schülerunfallversicherung durch die „Gemeinde-Unfallversicherungsverbände", z. B. den Verband Niedersachsen. Sie übernimmt die Kosten, die durch gemeldete Unfälle während des Unterrichts, aber auch auf dem Weg von und zur Schule verursacht werden. Die Versicherungsbeiträge zur Gemeindeunfallversicherung tragen die Gemeinden.

1996 sank die Zahl der tödlichen Arbeitsunfälle erstmals unter 2000, 2009 sogar unter 1000. Im Jahr 2019 wurden 509 Arbeitsunfälle mit Todesfolge verzeichnet (Quelle: vgl. https://publikationen.dguv.de/widgets/pdf/download/article/3673). Mehr Aufklärung der Arbeitnehmer zur Unfallverhütung, mehr Investitionen der Unternehmen für Sicherheit am Arbeitsplatz, aber auch strengere Sicherheitsvorschriften haben diese positive Entwicklung begünstigt.

Arbeitsvorschläge

1. Recherchieren Sie im Internet:
    a) Welche Rolle spielt bei der GUV die Schuldfrage bei einem Arbeits- oder Wegeunfall?
    b) Was müssen Sie tun, wenn Sie einen Arbeits- oder Wegeunfall hatten?
    c) Welche gesetzlichen Leistungen erhalten Sie im Fall einer Berufsunfähigkeit? Erarbeiten Sie Möglichkeiten einer zusätzlichen privaten Absicherung.
2. Begründen Sie die ausschließliche Beitragszahlung des Arbeitgebers zur GUV. (M1)
3. Werten Sie M2 aus und notieren Sie Ursachen für die dargestellte Entwicklung.
4. Erkunden Sie in Ihrem Ausbildungsbetrieb und/oder Ihrer Schule, welche Unfallverhütungsvorschriften gelten. Berichten Sie darüber in einem Kurzvortrag.

Physische Belastungen am Arbeitsplatz

Nach der Deutschen Gesetzlichen Unfallversicherung (GUV) sind die häufigsten körperlichen Belastungen am Arbeitsplatz verursacht durch:
− Lärm,
− Kälte, Hitze, Nässe, Zugluft,
− Heben oder Tragen schwerer Lasten,
− Öl, Fett, Schmutz, Dreck,
− körperliche Zwangshaltung,
− Rauch, Staub, Gase, Dämpfe,
− Wechselschicht,
− Umgang mit gefährlichen Stoffen,
− Nachtarbeit.

Weitere Informationen finden Sie unter www.dguv.de

2.4.4 Arbeitslosenversicherung (AV) und Arbeitsförderung

M 2
Sozialpolitische Zielsetzung und Aufgaben des Sozialgesetzbuches (SGB) III – Arbeitsförderung
- **Arbeitsförderung:** um den einzelnen Arbeitnehmer vor dem Risiko der Arbeitslosigkeit zu schützen
- **Sicherung von Arbeitsplätzen:** z. B. durch Kurzarbeitergeld bei Arbeitsausfall, Insolvenzgeld bei Zahlungsunfähigkeit des Arbeitgebers, Maßnahmen der Arbeitsbeschaffung
- **Finanzielle Leistungen:** um die Existenzgrundlage des Arbeitnehmers und seiner Familie im Fall der Arbeitslosigkeit zu sichern (s. auch M 1 auf S. 43)

M 1 Das darf doch nicht wahr sein!
In der Berufsschulklasse von Fritz Klein wird ein Auszubildender sechs Monate nach Beginn der Ausbildung von seinem Betrieb fristlos gekündigt. Fritz ist sehr betroffen und macht sich Gedanken, ob dem Gekündigten Leistungen aus der Arbeitslosenversicherung zustehen. Er möchte auch gern wissen, wie sich die Situation bei bestandener oder nicht bestandener Gesellenprüfung ändert.

Versicherte und Beiträge
In der Arbeitslosenversicherung sind alle Arbeitnehmer, Angestellten und Auszubildenden pflichtversichert. Versicherungsfrei sind Selbstständige und Beamte. Der **Beitragssatz** beträgt 2,4 % des Bruttoarbeitsentgelts. Er wird höchstens bis zur **Beitragsbemessungsgrenze** (für 2021: 7 100,00 € monatlich alte Bundesländer, 6 700,00 € monatlich neue Bundesländer) angewendet. Arbeitnehmer und Arbeitgeber tragen den Beitrag je zur Hälfte.
Träger der Arbeitslosenversicherung ist die **Bundesagentur für Arbeit** in Nürnberg.

M 3 Arbeitslosengeld – auch für Auszubildende?
Eine **Berufsausbildung** im Sinne des Berufsbildungsgesetzes ist ein versicherungspflichtiges Verhältnis. Es gelten hier die gleichen Bedingungen und Voraussetzungen wie in einem Arbeitsverhältnis. Es wird das **Bemessungsentgelt** (s. S. 43) auf Grundlage der Ausbildungsvergütung berechnet. Da in den überwiegenden Fällen das dann ermittelte ALG I sehr niedrig wäre, erfolgt eine **Sonderbemessung** für Auszubildende.
1. Möglichkeit: Der Ausbildungsbetrieb bescheinigt der Arbeitsagentur das Arbeitsentgelt, welches der Auszubildende bei Übernahme in das Beschäftigungsverhältnis erhalten würde.
2. Möglichkeit: Die Arbeitsagentur ermittelt das tarifliche Arbeitsentgelt entsprechend Berufsabschluss.

Dieses **Arbeitsentgelt wird halbiert,** und auf dieser Grundlage wird das ALG I berechnet. In den meisten Fällen ist dies für den Auszubildenden vorteilhafter. Bedingung der Sonderbemessung: Die Ausbildung muss **erfolgreich** abgeschlossen worden sein!
Ein Anspruch auf Arbeitslosengeld (ohne Sonderbemessung) besteht auch dann, wenn die Berufsausbildung abgebrochen wurde, aber mindestens ein Jahr bestanden hat.
Eine rein schulische Ausbildung ist kein versicherungspflichtiges Verhältnis nach dem Berufsbildungsgesetz. Deshalb besteht nach dieser Ausbildung **kein Anspruch auf ALG I**.

M 4 Kurzarbeitergeld
Wenn Betriebe aus wirtschaftlichen Gründen die Arbeitszeit vorübergehend verringern müssen und Kurzarbeit anzeigen, kann Kurzarbeitergeld gezahlt werden. **Bedingung ist, dass die Arbeitsplätze der betroffenen Arbeitnehmer erhalten bleiben.** Während der Finanzkrise 2010 und der Corona-Krise 2020 hat die Regelung, Kurzarbeitergeld bis maximal 24 Monate zu beziehen, vielen Unternehmen und damit vor allem wichtigen Fachkräften das wirtschaftliche Überleben gesichert.
Kurzarbeitergeld wird durch den Betrieb ausgezahlt und auf Antrag des Arbeitgebers von der Arbeitsagentur erstattet. Der Betriebsrat hat dabei Mitwirkungsrecht.
Die Höhe des Kurzarbeitergeldes orientiert sich an der Berechnung des ALG I.

Arbeitsvorschläge

1. Setzen Sie sich mit dem Text M 2 mithilfe der Methode „Textbearbeitung" (s. S. 207) auseinander. Berichten Sie einem Mitschüler.
2. Erkunden Sie weitere Voraussetzungen für die Zahlung von Kurzarbeitergeld. (M 4)

Leistungen der Arbeitslosenversicherung

M 1

Ausbildung und Umschulung	Arbeitsvermittlung und Berufsberatung	Finanzielle Leistungen an Arbeitslose
Im Rahmen der beruflichen Bildung werden ungelernte Arbeitskräfte ausgebildet. Ausgebildete Fachkräfte, deren Arbeitsplatz durch wirtschaftliche Veränderungen bedroht ist, werden fortgebildet oder umgeschult.	Über die Arbeitsagentur werden Stellensuchenden entsprechend ihrer Eignung und Fähigkeiten geeignete Arbeitsplätze vermittelt. Vor und während des Berufslebens kann sich jeder über Fragen der Berufswahl, der Berufsaussichten und der Berufsbildung beraten lassen.	Anspruch auf ALG I oder ALG II hat nur der Versicherte, der - beschäftigungslos, aber arbeitswillig ist, - sich unverzüglich bei Bekanntwerden der Arbeitslosigkeit, spätestens jedoch am ersten Tag der Arbeitslosigkeit persönlich bei der Arbeitsagentur meldet, - einen Antrag stellt, - die Voraussetzungen für den Erhalt erfüllt.

Weitere Informationen unter www.arbeitsagentur.de

Bemessungsentgelt

Durchschnitts(netto)entgelt im Bemessungszeitraum, mindestens der letzten 150 Tage

M 2

	Arbeitslosengeld I	Arbeitslosengeld II
Voraussetzungen für den Erhalt	- zwölf Monate versicherungspflichtige Beschäftigung innerhalb von zwei Jahren vor Arbeitslosmeldung - beschäftigungslos (verfügbar) sein - Eigenbemühungen zur beruflichen Wiedereingliederung	- Ablauf des Anspruchs auf ALG I oder noch nicht erreichter Anspruch auf ALG I - Bedürftigkeit
Höhe der Unterstützung	- 67 % des Bemessungsentgelts mit Kind(ern) - 60 % des Bemessungsentgelts ohne Kind(er)	- 446,00 € monatlich ab 01.01.2021 (für Alleinstehende; weitere im Haushalt lebende Erwachsene und Kinder weniger, mit meist jährlicher Anpassung) - Zuschüsse für Wohnung und Heizung
Mögliche Dauer der Unterstützung	abhängig von der Dauer der Beschäftigung und vom Alter (siehe M 3)	Zahlung maximal ein Jahr, danach ist eine neue Antragstellung notwendig.

M 3

Arbeitsvorschläge

1. Erstellen Sie eine Übersicht zu den Leistungen, die Sie nach bestandener Ausbildung in Anspruch nehmen können. (M 3 auf S. 42)

2. Ermitteln Sie die monatliche Höhe und die Bezugsdauer des ALG I für den 26-jährigen ledigen, kinderlosen Arbeitnehmer Albert Dürrhaupt, der erst 20 Monate in der Firma Mager & Co. KG beschäftigt ist, als er die betriebsbedingte Kündigung erhält. Sein Bemessungsentgelt beträgt 1 425,30 €. (M 2 und M 3)

3. Versetzen Sie sich in die Rolle eines Mitarbeiters der Agentur für Arbeit. Beraten Sie Jonas Klein, welche Leistungen im geschilderten Fall (M 1 auf S. 42) durch die Arbeitslosenversicherung erbracht werden können (M 3 auf S. 42, M 1 und M 2).

2.4.5 Pflegeversicherung (PV)

M 1 Der Malerauszubildende Fritz Klein bekommt zu seinem 18. Geburtstag von den Eltern ein Motorrad geschenkt. Die erste Fahrt führt ihn mit druckfrischem Führerschein durch eine kurvenreiche Strecke. Kurz vor dem Berggipfel kommt ihm ein Pkw entgegen. Fritz Klein kann nicht mehr ausweichen, stürzt und verletzt sich schwer. Er wird mit dem Rettungswagen in die Unfallklinik transportiert. Diagnose: Querschnittslähmung, ein Leben im Rollstuhl. Fritz Klein ist ein Fall für die Pflegeversicherung geworden.

Egal, ob jung oder alt, ob der Malerazubi Fritz Klein oder Ihre Eltern – die Leistungen der gesetzlichen Pflegeversicherung werden nicht automatisch gewährt, sondern müssen in einem aufwendigen Verfahren beantragt werden. Die folgende Übersicht zeigt Ihnen die wichtigsten Schritte.

M 2 Verfahrensweg zur Feststellung der Pflegebedürftigkeit

Der Pflegebedürftige (oder seine Angehörigen) stellen bei der Pflegekasse einen **Antrag zur Feststellung der Pflegebedürftigkeit**.
↓
Antragsprüfung durch die Pflegekasse
↓
Die Pflegekasse beauftragt den **MDK** (**M**edizinischer **D**ienst der **K**rankenversicherung) als unabhängigen Prüfer, ein **Gutachten** zu erstellen.
↓
Bei einem **Hausbesuch** beim Pflegebedürftigen wird eine **Untersuchung** der Lebensumstände durchgeführt (s. auch die Grafik M 3).
↓
Der MDK erstellt daraufhin ein **Pflegegutachten** (nach dem **NBA** – s. u.) und schlägt der Pflegekasse einen **Pflegegrad** vor.
↓
Die Pflegekasse **prüft** das Gutachten und erstellt einen **Bescheid,** in dem der Pflegebedürftige u. a. den ermittelten Pflegegrad mitgeteilt bekommt.
↓
Ist der Pflegebedürftige mit diesem Bescheid nicht einverstanden, kann er einen **Widerspruch** einlegen. Dabei ist die in der Rechtsbehelfsbelehrung des Bescheids genannte Frist zu beachten.

Die Höhe des Pflegebedarfs wird mithilfe des **N**euen **B**egutachtungs**a**ssessments (NBA) bestimmt und in fünf Pflegegrade (s. S. 45) eingestuft. Gesetzliche Grundlage ist das zweite Pflegestärkungsgesetz.

Assessment = Bewertung, Einschätzung

M 3

Kriterien des Begutachtungsassessments:
1. Mobilität (z. B. Fortbewegung innerhalb der Wohnung, Treppensteigen ...)
2. Kognitive & Kommunikative Fähigkeiten (z. B. örtlich-zeitliche Orientierung ...)
3. Verhalten & psychische Problemlagen (z. B. nächtliche Unruhe, selbstschädigendes und autoaggressives Verhalten)
4. Fähigkeit zur Selbstversorgung (Grundpflege, z. B Körperpflege, Ernährung ...)
5. Bewältigung von krankheits- & therapiebedingten Anforderungen (z. B. Medikation, Wundversorgung, Arztbesuch, Therapieeinhaltung)
6. Gestaltung des Alltagslebens & sozialer Kontakte (z. B. Planung des Tagesablaufs)

Aktuelle Leistungen der Pflegekassen, Diakonie-Pflegedienst gGmbH in Vorpommern. www.diakonie-pflegedienst.de/PSG2.html [20.05.2020]

M 4 Versicherte und Beiträge

Pflichtversichert in der gesetzlichen Pflegeversicherung sind alle Personen, die der gesetzlichen Krankenversicherung angehören. Den Beitrag zur Pflegeversicherung übernehmen Arbeitgeber und Arbeitnehmer je zur Hälfte. Der Beitragssatz liegt (Stand 2021) bei 3,05 % vom Bruttoentgelt. Kinderlose Arbeitnehmer/-innen über 23 Jahren zahlen zusätzlich aus eigener Tasche 0,25 % dazu. Die Beitragsbemessungsgrenze beträgt 4 837,50 € monatlich, die Versicherungspflichtgrenze 58 050,00 € jährlich (Stand 2021).

M 5 Die Leistungen der Pflegeversicherung

Allen Pflegebedürftigen von Pflegegrad 1 bis Pflegegrad 5 stehen Leistungen zu.

Je nachdem, ob ein Pflegebedürftiger zu Hause oder stationär betreut wird, zahlt die Pflegekasse unterschiedliche Leistungen. Wichtig sind außerdem die Pflegegrade.

Vollstationäre Leistungen	Pflegegeld	Weitere Pflegeleistungen
Wenn ein Pflegebedürftiger auf Dauer in einem Pflegeheim oder einer speziellen Einrichtung gepflegt wird, zahlt die Kasse 125,00 € im Pflegegrad 1, 770,00 € im Pflegegrad 2, 1 262,00 € im Pflegegrad 3, 1 775,00 € im Pflegegrad 4, 2 005,00 € im Pflegegrad 5.	Pflegegeld erhält man, wenn ehrenamtliche Pfleger die häusliche Pflege übernehmen. Das können z. B. Familienangehörige sein. In diesem Fall erhält der Pflegebedürftige das Pflegegeld direkt auf sein Konto, und zwar 316,00 € in Pflegegrad 2, 545,00 € in Pflegegrad 3, 728,00 € in Pflegegrad 4, 901,00 € in Pflegegrad 5. Der Pflegebedürftige bestimmt selbst, wie das Geld ausgegeben wird.	Darüber hinaus können folgende Pflegeleistungen beantragt werden: – Tages- und Nachtpflege, – Kurzzeitpflege, – Verhinderungspflege, – Hilfsmittel im Pflegeheim, – Wohnraumanpassung

Tipp

Das BMG (Bundesministerium für Gesundheit) bietet als Hilfe die Broschüre „Pflegeleistungen zum Nachschlagen" kostenlos als pdf zum Herunterladen oder als Printversion an.

M 6 Pflegereform als Herausforderung

Seit Jahren ist das Hauptproblem der Pflegeversicherung bekannt: zu wenig Personal, vor allem Fachkräfte fehlen. Die Pflegereform von 2017, welche die Bedingungen für den Zugang zur Pflege verbessert hat, hat das Problem verschärft. Nun soll gegengesteuert werden. Fachkräfte aus dem Ausland, verstärkte Ausbildung junger Menschen zu Pflegefachkräften und Gewinnung von Seiteneinsteigern sollen es richten. Doch die Versorgungsrealität in Deutschland mahnt zur Eile. Immer mehr Menschen mit teilweise hohem Betreuungsbedarf treffen auf zu wenige Pflegefachkräfte. Und dies sowohl im ambulanten als auch im stationären Bereich.

Erst kümmern sich Eltern um ihre Kinder. Später kümmern sich dann in der Regel die Kinder um ihre Eltern. So könnte vereinfacht der Vertrag zwischen junger und alter Generation beschrieben werden (s. auch S. 37). Eltern erhalten staatliche Hilfe in Form von Kindergeld, steuerlichen Erleichterungen, Zuschüssen zu den Pflichtversicherungen und ein kostenloses bzw. subventioniertes Bildungssystem.

Wenn die Kinder dann längst erwachsen und die Eltern auf deren Hilfe angewiesen sind, gab es bisher nicht viele Möglichkeiten, staatliche Leistungen in Anspruch zu nehmen. Die Voraussetzungen, Pflegeleistungen bezahlt zu bekommen, waren eng gehalten. Das soll nun mit der jetzt gültigen Stufe des **Zweiten Pflegestärkungsgesetzes**, das am 01.01.2017 in Kraft getreten ist, ausgeglichen werden.

Arbeitsvorschläge

1. Fertigen Sie eine Collage (s. S. 50) mit Bildern, Zeichnungen, Piktogrammen u. a. m. zu M 2 an.
2. Recherchieren Sie im Internet, wie die in M 3 aufgeführten Module zur Berechnung des Pflegegrades führen.
3. Erstellen Sie einen Spickzettel (s. S. 207) zu M 4 und M 5. Halten Sie damit einen Kurzvortrag.
4. In M 6 sind ungelöste Probleme der Pflegereform aufgeführt. Recherchieren Sie weitere Probleme, und erarbeiten Sie in der Gruppe Lösungsvorschläge.
5. Ermitteln Sie, welche Leistungen der Pflegeversicherung Malerazubi Fritz Klein (M 1, S. 44) in Anspruch nehmen kann. (M 5)

2.5 Soziale Sicherung – Können wir sie uns noch leisten?

Immer häufiger werden Bedenken laut, ob der Sozialstaat noch zu finanzieren sei. Tatsache ist, dass die Sozialausgaben und die Belastungen der steuerzahlenden Bürger und Unternehmen wachsen.

Wenn Arbeitgeber und Arbeitnehmer sich über den Arbeitslohn unterhalten, gibt es oft Verständigungsschwierigkeiten. Der Chef stöhnt über die hohen Lohnkosten, der Mitarbeiter beklagt sein niedriges Nettoeinkommen. Und in der Tat: Vom Kostenaufwand für die Arbeit kommt nur gut die Hälfte (54 %) auf dem Konto des Arbeitnehmers an.

Der Arbeitgeber muss also für jeden abhängig Beschäftigten wesentlich mehr kalkulieren, als auf dessen Brutto- und Nettolohnabrechnung ausgewiesen ist.

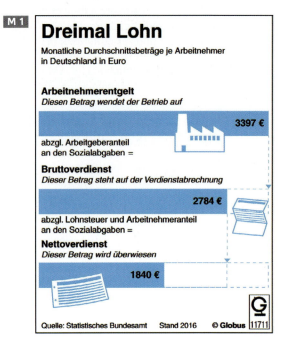

M 1

Den Unterschied zwischen Lohnkosten und Nettolohn kassieren Staat und Sozialversicherung – Tendenz steigend.

M 2 Die Mängel des deutschen **Sozialsystems**

1. Es ist zersplittert und unübersichtlich. Da die Bürger auf vielfältige Weise zur Kasse gebeten werden, bleibt ihnen verborgen, wie teuer das Sozialsystem inzwischen geworden ist.

2. Es wird zu sehr von staatlichen Institutionen beherrscht. Wettbewerb und Preismechanismus sind weitgehend ausgeschaltet – es herrschen staatliche Zuteilung und Steuerung.

3. Es wird zu viel und mit ungeeigneten Instrumenten umverteilt. Es gilt das sogenannte „Solidarprinzip" – Beitragshöhe und Leistungen sind selten übereinstimmend.

4. Wirkliche Vorsorge im Sinne einer Ansammlung von Vermögenswerten für schwierige Zeiten kommt zu kurz – sowohl beim Bürger wie auch beim Staat.

5. Es ist zu einseitig an den Arbeitsvertrag gekoppelt – die wachsenden Kosten der sozialen Sicherung werden überwiegend dem Produktionsfaktor Arbeit angelastet.

Arbeitsvorschläge

1. Erläutern Sie die Grafik M 1.
2. Erörtern Sie die in M 2 gemachten Aussagen.
3. a) „So viel Sicherheit wie nötig" oder „So viel Sicherheit wie möglich". Diskutieren Sie diese Thesen zunächst in Partner-, dann in Gruppenarbeit. Beziehen Sie sich dabei auf M 2.
    b) Erstellen Sie eine Rangfolge derjenigen Bereiche, in denen Sie Möglichkeiten sehen, Lebensrisiken in Eigenverantwortung abzusichern.

2.6 Sozialgerichtsbarkeit

Wie hätten Sie entschieden?

Fall 1: Umzug ins grenznahe Ausland
Ein Arbeitnehmer zog von Deutschland ins grenznahe Ausland und beantragte einige Zeit danach ALG I.
Das Bundessozialgericht:
Ein zuvor in Deutschland wohnhafter und beitragspflichtiger Arbeitnehmer hat auch dann Anspruch auf ALG I, wenn er im Ausland wohnt.
(AZ: B 11 AL 25/08 R)

Fall 2: Neues TV-Gerät für Hartz-IV-Empfänger
Ein Hartz-IV-Empfänger beantragte bei der Arbeitsagentur für die Neueinrichtung seiner Wohnung ein neues TV-Gerät.
Das Bundessozialgericht:
Die Wünsche eines Hartz-IV-Empfängers nach Freizeit, Information und Unterhaltung sind aus dem Regelsatz zu bestreiten.
(AZ: B 14 AS 75/10 R)

Fall 3: Kurzarbeitergeld für Leiharbeiter
Eine Unternehmerin beantragte für die bei ihr beschäftigten Leiharbeiter Kurzarbeitergeld wegen vorübergehendem Auftragsrückgang.
Das Bundessozialgericht:
Zeitarbeitsfirmen unterliegen dem grundsätzlichen Ausschluss vom Kurzarbeitergeld. Die Arbeitnehmer können von der Zeitarbeitsfirma anderweitig beschäftigt werden.
(AZ: B 7 AL 3/08 R)

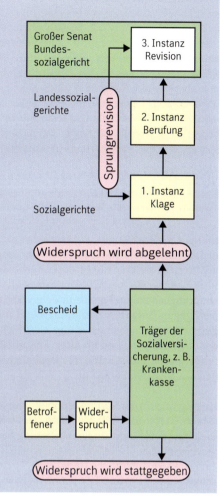

Vor dem Klageweg finden Sie hier Hilfe:
- Gewerkschaften
- Versicherungsträger
- Hauptfürsorgestelle
- Rechtsanwälte

Berufung
Das Urteil wird in tatsächlicher und rechtlicher Hinsicht überprüft. Die Parteien haben grundsätzlich die Möglichkeit, noch neue Tatsachen vorzutragen oder zusätzliche Beweismittel beizubringen.

Revision
Das angefochtene Urteil wird lediglich darauf überprüft, ob das Recht richtig angewandt worden ist; das Revisionsgericht ist an die von der Vorinstanz festgestellten Tatsachen gebunden. In besonderen Fällen kann auch gegen ein Kammerurteil Revision eingelegt werden (Sprungrevision).

Die **Sozialgerichte** sind zuständig bei Streitigkeiten in der Sozialversicherung und anderen Gebieten des Sozialsystems wie z. B. Berufsausbildungsbeihilfe (BAB) und Kindergeld. Bei einem ablehnenden Bescheid kann der Betroffene Widerspruch beim Sozialversicherungsträger einlegen. Bleibt dieser ohne Erfolg, so steht der Klageweg offen; in erster Instanz beim Sozialgericht. Es entscheidet mit einem Urteil. Dagegen kann, falls die Angelegenheit wichtig ist, Berufung beim **Landessozialgericht** eingelegt werden. Revisionsinstanz ist das **Bundessozialgericht** in Kassel.

Die Gerichte sind mit Berufsrichtern und ehrenamtlichen Sozialrichtern (Laienrichtern) besetzt. Das Verfahren ist **kostenfrei** für die Versicherten. Vor den Sozial- und Landessozialgerichten besteht kein Anwaltszwang. Beim Bundessozialgericht muss man sich durch einen Anwalt oder Prozessbevollmächtigten vertreten lassen.

www.sozialgerichtsbarkeit.de

Arbeitsvorschläge

1. Arbeiten Sie die jeweiligen Gründe für die Ablehnung bzw. Anerkennung des Versicherungsschutzes heraus. Informieren Sie sich über weitere Urteile von Sozialgerichten.
2. Organisieren Sie einen Besuch mit Ihrer Klasse beim Sozialgericht. Interviewen Sie den Sozialrichter über den zuletzt behandelten Fall. Sprechen Sie mit ihm über häufige Streitfälle im Sozialrecht.

2.7 Zusätzliche Sicherung

M1 Wie viel Versicherung brauchen Sie?

Auf diese Frage gibt es keine eindeutige Antwort. Sie brauchen eine Versicherung immer dann, wenn ein Schaden eintritt. Vorausgesetzt, Sie haben sich auch gegen diesen Schaden wirklich versichert. Und ob dieser Schaden irgendwann überhaupt eintritt, wissen Sie natürlich auch nicht. Welche Versicherungen Sie abschließen, hängt von Ihnen selbst ab. Wo sehen Sie hohe Gefährdungen, deren Folgekosten Sie nicht selbst verkraften können? Sind die zu zahlenden Prämien im angemessenen Verhältnis zur möglichen Schadenshöhe? Wie hoch ist die Wahrscheinlichkeit eines Schadensfalles, und was zahlt dann die Versicherung? Diese und ähnliche Fragen sollten Sie sich vor dem Abschluss eines Versicherungsvertrags stellen.
Ein konkretes Beispiel. Eine Vollkaskoversicherung ist bei einem neuen Auto sinnvoll, um es bei einem Totalschaden schnell (vor allem finanziell) ersetzen zu können.
Jahr um Jahr sinkt allerdings der Zeitwert des Autos. Sie müssen also überlegen, wann sich eine Vollkaskoversicherung nicht mehr lohnt.

M2

§ 823 [Schadensersatzpflicht] BGB

(1) Wer vorsätzlich oder fahrlässig das Leben, den Körper, die Gesundheit, die Freiheit, das Eigentum oder ein sonstiges Recht eines anderen widerrechtlich verletzt, ist dem anderen zum Ersatz des daraus entstehenden Schadens verpflichtet.

www.gdv.de

Ursprünglich waren Familie und Verwandtschaft die wichtigsten Schutzgemeinschaften, um sich gegen Gefahren des Alltags und materiellen Verlust abzusichern. Heute schützt die gesetzliche Sozialversicherung als Pflichtversicherung den Arbeitnehmer vor den Risiken des Arbeitslebens und im Alter. Außerhalb des Arbeitslebens muss sich der Bürger vor weiteren Risiken selbst schützen. Deshalb bieten im Bereich der privaten Vorsorge Versicherungen zusätzlichen Schutz an.

Heute gibt es in der Bundesrepublik Deutschland nach Angaben des Verbands der Versicherer (Stand 2020) rund 438 Millionen Versicherungsverträge. Die Zahl macht deutlich, welchen Stellenwert die Individualversicherung hat, und auch, wie sicherheitsbewusst die Menschen geworden sind. Als Kapitalsammelstelle für Versicherungsbeiträge haben die Versicherungen eine volkswirtschaftliche Bedeutung. Ohne Versicherungsschutz wäre sowohl unsere Gesellschaft als auch unsere Wirtschaft nicht voll funktionsfähig.

individuell (lat.-fr.)

auf das Individuum, den einzelnen Menschen, seine Bedürfnisse, speziellen Verhältnisse u. Ä. zugeschnitten

M3 Unterscheidungsmerkmale zur Sozialversicherung

Die Individualversicherung
- beruht auf einem freiwilligen gegenseitigen Vertrag,
- versichert so gut wie alle Risiken des Alltags,
- kann immer nur den materiellen (gegenständlichen) Schaden absichern,
- regelt die Leistungen im Schadensfall durch vertragliche Vereinbarungen,
- richtet die Beitragshöhe (Prämie) nach der Höhe des versicherten Risikos und der gewünschten Leistung aus,
- kann bei günstigem Schadensverlauf Beitragsrückerstattungen gewähren,
- wird von privaten und öffentlich-rechtlichen Versicherungsunternehmen getragen.

Arbeitsvorschläge

1. Interpretieren Sie die Karikatur M 2.
2. Erarbeiten Sie eine Übersicht über Merkmale der Sozial- und der Individualversicherung. Nutzen Sie dazu M 3.
3. Tragen Sie einige Risiken, denen Sie und Ihre Angehörigen im Alltag ausgesetzt sind, zusammen. Notieren Sie dazu auch, wie Sie diese Risiken vermindern oder gar ausschließen könnten. (M 1)

Eine Vielzahl von Versicherungsgesellschaften bietet für fast alle Eventualitäten des privaten Lebens Versicherungsschutz. Aus einer Werbebroschüre:

> **M1 Profitieren Sie von Ihrem Vorsorgepartner**
>
> **Gesundheit**
> - problemlose Krankenversicherung
> - Krankenhaustagegeld
> - Krankentagegeld dynamisch
> - Privatpatient als Mitglied einer gesetzlichen Krankenkasse
> - Unfallversicherung progressiv und dynamisch
> - Zahnzusatzversicherung
> - betriebliche Altersversorgung
>
> **Leben**
> - Alters- und Hinterbliebenenversorgung
> - Privat-Rente
> - Rentengutachten
> - Berufsunfähigkeits-Zusatzversicherung
> - Risiko-Absicherung bei Finanzierungen (z. B. Bau)
>
> - Ausbildungs-/Aussteuerversicherung
> - Haftpflicht
> - Kraftfahrzeuge
> - Rechtsschutz
> - Handwerker-Altersversicherung
> - Sterbegeldversicherung
> - Vorsorgeanalyse
>
> **Eigentum**
> - Feuer
> - Einbruchdiebstahl
> - Leitungswasser
> - Sturm
> - Glas
> - Hausrat
> - Wohngebäude
> - Betriebsschließung
> - Betriebsunterbrechung

Alle Bürger können sich entsprechend der jeweiligen Lebenssituation den persönlichen Versicherungsschutz nach Maß gestalten. Im Interesse der Vorsorge für den Einzelnen und die Gesellschaft hat der Staat z. B. die Haftpflichtversicherung für Kraftfahrzeughalter und die Brandversicherung für Gebäudeeigentümer gesetzlich vorgeschrieben.

Was man bei einem Versicherungsabschluss beachten sollte:

- Angebote mehrerer Unternehmen einholen und die unterschiedlichen Leistungen und Tarife miteinander vergleichen.
- Beim Vergleich muss das billigste Angebot nicht immer das beste sein; neben dem Preis zählt auch Kundenservice wie z. B. Beratung bei Vertragsabschluss und im Schadensfall.
- Jede Frage, die vor Vertragsabschluss geklärt wird, vermeidet Missverständnisse im Schadensfall.
- Der Versicherungsantrag muss wahrheitsgemäß und vollständig ausgefüllt werden.
- Spätestens nach Vertragsabschluss erhält der Versicherte den Versicherungsschein, die „Police" sowie die „Versicherungsbedingungen". Damit ist auch die erste Prämie fällig.

Was tun, wenn es Probleme mit der Versicherung gibt?
Treten nach dem Versicherungsabschluss Meinungsverschiedenheiten und Probleme mit dem Versicherungsunternehmen auf, kann man sich an den sogenannten **Versicherungsombudsmann** wenden (unter www.versicherungsombudsmann.de). Dies ist eine unabhängige und für den Verbraucher kostenfrei arbeitende Schlichtungsstelle.

Arbeitsvorschläge

1. *Recherchieren Sie im Internet, welche Risiken die in M 1 genannten Versicherungen abdecken können. Überprüfen Sie, welche dieser Versicherungen für Sie notwendig und sinnvoll sind.*
2. *Erläutern Sie, warum bestimmte Individualversicherungen gesetzlich vorgeschrieben sind. Nennen Sie Beispiele.*
3. *Erkundigen Sie sich bei drei Anbietern über den Abschluss eines Riester-Rentenvertrags. Vergleichen Sie dabei Beitragshöhe und Leistungen.*

Bundesaufsichtsamt für das Versicherungswesen (BAV) in Berlin
Beaufsichtigt und kontrolliert die Versicherungswirtschaft. Diese Behörde kann auch von den Bürgern als Beschwerdeinstanz angegangen werden. Häufige Anfragen beziehen sich darauf, ob in einem gewissen Schadensfall überhaupt Versicherungsschutz besteht oder warum die Regelung eines Schadensfalls so lange dauert. Die Überprüfung einer Beschwerde ist kostenlos.

Versicherungsvertragsgesetz (VVG)
Das VVG enthält allgemeine Vorschriften für den rechtlichen Rahmen eines Versicherungsvertrags.

AVB – Allgemeine Versicherungsbedingungen
Hier formuliert jeder Versicherungszweig eine Produktbeschreibung, wobei Rechte und Pflichten beider Vertragspartner festgelegt werden.

Ombudsmann/Ombudsfrau
unparteiische Schiedsperson, die bei Konflikten vermittelt

3 Lebensgemeinschaften

Methode:

Herstellung einer Collage

Die Collagentechnik ist weitverbreitet und führt mit relativ geringem Aufwand häufig zu erstaunlichen Ergebnissen. Zu einem bestimmten Thema werden aus alten Zeitschriften, Zeitungen, Büchern, Bildern und anderen Materialien Teile entnommen, neu geordnet, gruppiert, bebildert und beschriftet und anschließend auf einem Träger zu einem neuen Ganzen zusammengestellt.

Arbeitsvorschlag

Nun sollen Sie mithilfe dieser Methode herausfinden, wie Sie Ihre Zukunft gestalten möchten, welche Ziele und Wünsche Sie haben und was Sie vielleicht überhaupt nicht wollen.

Ablauf: Erstellung einer Collage

1. Beschaffung von Material
   alte Zeitungen, Zeitschriften, Illustrierte, Bücher, Bilder, Versandhauskataloge sowie Packpapier als Trägermaterial, Klebstoff
2. Aufteilung der Schülerinnen und Schüler
   Collagen in Einzel-, Partner- oder Gruppenarbeit erstellen (Gruppengröße keinesfalls über fünf Teilnehmer/-innen).
3. Durchführung
   Einlesen in das Thema auf den folgenden Seiten. – Herausarbeiten der wesentlichen Inhalte. – Auswählen von Collagenmaterial. – Skizzen und Entwürfe erstellen. Collage anfertigen.
4. Auswertung
   Alle Collagen werden im Klassenraum aufgehängt und betrachtet.
   Die Collagen werden von denjenigen, die sie erstellt haben, erläutert und kommentiert.
   Die anderen Gruppen können dazu Rückmeldungen geben.

3.1 Familie – das höchste Gut?

Die Familie ist für die meisten Menschen sehr wichtig. In ihr wird der Mensch am stärksten geprägt, im positiven wie im negativen Sinn. Obwohl die Familie fortgesetzt Wandlungen unterworfen ist, hat sie sich als die widerstandsfähigste gesellschaftliche Gruppe erwiesen.

M 1 Die heute in der Bundesrepublik Deutschland und fast allen Industriestaaten vorherrschende Form der Familie ist die Kleinfamilie: Das sind Ehepaare bzw. Mütter oder Väter, die mit ihren heranwachsenden Kindern zusammenleben (Zweigenerationenfamilie). Diese Familien haben folgende wesentliche Aufgaben:
- Sie sind Lebens- und Wirtschaftsgemeinschaften.
- Sie sorgen für Nachkommen.
- Sie sind für die Erziehung der Kinder und deren gesellschaftliche und soziale Zukunft verantwortlich.
- Sie geben ihren Mitgliedern Halt und Geborgenheit (Nestwärme).

M 2 SHELL Jugendstudie 2019: Familie und Beruf
Die Shell Jugendstudie gibt regelmäßig eine Übersicht, wie die Generation der 12- bis 25-Jährigen heute in Deutschland aufwächst und lebt. Die folgenden Grafiken zeigen, welche Rolle Familie, Freunde und Beruf im Jahr 2019 spielten.

Arbeitsvorschläge

1. Beziehen Sie anhand von M 1 begründet Stellung, welche Aufgaben von Familien in den nächsten Jahren voraussichtlich an Bedeutung zu- oder abnehmen werden.
2. Werten Sie die Diagramme in M 2 aus (Methode s. S. 122 f.). Erstellen Sie auf der Grundlage Ihrer Ergebnisse einen Kurzvortrag zum Thema: „Wie wichtig sind meiner Generation Familie und Beruf?".

3.2 Schutz der Familie

Artikel 6 Grundgesetz [Ehe, Familie, nichteheliche Kinder]   M 1

(1) Ehe und Familie stehen unter dem besonderen Schutze der staatlichen Ordnung.
(2) Pflege und Erziehung der Kinder sind das natürliche Recht der Eltern und die zuvörderst ihnen obliegende Pflicht. Über ihre Betätigung wacht die staatliche Gemeinschaft.
(3) Gegen den Willen der Erziehungsberechtigten dürfen Kinder nur aufgrund eines Gesetzes von der Familie getrennt werden, wenn die Erziehungsberechtigten versagen oder wenn die Kinder aus anderen Gründen zu verwahrlosen drohen.
(4) Jede Mutter hat Anspruch auf den Schutz und die Fürsorge der Gemeinschaft.
(5) Den unehelichen Kindern sind durch die Gesetzgebung die gleichen Bedingungen für ihre leibliche und seelische Entwicklung und ihre Stellung in der Gesellschaft zu schaffen wie den ehelichen Kindern.

Traditionelle Familie

M 2   Unter dem Schutz der staatlichen Ordnung zu stehen, hört sich doch erst einmal gut an. Auch, dass dies für Ehe und Familie gilt. Und für alle anderen?
Als das Grundgesetz (GG) der Bundesrepublik Deutschland am 23. Mai 1945 voller Stolz präsentiert wurde, war es den Vätern und Müttern der Verfassung nicht wichtig, die Begriffe „Familie" und „Ehe" näher zu definieren. Es war viel zu selbstverständlich, dass damit nur die Beziehungen zwischen Mann und Frau, nicht aber gleichgeschlechtliche Partnerschaften gemeint waren. Ehe gilt immer noch als eine im Prinzip auf Lebenszeit angelegte und dauerhafte Gemeinschaft von Mann und Frau: „Bis dass der Tod Euch scheidet."
Heute hat sich das Verständnis von Familie geändert: Familie ist da, wo Kinder leben. Ob alleinerziehende Mütter und Väter, ob gleichgeschlechtliche Ehe oder Patchwork-Beziehungen mit Kindern, sie alle sind Familien. Und auch für sie alle gilt der Artikel 6 GG.
Der „besondere Schutz" von Ehe und Familie bedeutet eigentlich ein Privileg gegenüber anderen Lebensgemeinschaften. Die Unterschiede sind allerdings sehr gering. Auf den Punkt gebracht: Man kann in der Ehe das steuerlich günstige Ehegattensplitting (s. auch S. 192) in Anspruch nehmen und Kinder adoptieren.

Familie mit Hausmann

Alleinerziehende Mütter

Alleinerziehende Väter

M 3   „Wenn Sie so nachdenken, was sind Ihrer Meinung nach die größten Probleme für Familien mit Kindern in der Bundesrepublik Deutschland?"

Wohnungsprobleme	65 %
fehlende Einrichtungen für Kinder	62 %
Geldprobleme	53 %
Probleme bei der Kindererziehung	43 %
Probleme bei der Schulerziehung	39 %
keine Zeit füreinander	37 %
Ungewissheit über Zukunft	16 %
Sonstiges	5 %

(aus einer Schülerumfrage, Mehrfachnennungen waren möglich)

Regenbogenfamilie

Patchwork-Familie

Wochenendfamilie

Arbeitsvorschläge

1. Übersetzen Sie Artikel 6 des Grundgesetzes in eine leicht verständliche Sprache. Finden Sie Beispiele, die ein besseres Verständnis ermöglichen. (M 1)
2. Formulieren Sie Ihre Meinung zu Ehe und Familie (s. auch M 2). Tauschen Sie sich dazu mit einem Partner/einer Partnerin Ihrer Wahl aus.
3. Führen Sie die Meinungsumfrage (M 3) in Ihrer Klasse durch. Vergleichen Sie Ihre Ergebnisse miteinander.
4. Erarbeiten Sie Vorschläge zur Minderung der größten Probleme, die Familien in der Bundesrepublik Deutschland haben. Präsentieren Sie Ihre Vorstellungen.

3.3 Staatliche Unterstützung von Familien

Nach dem Grundgesetz ist der Staat verpflichtet, Ehe und Familie zu fördern und zu schützen. Pflege und Erziehung der Kinder aber sind oberste Pflicht und das natürliche Recht der Eltern, dem Staat fällt nur eine überwachende und ergänzende Aufgabe zu.

Jede Menge staatliche Förderungen für Familien mit Kind(ern) – hier eine Auswahl

Kindergeld gibt es
- generell für Kinder bis zum 18. Lebensjahr,
- für Kinder in Ausbildung oder bei Absolvierung eines FSJ (Freiwilliges Soziales Jahr) bis maximal bis zum 25. Lebensjahr,
- für Kinder ohne Arbeit bis maximal zum 21. Lebensjahr,
- für Kinder, die wegen einer Behinderung außerstande sind, sich selbst zu unterhalten (ohne Altersgrenze).

Elternzeit
- Nach der Geburt eines Kindes gibt es bis zu drei Jahren Freistellung von der Arbeit (für beide Elternteile), ohne dass der Arbeitgeber kündigen kann (s. auch Kapitel „Sozialer Arbeitsschutz", S. 86 f.).
- Wollen die Eltern diese drei Jahre nicht im Stück beanspruchen, können sie noch maximal 24 Monate in drei Zeitabschnitten bis zum achten Geburtstag des Kindes verteilen.
- Auf Elternzeit besteht ein Rechtsanspruch, d. h., sie ist einklagbar. Einziges Problem ist das Einkommen der Familie (s. Elterngeld, S. 87).

Elterngeld und ElterngeldPlus
- Das Elterngeld ist auf maximal 1 800,00 € pro Monat und 12 + zwei Monate begrenzt (beide Eltern teilen sich die Elternzeit), Kindergeld gibt es zusätzlich.
- Das ElterngeldPlus ist ein Anreiz für Partner, sich die Kindererziehung aufteilen, z. B. durch Teilzeitbeschäftigung.
- Alleinerziehenden kann das ElterngeldPlus bis zu maximal 28 Monaten finanziell helfen.

Kinderzuschlag
- Er steht Eltern zu, die mit ihrem Einkommen nicht ausreichend für ihre Kinder sorgen können.
- Einkommensabhängig wird bis zu 205,00 € monatlich pro Kind auf das Kindergeld draufgelegt (ab 01.01.2021) – festgeschrieben im sogenannten „Starke-Familien-Gesetz".
- Er steht Eltern zu, die ohne diesen Zuschlag auf ALG II (Hartz IV) angewiesen wären.

Unterhaltsvorschuss
- Anspruch darauf haben Kinder, die bei einem alleinerziehenden Elternteil leben und vom anderen Elternteil keinen oder nicht ausreichenden Unterhalt erhalten.

Ausbildungsförderung (BAföG)
- Anspruch darauf haben Schüler und Studenten, deren Eltern nicht allein für den Unterhalt ihrer Kinder während der Ausbildung aufkommen können.
- Der Bezug von BAföG ist an das Kindergeld gekoppelt – also maximal bis zum 25. Geburtstag.

Berufsausbildungsbeihilfe
- Anspruch haben Schüler in berufsvorbereitenden Bildungsmaßnahmen und Auszubildende, die z. B. nicht bei den Eltern wohnen können, da der Ausbildungsbetrieb zu weit entfernt ist. Weitere Informationen und Voraussetzungen unter www.arbeitsagentur.de.

Partnerschaftsbonus

Die Eltern können jeweils vier zusätzliche Monate ElterngeldPlus erhalten. Das ist nur in vier aufeinanderfolgenden Lebensmonaten möglich. Voraussetzung ist, dass beide Eltern in dieser Zeit Teilzeit arbeiten, und zwar mindestens 25 und höchstens 30 Stunden pro Woche.

Kindergeld 2021

1. bis 2. Kind:	219,00 €
3. Kind:	225,00 €
jedes weitere Kind:	250,00 €

Arbeitsvorschläge

1. *Finden Sie mithilfe einer Internetrecherche (s. S. 121) weitere Fördermaßnahmen für Familien. Gestalten Sie dazu eine Mindmap (s. S. 137).*
2. *Ermitteln Sie in Partnerarbeit weitere Möglichkeiten der Inanspruchnahme von Elterngeld und ElterngeldPlus. Nutzen Sie für Ihre Recherche das Internet.*

3.4 Rechtliche Bestimmungen für die Ehe

Die Eheschließung ist ein familienrechtlicher Vertrag zwischen zwei Personen verschiedenen oder gleichen Geschlechts vor dem Standesbeamten mit Rechten und Pflichten. Damit gehen beide Ehepartner weitreichende rechtliche Verpflichtungen ein. Die gesetzlichen Bestimmungen sind im Bürgerlichen Gesetzbuch (BGB) festgelegt.

M 1

Eheschließung
- nur vor dem Standesbeamten
- persönliches Jawort
- **Ehemündigkeit:** Volljährigkeit mindestens eines Partners bzw. Erlaubnis des Vormundschaftsgerichts
- **Ehehindernisse:** Es besteht noch eine Ehe, Bestehen eines Verwandtschaftsverhältnisses.

Gleichgeschlechtliche Ehen

Es hat Jahrzehnte gedauert. Endlich konnte nun der § 1353 Abs. 1 Satz 1 des BGB geändert werden. Seit 01.10.2017 lautet die Vorschrift: „Die **Ehe** wird von zwei Personen **verschiedenen oder gleichen Geschlechts** auf Lebenszeit geschlossen." Mit allen Rechten und Pflichten wie die bisher ausschließlich gültige Ehe zwischen Mann und Frau. Damit gibt es keine gleichgeschlechtlichen Lebenspartnerschaften mehr, deren Rechte stark eingeschränkt waren, sondern nur noch die **„Ehe für alle"**.

Rechtsfolgen der Eheschließung

Pflichten

- **Lebensgemeinschaft:**
  … Die Ehe wird auf Lebenszeit geschlossen.
  … Die Ehegatten sind … zur … Lebensgemeinschaft verpflichtet.

- **Unterhaltspflichten:**
  … Die Ehegatten sind einander zum Unterhalt verpflichtet.
  … sind verpflichtet, die Familie angemessen zu unterhalten.
  … ebenso Verwandte in gerader Linie.

- **elterliche Sorge als Pflichtrecht:**
  Die Eltern haben das RECHT und die PFLICHT, für das minderjährige Kind zu sorgen.

Rechte

- **Namensrecht** (siehe unten)

- **Haushaltsführung:**
  … in gegenseitigem Einvernehmen
  … beide können berufstätig sein
  … dabei haben sie Rücksicht zu nehmen auf den Ehegatten und die Familie

- **Gleichberechtigung:**
  … Alle Menschen sind vor dem Gesetz gleich.
  … Männer und Frauen sind gleichberechtigt.

M 2

Das seit 1994 geltende **Namensrecht** lässt den beiden Ehepartnern freie Wahl bei der Festlegung eines gemeinsamen Ehenamens. Die Regelung lässt sogar zu, dass beide ihren Namen nach der Heirat behalten. Ehegatten können künftig auch einen Namen als Ehenamen führen, den einer von beiden aus einer früheren Ehe mitgebracht hat.

Die Kinder erhalten den Ehenamen der Eltern oder den Namen eines der beiden Elternteile, aber keinen Doppelnamen.

Bei der **Erwerbstätigkeit** bestimmt das BGB heute, dass beide Ehegatten das Recht haben, berufstätig zu sein.

Eine Gleichberechtigung in der Partnerschaft und Elternschaft scheint für die meisten jungen Ehepaare normal zu sein. Immerhin sind nach einer aktuellen Umfrage 90 % überzeugt, dass sich beide Partner um Familien- und Erziehungsarbeit kümmern sollten. Doch häufig erfolgt mit der Geburt des ersten Kindes eine deutliche Aufgabendifferenzierung in Partner- und Elternschaft. Die traditionellen Rollen werden eingenommen: Der Mann ist für die finanzielle Versorgung der Familie zuständig, die Frau unterbricht ihre Berufstätigkeit oder gibt sie sogar auf, um sich familiären Aufgaben zu widmen. Ähnliches gilt auch in gleichgeschlechtlichen Ehen: Ein Partner widmet sich zum überwiegenden Teil familiären Aufgaben wie der Kindererziehung.

Arbeitsvorschläge

1. Wo klaffen gesetzlicher Anspruch und Wirklichkeit im Eherecht Ihrer Meinung nach am stärksten auseinander? Halten Sie dazu einen Kurzvortrag. (M 1, M 2)
2. Untersuchen Sie, welche Pflichten und Rechte von Ehepartnern zeitgemäß und welche Ihrer Meinung nach überholt sind. (M 1)

3.5 Eheliches Güterrecht

Die Hochzeitsglocken sind verklungen, der Ehealltag beginnt. Da gibt es noch Dinge, über die man nachdenken sollte: Darf ich allein über mein mit in die Ehe gebrachtes Vermögen (Geld, Immobilien, Auto, Wohnung, Haus und anderes) verfügen und entscheiden? Gehört uns alles gemeinsam und was ist mit dem, was wir gemeinsam erarbeiten?

Zu diesem Zeitpunkt denkt keiner an die Beendigung der Ehe ... Und doch sollte gut überlegt werden: Welcher Güterstand ist für die eigene Ehe der sinnvollste? Lassen Sie sich im Zweifelsfall von einem Familienanwalt oder Notar beraten.

M 4
Güterstand

Mit der Eheschließung ist das Ehepaar nicht nur einander zugehörig, sondern muss auch entscheiden, wie es mit seinem Vermögen umgehen möchte: Die Ehepartner können wählen zwischen der gesetzlichen Regelung oder vertraglichen Regelungen. Das nennt man Güterstand.

Zugewinn

Dieser Begriff beschreibt den Vermögenszuwachs beider Ehepartner während ihrer Ehe. Dieses Vermögen ist nicht nur das gemeinsame Geld, das am Ende auf dem Konto der Eheleute vorhanden ist, sondern auch gemeinsam gekaufte Immobilien, Aktien, Gesellschaftsanteile und anderes.

M 1 Zugewinngemeinschaft

Dieser Güterstand tritt mit der Eheschließung ein, wenn die Ehepartner nichts vertraglich geregelt haben.

Bedeutung gewinnt diese Regelung nur, wenn die Ehe geschieden wird. Dann muss geteilt werden. Hier ein Rechenbeispiel:

	Partner/-in 1	Partner/-in 2
Vermögen am Anfang der Ehe	20 000,00 €	10 000,00 €
Vermögen am Ende der Ehe	70 000,00 €	40 000,00 €
Zugewinn	50 000,00 €	30 000,00 €
Ausgleichsforderung der Ehefrau gegen den Ehemann	50 000,00 € − 30 000,00 € : 2 = 10 000,00 €	

M 2 Gütertrennung

Gütertrennung bedeutet, dass die Vermögensbereiche der Ehepartner auch nach der Eheschließung strikt getrennt bleiben. Die Ehepartner werden vermögensmäßig so behandelt, als ob sie nicht verheiratet wären.

M 3 Gütergemeinschaft

Durch den Vertrag zur Gütergemeinschaft wird das Vermögen der Ehepartner grundsätzlich vollständig gemeinschaftliches Vermögen beider. Es ist dann völlig unerheblich, ob das Vermögen mit in die Ehe gebracht wurde oder während der Ehe erworben wurde.

Arbeitsvorschläge

1. Erklären Sie einem Partner/einer Partnerin mit eigenen Worten die Begriffe „Zugewinn" und „Güterstand". (M 4)
2. Notieren Sie in einer Tabelle Vor- und Nachteile der Güterstände „Zugewinngemeinschaft", „Gütertrennung" und „Gütergemeinschaft" in einer Ehe. (M 1, M 2, M 3). Führen Sie dazu eine Internetrecherche durch (s. S. 121).
3. Überlegen Sie sich ein ähnliches Beispiel wie in der Tabelle in M 1. Erklären Sie es einem Partner/einer Partnerin.

3.6 Die Ehescheidung

M 1
Eheschließungen in Deutschland

Jahr	Eheschließungen
2018	449 466
2017	407 466
2016	410 426
2015	400 115
2014	385 952
2013	373 660
2012	387 423
2011	377 816
2006	373 681
2001	389 591
1996	427 297
1991	454 291

vgl. Statistisches Bundesamt, www.destatis.de/DE/Themen/Gesellschaft-Umwelt/Bevoelkerung/Eheschliessungen-Ehescheidungen-Lebenspartnerschaften/_inhalt.html [20.05.2020]

Ehescheidungen in Deutschland

Jahr	Ehescheidungen
2017	153 501
2016	162 397
2015	163 335
2013	169 800
2011	187 640
2006	190 928
2001	197 498
1996	177 550
1991	136 317

vgl. Statistisches Bundesamt, www.destatis.de/DE/ZahlenFakten/GesellschaftStaat/Bevoelkerung/Ehescheidungen/Tabellen_/lrbev06.html, Zahlen für 2016 und 2017 unter: www.destatis.de/DE/Presse/Pressemitteilungen/2018/07/PD18_251_12631.html [20.05.2020]

Obwohl die Ehe eine Gemeinschaft auf Lebenszeit sein sollte, werden viele Ehen wieder geschieden.

Antrag auf Scheidungsurteil

Scheidungsgrund:
Das Scheitern der Ehe, d. h., es besteht keine Lebensgemeinschaft mehr, und eine Wiederherstellung ist auch nicht zu erwarten. Maßstab für das Scheitern: Die Partner leben getrennt.

- Bei Trennung von weniger als 1 Jahr: Scheidung nur in besonderen Härtefällen.
- Bei einer Trennung von mindestens 1 Jahr: Scheidung möglich, wenn beide Ehegatten einverstanden sind.
- Bei einer Trennung von mindestens 3 Jahren: Scheidung kann von einem Ehegatten allein durchgesetzt werden, falls nicht eine besondere Härte dies ausnahmsweise verbietet.

M 2 Um das Scheidungsverfahren einzuleiten, muss einer der Ehegatten einen Scheidungsantrag stellen. Dazu muss der Antragsteller einen Anwalt beauftragen. Der Antrag wird vom Anwalt beim Amtsgericht eingereicht. Das Scheidungsverfahren wird durch die Zustellung des Scheidungsantrags an den Ehepartner eingeleitet. Das Gericht sendet dann den Ehegatten Formulare für den Versorgungsausgleich zu. Scheitert eine Ehe, sorgt der Versorgungsausgleich dafür, dass die von den Ehepartnern erworbenen Rentenanrechte geteilt werden. So erhält auch derjenige Ehegatte eine eigenständige Absicherung für Alter und Invalidität, der – z. B. wegen der Kindererziehung – auf eine eigene Erwerbstätigkeit verzichtet hat.
Unter den Versorgungsausgleich fallen:
– gesetzliche Renten oder Beamten-Pensionen,
– betriebliche Renten,
– Leistungen von berufsständischen Versorgungseinrichtungen,
– Leistungen aus staatlich geförderter Altersvorsorge (Riester- und Rürup-Renten),
– private Rentenversicherungen.

Das neue sogenannte „vereinfachte Familienrecht" ist ab dem 01.09.2009 in Kraft getreten und hat einige Neuerungen gebracht. So ist z. B. der Versorgungsausgleich neu geregelt worden (Berücksichtigung von Schulden, die vor der Eheschließung bestanden).
Die Scheidung kann von einigen Monaten bis zu mehreren Jahren dauern. Das Gericht verkündet in Anwesenheit der Ehegatten das Scheidungsurteil. Wenn beide Ehegatten auf Rechtsmittel gegen die Scheidung verzichten, wird die Scheidung sofort rechtskräftig. Ansonsten muss noch der Ablauf einer einmonatigen Berufungsfrist abgewartet werden. Der Termin ist nicht öffentlich, Zuschauer sind somit nicht zugelassen. Mit der Zustellung des schriftlichen Scheidungsurteils ist das Verfahren beendet.

M 3 Das 2008 reformierte Familienrecht ermöglicht ein vereinfachtes Scheidungsverfahren. Bei einer einvernehmlichen Trennung kinderloser Paare soll es künftig möglich sein, im Gerichtsverfahren auf einen Anwalt zu verzichten; eine übereinstimmende Erklärung beim Notar soll genügen. Ein Versorgungsausgleich findet bei Ehen, die unter drei Jahren gehalten haben, nicht statt. Diese Vereinfachung soll nicht nur die Gerichte entlasten, sondern auch die Betroffenen, da eine solche Scheidung billiger und schneller ist.

Arbeitsvorschläge

1. Stellen Sie die Zahlen aus M 1 grafisch dar und werten Sie diese aus. Recherchieren Sie im Internet die Ursache für die sprunghaft gestiegene Zahl an Eheschließungen 2018.
2. Stellen Sie das Scheidungsverfahren als Flussdiagramm dar. (M 2)
3. Notieren Sie Argumente für und gegen ein vereinfachtes Scheidungsrecht. Stellen Sie diese zur Diskussion. (M 3)

3.7 Das Kindschaftsrecht

Sorgerecht
Viele Eltern (ca. 75 %) entscheiden sich nach ihrer Scheidung oder Trennung für die gemeinsame **elterliche Sorge**. Nicht miteinander verheirateten Eltern steht die gemeinsame Sorge für ihre Kinder dann zu, wenn sie dies übereinstimmend vor dem Jugendamt oder einem Notar erklären. Die gemeinsame Sorge wird bei getrennt lebenden Eltern dadurch erleichtert, dass der Elternteil, der das Kind betreut, Angelegenheiten des täglichen Lebens allein entscheiden kann.

Trotzdem ist es ratsam, eine Sorgevereinbarung abzuschließen, um Konflikte zu vermeiden.

Sorgevereinbarung
Vertrag über die Ausübung der gemeinsamen Sorge nach Trennung und Scheidung.

Sorgevereinbarung von Frau und Herrn:
Für unser Kind:
vereinbaren wir, auch nach unserer Trennung weiterhin gemeinsam zu sorgen.
Zur konkreten Ausgestaltung der gemeinsamen Sorge treffen wir folgende Absprachen:

- Aufenthalt des Kindes:
- Umgang:
- Alltag:
- Kindesunterhalt:

- Schule/Ausbildung:
- Konflikte:
- Anpassung der Sorgevereinbarung:

Wir haben die Sorgevereinbarung gemeinsam erarbeitet und erklären uns mit allen vereinbarten Regelungen einverstanden.

_____   _____
Unterschrift der Mutter   Unterschrift des Vaters

Umgangsrecht
Beiden Partnern steht ein Umgangsrecht zu, das – genauso wie bisher bei ehelichen Kindern – nur eingeschränkt oder ausgeschlossen werden kann, wenn dies zum Wohle des Kindes erforderlich ist. Darüber hinaus haben auch andere wichtige Bezugspersonen für das Kind – wie Großeltern und Geschwister – ein Umgangsrecht, wenn dies dem Wohl des Kindes dient. Vor allem aber hat das Kind selbst jetzt einen Anspruch auf Umgang mit beiden Eltern. Daraus ergibt sich die Pflicht jedes Elternteils zum Umgang mit dem Kind. Eltern haben alles zu unterlassen, was das Verhältnis des Kindes zum anderen Elternteil beeinträchtigen könnte.

Unterhaltsrecht, Unterhaltspflicht
Beide Elternteile müssen für ihre Kinder Unterhalt erbringen, das ist die Unterhaltspflicht. Der Elternteil, bei dem das Kind lebt, leistet seinen Unterhalt in der Regel durch die Pflege und Erziehung des Kindes, den sogenannten **Naturalunterhalt**. Der andere Elternteil muss seinen Beitrag finanziell ausgleichen. Ab dem 18. Lebensjahr des Kindes müssen die Eltern den Unterhalt als Barunterhalt erbringen, und das Kind muss sich selbst um die Umsetzung seiner Rechte kümmern. Wichtig für Jugendliche, deren Eltern getrennt leben: Hat bisher ein Elternteil den Unterhalt vom anderen Elternteil gefordert, so muss dies nun das volljährige Kind selbst übernehmen.

Festlegung des Unterhalts
Entweder legt den Unterhaltsanspruch das Jugendamt fest (gut ein Drittel), die Eltern allein (rund ein Viertel) oder aber ein Anwalt oder Notar ohne Einschaltung eines Gerichts. Nur bei etwa einem Sechstel fällt ein Gerichtsurteil die Entscheidung.

Arbeitsvorschläge

1. *Erklären Sie die Begriffe „Sorgerecht", „Umgangsrecht" und „Unterhaltsrecht" mit eigenen Worten.*
2. *Stellen Sie weitere Informationen zum Kindsrecht zusammen und berichten Sie darüber.*

3.8 Die Unterhaltspflicht

Unterhaltspflicht bedeutet im Familienrecht in Deutschland, für die Lebensbedürfnisse anderer Personen einstehen zu müssen.

Verwandtschaft

Rechtsbeziehungen zwischen natürlichen Personen, die auf Abstammung beruhen
a) **gerade Linie**
   Großeltern
   Eltern
   Kinder
   Enkel
b) **Seitenlinie**
   Geschwister
   Onkel
   Neffen

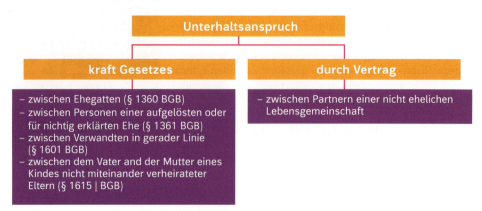

Alle direkt miteinander verwandten Personen können verpflichtet sein, für den anderen Unterhalt zu zahlen. Unterhaltspflicht besteht auch zwischen Personen, die miteinander verheiratet sind oder waren. Nichtverheiratete Personen können gegenseitig zu Unterhalt verpflichtet sein, wenn sie ein gemeinsames Kind haben. Bei Scheidung und Trennung betrifft die Unterhaltsverpflichtung überwiegend nur den Ehegattenunterhalt und den Kindesunterhalt.

Die wesentlichen Faktoren der Unterhaltspflicht sind **Einkommen** und **Bedarf**. Dabei gilt die Faustregel: Je höher das Einkommen des Pflichtigen ist, desto höher ist auch seine Unterhaltspflicht.

Düsseldorfer Tabelle

Sie wird herausgegeben vom Oberlandesgericht (OLG) Düsseldorf in Absprache mit den OLG in Deutschland. Den Familiengerichten und Jugendämtern dient sie als Richtschnur für die Festsetzung des Unterhaltes ehelicher und nicht ehelicher Kinder.

M 1

DÜSSELDORFER TABELLE

A. Kindesunterhalt

Nettoeinkommen des Barunterhaltspflichtigen (Anm. 3, 4)	Altersstufen in jahren (§ 1612 a Abs. 1 BGB)				Prozentsatz	Bedarfskontrollbetrag (Anm. 6)
	0–5	6–11	12–17	ab 18		
Alle Beträge in Euro						
1. bis 1 900	369	424	497	530	100	960/1 160
2. 1 901 – 2 300	388	446	522	557	105	1 400
3. 2 301 – 2 700	406	467	547	583	110	1 500
4. 2 701 – 3 100	425	488	572	610	115	1 600
5. 3 101 – 3 500	443	509	597	636	120	1 700
6. 3 501 – 3 900	473	543	637	679	128	1 800
7. 3 901 – 4 300	502	577	676	721	136	1 900
8. 4 301 – 4 700	532	611	716	764	144	2 000
9. 4 701 – 5 100	561	645	756	806	152	2 100
10. 5 101 – 5 500	591	679	796	848	160	2 200
ab 5.501 nach den Umständen des Falles						

Oberlandesgericht Düsseldorf: Tabelle Leitlinien für den Unterhaltsbedarf, 01.01.2020. www.olg-duesseldorf.nrw.de/infos/Duesseldorfer_Tabelle/Tabelle-2020/Duesseldorfer-Tabelle-2020.pdf [17.12.2020]

Arbeitsvorschlag

Wie hoch ist der Unterhalt, den ein Unterhaltspflichtiger (Nettoeinkommen 3 400,00 €) monatlich für seine fünf und acht Jahre alten Kinder zahlen muss, die bei ihrer Mutter leben? (M 1)

3.9 Die nicht eheliche Lebensgemeinschaft

In Deutschland leben etwa 2,9 Millionen Paare ohne Trauschein zusammen (Stand 11/2019, Quelle: mdr). Dazu zählen viele junge Menschen, die vor ihrer Eheschließung mit einem Partner in einem gemeinsamen Haushalt leben. Das deutsche Familienrecht kennt diese Lebensgemeinschaft nicht. Es gibt im Familienrecht dafür keine gesetzliche Regelung. Nur im Sozialrecht wird bei der Berechnung der finanziellen Unterstützung die „eheähnliche Gemeinschaft" berücksichtigt.

Genau betrachtet handelt es sich bei einer nicht ehelichen Lebensgemeinschaft um eine auf Dauer angelegte Verbindung zwischen zwei Personen verschiedenen oder gleichen Geschlechts. Das Verhältnis der beiden Menschen ist gekennzeichnet durch eine freiwillige Bindung und gegenseitiges Einstehen füreinander. Diese Gemeinschaft geht über das bloße gemeinsame Wirtschaften hinaus und ist für die Betreffenden auch ohne Trauschein eine echte Alternative zur Ehe.

Im Sozialhilferecht dagegen werden geringere Anforderungen an den Begriff „eheähnliche Gemeinschaft" gestellt. Hier kommt es vor allem auf das gemeinsame Wohnen in einer „Bedarfsgemeinschaft" an.

Die nicht eheliche Lebensgemeinschaft ist bisher nicht gesetzlich geregelt. Deshalb ist zu überlegen, ob es sinnvoll ist, einen Partnerschaftsvertrag zu vereinbaren. Ein Partnerschaftsvertrag kann für eine größere Sicherheit der Partner sorgen und kostspielige und unangenehme gerichtliche Auseinandersetzungen vermeiden. Eine Trennung kann dann unkomplizierter werden.

M 2 Lebensformen

Wochenendbeziehung

Freie Wohn- und Lebensgemeinschaften

Schwule/lesbische Partnerschaften

Singles

Partnerschaft

M 1 Muster eines kurzen Partnervertrags

1) Wir wollen in nicht ehelicher Lebensgemeinschaft zusammenleben.
2) Wir wohnen in einer gemeinsamen Wohnung. Jeder von uns hat ein eigenes Zimmer eingerichtet. Bei den übrigen Einrichtungsgegenständen im Wohnzimmer und in der Küche haben wir jeweils gekennzeichnet, wem was gehört.
3) Wir teilen uns hälftig die Miete und Nebenkosten und die laufenden Haushaltskosten. Wir helfen uns gegenseitig bei der Haushaltsführung.
4) Jeder geht seiner eigenen Berufstätigkeit nach und verfügt über sein eigenes Einkommen selbstständig. Jeder von uns hat sein eigenes Konto und sein eigenes Auto. Wir haben außer der gemeinsamen Wohnung und Haushaltsführung keine gemeinsamen Verpflichtungen.
5) Jeder von uns ist jederzeit berechtigt, die Lebensgemeinschaft aufzukündigen. Wir wollen uns in diesem Falle bemühen, die Trennung einverständlich durchzuführen.
6) Mündliche Nebenabreden haben wir nicht getroffen. Änderungen und Ergänzungen dieses Vertrags bedürfen der Schriftform.

_____   _____
Ort, Datum   Unterschriften beider Partner

Drewes, Theo: Ehen ohne Trauschein. Der Rechtsratgeber für nicht eheliche Lebensgemeinschaften, Mosaik bei Goldmann, München 2006, S. 43

M 3
Der amerikanische Öl-Milliardär Paul Getty soll gesagt haben: „Wenn man einem Menschen trauen kann, erübrigt sich ein Vertrag. Wenn man ihm nicht trauen kann, ist jeder Vertrag nutzlos."

Arbeitsvorschläge

1. Recherchieren Sie im Internet den Unterschied zwischen der „eheähnlichen Gemeinschaft" und der „Bedarfsgemeinschaft".
2. Verändern Sie M 1 so, wie Sie es für richtig halten würden, und stellen Sie diesen Vertrag zur Diskussion.
3. Beurteilen Sie M 1 im Hinblick auf M 3. Wo liegen Ihrer Meinung nach die Tücken des Vertrags?
4. Stellen Sie in einer Tabelle Vor- und Nachteile unterschiedlicher Lebensformen zusammen (M 2). Welche Lebensformen fehlen Ihrer Meinung nach? Ergänzen Sie.

Interessen in Schule und Betrieb wahrnehmen

Methode:

Planspiel (vereinfacht): Gründung einer Jugend- und Auszubildendenvertretung (JAV)

Spiele sind Probehandlungen. Eine besondere Form ist hierbei das Planspiel, in dem die Austragung und Lösung von Problemen und Konflikten erprobt werden kann. Das Ziel ist eine anschließende Entscheidung.

Womöglich haben Sie betriebliche Konfliktsituationen schon selbst erlebt, z. B. wenn es um die Gewährung von Urlaub ging.
Wir schlagen Ihnen hier vor, mithilfe eines Planspiels Möglichkeiten der betrieblichen Konfliktregelung durch die Interessenvertretungen Betriebsrat und Jugend- und Auszubildendenvertretung zu erarbeiten und durchzuspielen.

1. Vorbereitung

Kostenlose Literatur:
Mitbestimmung – eine gute Sache
Bundesministerium für Arbeit und Soziales
www.bmas.de

Der Ausgangspunkt ist die Gründung einer Jugend- und Auszubildendenvertretung. Mit ihrer Hilfe sollen betriebliche Konfliktsituationen, z. B. die Festlegung von Arbeitszeiten und Urlaub, gelöst werden.

Zu klärende Fragen:
- Worin besteht der Interessengegensatz?
- Wer sind die Beteiligten?
- Was sind die Ursachen?
- Was wollen wir erreichen?
- Wie ist die Rechtslage?
- Was können wir tun?
- Welche Hilfen brauchen wir?

Besetzen Sie folgende Arbeitsgruppen und besprechen Sie die jeweiligen Arbeitsaufträge, die sich aus dem Ablauf des Planspiels ergeben.

Arbeitsgruppen

Jugendliche und Auszubildende	Wahlberechtigung, Wählbarkeit, Zusammensetzung der JAV (§§ 60–62 BetrVG)
Kandidaten/Mitglieder der JAV	Aufgaben der JAV (§§ 65–71), Rechtslage Arbeitszeit/Urlaub: § 8, 19 JArbSchG
Betriebsrat	Zusammensetzung und Wahl (§§ 1, 7–9, 21, 26, 30, 39 BetrVG)
Wahlvorstand	Wahlvorschriften JAV (§§ 63 + Teile 14, 14a, 16, 18–20 BetrVG)
Belegschaft (Beobachter)	Aufgaben, Mitwirkung und Mitbestimmung des Betriebsrates (§§ 80, 87–90, 97–99, 102, 103 BetrVG)
Geschäftsleitung	Abgrenzung zu Arbeitnehmern, Rechte/Pflichten (§§ 5 Abs. 2, 40, 41, 53 Abs. 2 Punkt 2, 81 BetrVG)

Arbeitsvorschläge

1. Wählen Sie eine Spielleitung, falls Ihr Fachlehrer/Ihre Fachleiterin diese Aufgabe nicht übernimmt. Bestimmen Sie dann je Arbeitsgruppe einen Gruppensprecher.
2. Informieren Sie sich gemeinsam mit Ihrer Gruppe über die Inhalte Ihrer Rollen und bereiten Sie die Durchführung des Planspiels vor.
3. Verabreden Sie, auf welche Weise die Ergebnisse des Planspiels präsentiert werden sollen.

Methode:

2. Durchführung

Die nicht beteiligten Schüler/-innen (Beobachter) machen sich Notizen für die Auswertung. Die Kommunikation erfolgt schriftlich oder mündlich.

Materialien
Gruppenschilder
Plakatpapier
(z. B. Restrollen von Druckereien)
farbige Marker
Klebeband
Schere

Papier für erforderlichen Schriftverkehr

Formblätter zur JAV-Wahl
Tipp: bei einer Gewerkschaft nachfragen

Wahlumschläge
Wahlurnen
Wahlkabine
„Wahllokal"

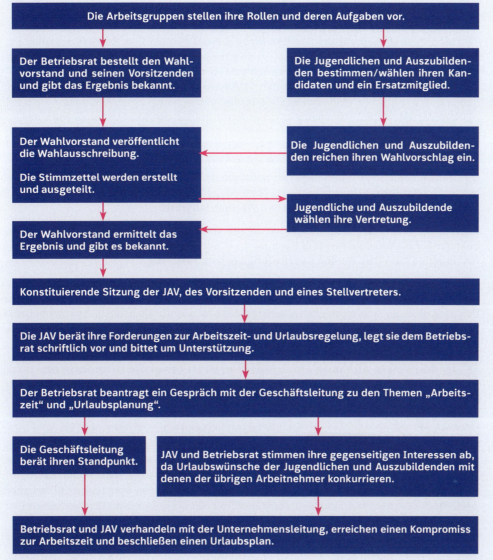

Auswertung

Mögliche Fragestellungen für die Auswertung:
- Sind die fachlichen Inhalte deutlich geworden?
- Überzeugten die Spieler in ihren Rollen?
- War die Präsentation optisch und akustisch verständlich?
- Gibt es Verbesserungsvorschläge für das Spiel und den Spielablauf?

Arbeitsvorschläge

1. Führen Sie in Ihrer Klasse ein Planspiel „Wahl einer Jugend- und Auszubildendenvertretung" durch.
2. Führen Sie die Verhandlungen mit der Unternehmensleitung wegen der Überstunden und der Urlaubsregelungen in einem Rollenspiel durch.

1 Mitbestimmung und Interessenvertretung im Betrieb

1.1 Der Betriebsrat

Logistik
Beschaffungswesen, z. B. Transport und Lagerung von Material

M1 Erfolg für VW-Gesamtbetriebsrat Roadmap „Digitale Transformation mit Beschäftigungssicherung"
Im März 2019 kündigt VW-Chef Herbert Diess in Wolfsburg bei einer Betriebsversammlung an, in Deutschland müssten 7 000 Arbeitsplätze „eingespart" werden. Die Gründe seien Digitalisierung und Elektromobilität. Der Betriebsratsvorsitzende Bernd Osterloh protestiert heftig. Im Juni 2019 stellt der Betriebsrat die mit VW ausgehandelte „Roadmap Digitalisierung" vor. Für alle deutschen Standorte wird die bisherige Beschäftigungssicherung von 2025 auf 2029 erweitert. Mittel zur Qualifizierung werden von 60 auf etwa 160 Millionen € erhöht.
(Autorentext)

Betriebe mit Betriebsrat nach Beschäftigten 2018

Beschäftigte	Betriebsräte	
	West	Ost
5 bis 50	8 %	10 %
51 bis 100	33 %	37 %
100 bis 199	54 %	54 %
200 bis 500	73 %	72 %
über 500	90 %	86 %

Im Durchschnitt haben in Westdeutschland ca. 41 % der Beschäftigten einen Betriebsrat. Im Westen sind es im Mittel 40 %, im Osten 36 %. 1996 betrug das Verhältnis noch 51 % zu 43 %.

vgl. *Hans-Böckler-Stiftung, WSI-Mitteilungen 4/2019, S. 294 f.*

Hinweis: Die nächste Betriebsratswahl ist 2022.

Betriebsräte sind die Interessenvertreter der Arbeitnehmer/-innen in privaten Unternehmen. Ihre Zusammenarbeit mit den Unternehmensleitungen und ihre Mitbestimmungsmöglichkeiten sind im **Betriebsverfassungsgesetz (BetrVG)** geregelt. Internationale Unternehmen, z. B. VW, haben **Europäische Betriebsräte** und **Weltbetriebsräte**.

Jugendliche und Auszubildende können eigene Vertretungen bilden, wenn ein Betriebsrat besteht. Für die Angestellten und Beamten in öffentlichen Verwaltungen und Schulen sind Personalräte nach dem **Personalvertretungsgesetz** zuständig.

Die Bildung von Betriebsräten ist freiwillig. Es müssen sich nur genügend Beschäftigte finden, die einen Betriebsrat wollen und bereit sind, dafür zu kandidieren. Umfragen der gewerkschaftsnahen Hans-Böckler-Stiftung ergaben allerdings, dass vor allem in kleineren und mittleren Betrieben Kandidaten vom Arbeitgeber eingeschüchtert werden. Das ist auch ein Grund, weshalb sich manche Arbeitnehmer scheuen, einen Betriebsrat zu fordern oder selbst zu kandidieren.

M2 Mit einem Aushang am Schwarzen Brett fängt die Gründung an

Was müssen Arbeitnehmer tun, die eine Vertretung gründen? Nach dem Betriebsverfassungsgesetz ist zunächst eine Betriebsversammlung einzuberufen, die einen **Wahlvorstand** wählt. Einladen können drei volljährige Arbeitnehmer des Betriebs oder eine im Betrieb vertretene Gewerkschaft. Eine besondere Form ist nicht vorgeschrieben. Meist reicht eine Einladung am Schwarzen Brett. Teilnehmen können alle Mitarbeiter während der Arbeitszeit. Sind darunter Frauen, müssen sie im Wahlvorstand vertreten sein.

Probleme, mit denen Betriebsräte befasst werden
- Arbeitsschutz/ Gesundheitsförderung
- Weiterbildung
- Altersversorgung
- Erhöhung des Leistungsdrucks
- Beschäftigungssicherung
- Änderung der Arbeitsorganisation
- Personalabbau
- Kündigungsschutzfragen

M3 Die regelmäßige Amtszeit eines Betriebsrats beträgt vier Jahre. Nach der Wahl wählen die neuen Mitglieder „aus ihrer Mitte" einen Vorsitzenden und einen Stellvertreter. Für Beschlüsse muss mindestens die Hälfte der Mitglieder anwesend ein. Bei Stimmengleichheit ist ein Beschluss abgelehnt. Alle **Kosten** der Betriebsratsarbeit trägt der Arbeitgeber. Der Betriebsrat führt während der Arbeitszeit regelmäßig **Sprechstunden** durch. Ihr Besuch darf für die Arbeitnehmer nicht zu Entgeltkürzungen führen. Gibt es eine Jugend- und Auszubildendenvertretung (JAV) ohne eigene Sprechstunden, kann ein Vertreter der JAV zur Beratung der Jugendlichen und Auszubildenden an den Sprechstunden des Betriebsrats teilnehmen.
In Betrieben mit mehr als 200 Beschäftigten ist mindestens ein Betriebsratsmitglied von der beruflichen Tätigkeit „freizustellen". Es kann sich voll seinen Betriebsratsaufgaben widmen. Die Zahl der **Freistellungen** erhöht sich mit der Zahl der Mitarbeiter/-innen.
Der Betriebsrat muss vierteljährlich eine **Betriebsversammlung** einberufen und der Belegschaft einen Tätigkeitsbericht vorlegen. Die Betriebsversammlung findet grundsätzlich während der Arbeitszeit statt. Der Arbeitgeber ist dazu einzuladen, hat Rederecht und muss einmal im Jahr über das Personal- und Sozialwesen berichten.

M 4 Betriebsverfassungsgesetz

§ 1 Errichtung von Betriebsräten
(1) In Betrieben mit in der Regel mindestens fünf ständigen wahlberechtigten Arbeitnehmern, von denen drei wählbar sind, werden Betriebsräte gewählt. […]

§ 7 Wahlberechtigung
Wahlberechtigt sind alle Arbeitnehmer des Betriebs, die das 18. Lebensjahr vollendet haben. Werden Arbeitnehmer eines anderen Arbeitgebers zur Arbeitsleistung überlassen, so sind diese wahlberechtigt, wenn sie länger als drei Monate im Betrieb eingesetzt werden.

§ 8 Wählbarkeit
Wählbar sind alle Wahlberechtigten, die sechs Monate dem Betrieb angehören oder als in Heimarbeit Beschäftigte in der Hauptsache für den Betrieb gearbeitet haben. […]

§ 14 Wahlvorschriften. (1) Der Betriebsrat wird in geheimer und unmittelbarer Wahl gewählt.
(3) Zur Wahl des Betriebsrates können die wahlberechtigten Arbeitnehmer und die im Betrieb vertretenen Gewerkschaften Vorschläge machen.

§ 14a Vereinfachtes Wahlverfahren für Kleinbetriebe. In Betrieben mit in der Regel fünf bis fünfzig wahlberechtigten Arbeitnehmern wird der Betriebsrat in einem zweistufigen Verfahren gewählt. In einer ersten Versammlung wird der Wahlvorstand nach § 17a Nr. 3 gewählt. Auf einer zweiten Wahlversammlung wird der Betriebsrat in geheimer und unmittelbarer Wahl gewählt. Diese Wahlversammlung findet eine Woche nach der Wahlversammlung zur Wahl des Wahlvorstandes statt.

§ 15 Zusammensetzung nach Beschäftigungsarten und Geschlechtern
(1) Der Betriebsrat soll sich möglichst aus Arbeitnehmern der einzelnen Organisationsbereiche und der verschiedenen Beschäftigungsarten der im Betrieb tätigen Arbeitnehmer zusammensetzen.
(2) Das Geschlecht, das in der Belegschaft in der Minderheit ist, muss mindestens entsprechend seinem zahlenmäßigen Verhältnis im Betriebsrat vertreten sein, wenn dieser aus mindestens drei Mitgliedern besteht.

Anzahl der Betriebsratsmitglieder

Wahlberechtigte	Mitglieder
5– 20	1
21– 50	3
51– 100	5
101– 200	7
201– 400	9
401– 700	11
701–1 000	13
1 001–1 500	15
1 501–2 000	17
2 001–2 500	19
2 501–3 000	21
3 001–3 500	23
3 501–4 000	25
4 001–4 500	27
4 501–5 000	29
5 001–6 000	31
6 001–7 000	33
7 001–8 000	35
8 001–9 000	37

Je weitere angefangene 3 000 Arbeitnehmer zwei Mitglieder mehr

M 5 § 80 (1) Der Betriebsrat hat folgende allgemeine Aufgaben:

1. darüber zu wachen, dass die zugunsten der Arbeitnehmer geltenden Gesetze, Verordnungen, Unfallverhütungsvorschriften, Tarifverträge und Betriebsvereinbarungen durchgeführt werden;
2. Maßnahmen, die dem Betrieb und der Belegschaft dienen, beim Arbeitgeber zu beantragen;
2a die Durchsetzung der tatsächlichen Gleichstellung von Frauen und Männern […] zu fördern;
2b die Vereinbarkeit von Familie und Erwerbstätigkeit zu fördern;
3. Anregungen von Arbeitnehmern und der Jugend- und Auszubildendenvertretung entgegenzunehmen und, falls sie berechtigt erscheinen, durch Verhandlungen mit dem Arbeitgeber auf eine Erledigung hinzuwirken; er hat [sie] über den Stand und das Ergebnis der Verhandlungen zu unterrichten;
4. die Eingliederung Schwerbehinderter und sonstiger besonders schutzbedürftiger Personen zu fördern;
5. die Wahl einer Jugend- und Auszubildendenvertretung durchzuführen. […] Er kann von der Jugend- und Auszubildendenvertretung Vorschläge und Stellungnahmen anfordern;
6. die Beschäftigung älterer Arbeitnehmer im Betrieb zu fördern;
7. die Integration ausländischer Arbeitnehmer im Betrieb und das Verständnis zwischen ihnen und den deutschen Arbeitnehmern zu fördern sowie Maßnahmen zur Bekämpfung von Rassismus und Fremdenfeindlichkeit im Betrieb zu beantragen;
8. die Beschäftigung im Betrieb zu fördern und zu sichern;
9. Maßnahmen des Arbeitsschutzes und des betrieblichen Umweltschutzes zu fördern.

Wegen der Corona-Pandemie wurden viele Tätigkeiten ins „Home-Office" verlagert. Gewerkschaften und Sozialpolitiker verlangen dafür eine Ergänzung der Mitbestimmungsrechte der Betriebsräte.

Arbeitsvorschläge

1. Geben Sie den Inhalt von M 1 mit eigenen Worten wieder.
2. Stellen Sie die Vorbereitungen zu einer Betriebsratswahl in einer Tabelle zusammen. (M 2, M 4)
3. Notieren Sie stichwortartig wichtige Bestandteile der Mitbestimmung. (M 3)
4. Ermitteln Sie aus M 5
   a) je zwei Beispiele für Überwachungsaufgaben und Förderpflichten von Betriebsräten und
   b) Aufgaben im Zusammenhang mit Jugend- und Auszubildendenvertretungen.
5. Nennen Sie einige Gründe dafür, dass es in vielen kleineren Betrieben keinen Betriebsrat gibt.

1.2 Mitwirkung und Mitbestimmung der Arbeitnehmer

Während die Mitwirkung und Mitbestimmung der Arbeitnehmer nur durch einen Betriebsrat erfolgen kann, sind im Betriebsverfassungsgesetz außerdem persönliche Rechte der **einzelnen Arbeitnehmer** geregelt.

M1 § 81 Unterrichtungs- und Erörterungspflicht des Arbeitgebers

(1) Der Arbeitgeber hat den Arbeitnehmer über dessen Aufgabe und Verantwortung und über die Art seiner Tätigkeit und ihre Einordnung in den Arbeitsablauf des Betriebs zu unterrichten. Er hat den Arbeitnehmer vor Beginn der Beschäftigung über Unfall und Gesundheitsgefahren [...] sowie über die Maßnahmen und Einrichtungen zur Abwehr dieser Gefahren [...] zu belehren.
(2) In Betrieben, in denen kein Betriebsrat besteht, hat der Arbeitgeber die Arbeitnehmer zu allen Maßnahmen zu hören, die Auswirkungen auf Sicherheit und Gesundheit der Arbeitnehmer haben können.

M3
Werkschließungen
Die deutschen Werke eines Elektronikkonzerns sollen geschlossen und ins Ausland verlegt werden. Der Wirtschaftsausschuss, der Betriebsrat und die Belegschaft erfahren davon durch die Presse.

Europäische Betriebsräte
können gegründet werden, wenn Unternehmen mit mindestens 1 000 Arbeitnehmern in mindestens zwei EU-Staaten mit jeweils mindestens 150 Arbeitnehmern tätig sind.

> **M2** Außerdem hat jeder Arbeitnehmer das **Recht**,
> – bei betrieblichen Maßnahmen, die ihn betreffen, Stellung zu nehmen und „Vorschläge für die Gestaltung des Arbeitsplatzes und der Arbeitsorganisation zu machen",
> – auf Erläuterung der Berechnung und der Zusammensetzung seines Arbeitsentgelts,
> – auf Einsicht in seine Personalakte,
> – auf Beschwerde bei den „zuständigen Stellen des Betriebs" oder beim Betriebsrat, wenn er sich benachteiligt fühlt,
> – beim Betriebsrat Themen zur Beratung vorzuschlagen.

Zur **Zusammenarbeit** zwischen Betriebsräten und Arbeitgebern sagt das Betriebsverfassungsgesetz:

M4 § 74 Grundsätze für die Zusammenarbeit

(1) Arbeitgeber und Betriebsrat sollen mindestens einmal im Monat zu einer Besprechung zusammentreten. Sie haben über strittige Fragen mit dem ernsten Willen zur Einigung zu verhandeln und Vorschläge für die Beilegung von Meinungsverschiedenheiten zu machen.
(2) Maßnahmen des Arbeitskampfes zwischen Arbeitgeber und Betriebsrat sind unzulässig; Arbeitskämpfe tariffähiger Parteien werden hierdurch nicht berührt. [...]

Kommt es zu Meinungsverschiedenheiten zwischen Arbeitgeber und Betriebsrat, kann eine **Einigungsstelle** eingerichtet werden, die aus einer gleichen Anzahl von Vertretern des Arbeitgebers und des Betriebsrats zusammengesetzt ist. Beide Seiten müssen sich auf einen unparteiischen Vorsitzenden einigen. Beschlüsse werden mit Stimmenmehrheit gefasst. Bei Mitbestimmungsrechten ist der „Spruch" der Einigungsstelle verbindlich, bei anderen Streitigkeiten gilt er nur, wenn ihn beide Seiten annehmen.

Tendenzbetriebe
Betriebe und Unternehmen mit unmittelbaren und überwiegend ideellen und geistigen Zielen

In Unternehmen mit mehr als 100 ständig beschäftigten Arbeitnehmern wird ein **Wirtschaftsausschuss** gebildet. Ausgenommen sind **„Tendenzbetriebe und Religionsgemeinschaften"** wie Zeitungsverlage und kirchliche Einrichtungen. Der Wirtschaftsausschuss wird vom Betriebsrat bestimmt und besteht aus drei bis sieben sachkundigen Betriebsangehörigen, von denen einer dem Betriebsrat angehören muss. Der Ausschuss soll die Unternehmer in wirtschaftlichen Angelegenheiten beraten und den Betriebsrat über die wirtschaftliche Lage des Unternehmens informieren. Deshalb muss ihn die Unternehmensleitung rechtzeitig über alle wirtschaftlichen Angelegenheiten unterrichten, z. B. über die finanzielle Lage oder über Rationalisierungsmaßnahmen.

Arbeitsvorschläge

1. Notieren Sie aus M 1 und M 2 die Unterrichtungspflichten des Arbeitgebers.
2. Ermitteln Sie aus M 1 und M 2, welche Möglichkeiten Sie haben, wenn bei einer Umbaumaßnahme, die Ihren Arbeitsplatz betrifft, der Schallschutz vernachlässigt wurde.

Die Mitwirkungs- und Schutzmöglichkeiten des Betriebsrats sind von abgestufter Wirksamkeit.

M 5

Mitwirkung und Mitbestimmung der Arbeitnehmer nach dem Betriebsverfassungsgesetz		
Mitbestimmungsrechte	**Mitwirkungsrechte**	**Beratungsrechte**
Soziale Angelegenheiten (§ 87) – Betriebsordnung – Arbeitszeit und Pausen – Überstunden – Urlaubsplan – Unfallverhütung – betriebliche Sozialeinrichtungen Arbeits- und betrieblicher Unfallschutz (§ 89) Personalfragebogen und Beurteilungsgrundsätze (§ 94) Maßnahmen der betrieblichen Berufsbildung (§ § 96 ff.) Sozialplan bei Betriebsänderung und Konkurs (§ 112)	Personalplanung (§ 92) Beschäftigungssicherung (§ 92a) Ausschreibung von Arbeitsplätzen (§ 93) Beurteilungsgrundsätze (§ 94) Personelle Einzelmaßnahmen (§ 99) – Einstellungen – Ein- und Umgruppierungen – Versetzungen Kündigungen (§ 102) Außerordentliche Kündigung (§ 103)	Wirtschaftliche Angelegenheiten (§ 106), z. B. wirtschaftliche und finanzielle Lage, Produktion, Absatz, Investitionen, Rationalisierung, Betriebsverlegung durch den vom Betriebsrat bestimmten Wirtschaftsausschuss Gestaltung des Arbeitsplatzes (§ 90) – Neu-, Um-, Erweiterungsbauten – technische Anlagen – Arbeitsverfahren
unbedingtes (zwingendes) Mitbestimmungsrecht	eingeschränktes Mitbestimmungsrecht	Recht auf Information und Beratung

Was kann der Betriebsrat gegen Kündigung tun?

1. Er muss sich umfassende Informationen über die Hintergründe der Kündigung vor seiner Stellungnahme beschaffen, z. B. über Fehlzeiten.
2. Er muss den Betroffenen vor einem Beschluss anhören.
3. Er kann innerhalb einer Woche Widerspruch gegen eine ordentliche Kündigung einlegen, wenn
   – die soziale Auswahl vernachlässigt wurde oder
   – eine Weiterbeschäftigung an einem anderen Arbeitsplatz möglich wäre, z. B. nach einer Umschulung.

M 6
Betriebsfrieden
Der Betriebsrat kann vom Arbeitgeber verlangen, Arbeitnehmer zu versetzen oder zu entlassen, wenn sie den Betriebsfrieden grob verletzen, z. B. durch Fremdenfeindlichkeit. Hierfür kann auch das Arbeitsgericht angerufen werden.
§ 104 BetrVG

– **Mitbestimmungsrechte:** Bei sozialen Angelegenheiten ist die Zustimmung des Betriebsrats für eine betriebliche Entscheidung unbedingt erforderlich. Der Betriebsrat ist gegenüber der Betriebsleitung gleichberechtigt, denn auch er kann Maßnahmen beantragen (Initiativrecht). Kommt keine Einigung zustande, unterbleibt die Maßnahme oder die Einigungsstelle (S. 64) entscheidet für beide Seiten verbindlich. Das Arbeitsgericht kann nur bei vermuteten Verfahrensfehlern angerufen werden.
Wenn ein Unternehmen Personalfragebogen und Beurteilungsgrundsätze oder Auswahlrichtlinien für Einstellungen, Versetzungen und Kündigungen (§§ 94, 95) plant, hat der Betriebsrat ebenfalls ein Mitbestimmungsrecht. Er kann diese Maßnahmen aber nicht erzwingen.

– **Mitwirkungsrechte:** Der Betriebsrat kann seine Zustimmung nur verweigern, wenn gegen gesetzliche Bestimmungen verstoßen wurde, z. B. bei Kündigungen. Bei personellen Einzelmaßnahmen (s. Übersicht) setzt sein Mitwirkungsrecht erst bei Betrieben mit mehr als 20 wahlberechtigten Arbeitnehmern an. Zudem kann der Arbeitgeber beim Arbeitsgericht beantragen, die Zustimmung durch eine richterliche Entscheidung zu ersetzen.

– **Beratungsrechte:** In wirtschaftlichen Angelegenheiten muss der Arbeitgeber den Betriebsrat rechtzeitig und umfassend unterrichten und sich mit ihm beraten. Ein Widerspruch des Betriebsrats ist aber rechtlich unwirksam, der Arbeitgeber kann letztlich allein entscheiden.

Arbeitsvorschläge

1. Stellen Sie fest, gegen welche arbeitsrechtlichen Grundsätze (M 1, M 2) im Fall M 3 verstoßen wurde.
2. Ermitteln Sie aus M 5 Beispiele aus Ihrem Ausbildungsbetrieb, bei denen eine Zustimmung des Betriebsrats erforderlich wäre.
3. Der Betriebsrat eines Betriebs mit Einigungsstelle widerspricht einer ordentlichen fristgerechten Kündigung. Beschreiben Sie die erforderlichen Schritte bis zur Entscheidung über die Wirksamkeit der Kündigung. (M 4)
4. Ein Mitarbeiter pöbelt einen Kollegen häufig wegen seines Migrationshintergrundes an. Dieser bittet den Betriebsrat um Hilfe. Beurteilen Sie den Fall nach § 80 BetrVG (M 5, S. 63) und M 6, und schlagen Sie Lösungen vor.

1.3 Die Jugend- und Auszubildendenvertretung (JAV)

M 1

Betriebsversammlung der mittelständischen Bauunternehmung „Hochbau" an einem Nachmittag im Saale der Gaststätte neben dem Betriebsgelände. Der Betriebsrat berichtet über eine insgesamt gute Zusammenarbeit mit dem Chef, kritisiert aber u. a. die häufigen Überstunden, die der Chef in seinem jährlichen Bericht mit dem Termindruck durch die Auftraggeber begründet hat.

An einem Tisch in der Saalecke langweilen sich die „Jungen". „Keiner redet über unsere Probleme", meint Marc. Er ist Auszubildender als Maurer im zweiten Jahr und gerade 18 geworden. André widerspricht: „Das mit den Überstunden betrifft auch Eric und mich. Wir sind häufig auf Baustellen außerhalb, fahren mit dem Betriebsbus mit und müssen so lange auf der Baustelle bleiben wie die Gesellen. André lernt im dritten Jahr und ist 19. Eric ist mit 17 der Jüngste in der Firma. Gregor, der Umschüler aus Kasachstan, ergänzt: „Außerdem ist da noch das Problem mit dem Urlaub. Häufig werden wir vertröstet, wegen der Arbeit oder weil gerade zwei Gesellen im Urlaub sind. Und wir sollten den Urlaub doch in den Berufsschulferien nehmen." „Das ist auch mein Hauptproblem", meint Klara. Sie ist 20 Jahre alt und macht eine Ausbildung zur Kauffrau für Bürokommunikation. „Ich habe aber eine Idee! Meine Freundin arbeitet in einem Betrieb, in dem gibt es eine Jugend- und Auszubildendenvertretung. Die haben über den Betriebsrat einen Urlaubsplan durchgesetzt. Wir sollten uns auch eine Vertretung wählen und dann versuchen, unsere Probleme zu lösen."

In Betrieben mit mindestens fünf Jugendlichen oder Auszubildenden kann eine Jugend- und Auszubildendenvertretung (JAV) gewählt werden, wenn im Betrieb ein Betriebsrat besteht.

Deine JAV informiert

Eure Jugend- und Auszubildendenvertretung trifft sich alle zwei Wochen dienstags im Betriebsratsbüro zur Sitzung.
Nächster Termin: ...

M 3

Zum Kreis der **Wahlberechtigten** zur Jugend- und Auszubildendenvertretung (JAV) zählen neben den Jugendlichen und den Auszubildenden auch Anlernlinge, Umschüler und Praktikanten unter 25 Jahren. „Wählbar sind alle Arbeitnehmer des Betriebes, die das 25. Lebensjahr noch nicht vollendet haben" (§ 61 Abs. 2 BetrVG) mit Ausnahme von Betriebsratsmitgliedern und Personen, denen wegen einer Straftat das Recht auf Bekleidung öffentlicher Ämter aberkannt wurde.

Vorbereitet wird eine JAV-Wahl, indem der Betriebsrat einen Wahlvorstand und seinen Vorsitzenden bestimmt. In kleineren Betrieben mit bis zu 50 Wahlberechtigten kann auch nach dem vereinfachten Wahlverfahren wie bei der Betriebsratswahl gewählt werden (s. S. 63): Ohne Betriebsrat kann keine JAV gewählt werden.

Wahlvorschläge benötigen die Unterstützung von mindestens zwei Wahlberechtigten. Sie müssen schriftlich erfolgen, können aber beim vereinfachten Wahlverfahren auch mündlich auf der ersten Wahlversammlung gemacht werden. Für eine JAV, die aus einer Person besteht, können Vorschläge für die Wahl eines Ersatzmitglieds gemacht werden.

Da die JAV nur über den Betriebsrat tätig werden kann, entsendet sie zu allen Betriebsratssitzungen einen Vertreter. Auch kann sie beantragen, eigene Anliegen auf die Tagesordnung zu bringen. Werden solche Angelegenheiten behandelt, haben alle Mitglieder der JAV das Recht, an der Sitzung teilzunehmen. Sie haben volles Stimmrecht, wenn es um „Anliegen" der Jugendlichen und Auszubildenden geht.

Die JAV kann vor oder nach jeder Betriebsversammlung eine **Jugend- und Auszubildendenversammlung** abhalten, um Tätigkeitsbereiche, Ausbildungsfragen und andere sozialpolitische Themen zu diskutieren. In Betrieben mit über 50 Wahlberechtigten sichern Sprechstunden den Kontakt mit den Jugendlichen und Auszubildenden.

M 4 Stark im Betrieb

Ihr seid von euren Kolleginnen und Kollegen in die Jugend- und Auszubildendenvertretung (JAV) gewählt worden. Das ist gelebte Demokratie. [...] Es ist jetzt eure Aufgabe, die Interessen der Auszubildenden, dual Studierenden und Jugendlichen im Betrieb zu vertreten und euch für sie während der Ausbildung für sie einzusetzen. Denn alles, was mit der Ausbildung zu tun hat, ist Thema der JAV. Eine qualitativ hochwertige Ausbildung ist in den Betrieben nicht immer selbstverständlich. [...] Um im Betrieb mitreden und mitentscheiden zu können, muss sich die JAV gemeinsam mit dem Betriebsrat, der IG Metall und jungen Beschäftigten in Diskussionen einmischen, [...] Bestehendes in Frage stellen, eigene Ideen entwickeln, Forderungen einbringen und Veränderungen erreichen.

IG Metall-Vorstand, Ressort Junge IG Metall (Hrsg.): Stark im Betrieb, Frankfurt/M. 2016, S. 6

M 5 Von der Theorie zur Praxis – einige Beispiele:
- Verbesserung der Sachmittelausstattung in der Ausbildung (neue PCs, CNC-Maschine)
- Einführung einer Ausbildungsstandkontrolle anstelle eines Beurteilungsverfahrens mit Noten
- unbefristete Übernahme aller Auslernenden
- Einführung von Job-Tickets (Fahrtkostenübernahme)
- Durchführung von Projekttagen, z. B. „Umweltschutz in der Berufsausbildung/im Betrieb"

vgl. IG Metall-Vorstand, Ressort Junge IG Metall (Hrsg.): Stark im Betrieb, Frankfurt/M. 2016, S. 15

Arbeitsvorschläge

1. Nennen Sie die Voraussetzungen für die Wahl einer Jugend- und Auszubildendenvertretung.
2. Beschreiben Sie die Bedingungen für die Wahlberechtigung und Wählbarkeit zur JAV.
3. Entwickeln Sie Vorschläge, um die in M 1 genannten Probleme zu lösen.
4. Fassen Sie M 4 in Stichworten zusammen.
5. Stellen Sie aus M 2 und M 5 die für Ihre Berufsausbildung wichtigen Aufgaben der JAV in einer Liste zusammen und ergänzen Sie diese um weitere Beispiele.

1.4 Betriebsvereinbarungen

Betriebsvereinbarungen zwischen einem Betriebsrat und dem Arbeitgeber sind ein wichtiges Instrument zur praktischen Ausgestaltung der Mitbestimmungsrechte im Betrieb. Sie sind schriftlich abzufassen, von beiden Seiten zu unterschreiben und im Betrieb an geeigneter Stelle auszuhängen. Sie gelten „zwingend" für alle Arbeitnehmer des Unternehmens.

Gegenstand von Betriebsvereinbarungen können alle Angelegenheiten sein, bei denen der Betriebsrat ein Mitbestimmungsrecht hat. Es sind vor allem soziale Angelegenheiten nach § 87 BtrVG sowie Maßnahmen zum betrieblichen Arbeits- und Umweltschutz. Gegenstände, die in Tarifverträgen zu regeln sind, gehören nicht dazu, es sei denn, diese lassen es ausdrücklich in sogenannten **Öffnungsklauseln** (s. S. 93) zu.

Länderübergreifende Vereinbarungen für Konzerne werden auch als **Rahmenverträge** bezeichnet und mit **internationalen Gewerkschaften** vereinbart.

M2
Globalisierung mit sozialer Verantwortung – VW-Sozialcharta

„Volkswagen dokumentiert mit dieser Erklärung die grundlegenden Rechte und Prinzipien. [...]
Die Zukunftssicherung von Volkswagen und der Beschäftigten erfolgt im Geiste der kooperativen Konfliktbewältigung und sozialen Verpflichtung [...].
Die Globalisierung von Volkswagen ist für die internationale Wettbewerbsfähigkeit, und damit für die Zukunftssicherung des Unternehmens und seiner Belegschaft, unverzichtbar. [...]"
Erklärung zu den sozialen Rechten und den industriellen Beziehungen bei Volkswagen © Europäische Union, 1995-2021, https://ec.europa.eu/employment_social/empl_portal/transnational_agreements/Volkswagen_SocialRights_DE.pdf [15.02.2021]

Als „Rahmenvertrag" am 06.06.2002 in Bratislava vom VW-Weltbetriebsrat, der VW-Konzernleitung und dem Internationalen Gewerkschaftsbund unterzeichnet

---

M1 Betriebsvereinbarung Nr. 05/2012

Präambel
Geschäftsleitung und Betriebsrat stimmen darin überein, die Qualifizierung von Auszubildenden und Studierenden im Praxisverbund zu fördern. [...]

Geltungsbereich
Die Betriebsvereinbarung gilt
räumlich: für die Volkswagen Osnabrück GmbH
persönlich: für alle Auszubildenden und Studierenden im Praxisverbund im jeweils ersten Ausbildungsjahr

Allgemein
(Sie) erhalten zu Beginn ihrer Ausbildung einen einmaligen Lernmittelzuschuss in Höhe von 150,00 €. Der Zuschuss wird den jeweiligen Regelungen des Volkswagenkonzerns angepasst. Die Auszahlung erfolgt mit der ersten monatlichen Vergütung.

Osnabrück, 20.08.2012
Geschäftsführung   **Volkswagen GmbH Osnabrück**
Unterschriften   **Betriebsrat**
   Unterschriften

Volkswagen AG: Globalisierung mit sozialer Verantwortung, VW Sozialcharta, Bratislava, 06.06.2002

1.5 Interessenausgleich und Sozialplan

Wenn ein Unternehmen mit mehr als 20 Beschäftigten Betriebsänderungen plant, die „wesentliche Nachteile für [...] erhebliche Teile der Belegschaft zur Folge haben können", kann mit dem Betriebsrat ein **Interessenausgleich** erfolgen. Es muss ein **Sozialplan** aufgestellt werden (§ 12 BtrVG), wenn der Betriebsrat das fordert. Wirtschaftliche Nachteile für Arbeitnehmer sollen ausgeglichen oder gemildert werden. Beim Interessenausgleich wird ein Kompromiss zum Schutz der Belegschaft gesucht, z. B. durch Umschulungsmaßnahmen. Ein Sozialplan enthält finanzielle Vereinbarungen wie Lohnausgleich bei Tätigkeitswechsel, Umzugskosten oder Abfindungen bei Verlust des Arbeitsplatzes. Wenn in beiden Fällen keine Einigung zustande kommt, kann die Bundesagentur für Arbeit um Vermittlung gebeten oder die **Einigungsstelle** (s. S. 64) angerufen werden. Bleibt das auch erfolglos, ist nur beim Sozialplan ein „Spruch" (Entscheidung) der Einigungsstelle verbindlich.

M3 (§ 111 BtrVG)
Betriebsänderungen

von Betrieben oder Betriebsteilen
- Einschränkungen
- Stilllegung
- Verlegungen
- Zusammenlegung
- Änderung von
  • Betriebszweck,
  • Organisation,
  • Fertigungsverfahren,
  • Arbeitsmethoden.

Arbeitsvorschläge

1. Stellen Sie fest, wer die Betriebsvereinbarung (M 1) und den Rahmenvertrag (M 2) abgeschlossen hat und für wen diese gelten.
2. Erkundigen Sie sich in Ihrem Ausbildungsbetrieb nach Betriebsvereinbarungen und ihren Inhalten.
3. Ermitteln Sie aus M 3, was unter „Betriebsänderungen" verstanden wird, und erläutern Sie dies an einem Beispiel aus der Praxis.

1.6 Mitbestimmung in Unternehmen

M1 Die Mitbestimmung der Arbeitnehmer in den **Aufsichtsräten** von Unternehmen ab 500 Mitarbeitern ist gesetzlich geregelt. Aufsichtsräte beraten und kontrollieren die Vorstände ihrer Unternehmen, berufen und entlassen Mitglieder der Vorstände, entscheiden über Grundsatzfragen der Unternehmenspolitik und über Investitionsplanungen. Weil das so wichtig ist, wird um den Arbeitnehmeranteil in den Aufsichtsräten gestritten. Einige Arbeitgeberverbände möchten die großen Kapitalgesellschaften (M 3) auf die Drittelbeteiligung (M 2) zurückführen. Gewerkschaften hingegen möchten die Mitbestimmung erweitern. Bei den großen Kapitalgesellschaften (M 3) soll die Mitbestimmung bereits ab 1000 Mitarbeitern gelten.

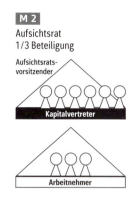

M 2 Aufsichtsrat 1/3 Beteiligung

Für die Beteiligung der Arbeitnehmer an der Gestaltung des Arbeitslebens werden seit dem 19. Jahrhundert vor allem zwei Gründe angeführt:
- Zwischen Kapital und Arbeit bestehe Gleichberechtigung, da beide Faktoren für die Produktion unentbehrlich seien und
- die wirtschaftliche Macht der Unternehmen müsse demokratisch kontrolliert werden.

Diese Forderung wird nach dem Zweiten Weltkrieg durch die Mitbestimmungsgesetze erfüllt. Die Arbeitnehmervertreter werden in allgemeinen, gleichen und geheimen Wahlen bestimmt. Die Größe der Aufsichtsräte hängt von der Zahl der Mitarbeiter ab. Diese sind mit 18 Jahren wahlberechtigt.

Das **Drittelbeteiligungsgesetz** gilt für Unternehmen mit mehr als 500 Arbeitnehmern. Die Aufsichtsräte sind zu einem Drittel mit Arbeitnehmervertretern zu besetzen. Frauen und Männer müssen anteilmäßig berücksichtigt werden.

Die Mitbestimmung nach dem **Mitbestimmungsgesetz** (1976) gilt für Unternehmen mit mehr als 2000 Mitarbeitern mit Ausnahme des Montanbereichs und von „Tendenzbetrieben" (s. S. 64). Die Arbeitnehmer erhalten die Hälfte der Aufsichtsratssitze.

Die **Montanmitbestimmung** im Bereich Kohle und Stahl wurde bereits 1951 eingeführt. Auch hier ist der Aufsichtsrat zu gleichen Teilen (paritätisch) mit Arbeitnehmern und Anteilseignern gewählt. Bei Stimmengleichheit entscheidet aber ein neutrales Mitglied. Für die Arbeitnehmerseite ist wichtig, dass der Arbeitsdirektor nicht gegen ihre Stimmen gewählt werden kann.

Das **Gesetz über Europäische Betriebsräte** regelt die Mitbestimmung in den Aufsichts- und Verwaltungsräten in Unternehmen mit der Rechtsform der Europa-AG (s. S. 160). Über die Form der Mitbestimmung muss verhandelt werden. Ohne Einigung gilt die weitestgehende Regelung der Gründergesellschaft.

Verwaltungsrat
Interne Aufsicht, besteht aus mindestens zwei, bei mitbestimmten Unternehmen mindestens drei Mitgliedern, davon ein Arbeitnehmervertreter

Arbeitsvorschläge

1. Vergleichen Sie die Zusammensetzung der Aufsichtsräte in den drei Formen der deutschen Unternehmensmitbestimmung. (M 2 und 3)
2. Begründen Sie die unterschiedlichen Positionen in M 1. Notieren Sie das Ergebnis, besprechen Sie es mit einem Partner und präsentieren Sie das gemeinsame Ergebnis.

2 Arbeitsvertragsrecht

2.1 Grundlagen des Arbeitsrechts

Jeder, der eine Arbeitsstelle antritt, schließt einen Einzelarbeitsvertrag ab. Durch Verträge werden Rechte erworben und Pflichten übernommen, hier z. B. das Recht auf Vergütung und die Pflicht zur Arbeit. Bei Verträgen gilt der Grundsatz der **Vertragsfreiheit**. Das bedeutet, dass es unter Berücksichtigung der geltenden Gesetze jedem freigestellt ist, ob, mit wem und mit welchen Inhalten ein Vertrag abgeschlossen wird. Seit Mitte des vorigen Jahrhunderts schreiben Gesetze und Verordnungen Mindestarbeitsbedingungen zwingend vor, weil sich herausgestellt hat, dass der einzelne Arbeitnehmer gegenüber dem Arbeitgeber häufig der schwächere Vertragspartner ist. Die Verbesserungen zeigen sich deutlich, wenn Bestimmungen aus Betriebsordnungen des vorigen Jahrhunderts mit der heutigen Rechtslage verglichen werden.

Kostenlose Literatur
Arbeitsrecht
Informationen für Arbeitnehmer und Arbeitgeber

Bundesministerium für Arbeit und Soziales
www.bmas.de

M 2 Arbeitszeiten/Urlaubsregelungen

Damals
Unsere Firma hat die Arbeitsstunden verkürzt. Das Personal braucht jetzt nur noch an den Wochentagen zwischen 7 Uhr vormittags und 7 Uhr nachmittags anwesend zu sein. Der Sonntag dient dem Kirchendienst. Sollte es jedoch erforderlich sein, wird auch am Sonntag gearbeitet.
[...]
Ferien gibt es nur in dringenden familiären Fällen. Lohn wird für diese Zeit nicht gezahlt.
Bureau-Ordnung um 1860

Heute
Die werktägliche Arbeitszeit der Arbeitnehmer darf acht Stunden nicht überschreiten. Sie kann bis zu zehn Stunden verlängert werden, wenn innerhalb von sechs Kalendermonaten oder innerhalb von 24 Wochen im Durchschnitt acht Stunden werktäglich nicht überschritten werden.
§ 3 Arbeitszeitgesetz von 1994

Jeder Arbeitnehmer hat in jedem Kalenderjahr Anspruch auf bezahlten Erholungsurlaub.

Der Urlaub beträgt jährlich mindestens 24 Werktage.
§§ 1, 3 Bundesurlaubsgesetz von 1993 in der Fassung von 2002

Arbeitsvorschläge

1. Vergleichen Sie die Wochenarbeitszeit und die Urlaubsregelung von damals und heute. (M 2)
2. Erläutern Sie die oben stehende Karikatur M 1 nach der Anleitung „Analyse politischer Karikaturen" (s. S. 246).

Wie der Vergleich betrieblicher Arbeitsbedingungen mit den gesetzlichen Mindestarbeitsbedingungen zeigt, gelten in vielen Betrieben und in ganzen Berufszweigen für Arbeitnehmer günstigere Regelungen. Überwiegend beruhen sie auf **Tarifverträgen** und **Betriebsvereinbarungen**. Betriebsvereinbarungen werden von Betriebsräten für die Belegschaft mit dem Arbeitgeber getroffen. Tarifverträge schließen die Gewerkschaften mit einzelnen Arbeitgebern oder Arbeitgeberverbänden (s. S. 90) ab. Solche Verträge, bei denen nicht mehr einzelne Arbeitnehmer mit ihren Arbeitgebern Arbeitsbedingungen aushandeln, sondern ihre Interessenvertreter, werden Kollektivverträge genannt. Sie sind im Tarifvertragsrecht (s. S. 92 ff.) geregelt. Zusammen mit dem Betriebsverfassungsrecht (s. S. 62 ff.) bilden sie das **Kollektivarbeitsrecht**.

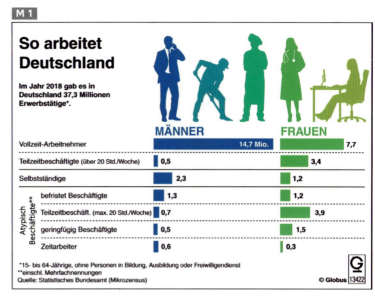

Im Unterschied dazu regelt das **Individualarbeitsrecht** Rechtsbeziehungen zwischen einzelnen Arbeitnehmern und Arbeitgebern durch das Arbeitsvertrags- und Arbeitsschutzrecht.

Durch die Vielfalt der Rechtsgrundlagen und den schnellen wirtschaftlichen, technischen und sozialen Wandel kommt es zu immer neuen Rechtsproblemen, die von oberen Gerichten zu entscheiden sind. Es entsteht als eigenständige Rechtsquelle das **Richterrecht**.

Diese Gesetze, Verordnungen, Verträge und richterlichen Entscheidungen gehören zum **Arbeitsrecht**. Es dient vor allem dem Schutz der Arbeitnehmer, die sich gegenüber den Arbeitgebern oft in einer schwächeren Position befinden. Von der ersten gesetzlichen Regelung in Deutschland, dem „preußischen Regulativ" von 1839 über die Beschäftigung Jugendlicher in Fabriken, bis heute ist das Arbeitsrecht stetig fortentwickelt worden. Obgleich ein einheitliches Arbeitsgesetzbuch seit Langem geplant ist, gib es ein solches immer noch nicht.

Arbeitsvorschläge

1. Unterscheiden Sie die Vertragsparteien von Tarifverträgen und Betriebsvereinbarungen.
2. Erklären Sie die Begriffe „Individualarbeitsrecht" und „Kollektivarbeitsrecht" mit eigenen Worten.
3. Ordnen Sie das Jugendarbeitsschutzgesetz, das Mitbestimmungsgesetz, einen Arbeitsvertrag und eine Betriebsvereinbarung dem Individual- bzw. dem Kollektivarbeitsrecht zu. (M 2)

2.2 Der Abschluss des Arbeitsvertrags

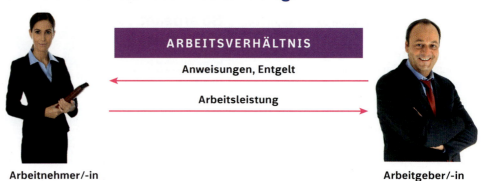

Arbeitnehmer/-in — Arbeitgeber/-in

Arbeitsverhältnis
Ein Arbeitsverhältnis besteht dann, wenn jemand freiwillig einen Arbeitsvertrag abschließt und nach den Weisungen des Arbeitgebers tätig wird.

Ein Arbeitsverhältnis beginnt mit dem Abschluss eines Arbeitsvertrags. Hierbei handelt es sich um ein zweiseitiges Rechtsgeschäft, das durch Antrag (Angebot) und Annahme zustande kommt. Arbeitgeber und Arbeitnehmer müssen sich dabei über den Vertragsinhalt geeinigt haben.

Ein Arbeitsvertrag braucht in der Regel nicht schriftlich abgeschlossen zu werden, es sei denn, die Schriftform ist durch Tarifvertrag oder eine Betriebsvereinbarung festgelegt worden. Die Vereinbarung kann mündlich oder sogar „stillschweigend" erfolgen, wenn beide Partner übereinstimmend (schlüssig) handeln. Übereinstimmung würde z. B. durch die wortlose Übergabe von Fahrzeugpapieren bestehen, wenn ein Kraftfahrer sich in einer Spedition vorstellt.

Ohne schriftlichen Arbeitsvertrag ist der Arbeitgeber durch das **Nachweisgesetz** von 1995 verpflichtet, allen Arbeitnehmern spätestens einen Monat nach Beginn des Arbeitsverhältnisses die wesentlichen Vertragsbedingungen schriftlich auszuhändigen. Darin müssen auch Hinweise auf geltende Tarifverträge, Betriebs- oder Dienstvereinbarungen enthalten sein. Befristete Arbeitsverträge müssen sofort schriftlich abgefasst werden, Aushilfstätigkeiten bis zu einem Monat sind von der zwingenden Schriftform ausgenommen.

Tritt während der üblichen Probezeit eine Krankheit auf, wird sie bis zur Wiederaufnahme der Arbeit unterbrochen.

Im Unterschied zu EU-Arbeitnehmern benötigen Arbeitnehmer aus anderen Ländern zur Arbeitsaufnahme eine Arbeitserlaubnis. Für das jüngste EU-Mitglied Kroatien gilt nach einer Übergangsfrist von zwei Jahren die volle Freizügigkeit seit dem 01.07.2015.

M 1 Arbeitspapiere
- Zeugnis
- Lohnsteuerbescheinigung
- (Renten-)Versicherungskarten
- Mitgliedsbescheinigung der gewählten Krankenkasse
- Sozialversicherungsausweis
- Urlaubsbescheinigung
- Arbeitsbescheinigung über Art und Dauer des Arbeitsverhältnisses

Arbeitnehmer müssen ihre Arbeitspapiere beim alten Arbeitgeber abholen. Diese müssen sie einem neuen Arbeitgeber aushändigen. Ausnahmen: Zeugnis, Arbeitsbescheinigung und Sozialversicherungsausweis.

Abschluss des Arbeitsvertrags					
zwischen (Arbeitgeber)			und (Arbeitnehmer)		
mündlich		schriftlich		stillschweigend	
durch inhaltliche Übereinstimmung (Einigung) über					
Dauer des Arbeitsverhältnisses	Art und Ort der Tätigkeit	Entgelt, Sonderleistungen, Fälligkeit	Arbeitszeit (täglich, wöchentlich)	Urlaub (Dauer, evtl. Zeitpunkt)	Kündigungsfristen

Arbeitsvorschläge

1. Erklären Sie mit eigenen Worten den Begriff „Arbeitsverhältnis".
2. Erörtern Sie die Vorteile eines schriftlichen Arbeitsvertrags gemäß Nachweisgesetz.
3. Zählen Sie die Unterlagen auf, die Sie bei Antritt einer neuen Stelle vorlegen müssen. (M 1)
4. Eine Arbeitnehmerin wird am 1. April mit einer Probezeit von drei Monaten eingestellt. Sie wird am 16. Juni nach einem Unfall für sechs Wochen krankgeschrieben. Wann endet die Probezeit?

2.3 Rechte und Pflichten aus dem Arbeitsvertrag

Die allgemeinen Rechte und Pflichten aus dem Arbeitsvertrag werden vor allem durch folgende Gesetze geregelt:
- Grundgesetz (GG),
- Bürgerliches Gesetzbuch (BGB),
- Handelsgesetzbuch (HGB),
- Gewerbeordnung (GewO).

Daneben gibt es zahlreiche weitere Gesetze und Verordnungen, die der Vertragsfreiheit Grenzen setzen. Es werden unterschieden:
- **Zwingende Gesetze,** die vertraglich nicht verändert werden dürfen, es sei denn zum Vorteil der Arbeitnehmer. Dazu zählen die meisten Arbeitsschutzvorschriften, deren Einhaltung zugleich staatlich überwacht wird, z. B. das Nachtarbeitsverbot für Jugendliche.
- **„Veränderbare" Gesetze,** bei denen abweichende Arbeitsbedingungen entweder nur durch Tarifverträge (z. B. Kündigungsfristen) oder auch durch Betriebsvereinbarungen oder Einzelarbeitsverträge verabredet werden können, z. B. die Aufteilung des Jahresurlaubs. Die Einhaltung dieser Gesetze oder Vereinbarungen muss der Arbeitnehmer notfalls vor Gericht einklagen.

Wenn es in Gesetzen, Tarifverträgen, Betriebsvereinbarungen und Einzelarbeitsverträgen unterschiedliche Regelungen gibt, gilt im Allgemeinen das **Günstigkeitsprinzip**, d. h. die für den Arbeitnehmer günstigste Vorschrift.

Die wichtigsten Rechte und Pflichten der Partner eines Arbeitsvertrags sind in der folgenden Übersicht zusammengestellt:

Rangfolge der Verbindlichkeit im Arbeitsrecht

Verfassungsrecht ↓ bindet ↓ Gesetze ↓ binden ↓ Tarifverträge ↓ binden ↓ Betriebsvereinbarungen ↓ binden ↓ Arbeitsverträge

Es gilt das **Günstigkeitsprinzip**.

M 1 — Rechte und Pflichten aus dem Arbeitsvertrag

Pflichten des Arbeitnehmers (= Rechte des Arbeitgebers)	Pflichten des Arbeitgebers (= Rechte des Arbeitnehmers)
Hauptpflichten	
Arbeitsleistung erbringen - persönlich - nach den Weisungen des Arbeitgebers - in der vereinbarten Art (z. B. als Maurer) und Zeit	Lohn, Gehalt, Entgelt zahlen - in der vereinbarten Höhe - pünktlich zur vereinbarten Zeit - am vereinbarten Ort (Konto)
Nebenpflichten	
„Treuepflicht" - Verschwiegenheit bei Betriebsgeheimnissen - Unterlassung von Rufschädigung - Verbot von Schmiergeldannahme - Wettbewerbsverbot (dem Arbeitgeber keine Konkurrenz machen, z. B. durch Schwarzarbeit) - Pflicht zur Anzeige drohender Schäden - Haftung für schuldhafte Herbeiführung von Schäden	„Fürsorgepflicht" - Beschäftigungspflicht - Schutz für Leben und Gesundheit - Schutz von Persönlichkeitsrechten (u. a. Datenschutz) - Schutz des Eigentums des Arbeitnehmers (Haftung) - Gleichbehandlungspflicht (keine Benachteiligung Einzelner) - Abführen der Sozialabgaben - Pflicht zur Urlaubsgewährung - Zeugnispflicht

Vertragsverletzung

Bei fahrlässiger oder vorsätzlicher Vertragsverletzung hat der Geschädigte, je nach Lage der Dinge, vier Möglichkeiten:
1. Leistung verweigern (nicht arbeiten oder keinen Lohn zahlen),
2. Erfüllung verlangen (Lohn nachzahlen, Arbeitszeit nachholen),
3. haftbar machen (Schaden ersetzen),
4. fristlos kündigen.

Außerdem haben alle Arbeitnehmer nach dem Betriebsverfassungsgesetz u. a. das Recht, in eigener Sache angehört zu werden, sich bei ungerechter Behandlung zu beschweren und Einsicht in die eigene Personalakte zu erhalten.

Arbeitsvorschläge

1. *Begründen Sie mit je einem Beispiel den Sinn von zwingenden und veränderbaren Gesetzen.*
2. *Erläutern Sie die Bedeutung der Haupt- und Nebenpflichten des Arbeitsvertrags (M 1) und nennen Sie dafür Beispiele.*

Frauen 2018: Keine Gleichberechtigung beim Verdienst

Estland	− 22,7 %
Deutschland	− 21,9 %
Österreich	− 19,6 %
Frankreich	− 15,5 %
Polen	− 8,8 %
Rumänien	− 3,0 %
EU	− 14,8 %

vgl. eurostat – Ihr Schlüssel zur europäischen Statistik: Geschlechtsspezifisches Verdienstgefälle. www.ec.europa.eu/eurostat/de/web/sdi/gender-equality [09.06.2020]

M 1 Warum Frauen weniger verdienen als Männer

In Deutschland verdienen Frauen durchschnittlich 21 % weniger als Männer. An diese Ungerechtigkeit erinnern seit 2008 Verbände und Parteien am **Equal Pay Day** (Tag des gleichen Lohns). Bis zu diesem Tag arbeiten Frauen praktisch „umsonst", während Männer von Januar an bezahlt werden. 2021 ist der Equal Pay Day der 10. März, 69. Tag des Jahres 2021.
Die Ungleichheit von Männern und Frauen beim Verdienst hat viele Ursachen:
- Frauen wählen häufig Berufe, die schlechter bezahlt werden, vor allem im Dienstleistungsbereich wie in der Alten- und Krankenpflege oder als Verkäuferin. In Handwerks- und Industrieberufen wird besser bezahlt.
- In „Chefetagen" (= Leitungspositionen) sind Frauen unterrepräsentiert.
- Frauen arbeiten häufiger als Männer in Teilzeit. Das ist manchmal gewollt, weil der Partner genug verdient. Überwiegend sind sie aber in Teilzeit, weil sie sich um die Kindererziehung kümmern. Deswegen unterbrechen sie ihre Berufstätigkeit. Dies wiederum behindert ihren beruflichen Aufstieg.

Selbst beim Vergleich von Vollzeitbeschäftigten bei gleicher Qualifikation liegt der Unterschied bei der Bezahlung 2020 noch bei 6 % (vgl. Claudia Meine, Frauen in der Krise, Das Parlament, 05.03.2021, S. 5).
Die Ungleichbehandlung von Frauen und Männern ist auch ein europäisches Problem. Deshalb hat die EU 2006 eine Richtlinie erlassen, die in Deutschland im **Allgemeinen Gleichbehandlungsgesetz (AGG)** umgesetzt wurde.

M 2 Das Allgemeine Gleichbehandlungsgesetz

§ 1 Ziel des Gesetzes.
Ziel des Gesetzes ist, Benachteiligungen aus Gründen der Rasse oder wegen der ethnischen Herkunft, des Geschlechts, der Religion oder Weltanschauung, einer Behinderung, des Alters oder der sexuellen Identität (Homosexualität, Transsexualität) zu verhindern oder zu beseitigen.

§ 2 Anwendungsbereich
(1) Benachteiligungen aus einem in § 1 genannten Grund sind […] unzulässig in Bezug auf:
1. die Bedingungen, einschließlich Auswahlkriterien und Einstellungsbedingungen, für den Zugang zu unselbstständiger und selbstständiger Erwerbstätigkeit […],
2. die Beschäftigung und Arbeitsbedingungen einschließlich Arbeitsentgelt und Entlassungsbedingungen, insbesondere in individual- und kollektivrechtlichen Vereinbarungen und Maßnahmen

70 Tage umsonst gearbeitet

Die Lohnlücke besteht weiter. Der Equal Pay Day ist 2021 der 10. März. Bis dahin arbeiten Frauen im Prinzip umsonst, wenn man Verdienstunterschiede aller beschäftigten Frauen gegenüber allen Männern heranzieht.

M 3 Unterschiedliche Behandlungen sind erlaubt, wenn die beruflichen Anforderungen dies rechtfertigen. Dazu gehören die Art der Tätigkeit (z. B. beim Film) und die Arbeitsbedingungen (z. B. Akkordarbeit bei einer schwangeren Frau). Arbeitsschutzbestimmungen sind kein Grund für ungleiche Bezahlung.

Die Gleichbehandlungspflicht bedeutet auch, dass in einem Betrieb mit vergleichbaren Arbeitnehmergruppen gleiche Arbeitsbedingungen gelten, z. B. für alle Beschäftigten im Außendienst. Damit sollen Benachteiligungen einzelner Arbeitnehmergruppen ausgeschlossen werden. Bei übertariflichen Leistungen dürfen z. B. Gewerkschaftsmitglieder nicht ausgeschlossen werden. Einzelne Beschäftigte dürfen aber, z. B. wegen besonderer Leistungen, bessergestellt werden. Um die Lohngerechtigkeit zu verbessern, ist am 01.01.2018 das **Entgelttransparenzgesetz** in Kraft getreten. Es erlaubt Frauen „in Betrieben mit mehr als 200 Beschäftigten" (§ 12.1) Auskunft über Entgeltregelungen von Männern bei vergleichbaren Tätigkeiten zu erhalten. Damit sind allerdings Durchschnittgehälter gemeint. Betriebe mit mehr als 500 Mitarbeitern müssen über Maßnahmen zur Entgeltgleichheit regelmäßig berichten.

Arbeitsvorschläge

1. Entnehmen Sie M 1 Gründe für die Lohnunterschiede zwischen Männern und Frauen. Ermitteln Sie weitere Gründe. Schlagen Sie Lösungsmöglichkeiten vor.
2. Beschreiben Sie aus M 2 zwei für Sie wichtige Bestimmungen.
3. Nennen Sie Beispiele für Ausnahmen von der Gleichbehandlung. (M 3)

Schwarzarbeit

> **M 1** [...] **Illegal auf Wolfsburger Großbaustelle** [...]
> Jeder fünfte Arbeitnehmer, den der Zoll am 18. November 2019 auf einer Großbaustelle in Wolfsburg antraf, hätte dort nicht sein dürfen. [...]
> Schon in den frühen Morgenstunden wurde das Gelände von 28 Zöllnern umstellt. Bereits der Anblick der Streifenwagen genügte, dass sich drei albanische Bauarbeiter der Kontrolle durch Flucht entziehen wollten. Ihre Überprüfung ergab, dass sie keine Arbeits- und Aufenthaltserlaubnis hatten und illegal auf der Baustelle arbeiteten. Das Gewerbeaufsichtsamt Wolfsburg legte einen Teil der Baustellen still. Zudem gab es Hinweise, dass einzelne Bauarbeiter zu Unrecht Sozialleistungen beziehen. Weitere Ermittlungen im Hinblick auf das Mindestlohngesetz sind nötig.
> *Presseportal, news aktuell GmbH: HZA-BS: Illegal auf Wolfsburger Großbaustelle/20 % ausländerrechtliche Verstöße bei einer Polizeikontrolle, 19.11.2019. www.presseportal.de/blaulicht/pm/121224/4444240 [04.08.2020]*

Als **Schwarzarbeit** gelten Tätigkeiten von Arbeitnehmern, die neben ihrer sozialversicherungspflichtigen Beschäftigung gegen Bezahlung arbeiten und dafür keine Steuern und Sozialabgaben zahlen. Typische Erscheinungsformen der Schwarzarbeit sind Arbeits- oder Dienstleistungen ohne Gewerbeerlaubnis oder Eintragung in die Handwerksrolle. Alle Arbeitnehmer verstoßen damit gegen ihre **Treuepflicht** aus dem Arbeitsvertrag. Kaufmännische Angestellte verstoßen außerdem gegen das **Wettbewerbsverbot** des Handelsgesetzbuchs (§ 60), wenn sie ein „Handelsgewerbe" ohne Erlaubnis ihres Arbeitgebers betreiben. Die Erlaubnis gilt als erteilt, wenn die Tätigkeit bei der Anstellung bekannt ist und nicht verboten wird.

M 2 Schwarzarbeit in Deutschland
Ausmaß der Schattenwirtschaft in Milliarden Euro (Schätzungen)

Wenn Erwerbslose gegen Bezahlung arbeiten, ohne dies der zuständigen **Agentur für Arbeit** oder dem **Jobcenter** zu melden, liegt ebenfalls Schwarzarbeit vor. Arbeitgeber machen sich strafbar, wenn sie Ausländer ohne Arbeitsgenehmigung zu ungünstigen Arbeitsbedingungen oder unter Mindestlohn beschäftigen.

Zur Aufklärung von Schwarzarbeit gibt es seit 2004 eine Spezialeinheit **„Finanzkontrolle Schwarzarbeit"** aus Beamten der Zollverwaltung.

Außerdem sind seit Anfang 2009 in bestimmten Wirtschaftsbereichen Personal- statt Sozialversicherungsausweise mitzuführen. Alle Verstöße können neben Geldbußen auch mit Haftstrafen bestraft werden. Ein 2019 beschlossenes Gesetz zur Bekämpfung von Schwarzarbeit weitet die Befugnisse der Finanzkontrolle Schwarzarbeit beim Zoll aus. Im Blick sind dabei u. a. sogenannte Tagelöhnerbörsen.

M 3 Schwarzarbeitsbekämpfungsgesetz (SchwarzArbG) 2004

§ 8 Bußgeldvorschriften
(1) Ordnungswidrig handelt, wer [...] der Verpflichtung zur Anzeige vom Beginn des selbstständigen Betriebes [...] nicht nachgekommen ist [...] oder [...] ein zulassungspflichtiges Handwerk [...] selbstständig betreibt, ohne in die Handwerksrolle eingetragen zu sein [...] und Dienst- oder Werkleistungen in erheblichem Umfang erbringt oder [...] Dienst- oder Werkleistungen in erheblichem Umfang ausführen lässt [...]

M 4
Ausweispflicht für
- Baugewerbe
- Gaststätten und Beherbergungsgewerbe
- Speditionen
- Schausteller
- Forstwirtschaft
- Gebäudereinigung
- Messebau
- Fleischwirtschaft (nach § 28 a SchwarzArbG)

Leistungen, die „nicht nachhaltig auf Gewinn" ausgerichtet sind, bleiben ausgenommen, z. B. bei Angehörigen, aus Gefälligkeit, in Nachbarschaftshilfe oder Selbsthilfe im Wohnungsbau. Unter den Begriff „nicht nachhaltig auf Gewinn ausgerichtet" fällt auch ein „geringes Entgelt".

Arbeitsvorschläge

1. Notieren Sie Verstöße gegen bestehende Gesetze in M 1.
2. a) Erörtern Sie, warum Schwarzarbeit in bestimmten Branchen besonders häufig vorkommt. (M 2, M 4)
   b) Ermitteln Sie an einem Beispiel die Nachteile von Schwarzarbeit.
3. Der Maurer Bernd M. arbeitet an Wochenenden am Neubau eines Bekannten. Er benötigt Geld für ein neues Auto. Er wird von seinem Chef gesehen und zur Rede gestellt. Ermitteln Sie,
   a) ob Schwarzarbeit vorliegt (M 3),
   b) welche Pflicht aus dem Arbeitsvertrag verletzt wird (M 1, S. 73) und
   c) mit welchen Folgen Bernd M. rechnen muss.

2.4 Lohn, Gehalt, Entgelt

Entgelt
(z. B. chemische. Industrie)

- **Arbeiter** — Lohn
- **Angestellte** — Gehalt

Zeitlohn
= Arbeitszeit · Lohnsatz

Akkordlohn
= produzierte Menge · Zeitsatz oder Lohnsatz

Mindestlöhne als Schutz gegen Lohndumping. Nach dem Arbeitnehmerentsendegesetz von 1996 gelten 2020 für 15 Branchen Mindestlöhne, z. B. im Bauhauptgewerbe 14,54 € (West) und 11,85 € (Ost) für Lohngruppe 2, Fachwerker. Tariflöhne für die weiteren Lohngruppen sind höher: 20,73 € (West und 19,50 € Ost, ab 2. Gesellenjahr).

Daneben gibt es seit 2015 für alle Branchen ohne Tarifvertrag einen gesetzlichen Mindestlohn 2021 9,50 € (s. S. 88). Auszubildende erhalten nach dem neuen Berufsbildungsgesetz ab 2020 im ersten Jahr 515,00 € Mindestlohn. Die nächste Anpassung des Mindestlohns wird zum 01.10.2020 erfolgen.

(vgl. Bundesministerium für Arbeit und Soziales: Mindestlohn erhöht. Seit dem 1. Januar 2020 gilt in Deutschland ein neuer allgemeiner gesetzlicher Mindestlohn von 9,35 Euro brutto je Zeitstunde. Pressemeldung vom 01.10.2020. www.bmas.de/DE/Presse/Meldungen/2020/neue-gesetze-erhoehung-mindestlohn.html)

Kombilohn:
Staatliche Übernahme von Lohnanteilen zur Beschäftigung von Langzeitarbeitslosen

Bruttoarbeitsentgelt:
vor Abzug von Steuern und Sozialabgaben

Nettoarbeitsentgelt:
nach Abzug von Steuern und Sozialabgaben

Entgeltfortzahlung z. B.:
- 6 Wochen bei Krankheit
- bei Betriebsstörungen (z. B. Stromausfall)

Sven und Ines treffen sich am Wochenende mit Freunden. Bald dreht sich das Gespräch um das „liebe Geld". Sie stellen fest, dass sich ihre Vergütungen nicht nur in der Höhe des Geldbetrags unterscheiden.

Sven ist als Maschinenführer am **Akkordlohn** seiner Arbeitsgruppe beteiligt. Anfallende Reparaturarbeiten bekommt er im **Stundenlohn** bezahlt.

Ines erhält vorerst Stundenlohn. „Meine Chefin hat mir aber in Aussicht gestellt, mich bei Bewährung als Angestellte zu übernehmen und mir dann ein festes **Gehalt** zu zahlen."

Wibke ist als Chemielaborantin in einem größeren Betrieb beschäftigt. „In unserer Firma bekommen Arbeiter und Angestellte gleichermaßen ein **Entgelt**, so heißt das in unserem Tarifvertrag. Außerdem erhalten wir am Jahresende anstelle des Weihnachtsgeldes eine **Gewinnbeteiligung**."

Lohn gilt als die Bezahlung von „Arbeitern" verschiedener Qualifikationsstufen (z. B. Ungelernte, Angelernte, Facharbeiter), Gehalt hingegen ist die monatliche Bezahlung von Angestellten. Erstmals in der chemischen Industrie wurde 1989 für Arbeiter und Angestellte ein einheitlicher „Entgeltrahmentarifvertrag" abgeschlossen. Weitere Wirtschaftsbereiche sind diesem Beispiel gefolgt.

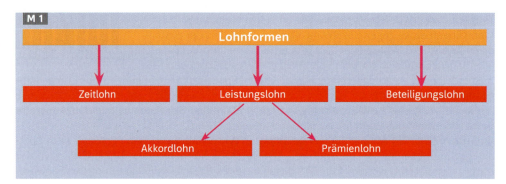

M 1

Zeitlohn wird vor allem für Tätigkeiten bezahlt, bei denen
- Leistungen nicht oder schwierig zu messen sind, z. B. bei Reparaturen,
- die Qualität der Arbeit wichtiger ist als die produzierte Menge,
- der Arbeitende keinen Einfluss auf das Arbeitstempo nehmen kann, z. B. bei Fließbandarbeit,
- unterschiedliche Arbeitsmengen anfallen, z. B. im Einzelhandel.

Zeitlohn wird als Stunden-, Wochen- oder Monatslohn gezahlt. Angestellte und Beamte erhalten Gehalt. In einigen Branchen (z. B. Chemieindustrie) und Firmen (z. B. VW) erhalten Arbeiter und Angestellte Entgelt.

Akkordlohn berücksichtigt vor allem die Mengenleistung, die nach Stück, Fläche, Länge, Gewicht oder Volumen abgerechnet wird. Akkordarbeit als Einzel- oder Gruppenakkord findet Anwendung bei Tätigkeiten,

- die sich über eine längere Zeit wiederholen,
- deren Mengenergebnis verhältnismäßig leicht messbar ist,
- deren Arbeitstempo von den Arbeitnehmern selbst beeinflusst werden kann.

Die durchschnittliche Zeit zur Erledigung der Arbeitsaufgabe (Vorgabezeit) wird bei Akkordarbeiten durch Arbeitszeitstudien ermittelt.

Lohn, Gehalt, Entgelt

M 2 Vorteile des Zeitlohns	Nachteile des Zeitlohns
- einfache Lohnberechnung - Vermeidung von Hetze, Stress und daraus entstehendem Qualitätsrückgang	- Leistungskontrollen erforderlich - Leistungsanreiz, Unzufriedenheit bei leistungsfreudigen Mitarbeitern - Arbeitnehmer kann Lohnhöhe nicht selbst beeinflussen

Vorteile des Akkordlohns	Nachteile des Akkordlohns
- leistungsgerechte Entlohnung - Arbeiter kann die Höhe seines Verdienstes beeinflussen - bessere Ausnutzung von Maschinen und Anlagen - Leistungskontrollen sind überflüssig	- hohes Arbeitstempo kann zu körperlicher und seelischer Überforderung führen („Akkord ist Mord") - erhöhter Ausschuss an Material, starker Verschleiß von Maschinen und Werkzeugen - Qualitätskontrollen sind notwendig

Geldakkord

produzierte
Menge   10 Stück
Lohnsatz
pro Stück   1,80 €
Lohn = Stückzahl · Lohnsatz
= 10 · 1,80 €
= **18,00 €**

Zeitakkord

produzierte
Menge   10 m²
Stundensatz/m²   2,10 Std.
Lohnsatz   22,11 €
Lohn = Menge ·
Stunden/m²
· Lohnsatz/h
= 10 · 2,10 · 22,11
= **464,31 €**

Prämienlohn wird als Zusatzvergütung zu Akkord- oder Zeitlohn für besondere Leistungen gezahlt, u. a. als
- Mengenprämien bei Überschreitung der Normalleistungen,
- Qualitätsprämien bei besonders sorgfältiger Arbeit mit geringem Ausschuss,
- Nutzungsprämie für pflegliche Behandlung von Betriebsmitteln oder Verringerung der Leerlaufzeiten von Maschinen,
- Termineinhaltungsprämien bei vorgegebenen Terminen,
- Anerkennungsprämien, z. B. für Verbesserungsvorschläge.

Beteiligungslohn wird entweder als Umsatzbeteiligung oder als Gewinnbeteiligung gewährt. Umsatzbeteiligung neben einem Grundlohn erhalten z. B. Verkaufsfahrer für Bäckereierzeugnisse und Tiefkühlkost. Gewinnbeteiligung gewähren mehrere Tausend deutscher Unternehmen in verschiedenen Formen:
- durch Auszahlung des Gewinnanteils an die Arbeitnehmer, die über den Betrag sofort frei verfügen können,
- durch Kapitalbeteiligung, indem die Gewinnanteile im Unternehmen für eine gewisse Zeit als Darlehen gegen Zinszahlung überlassen werden oder als Beteiligung am Eigenkapital (z. B. Belegschaftsaktien) im Unternehmen verbleiben.

Bei der Gewinnbeteiligung ist die Frage umstritten, ob die Arbeitnehmer auch am Verlust der Unternehmen zu beteiligen seien. Dem wird entgegengehalten, dass das Verlustrisiko des Arbeitgebers durch das Arbeitsplatzrisiko der Arbeitnehmer ausgeglichen werde.

Zur Förderung der Unternehmensbeteiligung wurde Anfang 2009 ein **Mitarbeiterkapitalbeteiligungsgesetz** beschlossen. Der Steuerfreibetrag für betriebliche und überbetriebliche Beteiligungen beträgt jährlich 360,00 €.

Unternehmens- und Gewinnbeteiligung

731 000 Mitarbeiter sind 2015 am Kapital ihrer Unternehmen beteiligt.
Rund 9,5 von 32 Mio. Unternehmen beteiligen 2013 ihre Mitarbeiter am Gewinn.
vgl. Jens Lowitsch (Hrsg.): Verbreitung der Mitarbeiterkapitalbeteiligung in Deutschland und Europa – Entwicklungsperspektiven. Studie im Auftrag des Bundesministeriums für Wirtschaft und Energie, Stiftung Europa-Universität Viadrina Frankfurt (Oder), 2020, S. 20 und 152

Volkswagen zahlt den Tarifbeschäftigten für den Erfolg des Jahres 2019 im März 2020 einen Bonus von 4 950,00 €.

Arbeitsvorschläge

1. Nennen Sie Tätigkeiten, möglichst aus Ihrem Berufsfeld, für die entweder überwiegend Zeit- oder Akkordlohn gezahlt wird. Geben Sie dafür eine kurze Begründung. (M 2)
2. Überprüfen Sie die Monatsabrechnung Ihrer Vergütung: Berechnen und begründen Sie den Unterschied zwischen Brutto- und Nettoentgelt.
3. Ermitteln Sie einige Vor- und Nachteile von Gruppen- und Einzelakkord.
4. Von Sozialexperten wird immer wieder der Vorschlag gemacht, bei Tarifverhandlungen neben dem Grundlohn einen gewinnabhängigen Lohnanteil zu verabreden. Dadurch würde die Ertragslage der Unternehmen berücksichtigt und der Verteilungskampf um Löhne und Gewinne entschärft. Listen Sie Vor- und Nachteile des Beteiligungslohns auf.

2.5 Beendigung des Arbeitsverhältnisses und Kündigungsschutz

Arbeitsverträge werden überwiegend unbefristet abgeschlossen, also auf unbestimmte Zeit. Befristete Arbeitsverträge sind nur bis zu zwei Jahren zugelassen und enden mit der vereinbarten Tätigkeit, z. B. Bau einer Brücke, oder zum vereinbarten Termin, z. B. bei Urlaubsvertretungen. Sie dürfen höchstens dreimal bis zu der Gesamtdauer von zwei Jahren verlängert werden. Tarifverträge können andere Vereinbarungen enthalten.

Unbefristete Arbeitsverhältnisse können gelöst werden durch
- **Aufhebungsvertrag** zu jeder Zeit, wenn sich Arbeitgeber und Arbeitnehmer im gegenseitigen Einvernehmen trennen,
- **Kündigung** als einseitige „empfangsbedürftige" Willenserklärung, d. h., sie muss dem Gekündigten schriftlich zugegangen sein,
- **Tod** des Arbeitnehmers (selten durch den Tod des Arbeitgebers, da meist Erben vorhanden sind, die den Betrieb weiterführen).

Das Arbeitsrecht unterscheidet ordentliche und außerordentliche Kündigungen. Bei **ordentlichen Kündigungen** sind gesetzliche Kündigungsfristen einzuhalten (s. M 1). Innerhalb einer Probezeit von höchstens sechs Monaten beträgt die Kündigungsfrist zwei Wochen. Seit 2010 gilt bei verlängerten Kündigungsfristen die gesamte Zugehörigkeit zum Unternehmen. Diese Kündigungsfristen können tarifvertraglich geändert werden und gelten nur für die Kündigung durch den Arbeitgeber.

M 1

Eine **außerordentliche Kündigung** erfolgt in der Regel fristlos und darf nur aus einem „wichtigen Grund" erfolgen, z. B. bei Diebstahl oder Geheimnisverrat. Sie muss innerhalb von zwei Wochen, nachdem der Kündigungsgrund bekannt wurde, ausgesprochen werden. Gibt es in der Firma einen **Betriebsrat**, muss er vor einer Kündigung angehört werden und den Kündigungsgrund erfahren. Widerspricht er der Kündigung, ist die Einigungsstelle (s. S. 64) oder das Arbeitsgericht anzurufen. Sind Arbeitnehmer länger als sechs Monate in einem Betrieb mit in der Regel mehr als zehn Beschäftigten tätig (Auszubildende zählen nicht), sind nach dem **Kündigungsschutzgesetz** nur sozial gerechtfertigte Kündigungen zulässig. Für vor dem 01.01.2004 eingestellte Mitarbeiter/-innen beginnt der Kündigungsschutz schon, wenn der Betrieb mehr als fünf Mitarbeiter/-innen beschäftigt.

Eine Kündigung gilt als **„zugegangen"**, wenn sie persönlich übergeben oder mit der Post zugestellt wird. Die Postzustellung ist auch gültig, wenn der Arbeitnehmer während seines Urlaubs verreist ist.

Bei **verlängerten Kündigungsfristen** ist eine Kündigung nur zum Monatsende zulässig.

Aufgepasst beim Aufhebungsvertrag
Ein Aufhebungsvertrag setzt Kündigungsschutz und Mitwirkungsrechte des Betriebsrats außer Kraft. Vor Zustimmung sollte geprüft werden:
Liegt eine rechtswidrige Drohung (z. B.: fristlose Kündigung) oder Täuschung vor?

Tipp: Anfechtung

Sind Kündigungsfristen eingehalten worden? Andernfalls gibt es für die Zeit von der Beendigung des Arbeitsverhältnisses bis zum Ablauf der Kündigungsfrist kein Arbeitslosengeld. Wenn eine ordentliche Kündigung nur bei Zahlung einer Abfindung möglich ist, gilt eine Kündigungsfrist von einem Jahr. Für die Zwischenzeit „ruht" der Anspruch auf Arbeitslosengeld. Vgl. § 143 a Sozialgesetzbuch III

Tipp: Erkundigung bei einer Arbeitsagentur über die Auswirkung der Abfindung

Abfindungen müssen versteuert werden.

Ausnahmen von der Sozialauswahl bei betriebsbedingten Kündigungen sind aus wichtigen betrieblichen Gründen möglich.

Als sozial ungerechtfertigt gilt eine Kündigung auch, wenn keine dringenden betrieblichen Erfordernisse vorliegen oder eine Weiterbeschäftigungsmöglichkeit an einem anderen Arbeitsplatz des Unternehmens besteht.

Abmahnung

Sehr geehrte/-r
am ... haben Sie ... folgende Pflichten aus dem Arbeitsvertrag verletzt:
( ) Verlassen des Arbeitsplatzes ohne Genehmigung
( ) eigenmächtiger Urlaubsantritt
( ) verspäteter Dienstantritt
( ) nicht genehmigte Nebentätigkeit
( ) Vortäuschung einer Krankheit
( ) Arbeit während der Krankheit
( ) unentschuldigtes Fehlen
( ) Arbeitsverweigerung
( ) Schlechtleistung

Wir weisen Sie darauf hin, dass Sie im Wiederholungsfall mit der Auflösung des Arbeitsvertrags rechnen müssen.

Wenn ein Arbeitnehmer meint, ihm sei sozial ungerechtfertigt gekündigt worden, kann er innerhalb von drei Wochen beim Arbeitsgericht eine **Kündigungsschutzklage** einreichen. Bei ihm liegt jedoch die „Beweislast", d. h., er muss begründen, worin er die Ungerechtigkeit sieht. Ist ein Betriebsrat vorhanden, kann er bei diesem innerhalb einer Woche Einspruch einlegen. Der Betriebsrat hat sich dann um eine Verständigung mit dem Arbeitgeber zu bemühen. Verzichtet ein Arbeitnehmer bei einer betriebsbedingten Kündigung auf die Kündigungsschutzklage, hat er Anspruch auf eine **Abfindung** von 0,5 Monatsverdiensten für jedes Beschäftigungsjahr.

Wird einem Arbeitnehmer wegen seiner Person oder wegen seines Verhaltens gekündigt, muss vorher eine **Abmahnung** erfolgen. Auch bei einer fristlosen Kündigung muss vorher eine Abmahnung erfolgt sein. Nur wenn die fristlose Kündigung wegen eines „besonders schwerwiegenden Tatbestands" erfolgt (sexuelle Belästigung, Diebstahl), ist eine vorherige Abmahnung nicht erforderlich.

Wer eine Abmahnung als ungerecht ansieht, kann sie beim Arbeitsgericht anfechten. Das muss nicht sofort erfolgen. Wenn aber eine Kündigung aus dem gleichen Grund ausgesprochen wird, wegen dem der Gekündigte bereits abgemahnt worden ist, dann wäre eine nachträgliche Klage anzuraten.

Arbeitsvorschläge

1. Unterscheiden Sie eine ordentliche von einer außerordentlichen Kündigung.

2. In der kleinen Maschinenfabrik Anker herrscht Auftragsmangel. Die Betriebsleitung beschließt daher, von den 46 Beschäftigten drei Mitarbeiter zum 15. November zu entlassen. Das Kündigungsschreiben geht den Betroffenen am 14. Oktober zu.

Betroffen sind der vor einem Jahr eingestellte Kraftfahrer Wilhelm Rother, unverheiratet, die vor drei Jahren eingestellte Buchhalterin Jutta Helbig, ebenfalls ledig, und der 48-jährige Betriebsschlosser Ernst Voges, verheiratet, drei Kinder, seit sechs Jahren im Betrieb.

a) Untersuchen Sie, ob die Kündigungsfristen und -termine eingehalten worden sind. (M 1)

b) Ermitteln Sie, ob die Kündigungen sozial gerechtfertigt sind. (M 2) Herr Voges gibt an, dass es in seinem Betrieb mehrere kinderlose Schlosser gäbe, die zudem jünger seien als er.

c) Stellen Sie fest, ob sich die Gekündigten auf das Kündigungsschutzgesetz berufen können.

d) Formulieren Sie mit einem Partner/einer Partnerin Ratschläge für die drei Gekündigten und stellen Sie diese zur Diskussion.

3. Jan Meyer ist seit einem Jahr in einem Betrieb mit elf Mitarbeitern beschäftigt. Er kommt zuweilen zu spät zur Arbeit, wenn sich auf seiner Fahrstrecke Staus bilden. Unverwartet, ohne dass er darauf angesprochen wurde, wird ihm deswegen gekündigt. Der Betrieb hat keinen Betriebsrat.

a) Überprüfen Sie, ob für Jan Meyer das Kündigungsschutzgesetz gilt.

b) Erörtern Sie seine Erfolgsaussichten bei einer Kündigungsschutzklage.

Kündigungen durch Arbeitgeber oder Arbeitnehmer sind nur gültig, wenn sie schriftlich erklärt wurden (§ 623 BGB) und „zugegangen" sind. Dies ist der Fall, wenn eine Kündigung persönlich übergeben wurde oder mit der Post zugegangen ist. Bei Einschreibebriefen erfolgt die Aushändigung durch die Post. Kündigungen können auch während einer Krankheit oder eines Urlaubs ausgesprochen werden.

Bei Beendigung des Arbeitsverhältnisses hat jeder Arbeitnehmer Anspruch auf ein schriftliches **Zeugnis** und auf die Herausgabe der **Arbeitspapiere** (S. 72).

Zeugnisarten
- **Einfaches Zeugnis** mit Angaben zur Person und genauer Beschreibung von Art und Dauer der Beschäftigung.
- **Qualifiziertes Zeugnis** mit zusätzlichen Angaben über Führung und Leistung.

Der Arbeitnehmer kann ein qualifiziertes Zeugnis verlangen und ein nicht verlangtes ablehnen.

Aufsichtsbehörden für die Entscheidung über die Zulässigkeit von Kündigungen bei Mutterschutz und Elternzeit

**Niedersachsen
Bremen
Sachsen-Anhalt
Mecklenburg-Vorpommern**
Gewerbeaufsichtsämter
Brandenburg
Landesamt für Arbeitsschutz

Hamburg
Behörde für Umwelt und Gesundheit

Berlin
Landesamt für Arbeitsschutz, Gesundheitsschutz und technische Sicherheit

Nordrhein-Westfalen
Bezirksregierungen

M 1 Besonderer Kündigungsschutz

Für besonders schutzbedürftige Arbeitnehmergruppen gilt ein über den allgemeinen Kündigungsschutz hinausgehender besonderer Kündigungsschutz:
- **Frauen** sind während der Schwangerschaft und innerhalb von vier Monaten nach der Entbindung unkündbar. Dasselbe gilt für die Elternzeit, die Mütter oder Väter nehmen können.
- **Berufstätige Angehörige**, die Pflegezeiten oder Familienpflegezeiten in Anspruch nehmen, sind vom Zeitpunkt der Ankündigung (max. 12 Wochen vor Pflegebeginn) bis zur Beendigung der Pflege unkündbar.
- Die Kündigung von **Menschen mit Schwerbehinderung** bedarf der Zustimmung des Integrationsamts (in Niedersachsen das Landessozialamt Hildesheim), sofern dem Arbeitgeber die Schwerbehinderung angezeigt wurde.
- **Auszubildenden** darf nach der Probezeit nur aus einem wichtigen Grund außerordentlich gekündigt werden. Schlechte Leistungen und Aufsässigkeit sind z. B. für sich allein noch kein wichtiger Grund. Gekündigt werden kann nur dann, wenn die Fortsetzung des Ausbildungsverhältnisses trotz aller „Erziehungsmaßnahmen" unzumutbar oder die Erreichung des Ausbildungsziels aussichtslos erscheint. „Kurz vor dem Ende der Ausbildungszeit ist die Kündigung im Allgemeinen ausgeschlossen". (Bundesarbeitsgericht, 10.05.1973).
- **Mitglieder des Betriebsrats und der Jugend- und Auszubildendenvertretung** sind während ihrer Amtszeit und ein Jahr danach unkündbar, es sei denn, es liegt ein besonders wichtiger Grund vor, der eine fristlose Kündigung rechtfertigt.
- Freiwillig dienende **Soldaten** der Bundeswehr sind vom 7. bis zum 23. Monat ihrer Dienstzeit und **Reservisten** vor und während ihrer Wehrübungen unkündbar.

Betriebsverfassungsgesetz

M 2 **§ 78 Schutzbestimmungen**
Die Mitglieder des Betriebsrats [...], der Jugend- und Auszubildendenvertretung [...] dürfen in der Ausübung ihrer Tätigkeit nicht gestört oder behindert werden. Sie dürfen wegen ihrer Tätigkeit weder benachteiligt oder begünstigt werden; dies gilt auch für ihre berufliche Entwicklung.

M 3 **§ 78a Schutz Auszubildender in besonderen Fällen**
(1) Beabsichtigt ein Arbeitgeber, einen Auszubildenden, der Mitglied der Jugend- und Auszubildendenvertretung, des Betriebsrats, der Bordvertretung oder des Seebetriebsrats ist, nach Beendigung des Berufsausbildungsverhältnisses nicht in ein Arbeitsverhältnis auf unbestimmte Zeit zu übernehmen, so hat er dies drei Monate vor Beendigung des Berufsausbildungsverhältnisses dem Auszubildenden schriftlich mitzuteilen.
(2) Verlangt ein in Absatz 1 genannter Auszubildender innerhalb der letzten drei Monate vor Beendigung des Berufsausbildungsverhältnisses schriftlich vom Arbeitgeber die Weiterbeschäftigung, so gilt zwischen Auszubildendem und Arbeitgeber ein Arbeitsverhältnis auf unbestimmte Zeit als begründet [...]
(3) Die Absätze 1 und 2 gelten auch, wenn das Berufsausbildungsverhältnis vor Ablauf eines Jahres nach Beendigung der Amtszeit der Jugend- und Auszubildendenvertretung, des Betriebsrats, der Bordvertretung oder des Seebetriebsrats endet.
(4) Der Arbeitgeber kann spätestens bis zum Ablauf von zwei Wochen nach Beendigung des Berufsausbildungsverhältnisses beim Arbeitsgericht beantragen,
1. festzustellen, dass ein Arbeitsverhältnis [...] nicht begründet wird, oder
2. das bereits [...] begründete Arbeitsverhältnis aufzulösen,
wenn Tatsachen vorliegen, aufgrund derer dem Arbeitgeber unter Berücksichtigung aller Umstände die Weiterbeschäftigung nicht zugemutet werden kann.

M 4

Fristlose Kündigung von Auszubildenden

Die „fristlose Kündigung von zwei Auszubildenden" ging bis zum Bundesarbeitsgericht und wurde Anfang 2002 entschieden. Der Sachverhalt:
Zwei Auszubildende fertigen ein großes Blechschild mit dem Text „Arbeit macht frei – Türkei schönes Land" und befestigen es an der Werkbank eines türkischen Kollegen. Außerdem ergaben die Ermittlungen, dass sie gemeinsam mit anderen antisemitische Lieder gesungen hatten, so ein Lied mit dem Titel „Auschwitz, wir kommen".
Das BAG stellte eine schwerwiegende Pflichtverletzung der beiden Auszubildenden fest, die eine fristlose Kündigung ohne vorhergehende Abmahnung rechtfertigt.

Auch bei sogenannten **Massenentlassungen** enthält das Kündigungsschutzgesetz besondere Bestimmungen, vor allem um die Vermittlung der Betroffenen in neue Arbeitsstellen zu erleichtern. Massenentlassungen liegen vor, wenn
– in Betrieben mit 21 bis 59 Arbeitnehmern mehr als fünf,
– in Betrieben mit 60 bis 499 Arbeitnehmern 10 % oder mehr als 25,
– in Betrieben ab 500 Arbeitnehmern 30 und mehr Arbeitnehmer

entlassen werden sollen. Die betroffenen Arbeitnehmer müssen sich mit dem Betriebsrat beraten und mindestens 30 Tage vorher bei der Agentur für Arbeit gemeldet werden. Die Stellungnahme des Betriebsrats ist beizufügen. Die Arbeitsagentur kann eine Entlassungssperre von bis zu zwei Monaten bestimmen.

Arbeitsvorschläge

1. Begründen Sie den Sinn eines besonderen Kündigungsschutzes an zwei Beispielen Ihrer Wahl aus M 1.
2. Der Auszubildenden Daria L. wurde zwei Monate vor der Abschlussprüfung wegen angeblich schlechter schulischer und betrieblicher Leistungen mündlich gekündigt.
   a) Überprüfen Sie anhand von M 1, ob die Kündigung wirksam ist, und formulieren Sie eine Begründung.
   b) Beraten Sie Daria L., wie sie gegen die Kündigung vorgehen kann.
3. Allen Auszubildenden einer Firma wird vier Monate vor Beendigung des Berufsausbildungsverhältnisses schriftlich mitgeteilt, dass sie wegen schlechter Auftragslage nicht übernommen werden können. Dazu gehört auch ein JAV-Mitglied, dessen Amtszeit drei Monate vor dem Ausbildungsabschluss endet.
   a) Beurteilen Sie die Erfolgsaussichten des gekündigten JVA-Mitglieds bei einer Kündigungsschutzklage. (M 2)
   b) Stellen Sie fest, ob die Formvorschriften bei der Kündigung eingehalten worden sind. (M 3)
4. Überprüfen Sie, ob die fristlose Kündigung der Auszubildenden in M 4 gerechtfertigt ist.

3 Arbeitsschutz in Deutschland

Leitbild eines zeitgemäßen Arbeitsschutzes nach DGUV

Ein zeitgemäßer Arbeitsschutz basiert auf einer ganzheitlichen Auffassung von Sicherheit und Gesundheit aller Beschäftigten. Er ist ein zentraler Bestandteil aller betrieblichen Aufgaben und Funktionen und somit nicht als weiteres betriebliches Aufgabenfeld anzusehen. Ein ganzheitlicher Arbeitsschutz in diesem Sinne ist ein ethisches, humanitäres, betriebswirtschaftliches und ökologisches Grundanliegen.

DGVU – Deutsche Gesetzliche Unfallversicherung e. V.
www.dgvu.de

M 1

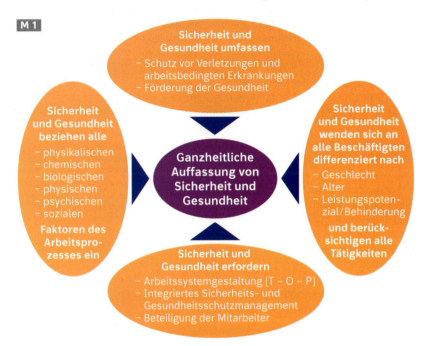

DGUV (Deutsche Gesetzliche Unfallversicherung e. V.: Leitbild eines zeitgemäßen Arbeitsschutzes. www.dguv.de/sifa-online/fachkraft-fuer-arbeitssicherheit/leitbild-eines-zeitgemaessen-arbeitsschutzes/index.jsp (verändert) [09.06.2020]

Arbeitsschutz ist in Deutschland eine Angelegenheit, die verschiedene Rechtsbereiche betrifft. Das sind u. a. das zivile Arbeitsrecht und das Verbraucher- und Umweltschutzrecht. Des Weiteren wird der Arbeitsschutz in Deutschland durch die europäische Sozialpolitik mitbestimmt, etwa im Produktsicherheitsrecht. Das heißt, es gilt nicht nur nationales, sondern auch europäisches Arbeitsschutzrecht.

Eine weitere Systematik im Arbeitsschutzrecht findet man bei den Kontrollinstitutionen. Das gesetzliche Arbeitsschutzrecht wird von den Gewerbeaufsichtsbehörden der Bundesländer überwacht, die Vorschriften der Berufsgenossenschaften dagegen von den Unfallversicherungsträgern.

Schließlich kann das Arbeitsschutzrecht auch auf der Ebene des Gesetzgebers unterschieden werden. Gesetze werden verabschiedet und bilden die Grundlage für Verordnungen und Vorschriften, die von den zuständigen Institutionen dann erlassen werden. Folgende Bereiche des Arbeitsschutzes finden hier Anwendung:

§ 1 ArbSchG (Arbeitsschutzgesetz)

(1) Dieses Gesetz dient dazu, Sicherheit und Gesundheitsschutz der Beschäftigten bei der Arbeit durch Maßnahmen des Arbeitsschutzes zu sichern und zu verbessern. [...]

– Der **technische Arbeitsschutz** dient der Abwehr von arbeitsbedingten Gefahren für Leben und Gesundheit der Arbeitnehmer. Er bedient sich dabei moderner angewandter Technik. Gesetzliche Grundlage bildet hier vor allem das **Arbeitsschutzgesetz**.
– Der **soziale Arbeitsschutz** richtet sich vor allem an besonders schutzbedürftige Arbeitnehmergruppen wie Jugendliche, Mütter, Menschen mit Schwerbehinderung u. a. Er regelt auch den Arbeitszeitschutz. Gesetzliche Grundlagen finden sich hier u. a. im **Arbeitszeitgesetz, Bundesurlaubsgesetz, Jugendarbeitsschutzgesetz**.
– Der **medizinische Arbeitsschutz** zielt in erster Linie auf die Schaffung und Erhaltung einer humanen Arbeitswelt ab. Gesetzliche Grundlage bilden u. a. das **Arbeitsschutzgesetz** und das **Infektionsschutzgesetz**.

Arbeitsvorschläge

1. Fertigen Sie eine Mindmap (s. S. 137) zur Strukturierung des Arbeitsschutzes in Deutschland an.
2. Erklären Sie einem Partner das Leitbild eines zeitgemäßen Arbeitsschutzes der DGVU. (M 1)

3.1 Technischer und medizinischer Arbeitsschutz

Das Basiselement des technischen und medizinischen Arbeitsschutzes ist das Arbeitsschutzgesetz (ArbSchG) oder, wie es ausführlich heißt: „Gesetz zur Durchführung von Maßnahmen des Arbeitsschutzes zur Verbesserung der Sicherheit und des Gesundheitsschutzes der Beschäftigten bei der Arbeit". Es ist ein deutsches Gesetz zur Umsetzung von EU-Richtlinien. Der § 18 ArbSchG enthält die Ermächtigungsgrundlagen für daraus abgeleitete Verordnungen.

Arbeitsschutzüberwachungsgesetz (ab 2021): Verboten sind Werkverträge und die Beschäftigung von Leiharbeitnehmern in Betrieben mit mehr als 49 Beschäftigten.

M1 Verordnungen, die sich aus dem Arbeitsschutzgesetz ableiten
- Arbeitsstättenverordnung (ArbStättV)
- Baustellenverordnung (BaustellV)
- Betriebssicherheitsverordnung (BetrSichV)
- Verordnung zum Schutz der Beschäftigten vor Gefährdungen durch Lärm und Vibrationen (Lärm- und Vibrations-Arbeitsschutzverordnung – LärmVibrationsArbSchV)
- Lastenhandhabungsverordnung (LasthandhabV)
- PSA-Benutzungsverordnung (PSA-BV)

M2 Geltungsbereich des Arbeitsschutzgesetzes
Das Arbeitsschutzgesetz findet Anwendung in den Tätigkeitsbereichen
- der gewerblichen Wirtschaft,
- der Landwirtschaft,
- des öffentlichen Dienstes,
- der freien Berufe (z. B. Ärzte),
- der nicht auf Erwerb ausgerichtete Organisationen (z. B. der Kirchen).

In diesen Bereichen gilt es für nahezu alle Beschäftigten.

M3 Grundlegende Ziele des Arbeitsschutzgesetzes
Das Gesetz hat zum Ziel, für die Sicherheit und den Gesundheitsschutz der Beschäftigten Vorsorge zu treffen und diese zu verbessern. Realisiert wird dies durch Maßnahmen der Verhütung von Unfällen und arbeitsbedingten Erkrankungen und durch eine menschengerechte Gestaltung der Arbeit (§§ 1, 2, 3 ArbSchG).
Dazu müssen Gesundheits- und Sicherheitsanforderungen an Arbeitsplätze immer dann beurteilt werden, wenn
- der Arbeitsplatz neu eingerichtet wird,
- sich Arbeitsbedingungen verändern,
- gesicherte arbeitswissenschaftliche Erkenntnisse und der Stand der Technik sich erneuern oder
- die Wirksamkeit von Arbeits- und Gesundheitsschutzmaßnahmen überprüft werden müssen.

Verantwortlich für alle Maßnahmen des Arbeitsschutzes ist der Arbeitgeber. Er hat diese auf Wirksamkeit zu überprüfen und erforderlichenfalls sich ändernden Gegebenheiten anzupassen. Ziel: Verbesserung von Sicherheit und Gesundheitsschutz der Beschäftigten. Die dafür notwendigen Mittel hat der Arbeitgeber in den meisten Fällen komplett zur Verfügung zu stellen. Für den Arbeitnehmer dürfen dabei keine Kosten entstehen.

M4
„Arbeiten auf Baustellen

Obwohl der technische Fortschritt das Sicherheitsniveau bei Bauarbeiten deutlich verbessert hat, sind diese Tätigkeiten weiterhin mit hohen Unfallrisiken verbunden. So ereignet sich etwa ein Drittel der tödlichen Arbeitsunfälle in der gewerblichen Wirtschaft auf Bau- und Montagestellen. Eine durchdachte Planung, die Umsetzung von Maßnahmen als Ergebnis der Gefährdungsbeurteilung sowie regelmäßige Unterweisungen wirken den Gefährdungen entgegen.

Besondere Arbeitsbedingungen wie häufige Ortswechsel, ständig wechselnde Anforderungen an das Personal, das Zusammenwirken verschiedener Gewerke, unterschiedliche Witterungs- und Klimaverhältnisse, vermeintliche Improvisationsgründe und der raue Umgang mit Arbeitsmitteln bergen erhöhte Gefahren in sich. Bei Arbeiten auf Baustellen sind daher eine frühzeitige Planung und eine eindeutige Festlegung der Zuständigkeiten wesentliche Voraussetzungen, um den Arbeitsschutz für alle Beteiligten entscheidend zu verbessern. [...]"

BGHM (Berufsgenossenschaft Holz und Metall): Arbeiten auf Baustellen, 8/2019. https://bghm-aktuell.de/arbeiten-auf-baustellen/ [09.06.2020]

Arbeitsvorschläge

1. Erarbeiten Sie mithilfe des ArbSchG (Internet, Gesetzessammlung) und M 3 die grundlegenden Ziele des ArbSchG und die darin festgelegten Verantwortlichkeiten.
2. Ordnen Sie mithilfe von M 1 zu, welche Verordnungen in den Tätigkeitsbereichen von M 2 umgesetzt werden.
3. Fassen Sie zusammen, wodurch Sicherheit und Gesundheit von Arbeitnehmern auf Baustellen gefährdet werden (M 4). Schlagen Sie vorbeugende Maßnahmen vor.

Gefährdungsbeurteilung und Unfallverhütungsvorschriften – gemeinsam für Sicherheit und Gesundheitsschutz am Arbeitsplatz

Die Beurteilung der Arbeitsbedingungen (= Gefährdungsbeurteilung) macht es möglich, systematisch und umfassend die wichtigsten körperlichen und psychischen Gefährdungen eines Arbeitsplatzes oder einer typischen Tätigkeit zu analysieren und zu bewerten. Daraus leiten sich für den **Arbeitgeber** Maßnahmen zur Verbesserung von Sicherheit und Gesundheitsschutz ab.

Für die **staatlichen Gewerbeaufsichtsbehörden** und für die **Berufsgenossenschaften** und **Unfallkassen** stellt die vorgeschriebene Dokumentation der Gefährdungsbeurteilung eine Vereinfachung ihrer Überwachungs- und Beratungstätigkeit dar. Unfälle im Betrieb sind wie bisher ebenfalls zu dokumentieren. Auch innerbetrieblich ist sie die Grundlage des Handelns für die **Interessenvertretung der Arbeitnehmer**.

Damit ist sie neben dem **Arbeitgeber**, den **Beschäftigten** und den **beratenden Fachkräften** (Fachkraft für Arbeitssicherheit und Betriebsarzt) eine weitere wichtige Handelnde im Betrieb. Immer dann, wenn das Gesetz eine Konkretisierung im Betrieb notwendig macht, haben die Arbeitnehmervertreter Beteiligungsrechte.

M 3
Inhalte einer Gefährdungsbeurteilung

Die Gefährdungsbeurteilung ist das zentrale Element im betrieblichen Arbeitsschutz. Sie ist die Grundlage für ein systematisches und erfolgreiches Sicherheits- und Gesundheitsmanagement. Grundlage ist eine Beurteilung der mit den Tätigkeiten verbundenen inhalativen (durch Einatmen), dermalen (durch Hautkontakt) und physikalisch-chemischen Gefährdungen (Brand- und Explosionsgefahren) und sonstigen durch Gefahrstoffe bedingten Gefährdungen. Der Arbeitgeber darf eine Tätigkeit mit Gefahrstoffen erst aufnehmen lassen, nachdem eine Gefährdungsbeurteilung vorgenommen wurde und die erforderlichen Schutzmaßnahmen getroffen wurden. § 6 ArbSchG verpflichtet Arbeitgeber, das Ergebnis der Gefährdungsbeurteilung, die von ihm festgelegten Arbeitsschutzmaßnahmen und das Ergebnis ihrer Überprüfung zu dokumentieren.

ifd (Ingenieurbüro für Datenmanagement): Muster einer Gefährdungsbeurteilung. www.ifd-service.de/gefaehrdungsbeurteilung/ [10.06.2020]

Arbeitsvorschläge

1. Erläutern Sie einem Partner/einer Partnerin, welche Aussagen zur Gefährdungsbeurteilung in M 1 gemacht werden.
2. Interpretieren Sie die Karikatur M 2 (s. auch S. 246 f.).
3. Fertigen Sie einen Spickzettel zu den Inhalten der Gefährdungsbeurteilung an (s. auch S. 207).

Unfallverhütungsvorschriften (auch DGVU-Vorschriften genannt) sind verbindliche Rechtsnormen der Unfallversicherungsträger (z. B. der Berufsgenossenschaften), mit denen diese ihrem Präventionsauftrag (nach § 14 des Sozialgesetzbuches VII) nachkommen. Sie werden in den Fachbereichen der DGVU erarbeitet und den Betrieben zur Verfügung gestellt. Auch die Kontrolle über die Einhaltung der Unfallverhütungsvorschriften obliegt den Trägern der gesetzlichen Unfallversicherung.

Die **Unfallverhütungsvorschriften** bilden damit eine sinnvolle Ergänzung der **Gefährdungsbeurteilungen**.

Auszug aus DGUV Vorschrift 38: Unfallverhütungsvorschrift Bauarbeiten
§ 5 Standsicherheit und Tragfähigkeit
(1) Der Unternehmer hat dafür zu sorgen, dass bauliche Anlagen und ihre Teile, Hilfskonstruktionen, Gerüste, Laufstege, Geräte und andere Einrichtungen nicht überlastet werden und auch während der einzelnen Bauzustände standsicher sind. Sie müssen so bemessen, aufgestellt, unterstützt, ausgesteift, verankert und beschaffen sein, dass sie die bei der vorgesehenen Verwendung anfallenden Lasten aufnehmen und ableiten können.
(2) Der Unternehmer hat dafür zu sorgen, dass Bauteile, Baustoffe und Arbeitsmittel so gelagert, transportiert und eingebaut werden, dass sie dabei ihre Lage nicht unbeabsichtigt verändern können.
(3) Der Unternehmer hat dafür zu sorgen, dass bei Arbeiten an und vor Erd- und Felswänden sowie in Baugruben, Gräben und Bohrungen die Erd- und Felswände so abgeböscht, verbaut oder anderweitig gesichert sind, dass sie während der einzelnen Bauzustände standsicher sind und Versicherte nicht durch Abrutschen oder Herabfallen von Massen gefährdet werden. Baugruben und Gräben dürfen bis max. 1,25 m Tiefe ohne Sicherung mit senkrechten Wänden hergestellt werden, sofern keine Gegebenheiten oder Einflüsse (insbesondere Bodenbeschaffenheit, Geländeneigung, Auflasten) vorliegen, welche die Standsicherheit der Baugruben- bzw. Grabenwände beeinträchtigen können. [...]

Eine wichtige Rolle bei der Umsetzung der Unfallverhütungsvorschriften spielen die **Technischen Regeln für Arbeitsstätten (ASR)**. Sie geben den Stand der Technik, Arbeitsmedizin und Hygiene für das Einrichten und Betreiben von Arbeitsstätten wieder.

Stellvertretend für die vielfältigen Regelungen der ASR werden hier einige oft gebräuchliche Sicherheitszeichen aufgeführt. Diese finden sich in den meisten Betrieben, aber auch in öffentlichen Bereichen.

> **M1** Sicherheitszeichen haben unterschiedliche Funktionen. Sie warnen vor gesundheitsschädlichen Stoffen, weisen auf Gefahren hin, symbolisieren Verbote und Gebote und zeigen Rettungswege und Erste Hilfe auf.
> **Die Sicherheitszeichen sind anhand ihrer Farben gut zu unterscheiden:**
> Häufige Sicherheitszeichen und ihre Bedeutung sind im Folgenden aufgeführt:
> - **Rettungszeichen** sind grün: z. B. Rettungsweg, Krankentrage, Erste Hilfe, Sammelstelle
> - **Blaue Schilder** weisen auf Gebote hin: z. B. Gehörschutz benutzen, Schutzhandschuhe verwenden, Atemschutz verwenden.
> - **Verbotszeichen** sind rot: z. B. Feuer, offenes Licht und Rauchen verboten, Zutritt für Unbefugte verboten, mit Wasser löschen verboten.
> - **Warnzeichen** sind gelb mit schwarzen Bildzeichen: z. B. Warnung vor einer Gefahrstelle, Warnung vor ätzenden Stoffen, Warnung vor gesundheitsschädlichen oder reizenden Stoffen.
>
> vgl. Sicherheits- und Gesundheitsschutzkennzeichnung ASR A1.3, www.baua.de/DE/Angebote/Rechtstexte-und-Technische-Regeln/Regelwerk/ASR/ASR-A1-3.htm. [21.10.2020])

M 2

Keine offene Flamme; Feuer, offene Zündquelle und Rauchen verboten

Warnung vor explosionsgefährlichen Stoffen

Berühren verboten

Gehörschutz benutzen

Rettungsweg/Notausgang links

Gesichtsschutz benutzen

Warnung vor Absturzgefahr

Sammelstelle

Arbeitsvorschläge

1. *Erkunden Sie in Ihrem Betrieb weitere Beispiele für Unfallverhütungsvorschriften. Stellen Sie diese in der Klasse vor.*
2. *Erstellen Sie mithilfe von M 1 eine Tabelle mit den verschiedenen Arten der Sicherheitszeichen und ordnen Sie die Beispiele aus M 2 dort ein. Finden Sie jeweils ein weiteres Beispiel.*

3.2 Sozialer Arbeitsschutz

Werktage – Arbeitstage
§ 3 Bundesurlaubsgesetz
(2) Als Werktage gelten alle Kalendertage, die nicht Sonn- oder Feiertage sind.
(Arbeitstage sind die Tage, an denen im Betrieb tatsächlich gearbeitet wird. Anm. d. Verf.)

M 1

Datenschutzgesetz verletzt: Arbeitgeber überließ der Arbeitsagentur Personaldaten

Es wird vielleicht Jahre dauern ...
Gerade für Mütter ist voller Tarifurlaub wichtig

Übermüdeter Fahrer: 4 Tote und 52 Verletzte bei Busunglück auf der A2

IG Metall: Viel zu wenige Menschen mit Schwerbehinderung in Betrieben
Der Freikauf ist billiger

Im Arbeitsrecht wird Arbeitsschutz mit der Verabschiedung des **Arbeitsschutzgesetzes** von 1996 grundsätzlich als eine Einheit zur Sicherung am Arbeitsplatz und zum Schutz vor körperlicher und seelischer Überforderung angesehen. Dennoch wird in Gesetzen zwischen sozialen und technischen Arbeitsgesetzen unterschieden.

Arbeitsschutzkontrollgesetz
Seit den Vorfällen 2020 in Betrieben der Fleischindustrie wurde der Ruf nach geordneteren und sichereren Arbeitsbedingungen lauter, nicht nur in dieser Branche. Seit dem 1. Januar 2021 ist die Kontrolle der Betriebe und die Unterbringung von Beschäftigten gesetzlich geregelt. Das hat Konsequenzen u. a. für den Arbeits- und Gesundheitsschutz und die Arbeitsstättenverordnung der betroffenen Betriebe.

Gesetzliche Grundlagen des **sozialen Arbeitsschutzes** sind vor allem:
- Arbeitszeitgesetz
- Bundesurlaubsgesetz
- Arbeitsplatzschutzgesetz
- Bundeselterngeld- und Elternzeitgesetz
- Jugendarbeitsschutzgesetz
- Mutterschutzgesetz
- Schwerbehindertengesetz

Das **Arbeitszeitgesetz (ArbZG)** von 1994 regelt die Arbeitszeit der Arbeitnehmer über 18. Bis auf den Bergbau unter Tage zählen die Ruhepausen nicht zur gesetzlichen Arbeitszeit.
Das Arbeitsgesetz soll
- die Sicherheit und die Gesundheit bei der Arbeitszeitgestaltung gewährleisten,
- die Rahmenbedingungen für flexiblere Arbeitszeiten verbessern und
- den Sonntag und die staatlich anerkannten Feiertage schützen.

M 2 Arbeitszeitgesetz

§ 3 Arbeitszeit der Arbeitnehmer. Die werktägliche Arbeitszeit [...] darf acht Stunden nicht überschreiten. Sie kann bis zu zehn Stunden nur verlängert werden, wenn innerhalb von sechs Kalendermonaten oder 24 Wochen im Durchschnitt acht Stunden werktäglich nicht überschritten werden.
§ 5 Ruhezeit. Die Arbeitnehmer müssen nach Beendigung der täglichen Arbeitszeit eine ununterbrochene Ruhezeit von mindestens elf Stunden haben.
§ 6 Nacht- und Schichtarbeit. (1) Die Arbeitszeit der Nacht- und Schichtarbeit ist nach den gesicherten arbeitswissenschaftlichen Erkenntnissen über die menschengerechte Gestaltung der Arbeit festzulegen.

Urlaubsabgeltung
Beim Ausscheiden aus einem Betrieb besteht der Anspruch auf Resturlaub – ein Zwölftel des Jahresurlaubs pro Monat, unabhängig von der Dauer der Betriebszugehörigkeit. Nur wenn das nicht möglich ist, darf der Urlaub ganz oder teilweise durch Geld abgegolten werden.

Für **Jugendliche** ist die tägliche Arbeitszeit nach dem **Jugendarbeitsschutzgesetz** grundsätzlich auf acht Stunden begrenzt. Festgesetzte Ruhepausen sind bei einer Arbeitszeit von 4,5 bis sechs Stunden 30 Minuten, darüber 45 Minuten (s. S. 21).
Abweichende Regelungen sind in bestimmten Grenzen durch Tarifverträge, Betriebsvereinbarungen oder Ausnahmegenehmigungen möglich.
Das **Bundesurlaubsgesetz** schreibt einen bezahlten Mindesturlaub von 24 Werktagen für Arbeitnehmer über 18 Jahre vor. Der volle Jahresurlaub wird erstmals nach sechs Monaten Betriebszugehörigkeit fällig, soll möglichst zusammenhängend und grundsätzlich im laufenden Jahr genommen werden, spätestens in den ersten drei Monaten danach, sonst verfällt er.

Besondere Schutzrechte

Einige Personengruppen benötigen besondere Schutzrechte. Für Jugendliche gilt das **Jugendarbeitsschutzgesetz** (s. S. 20 f.). Außerdem hat nach Artikel 6 des Grundgesetzes jede schwangere Frau „Anspruch auf den Schutz und die Fürsorge der Gemeinschaft". Dieser Forderung trägt das **Mutterschutzgesetz** Rechnung. Darüber hinaus dient das „Bundeselterngeld- und Elternzeitgesetz" dem Schutz und der Förderung der Familie.

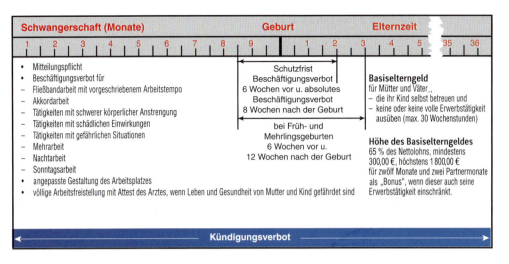

M 3 § 4 Mutterschutzgesetz

(1) Werdende Mütter dürfen nicht mit schweren körperlichen Arbeiten und nicht mit Arbeiten beschäftigt werden, bei denen sie schädlichen Einwirkungen von gesundheitsgefährdenden Stoffen oder Strahlen, von Staub, Gasen oder Dämpfen, von Hitze, Kälte oder Nässe, von Erschütterungen oder Lärm ausgesetzt sind.

(2) Werdende Mütter dürfen insbesondere nicht beschäftigt werden
1. mit Arbeiten, bei denen regelmäßige Lasten von mehr als 5 kg Gewicht oder gelegentlich von mehr als 10 kg Gewicht ohne mechanische Hilfsmittel von Hand gehoben, bewegt oder befördert werden [...]

(3) die Beschäftigung werdender Mütter mit
1. Akkordarbeiten und sonstigen Arbeiten, bei denen durch ein gesteigertes Arbeitstempo ein höheres Entgelt erzielt werden kann,
2. Fließbandarbeit mit vorgeschriebenem Arbeitstempo ist verboten.

Menschen mit Schwerbehinderung genießen nach dem **Sozialgesetzbuch IX** einen besonderen Schutz, wenn der Grad der körperlichen, geistigen oder seelischen Behinderung mit wenigstens 50 % anerkannt wurde. Menschen mit Behinderung mit einem Behinderungsgrad von 30–49 % können ihnen zeitweilig gleichgestellt werden, wenn sie dadurch ihren alten Arbeitsplatz erhalten oder einen neuen bekommen können. Die Arbeitsplätze sollen der Behinderung entsprechend gestaltet werden.

Weil es für Menschen mit Behinderung oft schwierig ist, einen geeigneten Arbeits- oder Ausbildungsplatz zu erhalten, muss jeder Arbeitgeber mit mehr als 20 Beschäftigten 5 % der Arbeits- und Ausbildungsplätze mit ihnen besetzen. Andernfalls ist für jeden unbesetzten Pflichtplatz eine Ausgleichsabgabe von 100,00 bis 250,00 € monatlich zu leisten. Die Höhe hängt davon ab, in welchem Umfang Pflichtplätze besetzt wurden.

Menschen mit Schwerbehinderung erhalten einen zusätzlichen Jahresurlaub von fünf Arbeitstagen und genießen nach sechsmonatiger Beschäftigung einen besonderen Kündigungsschutz (s. S. 80).

In Betrieben mit mehr als fünf Menschen mit Schwerbehinderung ist eine Vertrauensperson zu wählen, die an den Sitzungen des Betriebsrats teilnimmt.

§ 125 Sozialgesetzbuch IX
[...] verteilt sich die Arbeitszeit auf mehr oder weniger Arbeitstage in der Kalenderwoche, erhöht oder vermindert sich der Zusatzurlaub entsprechend.

Arbeitsvorschläge

1. Ordnen Sie die in den Zeitungsschlagzeilen (M 1, S. 86) aufgeführten Arbeitsrechtsverletzungen den entsprechenden Arbeitsschutzbestimmungen zu.
2. Berichten Sie über die Arbeitszeit- und Pausenregelung Ihres Ausbildungsbetriebs und ermitteln Sie deren Rechtsgrundlagen. (M 2, S. 86)
3. Begründen Sie das Verbot von Schwer- und Akkordarbeit für werdende Mütter. (M 3)

4 Tarifvertragsrecht

4.1 Tarifautonomie

Art. 9 Abs. 3 GG Vereinigungsfreiheit

(3) Das Recht, zur Wahrung und Förderung der Wirtschafts- und Arbeitsbedingungen Vereinigungen zu bilden, ist für jedermann und für alle Berufe gewährleistet. Abreden, die dieses Recht einschränken oder zu behindern versuchen, sind nichtig. Hierauf gerichtete Maßnahmen sind rechtswidrig.

Die im Grundgesetz genannten Vereinigungen sind die **Tarifvertragsparteien**, also Gewerkschaften, Arbeitgeberverbände, aber auch einzelne Arbeitgeber. Die Wirtschafts- und Arbeitsbedingungen werden von ihnen **ohne staatlichen Zwang** in **Tarifverträgen** ausgehandelt. Das wird **Tarifautonomie** genannt und unterscheidet sich von einer staatlichen Lohnfestsetzung. Weil aber viele Arbeitnehmer keine Tarifverträge haben, gibt es europaweit nationale **Mindestlöhne**. So soll verhindert werden, dass sie zu Bedingungen arbeiten müssen, von denen viele ohne Zusatzeinkünfte kaum leben können. Für Unternehmen sichert dies zugleich fairen Wettbewerb wegen einheitlicher Löhne.

M 1
„Die Tarifautonomie ist ein wesentlicher Stützpfeiler der sozialen Marktwirtschaft. Wer sich als Arbeitgeber der Tarifautonomie verweigert,*) gefährdet die soziale Marktwirtschaft."

Karl-Josef Laumann, Minister für Arbeit, Gesundheit und Soziales in NRW, Soziale Ordnung, CDA-Verlagsges. Berlin, 7./8. Ausg. 2008, S. 3

* gemeint ist die „Tarifflucht" von Arbeitgebern

M 2 Mindestlohn aus Brüssel – Schwächung der Tarifautonomie?
Die SPD fordert im Europawahlprogramm 2019: Die EU soll „armutsfreie Mindestlöhne" festsetzen. Diese sollen 60 % der durchschnittlichen Einkommen betragen. Das wären in Deutschland rund 12,00 € Stundenlohn. Auch Bündnis 90/Grüne und die Linke sind dafür. Wohlfahrtsverbände fordern sogar knapp 13,00 €. Diese Forderungen finden auch den Beifall der Gewerkschaften. Bedenken haben sie aber bei einer Festsetzung durch die EU. Daran wären die Tarifpartner in der deutschen Mindestlohnkommission nicht beteiligt.

M 3
Seit 1996 gelten nach dem **Arbeitnehmer-Entsendegesetz** in 15 Berufszweigen, z. B. im Bauhauptgewerbe, Mindestlöhne (s. S. 76). Dafür werden besondere Tarifverträge für allgemeinverbindlich erklärt. Sie gelten für alle in Deutschland tätigen Arbeitnehmer, auch wenn ihre Arbeitgeber ihren Sitz im Ausland haben oder nicht tarifgebunden sind.

Mindestlöhne in Europa 2020 (Auswahl)

Luxemburg	12,38 €
Frankreich	10,15 €
Irland	10,10 €
Deutschland	9,35 €
Griechenland	3,76 €
Polen	3,50 €
Polen	3,50 €
Rumänien	1,87 €

vgl. WSI, Hans-Böckler-Stiftung, Düsseldorf, www.wsi.de/data/wsimit_2020_02_luebker.pdf [20.05.2020]

Mindestlohnkommission
Je drei Vertreter der Spitzenorganisationen der Tarifpartner. Sie schlagen einen Vorsitzenden vor, der von der Regierung berufen wird. Hinzu kommen zwei Wissenschaftler ohne Stimmrecht.

M 4
Nach dem **Mindestlohngesetz** von 2014 ermittelt eine **Mindestlohnkommission** den gesetzlichen Mindestlohn auf Grundlage der allgemeinen Lohnentwicklung. Ausnahmen gelten u. a. für Jugendliche, Auszubildende, Pflichtpraktika bei Ausbildung und Studium sowie für freiwillige Praktika bis zu drei Monaten. Danach ist voll zu bezahlen.
Seit 2015 gibt es den **gesetzlichen Mindestlohn**. Er beträgt zunächst 8,50 €. 2020 steigt er auf 9,35 €, 2021 auf 9,50 €. Wegen der Corona-Krise wird der Mindestlohn dann in Halbjahresschritten auf 9,60 €, 9,82 € und zum 01.01.2022 auf 10,45 € angehoben. 2020 ist auch das Mindestlohnverfahren überprüft worden. Der Mindestlohn hat nicht zu den befürchteten starken Arbeitsplatzverlusten geführt. Für Geringverdiener gibt es insgesamt mehr Lohn. Dennoch ist der Mindestlohn in Gebieten mit hohen Lebenshaltungskosten nicht existenzsichernd. Erschwerend kommt hinzu, dass über eine Million Arbeitnehmer den Mindestlohn nicht erhalten, weil z. B. bei den Arbeitszeiten „getrickst" wird (s. S. 75, M 1).

Arbeitsvorschläge

1. Erklären Sie den Begriff „Tarifautonomie" mit eigenen Worten. (M 1)
2. Führen Sie eine Pro- und Kontra-Diskussion zum Thema „Mindestlohn aus Brüssel?". (M 2)
3. Für welche Arbeitnehmergruppen gelten die beiden Mindestlöhne? (M 3, M 4)
4. Berichten Sie über die Entwicklung der Mindestlöhne und der Mindestlohndiskussion.

4.2 Tarifvertragsparteien

M 1

Zwischen
a) dem **Niedersächsischen Hotel- und Gaststättenverband in DEHOGA, Hannover,**
b) dem **Braunschweigischen Hotel- und Gaststättenverband in DEHOGA, Braunschweig,** einerseits und der **Gewerkschaft Nahrung-Genuss-Gaststätten, Landesbezirk Niedersachsen/Bremen, Hannover**

Zwischen dem **Einzelhandelsverband Niedersachsen e. V.,** und der **Vereinten Dienstleistungsgewerkschaft ver.di** – Landesbezirk Niedersachsen – Bremen

[...] anderseits, wird folgender Tarifvertrag vereinbart: [...]

Zwischen der **VOLKSWAGEN AG Wolfsburg** und der **INDUSTRIEGEWERKSCHAFT METALL,** Bezirksleitung Hannover

Zwischen dem **Verband der Metallindustriellen Niedersachsens, Hannover,** und der **Industriegewerkschaft Metall, Bezirksleitung Hannover**

Im Oktober 2020 gelten in Deutschland 81.000 Tarifverträge, darunter 30.000 Flächen- und 51.000 Firmentarifverträge. Sie erfassen in Deutschland gut 53 % der Arbeitnehmer. Der Anteil steigt auf 63 %, wenn an Flächentarifverträgen orientierte Verdienste hinzugerechnet wird (vgl. IW-Report Nr. 15, 30.04.2018, www.iwkoeln.de/studien/iw-reports/beitrag/helena-schneider-sandra-vogel-tarifbindung-der-beschaeftigten-in-deutschland.html, [22.11.2020]). Durch „Tarifflucht" von Arbeitgebern hat der Anteil der tarifgebundenen Arbeit abgenommen. Vor allem im Osten haben viele Firmen ihre Verbände verlassen.
Die Tarifbindung in den einzelnen Branchen ist sehr unterschiedlich.

M 2 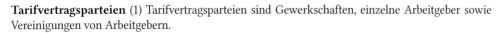 § 2 Tarifvertragsgesetz (TVG)

Tarifvertragsparteien (1) Tarifvertragsparteien sind Gewerkschaften, einzelne Arbeitgeber sowie Vereinigungen von Arbeitgebern.

M 3

Tariffähige Vereinigungen (Koalitionen) müssen folgende Bedingungen erfüllen:
- **Freiwilligkeit des Zusammenschlusses**: Die Gründung muss ohne Zwang erfolgen, ebenso darf niemand zum Beitritt gezwungen werden;
- **Unabhängigkeit von der Gegenseite**, von Parteien, Kirchen oder Staat;
- **überbetriebliche Organisation** nach demokratischen Regeln (z. B. Satzung);
- **Tarifwilligkeit**: Bereitschaft, Tarifverträge abzuschließen und ihre Verbindlichkeit anzuerkennen.

In Deutschland sind Ende 2019 knapp 6 Millionen Arbeitnehmer Mitglieder von Gewerkschaften (s. Grafik in M 1, S. 90). Diese sind auf Bezirks-, Landes- und Bundesebene organisiert. Wenn sich mehrere Gewerkschaften auf Bundesebene zusammenschließen, entstehen **Dachverbände**. Der größte ist der Deutsche Gewerkschaftsbund (DGB) mit rund 6 Millionen Mitgliedern in acht Einzelgewerkschaften. Diese führen die Tarifverhandlungen in den jeweiligen Tarifbezirken, für die sie „zuständig" sind (s. M 1). Der nächstgrößere Dachverband ist der Deutsche Beamtenbund (DBB) mit 1,3 Millionen Mitgliedern und 40 Mitgliedsgewerkschaften. Er führt die Tarifverhandlungen für seine Mitglieder und ist damit eine **Spitzenorganisation** nach § 2 Abs. 2 und 3 TVG.

Arbeitsvorschläge

1. Ermitteln Sie in M 1 die jeweiligen Tarifvertragsparteien und Tarifbezirke.
2. Erkunden Sie für Ihren Ausbildungsbetrieb, falls es einen Tarifvertrag gibt, von welchen Tarifparteien und für welchen Tarifbereich dieser Tarifvertrag abgeschlossen wurde.
3. Die Belegschaft eines Großbetriebs ist mit der Arbeit der zuständigen Gewerkschaft unzufrieden. Sie will eine eigene Betriebsgewerkschaft gründen. Beurteilen Sie, ob eine solche Vereinigung tariffähig ist. (M 2, M 3)
4. Auf Arbeitgeberseite wird manchmal vorgeschlagen, bei Großkonzernen auch Betriebsräten Lohnverhandlungen zu erlauben. Beurteilen Sie die Rechtslage. (M 2, M 3)

Will ein Arbeitnehmer in eine Gewerkschaft eintreten, hat er die Wahl zwischen der für seinen Betrieb zuständigen DGB-Gewerkschaft und einem Berufs- oder Fachverband der übrigen Gewerkschaften.

Organisationsprinzip der DGB-Gewerkschaften

Industrieverbandsprinzip: ein Betrieb – eine Gewerkschaft. Das heißt, jede dieser Gewerkschaften vertritt die Interessen der Beschäftigten bestimmter Wirtschaftszweige und demnach die aller Betriebe, die diesen Wirtschaftszweigen angehören.

2011 hat das Bundesarbeitsgericht entschieden, dass das Grundrecht auf Vereinigungsfreiheit (Art. 9 GG) auch zulässt, dass in einem Unternehmen mehrere Gewerkschaften tariffähig sind.

Nach dem **Tarifeinheitsgesetz** von 2015 kann aber nur der Tarifvertrag angewendet werden, für den die Gewerkschaft in einem Betrieb die meisten Mitglieder hat.

M 1

Auch die Arbeitgeber und Selbstständigen haben sich zu Verbänden zusammengeschlossen. Die Mitgliedschaft in Verbänden mit wirtschaftlichen und sozialpolitischen Interessen (s. S. 160 f.) ist freiwillig. Die in der Bundesvereinigung der Deutschen Arbeitgeberverbände zusammengeschlossenen Berufsgruppenverbände sind Tarifvertragsparteien und geben ihren Mitgliedern Rechtsschutz. Daneben gibt es für viele Berufszweige Kammern mit Pflichtmitgliedschaft (s. S. 160 f.).

M 2

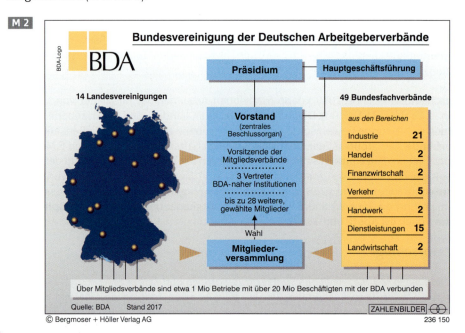

Arbeitsvorschlag

Ermitteln Sie in M 1 die für Ihr Ausbildungsunternehmen zuständige Gewerkschaft und in M 2 den Arbeitgeberverband, in dem das Unternehmen Mitglied sein könnte.

4.3 Verbindlichkeit von Tarifverträgen

M 1 In einer neu gebildeten Klasse der Bauzeichner und Bauzeichnerinnen herrscht Ratlosigkeit und Empörung. Die Auszubildenden hatten die Höhe der Ausbildungsvergütungen und den Jahresurlaub verglichen und erhebliche Unterschiede festgestellt. Einer kam auf die Idee, das Alter könne eine Rolle spielen. Man habe doch im BGJ etwas vom Jugendarbeitsschutz gehört.

Damit konnten die Unterschiede in der Urlaubsdauer der 16- und 17-Jährigen erklärt werden, nicht aber die bei der Vergütung. Und da waren auch noch die drei „Erwachsenen" Jan, Klara und Lisa. Jan und Klara erhielten über 50,00 € im Monat mehr als Lisa und außerdem 30 Arbeitstage Urlaub, Lisa hingegen nur 24 Werktage.

„Ich bin gleich in die Gewerkschaft eingetreten", sagte Jan, „vielleicht liegt das daran." Klara bezweifelte Jans Vermutung; sie sei nicht in der Gewerkschaft, beide erhielten von ihrem gemeinsamen Betrieb, einer Baufirma, auch gleiche Leistungen. Bezahlt werde nach Tarif, habe sie gehört. Lisa lernt bei einem Architekten, der keinem Verband angehört.

M 3 Sicher bleibt nur, was unser Tarifvertrag sichert.

Rechtsanspruch auf diesen Tarifvertrag haben nur **Mitglieder der IG Metall**

M 2 Tarifvertragsgesetz (TVG)

§ 3 Tarifgebundenheit
(1) Tarifgebunden sind die Mitglieder der Tarifvertragsparteien und der Arbeitgeber, der selbst Partei des Tarifvertrages ist.
(3) Die Tarifgebundenheit bleibt bestehen, bis der Tarifvertrag endet.

§ 5 Allgemeinverbindlichkeit *(Neuformulierung im Gesetz zur Stärkung der Tarifautonomie 2014)*
(1) Der Bundesminister für Arbeit und Soziales kann einen Tarifvertrag im Einvernehmen mit einem aus je drei Vertretern der Spitzenorganisationen der Arbeitgeber und der Arbeitnehmer bestehenden Ausschuss (Tarifausschuss) auf gemeinsamen Antrag der Tarifvertragsparteien für allgemeinverbindlich erklären, wenn die Allgemeinverbindlichkeit im öffentlichen Interesse geboten erscheint. Die Allgemeinverbindlicherklärung erscheint in der Regel im öffentlichen Interesse geboten, wenn die Tarifvertragsparteien darlegen, dass
1. der Tarifvertrag in seinem Geltungsbereich für die Gestaltung der Arbeitsbedingungen überwiegende Bedeutung erlangt hat oder
2. die Absicherung der Wirksamkeit der tarifvertraglichen Normsetzung gegen die Folgen wirtschaftlicher Fehlentwicklung eine Allgemeinverbindlichkeitserklärung verlangt. [...]
(4) Mit der Allgemeinverbindlicherklärung erfassen die Rechtsnormen des Tarifvertrages in seinem Geltungsbereich auch die bisher nicht tarifgebundenen Arbeitgeber und Arbeitnehmer.

M 4 Das **Gesetz zur Stärkung der Tarifautonomie** von 2014 legt fest, dass eine Allgemeinverbindlichkeitserklärung von den Tarifparteien gemeinsam zu beantragen ist und diese nicht mehr 50 % der Beschäftigten vertreten müssen. Die Antragsteller können angehört werden.

Weitere Informationen unter: www.bmas.de

Tarifverträge werden von den Tarifvertragsparteien grundsätzlich nur für ihre Mitglieder abgeschlossen. In der betrieblichen Praxis überwiegen jedoch tarifliche Leistungen auch für die Nichtorganisierten. Außerdem können für Tarifverträge **A**llgemein**v**erbindlichkeits**e**rklärungen (AVE) beantragt werden (s. M 2, § 5). Mitte 2017 waren es nur noch 443 nach 630 im Jahr 1964. Wenngleich einige aus formalen Gründen gelöscht wurden, scheitern nach Gewerkschaftsberichten neue AVE weiterhin an der Ablehnung durch die Arbeitgeberseite im Tarifausschuss. Die erhoffte Wirkung nach dem Wegfall der 50 %-Klausel (s. M 4) wird nicht erreicht. Es wird weiter diskutiert.

Anmerkung: Bei Redaktionsschluss (7/2020) waren vom Bundesministerium für Arbeit und Soziales keine neuen AVE-Zahlen verfügbar.

Arbeitsvorschläge

1. Begründen Sie die Unterschiede bei Vergütung und Urlaub in M 1 mithilfe von M 2.
2. Einem Arbeitgeber ist die von seinem Verband vereinbarte Lohnerhöhung von 5,3 % zu hoch und er tritt nachträglich aus dem Verband aus. Er bietet der Belegschaft 3 %. Muss diese sich damit abfinden? Überprüfen Sie die Rechtslage anhand von M 2.
3. Diskutieren Sie die Aussage von M 3.
4. Erörtern Sie (möglichst mit Vertretern der Tarifparteien), ob zur besseren Tarifbindung ein AVE-Antrag im Tarifausschuss nur mit Mehrheit abgelehnt werden kann.

4.4 Arten und Inhalte von Tarifverträgen

Die vereinbarten Inhalte der Tarifverträge, also Löhne, Urlaubsdauer usw., sind staatlichen Gesetzen gleichgestellt und binden die Vertragspartner „unmittelbar und zwingend" (§ 4 Tarifvertragsgesetz). Abweichende Vereinbarungen müssen im Tarifvertrag zugelassen oder zugunsten der Arbeitnehmer sein.

Arbeitszeitverkürzungen

1900: Gewerkschaften erreichen 10-Stunden-Tag
1918: 8-Stunden-Tag gesetzlich eingeführt
1956: von 48 auf 45 Stunden in der Metallindustrie
1967: 40-Stunden-Woche in der Metallindustrie
1975: 40-Stunden-Woche wird Normalarbeitszeit
1984: Einstieg in die 35-Stunden-Woche in der Metallindustrie

Die Funktionen des Tarifvertrags:
- **Schutzfunktion:** Durch Tarifverträge soll die Unterlegenheit, mit der der einzelne Arbeitnehmer dem Arbeitgeber gegenübersteht, aufgehoben werden; Arbeitsbedingungen können damit nicht mehr einseitig diktiert werden.
- **Ordnungsfunktion:** Durch Tarifverträge werden die Millionen von Arbeitsverhältnissen typisiert und vereinheitlicht; das Arbeitsleben wird geordnet und bleibt damit einigermaßen überschaubar.
- **Friedensfunktion:** Während der Laufzeit von Tarifverträgen sind Arbeitskämpfe um bereits im Tarifvertrag geregelte Gegenstände ausgeschlossen.

Adamy, Wilhelm / Steffen, Johannes: Handbuch der Arbeitsbeziehungen. Schriftenreihe der Bundeszentrale für politische Bildung, Band 215, Bonn 1985, S. 245

Jeder Tarifvertrag wird für bestimmte Geltungsbereiche abgeschlossen. Was darunter zu verstehen ist, wird an der folgenden Aufstellung der IG-Metall deutlich.

M 1 Geltungsbereiche von Tarifverträgen

Für die Mitglieder der IG Metall werden Tarifverträge abgeschlossen

mit dem **räumlichen Geltungsbereich**:
- für das ganze Bundesgebiet
- für Tarifgebiete
- für einzelne Firmen oder Unternehmen

mit dem **fachlichen Geltungsbereich**
- für die Metall- und Elektroindustrie
- für die Metallhandwerke
- für die Eisen- und Stahlindustrie
- für die Textil- und Bekleidungsindustrie
- für die Textil- und Bekleidungshandwerke
- für die Holz und Kunststoff verarbeitende und die Holz bearbeitende Industrie
- für die Holzhandwerke
- für die Leiharbeit

mit dem **persönlichen Geltungsbereich**:
- für gewerbliche Arbeitnehmer/-innen,
- für Angestellte,
- für Auszubildende

Aufgrund der Satzung der Industriegewerkschaft Metall werden Tarifverträge vom Vorstand der IG Metall und/oder von den Bezirksleitungen - im Auftrag des Vorstandes - abgeschlossen.

IG Metall Vorstand (Hrsg.): Daten, Fakten, Informationen 12/2019, Frankfurt/M. 2019, S. 12. (verändert)

Erster Tarifvertrag

1873 wird als erster einheitlich für das Deutsche Reich geltender Tarifvertrag der Buchdruckertarif abgeschlossen. In ihm werden Vereinbarungen über Mindestlöhne, Arbeitszeit, Überstunden und Kündigungsfristen getroffen.

Nach ihren Inhalten werden traditionell **Lohn-** und **Gehaltstarifverträge** einerseits und **Rahmen-** oder **Manteltarifverträge** andererseits unterschieden. Erstere verzeichnen vor allem die Höhe der Vergütung und ihre Differenzierung nach Leistungsgruppen. In der chemischen Industrie wurde 1989 erstmalig auch ein einheitlicher **Entgelttarifvertrag** für Arbeiter und Angestellte vereinbart. Andere Wirtschaftszweige folgen, z. B. das Kraftfahrzeughandwerk und -gewerbe im Jahr 2001 für das Tarifgebiet Niedersachsen/Bremen. In den Rahmen- oder Manteltarifverträgen werden allgemeine Arbeitsbedingungen wie Arbeitszeit und Urlaubsdauer festgelegt. Sie „ummanteln" bzw. „umrahmen" den Vergütungsanspruch.

Daneben gehen die Tarifvertragsparteien seit vielen Jahren dazu über, **Einzeltarifverträge** mit besonderen Vereinbarungen abzuschließen, z. B. für vermögenswirksame Leistungen, Vorruhestandsregelungen und seit einiger Zeit zur Beschäftigungssicherung. Auch werden die Einstufungen in Leistungsgruppen nicht immer in Lohn-, Gehalts- oder Entgelttarifverträgen vorgenommen, sondern auch in gesonderten **Lohn-, Gehalts- und Entgeltrahmentarifverträgen**. Auf diese Weise können die Streitgegenstände bei Neuverhandlungen begrenzt und unterschiedliche Laufzeiten (Gültigkeitsdauer) der Tarifverträge vereinbart werden. Lohn-, Gehalts- und Entgelttarifverträge werden meist nur für ein Jahr abgeschlossen, um sie schneller an die jeweilige Wirtschaftslage anpassen zu können. Die übrigen Tarifverträge haben längere Laufzeiten.

Tarifverhandlung der IG Metall - 5% mehr

Während der Laufzeit eines Tarifvertrags herrscht **Friedenspflicht**. Das heißt, es dürfen keine Kampfmaßnahmen zur Veränderung von Arbeitsbedingungen aus diesem Vertrag ergriffen werden. Die Vertragsparteien haben zudem die Pflicht, ihre Mitglieder zur Erfüllung der Verträge anzuhalten. Man spricht in diesem Zusammenhang von einer „Erfüllungs- und Einwirkungspflicht".

M 2 — Arten der Tarifverträge

Manteltarifverträge Rahmentarifverträge regeln Arbeitsbedingungen, z. B.	**Lohn-, Gehalts-, Entgeltrahmentarifverträge** regeln Tarifgruppen:	**Einzeltarifverträge** regeln Einzelleistungen, z. B.	**Lohn-, Gehalts-, Entgelttarifverträge** regeln in den Tarifgruppen:
- Urlaub - Arbeitszeit - Mehrarbeit - Urlaubsgeld - Probezeit - Kündigungsfristen - Beilegung von Streitigkeiten	- Bezeichnung der Tarifgruppen - Zuordnung der Tätigkeit zu den Tarifgruppen - Grundsätze der Arbeits- und Leistungsbewertung	- Berufsausbildung - vermögenswirksame Leistungen - Vorruhestandsregelungen - Rationalisierungsschutz	- Löhne - Gehälter - Entgelt in den einzelnen Tarifgruppen

Bei Tarifauseinandersetzungen werden Tarifkorridore und Öffnungsklauseln bei Tarifverträgen diskutiert und z. T. praktiziert. Diese tarifpolitischen Möglichkeiten werden vor allem von Arbeitgebern und ihren Verbänden gefordert.
- **Tarifkorridore** ermöglichen Lohnerhöhungen innerhalb eines verabredeten Rahmens, z. B. zwischen 3 % und 5 %. Betriebsleitungen und Belegschaften bzw. ihre Betriebsräte haben dann die Möglichkeit, die Lohnsteigerungen der jeweiligen Wirtschaftslage des Betriebs anzupassen.
- **Öffnungsklauseln** sollen es Betrieben ermöglichen, in wirtschaftlichen Notlagen von tarifvertraglichen Regelungen abzuweichen. Voraussetzung ist, dass die Geschäftsleitung und die Arbeitnehmervertretung eine Ausnahmesituation „einvernehmlich" feststellen. Erst dann besteht die Möglichkeit, abweichende Vereinbarungen zu treffen.

Arbeitsvorschläge

1. Ermitteln Sie die Geltungsbereiche der Tarifverträge (M 1, S. 92), die für Ihren Ausbildungsbetrieb angewendet werden. Besteht Allgemeinverbindlichkeit?
2. Ordnen Sie die für Sie gültigen Tarifverträge den vier Tarifvertragsarten zu. (M 2)
3. Diskutieren Sie Vor- und Nachteile von Tarifkorridoren und Öffnungsklauseln in Ihrer Klasse in einem Rollenspiel mit Arbeitnehmern, Betriebsräten und Gewerkschaftsvertretern.

M 1

Zwischen der
Tarifgemeinschaft IDKs e. V.
und der
IG Metall, Bezirksleitung Niedersachsen und Sachsen-Anhalt
wird folgender **Entgeltrahmentarifvertrag** abgeschlossen.

§ 1 Geltungsbereich

Dieser Tarifvertrag gilt:
1) räumlich:
   für die Innungsbezirke Niedersachsen-Mitte und Osnabrück;
2) fachlich:
   a) für alle Betriebe des Handels mit Kraftfahrzeugen und Anhängern, Ersatzteilen und Zubehör und Reifen mit Ausnahme des reinen Teile- und Zubehörgroßhandels;
   b) für alle Betriebe des Kfz-Gewerbes sowie Motoreninstandsetzungsbetriebe, Kfz-Elektrikerbetriebe, Kühlerbauer und die hiermit verbundenen zum Zwecke der Kfz-Reparatur unterhaltenen Nebenbetriebe.
   C) persönlich:
   für alle Beschäftigten einschließlich der Auszubildenden

§ 2 Allgemeine Eingruppierungsgrundsätze

1. Jeder Beschäftigte wird unter Berücksichtigung seines Arbeitsvertrages und der ausgeübten Tätigkeiten in eine Entgeltgruppe eingruppiert. [...]
2. Maßgeblich für die Eingruppierung sind die aufgeführten Gruppenmerkmale bezüglich ihrer Tätigkeit. [...]

§ 3 Entgeltgruppen[1]

Entgeltgruppe 0 - Ausbildungsvergütungen (ab dem 01.08.2017)

1. Ausbildungsjahr 710,00 €   2. Ausbildungsjahr 780,00 €
3. Ausbildungsjahr 900,00 €   4. Ausbildungsjahr 940,00 €

Entgeltgruppe 1:
Tätigkeiten, die keine berufsfachlichen Kenntnisse und Fertigkeiten erfordern. [...]
Monatsentgelt ab 01.09.2018:   1 827,00 €

Entgeltgruppe 2
Tätigkeiten, die geringe berufsfachliche Kenntnisse und Fertigkeiten erfordern, wie sie in der Regel durch mehrwöchiges betriebliches Anleiten oder Anlernen erworben werden.
Monatsentgelt ab 01.09.2018:   2 129,00 €

Entgeltgruppe 3
Tätigkeiten im Rahmen konkreter Anweisung. Erforderlich sind Kenntnisse und Fähigkeiten, wie sie durch eine abgeschlossene Berufsausbildung im Kraftfahrzeuggewerbe nach 6-monatiger Berufspraxis erworben werden.
Gleichzusetzen sind andere abgeschlossene Berufsausbildungen sowie Kenntnisse und Fähigkeiten, die zu einer gleichwertigen Tätigkeit befähigen. Bei dem Nachweis einer mindestens dreijährigen Berufsausbildung ohne Abschluss im Kfz-Gewerbe genügt eine einjährige Berufspraxis.
Beispiele: – Instandsetzungsarbeiten,
            – Wartungsarbeiten,
            – Juniorverkäufer/-in (Neu- und Gebrauchtwagen),
            – Sekretariatsaufgaben.
Monatsentgelt ab 01.09.2018:   2 411,00 €

Entgeltgruppe 4 (Eckentgelt 100 %)
Tätigkeiten, die eine einschlägige gewerblich-technische Berufsausbildung oder eine kaufmännische Berufsausbildung mit Abschluss und drei Jahre Berufspraxis im Ausbildungsberuf erfordern oder für die gleichwertige vertiefte Fachkenntnisse vorausgesetzt werden, [...].

Beispiele: – Kfz-Mechatroniker, Kfz-System- und Hochvolttechniker, Karosserietechniker/Fahrzeugbauer mit dreijähriger Berufserfahrung
            – Kaufmännische Sachbearbeitung im Sekretariat, Betriebsbüro, Information, Kasse, Neu- und Gebrauchtwagendisposition [...] mit dreijähriger Berufserfahrung [...]

Monatsentgelt ab 01.09.2018:   2 754,00 €

Entgeltgruppe 5
Tätigkeiten qualifizierter Art, die eine einschlägige gewerblich-technische Berufsausbildung oder kaufmännische Berufsausbildung mit Abschluss voraussetzen und die nach allgemeiner Einweisung selbstständig ausgeführt werden.
Monatsentgelt ab 01.09.2018:   2 916,00 €

Entgeltgruppe 6
Hochwertige Tätigkeiten und die Fähigkeiten andere Mitarbeiter/-innen anzuleiten oder Tätigkeiten, die spezielle gleichwertige Fachkenntnisse erfordern, die durch Fortbildung oder mehrjährige Berufspraxis erworben werden.
Monatsentgelt ab 01.09.2018:   3 118,00 €

Entgeltgruppe 7
Verantwortliche Tätigkeiten, die eine umfangreiche Weiterbildung mit abgelegter Prüfung nach bundeseinheitlichem Konzept erfordern [...].
Monatsentgelt ab 01.09.2018:   3 574,00 €

Entgeltgruppe 8
Selbstständige und verantwortliche Tätigkeit mit begrenzter Leitungsbefugnis für einen Arbeitsbereich. [...]
Monatsentgelt ab 01.09.2018:   4 186,00 €

Entgeltgruppe 9
Selbstständige und verantwortungsvolle Tätigkeiten mit eigenständiger Leitungsbefugnis für einen Arbeitsbereich [...].
Monatsentgelt ab 01.09.2018:   4 413,00 €

§ 4 Allgemeine Entgeltbestimmungen

2. Die Tarifentgelte sind Mindestentgelte. Das Entgelt ist als verstetigte Monatsvergütung zu zahlen, [...].

§ 5 Günstigkeitsklausel

1. Bestehende günstigere Regelungen werden durch den Abschluss des Vertrages nicht berührt. [...]

§ 6 Monatsentgelt

1. Das Monatsentgelt stellt eine Vergütung für den Kalendermonat bei einer Arbeitszeit von 36 Wochenstunden dar.

§ 9 Laufzeit

1. Der vorstehende Tarifvertrag tritt am 1. Januar 2014 in Kraft.
2. Dieser Tarifvertrag kann erstmals zum 31.12.2019 mit einer Frist von drei Monaten gekündigt werden.

Hannover/Garbsen, den 10. Dezember 2013   Unterschriften

---

[1] Der Entgeltrahmentarifvertrag von 2013 ist ungekündigt. Die Entgeltbeträge sind der Anlage 1 „Entgelttabelle für die Beschäftigten des Kraftfahrzeuggewerbes im Land Niedersachsen für die Mitgliedsbetriebe der Tarifgemeinschaft der Innungen Niedersachsen-Mitte und Osnabrück" zum Entgeltrahmentarifvertrag vom 18.6.2019 entnommen und können erstmals zum 31.05.2021 gekündigt werden.

M 2

Zwischen dem **Handelsverband Niedersachsen-Bremen e. V.**
handelnd für
Einzelhandelsverband Niedersachsen-Bremen e. V.
Einzelhandelsverband Harz-Heide e. V.
Ostfriesischen Handelsverband e. V.
und der
ver.di Vereinten Dienstleistungsgewerkschaft e.V.
Landesbezirk Niedersachsen-Bremen
wird folgender

Manteltarifvertrag

abgeschlossen:

§ 1 Geltungsbereich

Dieser Tarifvertrag gilt:

räumlich:	für das Land Niedersachsen in den Grenzen vom 01.01.1993
fachlich:	für die Betriebe des Einzelhandels und des Versandhandels aller Branchen und Betriebsformen einschließlich ihrer Hilfs- und Nebenbetriebe [...]
persönlich:	für alle Beschäftigten einschließlich der Auszubildenden (nachstehend „Beschäftigte" genannt)

§ 2	Beginn und Ende des Arbeits- und Ausbildungsverhältnisses [...]
§ 2a	Ausbildungswesen [...]
§ 3	Probezeit [...]
§ 4a	Aushilfen [...]
§ 4b	Teilzeitarbeit [...]
§ 5	Arbeitszeit und Pausen [...]
§ 6	Gehalts- und Lohnregelung [...]
§ 7a	Mehr-, Nacht-, Sonn- und Feiertagsarbeit [...]
§ 7b	Zuschläge im Tankstellen- und Garagengewerbe [...]
§ 8	Verdienstsicherung für ältere Arbeitnehmer [...]
§ 9	Urlaub [...]
§ 10	Urlaubsgeld [...]
§ 11a	Freistellung von der Arbeit [...]
§ 11b	Unbezahlte Freistellung [...]
§ 12	Arbeitsverhinderung [...]
§ 13	Zahlung im Sterbefall [...]
§ 14	Verwirkung von Ansprüchen [...]
§ 15	Tarifschiedsgericht [...]
§ 16	Schlussbestimmungen [...]

1. Dieser Manteltarifvertrag tritt am 01.05.2013 in Kraft.
2. Die Bedingungen des Tarifvertrages sind Mindestbedingungen. Für die Beschäftigten bestehende günstigere Bedingungen dürfen nicht zu ihren Ungunsten verändert werden.
3. Dieser Vertrag kann schriftlich von jeder Vertragspartei mit einer Frist von zwei Monaten zum Monatsende erstmals zum 30.04.2015 gekündigt werden.
4. Dieser Tarifvertrag bleibt auch nach erfolgter Kündigung bis zum Inkrafttreten eines neuen Vertrages gültig. Hierbei bleibt die Friedenspflicht der Vertragsparteien jedoch nur bis zum Ablauf der Kündigungsfrist bestehen.

Hannover, 24.02.2014

M 3

Inhaltsverzeichnis des Tarifvertrags über die Berufsbildung im Baugewerbe – Bundesrepublik Deutschland (Auszug)

§ 1	Geltungsbereich
§ 2	Ausbildungsvergütung
§ 3	Ausbildungsvergütung bei Verlängerung der Ausbildungszeit
§ 5	Zuschläge bei Mehrarbeit und bei Arbeit an Sonn- und Feiertagen
§ 6	Freistellung am 24. und 31. Dezember
§ 7	Erschwerniszuschläge
§ 8	Fahrtkosten bei überbetrieblicher Ausbildung
§ 10	Urlaubsdauer für gewerbliche Auszubildende
§ 11	Urlaubsvergütung [...]
§ 12	Entstehung der Urlaubsansprüche [...]
§ 15	Geltung der Rahmentarifverträge
§ 16	Ausschlussfristen (Verfall von Ansprüchen)
§ 17	Gebühren der überbetrieblichen Ausbildungsstätte
§ 18	Urlaubs- und Lohnausgleichskasse der Bauwirtschaft

Tarifvertrag über die Berufsbildung im Baugewerbe (BBTV), 28.09.2018, SOKA-BAU, Wiesbaden, www.soka-bau.de/fileadmin/user_upload/Dateien/Arbeitgeber/tarifvertrag_bbtv.pdf [10.02.2021]

Manteltarifvertrag zwischen dem Handelsverband Niedersachsen-Bremen e.V. und der Vereinte Dienstleistungsgewerkschaft (ver.di), Landesbezirk Niedersachsen-Bremen, ver.di Tarifdokumentation Dokumenten-Nr.: 802546, ver.di - Vereinte Dienstleistungsgewerkschaft, Berlin, 24.02.2014.
Dieser Manteltarifvertrag ist ungekündigt und gilt weiter.

Arbeitsvorschläge

1. In M 1 (S. 94) sind unterschiedliche Vergütungen aufgeführt. Ermitteln Sie die jeweiligen Unterscheidungsmerkmale.
2. Wählen Sie aus den Vereinbarungen in M 2 diejenigen aus, die für Ihre Ausbildung wichtig sind, und bilden Sie eine Rangfolge. Besprechen Sie diese mit einem Partner/einer Partnerin, dann in einer Gruppe und präsentieren Sie anschließend das gemeinsame Ergebnis Ihrer Klasse.
3. Vergleichen Sie die Bestandteile der Tarifverträge M 1 bis M 3 mit den in Ihrem Ausbildungsberuf üblichen Verträgen. Fehlt bei Ihnen eine wichtige Regelung? Benennen Sie diese.
4. Begründen Sie die Beschränkung des fachlichen Geltungsbereichs des Manteltarifvertrags.

4.5 Tarifverhandlungen und Arbeitskampf

M 1 Tarifrunde 2021 mit Corona
Einkommen stärken, Binnennachfrage stabilisieren. Viele Arbeitnehmer sind durch die Corona-Krise von Kurzarbeit betroffen, wodurch der private Konsum geschrumpft ist. Forderung von 4 % Plus.
Beschäftigung sichern. Modelle der Arbeitszeitabsenkung mit Teilentgeltausgleich, z. B. Vier-Tage-Woche.
Zukunft gestalten. Sicherung von Investitionen, Beschäftigung und Standorten, Übernahme von Dual Studierenden.

vgl. IG Metall: 4 Prozent. Zukunft sichern. In: metallnachrichten. Nr. 3. 19.11.2020. IG Metall Bezirk Niedersachsen und Sachsen Anhalt. www.igmetall-nieder-sachsen-anhalt.de/fileadmin/user/Dokumente/Tarifrunde_2021/IGM-Flugblatt-20201119-OSELGB-WEB.pdf [28.01.2021]

„Der Einbruch der Wirtschaft war in diesem Jahr von historischem Ausmaß. Über 80 Prozent unserer Betriebe haben 2020 einen Nachfrageeinbruch erlitten. [...] Wir brauchen [...] keine weiteren Kostenbelastungen. Denn sonst laufen wir Gefahr, die Branche vor die Wand zu fahren." [...] Dabei müsse [...] klar sein, dass der Verteilungsspielraum für die Tarifparteien gleich Null sei [...].

Dr. Joachim Algermissen, NiedersachsenMetall zur ersten Verhandlungsrunde der Metall- und Elektroindustrie: „Wir müssen den Karren gemeinsam aus dem Dreck ziehen". 16.12.2020. NiedersachsenMetall – Verband der Metallindustriellen Niedersachsens e. V. Hannover. https://niedersachsenmetall.de/aktuelles/niedersachsenmetall-zur-ersten-verhandlungsrunde-der-metall-und-elektroindustrie [28.01.2021]

Leiharbeitnehmer
haben Verträge mit Zeitarbeitsfirmen und werden Unternehmen für eine begrenzte Zeit vermittelt.

Lohnquoten	
2018	70,6 %
2019	72,0 %
2020	73,9 %

vgl. https://www.destatis.de/DE/Themen/Wirtschaft/Volkswirtschaftliche-Gesamtrechnungen-Inlandsprodukt/Tabellen/inlandsprodukt-gesamtwirtschaft.html [20.03.2021]

M 2 Arbeitnehmer und Arbeitgeber tragen ihre Interessengegensätze in Tarifverhandlungen aus. Sie erfolgen, wenn die Geltungsdauer eines Tarifvertrages abgelaufen und er fristgerecht gekündigt wurde. Sonst gilt er weiter. Da die Betriebseinnahmen zunächst an die Unternehmen gehen, sind es meist Gewerkschaften, die neue und bessere Verträge anstreben. Aber auch Unternehmen oder ihre Verbände kündigen Tarifverträge bei schlechter Wirtschaftslage.
Jede Partei bestimmt ihre Tarif- und Verhandlungskommissionen. Nach Beratungen mit den Mitgliedern werden dann die Forderungen bzw. Angebote formuliert. Zu ihrer Begründung werden vor allem Argumente aus drei Bereichen angeführt:
- Der **Produktivitätszuwachs**, mit dem die Leistungssteigerung der Wirtschaft im Verhältnis zur Arbeitszeit gemessen wird (s. S. 147). Unternehmen sind häufig bereit, in dieser Höhe Tarifsteigerungen bei Verhandlungen kampflos zu akzeptieren.
- der **Preisanstieg** („Inflationsrate"), der die Kaufkraft der Einkommen mindert, wenn z. B. die Preise um 2 %, die Einkommen aber nur um 1 % steigen.
- die **Lohnquote**, d. h. der Lohnanteil der Arbeitnehmer (Bruttolöhne, Gehälter und Sozialbeiträge der Arbeitgeber) am gesamten Volkseinkommen in einem Jahr. Der andere Teil ist das Einkommen aus Unternehmertätigkeit (der eigentliche Gewinn) und Vermögen (z. B. Miet- und Zinseinnahmen). An den Vermögenseinkommen sind auch Arbeitnehmer, Rentner und sogar Kinder beteiligt, wenn sie ein Sparbuch haben.

Grundsätzlich wollen die im DGB zusammengeschlossenen Gewerkschaften eine Umverteilung der Gewinne zugunsten der Arbeitnehmer (**expansive Lohnpolitik**). Nur so könne die Massenkaufkraft und die Nachfrage nach Gütern sowie die Zahl der Arbeitsplätze erhöht werden.
Weitere Gewerkschaftsforderungen sind die gleiche Bezahlung von Männern und Frauen sowie von **Leiharbeitnehmern** und Stammbelegschaft (**„equal pay"**).
In den neuen Bundesländern kommt die Gewerkschaftsforderung nach einer Angleichung von Einkommen und den übrigen Arbeitsbedingungen an das Niveau der „alten" Bundesländer hinzu.

Arbeitsvorschläge

1. Sammeln Sie Informationen über eine aktuelle Tarifrunde und überprüfen Sie, mit welchen wirtschaftlichen Daten Forderungen und Angebote begründet werden. (M 1 und M 2)
2. Erkunden Sie in Ihrem Ausbildungsbetrieb, ob und zu welchen Bedingungen Leiharbeitnehmer beschäftigt werden.
3. Bestimmen Sie anhand aktueller Wirtschaftsdaten eine eigene Lohnforderung.

Schlichtung

„Bitte die Herren, das übliche Zeremoniell – es ist angerichtet!"!"
Bis hierhin und nicht weiter!

Bei den meisten Tarifverhandlungen kommen die Vertragspartner nach mehr oder weniger zähen Verhandlungen zu einem für beide Seiten tragbaren Kompromiss. Können sie sich nach mehreren Verhandlungsrunden nicht einigen, bleibt es zunächst beim „tariflosen" Zustand. In der Regel gelten dann die bisherigen Arbeitsbedingungen weiter. Die Gewerkschaften versuchen nun, über die Belegschaften auf die Arbeitgeber Druck auszuüben. Es gibt Betriebsversammlungen, Warnstreiks, und es wird mit einem längerfristigen Streik gedroht.

Der Arbeitsfriede kann erhalten werden, wenn eine Seite das **Scheitern** der Verhandlungen erklärt und ein **Schlichtungsverfahren** beantragt. Es gibt tarifliche Vereinbarungen über die Einsetzung von Schlichtungskommissionen. Häufig wird ein neutraler Schlichter hinzugezogen, der nach eingehender Beratung einen Einigungsvorschlag unterbreitet. Dieser wird wirksam, wenn beide Seiten zustimmen.

Arbeitskampf

Wenn eine Schlichtung scheitert, kann es zu Arbeitskämpfen kommen. Das Kampfmittel der Gewerkschaften ist der Streik, das der Arbeitgeber die Aussperrung.

Streik

Streik ist die planmäßige gemeinsame Arbeitsniederlegung einer Mehrzahl von Arbeitnehmern, um ihre Forderungen zur Verbesserung der Arbeitsbedingungen durchzusetzen. Streiks sind nur dann rechtmäßig, wenn sie gewerkschaftlich organisiert sind und einen neuen Tarifvertrag erzwingen sollen. Illegal ist ein Sympathie- oder Solidaritätsstreik ohne ein eigenes Streikziel, der zur Unterstützung der Forderungen einer anderen Gewerkschaft geführt wird. Ebenfalls unzulässig ist ein Streik gegen staatliches Handeln, das sich im Rahmen der Verfassung befindet, z. B. gegen eine vom Bundestag beschlossene Steuererhöhung.

Die erste Stufe des Arbeitskampfes der Arbeitnehmer sind zeitlich befristete **Warnstreiks** nach Ablauf der **Friedenspflicht**. Sie können von einer Gewerkschaft ohne **Urabstimmung** aufgerufen werden, wenn die Arbeitgeber z. B. kein Angebot vorlegen. Urabstimmungen sind in den Satzungen der Gewerkschaften für längerfristige Streiks festgelegt. Hierbei muss eine Mehrheit der aufgerufenen Mitglieder zustimmen, bei der IG Metall z. B. 75 %. Streikende und ausgesperrte Arbeitnehmer erhalten von ihrer Gewerkschaft ein Streikgeld. Bei Warnstreiks wird in der Regel kein Streikgeld gezahlt. Daneben sind seit einigen Jahren ganztägige Warnstreiks als „neu entwickeltes Kampfformat" zu beobachten. Damit soll zusätzlicher Druck auf die Arbeitgeber ausgeübt werden. Gewerkschaftsmitglieder erhalten dann eine „Streikunterstützung".

Arbeitsvorschlag

Interpretieren Sie die Karikatur M 1 mithilfe der Methode „Analyse politischer Karikaturen" (s. S. 246 f.).

Schlichtungsabkommen für das Baugewerbe in der Bundesrepublik Deutschland vom 12. März 1979 in der Fassung vom 26. März 1993 (gilt nun auch für die neuen Bundesländer)

§ 1 Voraussetzungen […]

(1) Entsteht zwischen den Tarifvertragsparteien […] ein Streitfall, der zu Kampfmaßnahmen führen kann, so haben die Tarifvertragsparteien innerhalb von vierzehn Kalendertagen in Verhandlungen einzutreten und zu versuchen, zu einer Einigung zu gelangen.

(2) Erklärt eine der streitenden Tarifvertragsparteien der anderen, dass eine Einigung nicht zu erzielen sei oder lehnt eine dieser Parteien es ab, weiter zu verhandeln, so ist ein Schlichtungsverfahren […] durchzuführen.

§ 2 Verfahren

(2) Die Zentralschlichtungsstelle hat in jedem Stadium des Verfahrens zu versuchen, eine Einigung der Parteien herbeizuführen.

Chronik der Streikziele

1951: mehr Lohn
1955: 5-Tage-Woche
1957: Lohnfortzahlung im Krankheitsfall
1978: Sozialschutz bei Rationalisierungsmaßnahmen
1984: Einstieg in die 35-Stunden-Woche
1993: Stufenplan zur Angleichung der Ostlöhne an das Westniveau
2003: Angleichung der ostdeutschen Arbeitszeiten an das Westniveau (erfolglos)
2004: mehr Lohn, Erhalt der 35-Stunden-Woche
2009: mehr Lohn
2015: Recht auf Zeit für eigene Weiterbildung
2018: flexiblere Arbeitszeit

Dürfen Auszubildende an Streiks teilnehmen? Diese Frage ist immer noch umstritten.

M 1 Die Gewerkschaft darf Auszubildende zur Teilnahme an kurzen, zeitlich befristeten Warnstreiks jedenfalls dann auffordern, wenn über die Ausbildungsvergütung verhandelt wird. Ausbildungsvergütungen sind auch ein Teil der Arbeits- und Wirtschaftsbedingungen im Sinne von Art. 9 Abs. 3 GG, selbst wenn man das Ausbildungsverhältnis als ein Vertragsverhältnis besonderer Art ansieht [...]
Ausbildungsvergütungen können durch Tarifverträge geregelt werden. Deshalb müssen Auszubildende auch die Möglichkeit haben, auf die Ausbildungsbedingungen über ihre Gewerkschaft Einfluss nehmen zu können. Ob damit dem Auszubildenden auch ein Recht zusteht, für längere Zeit zu „streiken", kann hier offenbleiben. Die Teilnahme an Warnstreiks kann den Ausbildungszweck nicht gefährden.

Aus einem Urteil des Bundesarbeitsgerichts vom 12.09.1984

Legale Streiks werden im Gegensatz zu wilden Streiks von Gewerkschaften organisiert, wenn alle Verhandlungsmöglichkeiten über einen Kompromiss erfolglos gewesen sind. Die Rechtsprechung hat dafür den Begriff „letzte Mittel" geprägt. Legale Streikformen sind:
- Teil- oder Schwerpunktstreiks: Es werden nur einige ausgewählte Betriebe bestreikt, bei denen die Gewerkschaft einen schnellen Streikerfolg erwartet, z. B. bei Zulieferbetrieben.
- Flächenstreiks: Eine größere Zahl oder alle Betriebe des Tarifgebiets werden bestreikt.

M 2 Satzung der IG Metall § 22 Streik (gültig ab 1. Januar 2016)

1. Der Vorstand kann Bezirksleitungen und Ortsverwaltungen ermächtigen, zu Warnstreiks aufzurufen.
2. Arbeitseinstellungen setzen den Beschluss des Vorstandes voraus.
3. Vor der Beschlussfassung über Arbeitseinstellungen hat der Vorstand sowohl die Geschäftslage der betreffenden Industriegruppe als auch die allgemeinen wirtschaftlichen Verhältnisse in Betracht zu ziehen. Der Vorstand hat ferner zu berücksichtigen, ob zur Durchführung des Streiks die nötigen Mittel vorhanden sind oder beschafft werden können [...] Der Antrag muss abgelehnt werden, wenn nicht mindestens 75 Prozent der für die Bewegung in Betracht kommenden Gewerkschaftsmitglieder in der vom Vorstand beschlossenen geheimen Urabstimmung für die Arbeitseinstellung gestimmt haben.

Arbeitsvorschläge

1. Fassen Sie das Urteil des Bundesarbeitsgerichts zur Teilnahme von Auszubildenden an Arbeitskämpfen (M 1) mit eigenen Worten zusammen. Unterscheiden Sie dabei Warnstreiks von längerfristigen Streiks.

2. Halten Sie eine Erweiterung des Streikrechts für Auszubildende für wünschenswert? Führen Sie zu diesem Thema eine Pro- und Kontra-Diskussion durch.

Während einer legalen Arbeitsniederlegung „ruht" das Arbeitsverhältnis. Es wird ohne Lohnanspruch unterbrochen. Das Arbeitsverhältnis wird nach Beendigung des Arbeitskampfes fortgesetzt. Vorsorglich werden jedoch beim Tarifabschluss „Maßregelungsklauseln" vereinbart. Das heißt, die am Arbeitskampf Beteiligten dürfen keine Nachteile erleiden. Allerdings kann die Teilnahme an einem „wilden" Streik, der nicht von einer Gewerkschaft organisiert ist, oder an einem illegalen Streik wegen Arbeitsverweigerung zu einer fristlosen Kündigung und zu Schadensersatzforderungen führen.

Ein Streik wird beendet, wenn die Tarifkommission ein Verhandlungsergebnis erreicht hat, dem in der Regel mindestens 25 % der Gewerkschaftsmitglieder in einer erneuten Urabstimmung zustimmen.

Aussperrung

Aussperrung ist der von einem Arbeitgeber oder mehreren Arbeitgebern vorgenommene planmäßige Ausschluss einer Gruppe von Mitarbeitern, z. B. der Facharbeiter, oder einer Betriebsabteilung von der Arbeit. Rechtswidrig ist die gezielte Aussperrung nur der Mitglieder der streikenden Gewerkschaft, wenn nichtorganisierte Arbeitnehmer „verschont" werden. Dies verstößt nach Auffassung des BAG gegen die Koalitionsfreiheit (Bündnisfreiheit) nach Artikel 9 Abs. 3 des Grundgesetzes.
Durch Verweigerung der Entgeltzahlung soll Druck ausgeübt werden, den Streik schnell zu beenden.
Bei einer **Abwehraussperrung** gegen einen von einer Gewerkschaft begonnenen Streik können auch – mit Ausnahme des Notpersonals – die arbeitswilligen Beschäftigten von der Arbeit ausgeschlossen werden.
Von einer **„kalten Aussperrung"** sprechen Gewerkschaften dann, wenn nicht bestreikte Betriebe (z. B. VW) aussperren, weil sie nicht mehr weiterproduzieren können. Dies ist der Fall, wenn bestreikte Zulieferbetriebe dringend erforderliche Bauteile nicht mehr liefern können.

Bundesverfassungsgericht schränkt das Recht auf Aussperrung ein

KARLSRUHE Das Bundesverfassungsgericht hat das Recht der Arbeitgeber auf Aussperrung von Beschäftigten in einem Urteil von 1984 beschränkt.
Bei Tarifauseinandersetzungen ist die Aussperrung danach nur zulässig, wenn die Arbeitgeber damit angemessen auf Streikmaßnahmen reagieren. Zwar seien Aussperrungen vom Grundrecht auf Koalitionsfreiheit insofern gedeckt, als sie durch Abwehr von Teil- und Schwerpunktstreiks „der Herstellung der Verhandlungsparität" dienten. Sie könnten jedoch nach dem Grundsatz der Verhältnismäßigkeit beschränkt werden.

Mit dem Grundsatz der Verhältnismäßigkeit ist gemeint, dass höchstens die gleiche Zahl von Arbeitnehmern ausgesperrt werden darf wie die, die sich im Streik befindet. Das Recht auf Aussperrungen endet, wenn insgesamt 50 % der Arbeitnehmer bei einer Tarifauseinandersetzung an Streiks beteiligt oder von Aussperrung betroffen sind.

Bundesarbeitsgericht

Die Gewerkschaft darf einen Streik vor gesetzlichen Feiertagen unterbrechen. Damit haben die Beschäftigten Anspruch auf Feiertagszahlungen.
Die Arbeitgeber können darauf nur mit Aussperrung reagieren.

Legale Streikformen

- Warnstreiks: kurzfristig, ohne Urabstimmung
- Teil- oder Schwerpunktstreiks: nur wenige Betriebe, z. B. Zulieferer werden bestreikt
- Flächenstreiks: größere Zahl von Betrieben, ganze Tarifbezirke werden bestreikt
- neu: Solidarstreik bei „Verhältnismäßigkeit"

Illegale Streikformen

- während der Friedenspflicht
- nicht von Gewerkschaften organisiert
- gegen verfassungsgemäßes staatliches Handeln

Arbeitsvorschläge

1. Entnehmen Sie M 2 (S. 98) wirtschaftliche Sachverhalte, die von der Gewerkschaft vor Streikbeginn zu berücksichtigen sind. Diskutieren Sie diese in einer Gruppe.
2. Erklären Sie die Begriffe „Streik" und „Aussperrung" mit eigenen Worten.
3. Erläutern Sie den Begriff „kalte Aussperrung".
4. Nehmen Sie Stellung zu der Aussage: „Wenn ich als Nichtorganisierter schon kein Streikgeld bekomme, möchte ich bei Urabstimmungen mitentscheiden können, ob gestreikt wird".
5. Bei Arbeitskämpfen streiken in einem Betrieb 10 % der Beschäftigten, in einem anderen 60 %. Stellen Sie fest, in welchem Umfang entsprechend dem Gebot der Verhältnismäßigkeit in den betroffenen Betrieben zusätzlich ausgesperrt werden darf.

M 2
Aussperrung

Das Arbeitskampfmittel Aussperrung ist auch nach dem Aussperrungsurteil des Bundesverfassungsgerichts (s. S. 99) weiterhin rechtlich umstritten. Gewerkschaften berufen sich auf Arbeitsrichter und Arbeitsrechtler, die Aussperrung für rechtswidrig halten, weil diese das Streikrecht „massiv" beschränke und damit das Kräftegleichgewicht zugunsten der Arbeitgeber außer Kraft setze.

Während das Streikrecht unumstritten zu den Merkmalen demokratischer Gesellschaften zählt, fordern Gewerkschaften seit Jahren das gesetzliche Verbot der Aussperrung.

M 1 — Pro und Kontra Aussperrung

Gewerkschaften	Arbeitgeber
Aussperrung verstößt gegen die Menschenwürde, weil sie Arbeitnehmern Angst macht und ihnen das Recht auf Arbeit nimmt.	Aussperrung erfolgt nur als Gegenmaßnahme von Schwerpunktstreiks. Die Gewerkschaften haben es also bei ihrer Streiktaktik in der Hand, ob ausgesperrt werden muss. Aussperrungen verkürzen Arbeitskämpfe. Die Gewerkschaften bestimmen selbst Umfang und Dauer von Arbeitskämpfen. Zudem verfügen sie über hohe Mitgliederzahlen mit großen Beitragseinnahmen.
Aussperrung gefährdet das Streikrecht und die Tarifautonomie, weil sie die Gewerkschaften schwächt.	
Die Verfügungsmacht der Unternehmer über die Produktionsmittel ist Übermacht und kann nur durch das Streikrecht eingeschränkt werden.	Die Verfügungsmacht über Produktionsmittel endet bei Streiks, wenn keiner mehr arbeitet. Stillstehende Maschinen sind teuer.

M 3 — Spielregeln für den Arbeitskampf

*im öffentl. Dienst zwingend, wenn von einer Seite gefordert   **im öffentl. Dienst nicht praktiziert

Arbeitsvorschläge

1. Führen Sie zum Thema „Ist es zu vertreten, dass Nichtbeteiligte durch Streiks beeinträchtigt werden?" eine Pro- und Kontra-Diskussion durch. Beziehen Sie sich dabei auf ein aktuelles Beispiel.
2. Sammeln Sie zusätzliche Argumente zu M 1 und M 2 für und gegen die Gewerkschaftsforderung nach einem gesetzlichen Verbot der Aussperrung. Bereiten Sie damit ein Rollenspiel vor.
3. Erarbeiten Sie aus M 3 die üblichen Regeln für den Beginn und für die Beendigung eines Arbeitskampfes in Form eines Ablaufschemas.

4.6 Wirtschaftliche Auswirkungen von Tarifpolitik

Tarifverträge sind zeitlich befristete Kompromisse (ausgleichende Vereinbarungen) im Streit zwischen den beteiligten Parteien, wie die Erträge der Wirtschaft – der sogenannte „Kuchen" – aufgeteilt werden sollen. Wer in einer Lohnrunde wirklich gewonnen hat, bleibt häufig offen. Auch über die wirtschaftlichen Auswirkungen eines Tarifabschlusses wird oftmals gestritten.

M 1 Der Gewerkschaftsstandpunkt

Bei Lohnverzicht bewegt sich nichts

Lohnverzicht – Kaufkraftverlust
Kaufkraftverlust – Absatzschwund
Absatzschwund – Produktionsrückgang
Produktionsrückgang – Arbeitsplatzverlust

Kaufkraft
Möglichkeit, mit Geld eine bestimmte Menge an Waren und Dienstleistungen erwerben zu können (s. S. 138)

Arbeitgeberverbände sagen, zu hohe Lohnabschlüsse gefährden die Wettbewerbsfähigkeit der Unternehmen. Das könne zu Preissteigerungen führen und gefährde auch Arbeitsplätze (s. M 2).

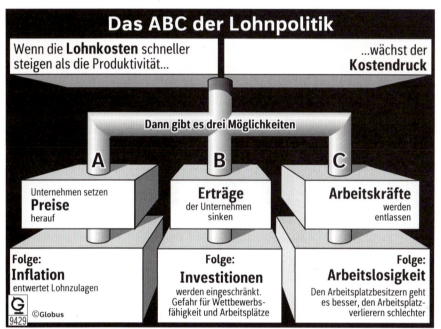

M 2 Das ABC der Lohnpolitik

Die Auswirkungen von Lohnerhöhungen auf die Gesamtkosten eines Betriebes unterscheiden sich allerdings nach Branchen. Wenn aber Lohnerhöhungen durch höhere Produktivität (s. S.147) ausgeglichen werden können, sind sie „kostenneutral". Sie sind dann weder preistreibend, noch gefährden sie Arbeitsplätze. Insofern war die Tarifpolitik bis 2019 offenbar erfolgreich. Die „Lohnquote" (s. S. 96) ist gestiegen, die Arbeitslosigkeit gesunken und die Exporte steigen. Es gab aber Kritik aus dem Ausland. Die Exportüberschüsse würden durch zu niedrige Löhne gefördert. Zu viel Geld würde nach Deutschland abfließen. Das schädige die Wirtschaft der Importländer. Die künftige Entwicklung hängt davon ab, wie die Folgen der Corona-Krise überwunden werden.

M 3
Gerechte Lohnpolitik ist ein Spagat zwischen Leistungs- und Bedarfsgerechtigkeit. Die Steuerpolitik mildert dieses Problem nur teilweise (s. S. 192).

Höhe der Lohnanteile an den Gesamtkosten
(Mittelwerte)

Autoindustrie: 15 %
Bauindustrie: 33 %

Autoindustrie: PS Welt: Was kostet das Personal für einen VW Golf? Vgl. Welt.de, 14.03.2007. www.welt.de/motor/article761348/Was-kostet-das-Personal-fuer-einen-VW-Golf.html

Arbeitsvorschläge

1. Stellen Sie die unterschiedlichen Standpunkte zu den Auswirkungen höherer Löhne in einer Tabelle gegenüber. (M 1, M 2)
2. Beobachten Sie eine aktuelle Tarifverhandlung. Notieren Sie, wenn dabei Argumente aus M 1 bis M 3 genannt werden. Führen Sie dazu eine Pro- und Kontra-Diskussion.

Methode:

Rollenspiel

Rollenspiel – Situation

Tino ist Auszubildender im zweiten Lehrjahr in einer Bauschlosserei. In diesem Betrieb ist es üblich, dass der Hilfsarbeiter das Frühstück holt. Zurzeit ist dieser aber krank, und so muss jeder reihum Frühstück holen. Tino ist an diesem Tag, wie auch in den zurückliegenden Wochen, mit sehr vielen Hilfsarbeiten beauftragt worden. Als er dann auch noch Frühstück holen soll, lehnt er das ab. Sein Meister berichtet die Weigerung dem Chef, der gerade mit einem Kunden die Werkstatt betritt. Tino wird daraufhin von seinem Chef aufgefordert, Frühstück zu holen. Da verliert er die Nerven, schreit seinen Chef an und weigert sich erneut sehr lautstark. Der Chef kündigt ihm daraufhin fristlos.

Konfliktschema

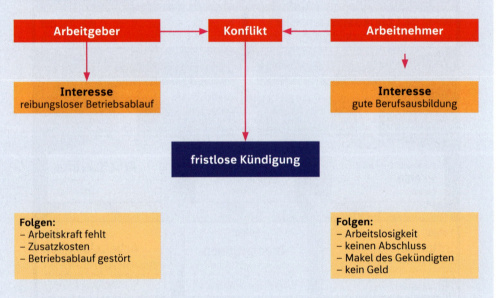

Gesetzliche Grundlagen:

- Berufsbildungsgesetz
- Ausbildungsvertrag
- Kündigungsschutzgesetz

Rechtsberatungsmöglichkeiten:

- Zuständige Stelle (IHK, HWK)
- Gewerkschaft, Betriebsrat
- Rechtsantragsstelle des Arbeitsgerichts
- Rechtsanwalt mit Schwerpunkt „Arbeitsrecht"

Methode:

Situation aus der Sicht des Auszubildenden

„Beim Betriebsratsvorsitzenden habe ich mich schon über die ausbildungsfremden Arbeiten beschwert. So musste ich dem Maurer die Kelle und den Mörtel reichen, Putzlappen einsammeln und verteilen, Pakete zur Post fahren, im Winter Schnee schippen und in anderen Abteilungen helfen. Andere Auszubildende unserer Firma sind durch die Gesellenprüfung gefallen, ich glaube, die Ausbildung ist nicht gut. Ich bin an dem Tag, an dem es zu der Auseinandersetzung gekommen ist, wieder hin und her gehetzt worden, und da hat es mir gereicht. Außerdem haben die Kollegen mich schon wegen meines Arbeitseifers gehänselt. Jetzt wollte ich auch mal zeigen, dass ich einen eigenen Willen habe."

Situation aus der Sicht des Ausbilders

„Bisher war ich mit Tino sehr zufrieden. Er ist nur in Ausnahmefällen zu ausbildungsfernen Arbeiten herangezogen worden. Den Einkaufsgang sollte er nur übernehmen, weil der Hilfsarbeiter krank war. Alle anderen Mitarbeiter waren mit dringenden Terminaufträgen beschäftigt. Ich dulde es nicht, wenn mich ein Auszubildender im Beisein von Mitarbeitern und eines Kunden anschreit und meinen Weisungen nicht Folge leistet. Mein Verständnis für junge Menschen ist groß, aber ich muss darauf bestehen, dass jeder seine Pflicht tut. Solche Vorkommnisse untergraben die Arbeitsmoral der ganzen Belegschaft. Das kann ich nicht durchgehen lassen."

Arbeitsvorschläge

Führen Sie ein Rollenspiel mit drei Gruppen durch:
1. **Aufgabe der Gruppe, die die Rolle des Auszubildenden einnimmt:**
   Formulieren Sie eine Klageschrift und geben Sie diese an die Gruppe der Arbeitgeber und die Gruppe der Richter weiter. Nutzen Sie die gesetzlichen Grundlagen. Notieren Sie eine Strategie, die Tino und sein Rechtsbeistand bei Gericht verfolgen sollten.
2. **Aufgabe der Arbeitgebergruppe:**
   Formulieren Sie in Stichworten eine Verteidigungsstrategie, die der Ausbilder und sein Rechtsanwalt verfolgen sollten. Nutzen Sie die gesetzlichen Grundlagen.
3. **Aufgabe der Richtergruppe:**
   Führen Sie die Verhandlung nach den Etappen des Arbeitsgerichtsverfahrens durch. Befragen Sie Kläger und Beklagten und finden Sie ein Urteil. Nutzen Sie die gesetzlichen Grundlagen.

5 Arbeitsgerichte und Arbeitsgerichtsverfahren

M 1 Hungerlohn für Azubis unzulässig
Mechatronik-Lehrling musste zweiten Ausbildungsvertrag unterschreiben

Ein junger Mann machte eine Lehre zum Kfz-Mechatroniker. Seinem Ausbilder musste er gleich zwei Ausbildungsverträge unterzeichnen: Der erste sah eine viel zu niedrige Ausbildungsvergütung vor, der zweite eine erlaubte. Diese orientierte sich an der Mindestvergütung, die höchstens 20 Prozent unter Tarif sein darf. Auch Betriebe, die nicht tarifgebunden sind, müssen sich daran halten.

Den rechtlich gerade noch zulässigen Vertrag legte der Werkstatt-Chef der zuständigen Handwerkskammer zur Eintragung in die Lehrlingsrolle vor. Der Azubi erhielt jedoch die wesentlich geringere Ausbildungsvergütung. Rund zweieinhalb Jahre ließ dieser sich das gefallen. Dann klagte er auf Nachzahlung.

Der Werkstatt-Chef argumentierte bei Gericht, dass der der Kammer vorgelegte Ausbildungsvertrag gültig sei, er habe nur versehentlich zu wenig Ausbildungsvergütung gezahlt. Doch das sächsische Landesarbeitsgericht überzeugte dies nicht. Der zweite Vertrag sei rechtlich ein Scheinvertrag, weil die darin enthaltene noch angemessene Vergütung während der Lehrzeit nicht gezahlt wurde. Da im ersten Vertrag die Ausbildungsvergütung um mehr als 20 Prozent unter Tarif lag, müsse der Lehrherr nicht nur die Differenz zu 80 Prozent des Tarifes, sondern rückwirkend den vollen Tarif zahlen. Die Ausbildungsvergütung müsse sich an einem branchenüblichen Tarifvertrag orientieren. (Aktenzeichen 7 Sa 254/10)

Dorenbeck, Peter, Rechtsanwalt in Braunschweig, Lehrbeauftragter der Hochschule Ostfalia. In: Braunschweiger Zeitung, 13.09.2011, S. 9 (verändert)

Zusammensetzung der Arbeitsgerichte

Arbeitsgerichte sind Fachgerichte der Zivilgerichtsbarkeit. Die Rechtsgrundlage ist das Arbeitsgerichtsgesetz (ArbGG). Arbeitsgerichte (1. Instanz) und Landesarbeitsgerichte (2. Instanz) sind mit einem Berufsrichter als Vorsitzendem und zwei ehrenamtlichen Richtern besetzt. Die ehrenamtlichen Richter werden „je zur Hälfte aus den Kreisen der Arbeitnehmer und der Arbeitgeber entnommen" (§ 16 Abs. 1 ArbGG). Sie werden von ihren Verbänden (Gewerkschaften, Arbeitgeberverbände) vorgeschlagen und von einer Landesbehörde auf fünf Jahre berufen. Das Bundesarbeitsgericht hat eine größere Zahl von Richtern.

Hochkonjunktur der Arbeitsgerichte
Beispiel: Arbeitsgericht Braunschweig
Von 3 499 eingegangenen Klagen im Jahr 2019 sind:
- 1 458 nur Bestandklagen, z. B. bei Kündigungen, Arbeitsverträgen
- 964 Zahlungsklagen, z. B. Entgelte, Urlaubsgeld
- 801 Verfahren mit mehreren Streitgegenständen, z. B. Zahlung und Bestand
- 17 tarifliche Eingruppierung

Bestandsklagen = Klagen, die zum Ziel haben, dass bestehende Regelungen nicht verändert werden sollen

M 2 Zuständigkeit der Arbeitsgerichte

Arbeitsgerichte sind zuständig für alle Streitfälle, die sich aus einem Arbeitsverhältnis ergeben oder in einem Zusammenhang damit stehen. Vor allem sind es Streitfälle
- zwischen Arbeitnehmern und Arbeitgebern aus dem Arbeitsvertrag, z. B. zum Kündigungsschutz,
- zwischen Auszubildenden und Ausbildern aus dem Ausbildungsvertrag,
- zwischen den Tarifvertragsparteien aus dem Tarifvertrag und
- zwischen Betriebsräten und Arbeitgebern nach dem Betriebsverfassungsgesetz.

Gerichtsverfahren

Bei Streitfällen vor dem zuständigen Arbeitsgericht muss eine Klage „eingereicht" werden:
- schriftlich in dreifacher Ausfertigung oder
- mündlich zu Protokoll beim Gericht.

Jede Partei hat drei Möglichkeiten der Prozessführung. Für den Arbeitnehmer bedeutet das:
- Er führt seinen Prozess selbst. Wenn er verliert, hat er die Gerichtskosten zu zahlen.
- Er kann sich, wenn er Mitglied ist, von seiner Gewerkschaft vertreten lassen. Diese übernimmt auch die Gerichtskosten.
- Er lässt sich von einem Rechtsanwalt vertreten. Die Anwaltskosten muss er selbst bezahlen, selbst wenn er den Prozess gewinnt, weil er in der ersten Instanz keinen Anwalt haben muss. Hat er eine Rechtsschutzversicherung abgeschlossen, übernimmt diese die Kosten. Bei geringem Verdienst oder Arbeitslosigkeit kann das Gericht auf Antrag Prozesskostenhilfe bewilligen, wenn Erfolgsaussicht besteht.

Auch Arbeitgeber können sich von ihren Verbänden oder Anwälten vertreten lassen.

Zu beachten ist: Will sich ein Arbeitnehmer gegen eine Kündigung wehren, so muss er innerhalb von drei Wochen ab Zugang der Kündigung eine Kündigungsschutzklage beim zuständigen Arbeitsgericht einreichen. Versäumt er dies, so gilt die Kündigung von Anfang an als wirksam, auch wenn sie ganz offensichtlich wegen schwerer Mängel unwirksam ist.

Bei Beginn eines Gerichtsverfahrens vor einem Berufsrichter wird zunächst in einer **Güteverhandlung** der Versuch einer Einigung durch einen **Vergleich** unternommen. Damit sollen den Beteiligten Kosten erspart werden, denn es fallen noch keine Gebühren an.

Vergleiche bei Kündigungsschutzklagen enden häufig mit der Lösung des Arbeitsverhältnisses. Der Arbeitnehmer erhält dann meist eine **Abfindung**. Diese richtet sich nach seinem bisherigen Verdienst und der Dauer der Betriebszugehörigkeit, in der Regel 0,5 Monatsentgelte je Beschäftigungsjahr. Die Abfindung muss versteuert werden. Endet ein Arbeitsverhältnis nach einem Vergleich vor Ablauf dieser Kündigungsfrist, „ruht" ein Anspruch auf Arbeitslosengeld in der Zwischenzeit.

Gelingt die Güteverhandlung nicht, schließt sich das eigentliche Verfahren an, die Verhandlung vor der Kammer (Kammerverhandlung). Im Mittelpunkt steht zunächst die Beweisaufnahme. Beweismittel sind z. B. Zeugenaussagen, Urkunden und Sachverständigengutachten. Die Parteien können ihre Standpunkte vortragen. Nach Abschluss der Verhandlung zieht sich das Gericht zunächst zur Beratung zurück und verkündet dann das **Urteil**. Es wird den Parteien vom Gericht zugestellt.

Die Gebühren beim Arbeitsgericht sind relativ günstig. Rechtsstreitigkeiten werden erst teuer, wenn Rechtsanwälte eingeschaltet werden.

Gerichtskostengesetz

Streitwert Gebühr

Bis ... €	... €
300,00	25,00
600,00	35,00
900,00	45,00
....	....
500 000,00	2 956,00

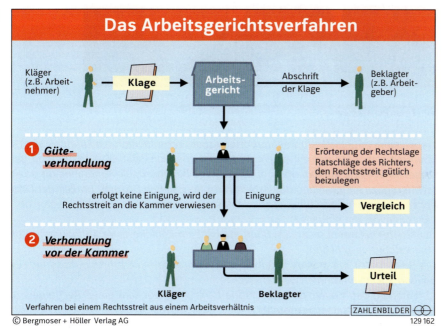

M 3 Das Arbeitsgerichtsverfahren
Verfahren bei einem Rechtsstreit aus einem Arbeitsverhältnis
© Bergmoser + Höller Verlag AG

Streitigkeiten zwischen Ausbilder und Auszubildenden

Zur Beilegung von Streitigkeiten zwischen Ausbildenden und Auszubildenden können bei den Handwerksinnungen und den übrigen „zuständigen Stellen" Ausschüsse gebildet werden, die vor Einschaltung des Arbeitsgerichtes versuchen müssen, eine Einigung zu erzielen.

§ 111 Arbeitsgerichtsgesetz (gekürzt)

Arbeitsvorschläge

1. Nennen Sie aus M 2 (S. 104) Beispiele für die Zuständigkeit von Arbeitsgerichten.
2. Beschreiben Sie den Zweck einer Güteverhandlung.
3. Erstellen Sie ein Ablaufschema für eine Arbeitsgerichtsverhandlung. (M 3)
4. a) Stellen Sie die streitenden Parteien und den Gegenstand aus M 1 fest.
   b) Formulieren Sie das Urteil des Landesarbeitsgerichts in eigenen Worten.
   c) Entwerfen Sie die Urteilsbegründung des Arbeitsgerichts.

Bei Prozessen in der zweiten Instanz, vor dem Landesarbeitsgericht, müssen sich die Parteien von ihren Verbandsvertretern oder von Rechtsanwälten vertreten lassen. Hier sind erhöhte Rechtskenntnisse erforderlich. Die dritte Instanz, das Bundesarbeitsgericht, prüft nicht mehr allein die Sache, sondern auch grundsätzliche Rechtsfragen. Deshalb sind vor diesem Gericht nur noch Rechtsanwälte mit entsprechendem Sachwissen zugelassen. Sie kommen überwiegend von den Verbänden.

Jedes **Urteil** eines Arbeitsgerichts muss Angaben über die Höhe des Streitwerts und eine „Rechtsmittelbelehrung" (Hinweis auf Widerspruchsmöglichkeiten) enthalten. Mit Ausnahme von Kündigungsschutzklagen ist nämlich eine Berufung beim Landesarbeitsgericht nur möglich, wenn der festgesetzte Streitwert 600,00 € übersteigt oder eine Berufung ausdrücklich zugelassen ist. Bei Kündigungsschutzklagen wird der Streitwert auf höchstens drei Monatseinkommen festgesetzt.

Gerichtsentscheidungen bei Streitigkeiten aus den Bereichen des Betriebsverfassungsgesetzes und der Mitbestimmungsgesetze heißen **Beschlüsse**. Ist eine Partei mit einem Beschluss nicht einverstanden, kann sie **Beschwerde** beim Landesarbeitsgericht „einreichen".

Arbeitsvorschläge

1. Wegen einer angeblich stark fehlerhaften Arbeit, verursacht durch Fahrlässigkeit, hat eine Baufirma einem Maurer mit einem Bruttoverdienst von 2 450,00 € fristgemäß gekündigt. Dieser erhebt eine Kündigungsschutzklage und beantragt, die Kündigung als sozial ungerechtfertigt zu erklären und das Arbeitsverhältnis wegen Unzumutbarkeit der Fortsetzung gegen Zahlung einer Abfindung aufzulösen. Er kann auch einen Kollegen als Zeugen benennen, der ihn entlastet.
Der Maurer bekommt recht. Die Baufirma wird zur Zahlung einer Abfindung in Höhe eines Monatslohns verpflichtet.
Die Baufirma ist mit diesem Urteil nicht einverstanden. Sie führt an, dass ihr Zeuge, der Bauherr, nicht vernommen worden sei.
   a) Benötigte der Maurer für seine Klage beim Arbeitsgericht einen Rechtsbeistand oder konnte er sich selbst vertreten?
   b) Stellen Sie die erforderlichen Voraussetzungen fest, eine Abfindung zu erwirken.
   c) Überprüfen Sie, ob die Baufirma die Möglichkeit der Berufung hat. Welches Gericht ist die Berufungsinstanz?
   d) Begründen Sie, ob der Maurer im Fall einer Berufungsverhandlung eine Vertretung benötigt.

2. a) Besuchen Sie eine Verhandlung des Arbeitsgerichts und fertigen Sie ein Protokoll über Streitgegenstand, Ablauf und Ergebnis an.
   b) Bitten Sie in einer Verhandlungspause oder am Verhandlungsende um ein Gespräch mit dem Richter bzw. der Richterin über die Verhandlung.

Methode:

Die ABC-Methode

Durch die Vorgabe eines leeren ABC-Blatts sollen die Schüler/-innen angeregt werden, ihre Haltungen und Vorkenntnisse zu bestimmten Themen deutlich zu machen.

Ablauf:
Alle Schüler ein Blatt mit der Bitte, zu jedem Buchstaben von A bis Z einen Begriff, Ausdruck, Satz, Einfall zu einem bestimmten Thema usw. aufzuschreiben.

Die Methode kann als Einzelarbeit oder als Partnerarbeit angewendet werden. Die Ergebnisse werden den anderen so vorgelesen, dass zunächst Aussagen zu „A", dann zu „B" usw. mitgeteilt werden.
Auf diese Weise wird eine Fülle von Begriffen und Einfällen gesammelt, die das Thema beschreiben.

Die Vorgaben können sehr weit oder gezielt auf einen Begriff hin gegeben werden.

Beispiele:
Was umfasst für Sie der Begriff **„Arbeitnehmerinteressen"**?
Was bedeutet für Sie **„Familie"**?
Was fällt Ihnen zum Thema **„Berufsbildung"** ein?

Mit der ABC-Methode können auch Pro- und Kontra-Argumente zu einem Thema gesammelt werden. Eine Untergruppe sammelt die Pro-Argumente, eine andere Untergruppe die Kontra-Argumente anhand der ABC-Liste.

Beispiel:
Sollten Arbeitnehmer/-innen sich in allen Instanzen des Arbeitsgerichts selbst vertreten können?

Die ABC-Methode zur Wiederholung und/oder Auswertung

Die Methode kann auch zur Wiederholung verwendet werden. Hierbei reflektieren und/oder bewerten die Schüler/-innen mit dieser Methode eine zurückliegende Unterrichtsreihe.

Beispiel:
Was fällt Ihnen zum Thema **„Arbeitsgericht"** ein?

(Zeitbedarf ca. 20 Minuten)

A
B
C
D
E
F
G
H
I
J
K
L
M
N
O
P
Q
R
S
T
U
V
W
X
Y
Z

Medien kritisch wahrnehmen und nutzen

1 Medien in Demokratien

M1 Artikel 5 Abs. 1 und 2 Grundgesetz (Die Meinungs- und Pressefreiheit)

(1) Jeder hat das Recht, seine Meinung in Wort, Schrift und Bild frei zu äußern und zu verbreiten und sich aus allgemein zugänglichen Quellen ungehindert zu unterrichten. Die Pressefreiheit und die Freiheit der Berichterstattung durch Rundfunk und Film werden gewährleistet. Eine Zensur findet nicht statt.
(2) Diese Rechte finden ihre Schranken in den Vorschriften der allgemeinen Gesetze, den gesetzlichen Bestimmungen zum Schutze der Jugend und in dem Recht der persönlichen Ehre.

Für eine funktionierende Demokratie sind freie Medien eine wichtige Voraussetzung. Sie sollten möglichst unbeeinflusst von staatlichen Vorgaben sein. Die meisten Länder Europas haben öffentlich-rechtliche oder ähnlich gestaltete Medien. Eine wesentliche Aufgabe öffentlich-rechtlicher Medien ist die Wahrung der politischen und wirtschaftlichen Unabhängigkeit. Da die Bürgern in einer Demokratie mitbestimmen können und sollen, müssen sie über wichtige politischen Abläufe und Inhalte informiert werden. Dies geschieht, wenn Medien
- über Politik, Wirtschaft, Kultur und Soziales möglichst vollständig, sachlich und so verständlich wie möglich **informieren**,
- zur **Meinungsbildung** durch Diskussion beitragen,
- mit **Kritik und Kontrolle** politische Abläufe begleiten,
- zur **Unterhaltung** der Bürger beitragen.

Rangliste der Pressefreiheit aller Länder
Deutschland Platz 11 (Stand 2021)
vgl. Reporter ohne Grenzen, https://www.reporter-ohne-grenzen.de/fileadmin/Redaktion/Downloads/Ranglisten/Rangliste_2020/Rangliste_der_Pressefreiheit_2020_-_RSF.pdf [09.02.2021]

M2 **Pressefreiheit – warum?**
Informationen sind der erste Schritt zu Veränderungen – deshalb fürchten nicht nur autoritäre Regierungen eine freie und unabhängige Berichterstattung.
Wo Medien nicht über Unrecht, Machtmissbrauch oder Korruption berichten können, findet auch keine öffentliche Kontrolle statt, keine freie Meinungsbildung und kein friedlicher Ausgleich von Interessen.
Pressefreiheit ist die Basis einer demokratischen Gesellschaft.
Reporter ohne Grenzen, Berlin 2020. www.reporter-ohne-grenzen.de/themen/pressefreiheit-warum/ [04.02.2020]

Insgesamt ist das Arbeitsumfeld für Journalisten in Deutschland gut. Aber auch hier wurden in den vergangenen Jahren Journalisten staatlich überwacht. Die wirtschaftliche Krise vieler Zeitungs- und Zeitschriftenverlage hält unvermindert an. Die Anzahl der Zeitungen mit eigener Vollredaktion geht zurück. Pressevielfalt besteht in vielen Regionen oft nur beim Layout, nicht mehr bei Inhalt und Ausrichtung der Zeitungen. Der Zugang zu Behördeninformationen ist je nach Bundesland unterschiedlich geregelt und mit Zeit und Kosten verbunden.

Arbeitsvorschläge

1. Geben Sie Beispiele für die Funktionen von Medien in einer Demokratie. (M 1)
2. Erläutern Sie, welche Bedeutung die Meinungs- und Pressefreiheit für Sie persönlich hat.
3. Begründen Sie Ihre Meinung zu folgender Behauptung: „Pressefreiheit ist die Basis einer demokratischen Gesellschaft." (M 2)

2 Information durch Medien

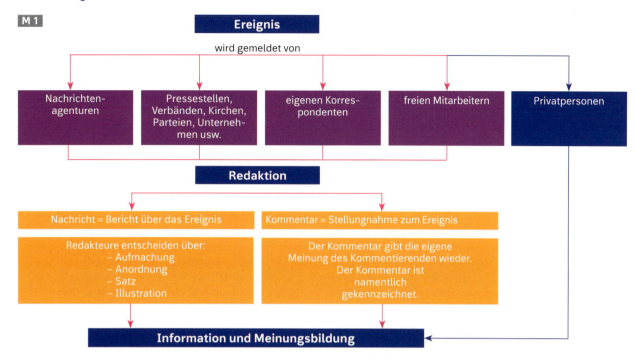

Massenmedien sind auf Informationen angewiesen, wenn sie die ihnen zugeschriebenen Funktionen in einer Demokratie erfüllen wollen. Deswegen haben die Bundesländer Behörden zur Auskunftserteilung verpflichtet. In der Bundesrepublik Deutschland gibt es amtliche Pressestellen. Die von ihnen ausgegebenen Nachrichten sollen das Regierungs- und Verwaltungsgeschehen transparent machen, Maßnahmen und Ansichten von Regierungen und Verwaltungen darstellen. Weiterhin sollen sie die Bereitschaft zur Teilnahme an den öffentlichen Angelegenheiten wecken. Die Praxis hat jedoch gezeigt, dass amtliche Pressestellen dazu neigen, angenehme Nachrichten zu verbreiten und unangenehme zurückzuhalten.

M 2 Vorenthaltene Informationen

„Eine gesellschaftliche Ordnung, die stolz darauf ist, sich demokratisch zu nennen [...] steht unter der klaren Forderung, den Bereich der vorenthaltenen Informationen auf ein Minimum zu beschränken. Die Exekutivorgane einer solchen Gesellschaft müssen im Zweifelsfall eher zu großzügig informieren. Umgekehrt gilt das natürlich auch für Journalisten, die in einer solchen Gesellschaft tätig sind. Sie müssen die Grenzen ihrer Informationssuche so weit wie irgend möglich ziehen, dürfen sich auf Geheimhaltungswünsche der Exekutive nur so sparsam wie irgend möglich einlassen. In den Machtzentren unserer Exekutiven herrscht aber das gegenteilige Bestreben: den Bereich der Geheimhaltung immer weiter auszudehnen."

Alexander von Hoffmann: Anspruch auf Wahrheit. In: Bernt Engelmann, Alfred Horné, Stephan Lohr (Hrsg.): Wie werden wir durch Presse, Funk und Fernsehen informiert?, Steidl Verlag, Göttingen 1981, S. 137

Exekutivorgane (vollziehende Gewalt) in Deutschland: Bundesebene, z. B. Bundesregierung, Behörden des Bundes

Länderebene, z. B. Landesverwaltungen, Staatsanwaltschaft, Polizei und Finanzamt, Kreisverwaltungen

Kommunen, z. B. Stadtverwaltungen, Gemeindeverwaltungen, Kreistage und Gemeindevertretungen

Arbeitsvorschläge

1. Beschreiben Sie Wege vom Ereignis zur Information und zur Meinungsbildung. (M 1)
2. Fassen Sie den Inhalt von M 2 zusammen und beziehen Sie dazu Stellung.

2.1 Rechte und Pflichten bei Veröffentlichungen

Das **Urheberrecht** schützt „Werke" wie z. B. Texte, Fotos, Musikstücke, Zeichnungen oder Filme. Wer fremde Werke verwenden will (auch online), muss bei den Rechteinhabern nachfragen. Dabei spielt es keine Rolle, ob das fremde Werk nur in Ausschnitten veröffentlicht wird. Erlaubt ist es hingegen, eigene Inhalte im Netz zu veröffentlichen (solange bei Fotos keine Persönlichkeitsrechte verletzt werden) oder auch Inhalte zu verwenden, die von den Urhebern explizit zur Verwendung freigegeben sind. Viele Informationen verletzen oft – gewollt oder ungewollt – Persönlichkeitsrechte.

> **M 1 Beispiele für Persönlichkeitsrechte**
>
> - Recht am eigenen Bild
> - Verfügungsrecht über Darstellungen der eigenen Person
> - Recht am gesprochenen Wort
> - Recht am geschriebenen Wort
> - Recht der persönlichen Ehre
> - Schutz vor Entstellung und Unterschieben von Äußerungen
> - Schutz vor Imitationen der Persönlichkeit
> - Recht auf informationelle Selbstbestimmung
> - Recht am eigenen Namen
> - Grundrecht auf Gewährleistung der Vertraulichkeit und Integrität informationstechnischer Systeme
> - Schutz vor stigmatisierenden Darstellungen
> - Einschränkung identifizierender Berichterstattung über Straftaten
> - postmortales Persönlichkeitsrecht
> - Recht auf Weiterbeschäftigung im Arbeitsverhältnis
> - Recht auf Resozialisierung
> - Recht auf Kenntnis der eigenen Abstammung

Meinungs- und Pressefreiheit enden in Deutschland oftmals bei der Verletzung fremder Rechte. Trotzdem müssen Medien die Möglichkeit haben, Missstände aufzudecken und zu diskutieren, wie man diese beheben könnte. Dazu darf das Verhalten von Politikern, Behörden, Wirtschaftsunternehmen oder Prominenten kritisiert werden. Diese müssen die Kritik auch dann hinnehmen, wenn diese ihr öffentliches Ansehen schädigt oder ihre Geschäfte stört. Personenfotos dürfen grundsätzlich nur mit Einwilligung des Abgebildeten veröffentlicht werden (Recht am eigenen Bild). Es dürfen aber Bilder von Menschen verbreitet werden, die im Blickpunkt der Öffentlichkeit stehen oder durch eigenes Verhalten das öffentliche Interesse geweckt haben, oder von sogenannten „Personen der Zeitgeschichte". Fotos vom Privatleben solcher Menschen dürfen nur veröffentlicht werden, wenn sie für die öffentliche Meinungsbildung wichtig sind. Kinder genießen besonderen Schutz. Nur mit elterlicher Erlaubnis dürfen Bilder von ihnen veröffentlicht werden.

Gegendarstellung
Gegen falsche Behauptungen können sich Betroffene auch mithilfe von Gerichten durch eine Klage auf Gegendarstellung, Unterlassung, Widerruf und Schmerzensgeld wehren.

Und was gilt für Veröffentlichungen im Internet?

Bevor Inhalte hochgeladen werden, sollte man Folgendes prüfen: Greife ich in fremde Urheber- und Persönlichkeitsrechte ein? Wäre ich selbst mit einer entsprechenden Veröffentlichung einverstanden? Was sagt der Inhalt über mich aus? Könnte der Inhalt missverstanden werden? Welche weiteren Risiken gehe ich mit einer Veröffentlichung ein?

Arbeitsvorschläge

1. Informieren Sie sich über die Bedeutung von mindestens zwei Persönlichkeitsrechten und berichten Sie darüber. (M 1)
2. Notieren Sie Rechte und Pflichten bei Veröffentlichungen in einer Tabelle und vergleichen Sie diese mit denen Ihrer Mitschüler/-innen.
3. Schreiben Sie mindestens fünf Tipps zum richtigen Veröffentlichen im Internet auf, und stellen Sie diese zur Diskussion.

2.2 Datenschutz im Internet – muss das sein?

Fast jeder hat es selbst schon erlebt: Kaum hat man sich im Internet über etwas informiert, schon erscheint kurze Zeit später passgenaue, personalisierte Werbung. Wer im Internet surft, ruft Daten ab, hinterlässt aber selbst auch welche. Und was passiert dann mit diesen Daten? Unternehmen können Kundendaten vermieten oder verkaufen, wenn sie sich an das Bundesdatenschutzgesetz (BDSG) halten. Dazu muss man als Kunde vorher seine Einwilligung gegeben haben, die häufig im „Kleingedruckten" bei Kaufverträgen versteckt ist. Informationen, die einmal in das Netz gestellt werden, sind kaum mehr zu kontrollieren. Vielen ist nicht bewusst, dass sensible Daten wie Name, Telefonnummer und Adresse nicht an Fremde weitergegeben werden sollten und im Netz nichts zu suchen haben.

M1 Der Aufruf

In den vergangenen Monaten ist ans Licht gekommen, in welch ungeheurem Ausmaß wir alle überwacht werden. Mit ein paar Maus-Klicks können Staaten unsere Mobiltelefone, unsere E-Mails, unsere sozialen Netzwerke und die von uns besuchten Internet-Seiten auspähen. Sie haben Zugang zu unseren politischen Überzeugungen und Aktivitäten, und sie können, zusammen mit kommerziellen Internet-Anbietern, unser gesamtes Verhalten, nicht nur unser Konsumverhalten, vorhersagen. Eine der tragenden Säulen der Demokratie ist die Unverletzlichkeit des Individuums. Doch die Würde des Menschen geht über seine Körpergrenze hinaus. Alle Menschen haben das Recht, in ihren Gedanken und Privaträumen, in ihren Briefen und Gesprächen frei und unbeobachtet zu bleiben. Dieses existentielle Menschenrecht ist inzwischen null und nichtig, weil Staaten und Konzerne die technologischen Entwicklungen zum Zwecke der Überwachung massiv missbrauchen. Ein Mensch unter Beobachtung ist niemals frei; und eine Gesellschaft unter ständiger Beobachtung ist keine Demokratie mehr. Deshalb müssen unsere demokratischen Grundrechte in der virtuellen Welt ebenso durchgesetzt werden wie in der realen.

Autoren-Gruppe „Writers Against Mass Surveillance". DEMOKRATIE IM DIGITALEN ZEITALTER: Der Aufruf der Schriftsteller. Frankfurter Allgemeine, FAZ.NET, 10.12.2013. www.faz.net/aktuell/feuilleton/buecher/themen/autoren-gegen-ueberwachung/die-demokratie-verteidigen-im-digitalen-zeitalter-der-aufruf-der-schriftsteller-12702040.html [09.04.2021]. Der Aufruf wurde u. a. initiiert von Juli Zeh und Iliya Trochjanow und von 560 Schriftstellern unterzeichnet.

M2 Google & Co.
Was weiß Google wirklich über Sie? Das Dashboard verrät's!

Wenn Sie wissen möchten, welche Informationen Google über Sie gesammelt hat, können Sie das mit dem Google Dashboard herausfinden. Das erreichen Sie online über die Adresse google.com/dashboard [...]
- Danach präsentiert es alle durch die verschiedenen Google-Dienste mit diesem Google-Konto verknüpften Daten. [...]
- Dabei finden Sie in jeder Rubrik neben den Informationen weiterführende Links zum Bearbeiten Ihrer Profile und Einstellungen.
- Um auch die von Google gespeicherten Suchergebnisse zu sehen, geben Sie auf www.google.de Ihren Namen mit Anführungszeichen ein, z. B. „Angela Merkel".

Brandstetter, Jonas: Was weiß Google über mich? So finden Sie es heraus. In: Chip Online, 29.09.2017. https://praxistipps.chip.de/was-weiss-google-ueber-mich-so-finden-sie-es-heraus_27427 [09.04.2020]

Arbeitsvorschlag

1. Wie wichtig ist Datenschutz für Sie? Bereiten Sie eine Stellungnahme vor.
2. Nehmen Sie Stellung zur folgenden Aussage: „Ein Mensch unter Beobachtung ist niemals frei; und eine Gesellschaft unter ständiger Beobachtung ist keine Demokratie mehr." (M 1)
3. Überprüfen Sie, welche Daten über Sie im Internet gespeichert sind. (M 2)
4. Erstellen Sie eine Mindmap zum Thema „Datenschutz und Demokratie". (s. S. 137)

2.3 Informationen aus dem Internet – Wahrheit oder Lüge?

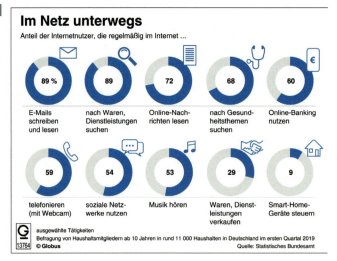

M 1

M 4
Blitz-Check: Wahrheit oder Lüge im Internet?

Ist der Verfasser mit Vor- und Zuname angegeben?

Ist Ihnen der Verfasser oder seine Organisation dem Namen nach bekannt?

Ist die Domain bekannt oder problemlos zu ermitteln?

Ist aus der Quelle der Zeitpunkt der Veröffentlichung bzw. Aktualisierung ersichtlich?

M 2 Lügen im Internet

Das Internet ist unbestreitbar eine der größten Kulturleistungen der Menschheit. Doch die Frage ist: Werden wir das in einigen Jahren auch noch so sehen? Das Netz ist hässlich geworden in der jüngsten Zeit, erregt und feindselig. Menschlichkeit, Achtung, Toleranz sind in dem globalen Medium vielerorts auf dem Rückzug. Jetzt kommt ihm auch noch die Wahrheit abhanden. Das intelligenteste Kommunikationswerkzeug, das der Menschheit je zur Verfügung stand, wandelt sich zusehends in ein Instrument der Irritation, der Desinformation und der Propaganda. Und niemand schafft es derzeit, diese Entwicklung umzudrehen. [...]
Warum hat es dann die Wahrheit so schwer? Das Netz wurde einmal als Medium der Aufklärung konzipiert, es sollte Erkenntnisgewinn beschleunigen und Wissen schneller zugänglich machen. Doch je mehr es sich zum Massenmedium wandelte, umso mehr wandelte sich sein Charakter. Heute ist das Internet vielerorts eine gigantische Emotionsmaschine, bei der nicht Erkenntnis im Vordergrund steht, sondern pralle Unterhaltung nach den Regeln des Boulevards. Wer Gefühl aufwühlt, gewinnt den Kampf um die Aufmerksamkeit: Katzenvideo schlägt Naturdoku. Wutrede schlägt differenzierte Argumentation. Und Erfundenes verdrängt oft die Wahrheit.
Lügen im Internet – Trennt Propaganda von Wahrheit. Auszug aus FAZ.NET, 05.02.2016 von Mathias Müller von Blumencron. © Alle Rechte vorbehalten. Frankfurter Allgemeine Zeitung GmbH, Frankfurt. Zur Verfügung gestellt vom Frankfurter Allgemeine Archiv.

M 3 Im Internet ist Wahrheit oft nicht von Lüge zu unterscheiden
Die meisten Internetnutzer geben an, dass es sehr schwierig sei herauszufinden, ob Informationen im Internet die Wahrheit wiedergeben oder falsch sind. Fake News verbreiten sich in kürzester Zeit über Facebook, Twitter und Co. auf der ganzen Welt. Besonders Journalisten, müssen sich einmal mehr die Frage stellen, wie sie ihrer Sorgfaltspflicht ausreichend nachkommen können. Viele meinen aber, dass man Wahrheit und Lüge unterscheiden kann. Man müsste sich nur hinsetzen und recherchieren.

Arbeitsvorschläge

1. Führen Sie eine Umfrage entsprechend M 1 durch und werten Sie diese aus.
2. Fassen Sie M 2 mit eigenen Worten zusammen und nehmen Sie dazu Stellung.
3. Entwickeln Sie eigene Vorschläge, um im Internet Wahrheit von Lüge zu unterscheiden. Stellen Sie diese zur Diskussion. (M 3, M 4)

2.4 Informationen durch Medien bei extremen Ereignissen

M1 Der Weg der Informationen verändert sich

Früher verlief der Nachrichtenzyklus bei überraschenden, extremen Ereignissen so: Das Ereignis geschah. Dann berichteten Medien darüber, als Erstes in der Regel Radio und Fernsehen, mit einem Tag Verzögerung die gedruckten Zeitungen. Dann ermittelten die zuständigen Behörden oder Institutionen, was eigentlich genau passiert war und warum. Dann wurden Reaktionen eingeholt und veröffentlicht, politische Forderungen formuliert, es wurde versucht, politisches Kapital aus dem Ereignis zu schlagen. Manche der Vorschläge wurden später vielleicht sogar umgesetzt, ob sinnvoll oder nicht. Der Zyklus Ereignis-Ermittlung-Einordnung-Reaktion-Forderung funktioniert schon längst nicht mehr. Jetzt wird gefordert, reagiert, politisch ausgeschlachtet, bevor überhaupt klar ist, was eigentlich genau passiert ist. [...] Den alten Nachrichtenzyklus, in dem auf die Fakten gewartet wurde, bevor man reagierte, bekommen wir nicht zurück. Aber zumindest Kommunikationsprofis wie Politiker und Journalisten sollten sich dringend darauf besinnen, dass Hysterie bislang in keinem Beruf als herausragendes Qualifikationsmerkmal galt. Wenn tatsächlich der gewinnt, der zuerst schreit, verlieren wir am Ende alle.

Stöcker, Christian: Mediale Erregungszyklen. Politik der Hysterie. In: SPIEGEL.de, 25.12.2016. www.spiegel.de/wissenschaft/mensch/berlin-mediale-erregungszyklen-und-die-politik-der-hysterie-kolumne-a-1127329.html [25.05.2020]

M2 Auf Fake News reingefallen – Pakistan droht Israel mit Nuklearwaffen

Wie schnell gefälschte Nachrichten gefährlich werden können, zeigt einmal wieder ein Fall, der zu einer Konfrontation zwischen Pakistan und Israel führte. Offenbar ist der pakistanische Verteidigungsminister auf eine falsche Meldung einer Fake-News-Seite hereingefallen und hat Israel mit dem nuklearen Arsenal seines Landes gedroht. Die Meldung, die nicht nur Rechtschreibfehler enthielt, war offenbar frei erfunden. Trotzdem drohte der pakistanische Verteidigungsminister [...] per Twitter: Auch Pakistan sei eine Nuklearmacht.

Albert, Andreas: Auf Fake News reingefallen – Pakistan droht Israel mit Nuklearwaffen. In: SPIEGEL.de, 25.12.2016. www.spiegel.de/politik/ausland/fake-news-pakistans-verteidigungsminister-droht-israel-mit-atomarsenal-a-1127507.html [25.05.2020]

M3

Arbeitsvorschläge

1. Schreiben Sie auf, wie der Weg der Informationen bei extremen Ereignissen ablaufen kann. Nennen Sie mögliche Folgen dieses Ablaufs. (M 1)
2. Geben Sie aktuelle Beispiele für Fake News und erläutern Sie, woran Sie diese erkannt haben. (M 2)
3. Interpretieren Sie die Karikatur M 3 (s. S. 246 f.).

3 Meinungsbildung durch Medien

Demokratie setzt die freie Meinungs- und Willensbildung aller Bürgerinnen und Bürger voraus. Diese Meinungs- und Willensbildung ist abhängig von den Wertvorstellungen, der Lebenslage, dem Wissen und den Erfahrungen der Menschen.

Medien können auf unterschiedliche Arten auf Meinungen einwirken, indem sie:

- Wissen vermitteln,
- Themen als wichtig erachten und auf die Tagesordnung setzen,
- Teilaspekte von Themen behandeln,
- Themen kommentieren und interpretieren,
- Anstöße zum Handeln geben usw.

Die Sicherung der Meinungsvielfalt in den Medien ist ein Ziel demokratischer Gesellschaften. Das soll in Deutschland durch den Rundfunkstaatsvertrag erreicht werden. Dort heißt es, dass kein Unternehmen mehr als 30 % Zuschaueranteil im Durchschnitt eines Jahres haben soll. Sonst könnte eine marktbeherrschende Stellung bestehen. Eine solche marktbeherrschende Stellung wird gegenwärtig weder von den öffentlich-rechtlichen noch den privaten Unternehmen erreicht.

M 1 Anteile der Medienkonzerne am Meinungsmarkt – 1. Halbjahr 2020

Rang	Titel	Marktanteil in Prozent
1	ARD	21,2
2	Bertelsmann	11,7
3	ZDF	7,5
4	KKR	7,7
5	Springer	7,1
6	ProSiebenSat.1	6,2

vgl. Bayerische Landeszentrale für neue Medien (BLM): Medienvielfaltsmonitor 2020-I, S. 3. www.diemedienanstalten.de/fileadmin/user_upload/die_medienanstalten/Themen/Forschung/Medienvielfaltsmonitor/Medienanstalten_MedienVielfaltsMonitor.pdf [25.01.2021]

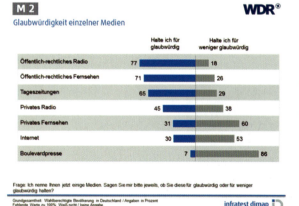

M 2 Glaubwürdigkeit einzelner Medien

Heutzutage sind Soziale Netzwerke, Instant-Messaging-Dienste, Suchmaschinen oder Videoportale wesentliche Elemente des Kommunikations- und Informationsverhaltens.

Studien zeigen, dass Meinungsbildung nach wie vor besonders im direkten Kontakt mit anderen Menschen stattfindet. Damit spielen traditionelle Medien sowie der persönliche Austausch noch immer die entscheidende Rolle.

Arbeitsvorschläge

1. Erklären Sie die Aussage: „Demokratie setzt die freie Meinungs- und Willensbildung aller Bürger voraus."
2. Überprüfen Sie M 1 durch eine Internetrecherche (s. S. 121) und benennen Sie mögliche Veränderungen.
3. Führen Sie eine Umfrage in Ihrer Klasse entsprechend M 2 durch, und werten Sie diese aus.
4. Schreiben Sie in einem kurzen Aufsatz, welche Rolle Ihrer Meinung nach Medien bei der politischen Meinungsbildung haben.

3.1 Meinungsbildung und Internet – Gefahren für den Nutzer?

Das Internet hat entscheidende Veränderungen im Bereich der Meinungsbildung hervorgerufen. Suchmaschinen, Soziale Netzwerke, Instant-Messaging-Dienste und Bild-/Videoplattformen werden immer häufiger genutzt. Hier stellt sich die Frage, ob es eine Gefahr für die freie Meinungsbildung geben könnte. Das Internet bietet durch seinen schnellen Zugriff auf eine schier endlose Fülle von Daten große Chancen der Informationsbeschaffung. Demgegenüber steht eine Reihe von Risiken, denen die Nutzer ausgesetzt sind.

M 1 Vorteile der Internetnutzung	Risiken der Internetnutzung
– freie Auswahl, – in Sekunden gewünschte Inhalte, – automatisch neueste Artikel, – Newsgroup: Möglichkeit, Mitglied einer Gruppe zu sein, – Hilfe bei Problemen, – Mitgestaltung von Inhalten möglich, – Suchen und Bestellen, – E-Mail weltweit, – Blogs, – Chats – u. a.	– nicht alle Sachinformationen sind richtig, – häufig schlechte Umgangsformen in Foren und Chats, – Kriminalität im Netz, wie z. B. Kinderpornografie, Seiten mit rechtsradikalen Inhalten, Rekrutierung von Dschihadisten für den Krieg der Terrormiliz „Islamischer Staat" in Syrien und Abzock-Versuche, – Cyber-Mobbing: Gefahr des Rufmords, – Totalüberwachung der Nutzer: Suchmaschinen wie z. B. Google werten Suchanfragen einzelner Nutzer aus – u. a.

M 2 Maschinen bestimmen immer mehr unser Leben – eine Gefahr?

Ein Beispiel, was schon Schule macht: China hat ein Kreditsystem entwickelt, das an jeden Bürger und jede Bürgerin ein Punktekonto vergibt. Der Punktestand setzt sich aus verschiedenen Faktoren zusammen: wo man arbeitet, ob man verheiratet ist oder ledig, was man einkauft, googelt auf sozialen Netzwerken postet oder wie viele Freunde man dort hat. Kaufen Eltern zum Beispiel viele Windeln, werden sie als verantwortungsvoll eingestuft, derjenige, der Videospiele kauft, als faul. Das wirkt sich auf das reale Leben aus: Man bekommt einfacher einen Kredit oder – im besten Fall – ein Visum für Auslandsreisen. Im schlimmsten Fall: Wenn jemand Schulden hat oder sich kritisch gegenüber der Regierung äußert, gibt es keinen Kredit, keinen Mietvertrag, nur schlecht bezahlte Jobs. Laut Berichten der BBC plant die Kommunistische Partei [...] bis 2020 alle Chinesen in einer riesigen nationalen Datenbank zu erfassen [...] und wonach es dann möglich sei, die „Vertrauenswürdigkeit" der Bürger zu bewerten, mit entsprechenden Belohnungen und Bestrafungen.
Elsner, Katharina: Apokalypse jetzt, Weser Kurier vom 29.09.2016, S. 18

M 3 Wer surft wo? Benutzerprofile sind viel wert

Es genügen schon wenige Informationen, um ein überraschend detailliertes Profil über einen Nutzer anzulegen. Dabei gilt zu beachten: Es geht nicht nur um das, was Sie von sich aus preisgeben. Es geht auch um das, was Computer darüber hinaus über Sie verraten. [...]
Einen kompletten Schutz gegen Datensammler gibt es nicht. Am ehesten hilft es, mit seinen Daten zu geizen. In der Offline-Welt bedeutet das, mit Bargeld zu zahlen, keine Punktkarten wie Payback zu nutzen und natürlich den Händlern keine persönlichen Daten zu geben. In der Online-Welt bedeutet es, die großen Datensammlern Google und Facebook möglichst zu meiden. [...]
Achtung, Datensammler! So schützen Sie Ihre Privatsphäre. PC-Welt. www.pcwelt.de/ratgeber/Datenschutz-So-schuetzen-Sie-Ihre-Privatsphaere-im-Web-57287.html [24.01.2021]

Arbeitsvorschläge

1. Stellen Sie Chancen und Risiken des Internets nach ihrer Wichtigkeit zusammen. (M 1)
2. Informieren Sie sich über weitere Chancen und Risiken des Internets und berichten Sie darüber.
3. Entwerfen Sie Empfehlungen, wie Sie Risiken des Internets begegnen könnten. Stellen Sie diese zur Diskussion. (M 2 und M 3)

3.2 Welchen Einfluss haben soziale Medien auf Politik und Gesellschaft?

M 1 Soziale Medien wie Facebook, YouTube oder Wikipedia haben sich innerhalb weniger Jahre als meistgenutzte Seiten im Internet etabliert. Dabei basiert ihr Erfolg auf einem für die Geschichte der Massenmedien völlig neuen Prinzip: Während die Inhalte der klassischen Massenmedien, wie des Fernsehens, des Radios oder der Printmedien, hauptsächlich passiv wahrgenommen werden können, kann der Bürger die Inhalte der sozialen Medien im Internet selbst mitgestalten. [...]
Politische Beteiligung wird durch das Internet zwar einfacher, jedoch nicht gerechter. Durch das Internet sind zwar einerseits die Hürden der Partizipation gesunken, andererseits werden mit der Verlagerung von politischen Beteiligungsformen in das Internet diejenigen ausgeschlossen, die interaktive Möglichkeiten nicht nutzen wollen oder nicht nutzen können. Dennoch kann das Internet die Demokratie bereichern.

Pump, Christian: Chancen und Grenzen der Partizipation im Internet. In: Hans Zehetmair (Hrsg.): Wie verändern Internet und soziale Medien die Politik? Hanns-Seidel-Stiftung, München 2013, S. 89 ff.

M 2

M 3 Soziale Netzwerke schädigen soziale Fähigkeiten

Gespräch war gestern: Im Zeitalter der totalen Vernetzung ist fast jeder permanent online. Doch die direkte Kommunikation verkümmert mehr und mehr [...] Die sozialen Netzwerke drohen uns ironischerweise von unserem sozialen Leben abzuschneiden. [...] Wir ersetzen Begegnungen in der realen Welt mit virtuellen Kontakten. Das hat gefährliche Folgen – nicht nur in der Freizeit, sondern auch und gerade im Business. Wir verlieren auf dramatische Weise unsere Kompetenz, mit Kollegen, Kunden und Vorgesetzten erfolgreich zu kommunizieren [...]

Spengler, Robert: Soziale Netzwerke schädigen soziale Fähigkeiten. In: WELT.de, 13.06.2012. www.welt.de/wirtschaft/karriere/leadership/article106568479/Soziale-Netzwerke-schaedigen-soziale-Faehigkeiten.html [25.05.2020]

M 4 „Ohne soziale Netzwerke wäre unser Alltag in der Corona-Krise nur halb so sozial"

Während die Welt offline gegen einen großen Gegner kämpft, offenbart sich online, dass Facebook, Twitter, Instagram & Co. in Zeiten von sozialer Abstinenz nicht mehr wegzudenken sind. Statt Hass und Hetze zeigt sich auf einmal die gute Seite der sozialen Netzwerke: Künstler streamen Konzerte, Pastoren halten Kontakt zu ihren Gemeinden, Nutzer rufen zu Spenden für den Laden um die Ecke auf und solidarische Bekundungen für Pflegepersonal gehen viral [...] „Soziale Netzwerke haben in Corona-Zeiten dieselben Vorteile, Risiken und Nebenwirkungen wie sonst auch – allerdings fehlt im Moment der Ausgleich durch die analogen sozialen Netzwerke." [...]

FOM. Die Hochschule. Für Berufstätige: 3 Fragen an Marketing-Professorin Dr. Sonja Klose. „Ohne soziale Netzwerke wäre unser Alltag in der Corona-Krise nur halb so sozial", 06.04.2020. www.fom.de/2020/april/prof-dr-sonja-klose-ohne-soziale-netzwerke-waere-unser-alltag-in-der-corona-krise-nur-halb-so-menschlich.html [23.06.2020]

Arbeitsvorschläge

1. Erklären Sie einem Partner den Begriff „Soziale Medien".
2. Fassen Sie M 1 in Stichworten zusammen.
3. Bearbeiten Sie die Karikatur M 2 mit der Methode „Analyse politischer Karikaturen". (s. S. 246 f.)
4. Erstellen Sie mithilfe von M 3 und M 4 eine Übersicht über Chancen und Risiken sozialer Netzwerke. Begründen Sie Ihre Zuordnungen.

3.3 Sind soziale Medien eine Gefahr für die Demokratie?

Politische Meinungsbildung findet heutzutage immer stärker im Netz statt. Viele begrüßen diese Entwicklung. Politiker würden so sehr schnell ein Feedback zu ihrer politischen Arbeit bekommen. Damit könnten sie viel besser auf Trends und Stimmungen reagieren. Die stärkere Nutzung von Social Media für die Meinungsbildung bietet aber auch eine größere Gefahr für Manipulationen. Social Bots versuchen, Meinungen zu beeinflussen. Manchmal reicht schon ein einziger Kommentar aus, um eine Hasstirade echter Benutzer auszulösen. Eine sachliche Diskussion über ein kontroverses Thema wird so fast unmöglich.

M 1

M 2 Social Bots sind eine Gefahr für die Demokratie

Der Begriff „Social Bot" bedeutet übersetzt sozialer Roboter. Im Grunde genommen handelt es sich um kleine, sehr intelligente Software-Programme, die sich so verhalten, als seien sie reale, menschliche Nutzer. Hierfür werden die Profile meist mit echten Fotos aus dem Internet oder belanglosen Comic-Zeichnungen sowie mit einer erfundenen Biografie bestückt und die Bots mit anderen realen Nutzern vernetzt. Wohl jeder User kennt die gutaussehenden jungen Frauen, die einem auf Facebook eine Freundschaftsanfrage senden. Sie werden zu tausenden programmiert. Schätzungen gehen von 100 Millionen Fake-Accounts auf allen großen Plattformen aus. Prognosen sagen zudem ein starkes Wachstum in den nächsten Jahren voraus. Und die Bots werden immer schlauer. Dank künstlicher Intelligenz können diese „Nutzer" nicht nur die Follower- und Fanzahlen politischer Accounts in die Höhe schnellen lassen oder die Abrufzahlen von Videos manipulieren. Sie posten auch selbstständig eigene Inhalte und antworten auf Postings realer Nutzer, veröffentlichen Tweets sowie Facebook- oder YouTube-Kommentare. In letzter Zeit wurden Chat-Bots beobachtet, die sinnvolle und durchaus längere politische Diskussionen führen und verschiedene Argumente austauschen können, ohne dass sich der „Besitzer" des Bots auch nur eine Sekunde darum kümmern musste.

Fuchs, Martin: Social Bots sind eine Gefahr für die Demokratie. In: Politik und Kommunikation, Ausgabe 115/2016, Rudolf Hetzel, Torben Werner, Berlin (Hrsg.), 18.08.2016. Quadriga Media Berlin GmbH. www.politik-kommunikation.de/ressorts/artikel/social-bots-sind-eine-gefahr-fuer-die-demokratie-1100839956 [25.05.2020]

M 3 Der Bot macht Meinung

[...] Ist also die Demokratie in Gefahr? Die Frage taucht immer häufiger auf, doch noch spricht nach Ansicht von Beobachtern viel dafür, dass Social Bots und Falschmeldungen die öffentliche Meinungsbildung nicht entscheidend beeinflussen können. So zeigen Untersuchungen, dass die meisten Nutzer ihre Meinung nicht nur aufgrund von Facebook oder Twitter ändern. Auch müssten Politiker damit rechnen, dass die Wähler sie abstrafen, wenn sie auf solche Mittel setzen. Und schließlich haben die sozialen Netzwerke einen großen Einfluss darauf, welche Inhalte ihre Nutzer sehen. Facebook und Google haben schon angekündigt, dass Falschmeldungen künftig nicht mehr beworben werden sollen. Twitter wiederum hat offenbar die Accounts einiger Mitglieder einer ultrarechten Gruppierung geschlossen. Ob das ausreicht, um des Problems Herr zu werden, muss sich noch zeigen.

Der Bot macht Meinung. Auszug aus FAZ.NET, 15.01.2017 von Britta Beeger © Alle Rechte vorbehalten. Frankfurter Allgemeine Zeitung GmbH, Frankfurt. Zur Verfügung gestellt vom Frankfurter Allgemeine Archiv.

Arbeitsvorschläge

1. *Bearbeiten Sie die Karikatur M 1 mithilfe der Methode „Analyse politischer Karikaturen" (s. S. 246 f.).*
2. *Fassen Sie M 2 oder M 3 mit zehn Stichpunkten zusammen und nehmen Sie dazu Stellung.*

4 Kritik- und Kontrollfunktion durch Medien

Gemäß Grundgesetz Artikel 20 wird unser demokratisches System durch die Kontrolle der Staatsgewalt gekennzeichnet. Indem sie Missstände in unserem Staat und unserer Gesellschaft aufdecken und die Verantwortlichen nennen, üben die Medien eine Art Kontrolle der Staatsgewalt aus.

M1 Was ist die Aufgabe der Presse?

Die übliche und wohl zutreffende Antwort lautet: zu informieren und zu kontrollieren. Kontrollieren scheint ein großes Wort zu sein, aber es gibt niemanden außer der Presse, der so gründlich und ausdauernd recherchieren könnte – auch das Parlament kann dies nicht, es hat gar nicht die Möglichkeiten dazu. Überdies besteht die Gefahr, dass die Fälle, die durchleuchtet werden müssten, unter Umständen durch parteipolitischen Kuhhandel zugedeckt werden.

Dönhoff, Marion Gräfin: Kompassnadel für Journalisten, DIE ZEIT Nr. 44/1987 vom 23.10.1987, S. 3

Kuhhandel
undurchsichtiger Handel mit Neben- und Zusatzvereinbarungen

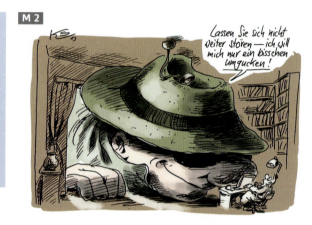

M2 "Lassen Sie sich nicht weiter stören – ich will mich nur ein bisschen umgucken!"

M3

Politische Beteiligung der Bürger wird erst möglich, wenn diese möglichst umfassend informiert sind bzw. sein können. Untrennbar mit der Informationsfunktion ist die Kritik- und Kontrollfunktion der Massenmedien verbunden. Sie verbreiten die entsprechenden Informationen, sie erläutern politische Zusammenhänge, kommentieren politische Ereignisse und kritisieren Missstände. [...]

Ohne Presse, Hörfunk und Fernsehen, die Missstände aufspüren und durch ihre Berichte unter anderem parlamentarische Anfragen und Untersuchungsausschüsse anregen, liefe die Demokratie Gefahr, der Korruption oder der bürokratischen Willkür zu erliegen. Die Betroffenen wehren sich häufig mit dem Argument, sie seien Kampagnen der Medien ausgesetzt. Dabei ist stets daran zu erinnern: Nicht jene, die Mängel aufdecken, schaden dem Staat, sondern diejenigen, die für solche Missstände verantwortlich sind. Kritik als bewertendes Element und Kontrolle als investigatives Moment können auf unterschiedliche Weise ausgeübt werden:
– Dritte erhalten die Möglichkeit, mit Kritik- und Kontrollaussagen in Zeitung, Radio oder Fernsehen zu Wort kommen, um beispielsweise auf Missstände in der Gesellschaft oder inkonsistente Entscheidungen der Politik hinzuweisen.
– Die Journalisten selbst machen Missstände in Politik, Wirtschaft, Wissenschaft und Kultur öffentlich bekannt oder beurteilen in meinungsbetonten Beiträgen (Kommentaren, Glossen und Leitartikeln) politisches Handeln nach sorgfältiger Abwägung wichtiger Argumente.

Initiative Tageszeitung e.V., Online-Lexikon zum Presserecht. www.initiative-tageszeitung.de/lexikon/kontrollfunktion/ [26.05.2020]

investigativ
aufdeckend, enthüllend, nachforschend

investigativer Journalismus
Enthüllungsjournalismus

inkonsistent
widersprüchlich, ohne Bestand

Arbeitsvorschläge

1. Nennen Sie Beispiele, bei denen Medien über staatliches Handeln informieren, Missstände aufdecken und Verantwortliche nennen. (M 1)
2. Bearbeiten Sie die Karikatur M 2 mit der Methode „Analyse politischer Karikaturen".
3. Fassen Sie M 3 mit zehn Stichworten zusammen.

Manipulation durch Medien

Seit Anbeginn der menschlichen Kommunikation wurde gelogen, verschwiegen, übertrieben, verführt, überzeugt und damit manipuliert. Dass dies auch in den Medien geschieht, weiß eigentlich jeder. Die Frage ist nur, wie stark man sich davon beeinflussen lässt. Wer viele Kontakte hat, ist meist weniger gefährdet. Wer Tatsachen von Meinungen trennen kann, ebenfalls. Und es gibt immer Menschen, die der Wahrheit auf den Grund gehen wollen. Medien werden immer wieder genannt, wenn es um die Manipulation der Gesellschaft geht. Sie greifen Stimmungen und Gefühle auf und bedienen diese, denn davon hängen ja Auflagen oder Einschaltquoten ab. Medien geht es nicht nur darum zu informieren, denn sie müssen Geld verdienen. Je genauer man Wünsche und Motive der Menschen kennt, desto gezielter können diese bedient werden und desto leichter kann man Menschen beeinflussen.

Heutzutage gehen PR-Firmen bei der Vorbereitung von Nachrichtenmeldungen sehr geschickt vor. Sie verknüpfen die Namen von Wissenschaftlern mit bestimmten Forschungsergebnissen. Wissenschaftler allerdings, die unter Umständen ihre Nase nicht ein einziges Mal in die betreffende Forschungsarbeit hineingesteckt haben. Auf diese Weise wird Redakteuren von Zeitungen oder Nachrichtensendungen oft nicht einmal bewusst, dass einzelne Berichte reine PR-Produkte sind.

M 1

Benenne diese Marken. Benenne diese Blätter.

Wie viele Belege für Gehirnwäsche durch Werbemedien benötigt man noch?

Manipulation
gezielte und verdeckte Einflussnahme

M 2 Wie wir manipuliert werden!

① Der Manipulator: ein Unternehmen, eine Organisation, ein Ministerium, eine Regierung, ein Hedgefonds oder eine sonstige Geldmacht wollen eine Geschichte in den Medien verbreiten.

② Es wird eine PR-Agentur beauftragt.

③ Die PR-Agentur sucht jemanden, der glaubwürdig ist.

④ Dafür wird ein Experte beauftragt.

⑤ Ein „unabhängiger" Experte übernimmt den Auftrag, einen geeigneten Report oder eine Forschung durchzuführen. Gibt es keinen geeigneten Experten, so wird ein neues unabhängiges Institut gegründet. Ein Zusammenhang zwischen PR-Agentur und Institut ist nicht erkennbar.

⑥ Die gewünschte Expertise wird geliefert.

⑦ Die Nachricht, eine Expertise oder eine Story, die für den Auftraggeber „günstig" ist, wird vermarktet.

⑧ Lieferung der Story ohne Entgelt

⑨ Verbreitung der Story durch die Nachrichtenagenturen, Internetmedien, Blog-Gemeinschaften, Foren, Plattformen usw.

⑩ Veröffentlichung der Nachricht mit dem Anschein der Objektivität

Blaß, Georg u. a.: Medien und Manipulation. In: Politik – Aktuell für den Unterricht, Nr. 18/2009, S. 3

Arbeitsvorschläge

1. Bearbeiten Sie die Abbildung M 1. Woran wird Kritik geübt?
2. Erklären Sie einem Partner/einer Partnerin das Schaubild M 2.
3. Spielen Sie Redaktionskonferenz: Kürzen Sie eine Tageszeitung auf zwei DIN-A4-Seiten.

5 Unterhaltung durch Medien

Unterhaltung gehört ebenfalls zu den Aufgaben von Medien. Sie soll Zerstreuung, Spaß und Entlastung bewirken oder auch Wirklichkeitsflucht. Bisher haben die neuen Medien die alten nicht verdrängt, eher findet eine Parallelnutzung beider Formen statt. Obwohl die Internetnutzung stark zunimmt, ist das „Fernseh-Zeitalter" nicht zu Ende. Fernsehen bleibt für viele Menschen nach wie vor auf Platz eins der beliebtesten Freizeitaktivitäten, während das Internet lediglich den fünften Platz belegt.

M 1

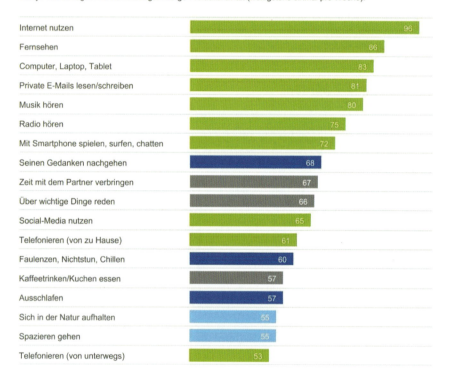

M 2

Die häufigsten Freizeitbeschäftigungen der Bundesbürger
Erstmals Internet vor Fernsehen

Von je 100 Befragten nennen als regelmäßige Freizeitaktivität (wenigstens einmal pro Woche):

Aktivität	%
Internet nutzen	96
Fernsehen	86
Computer, Laptop, Tablet	83
Private E-Mails lesen/schreiben	81
Musik hören	80
Radio hören	75
Mit Smartphone spielen, surfen, chatten	72
Seinen Gedanken nachgehen	68
Zeit mit dem Partner verbringen	67
Über wichtige Dinge reden	66
Social-Media nutzen	65
Telefonieren (von zu Hause)	61
Faulenzen, Nichtstun, Chillen	60
Kaffeetrinken/Kuchen essen	57
Ausschlafen	57
Sich in der Natur aufhalten	55
Spazieren gehen	55
Telefonieren (von unterwegs)	53

Grün: Medial / Blau: Regenerativ / Grau: Sozial / Hellblau: Aktiv sein
www.stiftungfuerzukunftsfragen.de

aus: Stiftung für Zukunftsfragen. Eine Initiative von British American Tobacco: Freizeitmonitor 2019

Arbeitsvorschläge

1. Bearbeiten Sie die Karikatur M 1 mithilfe der Methode „Analyse politischer Karikaturen" (s. S. 246 f.).
2. Werten Sie M 2 aus und stellen Sie Ihre Auswertung zur Diskussion.
3. Führen Sie in Ihrer Klasse eine Umfrage entsprechend M 2 durch und vergleichen Sie Ihre Ergebnisse mit den in M 2 genannten.

Methode:

Die Internetrecherche

Das Thema ist gefunden. Jetzt brauchen Sie nur noch die richtigen Quellen. Doch wie beginnt man nur mit einer Recherche? Wie geht man dabei möglichst strukturiert vor? Wer überstürzt in die Recherche einsteigt, kann sich kaum sicher sein, dass ihm dabei nicht Fehler unterlaufen. Recherche heißt heute meist: Google und Wikipedia. Und das ist nicht das schlechteste Vorgehen, wenn dies nur der Anfang ist. Denn es gibt weitere Suchmaschinen (z. B. startpage, Bing, Yahoo, t-online, AOL, Ask.com, yandex, metager usw).

Vor der Recherche sollten Wortlisten mit Synonymen, Übersetzungen, Ober- und Unterbegriffen zum Thema erstellt werden.

Überprüfen Sie Quellen aus dem Internet auf ihre Vertrauenswürdigkeit.
Fragen Sie nach Wahrheit, Vollständigkeit, falscher Darstellung oder Lüge.
- Wer ist der Urheber?
- Wer ist die Quelle? (öffentliche Institution, Firma, Zeitung, Zeitschrift, Privatsender usw.)
- Stellt der Anbieter Informationen über sich selbst zur Verfügung? (Impressum)
- Welches Interesse steckt hinter den Informationen? (Selbstdarstellung, Information, Kommentar, Meinung, wissenschaftliche Information usw.)
- Wie aktuell ist die Quelle?
- Gibt es Möglichkeiten zur Kontaktaufnahme mit dem Anbieter? (z. B. bei Fragen zum Inhalt)

Sind die Informationen sachlich, ausführlich und durch Quellen gesichert?

Arbeitsvorschläge

Suchen Sie aus dem Internet zwei Quellen zum gleichen Thema heraus (z. B. zur Verletzung von Persönlichkeitsrechten). Vergleichen Sie beide Quellen miteinander. Verwenden Sie dazu die oben genannten Hilfen. Bewerten Sie beide Quellen.

Verantwortungsvoll wirtschaften

Methode:

Diagramme auswerten und erstellen

Statistisches Material wird häufig zum besseren Verständnis in Diagrammen dargestellt. Dabei bieten sich vor allem folgende vier Diagrammtypen an:

Säulendiagramm vertikal

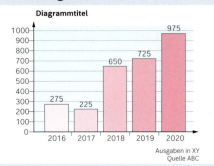

Säulendiagramm horizontal

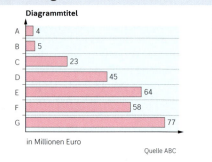

Säulendiagramme eignen sich dazu, die Entwicklungen einer einzelnen Position darzustellen. Horizontal angeordnete Säulendiagramme lassen mehr Raum für Beschriftung.

Balkendiagramm vertikal

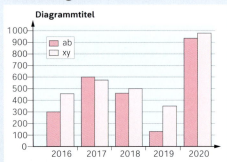

Balkendiagramme sind zum Vergleich unterschiedlicher Werte geeignet.

Kurvendiagramm

Kurvendiagramme eignen sich zur Darstellung der Entwicklung von Positionen, wenn eine Vielzahl von Messpunkten vorliegt.

Tortendiagramm

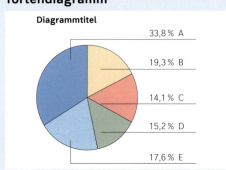

Tortendiagramme dienen dazu, Anteile an einem Gesamtwert darzustellen.

Methode:

Auswertung von Diagrammen

1. **Thema erkennen**
2. **Beschreibung**
   - Darstellungsform
   - Einheiten
   - Jahr der Erstellung
   - Quelle des Materials
   - absolute oder relative Zahlen?
3. **Auswertung**
   - Welche Minimal- und Maximalwerte sind erkennbar?
   - Sind einzelne Phasen erkennbar?
   - Sind Zunahmen oder Abnahmen erkennbar?
   - Lassen sich Trends erkennen?
   - Sind Zusammenhänge sichtbar?
4. **Bewertung und Kritik**
   - Ist die Form der grafischen Darstellung geeignet?
   - Welchen Aussagewert hat die Grafik?

Arbeitsvorschläge

1. Benennen Sie das folgende Diagramm richtig.
2. Werten Sie das folgende Diagramm entsprechend der Anleitung aus.
3. Erstellen Sie aus den Daten der Tabelle „Erwerbstätige in Deutschland nach Wirtschaftssektoren" und aktuellen Daten ein geeignetes Diagramm.
4. Bearbeiten Sie die Karikatur mit der Methode „Analyse politischer Karikaturen" (s. S. 246 f.).

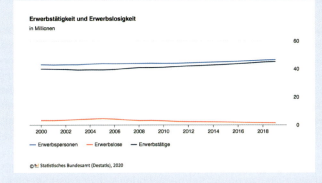

Erwerbstätige in Deutschland nach Wirtschaftssektoren (Anteil in Prozent)			
Jahr	Land- und Forstwirtschaft, Fischerei	Produzierendes Gewerbe	Dienstleistungsbereiche
2019	1,3	24,1	74,4
2016	1,4	24,2	74,2
2014	1,5	24,6	73,9
2013	1,5	24,7	73,8

vgl. Statistisches Bundesamt, Wiesbaden. www.destatis.de/DE/Themen/Wirtschaft/Konjunkturindikatoren/Lange-Reihen/Arbeitsmarkt/lrerw13a.html [11.04.2020]

1 Wirtschaftsordnung – Wirtschaftspolitik

1.1 Die soziale Marktwirtschaft der Bundesrepublik Deutschland

Die Wirtschaftsordnung kennzeichnet den rechtlichen Rahmen und den organisatorischen Aufbau eines Wirtschaftssystems. Jedes Jahr produzieren Hunderttausende von Unternehmen viele Millionen Güter, um wiederum viele Millionen Menschen zu versorgen. Damit es dabei zu möglichst wenigen Störungen kommt, gibt es in jedem Land eine Wirtschaftsordnung. Darin werden die Spielregeln festgelegt, nach denen sich jeder Einzelne zu richten hat. So werden die wirtschaftlichen Tätigkeiten der Menschen aufeinander abgestimmt.

Obwohl das Grundgesetz keine bestimmte Wirtschaftsordnung vorschreibt, geben einige Artikel Hinweise auf eine soziale Marktwirtschaft.

Die freie Marktwirtschaft

Die freie Marktwirtschaft beruht auf den Ideen des Liberalismus (lat. liber = frei). Die Freiheit jedes einzelnen Menschen ist hier das oberste Prinzip. Alle Menschen – so die Idealvorstellung – haben absolute Handlungs- und Entscheidungsfreiheit. Sie sind voll für sich selbst verantwortlich. Der Staat mischt sich hier überhaupt nicht ins wirtschaftliche Geschehen ein. Er hat eigentlich nur die Aufgabe, Schutz, Sicherheit und Eigentum der Bürger zu gewährleisten. Deshalb wird er manchmal auch als „Nachtwächterstaat" bezeichnet. Die Steuerung der Wirtschaft überlässt der Staat dem Markt – und damit dem **Gesetz von Angebot und Nachfrage**. Ist z. B. die Nachfrage nach einem Produkt sehr hoch, so passen sich die Unternehmen in einer freien Marktwirtschaft an diese Situation an und vergrößern ihr Angebot. Auch die Höhe der Preise wird durch Angebot und Nachfrage bestimmt. In der freien Marktwirtschaft herrscht freier Wettbewerb zwischen den Unternehmen. Ihr oberstes Ziel ist es, **Gewinne** zu erzielen. Die Produktionsmittel – also alle Gebäude, Maschinen, Werkzeuge und Rohstoffe, die man braucht, um Güter zu produzieren – befinden sich in Privateigentum.

Die Zentralverwaltungswirtschaft

In der Zentralverwaltungswirtschaft – häufig auch **Planwirtschaft** genannt – hält sich der Staat aus dem Wirtschaftsgeschehen nicht heraus. Im Gegenteil: Eine zentrale staatliche Planungsbehörde plant, lenkt und kontrolliert den gesamten Wirtschaftsprozess. So wird beispielsweise mithilfe eines Fünfjahrplans entschieden, welche Unternehmen was, wie viel und für wen produzieren sollen. Auch die Preise und Löhne werden von der Planungsbehörde festgesetzt. Oberstes Ziel der Unternehmen ist es, die **staatlichen Planvorgaben** zu erfüllen. Mit der Zentralverwaltungswirtschaft soll das **Ideal der Gleichheit** verwirklicht werden. Dieses Ideal kann – so ist jedenfalls die Vorstellung – nicht realisiert werden, wenn es freien Wettbewerb und Privateigentum an Unternehmen gibt. Denn in diesem Fall könnten manche Unternehmen mehr Gewinn erwirtschaften als andere – und damit wären die Vermögensverhältnisse der Menschen nicht mehr gleich. Die Produktionsmittel sind deshalb Eigentum des Staates, sie befinden sich nicht in privater Hand.

Arbeitsvorschläge

1. Grenzen Sie die beiden Marktformen anhand ausgewählter Kriterien voneinander ab.
2. Bewerten Sie das jeweilige oberste Ziel der beiden Marktformen kritisch.

Die soziale Marktwirtschaft der Bundesrepublik Deutschland

Die Entstehung der sozialen Marktwirtschaft

Nach dem Zweiten Weltkrieg entbrannte in Deutschland eine heftige Diskussion darüber, welche Wirtschaftsordnung eingeführt werden sollte. Man war der Meinung, dass sowohl die freie Marktwirtschaft als auch die Zentralverwaltungswirtschaft große Nachteile mit sich brachten. In der späteren DDR wurde trotzdem die Zentralverwaltungswirtschaft eingeführt. In Westdeutschland entschied man sich unter Wirtschaftsminister Ludwig Erhard für den sogenannten „Dritten Weg": die soziale Marktwirtschaft.

Die soziale Marktwirtschaft sollte die Vorteile der freien Marktwirtschaft und die der Zentralverwaltungswirtschaft miteinander verbinden, aber gleichzeitig deren Nachteile vermeiden.

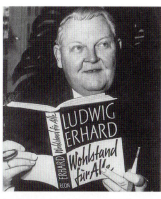

Ludwig Erhard (1897–1977), Bundesminister für Wirtschaft von 1949–1963, Bundeskanzler von 1963–1966, gilt als Begründer der sozialen Marktwirtschaft.

Soziale Marktwirtschaft in aller Kürze

Die soziale Marktwirtschaft ist durch folgende Merkmale gekennzeichnet:
- Der Markt bestimmt das Wirtschaftsgeschehen.
- Der Wettbewerb ist frei.
- Die Preise bilden sich durch Angebot und Nachfrage.
- Das Privateigentum wird vom Staat unterstützt. Aber es soll dem „Wohl der Allgemeinheit" dienen.
- Es herrscht Vertragsfreiheit. Diese wird allerdings eingeschränkt, wenn Unternehmen Preise absprechen.
- Die Bürger können Beruf und Arbeitsplatz frei wählen.
- Der Staat greift nur in das Marktgeschehen ein, um die wirtschaftlich Schwachen zu schützen.

Die zentrale Idee der sozialen Marktwirtschaft besteht also darin, die Freiheit aller Marktteilnehmer zu bewahren und gleichzeitig für sozialen Ausgleich zu sorgen. Wirtschaftsminister Ludwig Erhard war überzeugt, dass mit dieser Wirtschaftsordnung „Wohlstand für alle" erreicht werden könne.

M 1

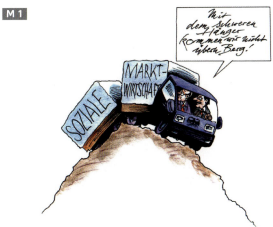

Arbeitsvorschläge

1. Erläutern Sie das Grundprinzip der sozialen Marktwirtschaft.
2. Erläutern Sie, welche Rolle der Staat in der sozialen Marktwirtschaft spielt.
3. Bearbeiten Sie die Karikatur M 1 mit der Methode „Analyse politischer Karikaturen" (S. 246 f.).

1.2 Wirtschaftliche Grundbegriffe

1.2.1 Bedürfnisse als Ursache des Wirtschaftens

Die Bedürfnisse der Menschen gelten als unbegrenzt. Sobald nämlich Bedürfnisse befriedigt werden, treten weitere auf. Es ist wohl in der Natur des Menschen begründet, dass seine Ansprüche wachsen. Bedürfnisse lassen sich als Gefühle des Mangels beschreiben, die von dem Wunsch begleitet sind, den Mangel zu beseitigen. Bedürfnisse können die physische, aber auch die psychische und mentale Ebene des Menschen betreffen. Primärbedürfnisse entstehen aus dem Menschen heraus. Auch äußere Beeinflussungen rufen Bedürfnisse hervor. So kann die Zugehörigkeit des Menschen zu bestimmten sozialen Gruppen (z. B. Familie, Beruf, Gesellschaftsschicht u. a.) unterschiedliche Bedürfnisse entstehen lassen. Auch Werbung beeinflusst unsere Bedürfnisse.

mental
den Bereich des Verstandes betreffend

Kultur
Gesamtheit aller Leistungen, die der Mensch hervorbringt, im Gegensatz zur Natur. Gemeint sein kann auch ein System von Richtlinien für das Mitglied einer Gesellschaft: „So machen wir das hier."

M 1

Bedürfnisse Einteilung nach der Dringlichkeit

- Primärbedürfnisse
  - Existenzbedürfnisse (lebensnotwendig, vorrangig),
- Wahlbedürfnisse
  - Kulturbedürfnisse (abhängig vom jeweiligen Kulturkreis)
  - Luxusbedürfnisse (entbehrliche Annehmlichkeiten)

Einteilung nach der Bereitstellung
- Individualbedürfnisse (Bedürfnisse einer einzelnen Person)
- Kollektivbedürfnisse (Bedürfnisse, die viele Menschen teilen)

Einteilung nach der Konkretheit
- materielle Bedürfnisse (erfüllbar durch käufliche Dinge)
- immaterielle Bedürfnisse (nicht durch käufliche Dinge erfüllbar)

Inwieweit der Mensch in der Lage ist, seine Bedürfnisse zu befriedigen, hängt im Allgemeinen von seiner Vermögens- und Einkommenssituation, d. h. von seiner Kaufkraft, ab.
Die Gesamtheit der mit Kaufkraft versehenen Individual- und Kollektivbedürfnisse wird als **Bedarf** bezeichnet. Dieser kann durch den gezielten Erwerb von Gütern gedeckt werden.

M 2 Vom Bedürfnis zur Nachfrage

Bedürfnis + Kaufkraft = Bedarf + Kaufentscheidung = Nachfrage → Markt ← Güterangebot

Arbeitsvorschläge

1. Nennen/recherchieren Sie für jede Art von Bedürfnissen Beispiele. (M 1)
2. Beziehen Sie Stellung zu der Aussage: „Die Bedürfnisse der Menschen sind unbegrenzt".
3. Stellen Sie den Zusammenhang zwischen Bedürfnis und Nachfrage dar. (M 2)

1.2.2 Güter

M1
Bedürfnisse wollen befriedigt werden. Der Gebrauch oder Verbrauch aller Dinge und Dienste, die der Bedürfnisbefriedigung dienen, erhöhen das Wohlbefinden des Menschen. Man sagt, dass die Bedürfnisbefriedigung Nutzen stiftet.

Güter
Mittel, die zur Befriedigung menschlicher Bedürfnisse dienen.

Einteilung von Gütern nach ihrer Verfügbarkeit

Heutzutage gibt es nur wenige Güter, die in unbegrenzter Menge zur Verfügung stehen und deren Nutzung deshalb kostenlos ist (z. B. Luft, Sand, Meerwasser). Man bezeichnet sie als **freie Güter**.

Meerwasser und Wind sind freie Güter.

Eine Schutzmaske, zu Beginn der Corona-Pandemie im März 2020 ein knappes Gut

Ist die Gütermenge kleiner als die vorhandenen Bedürfnisse, so spricht man von **knappen** oder **wirtschaftlichen Gütern**.
Wirtschaftliche Güter
– müssen hergestellt werden,
– sind knapp,
– erfordern eine Gegenleistung/haben einen Preis.

Arbeitsvorschlag

1. Begründen Sie die These: „Aus freien Gütern können knappe Güter werden" anhand eines konkreten Beispiels.

1.2.3 Prinzipien wirtschaftlichen Handelns

Ökonomie (lat.)
Bezeichnung für
1) Wirtschaftswissenschaft
2) Wirtschaftlichkeit
3) wirtschaftliche Struktur

M 1 Das ökonomische Prinzip

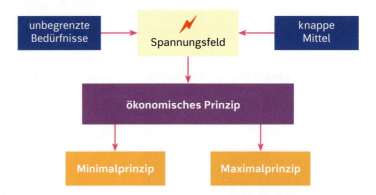

Minimalprinzip:	Maximalprinzip:
Es wird versucht, ein gegebenes Ziel mit möglichst wenig (minimalen) Mitteln zu erreichen. **Beispiel:** Sie definieren genau die Art des gewünschten Gutes und suchen dann nach dem günstigsten Preis dafür.	Es wird versucht, mit gegebenen Mitteln einen größtmöglichen (maximalen) Erfolg zu erreichen. **Beispiel:** Sie bestimmen den Betrag, den Sie ausgeben wollen (sagen wir 600,00 €), und suchen dann nach dem besten Gut für diesen Preis.

Das ökologische Prinzip

Die Umwelt steht uns allen zur Verfügung. Freie Güter wie Luft oder Wasser und der Vorrat an Rohstoffen werden durch die fortschreitende Industrialisierung jedoch zunehmend in Mitleidenschaft gezogen. Das ökologische Gleichgewicht ist bedroht.

Wenn sich aber Unternehmen und private Haushalte bei allen wirtschaftlichen Tätigkeiten daran orientieren, die Umwelt so gering wie möglich zu belasten, handeln sie nach dem ökologischen Prinzip.

Ökologie (gr.)
Wechselbeziehung zwischen den Organismen und der Umwelt

Arbeitsvorschläge

1. Stellen Sie fest, nach welchem ökonomischen Prinzip in den folgenden Fällen gehandelt wird (M 1):
   a) Bei der Herstellung von 50 Schutzblechen soll mit möglichst geringem Materialeinsatz gearbeitet werden.
   b) Sie möchten einen bestimmten Laptop so günstig wie möglich kaufen.
   c) Sie versuchen mit möglichst geringem Einsatz die Facharbeiterprüfung zu bestehen.
   d) Eine Unternehmerin versucht mit ihrem vorhandenen Personal von zwölf Arbeitnehmern/Arbeitnehmerinnen den größtmöglichen Umsatz zu erreichen.
2. Erläutern Sie das Spannungsfeld wirtschaftlichen Handelns an einem Beispiel. (M 2)

Produktionsfaktoren

Produktionsfaktoren sind Güter und Dienstleistungen, die zur Erstellung von Gütern und Dienstleistungen miteinander kombiniert werden müssen. In der Volkswirtschaftslehre gibt es drei Arten von Produktionsfaktoren, mit denen andere Güter hergestellt werden: Boden/Umwelt, Arbeit und Kapital. Der Faktor Bildung/Technisches Wissen ist erst in den letzten Jahren in die Theorie aufgenommen worden

Produktionsfaktor Arbeit

Arbeit ist jede Art manueller und geistiger Beschäftigung, die darauf abzielt, ein Einkommen zu erwirtschaften. Sie ist in der Güterproduktion ein Faktor, der üblicherweise in Kombination mit anderen Faktoren eingesetzt wird, sie verbindet die Produktionsfaktoren miteinander.

Produktionsfaktor Boden

Der Produktionsfaktor Boden umfasst Felder, Bodenschätze, Wälder und Gewässer. Im Vergleich mit den anderen Produktionsfaktoren ist der Boden mit den Merkmalen Unvermehrbarkeit, Unbeweglichkeit und Unzerstörbarkeit ausgestattet.

Produktionsfaktor Kapital

Als Produktionsfaktor Kapital werden alle in der Herstellung eingesetzten Mittel wie z. B. Werkzeuge, Maschinen und Bauten zusammengefasst. Die Größe des Kapitals hängt davon ab, wie stark in der Vergangenheit gespart und investiert wurde. Die Qualität des Kapitals wird vor allem durch den technischen Fortschritt bestimmt.

Betriebswirtschaftliche Produktionsfaktoren

Die Erstellung der betrieblichen Leistung erfolgt durch das Zusammenwirken der betriebswirtschaftlichen roduktionsfaktoren.

betriebswirtschaftliche Produktionsfaktoren			
dispositive Arbeit	**ausführende Arbeit**	**Betriebsmittel**	**Werkstoffe**
- Leitung - Planung - Organisation - Kontrolle	Tätigkeit zur unmittelbaren Leistungserstellung	- Grundstücke - Gebäude - Maschinen - Transportmittel u. a.	- Rohstoffe - Hilfsstoffe - Betriebsstoffe - fertige Bestandteile

Arbeitsvorschläge

1. Geben Sie betriebswirtschaftliche Produktionsfaktoren Ihres Ausbildungsbetriebs an.
2. Ordnen Sie folgende Beispiele sowohl den jeweiligen volkswirtschaftlichen als auch den betriebswirtschaftlichen Produktionsfaktoren zu:
   a) Büroeinrichtung
   b) Arbeitsleistung eines Abteilungsleiters
   c) Lagerbestand an Ersatzteilen
   d) Rohstoffe
   e) Baustellenfahrzeug
   f) Arbeitsleistung
3. Erläutern Sie die volkswirtschaftlichen Produktionsfaktoren anhand konkreter Beispiele (z. B. aus M 1).

1.2.4 Markt

Nach den gehandelten Gütern werden **Marktarten** unterschieden.

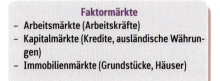

Faktormärkte	Gütermärkte
– Arbeitsmärkte (Arbeitskräfte) – Kapitalmärkte (Kredite, ausländische Währungen) – Immobilienmärkte (Grundstücke, Häuser)	– Konsumgütermärkte (Lebensmittel, Autos, Dienstleistungen) – Produktionsgütermärkte (Maschinen, Rohstoffe)

In der Volkswirtschaftslehre unterscheidet man nach der Anzahl der Marktteilnehmer.

poly = viele
oligo = wenige
mono = einer
(aus dem Griechischen)

Anbieter \ Nachfrager	einer	wenige	viele
einer	**zweiseitiges Monopol** Staat kauft Münzen bei staatlicher Münzanstalt	**beschränktes Angebots-Monopol** Spezialist bewirbt sich bei einigen Firmen	**Angebots-Monopol** Müllabfuhr
wenige	**beschränktes Nachfrage-Monopol** Stadtverwaltung macht Ausschreibung für einen Schulneubau	**zweiseitiges Oligopol** Autohersteller kaufen Reifen bei Reifenherstellern	**Angebots-Oligopol** Tankstellen
viele	**Nachfrage-Monopol** Bundeswehr kauft Kriegsgerät	**Nachfrage-Oligopol** Getreidemarkt	**Zweiseitiges Polypol** (vollständige Konkurrenz) Wochenmarkt

M2 Marktformen unterscheiden sich nach vollkommenen und unvollkommenen Märkten. Vollkommene Märkte haben folgende Merkmale:
- **homogene Güter:** gleichartig, substituierbar (austauschbar)
- **unbeschränkter Marktzugang:** für jeden erreichbar und zugänglich
- **Markttransparenz:** Preise, Qualitäten, Zahl der Anbieter und Nachfrager sind bekannt
- **keine Präferenzen:** keine Bevorzugung aus persönlichen Gründen

Arbeitsvorschläge

1. Listen Sie auf, welche Märkte in Ihrem Leben eine Rolle spielen. (M 1)
2. Nennen Sie konkrete Beispiele für die Kriterien des vollkommenen Marktes. (M 2)

1.3 Wirtschaftspolitik

Auch eine Wirtschaftsordnung bedarf einer ständigen Entwicklung und Anpassung an veränderte Bedingungen. Deshalb greift der Staat in das Wirtschaftsgeschehen ein. Dieses staatliches Handeln heißt Wirtschaftspolitik.

Wirtschaftspolitik: Hierunter versteht man die Gesamtheit aller Aktivitäten und Maßnahmen zur Gestaltung, Beeinflussung und Stabilisierung eines Wirtschaftsprozesses unter Berücksichtigung der allgemeinen politischen Ziele.

M 1 Die fünf wichtigsten Gründe, warum der Staat Wirtschaftspolitik betreibt, sind folgende:
1. Die Markt- und Wettbewerbsordnung ist nicht stabil; sie erhält sich nicht von selbst, sondern muss gesichert werden.
2. Der Markt funktioniert bei privaten Gütern, aber nicht bei öffentlichen Gütern (z. B. Straßen, Schulbildung, innerer und äußerer Sicherheit usw.); diese müssen deswegen über öffentliche Haushalte und Zwangsabgaben (Steuern) bereitgestellt und finanziert werden.
3. Das wirtschaftliche Verhalten produziert häufig Effekte, die vom Staat möglichst internalisiert werden, z. B. durch Auflagen, Umweltschutzabgaben, Ökosteuern usw.
4. Der Markt führt zu einer sehr ungleichen Einkommens- und Vermögensverteilung.
5. Der Markt neigt zu Konjunktur- und Wachstumsschwankungen.

internalisieren (lat.): verinnerlichen, übernehmen (z. B. Meinungen, Normen oder Werte)

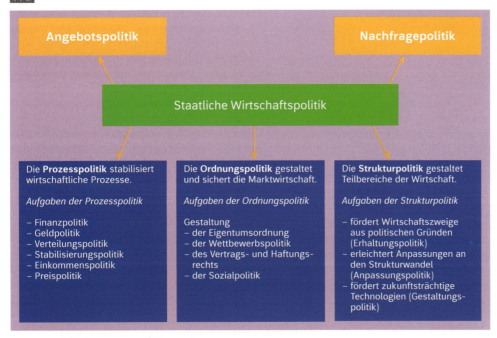

M 2

Die Wirtschaft muss gesteuert werden.

Angebotspolitik: Anbieter entscheiden auf der Grundlage ihrer Gewinnerwartungen über Investitionen und damit auch über die Schaffung von Arbeitsplätzen.

Nachfragepolitik: Die gesamtwirtschaftliche Nachfrage soll so beeinflusst werden, dass konjunkturelle Schwankungen keine negativen Auswirkungen auf die Beschäftigung haben und Preissteigerungen vermieden werden.

In Deutschland trägt die Bundesregierung in erster Linie die Verantwortung für die Wirtschaftspolitik. Ferner nehmen Länder und Gemeinden durch ihre Ausgaben Einfluss auf die Wirtschaft. Daneben wirken die Tarifparteien mit ihrer Lohnpolitik und die Verbraucher durch ihr Konsumverhalten auf die Wirtschaft ein.

Arbeitsvorschläge

1. Erklären Sie die fünf wichtigsten Gründe des Staates, Wirtschaftspolitik zu betreiben. (M 1)
2. Nennen Sie Beispiele wirtschaftlichen Handelns von Bund, Ländern, Gemeinden sowie Tarifpartnern. Ordnen Sie die Beispiele den Bereichen „staatlicher Wirtschaftspolitik" zu. (M 2)

1.4 Ziele der Wirtschaftspolitik

Wirtschaftspolitik umfasst alle Ziele und Maßnahmen, die der Staat aus seiner Verpflichtung zur Steuerung der Gesamtwirtschaft ergreift. Diese sind im „Gesetz zur Förderung der Stabilität und des Wachstums", kurz **Stabilitätsgesetz** genannt, festgelegt.

§ 1 Stabilitätsgesetz vom 08.06.1967

„Bund und Länder haben bei ihren wirtschafts- und finanzpolitischen Maßnahmen Erfordernisse des gesamtwirtschaftlichen Gleichgewichtes zu beachten. Diese Maßnahmen sind so zu treffen, dass sie im Rahmen der marktwirtschaftlichen Ordnung gleichzeitig zur **Stabilität des Preisniveaus**, zu einem **hohen Beschäftigungsstand** und **außenwirtschaftlichem Gleichgewicht** bei stetigem und angemessenem **Wirtschaftswachstum** beitragen."

Das Magische Viereck

Das Erreichen jedes dieser Ziele ist theoretisch überaus wünschenswert – aber **praktisch ein Ding der Unmöglichkeit**. Weil diese Ziele nicht gleichzeitig verwirklicht werden können, spricht man hier auch von einem **Magischen Viereck**.

Der Staat muss sich darum kümmern, dass die vier genannten Ziele so gut wie möglich erreicht werden. Weil sich seit der Verabschiedung des Gesetzes im Jahre 1967 Wirtschaft und Gesellschaft erheblich verändert haben, meinen viele politische Gruppierungen, dass heute zwei weitere Ziele genauso wichtig sind: die **gerechte Verteilung von Einkommen und Vermögen** sowie die **Erhaltung einer lebenswerten Umwelt**.

Erweiterung 4+2

Gegen die sechs Ziele der Wirtschaftspolitik wird sicher niemand etwas einwenden wollen. Das Wort „magisch" beim Sechseck meint aber auch hier, dass es der Zauberei bedürfe, alle Ziele gleichzeitig zu erreichen. Welches Ziel Vorrang hat, darüber sind sich die Regierung, die Oppositionsparteien und die Verbände selten einig. Die Wirtschaftspolitik konzentriert sich deshalb meist auf die Ziele, die am stärksten gefährdet sind.

Arbeitsvorschläge

1. *Erläutern Sie die Aussage: „Das Erreichen jedes dieser Ziele hat mit Magie zu tun." (M 1)*
2. *Bringen Sie die sechs Ziele der Wirtschaftspolitik aus Sicht der privaten Haushalte sowie aus Sicht der Unternehmen in eine begründete Reihenfolge. (M 2)*
3. *Beschreiben Sie die Zielbeziehungen/Abhängigkeiten der sechs Ziele zueinander. (M 2)*
4. *Überprüfen Sie die Erreichung der sechs Ziele in der gegenwärtigen wirtschaftlichen Lage.*

1.4.1 Wirtschaftswachstum (Konjunktur)

Die wirtschaftliche Entwicklung in den Industriestaaten ist Schwankungen unterworfen, deren Ursachen vielfältig sind (siehe grafische Darstellung). Der Verlauf des Wirtschaftswachstums wird als **Konjunktur** bezeichnet.

Arbeitsvorschläge

1. Beschreiben Sie die gegenwärtige konjunkturelle Lage. Nehmen Sie dazu M 1 zu Hilfe.
2. Bearbeiten Sie die Karikatur M 2 mithilfe der Methode „Analyse politischer Karikaturen".

Staatliche Konjunkturpolitik

Die Beratungen über den Bundeshaushalt gehören zu den wichtigsten Debatten im Bundestag, da dieser Einnahmen- und Ausgabenplan die wesentlichen Eckpfeiler für die Politik des kommenden Jahres setzt. Die Steuer- und Ausgabenpolitik ist das Instrument des Staates, um aktive Konjunkturpolitik zu betreiben.

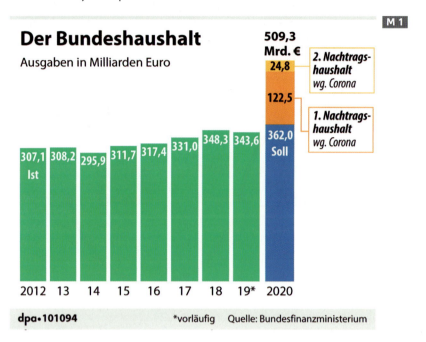

M 1

Staatliche Konjunktur

Um die einzelnen Phasen eines Konjunkturzyklus bestimmen zu können, müssen **Maßgrößen** (Indikatoren) bestimmt werden. Diese Indikatoren bzw. ihre Veränderung zeigen den aktuellen Konjunkturstand an und erlauben damit eine Messung des Konjunkturverlaufs. Die einzelnen Phasen der Konjunktur sind durch eine Vielzahl wirtschaftlicher Größen wie z. B. Auftragseingänge, Arbeitslosenzahl, Lagerbestände, Kreditnachfrage usw. gekennzeichnet. Diese ökonomischen Größen werden als **Konjunkturindikatoren** gekennzeichnet. Es handelt sich hierbei um wirtschaftliche Größen (Daten) zur Beurteilung der aktuellen Wirtschaftslage (Konjunkturdiagnose) und zur Einschätzung von Entwicklungstendenzen (Konjunkturprognose). In der Bundesrepublik Deutschland betrachtet der Sachverständigenrat diese Konjunkturindikatoren und beurteilt somit in seinem Jahresgutachten die konjunkturelle Lage.

M 2

Arbeitsvorschläge

1. Recherchieren Sie geeignete Maßnahmen zur Steuerung der gegenwärtigen Konjunktur und präsentieren Sie diese. (M 1)
2. Bearbeiten Sie die Karikatur M 2 mithilfe der Methode „Analyse politischer Karikaturen".

1.4.2 Vollbeschäftigung

Vollbeschäftigung meint, dass in einem Land für alle Erwerbstätigen genügend Arbeitsplätze zur Verfügung stehen, also für jeden Menschen Arbeit vorhanden ist.
Nun wird es sicherlich immer Menschen geben, die keinen Arbeitsplatz haben, z. B. weil sie ihr Arbeitsverhältnis gelöst haben, um sich einen anderen Arbeitsplatz zu suchen. So spricht man selbst bei einer Arbeitslosenquote von 2 % bis 3 % der unselbstständigen Erwerbspersonen noch von Vollbeschäftigung. Manche Volkswirte setzen aber die Grenze schon bei 1 % an.

Vollbeschäftigung = hoher Beschäftigungsstand

M1 Erwerbstätigkeit

	Beteiligung der Bevölkerung am Erwerbsleben				
	Bevölkerung	Erwerbspersonen	Erwerbslose	Erwerbstätige	
				zusammen	davon
					Arbeitnehm. (%) / Selbstectán. (%)
2012	80 426	44 231	2 224	42 007	89,1 / 10,9
2013	80 646	44 451	2 182	42 269	89,5 / 10,5
2014	80 983	44 730	2 090	42 640	89,7 / 10,3
2015	81 589	44 938	1 950	42 988	89,9 / 10,1
2016	82 349	45 324	1 774	43 550	90,0 / 10,0
2017	82 657	45 776	1 621	44 155	90,5 / 9,7
2018	82 902	46 185	1 468	44 717	90,6 / 9,4

vgl. Statistisches Bundesamt, Wiesbaden, 2019: Statistisches Jahrbuch 2019, S. 358

Beteiligung der Bevölkerung am Erwerbsleben

Die Bevölkerung gliedert sich in Erwerbspersonen und Nichterwerbspersonen. Die Erwerbspersonen umfassen die Erwerbstätigen und die Erwerbslosen (Arbeitslosen). Nichterwerbspersonen sind alle Personen, die keinerlei auf Erwerb gerichtete Tätigkeit ausüben.

M2 Beschäftigung

Überstunden, Arbeit am Wochenende, kurzfristige Zusatzschichten: All das sei notwendig, um im digitalen Zeitalter im globalen Wettbewerb zu bestehen.
Klar ist: Die Beschäftigten brauchen Arbeitszeiten, die zum Leben passen. Denn vielen fällt es immer schwerer, Arbeit und Privatleben zu vereinbaren. Wer ständig Überstunden schiebt, am Wochenende arbeitet und auf Abruf verfügbar sein soll, gerät an seine Grenzen, wenn er Kinder erziehen, Angehörige pflegen oder im Sportverein Jugendliche trainieren will.
Hofmann, Jörg/Dulger, Rainer: Wie flexibel müssen Arbeitgeber und Arbeitnehmer sein? In: VDI-Nachrichten, 10.07.2019. www.vdi-nachrichten.com/fokus/wie-flexibel-muessen-arbeitgeber-und-arbeitnehmer-sein/[28.05.2020]

M3 Kommen paradiesische Zeiten für Beschäftigte? Leider nein!

[...] Gute Ausbildung schützt nicht vor Jobverlust. Akademiker verlieren im Schnitt genauso häufig ihren Arbeitsplatz wie Ungelernte. Sie finden nur schneller einen neuen – wenn sie dafür oft weit wegziehen. Flexibilität der Arbeitnehmer wird immer wichtiger auf dem Arbeitsmarkt. Viele Forscher meinen, es werde immer weniger Festanstellungen auf Lebenszeit geben. Das kann herausfordernd und abwechslungsreich sein. Für viele aber wird das bedeuten: Kein fester Arbeitsplatz, kein stetiger Gehaltsanstieg mit dem Alter. Etwa die Hälfte aller neu Eingestellten bekommt nur noch befristete Verträge. Außerdem wächst die Zahl der Leiharbeiter, Teilzeitarbeiter und freien Mitarbeiter. Dadurch steigt die Angst vor Arbeitsplatzverlust. Die Situation ist paradox. Viele verspüren trotz gestiegener Arbeitsplatzzahlen nicht mehr Sicherheit, sondern sogar weniger.
Nadine Oberhuber: Vollbeschäftigung: Arbeitsmarkt ohne Arbeitslose. 11.03.2015. In: ZEIT Online. www.zeit.de/wirtschaft/unternehmen/2015-03/vollbeschaeftigung-arbeitslosenquote-arbeitsmarkt [25.09.2020]

Arbeitsvorschläge

1. Stellen Sie die Tabelle M 1 als Kurvendiagramm dar.
2. Nehmen Sie Stellung zu der Aussage: „Nur wer flexibel ist und bleibt, wird immer Arbeit haben." (M 2, M 3)
3. Sammeln Sie Pro- und Kontra-Argumente zu folgender These: „Der Staat sollte in die Wirtschaft eingreifen, wenn Tausende von Arbeitsplätzen auf dem Spiel stehen!"

Arten der Arbeitslosigkeit

strukturelle Arbeitslosigkeit

Grund: Niedergang einer Branche, fehlende Flexibilität auf dem Arbeitsmarkt u.a.

konjunkturelle Arbeitslosigkeit

Grund: zyklische Schwankungen im Wirtschaftsgeschehen

Mismatch-Arbeitslosigkeit

Grund: unterschiedliche Profile von Arbeitslosen und offenen Stellen

saisonale Arbeitslosigkeit

Grund: jahreszeitliche Einflüsse (Landwirtschaft, Bauwirtschaft, Gastronomie usw.)

friktionelle Arbeitslosigkeit

Grund: kurzfristige Übergangsprobleme (z.B. beim Arbeitsplatzwechsel)

© Bergmoser + Höller Verlag AG

Strukturelle Arbeitslosigkeit. Vollzieht sich in einem Wirtschaftszweig ein grundlegender Wandel, wie z.B. im Bergbau oder in der Stahlindustrie, so spricht man von einem Strukturwandel. Die Gliederung, der Aufbau des Wirtschaftszweigs hat sich geändert. Entsprechend wird die Art der Arbeitslosigkeit nach ihrer Ursache als strukturelle Arbeitslosigkeit bezeichnet.

Konjunkturelle Arbeitslosigkeit. Die Entwicklung der Wirtschaft in den westlichen Industriestaaten ist Schwankungen unterworfen, deren Ursachen vielfältig sind. Der Verlauf der wirtschaftlichen Entwicklung wird als Konjunktur bezeichnet. Der wirtschaftliche Abschwung hat regelmäßig eine Zunahme der Arbeitslosigkeit zur Folge. Die Arbeitslosigkeit eines Bauarbeiters, die durch einen allgemeinen Rückgang der Bautätigkeit hervorgerufen wird, bezeichnet man nach ihrer Ursache als konjunkturelle Arbeitslosigkeit.

Vorhandene Stellen in den Unternehmen können nicht besetzt werden, weil die Produktionskapazitäten schlecht ausgelastet sind. Es fehlt an Nachfrage, also wird weniger produziert, somit benötigen die Unternehmen auch weniger Arbeitskräfte: Sie stellen nicht ein, sondern sie entlassen Mitarbeiter.

Saisonale Arbeitslosigkeit. Wenn Beschäftigungsschwankungen auf jahreszeitliche Einflüsse oder Witterungsverhältnisse zurückzuführen sind, so spricht man von saisonaler Arbeitslosigkeit. Beispiele dafür sind Wald- und Forstwirtschaft, Baugewerbe, Tourismusbranche u. a.

Mismatch (engl.) = Nichtübereinstimmung

Mismatch-Arbeitslosigkeit. Ursächlich sind hier die Unterschiede zwischen den Merkmalen der Arbeitslosen und den Anforderungen bei den offenen Stellen; viele Arbeitslose können die Qualifikationsanforderungen nicht erfüllen. Bei dieser „Mismatch"-Arbeitslosigkeit gibt es also sowohl offene Stellen als auch Arbeitslose, aber beide passen nicht zusammen.

Friktionen = Hemmnisse, Widerstände, Verzögerungen

Friktionelle Arbeitslosigkeit. Der Arbeitsmarkt ist ständig in Bewegung. Wenn der Übergang von einer Arbeitsstelle in eine andere nur durch eine Zwischenphase möglich ist, spricht man von friktioneller Arbeitslosigkeit. Die Ursache dieser Arbeitslosigkeit sind Friktionen auf dem Arbeitsmarkt. Wegen dieser Friktionen kommt es zu Verzögerungen bei der Besetzung vorhandener offener Stellen durch Arbeitslose: Passende Stellen müssen erst gefunden werden, dann müssen sich die Arbeitslosen bewerben, gegebenenfalls müssen sie umziehen, wenn die Stelle in einer anderen Stadt liegt usw.

Arbeitsvorschläge

1. Welche Arten von Arbeitslosigkeit treten Ihrer Meinung nach in dem Bundesland, in dem Sie leben, besonders deutlich hervor? Nennen Sie Beispiele. (M 1)

2. Recherchieren Sie die Arbeitslosenquote Ihrer Heimatregion und stellen Sie die Besonderheiten des regionalen Arbeitsmarktes zusammen, die für diese Situation maßgeblich sind.

Methode:

Mindmap

Die Mindmap dient zur Erschließung und Darstellung von Themengebieten. Sie ist eine Methode, um Inhalte zu strukturieren und zu veranschaulichen.

Die Mindmap wird auf unliniertem Papier im Querformat erstellt. In der Mitte steht das zentrale Thema. Davon ausgehend werden die Hauptthemen mit Hauptlinien verbunden. Jede Linie entspricht einem Schlüsselbegriff. Daran schließen sich in dünner werdenden Linien die zweite Gedankenebene und weitere Gedankenebenen (Unterthemen) an.

Tipps zur Gestaltung einer Mindmap

Schrift: Am besten in gut leserlichen Druckbuchstaben schreiben.
Farbe: Hauptthemen und Unterthemen können farblich voneinander abgesetzt werden.
Aufteilung: Zentrale Themen möglichst gleichmäßig um das Hauptthema platzieren.
Zeichen: Alles, was nicht viel Platz benötigt, kann eingefügt werden.

Mindmap „Wünsche für meine Ausbildung"

Arbeitsvorschlag

Erstellen Sie eine Mindmap zum Thema „Die Wirtschaftspolitik Deutschlands". Präsentieren Sie Ihr Ergebnis in der Klasse.

1.4.3 Der Wert des Geldes – Geldwertstabilität

Preise steigen

kleines Angebot ↕ große Nachfrage

großes Angebot ↕ kleine Nachfrage

Preise sinken

Das Preisniveau ist die durch Preisindizes ausgedrückte Preishöhe aller Güter einer Volkswirtschaft. Das Preisniveau zeigt die **Kaufkraft** des Geldes an: Ein stabiles Preisniveau bedeutet, dass die Kaufkraft des Geldes erhalten bleibt, man also für beispielsweise 100,00 € immer dieselbe Menge an Gütern kaufen kann. Ein Ansteigen des Preisniveaus hat zur Folge, dass man für sein Geld weniger Güter erhält als vorher: Die Kaufkraft des Geldes ist gesunken.

Seit der Einführung des Euro als Zahlungsmittel ist für die Preisniveaustabilität in den 19 Euroländern die Europäische Zentralbank in Frankfurt zuständig. Sie geht zurzeit davon aus, dass bei einer Preissteigerungsrate (Inflationsrate) von bis zu 2% Preisstabilität herrscht. Erst ab dieser Grenze beginnt nach dieser aktuellen Definition eine Verschlechterung des Geldwertes, d. h. eine Inflation.

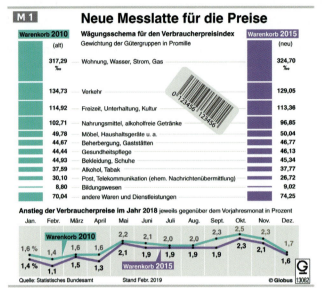

M 1 Neue Messlatte für die Preise

In der Wachstumsrate des Preisindex kommt die **Inflationsrate** zum Ausdruck.

Die **Messung von Inflation** im Sinne von Preisniveauänderungen erfolgt über **Indizes**. Ein Index ist eine Kennziffer. Sie dient zur Darstellung von Veränderungen bestimmter Größen zwischen verschiedenen Zeitpunkten, z. B. der Börsenindex.

Die Inflation wird mithilfe eines **Warenkorbs** gemessen. Auf der Grundlage sogenannter **Standardfamilien** wird ein Warenkorb zusammengestellt und nach der Bedeutung der Waren gewichtet.

M 2 Inflationsgewinner und -verlierer

Verlierer von Inflation sind vor allem die Gläubiger, die feste Geldforderungen gegenüber Dritten haben. Dazu zählen **Arbeitnehmer, Inhaber von Spargutanhaben, Rentner und Vermieter.**
Im Gegensatz dazu zählen **Schuldner, Besitzer von Sachvermögen** sowie der **Staat** zu den **Inflationsgewinnern**.

Die **Europäische Zentralbank (EZB)** bestimmt durch ihre **Geldpolitik** die Preisentwicklung der 19 Mitgliedstaaten der **Eurozone**.

Ihr wichtigstes Mittel ist der Leitzins, zu dem sich Banken von der EZB Geld leihen können (s. S. 252).

Arbeitsvorschläge

1. Erläutern Sie einem Partner/einer Partnerin, warum die Stabilität des Geldwertes unseren Lebensstandard beeinflusst.
2. Erklären Sie, wie Preisveränderungen ermittelt werden. (M 1)
3. Begründen Sie, warum es bei Preissteigerungen Gewinner und Verlierer gibt. (M 2)
4. Überprüfen Sie Auswirkungen der Zinspolitik der EZB für Verbraucher, Sparer, Unternehmen und Staat.

1.4.4 Außenwirtschaftliches Gleichgewicht

Formal spricht man von einem außenwirtschaftlichen Gleichgewicht, wenn die Ausfuhren von Geld und Gütern den Einfuhren von Geld und Gütern entsprechen. In einem solchen Fall profitieren beide Länder, die miteinander handeln. So können sie Güter aus dem anderen Land beziehen, die sie selbst nicht haben bzw. nicht in der gewünschten Menge oder Qualität herstellen können. Im Gegenzug haben sie einen Abnehmer für ihre Güter. Dieser Handel wirkt sich dann ausschließlich positiv auf die beiden Volkswirtschaften aus, kein Land hätte eine Veranlassung, an diesem Zustand aus wirtschaftlichen Gründen etwas zu ändern.

In der Realität kommt es auf Dauer durch einen ungleichgewichtigen Handel zu zwei möglichen Fällen:

1. Fall: Der Import ist größer als der Export
Wenn ein Staat mehr Güter aus einem anderen Land einführt (importiert), als er in dieses Land ausführt (exportiert), werden diesem Staat irgendwann die Devisen (ausländische Zahlungsmittel) ausgehen, da er mehr Devisen des anderen Landes benötigt, als er durch den eigenen Export von diesem Land wieder hereinbekommt. Er muss sich also bei dem anderen Staat verschulden – solange das andere Land das mitmacht.

2. Fall: Der Export ist größer als der Import
Wenn ein Staat mehr Güter in ein anderes Land exportiert, als er aus diesem Land importiert, kann sich dies zwar zunächst positiv auf die heimische Wirtschaft auswirken. Denn ein hoher Export belebt die heimische Wirtschaft. Längerfristig gesehen geht jedoch von einem ständigen Exportüberschuss eine Gefahr für die inländische Preisstabilität aus: Beim Umtausch der Devisen in die heimische Währung kommt es zu zusätzlichem Geld, das auf den heimischen Markt gelangt, ohne dass diesem Mehr an Geld die entsprechende Gütermenge gegenübersteht (da sie exportiert wurde).

Zahlungsbilanz
In der Zahlungsbilanz werden die wirtschaftlichen Transaktionen eines Landes mit dem Ausland erfasst. Die Gesamtübersicht setzt sich aus Einzelangaben über die Leistungsbilanz sowie die Kapitalbilanz zusammen. Zur **Leistungsbilanz** zählen:
- der Außenhandel (Waren-Einfuhren und -Ausfuhren),
- die Dienstleistungen, die vor allem die Touristenausgaben, aber beispielsweise auch Lizenzgebühren und Frachten sowie Kapitalerträge umfassen,
- die Übertragungen, in denen sich insbesondere Lohnüberweisungen der ausländischen Arbeiter in ihre Heimatländer und Beiträge des Bundes an internationale Organisationen niederschlagen.

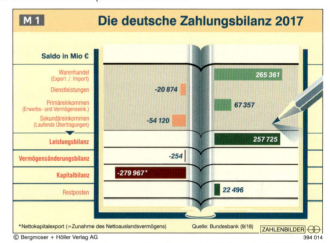

Arbeitsvorschläge

1. *Erklären Sie die Bedeutung eines außenwirtschaftlichen Gleichgewichts für ein Land.*
2. *Der Import ist größer als der Export. Der Import ist kleiner als der Export. Erarbeiten Sie für beide Fälle Auswirkungen auf die deutsche Wirtschaft.*
3. *Erläutern Sie die Zahlungsbilanz. (M 1)*

1.4.5 Gerechte Einkommens- und Vermögensverteilung

Um die Verteilung des Volkseinkommens wird in den Tarifauseinandersetzungen zwischen den Gewerkschaften und den Arbeitgeberverbänden ständig gekämpft. Die Leistung und Qualifikation des Arbeitnehmers einerseits und die Erfolge der Gewerkschaften bei der Lohnpolitik andererseits entscheiden darüber, wie viel Geld dem einzelnen Arbeitnehmer vom gesamten Volkseinkommen zufließt. Der Staat greift in diesen Streit nicht direkt ein, er respektiert die Tarifautonomie.

Mittlere Einkommen (Median): Das ist der Wert, von dem aus betrachtet es genauso viele höhere Einkommen gibt wie niedrigere.

Alleinstehende gelten in Deutschland derzeit bei einem Nettoeinkommen von 1.033,00 € als arm, eine vierköpfige Familie bei 2.017,00 €.

M 1 Armut in Deutschland
Eine Person gilt nach der EU-Definition als armutsgefährdet, wenn ihr weniger als 60 % des mittleren Einkommens der Gesamtbevölkerung zur Verfügung stehen.

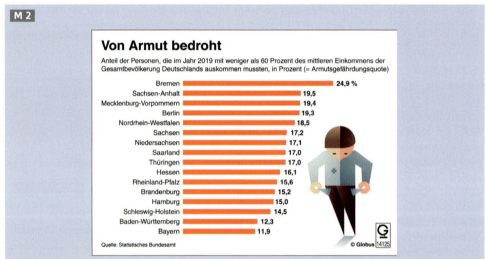

Anteil der von Armut oder sozialer Ausgrenzung betroffenen Bevölkerung in Deutschland im Jahr 2019

Die Vermögenspolitik soll die ungleiche Vermögensverteilung mildern. Sie soll eine möglichst gerechte Vermögensverteilung erreichen. Grundsätzlich ist dabei von einer Gesellschaft zu klären, was hinsichtlich der Verteilung der Vermögen als gerecht angesehen wird. Mittel der Vermögenspolitik sind die Vermögensumverteilung und die Vermögensbildung. Vermögensumverteilung erfolgt durch Steuern, wie z. B. die Erbschaftsteuer, Vermögensbildung durch staatliche Sparförderung. Dabei zahlt der Staat z. B. eine Arbeitnehmersparzulage, wenn bestimmte Einkommensgrenzen nicht überschritten werden.

Arbeitsvorschläge

1. Beschreiben Sie, was Sie unter einer „gerechten Einkommens- und Vermögensverteilung" verstehen. (M 1, M 2, M 3)
2. Bearbeiten Sie die Karikatur M 3 mithilfe der Methode „Analyse politischer Karikaturen" (s. S. 246 f.).
3. Recherchieren Sie im Internet unterschiedliche Forderungen von Parteien zur gerechten Einkommens- und Vermögensverteilung.

1.4.6 Umweltschonung und -erhaltung

In der „Wirtschaftsweise" der Natur wird ständig produziert, konsumiert und abgebaut, ohne dass unverträgliche „Abfälle" oder Schadstoffe zurückbleiben. Verglichen damit ist die industrielle Art des Produzierens und Konsumierens noch weitgehend eine „Einbahnstraße". Hochkonzentrierte Stoffe werden der Natur entnommen, unter großem Aufwand an Energie zu Gütern umgeformt und veredelt. Was nach dem Gebrauch übrig bleibt, ist „Müll". Diese Vorgänge sind begleitet von energieintensiven Personen- und Gütertransporten und Abfallstoffen verschiedenster Art.

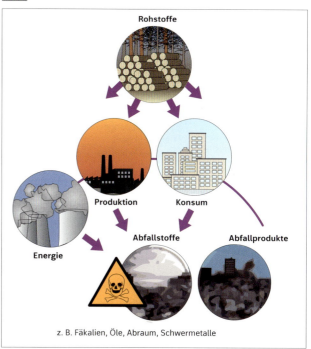

z. B. Fäkalien, Öle, Abraum, Schwermetalle

M 2

Mehr als zehn Millionen Tonnen Abfälle gelangen jährlich in die Ozeane. Sie kosten Abertausende Meerestiere das Leben. Seevögel verwechseln Plastik mit natürlicher Nahrung, Delfine verfangen sich in alten Fischernetzen.

Kaum eine Bedrohung der Meere ist heute so sichtbar wie die Belastung durch Plastikabfälle. In knapp 100 Jahren hat das anfänglich vielgelobte Material unseren blauen Planeten unwiederbringlich verändert. Wurden in den 1950er-Jahren knapp 1,5 Millionen Tonnen Plastik pro Jahr produziert sind es heute fast 400 Millionen Tonnen. Und ein viel zu großer Teil davon landet im Meer.

Etwa 75 Prozent des gesamten Meeresmülls besteht aus Kunststoffen. Der jährliche Eintrag von Kunststoff beträgt 4,8 bis 12,7 Millionen Tonnen. Nach Angaben des Umweltprogramms der vereinten Nationen (UNEP) treiben inzwischen **auf jedem Quadratkilometer Meeresoberfläche bis zu 18 000 Plastikteile** unterschiedlichster Größe. Doch was wir sehen ist nur die Spitze des Eisbergs, mehr als **90 Prozent der Abfälle sinken auf den Meeresboden** und bleiben unserem Auge verborgen. [...]

Doch nicht nur physische Gefahren lauern. Bei den Zersetzungsprozessen werden gefährliche Inhaltsstoffe [...] freigesetzt, die sich **in der Nahrungskette** anreichern und nachhaltig das Erbgut und den Hormonhaushalt mariner Lebewesen beeinflussen können. Auch sind in der Langzeitfolge schädliche Auswirkungen auf den Menschen nicht auszuschließen. [...] Erst in den letzten Jahren wurde bekannt, dass auch **viele Kosmetikprodukte Plastikpartikel** enthalten. [...]

NABU: Plastikmüll und seine Folgen. Abfälle bedrohen Vögel, Delfine und Co. NABU – Naturschutzbund Deutschland e.V. Berlin. www.nabu.de/natur-und-landschaft/meere/muellkippe-meer/muellkippe-meer.html [18.02.2021]

Arbeitsvorschläge

1. Erklären Sie das Schaubild M 1.
2. Recherchieren und erläutern Sie Auswirkungen der Belastung durch Plastik für den Menschen am Beispiel der Meere. (M 2, M 3)
3. Nehmen Sie Stellung: Wie können Sie selbst zur Umweltschonung und -erhaltung beitragen?

2 Betriebe in Wirtschaft und Gesellschaft

2.1 Arten von Betrieben

M 1 Betrieb	Sektoren der Wirtschaft	Wirtschaftliche Leistungen
landwirtschaftlicher Betrieb forstwirtschaftlicher Betrieb Fischereibetrieb (Urproduktion)	primär	vorwiegend Erzeugung von Konsumgütern Erzeugung von Grundstoffen
Steinkohlebergwerk (Urproduktion) Handwerksbetrieb Industriebetrieb	sekundär	Abbau von Grundstoffen Herstellung von Sachgütern, als – Konsumgüter zum Verbrauch in den Haushalten – Produktionsgüter zum Einsatz in den Betrieben
Handelsbetrieb Dienstleistungsbetrieb	tertiär tertiär	Verteilung, Lagerung und Verkauf von Gütern und Dienstleistungen Wartung, Reparatur, Serviceleistung, z. B. bei Kreditinstituten, Versicherungs-, Verkehrs- und Nachrichtenbetrieben

In Betrieben werden durch die Kombination der Produktionsfaktoren Arbeit, Boden (Natur) und Kapital Güter und Dienstleistungen erstellt, die auf dem Markt angeboten werden. Anders gesagt: Betriebe sind **Produktionsstätten** mit einer Organisation, mit Menschen, Geräten, Maschinen, Gebäuden und Anlagen an einem bestimmten Standort. Betriebe können z. B. ein Einzelhandelsgeschäft, eine Autowerkstatt, ein Architekturbüro oder ein landwirtschaftlicher Betrieb sein. In ihnen wird eine Ware verkauft, ein Auto repariert, ein Gebäude entworfen oder Getreide geerntet.

Betriebe werden in drei Sektoren eingeteilt.
– Zum **primären Sektor** zählen Land- und Forstwirtschaft, Fischerei und die Gewinnung von Steinen und Erden. Der Bergbau gehört eigentlich auch dazu, wird aber dem
– **sekundären Sektor** (Verarbeitung) zugerechnet.
– Den **tertiären Sektor** bilden Handel, Dienstleistungen und staatliche Einrichtungen.

M 2 Während in Deutschland um das Jahr 1800 der **primäre Sektor** noch etwa 75 % der gesamten Wirtschaftsleistung erbrachte (Agrargesellschaft), sind es 2020 nur noch knapp 1 %. Immer weniger Landwirte versorgen immer mehr Menschen.

Bis in die Mitte des vorigen Jahrhunderts hat zunächst der **sekundäre Sektor** zugenommen und einen Anteil von fast 50 % der Gesamtwirtschaft erreicht. (Industriegesellschaft). Dieser Anteil ist zwar auf rund 30 % gesunken, ist aber immer noch ein wichtiger Garant für wirtschaftliche Stabilität.

Mit dem **Dienstleistungssektor**, dessen Anteil auf 69 % gestiegen ist, hat sich Deutschland zu einer hoch entwickelten Volkswirtschaft gewandelt. Die weitere Entwicklung ist durch die digitale Vernetzung von Maschinen, Geräten und Arbeitsplätzen geprägt. Dafür wird der Begriff **Industrie 4.0** (Vierte industrielle Revolution) verwendet (s. S. 149).

Betriebliche Grundaufgaben am Beispiel eines Automobilkonzerns

M 3 Leitung/Management
Dies wird von der Geschäftsleitung ausgeübt. Sie legt fest, welche Autos hergestellt und wie sie innerhalb des betrieblichen Ablaufs technisch produziert werden. Die Geschäftsleitung entscheidet über alle durchzuführenden Pläne, setzt ihre Beschlüsse gegenüber den Mitarbeitern durch und kontrolliert deren Einhaltung.

Beschaffung/Logistik
Um die Autos produzieren zu können, muss das Unternehmen sich die Arbeitskräfte für Fertigung und Verwaltung sowie Maschinen und Werkzeuge beschaffen. Ebenfalls sind Rohstoffe und Halbfabrikate, beispielsweise Bleche und vorgeformte Kunststoffe, erforderlich. Ferner benötigt das Unternehmen eigene und eventuell fremde Geldmittel zur Finanzierung der Produktionsmittel und zur Bezahlung der Löhne.

Produktion
Zur Kraftfahrzeugherstellung muss das Unternehmen die betrieblichen Produktionsfaktoren Arbeit, Betriebsmittel und Werkstoffe ökonomisch, d. h. wirtschaftlich sinnvoll, kombinieren, um das bestmögliche Leistungsergebnis zu erzielen. Darum muss ein Automobilproduzent den betrieblichen Ablauf exakt organisieren, z. B. die Arbeitskräfte nach Befähigung gezielt einsetzen.

Absatz
Jeder Betrieb lebt vom Absatz (Verkauf) seiner Güter und Dienstleistungen. Zur Absatzvorbereitung, dem Marketing, gehören Marktforschung und Marktbeobachtung, Produktgestaltung, Werbung, Preisgestaltung sowie Verkauf und Versand der Kraftfahrzeuge. Aufgabe der Marktforschung ist z. B. zu ermitteln, welche Käuferschichten Mittelklasse- bzw. Kleinwagen kaufen.

Was beeinflusst Ihr Wohlbefinden am Arbeitsplatz?

(Emnid-Umfrage 2017)

Arbeitsklima	55 %
Aufgaben	42 %
Gehalt	38 %
Arbeitsplatzsicherheit	31 %
Vereinbarkeit von Berufs- und Privatleben	13 %
Persönlichkeit des Vorgesetzten	12 %
Entwicklungsmöglichkeiten	12 %
Unternehmenskultur	11 %
Sozialleistungen, Altersversorgung	10 %
Förderung/Weiterbildung	5 %

vgl. www.fachkraeftesicherer.de/arbeitsklima-wie-zufrieden-sind-arbeitnehmer-in-deutschland/ [23.12.2020]

Arbeitsvorschläge

1. Ermitteln Sie Beispiele für Betriebe und ihre Produkte aus den drei Wirtschaftssektoren. (M 1, S. 142)
2. Erklären Sie den Wandel von der Agrar- zur Dienstleistungsgesellschaft (M 2, S. 142) in einem Kurzreferat.
3. Erstellen Sie für Ihren Betrieb eine Mindmap zu den betrieblichen Grundaufgaben. (M 3)
4. Zeigen Sie an einem Beispiel auf, welche Schwierigkeiten in Produktionsbetrieben und privaten Haushalten auftreten würden, wenn es keinen Dienstleistungssektor gäbe.
5. a) Erstellen Sie in Partnerarbeit eine eigene Reihenfolge Ihrer Arbeitsplatzzufriedenheit.
   b) Ermitteln Sie in Ihrer Klasse eine gemeinsame Reihenfolge, z. B. mit Strichlisten, für die vier wichtigsten Arbeitsbedingungen.

2.2 Aufbau von Betrieben

Organisation eines Handwerksbetriebs

Jede Herstellung oder Reparatur eines Produkts erfordert mehrere Bearbeitungsgänge bis zur Fertigstellung. Dazu ist eine genaue Planung, Steuerung und Kontrolle des gesamten Betriebsablaufs erforderlich.

Eine wichtige Voraussetzung dafür ist die überschaubare Gliederung des Betriebs nach Aufgabenbereichen, Zuständigkeiten und Verantwortung der einzelnen Mitarbeiter/-innen. So kann wirtschaftlich gearbeitet werden.

Das Organisationsschema eines Kfz-Handwerksbetriebs soll diese Gliederung verdeutlichen.

M 2
Organisation eines Industriebetriebs

Obere Leitung
- Geschäftsleitung
- Produktionsleitung
- Kaufm. Leitung

Mittlere Leitungsebene (Abteilungen)
- Konstruktion
- Planung
- Forschung
- Entwicklung
- Produktion
- Datenverarbeitung
- Personalwesen
- Rechtswesen
- Einkauf
- Verkauf
- Lager

Untere Leitungsebene
- Meister
- Vorarbeiter
- Gruppenleiter

Organisation eines Kfz-Handwerksbetriebs

M 1

In kleineren Betrieben des Handwerks, im Einzelhandel und in der Landwirtschaft ist der Produktionsablauf für den Einzelnen übersichtlich. Die zahlreichen betrieblichen Aufgaben sind auf wenige Mitarbeiter/-innen verteilt. Der Betriebsinhaber übernimmt häufig die Leitung.

In einem Industriebetrieb sind die betrieblichen Aufgaben vielfältiger und in ihrem Zusammenwirken komplizierter als in einem Handwerksbetrieb. Je größer der Industriebetrieb, desto weniger überschaubar wird das Betriebsgeschehen. Die betrieblichen Aufgaben sind auf Abteilungen mit ähnlichen Aufgaben verteilt. Die Mitarbeiter/-innen kennen meist nur ihre unmittelbaren Vorgesetzten und die nächsten Arbeitskollegen. Arbeitsaufträge und Informationen erfolgen häufig schriftlich oder telefonisch.

Organisationspläne regeln sowohl den Ablauf als auch die Aufgabenverteilung unter den Mitarbeitern. Diese werden umso verzweigter, je vielfältiger die Produktion und je mehr Arbeiter/-innen ein Betrieb hat. Der reibungslose Ablauf ist nur dann sichergestellt, wenn die vorgeschriebenen Wege genau eingehalten werden. Sonst kommt es zu Störungen im Betriebsablauf.

Arbeitsvorschläge

1. Erkunden Sie in einem Betrieb die Organisationsstruktur und erstellen Sie einen Organisationsplan nach dem Vorbild von M 1.
2. Beschreiben Sie wesentliche Unterschiede und Gemeinsamkeiten in der Organisation eines Handwerksbetriebs und eines Industriebetriebs mithilfe von M 1 und M 2.
3. Stellen Sie den Kommunikations- und Informationsstrom zwischen Leitung und Ausführungsebene in einem kurzen Rollenspiel dar.

2.3 Der Betrieb als Ort wirtschaftlicher Entscheidungen

Ziele von Betrieben

M 1 Die Unternehmerin Petra Schramm hat 80 000,00 € Eigenkapital in ihr Geschäft investiert. Sie möchte dieses Kapital zu mindestens 7 % verzinsen. Als monatliches Unternehmergehalt beansprucht Petra Schramm 2 500,00 €. Außerdem berechnet sie insgesamt 4 000,00 € für Forderungsausfälle und 2 500,00 € für Warenverderb als Risikoersatz. Im Vorjahr belief sich der Umsatz auf 534 500,00 €, der Einkaufspreis dafür belief sich auf 415 200,00 €. Die Geschäftskosten schlugen mit 77 200,00 € zu Buche.

Umsatz	534 500,00 €
Einkaufskosten	− 415 200,00 €
Geschäftskosten	− 77 200,00 €
Gewinn	42 100,00 €
Gewinnermittlung	
Kapitalverzinsung	5 600,00 €
Unternehmergehalt	+ 30 000,00 €
Wagnisse	+ 6 500,00 €
Gewinn	42 100,00 €

Durch ihre wirtschaftliche Tätigkeit mit dem investierten (eingesetzten) Kapital wollen die Unternehmungen einen Gewinn erzielen. Betriebe mit dieser Zielsetzung sind **erwerbswirtschaftliche Betriebe**.

Der Gewinn dient dazu:
- die unternehmerische Tätigkeit zu bezahlen, **Unternehmergehalt**,
- das eingesetzte Kapital zu verzinsen, **Kapitalverzinsung**,
- die Wagnisse abzudecken, **Risikoersatz**.

Ohne einen angemessenen Gewinn kann das Unternehmen:
- seine Betriebsmittel nicht erneuern und verbessern,
- keine neuen Arbeitsplätze schaffen oder alte sichern,
- sein Eigenkapital nicht stärken, um Neuinvestitionen zu ermöglichen.

Je stärker die Eigenkapitalbasis eines Unternehmens ist, desto größer sind seine Chancen, eine längere wirtschaftliche Flaute zu überwinden. Unternehmen können auch in finanzielle Schwierigkeiten geraten. Beispielsweise durch
- Umsatzrückgang,
- Gewinnminderung, eventuell sogar Verluste,
- Schrumpfen des Eigenkapitals,
- Zunahme der Verschuldung,
- fehlende Geldmittel.

Immer dann, wenn Unternehmen in wirtschaftliche Schwierigkeiten geraten – unabhängig davon, wem dies anzulasten ist –, entstehen Probleme für die Besitzer oder Anteilseigner, z. B. Geld für die Bezahlung von Investitionen bereitzustellen. Für Arbeitnehmer kann das zur Verringerung der Einkommen oder gar zum Verlust des Arbeitsplatzes führen.

Der Wunsch nach **Steigerung der Produktion** und nach **Steigerung des Umsatzes** ergibt sich aus dem Gewinnstreben und soll eine **Erhöhung des Marktanteils** bewirken.

Arbeitsvorschlag

Berechnen Sie für M 1 den Prozentsatz, den die Unternehmerin Petra Schramm auf den Selbstkostenpreis aufschlagen muss, um ihr Unternehmensziel zu erreichen. Erörtern Sie in der Klasse, ob die Höhe des Gewinns angemessen ist.

Öffentliche Betriebe – Erwerbswirtschaftliche Betriebe

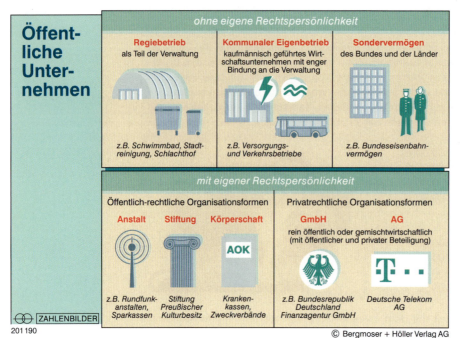

Im Gegensatz zu den erwerbswirtschaftlichen Betrieben mit ihrem Gewinnstreben versuchen die **gemeinwirtschaftlichen** oder gemeinnützigen **Betriebe** und Einrichtungen nach dem Kostendeckungsprinzip zu wirtschaften. Durch angemessen kalkulierte Preise werden die entstehenden Kosten abgedeckt. Viele öffentliche Einrichtungen können mit ihren Einnahmen nicht ihre Kosten decken. Sie sind auf Zuschüsse (**Subventionen**) der öffentlichen Hand aus Steuermitteln angewiesen oder werden privatisiert. Öffentliche Betriebe decken dort einen Bedarf ab, wo das Wohl der Allgemeinheit im Vordergrund steht.

Daneben hält auch der Staat bei Unternehmen mit erwerbswirtschaftlicher Zielsetzung Anteile, der Bund z. B. bei der Deutschen Bahn und das Land Niedersachsen bei Volkswagen.

Diskutiert wird nach wie vor, ob die Wasserversorgung privatisiert werden darf. Gegen Pläne der EU-Kommission, den freien Wettbewerb durch Privatisierung öffentlicher Betriebe zu fördern, hat eine europäische Bürgerinitiative 2014 fast 1,7 Millionen Unterstützer gefunden. Wasser als eine Angelegenheit des Allgemeinwohls habe Vorrang vor Geschäftsinteressen.

M 1
Soziale Rücksichten
Bei der Preisgestaltung gemeinwirtschaftlicher Betriebe wird vielfach auf sozial schwächere Personengruppen, z. B. Rentner/-innen oder kinderreiche Familien, Rücksicht genommen.

Übersicht

Betrieb	Ziel	Beispiele
erwerbswirtschaftlich	Gewinn	Handwerksbetriebe, Industriebetriebe, Einzelhandelsbetriebe
gemeinwirtschaftlich	Bedarfsdeckung Kostendeckung soziale Ziele	öffentliche Verkehrsbetriebe, öffentliche Versorgungsbetriebe, öffentliche Krankenhäuser
genossenschaftlich	Vorteile für Mitglieder	Konsumgesellschaften, Genossenschaftsbanken, landwirtschaftliche Genossenschaften

Arbeitsvorschläge

1. Verhalten sich viele Städte und Gemeinden noch zeitgemäß, wenn sie mit kommunalen Wasserwerken die Verantwortung für die Grundversorgung der Bevölkerung übernehmen? Stellen Sie Pro und Kontra gegenüber.
2. Erkunden Sie, ob bei der Preisgestaltung öffentlicher Schwimmbäder in der Nähe Ihres Wohnorts soziale Gesichtspunkte (M 1) berücksichtigt werden.

2.4 Betriebswirtschaftliche Kenndaten

Um im Wettbewerb erfolgreich zu sein, muss der Unternehmer laufend die Leistungsfähigkeit seines Betriebs überprüfen. Mithilfe der betriebswirtschaftlichen Kenndaten Produktivität, Wirtschaftlichkeit und Rentabilität kann festgestellt werden, ob die Betriebsmittel so eingesetzt sind, um das bestmögliche Produktionsergebnis zu erzielen.

Produktivität

In den allermeisten Wirtschaftszweigen ist die menschliche Arbeitskraft, insbesondere dank moderner Technik, heute bedeutend produktiver als früher. Mit der Produktivität lässt sich die Ergiebigkeit einer wirtschaftlichen Tätigkeit ausdrücken.

$$\text{Produktivität} = \frac{\text{Produktionsergebnis (Output)}}{\text{Faktoreneinsatz (Input)}}$$

Die Produktivität lässt sich auch für einzelne Produktionsfaktoren ermitteln.

$$\text{Arbeitsproduktivität} = \frac{\text{Produktionsergebnis}}{\text{Arbeitsstunden}}$$

Die Arbeitsproduktivität spielt eine große Rolle bei Tarifverhandlungen.

Beispiel:
Der Verkaufspreis eines Mittelklasse-Pkws beträgt 25 000,00 €. Für die Produktion werden 100 Arbeitsstunden benötigt. Nach verbessertem Produktionsablauf sind es nur noch 90 Arbeitsstunden.

Arbeitsproduktivität

A: $\frac{25\,000}{100} = 250$ B: $\frac{25\,000}{90} = 277{,}8$

Wirtschaftlichkeit

Bei der Berechnung der Wirtschaftlichkeit werden Produktionserlöse und Produktionskosten aufeinander bezogen.

$$\text{Wirtschaftlichkeit} = \frac{\text{Leistung}}{\text{Kosten}}$$

Beispiel:
Eine Firma produziert verschiedene Produkte. Produkt A lässt sich für 5 000,00 € verkaufen, die Herstellungskosten betragen 3 500,00 €. Bei Produkt B wird ein Verkaufspreis von 9 000,00 € erzielt, die Herstellung kostet 6 000,00 €.

Wirtschaftlichkeit für

A: $\frac{5\,000}{3\,500} = 1{,}42$ B: $\frac{9\,000}{6\,000} = 1{,}50$

Demnach kann Produkt B wirtschaftlicher hergestellt werden. Um die Wirtschaftlichkeit von Produkt A zu erhöhen, könnte der Verkaufspreis angehoben werden bzw. die Kosten der Herstellung müssten gesenkt werden.

Rentabilität

Die Verzinsung des eingesetzten Kapitals wird mit dem Begriff „Rentabilität" bezeichnet.

$$\text{Eigenkapitalrentabilität} = \frac{\text{Gewinn} \cdot 100}{\text{Eigenkapital}}$$

Beispiel:
Frau M., Inhaberin eines Dienstleistungsbetriebs, erwirtschaftet in einem Geschäftsjahr mit einem Eigenkapital von 700 000,00 € einen Reingewinn von 50 000,00 €.

$$\text{Eigenkapitalrentabilität} = \frac{50\,000 \cdot 100}{700\,000} = 7{,}1\,\%$$

Durch diese Messgröße erfährt der Unternehmer, ob sein Kapital angemessen verzinst wird.

Für viele Betriebe ist die Umsatzrentabilität eine wichtige Kenngröße. Dieser Wert besagt, wie viel Gewinn ein bestimmter Umsatz einbringt, d. h., wie viel pro 100,00 € Umsatz verdient wird.

$$\text{Umsatzrentabilität} = \frac{\text{Gewinn} \cdot 100}{\text{Umsatz}}$$

Arbeitsvorschlag

„Eine Steigerung der Produktivität muss nicht immer auch eine Steigerung der Wirtschaftlichkeit bedeuten." Untersuchen Sie diese Aussagen am Beispiel einer „Imbissbude".

Investitionen und Rationalisierung

M 2

INVESTITIONEN
Die Pläne der Industrie

Investitionen der Unternehmen in Deutschland in Gebäude, Maschinen, Fahrzeuge u. a. in Milliarden Euro

- 2015: 56,6 Mrd. €
- 2016: 59,4
- 2017: 61,1
- 2018*: über 68

Von je 100 Unternehmen wollen im Jahr 2018 gegenüber dem Vorjahr ihre Investitionen …
- 70 erhöhen
- 27 kürzen
- 3 unverändert lassen

Ziel der Investitionen:
- 65 Kapazitätserweiterung
- 5 Rationalisierung
- 30 Ersatz alter Anlagen

Quelle: ifo *Schätzung © Globus 12699

M 1 Investitionen

Von Investitionen spricht man, wenn Geldmittel (Geldkapital) zum Erwerb von Produktionsgütern eingesetzt werden: Kauf von Grundstücken, Maschinen und Anlagen, Erweiterung des Fuhrparks, Errichtung von Gebäuden, Bau eines Kraftwerks. Aber auch der Kauf von Roh- und Hilfsstoffen zählt zu den Investitionen.

Investitionen dienen aber auch dazu, sich an anderen Firmen zu beteiligen oder sie aufzukaufen, um die eigene Produktpalette auszuweiten oder Konkurrenten auszuschalten. In der Marktwirtschaft kommt den Investitionen eine Schlüsselrolle zu. Sie sind eine der wichtigen Voraussetzungen für eine gute Konjunktur (wirtschaftliche Gesamtlage). Wenn Unternehmen investieren, schaffen sie Nachfrage und tragen auf diese Weise selbst dazu bei, die Konjunktur zu verbessern und damit auch häufig neue Arbeitsplätze zu schaffen.

Die **Niedrigzinspolitik** der europäischen Zentralbank will dies fördern. Die Unternehmen müssen aber auch darauf achten, dass sie ihre Produkte am Markt absetzen können. Sonst gefährden sie ihre Existenz und die Arbeitsplätze der Belegschaft.

M 3 Aufgaben von Investitionen

- **Ersatz** dient der Substanzerhaltung, also dem Ersatz veralteter Produktionsanlagen;
- **Erweiterung** bedeutet in der Regel Ausweitung der bestehenden Produktionskapazitäten und Schaffung zusätzlicher Arbeitsplätze;
- **Rationalisierung** dient der Einsparung von Kosten, teilweise auch von Arbeitsplätzen, hilft aber, den Konkurrenzdruck der Arbeitskosten (s. M 4) abzuschwächen.

M 4

Arbeitskosten international je Arbeitnehmerstunde für Arbeiter und Angestellte im verarbeitenden Gewerbe 2019 in Euro

Land	Euro
Dänemark	46,30
Luxemburg	41,30
Belgien	40,70
Schweden	39,00
Frankreich	37,30
Österreich	36,00
Deutschland	35,90
Niederlande	35,30
Italien	27,90
Polen	10,40
Bulgarien	6,00
EU 27	**27,40**

vgl. Destatis: Arbeitskosten in der EU 2019: Deutschland an siebter Stelle (Pressemitteilung 142 vom 23.04.2020). www.destatis.de/DE/Presse/Pressemitteilungen/2020/04/PD20_142_624.html [16.06.2020]

Rationalisierung

Unter Rationalisierung versteht man alle Maßnahmen, die betriebliche Abläufe verbessern und Betriebskosten senken. Dazu gehört z. B. die Organisation der Auftragsabwicklung oder die Verringerung der Lagerkosten durch die „Just-in-Time-Fertigung": Die für die Produktion benötigten Hilfsstoffe oder Bauteile (z. B. Vergaser bei VW) werden zu dem Zeitpunkt angeliefert, zu dem sie gebraucht werden. Bei der Fertigung werden z. B. Roboter eingesetzt oder Teile der Produktion automatisiert: Die einzelnen Arbeitsschritte werden von technischen Anlagen ausgeführt und von Menschen nur noch überwacht.

Ohne Rationalisierung besteht für einige Wirtschaftszweige die Gefahr, wegen der internationalen Konkurrenz vom Markt verdrängt zu werden. Oder Betriebe weichen auf Auslandsstandorte mit geringeren Lohnkosten aus. Für Arbeitnehmer/-innen führt der Einsatz von Maschinen und Robotern zu Arbeitserleichterungen, wenn damit schwere und gefährliche Arbeiten übernommen werden. Das kann in einem Betrieb zum Abbau von Arbeitsplätzen führen, zugleich Kernarbeitsplätze sichern. Aber: Seit Jahren wird rationalisiert, doch steigt insgesamt die Zahl der Arbeitsplätze. Die nächste Stufe der Rationalisierung bei der industriellen Produktion ist die **Digitalisierung**.

Arbeitsvorschläge

1. Nennen Sie anhand von M 1 und M 2 Gründe, die ein Unternehmen zu Investitionen veranlassen.
2. Erläutern Sie die Investitionsziele (M 3) hinsichtlich ihrer Auswirkungen auf Arbeitsplätze.
3. Begründen Sie anhand von M 2 und M 4 die Notwendigkeit von Rationalisierungsmaßnahmen für deutsche Unternehmen.
4. Tragen Sie mögliche Vor- und Nachteile der Automation für Arbeitnehmer/-innen zusammen. Erstellen Sie eine Pro- und Kontra-Liste und legen Sie gemeinsam mit Ihrer Klasse eine Rangfolge der Argumente fest, z. B. mit der Pünktchenmethode. (Pünktchenmethode: Die Schüler/-innen bewerten die unterschiedlichen Argumente, indem sie Klebepunkte vergeben, z. B. drei Punkte für ein besonders gutes Argument.)

2.5 Industrie 4.0

M 1

M 2 Unter dem Sammelbegriff „Industrie 4.0" wird die intelligente Vernetzung von Menschen, Maschinen, Objekten und Informations- und Kommunikationssystemen diskutiert. Bedingung ist ein global verfügbares schnelles Internet. Betroffen davon sind sämtliche Wirtschaftsbereiche. Auch für private Haushalte gibt es bereits einfache Angebote.
Industrie 4.0 verändert die Arbeitswelt in mehrfacher Hinsicht:
- Der „Kollege Roboter" nimmt eintönige, schmutzige und schwere körperliche Arbeit ab. Bei VW sind das z.B. Tätigkeiten im Innenraum eines Autos oder Überkopfarbeiten. Neue Roboter müssen aber programmiert werden. Für diese Aufgabe werden Industriemechaniker/-innen qualifiziert.
- In Büros wird menschliche Arbeit, wie Buchhaltung, durch die Digitalisierung abgelöst. Lagerhaltung wird elektronisch überwacht, Ersatzbedarf gemeldet.

M 3 Die Wahrscheinlichkeit der Automatisierung in den nächsten 20 Jahren besteht mindestens für 70 % aller Tätigkeiten.

Viele herkömmliche Berufe werden überflüssig, neue entstehen. Der Autobauer VW will z. B. in Deutschland bis zu 23 000 Jobs streichen, zugleich aber 9 000 Arbeitsplätze für IT-Spezialisten und für den Elektro-Antrieb schaffen. Elektromotoren benötigen viel weniger Teile als herkömmliche Motoren. Die Montage eines Autos geht schneller. Zulieferbetriebe fürchten den Wegfall von Aufträgen. Wie sich die Beschäftigung langfristig entwickelt, ist noch unklar. Gegenwärtig wird davon ausgegangen, dass der Wegfall von Arbeitsplätzen zu keiner höheren Arbeitslosigkeit führen wird.
- Der technische Fortschritt verläuft immer schneller. Die Entwicklung von Hard- und Software muss damit Schritt halten und schafft neue Arbeitsplätze.
- Arbeitsplätze in Deutschland bleiben erhalten, weil der Trend zur Abwanderung in Niedriglohnländer durch die Produktivitätssteigerung „ausgebremst" wird.
- Trotz der Corona-Pandemie sind 2020 im Jahresdurchschnitt noch über 600 000 Stellen unbesetzt geblieben (vgl. www.arbeitsagentur.de). Zudem scheiden Arbeitnehmer/-innen der geburtenstarken Jahrgänge bald aus dem Erwerbsleben aus. Deshalb wird erwartet, dass trotz Digitalisierung bei Erholung der Wirtschaft weiterhin Arbeitsplätze unbesetzt bleiben.

Wahrscheinlichkeit der Automatisierung in den nächsten 20 Jahren

unter 30 %	derzeit Beschäftigte in Millionen
Kinderbetreuung, -erziehung	0,8
Gesundheit, Krankenpflege	0,7
Maschinenbau, Betriebstechnik	0,4
Betriebstechnik	0,4
Kfz-Technik	0,4
Einkauf, Vertrieb, Handel	0,3
Altenpflege	0,3

Zahlen nach Pütter, Christiane: Studie A. T. Kearney: So sieht die Arbeitswelt 2064 aus. 18.01.2021. vgl. www.cio.de/a/so-sieht-die-arbeitswelt-in-deutschland-2064-aus,3251474

Arbeitsvorschläge

1. Entnehmen Sie M 1 einige Beispiele für intelligente Vernetzung.
2. Definieren Sie den Begriff „Industrie 4.0" mit eigenen Worten (M 2).
3. Untersuchen Sie Ihr Berufsfeld auf Veränderungen. Überprüfen Sie anhand von M 3 die Wahrscheinlichkeit weiterer Automatisierung.

2.6 Produktion von Gütern

Die Produktion in Handwerks- und Industriebetrieben erfolgt in unterschiedlichen **Fertigungsverfahren**, die vor allem von der Art des Produkts und den technischen Erfordernissen bestimmt sind. Drei Fertigungsverfahren werden unterschieden.

> **M 1**
> - Einzelfertigung erfolgt nach besonderem Auftrag, z. B. ein Wohnhaus,
> - Serienfertigung gleichartiger Produkte in größeren, aber begrenzten Stückzahlen (z. B. Autos eines Sondertyps),
> - Massenfertigung gleicher Erzeugnisse in sehr großen Stückzahlen, (z. B. Ziegel, Schrauben).

Die Einzelfertigung ist **arbeitsintensiv**. Es werden in der Regel qualifizierte Arbeitskräfte benötigt. Beim herkömmlichen Hausbau betragen die Lohnkosten durchschnittlich 50 % der Gesamtkosten.

Die Serien- und Massenfertigung hingegen ist **kapitalintensiv**, d. h., die Aufwendungen für Maschinen und Anlagen sind deutlich höher als die Lohnkosten. In der Automobilindustrie z. B. liegen die Lohnkosten bei 15 – 20 %. Es können auch angelernte Arbeiter eingesetzt werden. Dabei gilt: Je höher die Kapazitätsauslastung (= mögliche maximale Produktion), desto geringer werden die fixen Kosten und damit die Stückkosten (= Kosten pro Mengeneinheit). Fixe Kosten fallen immer an, z. B. Gehälter der kaufmännischen Abteilung, Mieten, Maschinen- und Kapitalkosten usw., unabhängig von der produzierten Menge.

Gruppenfertigung
Die Gruppenfertigung ist eine Mischform aus Werkstatt- und Fließfertigung.
In Form von Fertigungsinseln trägt sie zur Humanisierung, also zur Verbesserung der Arbeitsbedingungen in der Fließfertigung, bei.
Zusammen mit der Verbesserung weiterer Arbeitsbedingungen wie Belüftung und Beleuchtung kann auch die Arbeitsproduktivität (s. S. 147) gesteigert werden.

M 2 – Organisationsformen der Fertigung: ortsgebundene Produkte (Baustellenfertigung, Werkstattfertigung); bewegliche Produkte (Werkstättenfertigung, Fließfertigung, Gruppenfertigung).

Baustellenfertigung ist meist Einzelfertigung. Das ausführende Personal, die Werkstoffe und Geräte müssen zur Baustelle gebracht werden, damit z. B. ein Haus oder eine Brücke gebaut werden kann.

Werkstattfertigung ist vor allem im Handwerk üblich. Die Werkstatt ist mit allen erforderlichen Werkzeugen und Maschinen ausgerüstet. Das Produkt einer Tischlerei, z. B. eine Haustür, wird in allen Produktionsstufen dort angefertigt und dann auf einer Baustelle eingebaut. Einzelfertigung oder Kleinserienfertigung herrschen vor. Die Anpassung an Marktveränderungen und Kundenwünsche ist groß.

Fließfertigung ist ein Ablaufsystem der Produktion, bei dem die Werkstücke lückenlos eine Abfolge von Arbeitsgängen in Fertigungsstraßen durchlaufen. Die Beförderung der Werkstücke erfolgt durch zentral gesteuerte Transportbänder („Bandarbeit"). Zum reibungslosen Ablauf ist eine besonders abgestimmte Logistik erforderlich.

Arbeitsvorschläge

1. Unterscheiden Sie Fertigungsverfahren (M 1) und Organisationsformen der Fertigung (M 2) und nennen Sie Beispiele aus Ihrem Erfahrungsbereich.
2. Ordnen Sie Ihre berufliche Tätigkeit den Fertigungsverfahren und Organisationsformen der Fertigung zu und berichten Sie darüber in Ihrer Klasse.

M1 Was ist eine intelligente Fabrik?

In der Fabrik 4.0 koordinieren Maschinen selbstständig die Fertigungsprozesse. Serviceroboter arbeiten in der Montage auf intelligente Weise mit Menschen zusammen. Fahrerlose Transportfahrzeuge erledigen eigenständig Logistikaufträge (stellen Güter bereit und transportieren sie). Dazu werden Werkzeuge, Maschinen und Transportmittel mit digitalen „Augen und Ohren" (Sensoren, z. B. Kameras) sowie „Händen und Füßen" (Aktoren, z. B. Roboter, Fahrzeuge) ausgerüstet und über IT-Systeme (Computer) zentral gesteuert. So können intelligente Transportbehälter über Funkverbindungen übermitteln, womit sie gefüllt sind und wo sie sich in der Fabrik gerade befinden – das erleichtert die Produktion und die Logistik (Kontrolle und ggf. Korrektur durch Mitarbeiter).

Bundesministerium für Wirtschaft und Energie: Global. Innovativ. Fair. Wir machen die Zukunft digital, Bonn 2017, S. 9 (verändert)

M2

Neben den Veränderungen von Produktionsformen und Dienstleistungen durch die Digitalisierung in ortsgebundenen Betrieben und Büros mit geregelten Arbeitszeiten verstärkt sich der Trend zu anderen Arbeitsformen.

M3 Die neue Arbeitswelt

Die Digitalisierung hat die Arbeitsgestaltung in vielen Wirtschaftsbereichen beweglicher gemacht. Sie ist nicht mehr immer an feste Orte und Arbeitszeiten gebunden. Voraussetzung sind das Internet und die Verfügbarkeit von ortsunabhängigen Geräten, vom Tablet bis zum Notebook. Diese Entwicklung wird seit Anfang 2020 durch die dramatischen Folgen der Corona-Krise beschleunigt. Bei Bürotätigkeiten ist „Home-Office" eine Lösung, nicht nur bei traditioneller Büroarbeit, sondern selbst bei der Industrie. Auch Besprechungen werden als Videokonferenzen geführt. Lediglich die handwerkliche und industrielle Produktion ist davon weitgehend ausgenommen.

Für viele Menschen hat das zu einer besseren Vereinbarkeit von Familie und Beruf geführt. Umstritten ist aber, ein Recht auf Heimarbeit gesetzlich festzuschreiben. Aus Sicht des Arbeitsschutzes besteht das Problem der **Selbstausbeutung**. Wenn viel Arbeit anliegt, wird länger gearbeitet.

M4 Wir fordern digitale Grundrechte

Präambel
Im Bewusstsein, dass [...] technischer Fortschritt stets im Dienste der Menschheit zu stehen hat. [...]

Art. 15 (Arbeit)
(1) Der digitale Strukturwandel ist nach sozialen Grundsätzen zu gestalten.
(2) Im digitalen Zeitalter ist effektiver Arbeitsschutz zu gewährleisten.

Überarbeitete Fassung 2018, ZEIT-Stiftung Ebelin und Gerd Bucerius, Hamburg. https://digitalcharta.eu/ [10.02.2021]

Bisher können die Veränderungen infolge der Digitalisierung von Produktion und Dienstleistungen durch Gesetze und Verordnungen (Arbeitssicherheit), Mitbestimmungsrechte und flexible Tarifverträge überwiegend sozialverträglich geregelt werden. Experten erwarten aber schon für die nahe Zukunft eine Beschleunigung dieser Entwicklung. Deswegen wird z. B. im Bundesarbeitsministerium an einer Reform der Arbeitszeitordnung gearbeitet. Die gesetzlichen Unfallversicherungen fordern eine Anpassung des Arbeitsschutzes. Strittig ist die Gestaltung der Mitbestimmung, z. B. bei flexiblen Arbeitszeiten und die Frage, welche Personengruppen unter die Mitbestimmung fallen, z. B. die freien Mitarbeiter.

Arbeitsvorschläge

1. Entnehmen Sie aus M 1 ein Beispiel für die Arbeitsweise einer „intelligenten" Fabrik und entwerfen Sie dafür eine konkrete Situation aus Ihrem Erfahrungsbereich.
2. Bearbeiten Sie die Karikatur M 2 mit der Methode „Analyse politischer Karikaturen" (s. S. 246 f.).
3. Entwerfen Sie für sich einen begründeten Wunschkatalog für Ihre Arbeitsplatz- und Arbeitszeitgestaltung. (M 3, M 4)
4. Verfolgen Sie in den Medien Reformdiskussionen zum Arbeitsschutz und zur Mitbestimmung, die durch die Digitalisierung ausgelöst worden sind. Diskutieren und notieren Sie in Ihren Lerngruppen Auswirkungen der jeweiligen Vorschläge auf Ihre künftige Berufsarbeit.

3 Unternehmensgründung

M 1 Jens

Jens ist Tischler. Er arbeitet als Geselle in einer Tischlerei. In seiner Freizeit arbeitet er alte Möbelstücke auf. Zuerst für sich selbst, dann auch für Freunde und Bekannte. Inzwischen sind Aufträge und Anfragen so rege, dass er die Arbeit nebenbei und an den Wochenenden nicht mehr bewältigen kann. Außerdem machen ihm die finanziellen Zuwendungen Kopfschmerzen. Jens muss sich für seine berufliche Zukunft etwas einfallen lassen. Er vereinbart mit seiner Chefin,
dass er seinen Arbeitsvertrag bei ihr kündigt, aber gegen einen Betrag die Maschinen in ihrer Werkstatt nutzen kann. Jens meldet ein Gewerbe an, gründet ein Einzelunternehmen und mietet ein Ladengeschäft, in dem er seine aufgearbeiteten Möbel zum Kauf anbieten und Aufträge entgegennehmen kann. Das Geschäft läuft gut und Jens ist zufrieden.

Seine Chefin möchte aus Altersgründen ihre Tischlerei abgeben. Da Jens keinen Meisterbrief hat, kann er diesen Handwerksbetrieb nicht übernehmen. Der Altgeselle der Tischlerei besitzt einen Meisterbrief, hat sich aber nie mit dem Gedanken getragen, sich selbstständig zu machen. Jens und der Altgeselle Max gründen eine GmbH. Das dafür notwendige Stammkapital von 25 000,00 € können beide privat aufbringen.

Der Kauf der Tischlerei wird mithilfe eines Bankkredits getätigt.

M 2 Wichtige Eigenschaften für einen Unternehmer sind:
- angemessenes Selbstvertrauen
- Fähigkeit, Entscheidungen zu treffen
- Durchhaltevermögen
- Flexibilität bei neuen Situationen oder Kundenanforderungen
- Kritikfähigkeit gegenüber Beratern, Mitarbeitern und Kunden
- Ehrlichkeit gegenüber sich selbst, Mitarbeitern und Kunden
- Verlässlichkeit gegenüber Kunden und Mitarbeitern

M 3

Vorteile der Selbstständigkeit	Nachteile der Selbstständigkeit
– Verwirklichung eigener Ideen und Ziele – eigene Entscheidungen treffen – Ansehen durch Erfolg bekommen – hohes Einkommen möglich – viel persönliche Freiheit – Alternative zur Arbeitslosigkeit – höhere Motivation zu arbeiten – selbst gewählte Arbeitszeiten – Arbeitsumfeld wie Team, Ort usw. kann man selbst gestalten	– Einkommen ist von der Auftragslage abhängig – finanzielles Risiko – meist hohe Arbeitsbelastung (Selbstständige arbeiten ca. 50–60 Stunden die Woche) – soziale Absicherung (Rente, Arbeitsunfähigkeit, Krankenversicherung) nur durch eigene Vorsorge – eventuell Aufgabe eines sicheren Arbeitsverhältnisses

Arbeitsvorschläge

1. Notieren Sie, welche wichtigen Eigenschaften den Unternehmer Jens Ihrer Meinung nach auszeichnen. (M 1, M 2)
2. Nennen Sie die wichtigsten Vor- und Nachteile einer Unternehmensgründung aus Ihrer Sicht. (M 3)

Jens will sich selbstständig machen. Er hat ein Ladengeschäft in Aussicht und ist jetzt auf dem Weg zum Gewerbeamt, damit er sein Ziel, die Gründung eines Einzelunternehmens, verwirklichen kann.

Hauptziele eines Gewerbetriebs sind Selbstständigkeit, Gewinnabsicht, Teilnahme am Markt und Nachhaltigkeit, d. h., der Betrieb ist auf Dauer angelegt. Die **Firma** ist der Name, unter dem jemand im Handelsregister eingetragen ist. Dabei gilt der Grundsatz der Ausschließlichkeit, d. h., der Firmenname darf nicht zu Verwechslungen führen. Unterschieden werden:

M 2
- **Namen- oder Personenfirma**, z. B. Erwin Meier OHG;
- **Sachfirma**, z. B. Naturstein Müller KG;
- **Fantasiefirma**, z. B. Studio Sonnenschein GmbH;
- **gemischte Firma**, z. B. Busch & Strauch Industriebau GmbH & Co. KG

Firmenzusätze
e. K., e. Kfm., e. Kffr.
eingetragene/-r Kaufmann/ Kauffrau

M 3 In Deutschland gibt es eine große Zahl von Möglichkeiten, sich für eine Unternehmensgründung beraten zu lassen. So bieten die Industrie- und Handelskammern, einzelne Städte und Kommunen und Online-Portale jungen Existenzgründern vielfältige Formen von Beratungsmöglichkeiten.
Finanzielle Förderung bieten die KfW Bank an, die Sparkassen und auch die Bundesländer mit ihren vielfältigen Förderprogrammen.
Die Agentur für Arbeit kann für viele Existenzgründer auch ein guter Partner sein, wenn es um Beratung und Gründerzuschuss geht.
Das Bundeswirtschaftsministerium bietet ebenfalls Programme zur Existenzgründung an. Junge Existenzgründer bieten die Arbeitsplätze der Zukunft an. Die kleinen und mittleren Unternehmen erwirtschaften ein Drittel des Bruttoinlandsproduktes in Deutschland.

Fördermittel der EU
z. B. Programm „MikroSTAR-Ter für Kleinstgründer" bei der N-Bank Hannover, Förderbank des Landes Niedersachsen

Weitere Informationen unter

www.nbank.de

Es gibt kostenlose Existenzgründerberatungen bei den IHKs, HWKs und der zuständigen Landwirtschaftskammer.

Arbeitsvorschläge

1. Notieren Sie mithilfe von M 1 die erforderlichen Schritte für die Gründung eines handwerklichen und eines kaufmännischen Unternehmens. Klären Sie mithilfe von M 1, welche Schritte Jens gehen muss.
2. Ermitteln Sie unterschiedliche Firmennamen und ihre Rechtsformen (M 2).
3. Suchen Sie geeignete Hilfen für eine Unternehmensgründung (M 3).
4. a) Wie erfolgt die Gründung einer GmbH (s. S. 158)?
   b) Wie könnten Max und Jens ihre Firma nennen? Erarbeiten Sie Beispiele.

Wichtige Fragen vor einer Unternehmensgründung

Geschäftsidee
- Welche Produkte oder welche Dienstleistungen will ich anbieten?
- Was ist die Besonderheit an meiner Geschäftsidee?
- Welchen Bedarf decke ich damit ab?

Rechtsform des Unternehmens
- Gründe ich das Unternehmen – allein oder mit Partnern?
- Wer übernimmt welche Aufgaben?
- Wie hoch ist der Kapitalbedarf?
- Welche Haftung gehe ich ein?

Markteinschätzung
- Wer sind meine Kunden?
- Wer sind meine Konkurrenten?
- Wie könnten die Konkurrenten reagieren?

Standort
- Wo errichte ich das Unternehmen?
- Welche Absatzmöglichkeiten gibt es?
- Welche Verkehrsanbindungen, Kommunikations- und Zulieferbedingungen sind vorhanden?
- Wie sind die Grundstücks-, Miet- und Energiepreise?
- Gibt es öffentliche Fördermöglichkeiten?
- Gibt es behördliche Auflagen?

Marketing
- Welche Werbemittel will ich einsetzen?
- Wie will ich mein Produkt, meine Dienstleistung verkaufen?
- Was sollen meine Produkte/Dienstleistungen kosten?

Finanzierung
- Welche Ausgaben sind besonders am Anfang zu erwarten?
- Woher bekomme ich das Startkapital?
- Welche Ausgaben und Einnahmen werde ich haben?
- Welche Steuern muss ich zahlen?
- Welche Fördermittel stehen mir zu?

Zukunftsaussichten
- Wie könnte sich der Markt für meine Produkte/meine Dienstleistung entwickeln?

Zahlreiche Fragen sind hier zu beantworten.

Ein Scheitern verhindern
Etwa die Hälfte der Unternehmensgründungen scheitert in den ersten fünf Jahren ihrer Geschäftstätigkeit. Die Gründe für das Scheitern sind sehr unterschiedlich. Oftmals verliert ein junger Unternehmer den Businessplan aus den Augen. So werden die Vorhaben und Ziele, die für das Gelingen der Existenzgründung nötig sind, im Alltagsstress aus den Augen verloren. Der Unternehmer vergisst z. B., Rechnungen zu bezahlen und Mahnfristen einzuhalten. Das kann teuer werden.

Wenn Gehälter an die Mitarbeiter nicht pünktlich überwiesen werden, verlieren diese ihre Motivation und wechseln möglicherweise in eine andere Firma.

Nach anfänglichen finanziellen Erfolgen nehmen viele Firmengründer zu viel Geld für das persönliche Leben aus der Firma heraus. Das kann zu finanziellen Engpässen führen.
Eine Existenzgründung sollte nie aus einer persönlichen Not heraus erfolgen.

Das Herz eines Gründers muss ruhelos, aktiv und hungrig sein.

Arbeitsvorschlag

1. Welche Gefahren für das Scheitern von Jens und Max (M 1, S. 152) könnten drohen? Erarbeiten Sie in Partnerarbeit Möglichkeiten.
2. Gründen Sie mit einem Partner/einer Partnerin ein Unternehmen von der Geschäftsidee bis zur Finanzierung und präsentieren Sie Ihr Ergebnis der Klasse. Nutzen Sie die Hinweise zur Unternehmensgründung im Internet.

3.1 Rechtsformen der Unternehmung

Jedes Jahr werden in der Bundesrepublik Deutschland viele hundert Unternehmen neu gegründet. Zusätze in den Firmennamen wie e. K., GmbH, GmbH & Co. KG, OHG und AG weisen auf die jeweilige Rechtsform hin. Sie ist von weitreichender Bedeutung. Mit der Entscheidung über die Rechtsform ergeben sich bestimmte Vor- und Nachteile für die Führung der Unternehmung.

M 1

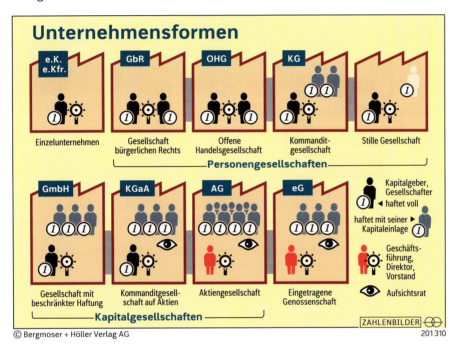

© Bergmoser + Höller Verlag AG

HRB 204480: 15.11.2013
Peter Streilinger Consulting
UG (haftungsbeschränkt)
Braunschweig
Erbringung von Beratungsleistungen in den Bereichen Verlags- und Vertriebsmarketing.
Stammkapital: 1 000,00 €

HRB 204480: 24.09.2018
Peter Streilinger Consulting GmbH, Erbringung von [...]
Stammkapital 25 000,00 €

Jegliche geschäftliche Tätigkeit richtet sich nach dem allgemeinen Recht des **Bürgerlichen Gesetzbuchs (BGB)**. Für Kaufleute gilt zusätzlich das Sonderrecht des **Handelsgesetzbuchs (HGB)**, welches auf den Grundregeln des BGB aufbaut. Für bestimmte Unternehmensformen gelten weitere Rechtsgrundlagen wie Aktiengesetz (AktG), GmbH-Gesetz und Genossenschaftsgesetz. Hinzu kommen europäische Gesetze (s. S. 160).

> **M 2** Aus der Rechtsform der Unternehmung kann man vier Grundfragen beantworten:
> 1. Wem gehört die Unternehmung?
> 2. Wer leitet die Unternehmung?
> 3. Wem gehört der Gewinn, der aus der Unternehmenstätigkeit erwächst?
> 4. Wer haftet für die Schulden, die das Unternehmen hat?

Bei Personengesellschaften ist kein Mindestkapital (Stammkapital) erforderlich, weil mindestens eine Person mit ihrem Privatvermögen haftet. Das ist anders bei Kapitalgesellschaften, bei denen die Haftung auf das Gesellschaftsvermögen beschränkt ist. Deshalb sind bei ihrer Gründung grundsätzlich sogenannte „Stammeinlagen" nachzuweisen. Das sind grundsätzlich 25 000 €. Lediglich bei der deutschen Unternehmensgesellschaft „**UG (haftungsbeschränkt)**" reicht 1,00 € (s. S. 158). Sie wurde 2008 als Gegenmodell zur britischen „Limited" beschlossen. Deren Gründung war mit einem britischen Pfund möglich (s. S. 160).

Steuerpflichtige Unternehmen in Deutschland (März 2020)

Einzelunternehmen 2 155 909

Personengesellschaften 441 164

u. a.
OHG	14 341
KG	14 781
GmbH & Co. KG	150 967
GbR	211 003

Kapitalgesellschaften 595 846

u. a.
AG	7 777
GmbH	544 738
UG (haftungsbeschr.)	42 929
Europäische AG	233

Sonstige Rechtsformen 74 506

Insgesamt 3 279 136

vgl. Statistisches Bundesamt: Steuerpflichtige und deren Lieferungen und Leistungen nach der Rechtsform, 24.03.2020. www.destatis.de/DE/Themen/Staat/Steuern/Umsatzsteuer/Tabellen/voranmeldungenrechtsformen.html [16.06.2020]

Arbeitsvorschläge

1. Finden Sie Beispiele für die vier in M 1 genannten Unternehmensformen.
2. Beantworten Sie die vier Grundfragen zur Rechtsform (M 2) am Beispiel eines Ihnen bekannten Unternehmens.

M 2
Das wünschen sich die Kunden von ihrem Handwerker

1. Zuverlässigkeit
2. Fachkönnen
3. Ehrlichkeit
4. Sauberkeit
5. Interesse an ihren Problemen
6. Beratung
7. Preiswürdigkeit
8. Höflichkeit

Je besser der Handwerker die Anforderungen des Kunden erfüllt, je zuverlässiger, freundlicher, ehrlicher, sauberer er auftritt, desto weniger muss er darum kämpfen, seine Preise durchzusetzen. Wer schlampig arbeitet, wer unzuverlässig ist und wer es an der Sauberkeit bei der Arbeit mangeln lässt, wird viel häufiger mit dem Preis argumentieren müssen als derjenige, der die Wünsche seiner Kunden erfüllen kann.

Einzelunternehmung

M 1 Klaus Heinen, gelernter Kfz-Mechatroniker, hat die Meisterprüfung im Kfz-Handwerk bestanden. Zusammen mit seiner Ehefrau Silvia hat er 22 000,00 € gespart. Ihr gemeinsames Ziel ist es, sich selbstständig zu machen.
Klaus übernimmt eine Tankstelle und eröffnet eine kleine Kfz-Reparaturwerkstatt. Nach anfänglichen Schwierigkeiten läuft das Geschäft gut. Er stellt einen Auszubildenden ein und benutzt den erwirtschafteten Gewinn, um seine Werkstatt technisch besser auszurüsten.

Als Einzelunternehmen werden die meisten Klein- und Mittelbetriebe insbesondere in Handel, Handwerk und Landwirtschaft betrieben. Der Alleininhaber, wie Klaus Heinen, trifft alle betrieblichen Entscheidungen selbst, schließt alle Verträge ab und vertritt die Firma nach außen. Er muss allein das gesamte Betriebskapital aufbringen. Fremdkapital von einer Bank bekommt er nur als Personalkredit, wenn er über Sicherheiten verfügt, z. B. ein Eigenheim. Der Einzelunternehmer entscheidet allein über die Verwendung seines Gewinns, trägt Verantwortung und Risiko und haftet unbeschränkt auch mit seinem Privatvermögen für alle Geschäftsschulden.

Der Einzelkaufmann			
leitet	entscheidet	trägt	haftet
allein und ist Alleininhaber	allein über die Gewinnverwendung	allein die Verluste	allein und unbeschränkt

Stille Gesellschaft
Eine stille Gesellschaft hat eine nach außen nicht sichtbare (stille) Beteiligung (Einlage) an einer Einzelfirma. Diese Einlage geht in das Vermögen der Firma über. Der „Stille" ist im Verhältnis zu seinen Einlagen am Gewinn beteiligt, nicht aber an der Geschäftsführung. Bei Verlusten haftet er nur bis zur Höhe seiner Einlagen. Eine Verlustbeteiligung kann sogar vertraglich ausgeschlossen werden. Der stille Gesellschafter ist aber berechtigt, den Jahresabschluss der Gesellschaft „in Abschrift" zu erhalten, damit er die Unterlagen nachprüfen kann.

Arbeitsvorschläge

1. Beschreiben Sie, wie sich Klaus Heinen selbstständig gemacht hat und welche wesentlichen Voraussetzungen dazu erforderlich sind. (M 1)
2. Äußern Sie mit einem Satz spontan Ihre Erwartung an einen Handwerker/eine Handwerkerin. Vergleichen Sie Ihre Vorstellungen mit den in M 2 genannten Kundenwünschen.

Offene Handelsgesellschaft (OHG)

M 1 Seit einigen Jahren betreibt Klaus Heinen erfolgreich seinen Kfz-Reparaturbetrieb. Ihm wird die Möglichkeit angeboten, sich an der benachbarten Unternehmung, der Heinz Meyer OHG, zu beteiligen.
Zwei der drei OHG-Gesellschafter wollen ihre Unternehmensanteile aus Altersgründen veräußern. Klaus Heinen und Ehefrau Silvia kaufen mit Zustimmung des dritten gleichberechtigten Gesellschafters die beiden Anteile. Klaus und Silvia sind nun Gesellschafter der OHG.
Durch den Gesellschaftsvertrag wird Klaus mit der Geschäftsführung beauftragt und übernimmt die örtliche Werksvertretung eines Automobilunternehmens. Die Firma heißt jetzt Heinen und Meyer OHG.

Die offene Handelsgesellschaft ist eine Personengesellschaft, in der jeder Gesellschafter grundsätzlich gleichberechtigt ist. Jeder hat das gleiche Recht und die gleiche Pflicht zur Geschäftsführung, sofern im Gesellschaftsvertrag keine andere Regelung vereinbart ist.

Die Geschäftsführung in einem Unternehmen betrifft das Innenverhältnis einer Firma und umfasst die Berechtigung, alle Handlungen vorzunehmen, die im „normalen" Betrieb erforderlich sind. Die Gesellschafter einer OHG sind zudem zur **Vertretung** der Firma im Außenverhältnis berechtigt. Sie geben rechtswirksame Willenserklärungen, z. B. gegenüber Kunden und Lieferanten, ab.

Das Reinvermögen der Firma gehört den Gesellschaftern entsprechend ihrem Anteil am gesamten Eigenkapital. Die Kapitaleinlagen können in Geld, in Sachwerten, beispielsweise einem Grundstück mit Werkstattgebäuden, oder in anderen Rechten, wie Patenten, geleistet werden.

Falls keine andere vertragliche Regelung über die Gewinnverteilung beschlossen ist, gilt die gesetzliche Regelung. Danach erhält jeder Gesellschafter zunächst 4 % auf seinen Kapitalanteil, der noch verbleibende Gewinn wird gleichmäßig auf die Gesellschafter verteilt.

Bei Verlusten der OHG haftet jeder Gesellschafter unmittelbar. Weiterhin haftet jeder Gesellschafter unbeschränkt für die Gesellschaftsschulden, auch mit seinem Privatvermögen. Jeder Gesellschafter haftet solidarisch für die übrigen Gesellschafter. Das bedeutet, dass er allein für Schulden der Gesellschaft aufkommen muss, wenn die Partner zahlungsunfähig oder „unbekannt verzogen" sind. Wegen der solidarischen Haftung ist die Kreditwürdigkeit einer OHG größer als die einer Einzelunternehmung.

Gesellschaft Bürgerlichen Rechts (GbR)
Keine Firma, vertraglicher Zusammenschluss von zwei oder mehreren Personen für gemeinsame Tätigkeit, keine Eintragung in das Handelsregister, Gemeinschaftsvermögen, Haftung mit dem Privatvermögen

M 2

In einer offenen Handelsgesellschaft (OHG), bestehend aus mindestens zwei gleichberechtigten Gesellschaftern			
leitet	entscheidet	tragen	haften
grundsätzlich jeder Gesellschafter	der Gesellschaftsvertrag oder das Gesetz über die Gewinnverteilung	die Gesellschafter die Verluste zu gleichen Teilen	alle Gesellschafter unmittelbar, solidarisch, unbeschränkt

Genossenschaft (eG)
Mindestens drei Mitglieder (Genossen), Vorstand, mindestens zwei Mitglieder, vom Aufsichtsrat gewählt. Vorteile: z. B. günstiger Einkauf, Absatzförderung, Gewinnbeteiligung

Arbeitsvorschläge

1. Ermitteln Sie anhand von M 1 mögliche vertragliche Abweichungen von der üblichen Geschäftsführung (Leitung) von Personengesellschaften (M 2).
2. Diskutieren Sie in Ihrer Gruppe, unter welchen Voraussetzungen eine gute Zusammenarbeit der drei Gesellschafter der OHG gelingen kann.
3. Erläutern Sie den Begriff „solidarische Haftung" an einem Beispiel.

Gesellschaft mit beschränkter Haftung (GmbH)

M1 Ein paar Jahre später sind Silvia und Klaus Heinen alleinige Gesellschafter der Unternehmung. Die Firmenbezeichnung lautet jetzt: Silvia und Klaus Heinen OHG. Insgesamt 45 Mitarbeiter sind in den zwei Betrieben beschäftigt.
Um die Haftung ihrer Unternehmung auf eine kalkulierbare Höhe zu beschränken, beschließen Silvia und Klaus Heinen, eine Kapitalgesellschaft, und zwar eine GmbH, zu gründen. Bei Verlusten haften Kapitalgesellschaften nur bis zur Höhe ihres Gesellschaftsvermögens. Das dazu erforderliche Stammkapital der Gesellschaft in Höhe von 25 000,00 € ist in Form des OHG-Betriebsvermögens bereits vorhanden.

Prokura
Die Prokura ermächtigt zu allen gerichtlichen und außergerichtlichen Geschäften und Rechtshandlungen, die der Betrieb eines Handelsgewerbes mit sich bringt (§ 49 HGB).

Insolvenz
Gerichtliches Verfahren zur zwangsweisen Auflösung eines Unternehmens, weil es überschuldet ist. Eine Überschuldung liegt vor, wenn die Schulden das Vermögen übersteigen.

Zur Gründung einer Gesellschaft mit beschränkter Haftung ist ein Gesellschafter und ein Stammkapital von 25 000,00 € erforderlich. Bei mehreren Gesellschaftern muss jeder mindestens 100,00 € als Geschäftsanteil einbringen. Dieser ist teilbar, vererblich und kann veräußert werden. Die Gesellschafter bestimmen im **Gesellschaftsvertrag** die Zahl der Geschäftsführer. Gewinne stehen den Gesellschaftern zu. In der **Gesellschafterversammlung** wird festgelegt, ob und in welcher Höhe diese „ausgeschüttet" oder in die Rücklage gestellt werden. Verluste vermindern das Kapital und werden, sofern vorhanden, aus den Rücklagen gedeckt.

Seit 2008 kann das Stammkapital bis auf 1,00 € unterschritten werden. Die Gesellschaft muss dann aber die Bezeichnung „**Unternehmensgesellschaft (haftungsbeschränkt)**" oder „**UG haftungsbeschränkt**" tragen und darf höchstens drei Gesellschafter und drei Geschäftsführer haben. Ein Teil des Jahresüberschusses ist in Rücklagen einzuzahlen, bis das Stammkapital in voller Höhe vorhanden ist. Erst dann kann die Eintragung in das Handelsregister erfolgen (§ 5a GmbHG). Seitdem sind in Deutschland die „Ltd."-Gründungen nach IHK-Angaben deutlich zurückgegangen. Zu den möglichen Auswirkungen des Brexit auf die Limited s. S. 160.

Beschäftigt die Gesellschaft mehr als 500 Mitarbeiter, muss ein **Aufsichtsrat** gebildet werden. Er setzt sich zu zwei Dritteln aus Vertretern der Kapitalgeber und zu einem Drittel aus Arbeitnehmervertretern zusammen (s. S. 69). Sind ein oder zwei Arbeitnehmer in den Aufsichtsrat zu wählen, so müssen sie im Unternehmen beschäftigt sein. Bei größeren Aufsichtsräten müssen mindestens zwei Arbeitnehmervertreter im Unternehmen beschäftigt sein.

Auf Vorschlag der EU-Kommission beschließt das EU-Parlament im März 2009 eine „**Europa GmbH**" mit 1,00 € Mindestkapital.

Die Gesellschaft mit beschränkter Haftung ist die einfachste Form der Kapitalgesellschaft. Sie eignet sich für Unternehmungen jeder Größe und ist wegen der beschränkten Haftung sehr beliebt.

In einer Gesellschaft mit beschränkter Haftung (GmbH), Stammkapital mindestens 25 000,00 €			
leitet	entscheidet	trägt	haftet
die von den Gesellschaftern eingesetzte Geschäftsführung	die Gesellschafterversammlung über die Gewinnverteilung	die Gesellschaft mit ihrem Kapital die Verluste	nur die Gesellschaft als juristische Person mit ihrem Vermögen

Arbeitsvorschläge

1. a) In einer GmbH können sich alle Kapitalgeber der unbeschränkten Haftung entziehen. Stellen Sie die Vor- und Nachteile dieser Regelung einander gegenüber. (M 1)
b) Erweitern Sie diese Gegenüberstellung auf die „UG – haftungsbeschränkt".
2. Vergleichen Sie die Rechtsform einer OHG mit der einer GmbH unter folgenden Gesichtspunkten: Gründung, Geschäftsführung, Gewinn, Verlust und Haftung. Bewerten Sie Vor- und Nachteile beider Rechtsformen.

Kommanditgesellschaft (KG)

In der Kommanditgesellschaft gibt es zwei Arten von Gesellschaftern, Komplementäre und Kommanditisten. Die **Komplementäre** sind in ihren Rechten und Pflichten den Gesellschaftern einer OHG gleichgestellt, also auch Vollhafter. Die **Kommanditisten** sind nur Geldgeber, die nicht mehr als ihre Kapitaleinlage verlieren können (Teilhafter), dafür aber auch kein Geschäftsführungs- und -vertretungsrecht besitzen. Im angemessen Verhältnis zu ihrer Einlage können sie Gewinne beanspruchen und Verluste übernehmen.

M 1

In einer Kommanditgesellschaft (KG)
(bestehend aus mindestens je einem Komplementär und Kommanditisten)

leitet	entscheidet	tragen	haften
der Komplementär allein, Kommanditisten haben nur Einsichts- und Widerspruchsrecht	der Gesellschaftsvertrag über die Gewinnverteilung	die Gesellschafter die Verluste im angemessenen Verhältnis	Komplementäre voll und Kommanditisten nur bis zur Höhe ihrer Einlage

GmbH & Co. KG
Mischform eines Unternehmenszusammenschlusses. Eine Personengesellschaft mit nur einer natürlichen Person. Ziel des Zusammenschlusses ist es, Vorteile der Personengesellschaft KG mit den Vorteilen einer Kapitalgesellschaft zu verknüpfen. Die GmbH übernimmt die Haftung in der KG. Die Geschäfte werden über die KG abgewickelt.
Die Kreditwürdigkeit dieser Mischform ist wegen der begrenzten Haftung oft gering.

Aktiengesellschaft (AG)

Bei einer Aktiengesellschaft wird das Kapital in der Regel von vielen Gesellschaftern aufgebracht. Das Gesellschaftskapital heißt nach dem Aktiengesetz „Grundkapital". Für die Gründung einer AG sind ein oder mehrere Gesellschafter erforderlich, die Aktionäre. Weiterhin ist zur Gründung ein Grundkapital von mindestens 50 000,00 € notwendig.

Die einzelnen Anteile sind nennwertlose Stückaktien oder haben einen Nennwert von mindestens 1,00 €. Wenn Aktien an der **Börse** frei gehandelt werden, so werden sie zu einem **Kurswert**, der unterschiedlich vom Nennwert ist, gekauft und verkauft. Der Kurswert entsteht aus Angebot und Nachfrage nach einzelnen Aktien. Die Kurse der 30 größten deutschen Unternehmen werden im **DAX** (Deutscher Aktienindex) gemittelt und veröffentlicht. Alle Aktionäre haben einen Anspruch auf **Dividende** (Gewinnanteile), die auf der Hauptversammlung der Aktionäre festgelegt wird.

Die Organe der Aktiengesellschaft sind die **Hauptversammlung** der Aktionäre, der **Aufsichtsrat** und der Vorstand. In der Hauptversammlung werden die Vertreter der Aktionäre im Aufsichtsrat gewählt. Bei mehr als 500 Mitarbeitern ist der Aufsichtsrat zu einem Drittel, bei mehr als 2 000 Mitarbeitern zur Hälfte mit Arbeitnehmervertretern zu besetzen (s. S. 69). Der Aufsichtsrat wählt und kontrolliert den Vorstand. Der Vorstand führt die Geschäfte und vertritt das Unternehmen nach außen. Seine Mitglieder werden „Manager" genannt.

KGaA
Kommanditgesellschaft auf Aktien. Mischform zwischen der AG und der KG. Mindestens ein Gesellschafter haftet unbeschränkt (Komplementär), die anderen sind als Teilhafter (Kommanditaktionäre) mit Aktien am Grundkapital beteiligt.

Aktionär ist, wer mindestens eine Aktie besitzt.

M 2 Genossenschaft
Genossenschaftliche Unternehmungen haben kein Gewinnstreben, sondern bieten ihren Mitgliedern wirtschaftliche Vorteile, z. B. als Einkaufsgenossenschaften oder Absatzgenossenschaften (Winzer). Genossenschaften sind Kapitalgesellschaften mit einem Vorstand. Erforderlich zur Gründung sind mindestens drei „Genossen" und eine Satzung.

In einer Aktiengesellschaft (AG)
(Grundkapital mindestens 50 000,00 €)

leitet	entscheidet	trägt	haftet
der vom Aufsichtsrat bestellte Vorstand	die Hauptversammlung der Aktionäre über die Gewinnbeteiligung	die Gesellschaft mit ihrem Grundkapital die Verluste	nur die Gesellschaft mit ihrem Vermögen

Arbeitsvorschläge

1. Vergleichen Sie die rechtliche Stellung der Gesellschafter einer OHG (s. S. 157) mit der einer KG.
2. Ermitteln Sie aktuelle Aktienkurse einiger bekannter Unternehmen aus den Medien. Notieren und berichten Sie über Veränderungen der Aktienkurse und ihre Ursachen.
3. Ermitteln Sie ein Beispiel für eine Genossenschaft und ihre Ziele. (M 2)

3.2 Wirtschaftliche Verflechtungen

Unternehmenskonzentration

Im Lebensmitteleinzelhandel liegt eine hohe Unternehmenskonzentration vor. Fast 76 % Marktanteil ist von fünf großen Unternehmen besetzt: die Edeka-Gruppe, REWE-Gruppe, Schwarz-Gruppe, Aldi-Gruppe und Metro-Gruppe. Der restliche Marktanteil wird von ca. 6.100 kleinen und mittelständischen Unternehmen eingenommen.

vgl. topagragr online, Münster, www.topagrar.com/management-und-politik/news/so-gross-ist-die-marktmacht-des-lebensmittelhandels-12441489.html#:~:text=Die%20mit%20Abstand%20gr%C3%B6%C3%9Fte%20deutsche,Gruppe%20mit%2011%2C7%20%25 [03.01.2021]

> ### Galeria Kaufhof übernimmt Karstadt Warenhaus
> *Kartellamt genehmigt 2018 Zusammenschluss. Wettbewerb ist durch Onlinehandel gesichert*
>
> ### Opel-Übernahme durch PSA
> *PSA (**P**eugeot **S**ociété **A**nonyme) übernimmt 2017 Opel und Vauxhall (GB) von GM*

Wirtschaftliche Verflechtungen und Unternehmenskonzentration nehmen stetig zu. In Handel und Industrie gibt es immer mehr internationale Unternehmen. Beispiele sind Airbus Industries in Europa und Volkswagen (VW) in der ganzen Welt. Dieser Vorgang wird **Globalisierung** genannt. Voraussetzungen sind Verbesserungen der Kommunikationstechnologie, des Transportwesens sowie der Wegfall wirtschaftshemmender Vorschriften.

Die Limited (= begrenzt) ist eine britische Gesellschaftsform mit begrenzter Haftung. Für viele kleinere deutsche Unternehmen war diese Form interessant, weil zur Gründung nur 1 britisches Pfund (ca. 1,14 €) Mindestkapital ohne Notarzwang erforderlich war. Stammsitz ist Großbritannien, die Firmenleitung ist in Deutschland. Die Limited wurde nach einer Entscheidung des Europäischen Gerichtshofs 2003 wegen der Niederlassungsfreiheit des Binnenmarktes in der EU zulässig. Mit dem Austritt Großbritanniens 2020 aus dem Binnenmarkt verlieren die über 8 000 deutschen Unternehmen ihre Haftungsbeschränkung und werden Personengesellschaften (s. S. 158). Sie können sich aber auch in die Unternehmensgesellschaft (UG haftungsbeschränkt) mit einem Stammkapital von 1,00 € umwandeln (s. S. 158). Die Limited-Gründungen gaben den Anstoß zur UG-Gesetzgebung.

> **M1** Eine weitere internationale Unternehmensform ist seit 2002 die **Europäische Aktiengesellschaft** (**SE** = Societas Europaea), kurz Europa-AG. Sie ist für Großunternehmen gedacht, die in mindestens in zwei EU-Staaten tätig sind und über ein Stammkapital von 120 000,00 € verfügen. Ein Beispiel ist die 2007 gegründete Porsche Holding SE. Die Gründer haben die Wahl zwischen einer „dualistischen" Verfassung mit Aufsichtsrat und Vorstand (Porsche Holding) oder einem „monistischen System" mit einem „Verwaltungsrat" und interner Kontrolle. Der Verwaltungsrat besteht aus mindestens zwei, bei einem mitbestimmten Unternehmen aus drei Personen. Der Hauptvorteil dieser Unternehmensform ist, dass eine SE europaweit arbeiten kann, ohne Tochterunternehmen gründen zu müssen.

Welche Probleme sich als Folge des geplanten Brexits für internationale Unternehmen wie die britische Limited oder die Europa-AG ergeben, ist zurzeit (Februar 2021) noch nicht abzusehen.

> **M2**
>
> **Joint Ventures** (gemeinsames Wagnis) sind internationale Gemeinschaftsunternehmen mit gemeinsamer Leitung. Am Kapital beteiligen sich mindestens zwei selbstständige Unternehmen aus zwei Ländern. Der Sitz ist in nur einem Land mit beliebiger Unternehmensform. Wichtige Gründe sind der Austausch von Know-how und Zugang zum Markt des Landes, in dem sich der Sitz befindet. So ist z. B. für VW China der wichtigste Absatzmarkt. Dafür mussten Joint Ventures gegründet werden.

Formen wirtschaftlicher Zusammenarbeit

Wenn Unternehmen zusammenarbeiten, sich zusammenschließen oder Tochtergesellschaften im Ausland gründen, geschieht dies aus wirtschaftlichen Gründen:
- Kostenersparnis bei der Produktion;
- mehr Finanzkraft für Forschung, Entwicklung und für Großprojekte;
- durch größere Marktmacht eine bessere Position im internationalen Wettbewerb erringen oder Verdrängung der Konkurrenz vom Markt.

Wirtschaftliche Zusammenarbeit vollzieht sich in unterschiedlichen Formen. Eine lose Verbindung sind **Fachverbände** (s. S. 163) zur fachlichen Beratung und zur Vertretung nach außen, z. B. bei Tarifverhandlungen.

Kartelle sind vertragliche Zusammenschlüsse von wirtschaftlich und rechtlich selbstständigen Unternehmen gleicher Art, z. B. der Bauindustrie. Sie wollen durch Absprachen, z. B. über Preise und Absatzgebiete, den Wettbewerb untereinander einschränken. Solche Kartelle sind grundsätzlich **verboten**.

Ausnahmen vom Kartellverbot gewähren **Gruppenfreistellungsverordnungen** der EU-Kommission. Ähnliches gilt nach deutschem Recht auch für sogenannte **Mittelstandskartelle**. Kleine und mittlere Unternehmen (KMU) dürfen Absprachen – z. B. über gemeinsamen Einkauf, Vertrieb, Werbung und Forschung – treffen, um ihre Wettbewerbsfähigkeit zu verbessern.

Konzerne: „Sind ein herrschendes und ein oder mehrere Unternehmen unter einheitlicher Leitung des herrschenden Unternehmens zusammengefasst, so bilden sie einen Konzern; die einzelnen Unternehmen sind Konzernunternehmen." (Aktiengesetz § 18) Die herrschende Gesellschaft wird auch **Muttergesellschaft**, Dachgesellschaft oder Holding genannt. Die abhängigen Konzernunternehmen sind die „Töchter". Verlieren die Töchter neben ihrer wirtschaftlichen auch ihre rechtliche Unabhängigkeit, entsteht ein **Trust**.

Konsortium
Zusammenarbeit von Banken (Konsorten) für ein Geschäft

Holding von „to hold" (engl.) = halten (von Anteilen)

KMU:
(Klein- und mittelständische Unternehmen)
Unternehmen mit bis zu 250 Beschäftigten und 50 Mio. € Jahresumsatz

Konzern

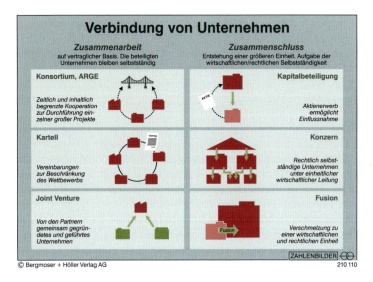

Da Konzerne den Markt beherrschen und damit den Wettbewerb einschränken können, unterliegen sie dem „Gesetz gegen Wettbewerbsbeschränkungen" (GWB), Kartellgesetz. In der EU überwacht eine Anti-Kartell-Behörde den Wettbewerb.

Inländische Konzerne müssen der Kartellbehörde in Berlin gemeldet werden, wenn sie einen Marktanteil von 20 % oder 10 000 Beschäftigte oder einen Umsatz von 250 Millionen € erreichen. Das **Bundeskartellamt** kann Unternehmenszusammenschlüsse untersagen, wenn diese zur Marktbeherrschung führen. Das Bundeswirtschaftsministerium kann einen solchen Zusammenschluss dennoch genehmigen, wenn die gesamtwirtschaftlichen Vorteile überwiegen (Ministererlaubnis). Das ist bis 2020 zehnmal erfolgt.

Regeln für Fusionen des deutschen Übernahmegesetzes

- **Kontrolle**
  Spätestens vier Wochen nach Ankündigung der Übernahme muss dem Bundesaufsichtsamt für den Wertpapierhandel ein detailliertes Kaufangebot vorliegen, das anschließend veröffentlicht wird.
- **Information**
  Aktionäre und Beschäftigte sollen vom Käufer umfassend über die Folgen einer Übernahme unterrichtet werden.

Arbeitsvorschläge

1. Beschreiben Sie die Europäische Aktiengesellschaft (SE) und vergleichen Sie die Art der Unternehmensführung mit einem Joint Venture. (M 1, M 2 auf S. 160)
2. Stellen Sie eine Reihe von Vor- und Nachteilen der Wirtschaftskonzentration zusammen.
3. Ermitteln Sie aus den Medien ein Beispiel, bei dem das Kartellamt einen Unternehmenszusammenschluss untersagt oder ihm zugestimmt hat bzw. bei dem eine „Ministererlaubnis" erforderlich wurde.

3.3 Organisationen des Handwerks, der Landwirtschaft, der Industrie und des Handels

Organisationen des Handwerks

Gemäß **Handwerksordnung (HWO)** ist die Organisation des Handwerks zweigleisig aufgebaut. Selbstständige Handwerker sind Pflichtmitglieder der Handwerkskammer und können freiwillig einer Innung beitreten.

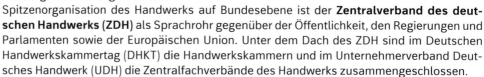

Spitzenorganisation des Handwerks auf Bundesebene ist der **Zentralverband des deutschen Handwerks (ZDH)** als Sprachrohr gegenüber der Öffentlichkeit, den Regierungen und Parlamenten sowie der Europäischen Union. Unter dem Dach des ZDH sind im Deutschen Handwerkskammertag (DHKT) die Handwerkskammern und im Unternehmerverband Deutsches Handwerk (UDH) die Zentralfachverbände des Handwerks zusammengeschlossen.

Die **Handwerkskammer** ist die gesetzliche Berufsstandsvertretung des Handwerks in einem Kammerbezirk. Auf Landesebene bilden die Handwerkskammern Arbeitsgemeinschaften. Handwerkskammern beraten ihre Mitglieder, unterstützen Behörden, z. B. durch Gutachten, und führen die Dienstaufsicht für ihre Innungen und Kreishandwerkerschaften.

M1 § 91 HWO

(1) Aufgabe der Handwerkskammer ist insbesondere,
4. die Berufsbildung zu regeln, Vorschriften hierfür zu erlassen, ihre Durchführung zu überwachen sowie die Lehrlingsrolle zu führen […],
5. Gesellenprüfungsordnungen für die einzelnen Handwerke zu erlassen, Prüfungsausschüsse […] zu errichten oder Handwerksinnungen (dazu) ermächtigen […],
6. Meisterprüfungsordnungen für die einzelnen Handwerke zu erlassen und die Geschäfte des Meisterprüfungsausschusses zu führen.

Handwerksinnungen

Die selbstständigen Handwerker des gleichen oder einander nahestehender Handwerke eines Handwerksbezirks schließen sich freiwillig zu Handwerksinnungen zusammen, z. B. zur Friseur-, Bäcker- oder Tischlerinnung. Sie sind Arbeitgeberverbände, fördern ihre gemeinsamen Interessen und können Tarifverträge abschließen, sofern dies nicht durch einen Landesinnungsverband geschieht. Sie können übertriebliche Ausbildungsstätten unterhalten und Innungskrankenkassen errichten. Streit gibt es darüber, ob Innungen Mitglieder aufnehmen sollen, die sich nicht an Tarifverträge gebunden fühlen.

Handwerksinnungen der verschiedenen Berufe einer Stadt oder eines Landkreises bilden die Kreishandwerkerschaft.

Organisationen der Landwirtschaft

Die **Landwirtschaftskammer (LWK)** ist die gesetzliche Berufsvertretung der Betriebe der Land-, Forst- und Hauswirtschaft, des Gartenbaus, der Imkereien und Fischer. Die Bundesebene bildet der **Verband der Landwirtschaftskammern**. Ihre Aufgaben entsprechen weitgehend denen der Handwerks- bzw. Industrie- und Handelskammer. Auch die Landwirtschaftskammer regelt die Berufsbildung und die Prüfungen für Auszubildende und Meister.

Düngereinsatz
Die Landwirtschaftskammer Braunschweig informiert über eine Online-Anmeldung zum Düngemitteleinsatz.

M2 Die Landwirtschaftskammer
- fördert Erzeugung und Absatz landwirtschaftlicher Produkte,
- erfüllt staatliche Aufgaben, u. a. auf dem Gebiet der Tierzucht und -seuchenbekämpfung,
- unterstützt Behörden durch Gutachten und Berichte,
- unterhält landwirtschaftliche Forschungsanstalten und Lehr- und Versuchsgüter.

Als Tarifvertragsparteien haben sich die Verbände der verschiedenen Berufsgruppen zum **Bundesverband der Land- und forstwirtschaftlichen Arbeitgeberverbände e. V.** zusammengeschlossen. Das **Landvolk** ist eine regionale Organisation der Landwirte, des Landhandels und ähnlicher Berufe, aber auch der Verpächter von Ländereien.

Organisationen des Handels und der Industrie

Die **Industrie- und Handelskammer (IHK)** ist die gesetzliche Gesamtvertretung der gewerblichen Wirtschaft eines Kammerbezirkes. Alle gewerblichen Betriebe und Handelsunternehmen, die nicht in der Handwerksrolle bei der Handwerkskammer eingetragen sind, müssen ihr angehören. Finanziert wird die IHK durch die Beiträge ihrer Mitglieder. Die Spitzenorganisation aller Kammern ist der **Deutsche Industrie- und Handelskammertag (DIHK)**. Er vertritt die Interessen der gewerblichen Wirtschaft gegenüber der Regierung, den Parlamenten, der EU und der Öffentlichkeit. Die Aufgaben der IHK sind ähnlich wie die der Handwerkskammer:

> **M 3**
> - Förderung der gewerblichen Wirtschaft, Ausgleich zwischen den einzelnen Gewerbezweigen,
> - Beratung der Mitgliedsfirmen, Berichte und Gutachten für Behörden,
> - Überwachung der Berufsausbildung und Feststellung der Eignung von Ausbildungsstätten,
> - Festlegung der Prüfungsordnungen für die Berufsausbildung und Abnahme der Zwischen- und Abschlussprüfungen.

Die Unternehmungen der Industrie können sich zu **Fachverbänden** zusammenschließen, um ihre gemeinsamen wirtschaftlichen und wirtschaftspolitischen Interessen gegenüber der Politik und der Öffentlichkeit besser wahrnehmen zu können. Dabei bleibt ihre rechtliche Selbstständigkeit erhalten. Die Fachverbände vereinigen Unternehmen des gleichen oder eines verwandten Wirtschaftszweigs.

Die 40 Industrieverbände (01.01.2020) haben sich freiwillig im **Bundesverband der Deutschen Industrie (BDI)** zusammengeschlossen. Er zählt zu den einflussreichsten Interessenverbänden auf Bundesebene. Er befasst sich mit gemeinsamen Problemen wie Industrieforschung, Umweltschutz, Digitalisierung und Fragen des Wettbewerbsrechts.

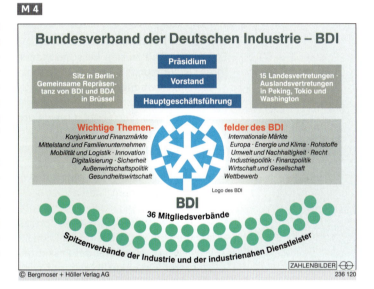

Die **Bundesvereinigung der Deutschen Arbeitgeberverbände (BDA)** (s. S. 90) verfolgt die sozialpolitischen Interessen der angeschlossenen Fachverbände. Gemeinsam mit dem BDI nimmt die BDA z.B. Stellung zu Veränderungen bei der betrieblichen Mitbestimmung. Die Mitgliedsverbände haben u. a. das Ziel, die Wirtschaftlichkeit ihrer Mitglieder zu verbessern, sie sind **Tarifparteien** bei Tarifverhandlungen und geben ihren Mitgliedern Rechtsschutz. Da vor allem in den ostdeutschen Bundesländern viele Unternehmen ausgehandelte Tarifverträge umgehen möchten, wird teilweise eine „OT"(= ohne Tarifbindung)-Mitgliedschaft angestrebt. Diese sogenannte „Tarifflucht" wird von Gewerkschaften scharf kritisiert.

Arbeitsvorschläge

1. a) Erkundigen Sie sich nach der für Ihren Ausbildungsbetrieb zuständigen Kammer bzw. Innung.
   b) Informieren Sie sich über die angebotenen Weiterbildungsmöglichkeiten.
2. Beschreiben Sie nach M 1 und M 3 die Aufgaben der Kammern für die Berufsausbildung.
3. Ermitteln Sie aus M 2 Aufgaben der Landwirtschaftskammern für den Verbraucherschutz.
4. Stellen Sie die Mitgliedschaft in den jeweiligen Kammern und den übrigen Berufsverbänden einander in einer Tabelle gegenüber und begründen Sie die unterschiedlichen Aufgaben dieser Organisationen.
5. Erkunden Sie einige wichtige Unterschiede von BDI (M 4) und BDA (s. S. 90).

Methode:

Präsentieren

Präsentieren bedeutet: Sie stellen Ihre Arbeitsergebnisse zu einem vorher bekannten Thema einer Gruppe von Menschen vor.

Vorbereitung ist der halbe Erfolg
Je detaillierter Sie planen und vorbereiten, umso weniger böse Überraschungen können bei der Präsentation auftreten. Folgende Fragestellungen helfen Ihnen dabei:

Warum präsentieren Sie eigentlich?
Die Zielsetzung der Präsentation beeinflusst die Gestaltung. Präsentationsziele können z. B. sein:
- Information des Publikums,
- Meinungsbildung beim Publikum,
- Überzeugung und Aktivierung des Publikums u. a. m.

Wer ist Ihr Publikum?
Stellen Sie sich zu den Personen, denen Ihre Präsentation gilt, folgende Fragen:
- Welchen Personenkreis umfasst mein Publikum?
- Welche Interessen verfolgt mein Publikum?
- Welche Vorkenntnisse hat mein Publikum?
- Welche Einstellung hat das Publikum zu mir und meinem Thema?

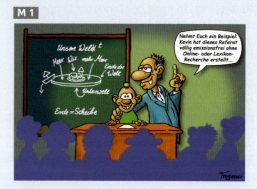

M 1

Sind Sie sich über Ihr Präsentationsziel im Klaren?
Orientieren Sie sich an Leitfragen und schlüpfen Sie in die Rolle des Publikums (s. S. 165).
- Was ist **das** (eine) **Ziel** der Präsentation? Bringen Sie es auf den Punkt!
- Was ist das **Wesentliche** zur Erreichung dieses Ziels?
- Welches **Interesse** hat Ihr Publikum?
- Wie können Sie die **Fakten** zur Zielerreichung so effektiv wie möglich zusammenfassen?
- Wie können Sie das Ziel in der vorgegebenen **Zeit** umsetzen?

Was können Sie zur Präsentation nutzen?
Informieren Sie sich rechtzeitig, welche **Gestaltungsmöglichkeiten** (Texte, Grafiken, Karikaturen, Zeichnungen, Bilder, Symbole) für Ihre Präsentation geeignet sind.
Checken Sie die technischen Möglichkeiten, die Ihnen für die Präsentation zur Verfügung stehen. Wählen Sie sorgfältig aus. Weniger ist dabei oft mehr!

Wie lassen Sie Ihre Präsentation gut ablaufen?
- Finden Sie eine gute **Einleitung**, die motiviert und informiert.
- Gestalten Sie Ihren **Hauptteil** mit Herz und Verstand – es ist Ihr Produkt.
- Ein denkwürdiger **Abschluss** muss her – überraschen Sie Ihr Publikum.

Auswertung der Präsentation
- **Selbstreflexion:** Haben Sie das Ziel der Präsentation erreicht? Ist das Publikum aus Ihrer Sicht zufrieden? Sind noch Fragen offengeblieben?
- Möchte das Publikum noch **weitergehende Informationen** oder Materialien, mit denen Sie während der Präsentation gearbeitet haben? Tauschen Sie E-Mail-Adressen aus.
- **Rückmeldung:** Lassen Sie sich vom Publikum ein geeignetes Feedback geben.

Methode:

Eine 180°-Sichtweise: Versetzen Sie sich in die Lage Ihres Publikums – dann gelingt auch *Ihre* Präsentation!

Sie erhalten die Aufgabenstellung. Ihr Hauptaugenmerk ist nun: die Präsentation nicht für sich, sondern zur Information *Ihres Publikums* vorzubereiten. Sie sind jetzt der Fachmann, der nicht nur toll vorträgt, sondern auch Nachfragen sicher beantworten kann. Die folgenden Rückmeldungen aus dem Publikum sollen Ihnen zeigen, wie eine gelungene Präsentation ankommt. Auch Ihre Präsentation wird gut bewertet werden, wenn Sie sich bei der Vorbereitung ins Publikum hineinversetzen.

M 2

Interessante Rückmeldungen aus dem Publikum

- Er war mit Feuereifer dabei und hat sich sehr intensiv mit dem Thema beschäftigt. Fragen während und nach der Präsentation wurden sehr sicher beantwortet. Es konnten alle Begriffe und Zusammenhänge erklärt werden.
- Der Vortrag hat uns alle gefesselt. Der Vortragende hat sich uns während der gesamten Präsentation zugewandt und immer wieder Blickkontakt gesucht. Man konnte nicht anders; man musste dabei sein. Bestimmt hat er das zu Hause geübt.
- Seine lebendige, laute Sprache war überall im Raum gut zu verstehen.
- Er hat langsam genug gesprochen, damit wir mitdenken konnten. Füllwörter wie „äh", „so", „ja", „hm" wurden nicht verwendet. Die kleinen Redepausen, die stattdessen gemacht wurden, waren sehr angenehm.
- Er bewegte sich gekonnt und locker im Raum. Gestik und Mimik haben das Gesagte und Gezeigte noch verdeutlicht und unterstrichen.
- Der Vortragende hat die Aufgabenstellung gut erfasst. Schon mit der anfänglichen Gliederung waren wir gut informiert und wussten, was auf uns zukommt.
- Das kleine Quiz zu Beginn der Präsentation war eine gelungene Überraschung. Es machte uns neugierig auf das kommende Thema.
- Der Inhalt der Präsentation war gut aufbereitet und nicht langweilig. Der Vortragende verwendete übersichtliche und verständliche Anschauungsmaterialien.
- Zur Abwechslung gab es während der Präsentation einen kleinen Erlebnisbericht in Form einer Geschichte. Die kleine Rap-Einlage und die Fragerunde zur Zusammenfassung am Ende der Präsentation waren weitere gute Ideen. Wir alle haben alles verstanden und direkt Gestaltungsideen für unsere eigenen Vorträge.
- Die PowerPoint-Präsentation lief im Hintergrund mit, ohne zu stören. Fachbegriffe, wichtige Formeln und Zusammenhänge hatten wir damit besonders im Blick. Das erleichterte uns die Konzentration auf das Wesentliche. Alles war selbst aus der letzten Reihe lesbar und fehlerfrei.
- Vor der Präsentation wurde ein Handout bereitgestellt. So brauchten wir nicht mitzuschreiben und nur noch ergänzende Notizen zu machen.
- Die Zeitvorgabe wurde eingehalten. Es blieb sogar noch Raum für Fragen.

Arbeitsvorschläge

1. Entwickeln Sie mithilfe der Informationen auf diesen Seiten einen eigenen Ratgeber für eine gelungene Präsentation und stellen Sie diesen zur Diskussion.

2. Interpretieren Sie die Karikaturen M 1 und M 2. Beschreiben Sie Parallelen zu Ihrem Ratgeber.

4 Konsumenteninteresse – Produzenteninteresse

4.1 Privatrechtliche Verträge – Rechtsfähigkeit

Gesetzliche Grundlage bildet das BGB.

Jeder Mensch ist Träger von Rechten und Pflichten. Die **Rechtsfähigkeit** eines Menschen beginnt mit der Vollendung der Geburt. Damit erwachsen verschiedene Rechte, z. B. das Recht auf Versorgung. Die Rechtsfähigkeit endet mit dem Tod.

M2 § 1 BGB

Das BGB setzt die Rechtsfähigkeit des Menschen voraus. Das war nicht immer so. Der römische Sklave hatte keine Rechtsfähigkeit und zur Zeit des Nationalsozialismus gab es Versuche, die Rechtsfähigkeit ganzer Personengruppen zu leugnen.
Heutzutage versucht der Hundeliebhaber seinem Hund vergebens sein Vermögen zu vererben, denn Tiere sind nicht rechtsfähig. Mit dem Tode endet die Rechtsfähigkeit. Auch nach dem Tod wirkt das Persönlichkeitsrecht gegen ehrverletzende Angriffe. Ehrverletzend sind Angriffe auf die Persönlichkeit (z. B. üble Nachrede).

M1 Die zweijährige Lisa verliert durch einen tragischen Unglücksfall ihre Eltern. Dadurch erbt sie ein nicht unerhebliches Vermögen und eine große Villa. Aus dieser Tatsache erwächst nicht nur das Recht, die Erbschaft anzutreten, sondern auch die Pflicht der Zahlung von Erbschaftsteuer an das Finanzamt.

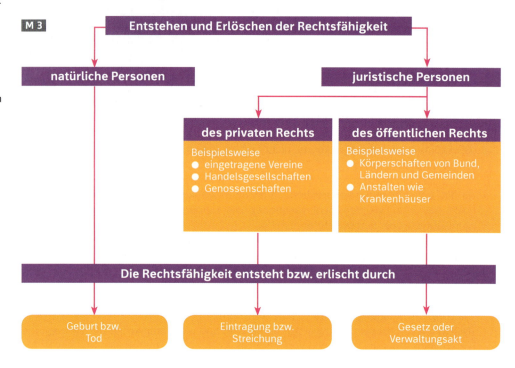

Juristische Personen können nicht selbst tätig werden. Sie benötigen eine natürliche Person, die ihre Rechtsfähigkeit ausübt.

Für juristische Personen handeln deshalb die Organe. Hierzu ein Beispiel: Ein Vorstandsmitglied eines Sportvereins kauft Ausstattungen für die Vereinssporthalle. Käufer ist der Sportverein. Wird das Bestellte nicht bezahlt, haftet der Verein, nicht das Vorstandsmitglied.

Arbeitsvorschläge

1. Benennen Sie in M 1 die natürliche Person. Warum kann Lisa das Erbe antreten?
2. Kann ein prominenter Schauspieler seinem Hund sein Vermögen vererben? (M 2)
3. Erarbeiten Sie weitere Beispiele für juristische Personen des privaten und des öffentlichen Rechts. Verwenden Sie hierzu M 3.

4.2 Die Geschäftsfähigkeit

M1 Der zwölfjährige Jan kauft in Begleitung seiner geschäftsunfähigen Oma ein Zirkuszelt. Jans Vater hat seit einiger Zeit die gesetzliche Betreuung für seine Mutter übernommen und möchte den Kauf rückgängig machen. Wird er Erfolg haben?

> Die Willenserklärung eines beschränkt Geschäftsfähigen bedarf der Einwilligung des gesetzlichen Vertreters, (Vormund), sonst ist das Rechtsgeschäft „schwebend unwirksam".

Geschäftsfähig sein heißt, rechtswirksam handeln zu können. Das Alter sowie der körperliche und geistige Zustand bestimmen den Umfang der **Geschäftsfähigkeit**.

Die gesetzlichen Vorschriften zur Geschäftsfähigkeit sollen Menschen, die dem Geschäftsverkehr nicht gewachsen sind, vor unvernünftigen Geschäften bewahren.

M2 Das BGB unterscheidet die Geschäftsfähigkeit in drei Gruppen:
1. **geschäftsunfähig:** von der Geburt bis zum vollendeten 7. Lebensjahr,
§§ 104, 105 BGB Rechtsgeschäft nichtig
2. **beschränkt geschäftsfähig:** Minderjährige vom 7. Lebensjahr bis zum 18. Geburtstag,
§§ 106, 107 BGB Rechtsgeschäft schwebend unwirksam
3. **voll geschäftsfähig:** ab dem 18. Lebensjahr können Rechtsgeschäfte im vollen
§ 2 BGB Umfang getätigt werden, Rechtsgeschäft voll gültig

> „Schwebend unwirksam" bedeutet: Ein Rechtsgeschäft ist so lange nicht gültig, bis der gesetzliche Vertreter seine Zustimmung (Unterschrift) gegeben hat.

Es gibt eine Reihe von Rechtsgeschäften Minderjähriger, die keiner Zustimmung des gesetzlichen Vertreters bedürfen. Hierzu gehören die Taschengeldgeschäfte (§ 110 BGB) und solche, die einen rechtlichen Vorteil bringen. Dazu gehört z. B. die Schenkung. Diese bringt jedoch nur dann einen rechtlichen Vorteil, wenn das Geschenk keine Folgekosten verursacht. Das Schenken von Tieren verursacht immer Folgekosten und muss deshalb vom gesetzlichen Vertreter entschieden werden.

> **Beispiele für Taschengeldgeschäfte** (§ 110 BGB Taschengeldparagraf)
> – Ein siebenjähriger Junge kauft am Kiosk eine Tüte Bonbons.
> – Ein sechsjähriges Mädchen kauft sich ein Eis.

Stufen der Geschäftsfähigkeit

– geschäftsunfähig bis Vollendung des 7. Lebensjahres

– beschränkt geschäftsfähig vom vollendeten 7. bis zum 18. Lebensjahr

– voll geschäftsfähig ab vollendetem 18. Lebensjahr

Arbeitsvorschläge

1. Beantworten Sie die in M 1 gestellte Frage mithilfe von M 2.
2. Lösen Sie folgende Fälle:
   a) Marie, 17 Jahre, bekommt von ihrem Onkel einen Motorroller geschenkt. Kann sie das Geschenk annehmen, ohne ihre Eltern zu fragen?
   b) Julia, 16 Jahre, macht eine Ausbildung zur Industriekauffrau. Sie kauft sich eine Monatskarte, um zur Ausbildungsstätte zu fahren. Ihre Eltern sind gegen diese Ausgabe. Ist der Kauf rechtswirksam?
   c) Leon, 17 Jahre, möchte seine Ausbildung zum Mechatroniker aufgeben und in einem Betrieb am Band arbeiten, da er dort mehr Geld verdient. Darf er ohne Einwilligung seiner Eltern kündigen?

4.3 Rechtsgeschäfte

§ 116 ff. BGB

Rechtsgeschäfte kommen durch Willenserklärungen zustande.

M 1
1. Frau Papke bestellt per Bestellschein in einem Versandhaus ein Abendkleid.
2. Herr Müller legt an der Kasse im Supermarkt Milch und Butter auf das Band.
3. Annas Handyvertrag verlängert sich um ein Jahr.
4. Die Firma F & M bekommt von einem Vertragspartner ein geändertes Angebot und reagiert nicht.

Die Kündigung eines Arbeitsvertrags oder das Jawort auf dem Standesamt sind eindeutige Willenserklärungen.

M 2
Durch Abgabe von Willenserklärungen entstehen Rechtsgeschäfte.
Willenserklärungen können folgendermaßen erfolgen:
- durch **ausdrückliche Erklärung** – sie kann schriftlich oder mündlich sein, z. B. die schriftliche Bestellung bei einem Versandhaus.
- durch **schlüssige Handlung** – z. B. setzt sich ein Gast in ein Taxi und teilt dem Fahrer das Fahrziel mit.
- durch **Schweigen** – gilt im Allgemeinen im privaten Bereich als Ablehnung, unter Kaufleuten, die langjährige Geschäftsbeziehungen haben, auch als Zustimmung.

Formvorschriften

Ein Grundstückskauf ohne Notar und Kaufvertrag ist nichtig, d. h. ungültig.

Rechtsgeschäfte können in beliebiger Form abgeschlossen werden. Auch Kaufverträge können sowohl mündlich als auch schriftlich erfolgen. Bei etwaigen Unstimmigkeiten ist jedoch die schriftliche Form für beide Seiten von Vorteil. Für die Gültigkeit von Willenserklärungen bei wichtigen Rechtsgeschäften gibt es Formvorschriften. Wird eine geforderte Form nicht eingehalten, so ist das Rechtsgeschäft nichtig, d. h. ungültig.

Ein Testament muss handschriftlich vorliegen.

Testament

10.07.2020

Ich, Mario Braun, geboren am 11.11.1940, in Berlin, wohnhaft Erlenstr. 9, 44444 Wegen,
verfüge letztwillig Folgendes:

Meine Kinder Marlene und Marcus erben zu gleichen Teilen mein Haus und Barvermögen.

Mario Braun

M 3
Die Schriftform: Der Vertrag muss in schriftlicher Form vorliegen und von beiden Vertragspartnern eigenhändig unterschrieben werden. (§ 126 BGB)
Beispiele: Berufsausbildungsvertrag, Testament, Ratenkauf

Öffentliche Beglaubigung: Ein Schriftstück oder ein Vertrag wird vom Notar oder einer Behörde beglaubigt. Dabei wird die Richtigkeit des Inhalts und die Echtheit der Unterschriften bestätigt. (§ 129 BGB)
Beispiele: Anträge auf Eintragung ins Grundbuch, ins Vereins- und Handelsregister

Öffentliche Beurkundung: Ein Notar hält die Willenserklärung schriftlich fest und bestätigt somit die Unterschriften und den Inhalt. (§ 128 BGB)
Beispiele: Eheverträge, Grundstückskauf, Schenkungsversprechen

Testament:
Hiermit verfüge ich, dass nach meinem Tod meine Kinder Marlene und Marcus zu gleichen Teilen mein Haus und Barvermögen erben.

Arbeitsvorschläge

1. Um welche Willenserklärungen handelt es sich bei den in M 1 genannten Beispielen? Nehmen Sie M 2 zu Hilfe.
2. Mit welchen Formvorschriften (M 3) hatten Sie bereits zu tun?

Arten der Rechtsgeschäfte

Ein Rechtsgeschäft kann durch die Abgabe einer oder mehrerer Willenserklärungen entstehen.

Auslobung § 657 BGB: „Wer durch öffentliche Bekanntmachung eine Belohnung für die Vornahme einer Handlung [...] aussetzt, ist verpflichtet, die Belohnung [...] zu entrichten."

Hinweis: Verträge kann man per Internet herunterladen.

- Herr Schmidt verfasst sein Testament und setzt seinen Neffen als Alleinerben ein. Da ein Testament ein einseitiges Rechtsgeschäft ist, muss der Neffe nicht einwilligen.
- Ein Mietvertrag ist ein beidseitig verpflichtender Vertrag und bedeutet, dass der Mieter die Miete pünktlich und in vereinbarter Höhe zu zahlen hat und dass der Vermieter die Wohnung im ordnungsgemäßen Zustand übergeben muss.
- Frau Schneider bestellt einmal die ganze Speisekarte, die 20 Speisen umfasst. Da diese Bestellung ein nicht ernst gemeinter Scherz ist, zählt sie zu den nichtigen Rechtsgeschäften.
- Herr Bromski kauft ein Auto mit ziemlich niedrigem Tachostand. In der Werkstatt seines Vertrauens lässt er den Wagen checken. Dabei stellt der Mechaniker fest, dass das Auto mindestens 100 000 km mehr gefahren ist, als der Tachostand anzeigt. Da hier eine Täuschung vorliegt, ist der Kauf anfechtbar.

Beispiele für einseitig verpflichtende Verträge
- Die Eltern von Paul übernehmen für ihn die Bürgschaft, damit er einen Kredit für seine Unternehmensgründung bekommt.
- Großeltern schenken ihrem Enkel 10 000,00 €.

Arbeitsvorschlag

Sind die folgenden Rechtsgeschäfte gültig?
Lösen Sie die Fälle mithilfe von M 1, M 3 (S. 168) und M 4.
- *Angelika hängt im Betrieb einen Aushang mit folgendem Wortlaut aus:*
„Verkaufe Smartphone für 100,00 €." Ihr Kollege Leon schreibt daraufhin auf diesen Zettel: „Nehme Angebot an." Angelika erscheint der Kaufpreis nun zu niedrig und sie will ihm das Gerät nicht mehr verkaufen. Kann Leon Vertragserfüllung verlangen?
- *Herr Bromski hat vor Jahren ein Haus ohne Kaufvertrag gekauft. Nun möchte er es verkaufen. Ist das möglich?*
- *Der Onkel von Frau Klara Korn ist verstorben und hat sie als Erbin eingesetzt. Da sie den Onkel nicht leiden mochte, will sie das Erbe nicht antreten, und zwar mit der Begründung, dass sie dem Testament nie zugestimmt habe. Ist sie im Recht?*

Wirksamkeit der Rechtsgeschäfte

Manche Rechtsgeschäfte sind von Anfang an ungültig oder nichtig. Andere wiederum können im Nachhinein angefochten werden.

§ 138 BGB
§ 105 (1) BGB
§ 118 BGB
§ 117 BGB
§ 130

M 1
Nichtige Rechtsgeschäfte sind solche, die von Anfang an unwirksam sind und
- die gegen ein **gesetzliches Verbot verstoßen**, z. B. Handel mit Rauschgiften, Menschen und illegale Beschäftigung,
- die gegen die **guten Sitten verstoßen**, z. B. Kreditverträge mit 45 % Zinsen, 1 000,00 € Miete für ein Bett pro Nacht,
- die **mit Geschäftsunfähigen** oder mit beschränkt Geschäftsfähigen geschlossen werden, z. B. ein 6-Jähriger kauft sich ein Pferd, ein Mann mit geistiger Behinderung verkauft den Schmuck seiner Mutter,
- die **als Scherz** gedacht sind, z. B. ein Gast bestellt das Essen der gesamten Speisekarte, eine Frau verkauft ihr Ferienhaus für 1,00 €,
- die **zum Schein** abgeschlossen werden, z. B. eine Rechnung wird, um Steuern zu sparen, viel zu niedrig ausgestellt,
- die die **gesetzlich vorgeschriebene Form nicht aufweisen**, z. B. Grundstückskauf ohne Notar, mündlicher Mietvertrag.

§ 123 BGB
§ 123 BGB
§§ 119, 120 BGB

M 2
Anfechtbare Rechtsgeschäfte sind solche, die bis zur Anfechtung gültig sind und
- die durch **widerrechtliche Drohung** zustande gekommen sind, z. B. ein Zoohändler droht mit Schlägen, wenn man seinen Papageien nicht kauft,
- die durch **arglistige Täuschung** zustande gekommen sind, z. B. ein Auto wird nach Totalschaden repariert und als unfallfrei verkauft,
- bei denen **ein Irrtum** oder ein **Übermittlungsfehler** vorliegt, z. B. Preisschilder werden vertauscht, versehentlich Lieferung zum falschen Datum, versehentlich wird die falsche Größe verkauft.

§ 123 BGB

Fristen der Anfechtung

Innerhalb eines Jahres können Willenserklärungen, die durch widerrechtliche Drohung oder arglistige Täuschung zustande gekommen sind, rückgängig gemacht werden.
Bei einem Irrtum muss die Anfechtung sofort nach dessen Bemerken erfolgen.

Arbeitsvorschlag

Überprüfen Sie folgende Fälle mithilfe von M 1 und M 2 auf ihre Gültigkeit.
- Ein Mann schenkt seiner Freundin ein Auto und behält den Kfz-Brief. Kurz danach bereut er die Schenkung. Ist diese trotzdem wirksam?
- Ein Verkäufer überredet eine gebrechliche alte Dame, eine Dauerkarte für die Wasserskianlage zu kaufen.
- Am Packtisch eines Supermarkts bezahlt ein Mann Herrenschuhe in der Größe 45 und erhält einen Schuhkarton mit Damenpantoletten.

4.4 Der Kaufvertrag

Zustandekommen und Erfüllung

M 1
Frau Papke aus Güstrow bestellt per Telefon einen Kühlschrank. Der Händler liefert innerhalb von 24 Stunden.

§§ 145, 147 BGB

M 2
Kaufverträge entstehen durch mindestens zwei übereinstimmende Willenserklärungen, durch das Angebot und dessen Annahme.

Das Angebot kann sowohl durch den Verkäufer als auch durch den Käufer erfolgen. Dazu zwei Beispiele:

- Die Computerfirma Schell macht Herrn Pauls ein Angebot über einen Computer. Herr Pauls nimmt dieses Angebot ohne Änderung an. Das Angebot erfolgt über den Verkäufer.

- Herr Dolfi bestellt bei der Firma Haustechnik eine Alarmanlage. Die Firma nimmt die Bestellung an. Hier ist das Angebot über den Käufer erfolgt. In beiden Fällen sind Kaufverträge entstanden.

Grundsätzlich ist der Verkäufer an sein Angebot gebunden. Nur bei verspäteter oder veränderter Annahme durch den Käufer kann die Bindung an das Angebot aufgehoben werden.

§ 150 (1) (2) BGB

Der Verkäufer kann sich jedoch durch Äußerungen wie „solange der Vorrat reicht" oder „unverbindlich" von einer Bindung befreien.

§ 433 BGB

Ein **Verpflichtungsgeschäft** ist eine vertragliche Verpflichtung durch einstimmige Willenserklärung beider Vertragspartner.

Ein **Erfüllungsgeschäft** ist die Lieferung, die Bezahlung und die Annahme von Ware und Geld sowie die Eigentumsübertragung.

M 3
Pflichten des Verkäufers: Übergabe der Sache
Übertragung des Eigentums
Pflichten des Käufers: Annahme der Sache
Bezahlung des Kaufpreises

M 4
Pflichten des Verkäufers sind Rechte des Käufers.

Rechte des Verkäufers sind Pflichten des Käufers.

Erfüllungsort ist der Ort, an dem der jeweilige Schuldner seine Leistung erbringen muss. Der Verkäufer schuldet die Lieferung der Ware. Der Käufer schuldet die Zahlung des vereinbarten Kaufpreises.

§ 269 BGB

Der Verkäufer muss die Ware an seinem Geschäftssitz zur Verfügung stellen. Der Käufer muss diese dort abholen, falls nichts anderes vereinbart ist.

Arbeitsvorschlag

Begründen Sie mithilfe von M 2, warum es sich in M 1 um einen Kaufvertrag handelt und diskutieren Sie die in M 4 gemachte Aussage. Beachten Sie dabei auch M 3.

Besitz und Eigentum

Herr Papke fährt einen Geschäftswagen. Er besitzt zwar einen Wagen, aber er gehört ihm nicht, weil seine Firma Eigentümerin des Pkw ist.

M 1

„Ich besitze viele wertvolle Dinge, sie sind aber nicht mein Eigentum", sagt Hanna zu Leon.

M 2 §854 BGB

(1) Der Besitz einer Sache wird durch die Erlangung der tatsächlichen Gewalt über die Sache erworben.

M 3

Besitz ist die tatsächliche Verfügungsgewalt über eine Sache.
WER HAT DIE SACHE?
Eigentum ist die rechtliche Verfügungsgewalt über eine Sache.
WEM GEHÖRT DIE SACHE?

§903 BGB

(1) Der Eigentümer einer Sache kann mit der Sache nach Belieben verfahren und andere von jeder Einwirkung ausschließen.

Der Eigentümer kann die Sache verschenken, benutzen, verleihen, verpfänden oder sogar zerstören.
Bemächtigt sich jemand der Sache widerrechtlich, so kann er sich dagegen auch mit Gewalt zur Wehr setzen. Viele Streitigkeiten dieser Art landen vor Gericht.
Mit Abschluss eines Kaufvertrags verpflichtet sich der Verkäufer, sein Eigentum an den Käufer zu übertragen.
Bei beweglichen Sachen erfolgt mit der Einigung eine Übergabe. Ist die Sache bei einem Dritten, wird der Herausgabeanspruch abgetreten.
Bei unbeweglichen Sachen wie Häusern oder Grundstücken erfolgt die Auflassung (Einigung über den Eigentumsübergang vor dem Notar) und dann die Eintragung ins Grundbuch.

M 4 Marlene borgt sich von Sarah einen Mantel und verkauft ihn für 50,00 €.

§§ 598, 599, 604, 816 BGB

M 5

Geborgte, gestohlene oder verlorene Sachen können nicht auf guten Glauben hin erworben werden. Der rechtmäßige Eigentümer kann die Herausgabe verlangen und den Diebstahl anzeigen. Steht in einem Kaufvertrag in den Lieferbedingungen das Wort „Eigentumsvorbehalt", so bedeutet das, dass der Verkäufer bis zur Zahlung des Kaufpreises Eigentümer der Sache bleibt.

Arbeitsvorschläge

1. Interpretieren Sie Hannas Ausspruch in M 1 mithilfe von M 2 und M 3.
2. Die Polizei warnt vor dem Kauf gestohlener Sachen. Erklären Sie die Rechtslage.
3. Jessica hat im Internet ein Ferienhaus gefunden, das sie kaufen möchte. Informieren Sie sich, wie sie beim Kauf des Hauses vorgehen sollte.
4. Notieren Sie aus Ihrem persönlichen Umfeld Beispiele für Besitz und Eigentum.
5. Entscheiden Sie über Besitz bzw. Eigentum bei den folgenden Beispielen und begründen Sie Ihre Aussage.
   a) geleaster Pkw
   b) Dienstwagen
   c) Grundstückskauf – Zahlung der letzten Rate
   d) Geschenk
6. Bewerten Sie die in M 4 beschriebene Handlung mithilfe von M 5.

Inhalt des Kaufvertrags

```
                    KAUFVERTRAG

abgeschlossen zwischen den Eheleuten Mustermann

              Dipl. Ing. Max Mustermann, geb. 01.01.1980
                          Ingenieur
                      12345 Musterhausen, 12
und

              Marianne Mustermann, geb. 01.01.1980
                     Dipl. Sozialpädagogin
                      12345 Musterhausen, 12

als Käufer einerseits, und der

                     Muster GmbH & Co. KG
                      12234 Musterhausen, 1

als Verkäufer andererseits, wie folgt:


Art und Güte der Ware: ...
Lieferzeit: ...
Verpackungs- und Beförderungskosten: ...
Zahlungsbedingungen: ...
Preisnachlässe: 2 % Skonto bei Zahlung innerhalb von 14 Tagen
Erfüllungsort: 12234 Musterhausen, Musterweg 1
Warenschulden: ...
Gerichtsstand: ...


Muster GmbH & Co. KG
Hr. Muster                            Musterhausen den, 12.03.2020
```

Bei vielen Rechtsgeschäften des Alltags ist es nicht nötig, per Kaufvertrag die Bedingungen auszuhandeln, z. B. Kauf von Brot. Bei wichtigen Rechtsgeschäften liegen ohnehin besondere Formvorschriften vor. Einen schriftlichen Vertrag muss man aushandeln, auch um Streitigkeiten aus dem Weg zu gehen.
Für den Abschluss eines Kaufvertrags gelten folgende Bedingungen:

Art und Güte der Ware: Die mittlere Art und Güte ist zu liefern.

Lieferzeit: Wird vereinbart oder es ist sofort zu liefern?

Verpackungs- und Beförderungskosten: Diese Kosten trägt der Käufer ebenso wie die der Versand- und der Übergabeverpackung.

Zahlungsbedingungen: Der Käufer muss auf eigene Kosten und Gefahr das Geld überbringen.

Preisnachlässe: Rabatt oder Skonto darf nur dann vom Käufer abgezogen werden, wenn dies vorher vereinbart wurde.

§ 433 BGB

§ 433 (2) Der Käufer ist verpflichtet, dem Verkäufer den vereinbarten Kaufpreis zu zahlen und die gekaufte Sache abzunehmen.

Erfüllungsort: Der gesetzliche Erfüllungsort gilt immer dann, wenn kein anderer Ort vereinbart wurde. Das ist der Wohn- oder Firmensitz des jeweiligen Schuldners. Beim Kaufvertrag gibt es zwei Schuldner, den Käufer als Geldschuldner und den Verkäufer als Warenschuldner.

Warenschulden: Sind Holschulden, d. h., der Verkäufer hält die Ware an seinem Firmensitz zur Abholung bereit. Lässt er die Ware zusenden, trägt der Käufer das Risiko. Geldschulden sind laut Gesetz Bringschulden oder Schickschulden. Der Käufer ist verpflichtet, den Geldbetrag rechtzeitig von seinem Wohnort abzuschicken.

Gerichtsstand: Ist der Ort, an dem der jeweilige Schuldner wegen Nichterfüllung verklagt werden kann. Wenn nichts weiter vereinbart wurde, gilt der gesetzliche Gerichtsstand, d. h. der jeweilige Wohn- oder Geschäftssitz des Schuldners. Privatkäufer können laut Verbraucherschutzgesetz am Wohnort klagen und auch nur dort verklagt werden.

Arbeitsvorschlag

Sind folgende Aussagen richtig? Begründen Sie Ihre Meinung.
- „Warenschulden sind Holschulden, Geldschulden sind Bringschulden."
- „Der Gerichtsstand ist für beide Seiten der Ort des Verkäufers."
- „Der Verkäufer übernimmt die Kosten für Beförderung und Verpackung."
- „Rabatt oder Skonto kann jederzeit vom Käufer abgezogen werden."

Der Immobilienkauf

Grundbuch: öffentliches Register über Rechtsverhältnisse an Grundstücken

Auflassung: Einigung zwischen Käufer und Verkäufer, dass das Eigentum übertragen werden soll

§ 873 BGB

M 1

Helfried Lange verkauft das Haus seiner Eltern ohne deren Wissen. Schnell findet er einen Käufer, mit dem er sich über den Kaufpreis sehr bald einig wird. Das Geld soll der Käufer ihm bar in die Hand geben. Als der Käufer einen Kredit bei der Bank aufnehmen möchte, um das Haus auszubauen, wird ihm mitgeteilt, dass er nicht Eigentümer sei und die Bank demzufolge auch keinen Kredit geben könne.

Immobilienkäufe erfolgen mithilfe eines Notars. So muss jeder Kaufvertrag über ein Grundstück notariell beurkundet werden. Verträge, die nicht in dieser Form abgeschlossen worden sind, sind **nichtig**. Bei Grundstücken erfolgt die Eigentumsübertragung durch Auflassung und Eintragung ins Grundbuch. Der Notar veranlasst, dass die Eintragung ins Grundbuch erfolgt. Erst dann ist das Eigentum übertragen.

Kauf auf Abzahlung

M 2

Marlene und Andy wollen sich eine neue Wohnzimmereinrichtung auf Abzahlung kaufen. Der Verkäufer trifft mit ihnen eine mündliche Vereinbarung über zehn Raten. Nach einer Woche will er jedoch den gesamten Kaufpreis sofort bezahlt haben.

§§ 241, 242, 243 BGB

Kreditscoring
Dient der Ermittlung der Kreditwürdigkeit für die Vergabe von Ratenkrediten an private Kunden. Dies erfolgt auf Grundlage einer statistischen Annahme mit der Vergabe von Punkten. Dazu gehören: Beruf, wie lange man an einem Ort wohnt, wie attraktiv die Wohnlage ist, welche Sicherheiten vorhanden sind etc. Die sich ergebenden Punkte entscheiden, ob ein Kredit vergeben wird oder nicht. Es können z. B. auch Punkte abgezogen werden, wenn man in einem einkommensschwachen Wohnbezirk wohnt, in dem es viele Schuldner gibt. Kreditscoring ist eine Methode, um Kreditausfälle zu vermeiden.

Wenn der Kunde den Kaufpreis einer größeren Sache nicht sofort bezahlen kann, besteht die Möglichkeit des Ratenkaufs. Hier wird vereinbart, in welcher Höhe und in welchen Abständen die Zahlung erfolgen soll. Zur Sicherheit liefert der Verkäufer auf Eigentumsvorbehalt. Bis zur vollständigen Bezahlung bleibt die Ware Eigentum des Verkäufers. Kann der Käufer nicht mehr zahlen, hat der Verkäufer ein Rücknahmerecht. Der Ratenkauf muss schriftlich abgeschlossen werden. Er muss folgende Bestandteile enthalten:
– den Barzahlungspreis und den Teilzahlungspreis,
– die Anzahl, Höhe und Fälligkeit der Raten,
– den effektiven Jahreszins,
– einen deutlichen Hinweis (zweite Unterschrift), dass der Vertrag innerhalb einer Woche ohne Angabe von Gründen widerrufen werden kann.

Der Käufer hat mit der schriftlichen Form nicht nur mehr Rechtssicherheit, sondern auch den Vergleich, wie viel höher der Preis beim Ratenkauf gegenüber dem Barzahlungspreis ist.
Er kann keinen Barzahlungsnachlass (Skonto) bekommen. Der Ratenkauf ist leicht getätigt, es muss hier jedoch vor Überschuldung gewarnt werden. Käufer und Verkäufer müssen sich ihrer Verantwortung beim Ratenkauf bewusst sein.

Arbeitsvorschläge

1. Stellen Sie fest, ob die Bank im Fall M 1 recht hat. Ist hier ein Grundstücksverkauf erfolgt?
2. Bearbeiten Sie M 2. Kann der Verkäufer den gesamten Kaufpreis verlangen?

4.5 Weitere Vertragsarten

M 1

Erfahrene Friseurin kommt zu Ihnen ins Haus. Anruf unter …
Holzdecken (Nut- und Federsystem) montiert Fa. Holzkeil. Tel. …
2-Zi.-Whg. m. Balkon ab 01.06. zu vermieten. Tel. …
Fingernagelmodellage preisgünstig bei Ihnen zu Hause. Tel. …
Biete Garten (800 qm) ab 01.04. zur Pacht an. Tel. …
Suche ausgebildete/-n Karosseriemechaniker/-in für meine Werkstatt. Tel. …

Werkvertrag: Ein Kunde bestellt die Herstellung eines Werkes und bezahlt dafür (z. B. Haarschnitt beim Friseur).

§ 631 ff. BGB Werkvertrag

Werklieferungsvertrag: Ein Kunde bestellt die Lieferung von herzustellenden beweglichen Sachen (z. B. ein Tisch wird beim Schreiner bestellt).

§ 651 BGB Werklieferungsvertrag

Dienstvertrag
Eine Person verpflichtet sich zur Leistung von Diensten gegen Entgelt. So soll z. B. eine Haushaltshilfe u. a. den Hausputz übernehmen.
Der bekannteste Dienstvertrag ist der Arbeitsvertrag.
Der Dienstvertrag ist erfüllt, wenn die Person in der entsprechenden Zeit tätig wurde, auch wenn diese nicht erfolgreich war. Der Arzt zum Beispiel untersucht einen Patienten, allerdings erfolglos. Der Vertrag ist durch das Tätigwerden erfüllt. Der Erfolg spielt hier keine Rolle. Im Gegensatz dazu setzt ein Werkvertrag immer den Erfolg voraus. Soll ein Arzt die Gallenblase entfernen, so ist dieser erst erfüllt, wenn die Gallenblase tatsächlich herausoperiert wurde.

Dienstvertrag
§§ 611–639 BGB
Entgelt ist die Zahlung eines vereinbarten Geldbetrags.

Mietvertrag
Der Vermieter verpflichtet sich, dem Mieter eine Sache zum Gebrauch zu überlassen. Hierfür erhält er ein Entgelt, den sogenannten „Mietzins".
Mietverträge sind grundsätzlich formfrei. Für das Mieten von Wohnungen gilt jedoch die Schriftform. Das Mietverhältnis endet nach vertraglicher Vereinbarung oder durch Kündigung. Hier gelten die besonderen Vorschriften des „Mieterschutzes", die auch die Mieterhöhung betreffen. Der Vermieter muss die Sache überlassen und in einem benutzbaren Zustand erhalten. Der Mieter muss den Mietzins zahlen und die Sache am Ende der Mietzeit zurückgeben.

Mietvertrag
§§ 566–580 BGB

Pachtvertrag
Pacht- und Mietvertrag sind sich sehr ähnlich. Die Vorschriften des Mietvertrags werden auch beim Pachtvertrag angewendet. Beim Pachtvertrag wird dem Pächter nicht nur der Gebrauch der Sache überlassen, sondern auch der Ertrag (sogenannter „Fruchtgenuss"). Zum Beispiel darf der Pächter eines Gartens auch die Früchte ernten. Der Mieter eines Ferienhauses darf die auf dem Grundstück stehenden Kirschbäume nicht abernten. Das ist ihm verboten.

Pachtvertrag
§§ 581–584 BGB

Leihvertrag
Eine Sache wird beim Leihvertrag unentgeltlich zum Gebrauch überlassen. Danach hat der Entleiher dem Verleiher die verliehene Sache zurückzugeben und im Schadensfall zu ersetzen. Deshalb ist ein Hinweisschild „Bootsverleih, Stunde 5,00 €" schlichtweg falsch. Denn hier findet kein Verleih statt, sondern es wird vielmehr ein Mietverhältnis angeboten.

Leihvertrag §§ 598–606 BGB

Leasingvertrag
Durch einen Leasingvertrag werden Gegenstände, z. B. ein Auto, zum Gebrauch überlassen. Dafür wird eine monatliche Leasinggebühr entrichtet. Der Vorteil ist, dass kaum Eigenkapital benötigt wird. Der Leasinggeber bleibt Eigentümer des geleasten Gegenstandes.

Arbeitsvorschläge

1. Nennen Sie die Vertragsarten, die in M 1 zum Tragen kommen.
2. Notieren Sie für die aufgeführten Vertragsarten je ein zusätzliches Beispiel.

Außerhalb von Geschäftsräumen geschlossene Verträge

Außerhalb von Geschäftsräumen geschlossene Verträge (Haustürgeschäfte) unterliegen dem „Gesetz über den Widerruf von Haustürgeschäften und ähnlichen Geschäften".

Angelika ist in der Zeitung auf ein Inserat für spezielle Kochtöpfe aufmerksam geworden. Sie bestellt den netten Vertreter ins Haus und vereinbart die Lieferung einer größeren Anzahl von Töpfen. Nach einem Gespräch mit ihrem Mann entscheidet sie sich jedoch, den Kauf wieder rückgängig zu machen.

Ein Haustürgeschäft ist der Abschluss eines Kaufvertrags in der Privatwohnung, am Arbeitsplatz, bei einer Kaffeefahrt o. Ä. ohne vorherige Bestellung. Gemeinsam ist den hier genannten Beispielen, dass sie außerhalb von Geschäftsräumen geschlossen werden. Der Käufer kann innerhalb einer Woche das Geschäft rückgängig machen, wenn er meint, den Kauf unbedacht abgeschlossen zu haben.

Es besteht kein Widerrufsrecht, wenn der Käufer den Vertreter bestellt hat, es sich um ein Bagatellgeschäft (unter 40,00 €) handelt, wenn ein Vertrag notariell beurkundet oder ein Versicherungsvertrag abgeschlossen wurde.

E-Commerce

Telemedien ist ein Oberbegriff für die elektronischen Informations- und Kommunikationsdienste. Zu den Telemedien im Sinne des Jugendschutzgesetzes zählen Internetangebote wie
– Chatrooms,
– Dating-Communities,
– Informationsdienste,
– Online-Auktionshäuser,
– Podcasts,
– soziale Medien und Blogs,
– Spiele-Apps,
– Suchmaschinen,
– Webmail-Dienste,
– Webportale und private Websites,
– Webshops.

Zum Zweck des Vertragsabschlusses bedient man sich beim elektronischen Warenverkehr (E-Commerce) der Telemedien. Das Onlineportal muss übersichtlich und einfach gestaltet sein, sodass der Kunde Eingabefehler vor der Bestellung korrigieren kann. Die Bestellung muss per Mail bestätigt werden. Die AGB müssen vor Vertragsabschluss per Download dem Verbraucher zur Kenntnis gegeben werden. Die akzeptierten Zahlungsmittel müssen bekannt gemacht werden, und der Verbraucher muss das Häkchen dazu selbst setzen. Es muss deutlich gekennzeichnet werden, dass hier eine zahlungspflichtige Bestellung vorgenommen wird. Hat die Übersendung der Datei, z. B. bei Musik oder Software, begonnen, erlischt das Widerrufsrecht, wenn der Verbraucher durch Anklicken eines Buttons ausdrücklich zugestimmt hat. Eine Widerrufsfrist besteht 14 Tage per E-Mail, Fax, Brief oder Telefonanruf. Erfolgt keine Belehrung über das Widerrufsrecht, so verjährt es nach 12 Monaten.

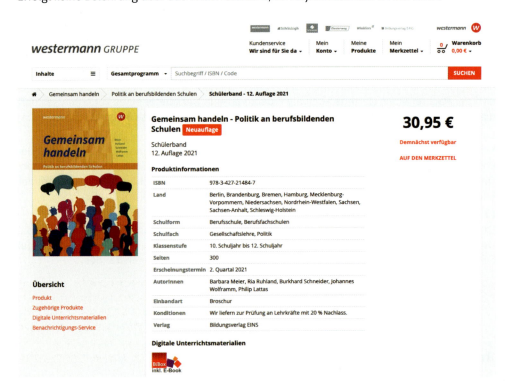

4.6 Leistungsstörungen

Seit Juni 2014 sind in der EU einheitliche Regelungen für Geschäfte mit Verbrauchern anzuwenden.

Der Verkäufer muss den verkauften Gegenstand mangelfrei liefern. Sind Mängel vorhanden, muss sie der Käufer rügen, d. h. reklamieren. Es gilt:

Gewährleistung für neue Ware
Die Gewährleistung beträgt zwei Jahre. Im ersten halben Jahr muss der Verkäufer beweisen, dass die Ware beim Kauf fehlerfrei war, danach ist der Käufer in der Beweispflicht. Weist die gekaufte Ware einen Mangel auf, kann der Kunde vom Verkäufer zunächst verlangen, dass er ihm die gleiche Ware, jetzt fehlerfrei, liefert oder sie repariert. Der Verkäufer muss dabei die Kosten für Transport, Arbeitsleistung und Materialien tragen. Den Kaufpreis reduzieren oder vom Vertrag zurücktreten kann man erst, wenn die Reparatur zweimal scheitert, dem Kunden nicht zumutbar ist oder wenn die Ersatzlieferung fehlschlägt. Mehr als zwei Reparaturen muss aber niemand hinnehmen.

Gewährleistung für gebrauchte Waren (Secondhand-Ware)
Die Gewährleistung beträgt zwei Jahre, allerdings nicht für den Kauf unter Privatleuten. Der Verkäufer kann die Gewährleistung in den allgemeinen Geschäftsbedingungen auf ein Jahr heruntersetzen, wenn er das vorher ausdrücklich mit dem Kunden vereinbart hat.

Montageanleitung („Ikea-Klausel")
Unverständliche Anleitungen gelten als Mangel. Die Ware kann reklamiert werden.

Werbeversprechen
Beziehen sich Werbeversprechen auf konkrete Eigenschaften, muss das Produkt genau das halten, was die Werbung verspricht.

Einige Getränkehersteller werben mit Slogans, die sie nicht einhalten können. Also klagte ein Amerikaner gegen den Hersteller von Red Bull. Der Kläger trug vor Gericht vor, dass er seit vielen Jahren dieses Getränk zu sich nehme und keine Leistungssteigerung feststellen könne. Geschweige denn, dass er fliegen könne. Somit war das Werbeversprechen nicht eingehalten worden, andere Konsumenten schlossen sich der Klage an, und der Hersteller entschloss sich zu einer Vergleichszahlung.

Das Gesetz gegen den unlauteren Wettbewerb (UWG) verbietet irreführende geschäftliche Handlungen.

M 1

Mängel (Fehler)
- in der Beschaffenheit
- in der Güte (Qualität)
- in der Art
- in der Menge der Ware

Garantie bei Sonderangeboten

Auch bei Sonderangeboten oder Waren, die zu Discounterpreisen verkauft werden, hat der Käufer ein Recht auf Garantie. Das hat das Oberlandesgericht (AZ: 6 U 137/96) entschieden. AP, 10.05.1999

Arbeitsvorschläge

1. *Klara kauft ein Bügeleisen. Nach 15 Monaten funktioniert es nicht mehr. Bekommt sie ein neues von ihrem Händler? Begründen Sie Ihre Antwort.*
2. *Die gekaufte Ware funktionierte nicht. Der Verkäufer hat die Ware reparieren lassen und fordert den Kunden auf, 10,00 € für Transport, Arbeitsleistung und Material zu bezahlen. Ist das korrekt?*
3. *Der vom Verkäufer gelieferte Selbstbausatz enthält eine Gebrauchsanweisung auf Chinesisch. Kann der Käufer die Ware zurückgeben?*
4. *Notieren Sie für die in M 1 genannten Leistungsstörungen (Mängel) eigene Beispiele.*

Mangelnde Lieferung

§ 434 BGB

Handelsklasse bedeutet, dass die Ware in verschiedenen Qualitäten geliefert werden kann.

Die gelieferte Ware muss beim Käufer in einwandfreiem Zustand ankommen. Ist das nicht der Fall, können folgende Mängel auftreten:
Art: falsche Ware, z. B. eine Kette statt eines Armbands
Menge: zu viel oder zu wenig
Qualität: eine andere Qualität, z. B. schlechtere Handelsklasse
Beschaffenheit: verdorbene oder beschädigte Ware

§ 440 BGB
Vorrangiges Recht:
Nacherfüllung

Nachrangiges Recht:
Rücktritt
Minderung
Schadenersatz

Rechte des Käufers:
Vorrangiges Recht bedeutet, dass der Verkäufer das Recht auf Nacherfüllung hat.
Das heißt, dem Käufer steht eine Reparatur oder eine Ersatzlieferung zu.
Nachrangiges Recht bedeutet, dass der Käufer vom Kauf zurücktreten kann, der Kaufpreis gemindert werden oder Schadenersatz gefordert werden kann.
Zusätzlich muss der Verkäufer die Kosten des Käufers, wie z. B. Transport-, Arbeits- und Materialkosten, tragen.
Hat der Verkäufer vorsätzlich oder fahrlässig gehandelt, kann der Käufer Schadenersatz fordern.

Nicht-Rechtzeitig-Leistung

Nicht-Rechtzeitig-Lieferung (Verzug) liegt vor bei schuldhafter Nichtleistung trotz Fälligkeit und Mahnung.

Nicht-Rechtzeitig-Lieferung
Hat der Verkäufer schuldhaft eine Ware nicht zum vereinbarten Termin geliefert, gerät er in Verzug. Konnte aufgrund von höherer Gewalt, z. B. Streiks oder Naturkatastrophen, nicht geliefert werden, entfällt das Verschulden.

Rechte des Käufers:
- Er kann auf der Lieferung bestehen.
- Er kann nachträglich liefern lassen und Schadenersatz fordern.
- Er kann eine Nachfrist setzen und danach vom Vertrag zurücktreten.
- Nach der Nachfrist kann er die Lieferung ablehnen und Schadenersatz wegen Nichterfüllung fordern.

§ 280 BGB

Gläubigerverzug – (Annahmeverzug)
Nimmt der Käufer die pünktlich und ordnungsgemäß angelieferte Ware nicht oder nicht rechtzeitig an, gerät er in Verzug.

Rechte des Verkäufers:
- Er nimmt die Ware in Verwahrung und klagt auf Abnahme.
- Unverderbliche Ware kann er sicher einlagern und später versteigern.
- Verderbliche Ware kann er sofort verkaufen. Kosten und Mindererlöse trägt der Käufer.

§ 440 BGB: Rechte des Käufers sind nur ausgeschlossen, wenn er bei Vertragsabschluss Mängel erkennt.

Nicht-Rechtzeitig-Zahlung:
Bezahlt der Käufer bis zu einem festgesetzten Zahlungstermin oder nach einer Mahnung die Ware nicht, gerät er in Zahlungsverzug.

Rechte des Verkäufers:
- Der Verkäufer kann weiter auf Zahlung bestehen (Vertragserfüllung).
- Er verlangt die Zahlung und Verzugszinsen.
- Er kann nach einer angemessenen Nachfrist vom Vertrag zurücktreten und die Ware abholen.

§ 323 BGB
§ 346 ff. BGB

Arbeitsvorschlag

Lösen Sie folgende Fälle.
a) Frau Schmidt hat einen Schrank bestellt, der beschädigt ankommt. Welches Recht hat sie?
b) Herr Beyer hat ein Klavier bestellt, das er bei Lieferung nicht annimmt. Welches Recht hat der Verkäufer?

Gewährleistung und Garantie

M 1 Die Gewährleistung ist gesetzlich geregelt, während die Garantie eine freiwillige Leistung des Händlers ist. Für Mängel, die bereits beim Kauf vorhanden waren, haftet der Händler. Das Gleiche gilt für Mängel, die in der Konstruktion der Ware begründet sind. Der Händler kann die Haftung nicht durch die allgemeinen Geschäftsbedingungen einschränken oder ausschließen. Dagegen kann die Garantie befristet oder an Bedingungen geknüpft werden. Zum Beispiel wenn eine reibungslose Funktion der Ware nur durch regelmäßige Wartung in einer autorisierten Werkstatt garantiert werden kann.

Was ist mangelhafte Ware? Eine Ware ist dann mangelhaft, wenn die vertraglich vereinbarte Beschaffenheit nicht vorhanden ist. Hat der Kunde beispielsweise einen neuen Kühlschrank bestellt und der angelieferte ist völlig verbeult, ist das genauso ein Mangel wie wenn das neue Stück nicht kühlt.

Der Handwerker muss nachbessern? Der Tischler fertigt Stühle. Die Lehnen wackeln nach kurzer Zeit. Der Tischler muss innerhalb der ersten zwei Jahre kostenlos nachbessern. Er kann aber die Gewährleistung in den Geschäftsbedingungen auf ein Jahr verkürzen. Außerdem entscheidet nicht der Kunde, sondern der Tischler, ob er die Lehnen erneut einklebt oder diese auswechselt.

Wann Reparatur? Wann Umtausch? Wann Geld zurück? Wenn das neue Hauswasserwerk nicht die versprochene Wassermenge fördert, hat der Käufer die Wahl zwischen Reparatur oder Umtausch. Erst wenn das Hauswasserwerk nach zwei Reparaturen erneut nicht die Leistung bringt, kann der Käufer die Ware zurückgeben und sein Geld zurück verlangen. Das Wahlrecht ist jedoch eingeschränkt. Bei höherwertigen Sachen wie einem Fernseher, einem Motorrad oder einem Auto muss der Kunde eine Reparatur geringer Mängel akzeptieren. Bedingung ist, dass die Reparatur in vier Wochen erledigt ist und der Händler die Kosten für Versand und Transport trägt.

Das Rabattgesetz und die Zugabeverordnung sind abgeschafft. Erlaubt waren maximal 3 % Preisnachlass. Händler können jetzt so viel Rabatt geben, wie sie wollen. Durch große oder kleine Extras können sie den Kaufanreiz erhöhen. So kann geworben werden mit: „Satte Rabatte" oder „Kauf zwischen 20.00 und 22.00 Uhr 10 % billiger".

Der Verbraucher sollte sich bei vielen angebotenen Rabatten jedoch nicht täuschen lassen. Oftmals lohnt sich der Kauf von Produkten, die mit Preisnachlass angeboten werden, nur sehr eingeschränkt. Zum Beispiel wenn es sich um verderbliche Ware handelt, die man sofort verbrauchen muss (Lebensmittel), wenn sie bereits aus der Mode sind oder es bereits ein Nachfolgeprodukt gibt, das auf einem technisch höheren Niveau ist. Bei vielen Rabatten ist ein Nachrechnen dringend erforderlich, um nicht angelockt von dem vermeintlich guten Preisangebot doch am Ende zu viel zu bezahlen. Auch Werbesprüche wie „Nimm drei, zahle zwei und spare dabei" sind sehr trügerisch, wenn man eigentlich so viel Geld gar nicht ausgeben wollte.

Arbeitsvorschläge

1. Entscheiden Sie, ob es sich in den folgenden Beispielen um Maßnahmen handelt, die den Wettbewerb um den Kunden verzerren.
   a) Im Schaufenster und in der Zeitung wird ein „Räumungsverkauf wegen Geschäftsaufgabe" angekündigt. Tatsächlich wird das Geschäft von einem neuen Inhaber weitergeführt.
   b) Aus einer Anzeige: „Empfohlener Richtpreis 120,00 €, bei mir 98,99 €".

2. Am 1. Juli ... wurde ein Kaufvertrag über einen Pkw in Höhe von 16 980,00 € abgeschlossen. Die Lieferfrist für dieses Modell betrug zu diesem Zeitpunkt 11 Monate. Am 2. Januar des folgenden Jahres wurden die Preise des Herstellers um 2,4 % erhöht. Welcher Preis war bei Auslieferung am 1. Juni zu zahlen, wenn in den allgemeinen Geschäftsbedingungen des Produzenten die Zahlung des zur Zeit der Auslieferung gültigen Preises festgelegt ist? Prüfen Sie mithilfe des AGB-Gesetzes. (s. S. 187)

4.7 Durchsetzung von Rechten aus Verträgen

Im Wirtschafts- und Privatleben werden täglich Lieferungen und Zahlungen angemahnt, weil Schuldner nicht pünktlich ihren Verpflichtungen nachkommen. Aber auch die Mahnschreiben führen häufig noch nicht zum gewünschten Erfolg. Dann müssen die Gläubiger versuchen, die Leistungen der Schuldner zu erzwingen. Die Zivilprozessordnung (ZPO) sieht dafür das gerichtliche Mahnverfahren und das Klageverfahren vor.

Gerichtliches Mahnverfahren

Hat der Gläubiger seine vertraglichen Verpflichtungen erfüllt und Anspruch auf Zahlung einer Geldsumme als Gegenleistung, kann er das gerichtliche Mahnverfahren einleiten. Er füllt das vorgeschriebene Formular aus (erhältlich im Papierwarengeschäft) und reicht den Antrag auf Erlass eines Mahnbescheids beim zuständigen Gericht ein. Gebühren sind im Voraus zu entrichten. Sachlich zuständig ist immer das Amtsgericht, örtlich zuständig jenes Amtsgericht, in dessen Bezirk der Antragsteller (Gläubiger) seinen Wohnsitz hat. Mithilfe des gerichtlichen Mahnverfahrens kann der Antragsteller seine Ansprüche rasch, einfach und billig durchsetzen.

Rechtspfleger ist Beamter, nimmt zur Entlastung von Richtern und Staatsanwälten bestimmte Aufgaben wahr: u. a. im Mahnverfahren, in Nachlasssachen.

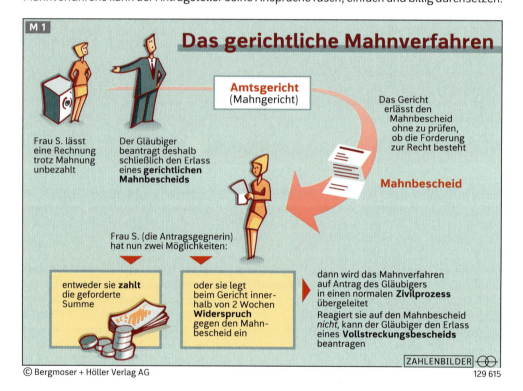

Der Vollstreckungsbescheid

(1) Der Gläubiger beantragt nach Ablauf der Widerspruchsfrist innerhalb von sechs Monaten beim Amtsgericht einen Vollstreckungsbescheid.
(2) Das Amtsgericht stellt den Vollstreckungsbescheid dem Schuldner zu.
(3) Der Gläubiger erhält damit einen vorläufig vollstreckbaren Titel (eine Urkunde, welche die Zwangsvollstreckung zulässt) gegen den Schuldner.
(4) Der Schuldner kann gegen den Vollstreckungsbescheid innerhalb von 14 Tagen Einspruch einlegen. Das Amtsgericht gibt dann die Angelegenheit an das für den Zivilprozess zuständige Gericht weiter.

Unterbleibt der Einspruch, so wird der Vollstreckungsbescheid rechtskräftig. Er kann nicht mehr angefochten werden.

Gerichtsvollzieher unabhängiges staatliches Vollstreckungsorgan, er führt die Zwangsvollstreckung durch, soweit sie nicht den Gerichten zugewiesen ist.

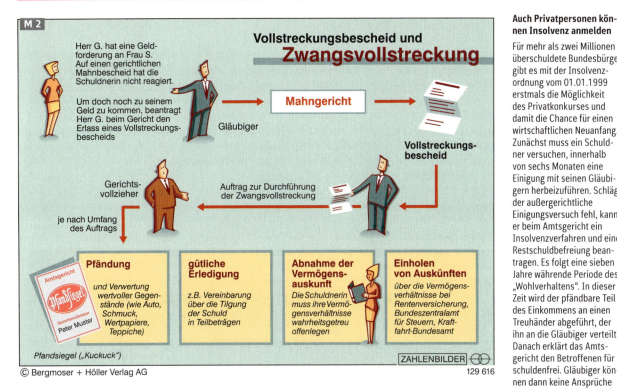

Auch Privatpersonen können Insolvenz anmelden

Für mehr als zwei Millionen überschuldete Bundesbürger gibt es mit der Insolvenzordnung vom 01.01.1999 erstmals die Möglichkeit des Privatkonkurses und damit die Chance für einen wirtschaftlichen Neuanfang. Zunächst muss ein Schuldner versuchen, innerhalb von sechs Monaten eine Einigung mit seinen Gläubigern herbeizuführen. Schlägt der außergerichtliche Einigungsversuch fehl, kann er beim Amtsgericht ein Insolvenzverfahren und eine Restschuldbefreiung beantragen. Es folgt eine sieben Jahre währende Periode des „Wohlverhaltens". In dieser Zeit wird der pfändbare Teil des Einkommens an einen Treuhänder abgeführt, der ihn an die Gläubiger verteilt. Danach erklärt das Amtsgericht den Betroffenen für schuldenfrei. Gläubiger können dann keine Ansprüche mehr geltend machen.

Die Zwangsvollstreckung

Der Gerichtsvollzieher nimmt die Zwangsvollstreckung im Auftrag des Gläubigers vor. Dies geschieht durch Pfändung.

- Bei beweglichem Vermögen nimmt der Gerichtsvollzieher wertvolle Gegenstände (z. B. Schmuck) bei der **Pfändung** in seinen Besitz. Schwer transportierbare Sachen (z. B. Teppiche, Maschinen) versieht er mit einem Pfandsiegel („Kuckuck"). Die Verwertung der Pfänder erfolgt durch öffentliche Versteigerung.
- Unpfändbar sind Sachen, die für den persönlichen Haushalt oder für die Berufsausübung notwendig sind.
- Bei Grundstücken und Gebäuden, die das unbewegliche Vermögen darstellen, erfolgt die Zwangsvollstreckung durch:
  1. Zwangsversteigerung: Aus dem Erlös werden die Schulden bezahlt.
  2. Zwangsverwaltung: Aus den Einnahmen wie Mieten werden die Schulden bezahlt.
  3. Eintragung einer Sicherungshypothek (Zwangshypothek) in das Grundbuch: Sie führt nicht zur Befriedigung des Gläubigers, sondern nur zur Sicherung seiner Ansprüche.
- Bei Ansprüchen aus Arbeitseinkommen (Lohn, Gehalt) erlässt das Gericht einen **Pfändungs- und Überweisungsbeschluss**. Der Arbeitgeber z. B. darf dann nur einen für den Lebensunterhalt notwendigen Betrag an den Arbeitnehmer auszahlen. Den Rest muss er an den Gläubiger überweisen. Dieser Betrag wird in der Lohnpfändungstabelle ausgewiesen. Diese finden Sie im Internet.

Arbeitsvorschläge

1. Geben Sie Gründe für die Einleitung eines gerichtlichen Mahnverfahrens an. *(M 1, S. 180)*
2. Herr Schulz hat die Rechnung für seinen Fernseher längst bezahlt und erhält trotzdem einen gerichtlichen Mahnbescheid. Was kann er tun?
3. Erläutern Sie, aus welchem Grund man einen Vollstreckungsbescheid erhalten kann. *(M 2)*
4. Eine Zwangsvollstreckung steht ins Haus. Was darf nicht gepfändet werden?

Instanzenzug
im Zivilprozess
- Amtsgericht
- Landgericht
- Oberlandesgericht
- Bundesgerichtshof

Rechtsmittel
- Berufung
  gegen Endurteile erster Instanzen. Sie führt zu einer Überprüfung des Urteils in tatsächlicher und rechtlicher Hinsicht.
- Revision
  wird eingelegt nur zur rechtlichen Überprüfung eines Urteils durch eine höhere Instanz.

(1) Der Kläger reicht die Klageschrift beim zuständigen Gericht ein.
(2) Das Gericht stellt sie dem Beklagten zu und bestimmt den Termin für die mündliche Verhandlung.
(3) Die mündliche Verhandlung dient der Klärung des Sachverhalts. Die streitenden Parteien haben Gelegenheit, ihre Standpunkte vorzutragen (Parteivernehmung). Als weitere Beweismittel kommen infrage: Zeugenaussagen, Gutachten von Sachverständigen, Urkunden, Augenschein (Besichtigung des Streitgegenstands).
(4) Das Gericht versucht, die Parteien zu einem Vergleich zu bewegen. Misslingt dieses, so endet das Verfahren mit der Verkündung des Urteils.

Klageverfahren (Zivilprozess)

Zu einem Zivilprozess kommt es
- auf Antrag einer Partei nach einem Widerspruch gegen einen Mahnbescheid,
- von Amts wegen nach einem Einspruch gegen einen Vollstreckungsbescheid,
- nach Einreichung einer Klage.

Grundlage für das Verfahren ist der Streitwert, also der Wert des Streitgegenstandes (z. B. die Höhe der Geldforderung). Bei einem Streitwert
- bis einschließlich 5 000,00 € ist das Amtsgericht (Einzelrichter),
- über 5 000,00 € das Landgericht zuständig.

Das Verfahren findet vor dem Gericht statt, in dessen Bezirk der Schuldner seinen Wohnsitz hat (Kaufleute können einen anderen Gerichtsstand vereinbaren).
Gegen das Urteil kann die unterlegene Partei in bestimmten Fällen Rechtsmittel (z. B. Berufung) einlegen. Ein rechtskräftiges Urteil kann vollstreckt werden.

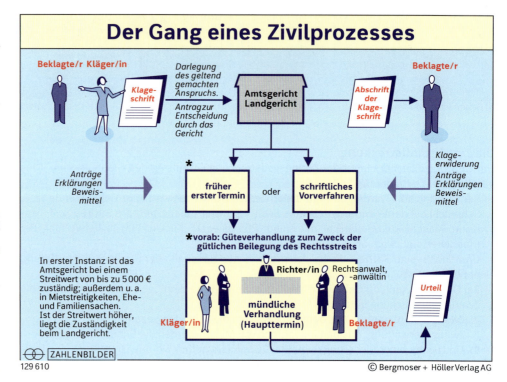

Arbeitsvorschläge

1. Ermitteln Sie Möglichkeiten, auf einen Mahnbescheid zu reagieren. (M 1, S. 180)
2. Die Zwangsvollstreckung erfolgt auf Antrag des Gläubigers. Beschreiben Sie den Ablauf dieses Verfahrens. (M 2, S. 181)
3. Kommt der Schuldner beim Mahnverfahren oder beim Klageverfahren schneller zu seinem Geld?

4.8 Überschuldung – Was nun?

M 1

Im Jahre 2015 hatten 31 Prozent der 14- bis 24-Jährigen bereits einmal Schulden. Das ergab eine Umfrage der GfK für den Bundesverband Deutscher Banken. [...] Außerdem würden sich Jugendliche und junge Erwachsene immer häufiger und auch immer mehr Geld leihen, von Freunden, den Eltern und sogar von der Bank.

Verschuldung Jugendlicher oder „Jung, dynamisch & verschuldet". www.schuldnerberatung.de. VFR Verlag für Rechtsjournalismus GmbH, Berlin (Hrsg.). www.schuldnerberatung.de/ebook-verschuldung-jugendlicher.pdf [10.02.2021]

M 2

Die 21- bis 24-Jährigen sind ebenfalls zunehmend verschuldet. Um eine eigene Wohnung zu haben und von den Eltern unabhängig zu sein, leben viele von ihnen über ihre Verhältnisse.

Der Gang zur Schuldnerberatung ist ein wichtiger Schritt, um nicht nur eine Beratung zu erhalten, sondern auch, um mit dem Mitarbeiter dieser Beratungsstelle Wege aus der Schuldenfalle zu erarbeiten. Dabei müssen folgende Fragen und Probleme geklärt werden:

1. Was hat zur Überschuldung geführt? (Versandhausbestellungen, Kredite)
2. Wie sieht die momentane Einnahmen- und Ausgabensituation aus?
3. Welche Ausgaben sind vermeidbar?
4. Benötigt man Hilfe bei Verhandlungen mit Banken und anderen Gläubigern?

Der Schuldner muss bereit sein, die Überschuldung zu klären und notwendige Konsequenzen zu ziehen.

Die Schuldnerberatung ist kostenfrei und insbesondere für private Haushalte gedacht. Viele Schuldner kommen jedoch um eine Verbraucherinsolvenz nicht herum (s. S. 184).

Beratungsstellen:
– bei Sozialämtern
– Verbraucherzentralen
– freien Wohlfahrtsverbänden

Die Zahlungsmoral

Mit der Zahlungsmoral steht es in Deutschland nicht zum Besten.
Hauptgrund für das Nichtbezahlen offener Rechnungen ist die Überschuldung von Privatpersonen wegen Arbeitslosigkeit oder Scheidung. Aber auch vorübergehende Liquiditätsengpässe können Ursache dafür sein.
Mancher Kunde handelt auch mit Vorsatz, d. h., er zahlt nicht vor der letzten Mahnung und gibt vor, die Rechnung vergessen zu haben.
Aber auch nur etwas mehr als die Hälfte der öffentlichen Auftraggeber gleichen die Forderungen rechtzeitig aus und etliche bezahlen ihre Rechnungen sogar erst nach zwei oder mehr Monaten.

Liquiditätsengpass: Man ist momentan nicht in der Lage zu zahlen.

Hauptgründe für das Nichtbezahlen offener Rechnungen:

Überschuldung: 60 %
Arbeitslosigkeit: 31 %
Vorsätzliches Nichtbezahlen: 55 %
Momentaner Liquiditätsengpass: 57 %
Vergesslichkeit: 20 %
Kundenreklamation: 15 %
vgl. Zahlungsmoral, Inkasso-Trendumfrage 2019, BDIU, Berlin, www.inkasso.de/sites/default/files/downloads/Grafiken%20Inkasso-Zahlungsmoral-Umfrage%202019.pdf [09.02.2021]

Arbeitsvorschläge

1. Recherchieren Sie im Internet: Wofür werden Schulden gemacht?
2. Lesen Sie M 1 und M 2. Was würden Sie den Betroffenen raten?

Die Verbraucherinsolvenz

Bei der Verbraucherinsolvenz trägt der Schuldner die Kosten des Verfahrens.

Der Schuldner kann sich durch eine Verbraucherinsolvenz von der Schuldenlast befreien.
Das Verfahren kann in folgenden Schritten ablaufen:

Außergerichtlicher Versuch der Einigung: Der Schuldner bietet den Gläubigern einen Schuldentilgungsplan an. Gelingt keine Einigung, so beantragt er ein **gerichtliches Einigungsverfahren**.

Er muss dem zuständigen Gericht eine Bescheinigung über den außergerichtlichen Einigungsversuch vorlegen, des Weiteren die Einkommens- und Vermögensaufstellung sowie einen Schuldenbereinigungsplan. Außerdem muss der Schuldner einen Antrag auf Restschuldbefreiung stellen. Das Gericht stellt diese Unterlagen den Gläubigern zu.

Sind diese damit nicht einverstanden, erfolgt das **gerichtliche Insolvenzverfahren**.

Durch einen Treuhänder, den das Gericht bestellt, wird der Schuldner kontrolliert und erhält die nötige Hilfe. Das pfändbare Vermögen des Schuldners wird zur Bezahlung der Gläubiger verwendet. Die Kosten trägt der Schuldner.

Eine Restschuldbefreiung erfolgt erst nach sechs Jahren.

Diesen Zeitraum bezeichnet man als **Wohlverhaltensperiode**. In dieser Zeit ist der Schuldner verpflichtet, jede zumutbare Arbeit anzunehmen, alle pfändbaren Einkommensanteile abzuführen, keine neuen Schulden zu machen und ehrlich mit dem Treuhänder zusammenzuarbeiten.

Tipp:
Interessengemeinschaft „Sozialrecht e. V."

www.schuldnerberatung.de

Hinweis: Die Broschüre „Was mache ich mit meinen Schulden?" ist beim Ministerium für Familie, Senioren, Frauen und Jugend erhältlich. Internetadresse:
www.bmfsfj.de

Strategien zur Vermeidung von Verschuldung

1. Führen Sie ein Haushaltsbuch.

2. Planen Sie ihre Ausgaben langfristig.

3. Vermeiden Sie möglichst Ratengeschäfte.

4. Beachten Sie das Gebot der kaufmännischen Vorsicht. Geben Sie weniger aus, als Sie einnehmen.

5. Kein Aktienkauf bzw. Urlaub auf Kredit.

6. Pflegen Sie einen angemessenen Lebensstil, legen Sie zwei Monatsgehälter als Reserve zurück.

7. Beachten Sie Folgekosten bei Anschaffungen (PC, Drucker, Haustiere, Auto, Smartphone).

8. Vergleichen Sie Angebote und verhandeln Sie über Preise.

Bei der Aufnahme von Krediten wird eine **Restkreditversicherung** mit angeboten. Wenn mit Arbeitslosigkeit zu rechnen ist, sollte man eine solche Versicherung abschließen. Diese Versicherung übernimmt auch die Tilgung des Kredits bei Krankheit oder Unfall.

Arbeitsvorschläge

1. Finden Sie heraus, wo sich in Ihrer Stadt eine Schuldnerberatung befindet. Welche Informationen können Sie dort erhalten?

2. Erarbeiten Sie einen Ablaufplan zur Verbraucherinsolvenz.

4.9 Verbraucherschutzgesetze

M 1
- Discounter werben für Aktionsware, die sehr preisgünstig ist, die aber nicht im ausreichenden Maße vorhanden ist.
- Bei gleichbleibenden Preisen und gleichbleibender Packungsgröße verringern die Hersteller den Inhalt.
- Artikel werden im Preis gesenkt, der alte Preis wird mit angegeben.

In der Marktwirtschaft ist es üblich, dass die Hersteller um die Gunst des Kunden werben. Da es überall schwarze Schafe gibt, hat der Gesetzgeber das Gesetz gegen den unlauteren Wettbewerb erlassen.

Gesetz gegen den unlauteren Wettbewerb (UWG)

(1) Unlautere geschäftliche Handlungen sind unzulässig.
(2) Geschäftliche Handlungen, die sich an Verbraucher richten oder diese erreichen, sind unlauter, wenn sie nicht der unternehmerischen Sorgfalt entsprechen und dazu geeignet sind, das wirtschaftliche Verhalten des Verbrauchers wesentlich zu beeinflussen.
(3) Die im Anhang dieses Gesetzes aufgeführten geschäftlichen Handlungen gegenüber Verbrauchern sind stets unzulässig.
(4) Bei der Beurteilung von geschäftlichen Handlungen gegenüber Verbrauchern ist auf den durchschnittlichen Verbraucher oder, wenn sich die geschäftliche Handlung an eine bestimmte Gruppe von Verbrauchern wendet, auf ein durchschnittliches Mitglied dieser Gruppe abzustellen. [...]
Vorschrift neugefasst durch das Zweite Gesetz zur Änderung des Gesetzes gegen den unlauteren Wettbewerb vom 02.12.2015 (BGBl. I S. 2158), in Kraft getreten am 10.12.2015. www.dejure.org/gesetze/UWG/3.html [12.06.2020]

Zeitlich begrenzte Verkaufsaktionen mit Preisnachlässen sind jederzeit erlaubt. Vorgeschriebene Schlussverkaufszeiten gibt es nicht mehr.

Die soziale Marktwirtschaft der Bundesrepublik Deutschland hat das Ziel, Verbraucher wie auch Mitbewerber zu schützen und den Wettbewerb zu sichern.

M 2
Das Gesetz wendet sich gegen:
- falsche oder irreführende Angaben bei der Warenkennzeichnung (Beschaffenheit, Herstellungsart),
- Verleumdung von Konkurrenten (unwahre Behauptungen),
- Verwendung fremder Namen und Firmenbezeichnungen zur Vorteilsnahme,
- irreführende Werbung, wie preiswerte Lockangebote, die nicht in ausreichender Menge vorhanden sind,
- unzumutbare belästigende Werbung, z. B. E-Mails oder Anrufe.

Das Gesetz gegen Wettbewerbsbeschränkungen (GWB), auch **Kartellgesetz** genannt, soll den Markt vor wettbewerbswidrigen Vereinbarungen schützen.
Der Hersteller einer Ware darf dem Endverkäufer den Endverkaufspreis nicht vorschreiben. Er kann lediglich eine Preisempfehlung geben (unverbindliche Preisempfehlung). 2005 wurde das GWB an das europäische Wettbewerbsrecht angepasst.

Arbeitsvorschläge

1. Beurteilen Sie die Aussagen in M 1 mithilfe des Gesetzes gegen unlauteren Wettbewerb. Nehmen Sie M 2 zu Hilfe.
2. Sammeln Sie in den nächsten vier Wochen Angebote, die gegen das UWG verstoßen. Wählen Sie eine Form, um Ihre Ergebnisse der Klasse zu präsentieren.

Nutri-Score ist ein System zur Nährwertkennzeichnung von Lebensmitteln als Überblick über die Nährwertqualität. Eine fünfstufige Skala mit Farben und Buchstaben dient dabei der Kennzeichnung.
Grün bedeutet *gesund*, Rot bedeutet *ungesund*.
Grün: Proteine, Ballaststoffe, Obst- und Gemüseanteil
Rot: hoher Energiegehalt, Zucker, gesättigte Fettsäuren und Natrium

Die Kennzeichnung ist freiwillig. Folgende deutsche Firmen versehen ihre Verpackungen mit dem Nutri-Score: Bofrost, Danone, Iglo, McCain und Mestemacher.

EAN = **E**uropäische **A**rtikel **N**ummer. Die Scannerkassen lesen den Code und holen sich den Preis aus der Artikeldatei des jeweiligen Supermarkts. Die Preiskennzeichnung erfolgt nicht am Produkt, sondern durch ein Preisschild am Regal.

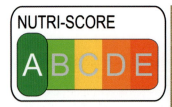

Warenkennzeichnung

Waren- bzw. Produktkennzeichnungen sind Informationen über ein Produkt, die dieses zum Verbraucher begleiten.

Enthalten sind Informationen über Beschaffenheit, Inhalt und Qualität.
Produktkennzeichen können die Form von Logos, Piktogrammen, Symbolen oder kleinen Texten haben.

Festgelegt ist die Kennzeichnung durch internationale und nationale Richtlinien. Unterschieden wird zwischen freiwilliger und verpflichtender Kennzeichnung.

Verpflichtende Angaben in Deutschland sind z. B.:
- Preisangabe
- Textilkennzeichnung
- Qualitäts- und Handelsklassen
- Inhaltsstoffe bei Lebensmitteln
- Allergiekennzeichnung
- Liste der Zutaten

Freiwillige Angaben können z. B. sein:
- Nährwertkennzeichnung
- Qualitätsstandard
- Sicherheitszeichen
- DIN-, EN- und ISO-Normen
- Umweltzeichen, Sicherheitszeichen

Die Handelsklassen basieren auf nationalen oder EU-Richtlinien und sind beispielsweise bei Obst und Gemüse von „Extra" bis „Qualität III" eingeteilt. Während „Qualität III" starke Mängel aufweist, ist „Extra" von hervorragender Qualität, was sich im Preis bemerkbar macht.

Die Lebensmittelkennzeichnungsverordnung verlangt folgende Angaben in deutscher Sprache, leserlich und gut sichtbar:
- Anschrift des Herstellers, Verpackers oder eines in der EU niedergelassenen Verkäufers,
- handelsübliche Inhaltsbezeichnung,
- Verzeichnis der Zutaten in der Reihenfolge des Mengenanteils nach QUID (**qu**antitative **i**ngredient **d**eclaration),
- Menge nach deutschem Maß und Gewicht,
- Mindesthaltbarkeitsdatum bei richtiger Lagerung.

Das Eichgesetz schreibt die Angabe der Füllmenge auf allen Verpackungen vor und ergänzt somit die Lebensmittelkennzeichnungsverordnung.

Die Preisangabenverordnung verpflichtet den Einzelhandel, den Verkaufspreis einschließlich Umsatzsteuer auszuzeichnen. Auch der Stundensatz mit Umsatzsteuer kann anstelle des Endpreises angegeben werden, z. B. bei Reparaturen.

Das Textilkennzeichnungsgesetz verlangt die Angabe der verwendeten Rohstoffe auf dem Etikett oder der Verpackung der Ware, z. B. „100 % Baumwolle". Die Pflegehinweise sind nicht vorgeschrieben, werden aber von vielen Herstellern angegeben.

Verbraucherbewusstes Verhalten

Gesetz zur Regelung des Rechts der Allgemeinen Geschäftsbedingungen (AGB-Gesetz)

Vorformulierte Bedingungen sind aus dem Geschäftsverkehr nicht mehr wegzudenken: Kaufleute, Handwerker, Kreditinstitute, Reiseunternehmen – alle verwenden „allgemeine Geschäftsbedingungen". Lange Zeit bezeichnete man diese als „das Kleingedruckte" auf der Rückseite von Verträgen, weil diese Klauseln oft nur mit der Lupe zu lesen waren. Die Vertragsfreiheit hatte den Anbietern gestattet, ein eigenes Klausel-Recht neben dem BGB zu entwickeln. Das war möglich, weil Vertragspartner grundsätzlich frei sind bei der Festlegung der Bedingungen, die sie zur Grundlage ihres Vertrags machen wollen. Die vorformulierten Bedingungen nahmen aber den Käufern zu viele Rechte und bürdeten ihnen Risiken auf. Mit dem AGB-Gesetz hat der Gesetzgeber eingegriffen und sichergestellt, dass einseitig Vorgedrucktes nicht mehr einseitiges Recht ist. Rund 40 Klauseln, die den Käufer benachteiligten, sind inzwischen verboten.

Allgemeine Geschäftsbedingungen
1. Allgemeines und Geltungsbereich
2. Lieferungsbedingungen
3. Zahlungsbedingungen
4. Ratenkauf
5. Gewährleistung
6. Eigentumsvorbehalt
7. Reparaturen
8. Allgemeine Haftungsbegrenzungen
9. Erfüllungsort und Gerichtsstand

Wichtige Bestimmungen des Gesetzes sind:
- Der Kunde muss auf die AGB hingewiesen werden und sie in angemessener Weise zur Kenntnis nehmen können.
- Persönliche Absprachen (Sondervereinbarungen) haben Vorrang vor den AGB.
- Unangemessen lange Fristen für die Vertragsannahme und für die Lieferung sind nicht zulässig.
- Preiserhöhungen sind frühestens vier Monate nach Vertragsabschluss möglich.
- Bei mangelhafter Lieferung gelten grundsätzlich die Bestimmungen des BGB. Ist Nachbesserung vereinbart, so muss die Reparatur (Material und Arbeitslohn) kostenlos erfolgen.

Verbraucherzentralen in Deutschland – Verbraucherzentrale Bundesverband e. V.

Die Verbraucherzentralen in Deutschland sind in den einzelnen Bundesländern angesiedelt und im Bundesverband zusammengeschlossen. Der Bundesverband ist die Stimme der Verbraucher auf politischer Ebene und vertritt u. a. verbraucherpolitische Interessen auf Bundes- und EU-Ebene. Die Verbraucherzentralen sind zuständig für die Verbraucherberatung und -information und leisten bei Bedarf rechtlichen Beistand.

Zu folgenden Themen wird geholfen:
- Kaufvertrag
- Werkvertragsrecht (Handwerkerleistungen)
- Dienstvertragsrecht
- Kreditrecht
- Insolvenzverfahren und ihre Vermeidung
- Versicherungsverträge
- Stromanbieterwechsel
- Baufinanzierungen
- Patientenrecht
- Gesundheitsdienstleistungen.

M 1 Die **Verbraucherzentralen** haben folgende Aufgaben:
- Sie ermöglichen einen Überblick über Angebote und Marktlage.
- Sie vertreten die Verbraucherinteressen auf Landesebene.
- Sie geben Rat per Telefon, Internet oder in der Beratungsstelle.
- Sie verteilen Abmahnungen und Klagen bei Rechtsverstößen.
- Sie vertreten Verbraucherinteressen auf parlamentarischer Ebene.
- Sie informieren und führen Projekte und Aktionen durch.

Verbraucherzentralen helfen gegen ein Entgelt bei Rechtsproblemen. Sie vertreten einzelne Verbraucher sowie Verbrauchergruppen. Dabei streben sie gerichtliche und außergerichtliche Einigungen an. In den letzten Jahren konzentrierte sich der Arbeitsschwerpunkt auf Telekommunikationsdienstleistungsverträge.

Payback – System und Überwachung des Kundenverhaltens

Der Einzelhandel führt nicht nur Rabattschlachten, sondern verteilt auch zahlreiche Payback-Karten. Einerseits werden den Kunden Prozente gutgeschrieben, andererseits kann das Kaufverhalten der Kunden von den Konzernen nachvollzogen werden. Dies ermöglicht es den Anbietern, den Kunden zielgenaue Werbung in Papier- oder elektronischer Form zuzusenden, um ihr weiteres Kaufverhalten zu beeinflussen.

Arbeitsvorschläge

1. Wählen Sie zwei Beispiele aus den allgemeinen Geschäftsbedingungen und erläutern Sie diese.
2. Erläutern Sie die Bedeutung und die Ziele der Verbraucherzentralen in Deutschland. (M 1)
3. Zu welchem Thema könnten Sie sich vorstellen, eine Beratung bei der Verbraucherzentrale in Anspruch zu nehmen?
4. Erläutern Sie Vor- und Nachteile des Payback-Systems für den Kunden.

5 Steuern

M1 Steuern – Sind sie wirklich nötig?

Zweifel an der Funktionsweise unseres Steuersystems haben wir oft. Wir sehen unsere zu zahlende Lohnsteuer als harte Wirklichkeit in vermeintlich großen Zahlen auf der Entgeltabrechnung. Wir lesen die ausgewiesene Umsatzsteuer auf Rechnungen und Quittungen. Sicher, wir alle würden gern diese Steuern lieber auf unserem eigenen Konto sehen. Aber was passiert dann mit den Leistungen, die Bund, Länder und Gemeinden ihren Bürgern bieten und die für uns einfach selbstverständlich sind?

Mit unseren Steuern finanzieren wir all die Dinge, die nur durch uns alle gemeinsam erbracht werden können. Wenn wir dabei Qualität und Zuverlässigkeit wünschen, müssen wir dafür auch genug leisten.

Sicher zahlen wir alle nicht gern Steuern und empfinden diese oft als viel zu hoch. Aber sind sie es wirklich?

Steuern sind Zwangsabgaben (einmalig oder laufend), die den Betroffenen vom Staat auferlegt werden, **ohne** dass sie dafür eine **direkte** Gegenleistung erhalten. Bund, Länder und Gemeinden (bezeichnet auch als öffentliche Hand) können ihre umfangreichen Aufgaben nur erfüllen, wenn sie auf die Steuern als Einnahmequelle zurückgreifen können.

M2 Die größten Aufgabenbereiche der öffentlichen Hand sind:

Bund	Länder	Gemeinden
– soziale Sicherung, – Verteidigung, – Verkehrswesen	– Bildungswesen, – Polizei, – Justiz	– Straßenbau – Bau und Unterhalt von Schulen und Krankenhäusern, – Müllabfuhr, – Wasserversorgung

M3

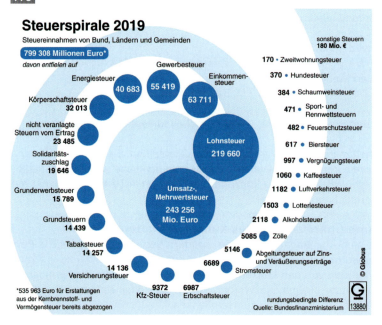

Arbeitsvorschläge

1. Finden Sie mithilfe einer Internetrecherche weitere Aufgabenbereiche der öffentlichen Hand.
2. Erklären Sie einem Mitschüler/einer Mitschülerin die Notwendigkeit der Besteuerung. (M 1, M 2)

5.1 Einteilung der Steuern

M 1

Einteilung nach der Art der Steuererhebung	
direkte Steuern	**indirekte Steuern**
Steuerschuldner und Steuerträger sind dieselbe Person, der Arbeitnehmer muss z. B. seine Lohnsteuer selbst tragen	Steuerschuldner ist derjenige, der die Steuer an das Finanzamt abführen muss, Steuerträger ist der Verbraucher
Beispiele: Lohn- und Einkommensteuer, Vermögens- und Erbschaftsteuer	Beispiele: Umsatzsteuer, Verbrauchsteuern wie Tabak-, Getränke-, Mineralölsteuer

M 3

Abgeltungssteuer

Seit dem 01.01.2009 wird auf alle Kapitalerträge einheitlich die Abgeltungssteuer von 25 % erhoben. Bestehen bleibt der Sparerfreibetrag bei Alleinstehenden von 801,00 €/Jahr und Ehepaaren von 1 602,00 €/Jahr.

M 2

Einteilung nach dem Gegenstand der Besteuerung			
Besitzsteuern	Verkehrsteuern	Verbrauchsteuern	Zölle
Einkommen-, Lohn-, Erbschaft-, Grundsteuer	Umsatz-, Grunderwerbsteuer	Tabak-, Mineralölsteuer	Einfuhrzölle

M 4 Auswege aus dem Steuerchaos?

Mehrwertsteuer (fachsprachlich „Umsatzsteuer"), Mineralölsteuer, Lohnsteuer, Stromsteuer ... der fast unübersichtliche Berg an Steuern in unserem Land bringt uns ins Schwitzen. Wann muss ein Auszubildender Steuern zahlen? Gibt es in den Steuergesetzen Möglichkeiten, für ihn Ausnahmen zu machen? Gelten diese dann für ihn auch verlässlich? Diese und viele andere Fragen stellen sich angesichts der Steuervielfalt.

Eine Tatsache erklärt unsere Unsicherheit(en), ohne dass uns damit geholfen ist: Das deutsche Steuersystem **ist wirklich** kompliziert. Der Grund: Es versucht, die Vielschichtigkeit der Lebensverhältnisse abzubilden und somit nach der Leistungsfähigkeit zu besteuern. Haben wir z. B. einen weiten Weg zur Arbeit, erhalten wir dafür über die Pendlerpauschale einen Steuernachlass. Für diejenigen unter uns, die am Wochenende, nachts oder im Schichtdienst arbeiten, gilt Gleiches. Betreuen wir unsere Kinder oder andere Angehörige, gibt es Steuerentlastungen.

Die Schwierigkeit: Jede Sonderregelung ruft Missbrauch hervor, den der Gesetzgeber dann wieder unter Kontrolle bekommen muss – durch noch mehr Gesetze.

M 6

Vergnügungssteuer

Arbeitsvorschläge

1. Ordnen Sie die in der Grafik „Steuerspirale" (M 3, S. 188) und die in M 3 und M 4 genannten Steuerarten den Einteilungen in den Tabellen M 1 und M 2 zu.
2. Interpretieren Sie die Karikatur M 6 mithilfe der Methode „Analyse politischer Karikaturen" (s. S. 246 f.).
3. Der Kassenbon in M 5 enthält zwei verschiedene Umsatzsteuersätze. Informieren Sie sich dazu im Internet. Bereiten Sie einen Kurzvortrag über das Thema „Umsatzsteuersätze" vor.
4. Erörtern Sie in der Gruppe, welche Probleme das deutsche Steuersystem mit sich bringt (M 4). Notieren Sie Ihre Ergebnisse und stellen Sie diese im Plenum vor.

5.2 Steuermoral, Steuergerechtigkeit, Steuermentalität – eine wacklige Balance

Steuermoral (Steuerehrlichkeit)

Einstellung des Steuerpflichtigen zum Steuerdelikt. Mangelnde Steuermoral führt zu illegalem Steuerwiderstand (z. B. Steuerhinterziehung).

Steuermentalität

Grundsätzliche Einstellung der Bürger zum Steuersystem, zur Steuergerechtigkeit und zur individuellen Steuerlast.

www.steuerzahler.de

M1 Wir Deutschen halten es für wichtig, Steuergesetze einzuhalten, obwohl wir ein sehr gespanntes Verhältnis zum Steuersystem haben. Unsere Steuermoral hat sich in den letzten zwei Jahrzehnten verbessert. Gründe dafür sind vielfältig; einer ist die Angst, erwischt zu werden. Zum anderen wirkt sich die Präsenz des Themas Steuerhinterziehung in der Öffentlichkeit stark auf unsere moralische Bewertung aus.
Die Steuermentalität hat sich dagegen verschlechtert. Wir Deutschen sehen unser Steuersystem immer kritischer. Wir empfinden unsere Steuerbelastung als zu hoch. Wir haben auch den Eindruck, dass der zeitliche und finanzielle Aufwand zur Erfüllung der steuerlichen Pflichten zu groß ist. Wir empfinden die kalte Progression als ungerecht (s. dazu S. 192). Wir wollen, dass der Staat mit unseren Steuergeldern verantwortungsvoll umgeht. Der Großflughafen Berlin-Brandenburg, die Hamburger Elbphilharmonie und Stuttgart 21 haben ihre Spuren hinterlassen.
Kurz – wir fordern, und das seit langem, ein einfacheres Steuersystem.

M3 **Trickserei muss konsequent verfolgt werden**
Ohne Steuergerechtigkeit verliert der Staat seine Bindungskraft. Warum begreifen die Finanzminister in Bund und Ländern nicht diese einfache Sozialstaatsformel? Dort, wo viel ist, gibt es für den Staat noch immer viel zu holen. Das zeigt der spektakuläre Kampf gegen Hinterzieher und Trickser beim Stichwort „Panama Papers" oder der Blick auf die abenteuerlichen Tarnversuche kickender Millionarios und ihrer Manager. Ganz ohne Agenda 2010, Hartz IV oder Sozialkontrolle, sondern schlicht und einfach bei Einhaltung geltender allgemeiner und gleicher Steuerregelungen für alle. [...]
Es wird höchste Zeit, dass endlich alle das ihnen Mögliche zur Aufrechterhaltung der gesellschaftlichen und staatlichen Infrastruktur leisten. Es gibt manche, die könnten mehr tun, wenn man sie eindringlich dazu ermunterte. Notfalls mit einer Steuerpolizei.
RND RedaktionsNetzwerk Deutschland/Wonka, Dieter: Kommentar zu Steuergerechtigkeit – Trickserei muss konsequent verfolgt werden. In: haz.de, 26.12.2016. www.haz.de/Nachrichten/Wirtschaft/Deutschland-Welt/Trickserei-muss-konsequent-verfolgt-werden [23.06.2020]

Arbeitsvorschläge

1. Recherchieren Sie Gründe für die Steuermoral und die Steuerehrlichkeit in Deutschland. Nutzen Sie dazu auch den Internetauftritt des Bundes der Steuerzahler e. V. (M 1)
2. Diskutieren Sie zunächst in der Gruppe, dann im Klassenverband, ob die Einführung einer Steuerpolizei und die Bestrafung von Steuerhinterziehung in unser aller Interesse ist. (M 1, M 2, M 3).

5.3 Die Einkommensbesteuerung von Arbeitnehmern

Die Erhebung der Lohnsteuer

Arbeitnehmer müssen Lohnsteuer für ihre Einkünfte aus nicht selbstständiger Arbeit zahlen. Zum Abzug der Lohnsteuer ist der Arbeitgeber verpflichtet, der sie an das Finanzamt abführen muss. Dazu nutzt der Arbeitgeber die elektronische Lohnsteuerkarte, die er von der Finanzverwaltung für jeden Arbeitnehmer zur Verfügung gestellt bekommt. Diese beinhaltet folgende Angaben: Steuerklasse, Kinderfreibeträge, weitere Freibeträge (z. B. Entlastungsbetrag für Alleinerziehende), Kirchensteuerabzugsmerkmale.

M 1 Lohnsteuerklassen

Steuerklasse	Anwendung
I	für unverheiratete Arbeitnehmer, dauernd getrennt lebende, geschiedene oder verwitwete Arbeitnehmer ohne Kinder
II	für in Steuerklasse I aufgeführte Arbeitnehmer, wenn ihnen mindestens ein Kind zuzuordnen ist, für das sie einen Kinderfreibetrag erhalten
III	bevorzugte Klasse des besser verdienenden Ehepartners
IV	für Ehepartner, die beide über ein ungefähr gleich hohes Einkommen verfügen
V	wird dem Ehepartner zugewiesen, der wesentlich weniger Einkommen als sein Partner hat
VI	für jedes zusätzliche Arbeitsverhältnis

Wahl der Lohnsteuerklasse

Die Lohnsteuerklasse kann bei Notwendigkeit und auf Wunsch des Arbeitnehmers auch während des laufenden Jahres geändert werden. Deshalb kann das Finanzamt erst nach Ablauf des Jahres über die endgültige Höhe der Steuerschuld entscheiden.

Das zu versteuernde Einkommen

Einkommensteuerpflichtig sind alle natürlichen Personen, die in Deutschland ihren Wohnsitz haben. Gesetzliche Grundlage dafür ist das Einkommensteuergesetz.
Es gibt zwei Möglichkeiten der Steuererhebung auf Einkommen.
Die Wichtigste ist die Erhebung der Lohnsteuer, die bereits oben vorgestellt worden ist. Alle anderen Einkünfte unterliegen der Einkommensteuerpflicht. Dazu gibt der Steuerpflichtige eine **Einkommensteuererklärung** ab. Danach erstellt das Finanzamt einen **Steuerbescheid**. Eine grobe Übersicht, wie alle Einkommen und Entlastungen in der Einkommensteuererklärung Eingang finden, sehen Sie im Folgenden. Nähere Informationen dazu werden auch auf S. 193 angeboten.

M 2 Bruttoarbeitslohn
  − Werbungskosten (Arbeitnehmerpauschbetrag)
  = Einkünfte
  − Sonderausgaben
  − außergewöhnliche Belastungen
  = Einkommen
  − Kinderfreibetrag
  = zu versteuerndes Einkommen

Arbeitsvorschläge

1. Bestimmen Sie für folgende Arbeitnehmer/-innen die richtige Steuerklasse. (M 1)
   − Herr Walter ist alleinstehend.
   − Herr und Frau Hechter arbeiten im selben Beruf und verdienen beide jeweils 2 465,00 € brutto.
   − Frau Salzmann arbeitet als Sachbearbeiterin und lebt mit ihrer 9-jährigen Tochter allein.
   − Herr Kolding arbeitet nebenberuflich als Dozent an der Volkshochschule.
2. Überlegen Sie, welche Steuerklassen Sie im Laufe Ihres Lebens haben könnten. (M 1)
3. Konkretisieren Sie die Übersicht M 2 mithilfe der Informationen auf S. 193. Tauschen Sie sich dazu mit einem Partner/einer Partnerin aus.

5.4 Der Einkommensteuertarif

Je nach Höhe des zu versteuernden Einkommens werden unterschiedliche Steuersätze angewendet.

Die Höhe der Einkommensteuer

M 1

Als Auszubildende/-r haben Sie in der Regel bereits ein eigenes Einkommen, das der Steuerpflicht unterliegt. Das Einkommensteuergesetz sieht jedoch vor, dass bis zu einer festgelegten Einkommenshöhe (Grundfreibetrag) keine Einkommensteuer erhoben wird. Grund: Das zur Bestreitung des Existenzminimums nötige Einkommen darf nicht durch Steuern gemindert werden. Dieser Betrag wird jährlich angepasst und beträgt für das Jahr 2021 beispielsweise 9 744,00 €.

M 2

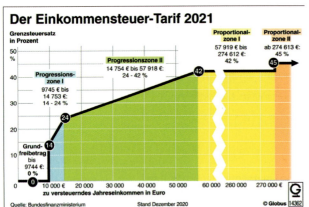

Oberhalb des Grundfreibetrags müssen Sie Einkommensteuer zahlen. Je mehr Einkommen Sie haben, umso höher ist der prozentuale Anteil der Steuer. Das nennt man auch Steuerprogression (Ansteigen des Steuersatzes in Abhängigkeit vom zu versteuernden Einkommen). Die Diskussionen um die Gerechtigkeit einer progressiven Besteuerung werden immer wieder geführt. Der Gesetzgeber beruft sich dabei auf das Sozialstaatsprinzip, also auf soziale Gerechtigkeit (vgl. auch Kapitel 2, S. 28). Der Grundgedanke dabei ist folgender: Derjenige, der ein hohes Einkommen hat, besitzt nach Steuerabzug trotzdem noch genügend Geld für eine angemessene Lebensführung. Jemand, der wenig verdient, könnte durch zu hohe Steuern schnell in Existenznöte kommen.

Zum Einkommen zählen dabei nicht nur Lohn oder Gehalt, sondern auch alle anderen Einkünfte (s. dazu auch S. 193).

M 3 Kalte Progression – die heimliche Steuererhöhung

Die Freude ist groß: Die letzte Tarifrunde hat eine Gehaltserhöhung von 2,3 % für alle Beschäftigten eines Betriebs gebracht. Doch nicht alle können sich mitfreuen. Bei einigen spiegelt sich die Erhöhung des Bruttogehaltes nicht im Nettogehalt wider. Der Grund: Je höher das Bruttogehalt, umso höher auch der Steuersatz (s. M 2). Das heißt, es kann passieren, dass wesentlich mehr Lohnsteuer abgezogen wird. Resultat: Das Nettoeinkommen steigt nicht um 2,3 %, sondern um wesentlich weniger, z. B. nur um 1,8 %. Gleichzeitig werden durch die jährliche Inflationsrate Waren teurer, z. B. um 2,0 %. Das bedeutet, dass trotz einer Gehaltserhöhung einige nicht mehr Waren dafür kaufen können. Der Wohlstand stagniert. Das nennt man kalte Progression.

M 4

Ehepaare können gemeinsam veranlagt werden (Ehegattensplitting).

So funktioniert das Ehegattensplitting
- Das Einkommen beider Partner wird zusammengezählt und dann durch zwei geteilt. Verdient der Mann 50 000,00 € und die Frau (in Teilzeitbeschäftigung) z. B. 10 000,00 €, so unterliegen sie nicht den gleichen Steuersätzen wie Singles.
- Der Staat behandelt das Ehepaar wie zwei Alleinstehende mit jeweils 30 000,00 €. Das mindert die Steuerprogression. Splitting-Vorteil in diesem Fall: knapp 2 000,00 €.

Arbeitsvorschläge

1. Ermitteln Sie mithilfe von M 2, welche Steuern Ledige bei einem Bruttojahreseinkommen von 8 000,00 €, 15 000,00 €, 20 000,00 € und 35 000,00 € zahlen müssten.
2. Begründen Sie Ihre Meinung zur folgenden These: „Ehepaare sollen auf jeden Fall steuerlich bevorzugt werden!" Beziehen Sie sich dabei auch auf M 4.
3. Erklären Sie einem Partner/einer Partnerin, was mit „kalter Progression" gemeint ist. (M 3)
4. Erstellen Sie zu den Informationen in M 1 einen Spickzettel (s. S. 207). Erklären Sie einem Partner nun mit seiner Hilfe das Thema „Die Höhe der Einkommensteuer".

Die Einkommensteuererklärung des Arbeitnehmers

Die Einkommensteuer ist eine Jahressteuer. Eine **Pflicht** zur Einkommensteuererklärung besteht dann, wenn
- die Ehepartner die Steuerklassenkombinationen III/IV oder IV/VI haben,
- der oder die Einkommensteuerpflichtige(n) andere Einkünfte erzielen, z. B. aus nicht selbstständiger Arbeit, aus Kapitalvermögen, aus Vermietung und Verpachtung oder sonstige Einkünfte.

Besteht die Pflicht, wird der Steuerpflichtige vom Finanzamt zur Abgabe der Einkommensteuererklärung aufgefordert. Über die Fristen zur Abgabe der Einkommensteuererklärung muss man sich aktuell informieren.

> Die **Einkommensteuer** wird auf **alle Einkünfte** erhoben.
>
> Die **Lohnsteuer** wird nur auf **Einkünfte aus nicht selbstständiger Arbeit** berechnet. Sie ist der größte Bereich der Einkommensteuer und die wichtigste Einnahmequelle des Staates.

M 1 Freiwillige Einkommensteuererklärung

Der Steuerpflichtige kann innerhalb der Antragsfrist von zwei Jahren über die Einkommensteuererklärung nachträglich zu viel bezahlte Lohnsteuer zurückfordern. Dies lohnt sich insbesondere in folgenden Fällen:
- Der Arbeitnehmer hat **nicht das ganze Jahr über gearbeitet**, z. B. wegen einer Unterbrechung des Arbeitsverhältnisses, des Besuchs von Schulen etc.
- Der Arbeitnehmer hat während des Kalenderjahres **Einkommen in unterschiedlicher Höhe erhalten**, z. B. wegen Lohn- oder Gehaltserhöhungen, Kurzarbeit, Überstunden, Arbeitsplatzwechsel.
- Die **Familienverhältnisse** haben sich geändert, z. B. durch Heirat oder Geburt eines Kindes.
- Der Arbeitnehmer kann **erhöhte Werbungskosten** nachweisen (d. h. mehr als 1 000,00 €, die bereits als **Werbungskostenpauschale** in der Lohnsteuer verrechnet sind), wie z. B. Fahrtkosten von der Wohnung zum Arbeitsplatz, Beiträge zu Berufsverbänden oder Gewerkschaften, Ausgaben für Arbeitsmittel wie z. B. Berufsbekleidung und Fachliteratur, berufliche Weiterbildung etc.
- Der Arbeitnehmer kann erhöhte **Sonderausgaben** geltend machen, wie z. B. Beiträge zu den Sozialversicherungen, Prämien für private Unfall-, Kranken-, Lebens- und Haftpflichtversicherungen, beschränkt auch für Bausparbeiträge.
- **Unbeschränkt geltend** kann die gezahlte Kirchensteuer, **beschränkt geltend** können Spenden für kirchliche, religiöse und gemeinnützige Zwecke oder Aufwendungen für Aus- und Fortbildung in einem nicht ausgeübten Beruf geltend gemacht werden.

> **Hinweis:**
> Konkrete Informationen zur Definition und Anrechnung von Werbungskosten und Sonderausgaben geben die Finanzämter jährlich kostenlos und aktuell als Anleitungsmaterial zur Einkommensteuererklärung heraus.

Hilfe bei der Anfertigung der Einkommensteuererklärung

Wer sich unsicher ist, wie die Formulare für eine Einkommensteuererklärung richtig auszufüllen sind, kann sich Hilfe bei Lohnsteuerhilfevereinen holen. Das sind Selbsthilfeeinrichtungen von Arbeitnehmern zur Hilfeleistung in Steuersachen. Die Mitgliedschaft ist einkommensabhängig, liegt aber meist unter 100,00 € pro Jahr. Dafür erhält man als Vereinsmitglied Hilfe bei folgenden Angelegenheiten:
- komplette Erstellung der Einkommensteuererklärung, Abwicklung beim Finanzamt, Überprüfen der Bescheide u. a.,
- Beratung und Antragsbearbeitung bei Kindergeld, Eigenheim- und Investitionszulagen, Lohnsteuerermäßigung, Freistellungsanträge bei Einnahmen aus Kapitalvermögen u. a.,
- Beratung zur Arbeitnehmersparzulage, Wohnungsbauprämie, Minijobs, Wahl der richtigen Steuerklasse u. a.

> **ELSTER** (elektronische Steuererklärung)
> Die ELSTER-Formulare gibt es kostenlos von den Finanzämtern im Internet unter www.elster.de
> Damit kann jeder auch selbst seine Einkommensteuererklärung online erledigen.

Arbeitsvorschläge

1. Suchen Sie im Internet Hilfen für die Einkommensteuererklärung von Arbeitnehmern. Ergänzen Sie mit deren Hilfe M 1.
2. Bereiten Sie sich auf einen Besuch beim Lohnsteuerhilfeverein vor. Erstellen Sie eine Liste mit Fragen, die Sie den Mitarbeitern dort stellen möchten.

6 Ökonomie und Ökologie

Methode:

Spinnwebanalyse

Die Spinnwebanalyse ist eine einfache Form der Darstellung, mit deren Hilfe Ursachen nachgegangen werden kann. Außerdem können Zusammenhänge aufgezeigt oder Folgen deutlich gemacht werden.

Vorgehensweise
1. Ein konkretes Problem (oder ein Sachverhalt) wird benannt und in die Mitte eines großen Pinnwand-Papiers geschrieben, z. B. „Warum gibt es Umweltverschmutzung?"
2. Danach sammelt die Gruppe die direkten Ursachen oder Folgen des Problems. Diese werden nun in Stichworten um das Problem herum festgehalten (Ursachen erster Ordnung).
3. In einem nächsten Schritt werden die direkten Hintergründe der eben gefundenen Ursachen ausgemacht und wiederum festgehalten (Ursachen zweiter Ordnung). Wenn zwischen Ursachen Querverbindungen bestehen, werden diese eingezeichnet.
4. Diese Ursachen werden wiederum auf ihre Entstehungsbedingungen zurückverfolgt (Ursachen dritter Ordnung).
5. So entsteht ein Ursachengeflecht, das vielfältige Querverbindungen aufweist und (vielleicht) auch einige der Hauptursachen verdeutlicht.
Im Idealfall ensteht eine Grafik, die dem Netz einer Spinne gleicht.

Materialien
– für jede Gruppe Pinnwand-Papier
– Stifte

Zeitbedarf: ca. 45 Minuten

Arbeitsvorschlag

Erstellen Sie auf einem Pinnwand-Papier eine Spinnwebanalyse zum Thema „Arten und Ursachen von Umweltverschmutzung".
Präsentieren Sie Ihr Gruppenergebnis.

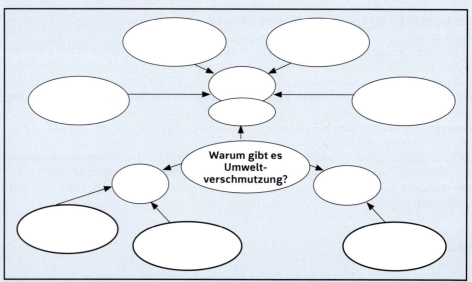

6.1 Das Ökosystem Erde

M1 Als im Jahr 1968 die Raumfahrer der Apollo 8 als erste Menschen die Erde über dem Mond aufgehen sahen, war das nicht nur für sie ein neuer Blick auf die Erde: Das Foto ging um die Welt. Einer der Raumfahrer, der Astronaut James Lovell, beschrieb die Erde als „eine prachtvolle Oase in der riesigen Wüste des Weltalls". Das Leben auf der Erde wurde erst durch den Blick von außen als hauchdünne, zerbrechlich erscheinende Schicht erkannt. [...]

Aufgang der Erde über dem Mond. Aufgenommen von der Besatzung der Apollo 8 im Dezember 1968

[Der neue Blick auf die Erde fiel in eine Zeit,] in der erstmals viele Menschen ein Bewusstsein für den „Umweltschutz" entwickelten und eine globale Umweltbewegung entstand (und vielleicht trug ja das Foto auch zu der Entstehung dieses Bewusstseins bei). Diese Umweltbewegung hatte erkannt, dass die Menschheit allen technischen Fortschritten zum Trotz immer noch auf Gedeih und Verderb von Prozessen in natürlichen Ökosystemen abhängt: In diesen entsteht die Luft, die wir atmen, wird das Wasser gereinigt, das wir trinken, der Boden gebildet, auf dem unsere Nahrung wächst [...] Und nichts geht ohne den ständigen Energiefluss von der Sonne, ohne den ständigen Kreislauf von Stoffen in den Ökosystemen, ohne die komplexen Prozesse, die unser Klima regulieren. Das ist es, was die Erde von allen anderen Himmelskörpern unterscheidet, die wird kennen: die Erde ist selbst ein Ökosystem, eben jene von James Lovell beschriebene Oase in den Weiten des Weltraums.
Paeger, Jürgen: Ökosystem Erde. www.oekosystem-erde.de/html/einfuhrung.html [12.06.2020]

Mit der Entwicklung ihrer Kulturen vor rund 10 000 Jahren haben die Menschen begonnen, ihre natürliche Umwelt zu verändern, um sich bessere Lebensbedingungen zu schaffen. Insbesondere seit Beginn der Industrialisierung und der damit verbundenen Steigerung des Lebensstandards ist die Umwelt mehr und mehr bedroht.

Arbeitsvorschläge

1. Schildern Sie Ihre Gedanken beim Betrachten des Bildes. (M 1)
2. Erarbeiten Sie M 1 mithilfe der Methode „Gruppenlesen" (s. S. 10).
3. Erklären Sie einem Partner/einer Partnerin den Ausdruck „Ökosystem Erde". (M 1)

6.2 Ökologische Bedrohungen für unseren Planeten – und ihre Folgen

M1

Klimawandel und Luftverschmutzung	Bodenerosion
Abholzung	Verschmutzung der Weltmeere
Artensterben	Überbevölkerung

Klimawandel und Luftverschmutzung

Nicht nur auf der Erde, sondern auch in unseren Ozeanen wird es immer wärmer. Die Verbrennung fossiler Brennstoffe wie Kohle, Öl und Gas, landwirtschaftliche und industrielle Produktion haben zu einem Überschuss an Kohlenstoffdioxid geführt. Weltweit erkennen wir Auswirkungen dieses Klimawandels. Die Luftverschmutzung durch krebserregende Stoffe, Feinstaub und andere Gifte führt zu Krankheiten und vermehrten Todesfällen.

Folgen der Luftverschmutzung: Laut Angaben der Weltgesundheitsorganisation (WHO) sterben jährlich rund 7 Millionen Menschen weltweit an den Folgen der Luftverschmutzung: Insbesondere Großstädte sind von Luftverschmutzung (z. B. Feinstaub) betroffen.

Abholzung

Immer mehr Wälder werden zerstört. Besonders in den Tropen wird durch Zerstörung Platz für die Viehzucht, den Anbau von Sojabohnen, für Palmöl-Plantagen oder für andere landwirtschaftliche Monokulturen gemacht.

Folgen des Abholzens der Regenwälder:
- Klimawandel, denn Kohlenstoffdioxid gelangt ungefiltert in die Atmosphäre.
- Boden und Wasserkreislauf: Die Bildung von regenbringenden Wolken bleibt vermehrt aus.
- Artenvielfalt: Tieren und Pflanzen wird durch Abholzung der Wälder Lebensraum genommen.

Artensterben

An Land werden Tiere für ihr Fleisch, Elfenbein oder andere „medizinische" Produkte bis zum Aussterben gejagt. Auf See rotten industrielle Fischerboote ganze Fischpopulationen aus. Auch der Verlust und die Zerstörung des Lebensraums tragen zum Verschwinden vieler Arten bei.

Biodiversität = ökologische Vielfalt.
Sie umfasst drei Bereiche: Vielfalt der Ökosysteme, Vielfalt der Arten und die genetische Vielfalt innerhalb der Arten.

Folgen des Artensterbens:
- ökologische Folgen: Mit jeder aussterbenden Art schwindet die Biodiversität und damit auch die Lebensgrundlage anderer Lebewesen.
- ökonomische Folgen: Nahrungsquellen und Quellen für Arzneimittel gehen verloren. Es kommt darüber hinaus zu Ernteausfällen durch die Bedrohung von Kulturpflanzen.

Bodenerosion

Monokulturen, Überweidung, Bodenversiegelung, Überdosierung von Schadstoffen usw. Die Liste von Möglichkeiten, unseren Böden Schäden zuzufügen, scheint endlos. Nach Schätzungen der Vereinten Nationen (UN) werden ungefähr zwölf Millionen Hektar Ackerland jedes Jahr entwertet. Das entspricht etwa der Ackerlandfläche Deutschlands (2016).

Folgen der Bodenerosion: Die Bodenfruchtbarkeit sinkt. Der Boden kann nicht länger als Filter arbeiten. Auch die Wasserspeicherfähigkeit des Bodens geht zurück. Mineraldünger wird abgetragen. Außerdem wird der Lebensraum für Bodenlebewesen zerstört. Darüber hinaus kann es zu Ernteausfällen kommen.

Verschmutzung der Weltmeere

Unser moderner Müll, wie Plastik, Erdöl, Pestizide, Düngemittel, Schwermetalle, Arzneimittelrückstände sowie radioaktive Substanzen belasten die Weltmeere. Außerdem kommt es zu einer Schadstoffbelastung der Meere durch die Schifffahrt.

Folgen: Es kommt zu einer Vergiftung und Überdüngung der Meere. Zahlreiche Lebewesen verlieren ihre Lebensgrundlage.

Überbevölkerung

Bis 2050 könnte die weltweite Bevölkerung auf zehn Milliarden anwachsen. Das wird noch mehr Druck auf wichtige natürliche Ressourcen ausüben. Die Bevölkerung auf dem afrikanischen Kontinent und in Südostasien nimmt am schnellsten zu.

M 8

Besonders in den letzten Jahrzehnten stieg die Gesamtbevölkerung in immer kürzeren Zeitspannen rasant an. Derzeit wächst die Menschheit um circa 1,2 Prozent oder auch 77 Millionen Menschen jährlich. Energie-, Wasser- und Nahrungsmittelressourcen werden immer knapper, ganz besonders brenzlig kann es da in den trockenen Gebieten vieler Entwicklungsländer werden, die dann sowieso schon krisengebeutelt auch noch in Verteilungskämpfe um Wasser verstrickt sind. Von Luftverschmutzung und Naturkatastrophen aufgrund der globalen Erderwärmung ganz zu schweigen.

Graf, Nora: Die Bevölkerungsexplosion und ihre fatalen Folgen: Ein Ende in Sicht?, 05.03.2015. www.uni.de/redaktion/die-bevoelkerungsexplosion-und-ihre-fatalen-folgen [13.06.2020]

Arbeitsvorschläge

1. Bringen Sie die sechs ökologischen Bedrohungen in eine begründete Reihenfolge. (M 1–M 8)
2. Fassen Sie die Auswirkungen der ökologischen Bedrohungen in Stichworten zusammen.
3. Überprüfen Sie, welche der Bedrohungen Ihrer Meinung nach ökonomische Ursachen haben.
4. Erarbeiten Sie in Gruppen mögliche Lösungsvorschläge für die hier genannten ökologischen Probleme und präsentieren Sie Ihre Ergebnisse der Klasse.
5. Recherchieren Sie, inwieweit Deutschland von den hier genannten ökologischen Bedrohungen betroffen ist und berichten Sie darüber.

6.3 Die Agenda 21 – das Aktionsprogramm für das 21. Jahrhundert

Seit der Konferenz der Vereinten Nationen für Umwelt und Entwicklung (UNCED) in Rio de Janeiro hat die Umweltdiskussion eine neue Qualität bekommen: Und zwar durch die Agenda 21, das Aktionsprogramm für das 21. Jahrhundert. Die mehr als 170 in Rio vertretenen Staaten, auch Deutschland, haben sich auf folgenden Beschluss geeinigt:

> **M 1**
> „In der Agenda 21 werden die dringlichsten Fragen von heute angesprochen, während gleichzeitig versucht wird, die Welt auf die Herausforderungen des 21. Jahrhunderts vorzubereiten. Die Agenda 21 ist Ausdruck eines globalen Konsenses und einer politischen Verpflichtung auf höchster Ebene zur Zusammenarbeit im Bereich von Entwicklung und Umwelt." (Präambel der Agenda 21, (Hrsg.) Bundesministerium für Naturschutz, Umwelt und Reaktorsicherheit)
> In verschiedenen Kapiteln werden Ziele festgelegt, wie z. B.:
> – die Forderung einer nachhaltigen Entwicklung in den Entwicklungsländern,
> – die Armutsbekämpfung,
> – die Veränderung der Konsumgewohnheiten,
> – der Schutz und die Förderung der menschlichen Gesundheit,
> – der Schutz der Erdatmosphäre,
> – die Bekämpfung der Entwaldung,
> – die Erhaltung der biologischen Vielfalt und
> – ein umweltverträglicher Umgang mit Abfällen.

Konsens = Übereinkommen

> **M 2** **Green Economy**
> „[…] die Welt verändert sich tiefgreifend und rasant wie noch nie. Bevölkerungswachstum und steigende Nachfrage nach Energie und Rohstoffen, der nicht mehr zu ignorierende Klimawandel und der Verlust an Ökosystemen sind weltweite Rahmenbedingungen, die unser Leben und Wirtschaften in den nächsten Jahrzehnten entscheidend prägen werden.
> Es ist wichtig, dass sich die Unternehmen in Deutschland auf diese Megatrends einstellen und die Chancen offensiv ergreifen, die eine umweltschonende und innovationsorientierte Wirtschaft – eine Green Economy – bietet.
> Wenn wir Rohstoffe und Energie einsparen, wenn wir endliche Ressourcen durch nachwachsende Rohstoffe und erneuerbare Energien ersetzen, beugen wir ökonomischen Knappheiten und steigenden Kosten vor."
> *Altmaier, Peter: Vorwort. In: Bundesministerium für Naturschutz, Umwelt und Reaktorsicherheit/BDI (Bundesverband der Deutschen Industrie e. V. (Hrsg.): Green Economy in der Praxis – Erfolgsbeispiele aus deutschen Unternehmen, S. 4, Mai 2013. ww.bmbf.de/upload_filestore/pub_hts/broschuere_green_ economy_praxis_ bf.pdf [12.06.2020]*

> **M 3** „**Best-Practice-Beispiel: Halbierung des Gasverbrauchs**
> Das Familienunternehmen Edelstahlwerke Schmees produziert Gussteile aus Edelstahl für Unternehmen aus aller Welt.
> […] Die Produktion von Gussteilen ist ein sehr energieintensiver und damit CO_2-intensiver Prozess. […] Im Werk der Edelstahlwerke Schmees in Langenfeld werden dank neuer Möglichkeiten jährlich 61 400 Kubikmeter und damit mehr als 50 Prozent Erdgas im Vergleich zum alten System mit Erdgasflammenbrennern eingespart. Diese Einsparung entspricht einer Vermeidung von 114 Tonnen CO_2 pro Jahr."
> *Bundesministerium für Naturschutz, Umwelt und Reaktorsicherheit/BDI (Bundesverband der Deutschen Industrie e. V.) (Hrsg.): Green Economy in der Praxis – Erfolgsbeispiele aus deutschen Unternehmen, S. 16, Mai 2013. www.bmbf.de/upload_filestore/pub_hts/broschuere_green_economy_praxis_bf.pdf [12.06.2020]*

www.bmbf.de

Arbeitsvorschläge

1. Erklären Sie, was unter „Green Economy" zu verstehen ist. Begründen Sie, warum diese so wichtig ist. (M 2)
2. Bringen Sie die Ziele der Agenda 21 in eine begründete Reihenfolge. (M 1)
3. Erkunden Sie weitere Beispiele für die Umsetzung der Agenda 21 auf lokaler Ebene. (M 3)

6.4 Ökonomie – Ökologie – ein globales Spannungsfeld?

Das weltweite Zusammenwachsen der Wirtschafts- und Finanzmärkte und seine gesellschaftlichen Auswirkungen haben dazu beigetragen, dass heute vom Global Village, von der Welt als Dorf die Rede ist. Die **Globalisierung** der Wirtschaft hat zu einem rasanten Anstieg von Importen und Exporten geführt. Aufgrund der Globalisierung wächst die Weltwirtschaft mit erheblichen Folgen für die Umwelt. Die Globalisierung lässt sich nicht mehr aufhalten. Sie bringt einem Großteil der Menschen Vorteile, die man nicht mehr missen möchte. Damit aber die wirtschaftlichen Folgen der Globalisierung unsere Umwelt nicht zerstören, müssen Mittel und Wege gesucht werden, Produktionen umweltgerecht zu ermöglichen.

M 1 Globalisierung und Umwelt

Globale Umweltprobleme […] lassen sich nicht im nationalen Alleingang lösen (z. B. in Deutschland oder auch in Europa). Zu groß ist die Gefahr […], dass strenge nationale Umweltschutzvorschriften auf internationalen Umwegen unterlaufen werden […] Umweltverschmutzung [ist] grenzüberschreitend […]. Solange aber verschiedene Staaten wirtschaftlich miteinander konkurrieren, besitzt ein Land mit schärferen Umweltschutz-Gesetzen in der Globalisierung einen Wettbewerbsnachteil gegenüber einem Land mit geringeren Umweltschutzvorschriften. Noch gibt es keine globale Wirtschafts-, Wettbewerbspolitik und Umweltpolitik, sondern nur regionale Kooperationen von verschiedenen Ländern. […] Wird Umweltverschmutzung nicht weltweit spürbar teurer, dann besteht die Gefahr von Umwelt-Dumping, d. h., umweltunfreundliche Produkte verdrängen die umweltfreundlicher hergestellten Produkte vom Markt.

Fries, Oliver: Definition von Globalisierung und Umwelt – Auswirkungen, Folgen, Zukunft. In: Treffpunkt Umweltethik, 2018. www.treffpunkt-umweltethik.de/systeme/globalisierung-umwelt.htm [02.06.2020]

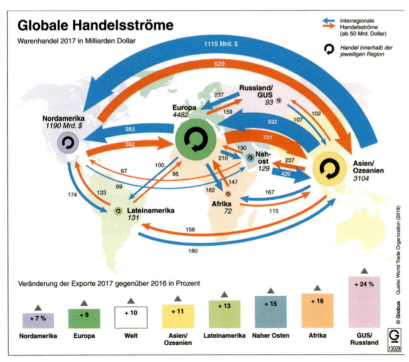

Arbeitsvorschläge

1. Fassen Sie den Inhalt des Artikels „Globalisierung und Umwelt" in zehn Stichworten zusammen. (M 1)
2. Nehmen Sie Stellung zur Globalisierung und zu ihrer Auswirkung auf die Umwelt. (M 2)

6.5 Umweltschutz als Staatsziel

Mit der Aufnahme des Staatsziels „Umweltschutz" in das Grundgesetz ist die Bundesrepublik Deutschland verpflichtet, in allen Bereichen staatlichen Handelns den Umweltschutz unmittelbar zur Geltung kommen zu lassen. Gesetzgebung, Verwaltung und Rechtsprechung gleichermaßen sind in ihrem Handeln dem Staatsziel „Umweltschutz" verpflichtet. Bei jeder Gesetzgebungsmaßnahme muss also der Umweltschutz berücksichtigt werden, soweit das von der Sache her zu rechtfertigen ist.

Artikel 20a Grundgesetz [Schutz der natürlichen Lebensgrundlagen]

Der Staat schützt auch in Verantwortung für die künftigen Generationen die natürlichen Lebensgrundlagen und die Tiere im Rahmen der verfassungsmäßigen Ordnung durch die Gesetzgebung und nach Maßgabe von Gesetz und Recht durch die vollziehende Gewalt und die Rechtsprechung.

Das Umweltrecht ist bis jetzt in zahlreichen Gesetzen verteilt geregelt. Zu Recht wird deshalb die Unübersichtlichkeit der derzeitigen Regelung kritisiert. Alle Umweltanforderungen, für die der Bund verfassungsmäßig zuständig ist, sollen in einem Gesetzbuch gebündelt werden. Das Umweltrecht der Länder bleibt zunächst ausgenommen.

M 2 Welche Umweltprobleme sind Ihrer Ansicht nach heutzutage am wichtigsten?

- Luftverschmutzung 35 %
- Erderwärmung/Klimawandel 37 %
- übermäßige Verpackung von Verbrauchsgütern 15 %
- Müllbeseitigung 34 %
- Emissionen 14 %
- Wasserverschmutzung 25 %
- Artenschutz 13 %
- Abholzung 24 %
- Erschöpfung der natürlichen Ressourcen 22 %
- mangelhafte Trinkwasserqualität 13 %
- Bodenerosionen 5 %
- Nahrungsquellen und Nahrungsmittelversorgung 12 %
- Überschwemmungen 9 %
- Überbevölkerung 15 %

vgl. Ipsos Global Advisor: Earth Day 2019. How Does the World Perceive Our Changing Environment?, 18.04.2019. In: www.ipsos.com/sites/default/files/ct/news/documents/2019-04/earth-day-2019-report-2019-04-19-v1.pdf [23.03.2021]

M 1

Arbeitsvorschläge

1. Stellen Sie die globalen Umweltprobleme aus der Karikatur M 1 zusammen.
2. Wie wird in der Karikatur die Fähigkeit der Politiker eingeschätzt, auf Umweltprobleme angemessen zu reagieren? Äußern Sie dazu Ihre Meinung. (M 1)
3. Finden Sie heraus, welche Umweltprobleme insbesondere Deutschland betreffen. (M 1, M 2)
4. Führen Sie eine Umfrage entsprechend M 2 durch und werten Sie diese aus.

6.6 Lassen sich Ökonomie und Ökologie miteinander vereinbaren?

M1 **FAKTOR VIER** „Weniger Natur verbrauchen und mit dem Wenigen wirksamer arbeiten. Es muss eine Effizienzrevolution in Gang gesetzt werden, die dazu führt, dass die Naturgüter mindestens viermal besser genutzt werden als bisher."

Die Menschheit ist krank geworden durch das, was uns der große Erfolg gebracht hat. Gemeint ist der Erfolg der industriellen Revolution.

„Wir haben Maschinen entwickelt, die die Schätze der Erde immer schneller und effektiver in Bequemlichkeit und Wohlstand verwandeln. Aber wir waren ungeduldig und gierig. Die Schätze schienen zunächst so reichlich bemessen, dass sich unsere Zivilisation nicht die Zeit genommen hat, Maschinen und kulturelle Regeln zu entwickeln, um haushälterisch mit den Schätzen umzugehen. Die Maschinen haben uns gut zehnmal „besser" im Verschwenden von Ressourcen als in deren Nutzung werden lassen."

Zum Glück scheint diese Schwindsucht heilbar zu sein. Das Wunder wirkende Heilmittel besteht darin, Ressourcen effizient zu nutzen, aus weniger mehr zu machen.

„Es geht um eine neue industrielle Revolution, in der wir dramatische, bislang unvorstellbare Zuwächse bei der Produktivität von Energie, Rohstoffen und Verkehr erreichen."
Energie sparen heißt also nicht, weniger Auto zu fahren und im Winter mehr zu frieren, sondern die vorhandene Energie effizienter zu nutzen.

„Es geht weiterhin um ein angenehmes Leben ohne Einschränkungen. Im Sinne einer reiferen Zivilisation sind auch Verzicht und Sparen hohe Tugenden, die zur Erhöhung der Lebensqualität beitragen. Wir legen aber Wert darauf, diese nicht mit der Effizienzrevolution zu vergleichen."

von Weizsäcker, Ernst Ulrich/Lovins, Amory und Hunter: Faktor vier: Doppelter Wohlstand – halbierter Naturverbrauch, Droemer Knaur, München 1995, S. 62

M2
„Sagen wir es gleich rundheraus:
[...] Wer angesichts der Verheerungen unserer Lebensweise die Verdopplung unseres Wohlstands als erstrebenswertes Ziel verkündet (oder verkünden lässt), hat kaum etwas von dem begriffen, was im letzten Vierteljahrhundert diskutiert wurde." [...]

Christian von Ditfurth: Otto-Katalog 2005. Über das Buch „Faktor vier: Doppelter Wohlstand, - halbierter Naturverbrauch". www.cditfurth.de/faktor4.htm [18.02.2021]

Effizienz: Kriterium, mit dem sich beurteilen lässt, ob eine Maßnahme geeignet ist, ein bestimmtes Ziel in einer bestimmten Weise zu erreichen, z. B. Wirtschaftlichkeit

M3 Zielkonflikte zwischen ökonomischen Notwendigkeiten und ökologischen Anforderungen

Ökonomie	Ökologie
Bei der Produktion von Gütern werden Rohstoffe und Energie benötigt.	Die Vorräte an Rohstoffen und Energieträgern sind begrenzt.
Der Transport von Gütern ist eine Voraussetzung des Handels. Die Herstellung von Produkten sowie der Gütertransport setzen den Verbrauch von Energie voraus.	Emissionen beim Gütertransport führen weltweit zur Aufheizung der Erdatmosphäre (Treibhauseffekt), woraus sich langfristige Konsequenzen ergeben, z. B. klimatisch bedingte Katastrophen.
Die Herstellung von Gütern und deren Transport zum Endverbraucher verlangt eine entsprechende Verpackung. Für die meisten Hersteller ist es zu aufwendig, Mehrwegverpackungen einzusetzen.	Müllentsorgung geschieht auf Müllhalden, von denen zukünftig Gefahren für die Umwelt ausgehen. Auch die Müllentsorgung durch Verbrennung belastet die Umwelt.
Neue landwirtschaftliche Anbauflächen können durch die Rodung von Regenwäldern gewonnen werden, alte Anbauflächen durch Großplantagen extensiver genutzt werden.	Regenwälder sind ein Stabilisierungsfaktor des globalen Klimas und müssen daher geschützt werden.

Arbeitsvorschläge

1. Der Umweltwissenschaftler Ernst Ulrich von Weizsäcker formulierte, dass auch Verzicht und Sparen hohe Tugenden seien, die zur Erhöhung der Lebensqualität beitrügen. Nehmen Sie zu dieser Aussage Stellung. (M 1)
2. Untermauern oder widerlegen Sie Christian von Ditfurths These in M 2.
3. a) Benennen Sie weitere Spannungsfelder zwischen Ökonomie und Ökologie. (M 3)
   b) Erarbeiten Sie selbstständig Lösungsmöglichkeiten zur Vereinbarung (Zielharmonie) dieser Bereiche.

6.7 Prinzipien und Instrumente staatlicher Umweltpolitik

In der Bundesrepublik Deutschland beruht die staatliche Umweltpolitik auf unterschiedlichen Prinzipien: dem Vorsorgeprinzip, dem Verursacherprinzip, dem Kooperationsprinzip und dem Gemeinlastprinzip. Diese Prinzipien werden durch die Gesetzgebung, öffentliche Maßnahmen zum Umweltschutz und die Förderung privatwirtschaftlichen Umweltschutzes umgesetzt. Die einzelnen Forderungen und Leistungen werden als **umweltpolitische Maßnahmen** bezeichnet.

Das Vorsorgeprinzip verhindert mögliche Umweltschäden durch vorbeugende Maßnahmen. Von vornherein sollen Entwicklungen verhindert werden, die zukünftig zu Umweltbelastungen führen können.
Das Verursacherprinzip geht von dem Grundgedanken aus, dass derjenige die Kosten der Vermeidung oder Beseitigung einer Umweltbelastung tragen soll, der für ihre Entstehung verantwortlich ist.
Das Kooperationsprinzip sieht Umweltschutz als eine Gemeinschaftsaufgabe an, zu der alle gesellschaftlichen Gruppen ihren Beitrag leisten können. Das sind z. B. Bürger, Umweltorganisationen, Gewerkschaften, Kirchen, Vertreter aus Wissenschaft und Wirtschaft usw.
Das Gemeinlastprinzip soll nur eingesetzt werden, wenn das Verursacherprinzip nicht oder nicht vollständig durchgesetzt werden kann. Es ist das Gegenstück zum Verursacherprinzip. Weil die Erhaltung der Umwelt im Interesse aller liegt, soll nach diesem Prinzip die Gemeinschaft für die Kosten des Umweltschutzes aufkommen.

Zur **Durchsetzung umweltpolitischer Ziele** verfügt der Staat über verschiedene Instrumente – Rechtsmittel, Verfahren und fiskalische (steuerliche) Möglichkeiten, die spezifisch angewendet werden:
- **Ordnungsrecht:** Genehmigungsbedingungen, Auflagen, Grenzwerte und Normen, sonstige Ge- und Verbote, Umweltstrafrecht
- **Planung:** Bauleitplanung, Luftreinhaltepläne, Abfallwirtschaftspläne, Landes- und Regionalplanung, Umweltverträglichkeitsprüfung
- **öffentliche Ausgaben:** Finanzierung nach dem Gemeinlastprinzip, Subventionen für Umweltforschung, umweltbewusste Beschaffungspolitik
- **öffentliche Einnahmen:** Steuern, Sonderabgaben, Gebühren, Tarife, Bußgelder, Umweltlizenzen und -zertifikate
- **Kooperation:** Verhandlungen zwischen Staat und potenziellen Verursachern („freiwillige Selbstverpflichtung"), Informationen und Warnungen durch das Umweltministerium, durch Umweltämter oder Umweltbüros
- **Partizipation:** Bürgerbeteiligung und Anhörung, Mediationsverfahren und Volksentscheide

Partizipation = Teilhabe

Arbeitsvorschläge

1. Bereiten Sie mithilfe von zehn Stichworten einen Kurzvortrag zu den Prinzipien der Umweltpolitik vor.
2. Bearbeiten Sie die Karikatur M 1 mithilfe der Methode „Analyse politischer Karikaturen" (s. S. 246 f.).
3. In der Praxis sind der Anwendung des Verursacherprinzips Grenzen gesetzt. Schreiben Sie auf, welche Schwierigkeiten sich bei der Durchsetzung ergeben könnten.
4. Ordnen Sie die Instrumente der Umweltpolitik den oben genannten Prinzipien zu.

6.8 Unternehmensverantwortung – was heißt das?

Unternehmen haben durch ihre Geschäftstätigkeit Einfluss auf die Lebens- und Arbeitsbedingungen ihrer Mitarbeiterinnen und Mitarbeiter, auf Kunden, Lieferanten usw. Die Verantwortung, die daraus resultiert, ist heute ein wichtiger Aspekt der modernen Unternehmensführung. Dafür hat sich der englische Begriff Corporate Social Responsibility (CSR) – Unternehmensverantwortung – eingebürgert.

Ethik
Wissenschaft, die sich mit dem menschlichen Handeln befasst: Wie soll der Mensch handeln? An welchen Werten sollte er sich orientieren?

M 1

M 2

M 3 Was ist Unternehmensethik?
- „Abkehr von rein kurzfristig am Gewinn orientierten Maßstäben."
- „Allgemeine Grundsätze für das berufliche Miteinander, die den Arbeitsalltag und das Arbeitsklima positiv beeinflussen."
- „Zunächst sollte sich ein Unternehmen in den Arbeitsbedingungen der Mitarbeiter und dem Verhalten der Führungskräfte fair, zugänglich, kritikfähig, lösungsorientiert zeigen. Erst wenn diese Bedingungen stimmen, sollte sich ein Unternehmen Projekten zuwenden, die ebenfalls fair, zugänglich, kritikfähig und lösungsorientiert sind, um nicht an Glaubwürdigkeit zu verlieren."

M 4 Nationaler Aktionsplan „Wirtschaft und Menschenrechte"
Die verantwortungsvolle Gestaltung einer nachhaltigen und erfolgreichen Weltwirtschaft ist für Deutschland von besonderer Bedeutung. Wenige Staaten sind wirtschaftlich so stark international verflochten wie die Bundesrepublik Deutschland. Deutsche Unternehmen leisten weltweit einen wichtigen Beitrag zur Schaffung von Arbeitsplätzen und zur Anhebung von Umwelt- und Sozialstandards. Die Marke „Made in Germany" steht für hohe Qualität und Zuverlässigkeit. Die zunehmende Vernetzung deutscher Unternehmen in globalen Liefer- und Wertschöpfungsketten bietet dabei Chancen und Herausforderungen zugleich.
Auswärtiges Amt (Hrsg.): Nationaler Aktionsplan Umsetzung der UN-Leitprinzipien für Wirtschaft und Menschenrechte 2016–2020, 21.12.2016, S. 4

Arbeitsvorschläge

1. Unterscheiden Sie Wirtschafts-, Unternehmens- und Individualethik. (M 1, M 2, M 3)
2. Beurteilen Sie die Chancen deutscher Unternehmen, Umwelt- und Sozialstandards weltweit zu verbessern (M 4).

6.9 Die Macht des Einzelnen

Ob die Agenda 21 ein Erfolg wird, entscheidet jeder Einzelne von uns mit. Es geht um ein bewussteres Konsumverhalten. In unserer sozialen Marktwirtschaft entscheiden die Konsumenten mit, was und wie produziert wird. Produkte ohne Nachfrage verschwinden vom Markt. Verbraucher entscheiden also ständig mit.

Schon 1985 erklärte Madonna in einem ihrer ersten Hits: „You know that we are living in a material world – and I am a material girl". Inzwischen haben die Versprechen der Werbung, glitzernde Angebote und nicht zuletzt das Kaufverhalten der Konsumenten dazu geführt, dass allein den Kindern und Jugendlichen Milliarden Euro zum Kauf von Gütern zur Verfügung stehen. Eine Goldgrube für Industrie und Handel – und damit nicht zuletzt ein Wirtschaftsmotor. Mit jedem Kauf vergrößern wir das Risiko ein Ungleichgewicht in der Welt herzustellen, Kinderarbeit zu unterstützen oder indische Bauern in Pestiziden baden zu lassen. Doch es geht auch anders:

Das Prinzip des strategischen Konsums ist der Einkauf nach Plan, geleitet von folgenden Elementen:
- Information
- Bewusstsein
- langfristige Planung
- Selbstbewusstsein

M 1

„[...] Immer mehr Deutsche legen Wert auf fair gehandelte und ökologisch hergestellte Produkte. Dies zeigt sich in deren Kaufverhalten. Strategischer Konsum bedeutet demnach, bewusst einen Lebensstil zu pflegen, der sich an Gesundheit und Nachhaltigkeit orientiert.

[...] Strategischer Konsum ist ein Aspekt verantwortlichen Handelns, welcher immer mehr Menschen dazu bewegt, jene Produkte beim Einkauf zu bevorzugen, die ökologisch und sozial verträglich produziert und vermarktet sind. Mit diesem Trend können Konsumenten unternehmerisch verantwortliches Verhalten unterstützen bzw. dieses sogar erzwingen.

[...] Strategischer Konsum heißt nicht, sich selbst hin und wieder eigennützig etwas Gutes zu tun, wenn man sich statt für das abgepackte Stück Schweinefleisch aus dem Discounter für das Produkt des Metzgers seines Vertrauens entscheidet oder im Bio-Laden nebenan einkauft. Strategischer Konsum bedeutet, beim Einkauf gesellschaftliche Verantwortung zu übernehmen."
Gerginov, David: Strategischer Konsum: Einkauf nach Plan. GeVestor Verlag, Bonn (Hrsg.). www.gevestor.de/details/strategischer-konsum-einkauf-nach-plan-667147.html [08.07.2020]

M 2 Konsumentenethik – Geiz war geil

Es war der bekannteste Werbeslogan der vergangenen Jahre. „Geiz ist geil" traf die Konsumstimmung der Deutschen mitten im Herz [...]. Billig, billig, billig [...] „Die reine Orientierung am Preis ist überholt" [...] „Heute geht es um Werte statt um Preise. Die Kunden wollen in ein Produkt wieder Vertrauen haben." [...] Schließlich beeinflussen auch andere Kriterien jenseits des Preises die Kaufentscheidung. Wie hoch ist der Energie- und Wasserverbrauch eines Produkts? Gibt es Umweltbedenken?
Waldermann, Anselm: Werbeslogans – Geiz war geil. In: SPIEGEL ONLINE, 29.05.2007. www.spiegel.de/wirtschaft/werbeslogans-geiz-war-geil-a-485489.html [02.06.2020]

Arbeitsvorschläge

1. *Entwerfen Sie eine Mindmap zum Thema „Die Macht des Einzelnen beim Kauf" und stellen Sie diese zur Diskussion. (M 1, M 2)*
2. *a) Informieren Sie sich im Internet über den Kauf-nix-Tag. Welche Gründe könnten Menschen haben, am Kauf-nix-Tag teilzunehmen?*
   b) Wie ist Ihre Meinung zum Kauf-nix-Tag? Begründen Sie Ihre Meinung.
3. *Entwerfen Sie eine Werbung für ein ökologisch wertvolles und nachhaltiges Produkt.*

6.10 Umwelt- und Sozialverträglichkeit von Produkten – wie kann ich das überprüfen?

Der Blaue Engel ist eines der ältesten und bekanntesten Umweltzeichen für Büromaterial, Haushaltszubehör, Elektrogeräte und vieles mehr. Der Blaue Engel bescheinigt keineswegs die völlige Unbedenklichkeit eines Produkts. Er sagt nur aus, dass die Produkte umweltfreundlicher sind als vergleichbare Produkte. Der Blaue Engel gibt keine Informationen darüber, welches von zwei ausgezeichneten Produkten besser ist. Beim Kauf eines Produkts mit dem Blauen Engel ist Nachhaltigkeit zwar nicht garantiert, aber dieses Produkt ist doch mit einiger Wahrscheinlichkeit besser als Produkte ohne dieses Kennzeichen.

M1 Kommunikationsproblem

Oft wissen Unternehmen nicht, welche Kriterien ein umweltfreundliches Produkt erfüllen muss. Und auch für den Verbraucher ist in vielen Fällen unklar, woran er erkennen kann, dass ein Produkt umweltfreundlich ist.
Umweltzeichen sollen dieses Problem lösen. Allerdings gibt es mittlerweile zahlreiche Umweltzeichen, außerdem Logos für Produkte, die fair gehandelt und sozialverträglich produziert worden sind. Dazu kommen Prüfzeichen für Sicherheit und Qualität. Für den Verbraucher ist es schwierig, hier den Überblick zu behalten.
Doch wodurch ist ein gutes Umweltzeichen gekennzeichnet?
Die Antwort ist einfach. Es muss deutlich werden, was an einem Produkt besonders umweltfreundlich ist, z. B.:
- energiesparende Produktion
- Herstellung aus Recyclingmaterial
- Verwendung von Rohstoffen aus ökologischem Anbau
- schadstoffarme Produktion
- biologisch abbaubar usw.

M2 Weitere Fragen an ein Produkt
- Besteht es aus Rohstoffen, die ohne Unterdrückung gewonnen werden?
- Ist es in sinnvollen, unzerstückelten Arbeitsgängen hergestellt?
- Ist es vielfach verwendbar?
- Ist es langlebig?
- In welchem Zustand wirft man es fort und was wird dann daraus?
- Lässt es den Benutzer von zentralen Versorgungen oder Service abhängig werden, oder kann es dezentralisiert gebraucht werden?
- Privilegiert es den Benutzer oder regt es zur Gemeinsamkeit an?
- Ist es frei wählbar oder zwingt es zu weiteren Käufen? […]

Selle, Gert: Geschichte des Design in Deutschland, aktualisierte und erweiterte Neuausgabe, Campus, Frankfurt/M. 2007, S. 263

Doch nach Ansicht vieler Experten liegen die eigentlichen Probleme darin, dass wir in einer sogenannten „Überflussgesellschaft" leben, in der es Produkte im Übermaß gibt.

M3

www.blauer-engel.de
www.fsc-deutschland.de/de-de
www.msc.org/zertifizierung/fischereien
www.fairtrade-deutschland.de/

Arbeitsvorschläge

1. Nennen Sie die Bedeutung der in M 3 abgebildeten Umweltzeichen.
2. Finden Sie weitere Umweltzeichen und ermitteln Sie deren Bedeutung.
3. Überprüfen Sie an einem selbst gewählten Beispiel die Umweltverträglichkeit eines Produkts. (M 1, M 2)

Demokratie gestalten und vertreten

Methode:

Textanalyse

Jeden Tag werden wir mit Nachrichten im Fernsehen, in den Zeitungen und in den sozialen Netzwerken überhäuft. Es ist für jeden schwierig, den Wahrheitsgehalt zu überprüfen. Besonders Fake News (gefälschte Nachrichten) können auf das Verhalten von Menschen eine verheerende Wirkung haben.
Deshalb sind die folgenden Fragen ein hilfreiches Instrument für die Analyse von geschriebenen und gesprochenen Texten:
WER SAGT WAS WIE ZU WEM UND MIT WELCHER WIRKUNG?
Das Schema wirkt auf den ersten Blick sehr einfach, ermöglicht es aber, die Zusammenhänge zwischen Absender, Inhalt der Aussage, dem jeweiligen Medium und dem Empfänger sichtbar zu machen.

Ablauffolge

Die Textanalyse umfasst folgende Schritte, die nacheinander bearbeitet werden sollten:

Wer sagt	1. **Welche Quelle** (Absender) liegt dem Text zugrunde? – Was erfährt man über den Autor (Politiker, Journalist, Wissenschaftler)? – Welches Medium bringt den Beitrag (welche Zeitung, welches Buch, welcher Fernsehsender, welche Internetquelle)?
was	2. **Was ist der Inhalt** des Textes? – Was lässt die Überschrift vom Text erwarten (umfassende Sachdarstellung, wertender Kommentar, neutraler Bericht)? – Was wird im Text gesagt oder gezeigt, bzw. was wird verschwiegen oder nicht gezeigt?
wie	3. Welche **Form**, welcher **Stil**, welche **Methode** werden verwendet? – Welchen Inhalt haben die einzelnen Textabschnitte und in welchem Zusammenhang stehen sie zueinander (Kritik, Bewertung, Erklärung, Zweifel, Aneinanderreihung)? – Welche zentralen Aussagen macht der Text?
zu wem	4. **Wer ist der Leser, Zuhörer, Zuschauer?** – Welcher Personenkreis soll angesprochen werden (gilt der Text einem breiten Publikum oder nur ausgesuchten Personen, z. B. nur Jugendlichen, nur Älteren, nur Arbeitnehmern)?
mit welcher Wirkung?	5. **Welche Absicht verbirgt sich hinter dem Text?** – Welche Wirkung möchte der Autor mit seinem Text erzielen (Zustimmung oder Widerstand, objektive Information oder Manipulation, Beruhigung oder Aufregung, Empörung, Neugier)?

Methode:

Textbearbeitung

Methode: Die 5-Schritt-Lese-Methode (SQ3R-Methode) zum Einprägen von Inhalten schwieriger Texte

1. **Survey = Überblick gewinnen**
   Machen Sie sich mit den wesentlichen Informationen des Textes vertraut.

2. **Question = Fragen stellen**
   Hinterfragen Sie den Text (z. B. Welche Informationen beinhaltet der Text? Nach welchen Informationen suche ich? Weiß ich schon etwas zum Thema? Ergänzt der Text mein bisheriges Wissen?).

Read = Lesen
Lesen Sie den Text konzentriert. Dabei empfiehlt es sich, wichtige Passagen zu unterstreichen bzw. sich Randnotizen zu machen.

Recite = Zusammenfassen
Wiederholen Sie den Text kapitel- oder absatzweise und fassen Sie ihn mündlich oder schriftlich zusammen.

Review = Wiederholen
Durch eine abschließende Wiederholung sollen Sie die erarbeiteten Einzelergebnisse zu einem Ganzen zusammentragen und auf diese Weise sichern.

„Spickzettel schreiben"

Texte möglichst knapp zusammenfassen

Eine begrenzte Anzahl von Wörtern (Schlüsselwörter = Substantive) wird aus einer Informationsquelle oder einem Text herausgeschrieben. Die Anzahl der Wörter richtet sich nach der Schwere des zu bearbeitenden Textes, sollte aber so knapp wie möglich gehalten werden.

Es dürfen beliebig viele Symbole als Merkhilfe verwendet werden.

Günstig ist es, für diese Übung kleine Notizzettel zu verwenden, um den Raum für Notizen zu begrenzen.

1 Menschenrechte

Artikel 1: Alle Menschen sind frei und gleich an Würde und Rechten geboren. Sie sind mit Vernunft und Gewissen begabt und sollen einander im Geiste der Brüderlichkeit begegnen.

Artikel 7: Alle Menschen sind vor dem Gesetz gleich und haben ohne Unterschied Anspruch auf gleichen Schutz durch das Gesetz.

Artikel 11: Jeder Mensch, der einer strafbaren Handlung beschuldigt wird, ist so lange als unschuldig anzusehen, bis seine Schuld in einem öffentlichen Verfahren, in dem alle für seine Verteidigung nötigen Voraussetzungen gewährleistet waren, gemäß dem Gesetz nachgewiesen ist.

Artikel 20: Jeder Mensch hat das Recht auf Versammlungs- und Vereinigungsfreiheit zu friedlichen Zwecken. Niemand darf gezwungen werden, einer Vereinigung anzugehören.

Artikel 3: Jeder Mensch hat das Recht auf Leben, Freiheit und Sicherheit der Person.

Artikel 5: Niemand darf der Folter oder grausamer, unmenschlicher oder erniedrigender Behandlung oder Strafe unterworfen werden.

Artikel 9: Niemand darf willkürlich festgenommen, in Haft gehalten oder des Landes verwiesen werden.

Artikel 18: Jeder Mensch hat Anspruch auf Gedanken-, Gewissens- und Religionsfreiheit.

Artikel 19: Jeder Mensch hat das Recht auf freie Meinungsäußerung.

Artikel 23: Jeder Mensch hat das Recht auf Arbeit, auf freie Berufswahl, auf angemessene und befriedigende Arbeitsbedingungen sowie auf Schutz gegen Arbeitslosigkeit. Alle Menschen haben ohne jede unterschiedliche Behandlung das Recht auf gleichen Lohn für gleiche Arbeit.

Amnesty International
Menschenrechtsorganisation, die Menschenrechtsverletzungen weltweit nachgeht, sie öffentlich macht und zu verhindern versucht.

Beispiele für die weltweite Verletzung der Menschenrechte

Deutschland: Amnesty International rügt Deutschland, weil nordafrikanische Länder zu sicheren Herkunftsländern erklärt werden, um nicht anerkannte Flüchtlinge schneller abzuschieben. In den genannten Ländern gibt es zahlreiche Menschenrechtsverletzungen, wie Unterdrückung der Meinungsfreiheit, Folter und das Verbot von Versammlungen.

Polen: Die polnische Regierung schränkt die Meinungsfreiheit im erheblichen Maße ein.

Saudi-Arabien: Saudi-Arabien gehört zu den autoritärsten Staaten der Welt. Auf einer Skala von 1 (größte Freiheit) bis 7 (geringste Freiheit) wird dieses Land von der Vereinigung „Freedom House" auf Stufe 7 gesetzt. Beim Demokratieranking landete Saudi-Arabien auf Platz 163 von 167 Plätzen. Die Todesstrafe findet bei Erwachsenen und Kindern Anwendung. Frauen unterliegen einer Vormundschaft durch Vater oder Ehemann. Autofahren war Frauen bis 2017 verboten, und sie sind zur Vollverschleierung verpflichtet. Grundsätzlich erlaubt ist nur die Ausübung des sunnitischen Islam. Alle anderen Religionen sind verboten ebenso die Errichtung von Kirchen oder Synagogen.

Vietnam: Vietnamesische Behörden bringen tausende Prostituierte und Drogenabhängige in völlig überfüllte Lager und verweigern ihnen eine Behandlung.

Afghanistan: Tausende Menschen, die nicht an kriegerischen Handlungen beteiligt waren, werden durch Militär und Selbstmordattentäter getötet.

Japan: Japan ist in Asien das Hauptziel für den Handel mit Frauen und Mädchen aus Thailand und den Philippinen.

Norduganda: Kinder werden entführt und gezwungen, als Kindersoldaten zu dienen. Folter und die Todesstrafe sind an der Tagesordnung.

Demokratische Republik Kongo: Regierungstruppen und bewaffnete Gruppen töten wahllos Menschen, inhaftieren sie ohne Anklage und lassen sie in geheimen Gefängnissen verschwinden.

Syrien: In syrischen Gefängnissen werden täglich Menschen durch Erhängen getötet. Die Hinrichtungen werden durchgeführt ohne Anklage und Urteil. Die syrische Regierung führt Krieg gegen die eigene Bevölkerung. Wichtige Lebensgrundlagen werden durch die kriegerischen Handlungen entzogen und somit sind Tausende gezwungen, das Land zu verlassen.

Hoffnungsbringende Ereignisse
In **Zypern, Irland und den USA** haben gleichgeschlechtliche Paare per Gesetz die Möglichkeit, eine eheähnliche Verbindung einzugehen. In Deutschland dürfen seit 2017 homosexuelle Paare heiraten.

Die Verkündung der Menschenrechte durch die Vereinten Nationen hat nicht automatisch geltendes Recht geschaffen. Anders verhält es sich, wenn die Menschenrechte in die Verfassungen der einzelnen Staaten übernommen werden. Dann wird die Einhaltung der Menschenrechte für den Staat und seine Bürger zum unausweichlichen Auftrag. In der Verfassung der Bundesrepublik Deutschland – dem Grundgesetz (GG) – werden die Menschenrechte ausdrücklich anerkannt.

1.1 Menschenrechte im Grundgesetz

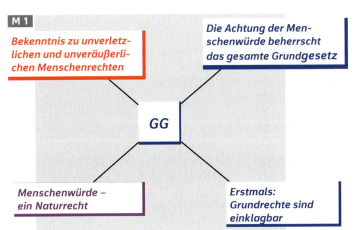

Die Verkündung der Menschenrechte durch die Vereinten Nationen hat nicht automatisch geltendes Recht geschaffen. Anders verhält es sich, wenn die Menschenrechte in die Verfassungen der einzelnen Staaten übernommen werden. Dann wird ihre Einhaltung für den Staat und seine Bürger zum unausweichlichen Auftrag. In der Verfassung der Bundesrepublik Deutschland – dem Grundgesetz (GG) – werden die Menschenrechte ausdrücklich anerkannt.

Die im Grundgesetz garantierten Menschenrechte werden als **Grundrechte** bezeichnet. Bei der Ausarbeitung des Grundgesetzes durch den Parlamentarischen Rat sind die Grundrechtsregelungen aus früheren deutschen demokratischen Verfassungen (Paulskirchen-Verfassung und Weimarer Verfassung) mit einbezogen worden, aber erstmalig stehen sie gleich am Beginn des Verfassungstextes. Das weist auf die Bedeutung hin, die den Grundrechten in unserem Land zugemessen wird.

Artikel 1 GG (Schutz der Menschenwürde)

Die Würde des Menschen ist unantastbar. Sie zu achten und zu schützen ist Verpflichtung aller staatlichen Gewalt.

Arbeitsvorschläge

1. Analysieren Sie, gegen welche Artikel der „Erklärung der Menschenrechte" die aufgeführten Staaten verstoßen. Fertigen Sie eine Übersicht an.
2. Vervollständigen Sie die Grafik M 1 mit den dazugehörigen Artikeln des Grundgesetzes.
3. Interpretieren Sie die Karikatur (M 2) mithilfe der Methode „Analyse politischer Karikaturen".

M 1 Der Grundrechte-Report

Der Grundrechte-Report wird seit 1996 in jedem Jahr auf einer Pressekonferenz präsentiert. Es ist das Projekt von acht Bürgerrechtsgruppen in Deutschland.

In diesem Report wird in jedem Jahr eine kritische Bilanz zur Lage der Grund- und Menschenrechte in Deutschland gezogen. Es werden Missstände aufgezeigt und Beispiele genannt, wie Gesetzgeber, Verwaltungen, Behörden, Gerichte oder auch Privatunternehmen die demokratischen und freiheitlichen Grundlagen unserer Gesellschaft gefährden. Die Berichte der Bürgerrechtsorganisationen beruhen auf praktischen Erfahrungen. Die Betroffenen sind bei der Präsentation anwesend und stehen für Rückfragen zur Verfügung.

Folgende Schwerpunkte werden betrachtet:
- der menschenunwürdige Umgang mit Flüchtlingen, Außerkraftsetzung der europäischen Normen, insbesondere bei Kindern und Jugendlichen,
- illegale Überwachungsmaßnahmen der Geheimdienste und Defizite der gerichtlichen wie parlamentarischen Kontrolle,
- Datenschutz im Gesundheitsbereich und beim internationalen Datentransfer,
- unverhältnismäßige Polizeieinsätze bei Demonstrationen, im Anti-Terror-Kampf und im Großstadtalltag,
- Praxis der Kirchen, Arbeitsstellen nur an Kirchenmitglieder zu vergeben,
- weitere soziale und ökologische Themen: Dieselfahrverbot, Glyphosatverbot, Kohleausstieg,
- zu wenig Frauen in Landesparlamenten und im Bundestag,
- Mietwucher und Spekulation mit Wohnraum.

M 2

"Sie bekommen Bescheid, wenn es für Sie soweit ist!"

Arbeitsvorschläge

1. Interpretieren Sie die Karikatur M 2 mithilfe der Methode „Analyse politischer Karikaturen" (s. S. 246 f.).
2. Notieren Sie, wie die Grundrechte in Deutschland erfolgreich gesichert werden können.
3. Erläutern Sie den Satz „Die Freiheit schenkt sich nicht" (Gerhart Baum über das Grundgesetz, 2009). (s. auch M 1)

1.2 Menschenrechte und soziale Rechte

M 1

Weltweit sind etwa 60 Millionen Menschen auf der Flucht und leben unter diesen Umständen in extremer Armut und mit schweren psychischen Belastungen.
Die Durchsetzung der Menschenrechte ist aufgrund von kriegerischen Handlungen, die zu extremer Armut und Ausweglosigkeit für die einzelnen betroffenen Menschen in weiten Teilen der Welt führen, nicht mehr möglich. Die Menschen fliehen unter katastrophalen Bedingungen, begeben sich in die Hände von Schlepperbanden und kommen im gewünschten Land an oder sterben auf der Flucht.
Alle Mitgliedstaaten der EU sind verpflichtet, die Menschenrechte einzuhalten. An den EU-Außengrenzen werden jedoch zunehmend Maßnahmen getroffen, um gestrandeten Menschen den Zugang zu verweigern. Hier verstößt die EU massiv gegen das Recht auf Achtung der Menschenwürde, das Recht auf Leben und auf körperliche Unversehrtheit. Die kriegführenden Parteien (z. B. IS) und die betroffenen Staaten (z. B. Syrien, Jemen) nehmen bei ihren Kriegen und Konflikten Menschenrechtsverletzungen in Kauf.

M 2

Die Menschenrechte sind umfassend. Freiheitsrechte hängen mit sozialen Rechten zusammen, sie bedingen sich gegenseitig. Das grundlegende Recht auf Leben nutzt wenig, wenn es keine Arbeit gibt, um den Lebensunterhalt zu verdienen. Andererseits kann sich an dieser Armutssituation auch nichts ändern, wenn z. B. das Recht auf freie Wahlen aus Resignation nicht mehr wahrgenommen wird oder freie Wahlen überhaupt nicht zugelassen sind. Grundsätzlich besteht dieses Problem nicht nur für die Armen in den Entwicklungsländern, sondern auch für verarmte Randgruppen in den reichen Industrieländern. Auch die Situation der Frauen kann sich nur verändern, wenn Menschen bereit sind, die Frauen zustehenden Rechte auch zu leben.

Auf der Grundlage der UN-Menschenrechtserklärung gelingt es den im Europarat (siehe S. 248) vertretenen Staaten, untereinander verbindliche und gerichtlich durchsetzbare Abmachungen bezüglich der Sicherung der Menschenrechte zu treffen (Menschenrechtskonvention). Zur Kontrolle der Menschenrechtskonvention nimmt der **Europäische Gerichtshof für Menschenrechte** beim Europarat seine Arbeit auf. Jeder der über 400 Millionen Bürger der EU kann, wenn er sich in seinen Menschenrechten verletzt fühlt, seinen eigenen Staat anklagen und Wiedergutmachung verlangen. Jährlich wenden sich 400 Menschen, die mit ihrem Anliegen in ihrem Heimatland nicht durchdringen können, hilfesuchend an den Europäischen Gerichtshof.

M 3 „An der Stellung, welche die Frauen in einem Land einnehmen, kann man sehen, wie klar und frei die Luft eines Staates ist".

Luise Otto-Peters (1819–1895), Frauenrechtlerin

Arbeitsvorschläge

1. Erklären Sie die Schwierigkeiten bei der Durchsetzung der Menschenrechte in armen und kriegführenden Ländern. Verwenden Sie dazu M 1.
2. Informieren Sie sich über den derzeitigen Stand der Einhaltung der Menschenrechte an den EU-Außengrenzen. Bereiten Sie einen Vortrag vor.
3. Interpretieren Sie die Karikaturen M 2, M 4, M 5.
4. Beurteilen Sie die Aussage in M 3 hinsichtlich ihrer Aktualität.

1.3 Die Grundrechte

Menschenwürde bezieht sich auf den Anspruch des Menschen, als Träger geistig-sittlicher Werte um seiner selbst willen geachtet zu werden. Sie verbietet jede erniedrigende Behandlung oder die Behandlung eines Menschen als „bloßes Objekt".

Bürgerrechte sind im eigentlichen Sinne die Rechte, die einem Staatsangehörigen zustehen, insbesondere das Recht zur Teilnahme am Staatsleben durch aktives und passives Wahlrecht und das Recht, öffentliche Ämter zu bekleiden.

Zu den grundlegenden Prinzipien einer freiheitlich-demokratischen Grundordnung gehört die Achtung der im Grundgesetz konkretisierten Menschenrechte. Gemeint ist die Achtung der Grundrechte, die in den Artikeln 2 bis 19 des Grundgesetzes aufgeführt werden, ergänzt durch Rechte aus anderen Teilen des Grundgesetzes (s. grafische Darstellung). Untersucht man diese Grundrechte im Hinblick auf ihre Bedeutung für die Menschen in der Bundesrepublik Deutschland, so lassen sich folgende Funktionen der Grundrechte beschreiben:

– **Sie sollen dem Bürger einen Freiraum gegenüber dem Staat sichern.**
Eingriffe des Staates in bestimmte Lebensbereiche (z. B. Kunst und Wissenschaft) sollen ausgeschlossen werden, die Unverletzlichkeit bestimmter Rechtsgüter (z. B. Briefgeheimnis) wird garantiert.

– **Sie sollen die politisch-gesellschaftliche Mitwirkung der Bürger sichern.**
Meinungs- und Interessenvielfalt der Bürger, Mitwirkung des Volkes im Staat durch Wahlen, gleiche Chancen beim Zugang zu öffentlichen Ämtern sollen bewahrt werden.

– **Sie sollen den Staat zur Betreuung von in Not geratenen Bürgern verpflichten.**
Aus der Bestimmung des Grundgesetzes, dass die Bundesrepublik Deutschland ein sozialer Staat ist, wird die Pflicht des Staates abgeleitet, das sogenannte „soziale Netz" zu knüpfen. Der Staat trifft Vorsorge für Notfälle im Leben seiner Bürger.

– **Sie binden den Staat als unmittelbar geltendes Recht.**
Es gibt keine Durchführungsverordnungen und Richtlinien für die Grundrechte.

Die Voraussetzungen, unter denen die Grundrechte umgesetzt werden können, schafft das Grundgesetz selbst. Es setzt fest:

- **Grundrechte binden die Staatsgewalt als unmittelbar geltendes Recht.**
  Es gibt keine Durchführungsverordnungen und -richtlinien für die Grundrechte. Der Bürger darf sich allein auf den Text des Grundgesetzes verlassen.

- **Grundrechte sind subjektive Rechte.**
  Dem Bürger steht zur Durchsetzung seiner Grundrechte der Rechtsweg offen. Unabhängige Gerichte schützen den Bürger und seine Rechte. Die Verfassungsbeschwerde beim Bundesverfassungsgericht (s. S. 238) ist für den einzelnen Bürger das äußerste Mittel, gegen Grundrechtsverletzungen vorzugehen.
  Aufsehen erregt hat das Urteil des Bundesverfassungsgerichts zur Volkszählung 1983. Durch eine einstweilige Anordnung hat das Gericht die Volkszählung ausgesetzt.

- **Grundrechte dürfen in ihrem Wesensgehalt nicht angetastet werden.**
  Möglichkeiten, Grundrechte einzuschränken, legt das Grundgesetz selbst fest. Artikel 1 und 20 dürfen gemäß Artikel 79 weder eingeschränkt noch geändert werden.

Gleichheit und Gerechtigkeit

„Um es gerecht zu machen, bekommt ihr alle dieselbe Aufgabe. Klettert auf diesen Baum!"

Arbeitsvorschläge

1. *Gibt es im Grundgesetz Grundrechte, die überarbeitet werden müssen? Begründen Sie Ihre Antwort.*
2. *Nennen Sie die Grundrechte,*
   a) die es den Bürgern ermöglichen, ihre Interessen gegenüber dem Staat zu wahren;
   b) welche die politisch-gesellschaftliche Mitwirkung sichern.
3. *Erläutern Sie die Karikatur M 1.*
4. *Erarbeiten Sie eine Gegenüberstellung von Menschen- und Bürgerrechten.*

1.4 Missachtung der Grundrechte

§ 130 StGB verbietet die Veröffentlichung von Songs mit volksverhetzenden Texten wie z. B. „Anpassung ist Feigheit – Lieder aus dem Untergrund"

oder

„Hier kommt der Schrecken aller Linken und Pauker"

M 1 Die Grundrechte werden in Deutschland, Europa und in der übrigen Welt in vielfältiger Form verletzt. Kriegerische Auseinandersetzungen in vielen Ländern führen dazu, dass Flüchtlinge mit verschiedenen Religionen und aus vielfältigen Kulturen nach Deutschland kommen und ihre Lebensweisen mitbringen. Das führt dazu, dass wir unsere Grundsätze des Zusammenlebens, die sich auf die Grundrechte stützen, den Ankömmlingen vermitteln und zuweilen gegen Widerstände und Verstöße durchsetzen müssen. So gibt es große Probleme bei der Akzeptanz der Gleichheit und der Rechte der Frau, beim Verbot von Zwangsheirat und dem Verbot von Kinderehen, der staatlichen Schulaufsicht und dem damit verbundenen Bildungsauftrag usw. Derartige Probleme werden von Rechtsradikalen aufgegriffen, die sie für ihre Propaganda gegen geflüchtete Menschen und zur Rechtfertigung fremdenfeindlicher Gewalttaten nutzen.

Die Anzahl der **Salafisten** hat in den letzten Jahren erheblich zugenommen. Sie lehnen die demokratische Grundordnung ab und sind bereit, ihre Ansichten auch mit Gewalt durchzusetzen. Des Weiteren versorgen sie die Terrormiliz „**Islamischer Staat**" (IS) mit Geld und jungen Kämpfern. Diese gehen nach Syrien und in andere Kriegsgebiete und verüben unglaubliche Gewalttaten, die sie mithilfe ihrer Handys filmen und über das Internet verbreiten.

Der IS schleust mithilfe des Flüchtlingsstroms Menschen nach Europa, um Attentate gegen die „Ungläubigen" zu verüben. Zu Attentaten kam es in Paris, Würzburg, Ansbach, Brüssel, Berlin. Ziel ist die Spaltung demokratischer und freiheitlicher Gesellschaften und die Errichtung eines islamistischen Gottesstaates.

Islamistische Gruppen und Rechtsradikale verbindet ein ausgeprägter **Antisemitismus**. Beide Gruppen schüren einen tiefen Judenhass und rufen zur Vernichtung des Staates Israel auf.

Rechtsradikalen Gewalttaten haben ebenfalls zugenommen und werden zunehmend als Bedrohung des Rechtsstaates gesehen. Zu nennen sind die Anschläge von Halle (Anschlag auf eine Synagoge am 09.10.2019) und Hanau am 19.02.2020. In Hanau wurden neun Menschen mit Migrationshintergrund ermordet, bevor der Täter später seine Mutter und sich selbst erschoss.

Ungläubige: aus Sicht der Islamisten alle, die nicht den islamischen Glauben der Urväter praktizieren

M 2

Arbeitsvorschläge

1. Erklären Sie mithilfe von M 1, warum Freiheit und Grundrechte von jedem Bürger verteidigt werden müssen.
2. Erarbeiten Sie eine Übersicht, wer gegen welche Grundrechte verstößt. Nutzen Sie dazu M 1 und M 2.
3. Analysieren Sie die Karikatur M 2 mithilfe der in M 1 gemachten Aussagen.

Vorurteile – ein Problem?!

M 1 Vorurteile sind vorgefasste Meinungen, die wir von anderen Menschen übernommen oder die wir uns im Laufe des Lebens angeeignet haben. Ohne Vorurteile hätte die Menschheit wohl kaum überlebt, weil sie es ermöglichen, die Umgebung in gefährlich und ungefährlich einzuordnen. Vorurteile können aber auch zu Feindlichkeit gegenüber anderen Religionen und Lebensweisen führen. Einheimische und Zugewanderte kennen die Lebensweise der anderen oftmals kaum und sind oft misstrauisch. Daraus können Angst und Ablehnung erwachsen. So kommt es zur Bildung von **Parallelgesellschaften**.

Vorurteile gibt es auch gegenüber Schwulen und Lesben. In einigen Ländern und Religionen wird diese Art des menschlichen Zusammenlebens nicht nur mit Vorurteilen belegt, sondern auch bestraft. Mittlerweile können in Deutschland homosexuelle Menschen heiraten, seit dem 01.10.2017 gibt es die „Ehe für alle".

Vorurteilen gegenüber Menschen mit Benachteiligung soll in deutschen Schulen bereits im Kindesalter entgegengewirkt werden, und zwar durch die Einführung der sogenannten **Inklusion**. So können in deutschen Schulen Kinder mit körperlicher und geistiger Behinderung mit nichtbehinderten Kindern in einer Klasse lernen. Einerseits soll diese Eingliederung Kinder mit Behinderung in ihrem Selbstbewusstsein stärken, andererseits können die anderen Kinder soziales Engagement im Umgang mit ihren benachteiligten Klassenkameraden lernen.

Parallelgesellschaft
Eingewanderte Menschen, egal, welcher Nationalität, bleiben nach der Einwanderung unter sich. Sie organisieren und führen eigene Läden, Restaurants, Reisebüros usw. und bleiben der Gesellschaft des Einwanderungslandes, soweit es geht, fern.

M 2

M 3
- Der Wolf ist eine Bestie.
- Frauen können nicht einparken.
- Männer denken nur an das Eine.
- Alle Ausländer wollen nur Hartz IV.
- Lehrer sind faule Säcke.
- Deutsche trinken nur Bier und essen Bratwürste.
- Menschen mit Behinderung können nicht für sich selbst sorgen.

Der Abbau von Vorurteilen und Intoleranz hängt von friedlichen und rechtsstaatlichen Lebensbedingungen ab. Wo nur eine politische oder eine religiöse Überzeugung als wahr gilt, wo Menschen weißer Hautfarbe auf Menschen mit anderer Hautfarbe herabsehen, wo die eigene Lebensweise als Maßstab für die Lebensweise anderer Menschen gilt, werden Vorurteile gefördert. Diese können die Einhaltung der Menschenrechte gefährden. Die Gefahr ist umso größer, je weniger zugelassene oder wirkungsvolle Kontrollorgane wie Parlamente, Gerichte, Parteien, freie Zeitungen es gibt. Besonders anfällig für Vorurteile und Intoleranz sind Einparteiensysteme und Militärdiktaturen.

Arbeitsvorschläge

1. Erklären Sie mithilfe von M 1, welche Bedeutung Vorurteile haben.
2. Analysieren Sie die Karikatur M 2 mithilfe der Methode „Analyse politischer Karikaturen".
3. Bewerten Sie die in M 3 genannten Vorurteile. Finden Sie weitere Beispiele.
4. Erklären Sie, welchen Einfluss politische Verhältnisse auf Vorurteile haben.

.5 Recht auf Asyl – ein Grundgesetzproblem?

Artikel 16a des Grundgesetzes

Art. 16a. [Asylrecht] (1) Politisch Verfolgte genießen Asylrecht.
(2) Auf Absatz 1 kann sich nicht berufen, wer aus einem Mitgliedstaat der Europäischen Gemeinschaften oder aus einem anderen Drittstaat einreist, in dem die Anwendung des Abkommens über die Rechtsstellung der Flüchtlinge und der Konvention zum Schutze der Menschenrechte und Grundfreiheiten sichergestellt ist. Die Staaten außerhalb der Europäischen Gemeinschaften, auf die die Voraussetzungen des Satzes 1 zutreffen, werden durch Gesetz, das der Zustimmung des Bundesrates bedarf, bestimmt. In den Fällen des Satzes 1 können aufenthaltsbeendende Maßnahmen unabhängig von einem hiergegen eingelegten Rechtsbehelf vollzogen werden.
(3) Durch Gesetz, das der Zustimmung des Bundesrates bedarf, können Staaten bestimmt werden, bei denen aufgrund der Rechtslage, der Rechtsanwendung und der allgemeinen politischen Verhältnisse gewährleistet erscheint, dass dort weder politische Verfolgung noch unmenschliche oder erniedrigende Bestrafung oder Behandlung stattfindet. Es wird vermutet, dass ein Ausländer aus einem solchen Staat nicht verfolgt wird, solange er nicht Tatsachen vorträgt, die die Annahme begründen, dass er entgegen dieser Vermutung politisch verfolgt wird.

Aus dem Asylrecht wurde ein Asylbewerberrecht. Asyl wird nicht nur gewährt, sondern seine Gewährung vielmehr gesetzlich geregelt. Der Status des Asylbewerbers umfasst eine Reihe von Vorteilen: Recht auf Einreise nach Deutschland, Anspruch auf Unterkunft, Verpflegung, Taschengeld und medizinische Versorgung.

Die ständig steigende Zahl von Asylbewerbern hat den Gesetzgeber gezwungen, die Praxis des Asylrechts zu überdenken und eine Änderung des Grundgesetzes zu beschließen, die noch immer umstritten ist.

Die Kriege im Nahen Osten und Afrika haben zu einem Anschwellen der Flüchtlingsströme geführt. So kamen 2015 rund 1,1 Mio. Flüchtlinge, insbesondere aus Syrien, nach Deutschland. So steht unsere Gesellschaft heute vor einer großen Herausforderung. Gelingt es, das Asylrecht so zu handhaben, dass politisch Verfolgte in Deutschland Verständnis und Hilfe finden und das Grundrecht auf Asyl gewahrt bleibt? Und können wir verhindern, dass – durch einen unkontrollierten Zuzug von Asylbewerbern – die Angst vieler Deutscher vor Arbeitsplatzverlust, zunehmender Wohnungsnot und Kriminalität zu Vorurteilen gegenüber Menschen anderer Hautfarbe, Sprache und Religion führt?

Derzeit befinden sich Millionen Menschen auf der Flucht. Viele kommen nach Deutschland und möchten bleiben. Vom Flüchtling zum Bürger der Bundesrepublik Deutschland ist es allerdings ein weiter Weg, der mit vielen Hindernissen versehen ist.

Asyl (griech.) =
Zufluchtstätte, politischer Schutz

Das Völkerrecht gibt dem Einzelnen kein Recht, in einem Staat seiner Wahl Zuflucht zu suchen. Es garantiert dem Staat aber das Recht, Asyl zu gewähren, sei es auf seinem Territorium (territoriales Asyl) oder in seiner Auslandsvertretung (diplomatisches Asyl).

Wirtschaftsflüchtlinge
Menschen, die wegen fehlender wirtschaftlicher Perspektiven (z. B. Arbeitsmöglichkeiten) in ihrem Heimatland in einem anderen Land Zuflucht suchen

Internet
www.bmas.de
www.bmwi.de

1.6 Zuwanderung – Einwanderung – Einbürgerung

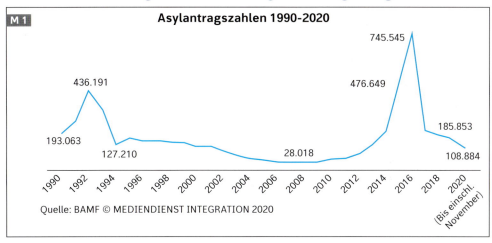

M 1 Asylantragszahlen 1990-2020

193.063 (1990); 436.191 (1992); 127.210 (1994); 28.018 (2006); 476.649 (2014); 745.545 (2016); 185.853 (2018); 108.884 (2020, Bis einschl. November)

Quelle: BAMF © MEDIENDIENST INTEGRATION 2020

Residenzpflicht
Der Asylsuchende muss sich in dem Bezirk aufhalten, in dem sich die zuständige Aufnahmeeinrichtung befindet.

Asylberechtigt sind
– politisch Verfolgte, die im Herkunftsland bei ihrer Rückkehr staatlich verfolgt werden und schwere Menschenrechtsverletzungen zu erwarten haben
– wegen der Zugehörigkeit zu einer Rasse oder Religion verfolgte Menschen
– wegen politischer Überzeugungen Verfolgte

Flüchtlinge finden nach der Ankunft, Registrierung und der Erteilung eines vorübergehenden Ausweisdokumentes eine Aufnahme in der Erstaufnahmeeinrichtung der jeweiligen Kommune.

In einem Ankunftszentrum erfolgt die persönliche Asylantragstellung. Mithilfe eines Dolmetschers werden Antragstellende über ihre Rechte und Pflichten im Rahmen des Asylverfahrens aufgeklärt. Sie sind verpflichtet, ihre Identität nachzuweisen. Die erfassten Daten werden mit denen des Bundeskriminalamts und des Ausländerzentralregisters abgeglichen. Nach der Antragstellung wird eine Bescheinigung über die **Aufenthaltsgestattung** erteilt. Damit wird dokumentiert, dass sich der Asylsuchende rechtmäßig in Deutschland aufhält. Es besteht Residenzpflicht. Schon während des Antragsverfahrens werden Asylsuchende über Integrationskurse und den Zugang zum Arbeitsmarkt informiert. Die Arbeitsagenturen erhalten die Daten und stehen zur Beratung bundesweit zur Verfügung.

Nicht asylberechtigt sind
– Kriegsverbrecher
– Personen, die Straftaten außerhalb Deutschlands begangen haben,
– die wegen eines Verbrechens zu einer Freiheitsstrafe verurteilt wurden, auch außerhalb Deutschlands
– die eine Gefahr für die Sicherheit der Bundesrepublik darstellen

Den Asylsuchenden kann genehmigt werden:
– Aufenthaltserlaubnis für drei Jahre,
– Niederlassungserlaubnis nach drei oder fünf Jahren, wenn ausreichende Deutschkenntnisse und die eigene Sicherung des Lebensunterhaltes gegeben sind,
– unbeschränkter Arbeitsmarktzugang,
– Anspruch auf privilegierten Familiennachzug.

Die **Einbürgerung** kann ab dem 16. Lebensjahr beantragt werden. Bei Kindern erfolgt der Antrag von den Erziehungsberechtigten. Ein handgeschriebener Lebenslauf muss vorliegen. Wesentliche Voraussetzungen für die Einbürgerung sind:
– acht Jahre ununterbrochener und rechtmäßiger Aufenthalt in Deutschland
– Besitz einer Aufenthalts- oder Niederlassungserlaubnis
– Bekenntnis zum Grundgesetz
– keine verfassungsfeindlichen Betätigungen
– Sicherung des Lebensunterhalts, kein Bezug von Leistungen wie z. B. Hartz IV,
– Straflosigkeit,
– ausreichende Deutschkenntnisse und bestandener Einbürgerungstest.

Einbürgerungsgebühr
Erwachsene zahlen 255,00 €.

Minderjährige, die allein eingebürgert werden, zahlen 255,00 €.

Minderjährige mit Eltern zahlen 51,00 €.

Arbeitsvorschläge

1. Interpretieren Sie die Karikaturen M 1 und M 2 auf S. 216 mithilfe der Methode „Analyse politischer Karikaturen" (s. S. 246 f.).
2. Erarbeiten Sie ein Flussschema für den Weg vom Flüchtling zum Bundesbürger.
3. Bei der Niederlassungserlaubnis und bei der Einbürgerung verlangt der Gesetzgeber die Sicherung des Lebensunterhalts. Finden Sie Gründe für diese Forderung. (M 1)
4. Recherchieren Sie unter www.bmi.bund.de nach weiteren Voraussetzungen für die Einbürgerung.

Methode:

Arbeit mit Gesetzestexten

1. **Wer** (= Anspruchssteller)
2. **will was** (= Anspruch)
3. **von wem** (= Anspruchsgegner)
4. **woraus?** (= Anspruchs- oder Gesetzesgrundlage)

1. **Schritt – Sehr genau lesen**
   Um den Sinn des Gesetzestextes zu erfassen, empfiehlt es sich, diesen mehrmals, langsam und sorgfältig zu lesen. Häufig stoßen wir hierbei auf recht lange Sätze, wobei das entscheidende Verb oft am Satzende steht.
   Wichtig: Es empfiehlt sich, wichtige Schlüsselbegriffe farbig zu markieren, z. B. bei Verneinungen, die sich erst wie Bejahungen lesen (sogenannte „doppelte Verneinung"):
   „Sie ist nicht untalentiert." „Es ist nicht wahr, dass …".

2. **Schritt – Analyse des Problems**
   Formulieren Sie die Fallfrage „Wer will was von wem?" und wenden sie diese auf den individuellen Fall an. Ziel ist es, die Beteiligten und ihre Ansprüche zu erkennen.
   Wer von wem? z. B.: Käufer und Verkäufer, Auszubildender und Ausbilder, Mieter und Vermieter …
   Will was? z. B.: Zeit, Geld, Ware, Dienstleitung, Urlaub, Entschädigung, …
   Wichtig: Es darf nicht „zwischen den Zeilen gelesen werden". Nur eindeutige Aussagen sind zu berücksichtigen.

3. **Schritt – Ableitung der Ansprüche**
   Wenn die in Schritt 2 ermittelten Ansprüche der Beteiligten festgestellt worden sind, muss anschließend der Anspruch/die Hauptaussage anhand der gesetzlichen Regelung definiert werden.
   Hierbei muss beachtet werden, dass sich manche Gesetze mit Ansprüchen und andere mit Einwendungen befassen. In schwierigen Fällen kann das Sachwortverzeichnis am Ende des Gesetzbuches weiterhelfen.

4. **Schritt – Vergleich**
   Nur beim tatsächlichen Vorliegen aller gesetzlichen Voraussetzungen ist ein Anspruch entstanden. Zu prüfen ist Folgendes: Passt das Gesetz zum vorliegenden Fall?

5. **Schritt – Formulierung der Lösung**
   Der in Schritt 4 ermittelte Anspruch wird als Antwortsatz formuliert.

Beispiel
Florian Gerdes (17 Jahre) ist in einem Elektrobetrieb, der gegenüber der Berufsschule liegt, als Auszubildender beschäftigt. Der Berufsschulunterricht beginnt um 08.45 Uhr. Der Geschäftsinhaber bittet Florian von 08.00 bis 08.30 Uhr im Betrieb zu sein, um die Eingangspost zu verteilen. Florian Gerdes beschäftigt sich mit dem entsprechenden Gesetzestext.

Gesetzestext/Grundlage: § 9 JArbSchG (s. S. 21)
Wer – Florian Gerdes (Auszubildender)
will was – 08.00 bis 08.30 Uhr nicht im Betrieb sein müssen
von wem – Elektrobetrieb (Ausbilder)
woraus? – § 9 JArbSchG

Lösung: *Der Arbeitgeber darf einen Jugendlichen nicht vor dem Unterricht, der vor 09.00 Uhr beginnt, beschäftigen. Florian Gerdes muss vor dem Berufsschulunterricht nicht im Ausbildungsbetrieb erscheinen.*

Methode:

Debatte

Die Debatte ist die wesentliche Form für die Entscheidungsfindung in Verbänden, Parteien und Parlamenten. So kann z. B. eine Bundestagsdebatte im Unterricht simuliert werden.

Materialien
Rednerpult,
(Glocke für den Präsidenten,
Stimmzettel,
Behälter zum Einsammeln der Stimmzettel)

Vorbereitung

Wählen Sie in Ihrer Klasse ein aktuelles Thema, das in der Öffentlichkeit umstritten ist und entscheiden Sie, ob eine Bundestagsdebatte, z. B. mit einem Gesetzesantrag, gespielt werden soll. Die Lerngruppe bekommt dann die Gelegenheit, sich selbstständig Informationen zu beschaffen.

Für die Durchführung sollte ein Rednerpult (z. B. ein Karton) vorgesehen werden und die Sitzordnung nach Fraktionen organisiert werden.

Durchführung

Schritt 1: Wahl des Führungspersonals

Von der Lerngruppe sind zunächst die jeweiligen Präsidenten und Schriftführenden zu bestimmen. Außerdem werden ein Bundeskanzler/eine Bundeskanzlerin und Minister benötigt. Diese haben in beiden Häusern Rederecht.

Schritt 2: Bildung von Kleingruppen

Es werden Kleingruppen entsprechend den im Bundestag vertretenen Parteien gebildet, eventuell durch Los. Auch wird die Reihenfolge der Redebeiträge verabredet.

Die Gruppen haben die Aufgabe, eine Stellungnahme zu dem gewählten Thema zu erarbeiten. Begründungen werden z. B. von Neben- zu Hauptargumenten aufgebaut. Mögliche Gegenargumente sollten bedacht werden. Jede Gruppe notiert ihre Positionen und entwickelt ein knappes Redekonzept. Ein/eine Franktionssprecher/-in wird gewählt. Die übrigen Teilnehmer/-innen bekommen einen Beobachtungsauftrag und sollen sich Notizen machen. Beobachtungsgesichtspunkte sollten verabredet werden.

Schritt 3: Plenardebatte

Der Bundestagspräsident oder die Bundestagspräsidentin eröffnet die Sitzung, begrüßt die Teilnehmer/-innen, nennt den „Beratungsgegenstand" und ruft die Redner/-innen auf.
- Der verantwortliche Minister stellt seinen Gesetzentwurf vor und begründet ihn.
- Die Fraktionssprecher/-innen geben ihre Stellungnahmen in der vereinbarten Reihenfolge ab:
  „Herr Präsident, verehrte Kolleginnen und Kollegen. Ich möchte zum Thema ... sprechen."
- Je nach Zeit (sollte begrenzt werden) kann nun eine allgemeine Debatte erfolgen.

Schritt 4: Abstimmung
- Es folgt die Abstimmung über den Gesetzentwurf durch alle Teilnehmer/-innen, entweder durch Handzeichen oder mit vorbereiteten Stimmzetteln.
- Das Präsidium zählt die Stimmen aus.
- Der Präsident/die Präsidentin gibt das Ergebnis bekannt.

Auswertung

Verlauf und Ergebnisse der Debatte können neben den Notizen der Teilnehmer/-innen auch durch eine Video- oder Tonbandaufzeichnung festgehalten werden. Die Debattenbeiträge werden analysiert. Mögliche Gesichtspunkte:
- Aufbau und Überzeugungskraft der Argumentation,
- Einsatz rhetorischer Mittel: Veranschaulichung durch Beispiele und Vergleiche, Ironie, Humor, Sprechgeschwindigkeit, Pausensetzung,
- Körpersprache, Blickkontakte, Gestik.

2 Die deutsche Demokratie

2.1 Grundlagen der Demokratie

M 1

Alle Macht beim König
dem Nachfahren von Saudi Arabiens Staatsgründer Ibn Saud (1931). Salman Ibn Abd al-Assis al Saud, 31. Sohn wird 2015 Nachfolger des verstorbenen Königs Abdullah al Saud. Er ist ein absoluter Monarch, Regierungschef, Oberbefehlshaber des Militärs und oberster Gesetzgeber nach den Regeln der streng islamischen Scharia. Parteien sind verboten.

M 2

Das Wahljahr 2019
15. August, Bremen
CDU wird stärkste Partei – aus Rot-Grün wird **Rot-Grün-Rot**, Bürgermeister Andreas Bovenschulte (SPD) wird gewählt.
20. Dezember, Sachsen
Michael Kretschmer (CDU) bleibt Ministerpräsident. Aus Schwarz-Rot wird **Schwarz-Rot-Grün** („Kenia-Koalition").
20. November 2019, Brandenburg
Aus Rot-Schwarz wird **Rot-Grün-Schwarz**. Dietmar Woike (SPD) wieder Ministerpräsident
27. Oktober, Thüringen (Wahl)
Rot-Rot-Grün bleibt, Bodo Ramelow (Linke) am 04.03.2020 wieder Ministerpräsident (2. Anlauf)

M 3

Simbabwe
Präsident Robert Mugabe entlässt seinen Stellvertreter Mnangagwa. Das Militär unterstützt diesen, setzt den Präsidenten unter Hausarrest und ergreift selbst die Macht.
(November 2017)

Sudan
Präsident Umar al Baschir vom Militär gestürzt. Nach Machtkampf mit ziviler Opposition gemeinsame Übergangsregierung.
(Juli 2019)

Macht
wird ausgeübt, wenn eine Person oder Gruppe ihre Ziele gegen Widerstände durchsetzt.

Herrschaft
Ist Macht an bestimmte Institutionen (Einrichtungen, Ämter) gebunden, spricht man von „Herrschaft".

Nicht nur der Blick in die Vergangenheit, sondern auch die Betrachtung der Gegenwart zeigt, dass es immer noch unterschiedliche Wege zur politischen Macht und Herrschaft gibt. Viele haben dabei eine breite Blutspur und Verwüstungen hinterlassen.

Erfahrungen aus Jahrtausenden haben die Menschen aber auch gelehrt, dass Freiheit und Gerechtigkeit für alle am ehesten in einer **Demokratie** mit freien Wahlen, Gewaltenteilung und Rechtsstaatlichkeit zu erreichen sind.

Das griechische Wort Demokratie bedeutet „Volksherrschaft" – Ein Volk entscheidet selbstständig über seine Angelegenheiten. Es ist souverän. „Alle Staatsgewalt geht vom Volke aus", dies ist die wichtigste Aussage des Grundgesetzes, der Verfassung der Bundesrepublik Deutschland.

M 4 Grundgesetz für die Bundesrepublik Deutschland vom 23. Mai 1949

Artikel 20
[Grundlagen staatlicher Ordnung, Widerstandsrecht]
(1) Die Bundesrepublik Deutschland ist ein demokratischer und sozialer Bundesstaat.
(2) Alle Staatsgewalt geht vom Volke aus. Sie wird vom Volke in Wahlen und Abstimmungen und durch besondere Organe der Gesetzgebung, der vollziehenden Gewalt und der Rechtsprechung ausgeübt.
(3) Die Gesetzgebung ist an die verfassungsmäßige Ordnung, die vollziehende Gewalt und die Rechtsprechung sind an Gesetz und Recht gebunden.
(4) Gegen jeden, der es unternimmt, diese Ordnung zu beseitigen, haben alle Deutschen das Recht zum Widerstand, wenn andere Abhilfe nicht möglich ist.

In Europa hat sich der Weg zu parlamentarischen Demokratien durchgesetzt: Ein Volk wählt seine Vertreter in ein Parlament. Dieses wählt seine Regierung, beschließt Gesetze und beruft die obersten Richter. Staatsoberhäupter sind – je nach Tradition und Verfassung – entweder Präsidenten, wie in der Bundesrepublik Deutschland, oder Königinnen und Könige wie z. B. in Großbritannien und Spanien.

Arbeitsvorschläge

1. Ermitteln Sie aus den Texten und Schlagzeilen von M 1 bis M 3 Wege zur politischen Herrschaft.
2. Formulieren Sie Stichworte zur deutschen Staatsordnung. (M 4)

2.2 Möglichkeiten politischer Beteiligung

In Demokratien leiten Regierungen und Parlamente ihre Rechtfertigung für ihre Handlungen von der Zustimmung durch ihre Bürger ab. Wahlen können diese Zusammensetzungen von Parlamenten und damit von Regierungen direkt beeinflussen. Indirekte Möglichkeiten der Einflussnahme und Meinungsbildung haben Bürger im „vorparlamentarischen Raum". Merkmal einer freiheitlichen Gesellschaft ist die Möglichkeit, dass sich Menschen mit unterschiedlichen Überzeugungen und Interessen zu Parteien und Interessenverbänden zusammenschließen, Bürgerinitiativen gründen und an Demonstrationen teilnehmen. Einzeln haben sie die Möglichkeit, Leserbriefe zu schreiben, sich mit Petitionen (Bitten, Gesuche) an Parlamente und mit Beschwerden an Verwaltungen oder gar an das Bundesverfassungsgericht zu wenden.

Verbände und Lobbyisten

Interessenverbände fassen Einzelinteressen ihrer Mitglieder zusammen und vertreten sie gegenüber der Öffentlichkeit, den Parteien, Verwaltungen, Parlamenten und Regierungen. Sie sind ein wichtiger Bestandteil unserer pluralistischen Demokratie (Plural = Mehrzahl, Vielfalt). Interessen und Interessengegensätze begegnen uns überall im Alltag. Arbeitnehmer und ihre Gewerkschaften fordern z. B. höhere Löhne, Arbeitgeber und ihre Verbände hingegen sehen in zu starken Lohnerhöhungen Gefahren für ihre Wettbewerbsfähigkeit und für ihre Gewinne. Diskutiert wird, wie die Balance zwischen berechtigter Interessenvertretung, gewünschtem Sachwissen und unkontrollierter Einflussnahme gehalten werden kann. Das Schaubild zeigt Wege und Mittel der Einflussnahme.

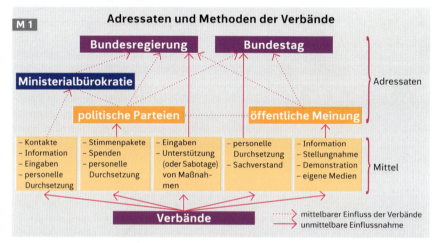

M 1 Adressaten und Methoden der Verbände

In Deutschland sind zahlreiche Vereine und Verbände mit tausenden Mitgliedern registriert. Allein der Deutsche Olympische Sportbund vertritt rund über 90.000 Vereine mit 27 Mio. Mitgliedern (vgl. www.teamdeutschland.de/dosb [15.02.2021]). Im Vergleich dazu hatten die Bundesparteien Anfang 2020 nur etwas mehr als 1,2 Millionen Mitglieder (s. auch S. 225).

M 2 Für die Verbände arbeiten etwa 5000 Lobbyisten in Berlin. (Lobby ist das englische Wort für die Vorhalle des Parlaments.) Beim Deutschen Bundestag sind zahlreiche Verbände in ein öffentliches Lobbyregister eingetragen. Davon haben etwa 800 Vertreter einen „Hausausweis", mit dem sie die Regierungs- und Parlamentsgebäude betreten dürfen. Mit dem Hausausweis haben sie einen direkten Zugang zu den Ministerien, Fraktionen und einzelnen Abgeordneten. Kritiker sehen darin eine Gefahr für eine undurchsichtige Einflussnahme. Diskutiert wird ein „Lobbyregister".
vgl. Roßmann, Robert: Ein Lobbyregister gegen das Unbehagen. 11.09.2020. In: sueddeutsche.de. www.sueddeutsche.de/politik/lobbyregister-bundestag-lobbyismus-1.5027340 [15.02.2021]

Arbeitsvorschläge

1. In welchen Vereinen oder Verbänden könnten Sie Mitglied sein?
2. Ermitteln Sie in den Medien ein aktuelles Beispiel für eine Einflussnahme, wie in M 1 dargestellt.
3. Stellen Sie Nutzen und Risiken der Beteiligung von „Lobbyisten" an Gesetzgebungsverfahren in einer Tabelle gegenüber. (M 2)

Lobby
Eingangshalle von Gebäuden, Parlamenten, heute: Interessenvertreter, die Einfluss auf politische Entscheidungen nehmen wollen

Verbände
In Deutschland gibt es Schätzungen zufolge rund 16 000 Verbände, davon etwa 5 000 mit politischen Interessen.
Der Deutsche Sportbund vertritt 88 348 Vereine mit ca. 27 Mio. Mitgliedern (Stand: 7/2020, Quelle: DOSB).

Beispiele für Verbände aus verschiedenen Bereichen:

Wirtschaft:
Gewerkschaften, Arbeitgeberverbände, Arbeitsgemeinschaft der Verbraucherverbände

Soziales:
Deutsches Rotes Kreuz, Arbeiterwohlfahrt, Deutsche Krebshilfe

Kultur, Sport, Freizeit:
Volkshochschulverband, Sportverbände, Automobilclubs, Naturfreunde

Umwelt, Natur:
Bund Umwelt und Natur (BUND), Greenpeace, Vogelschutzbund

Politik:
Amnesty International, Europaunion

Bürgerinitiativen

Menschen schließen sich häufig spontan und örtlich begrenzt zu Bürgerinitiativen zusammen. Sie reagieren auf Missstände vor allem dann, wenn sie sich durch Veränderungen eingeschränkt oder bedroht sehen. Das kann z. B. durch die Ausweisung eines neuen Baugebiets sein, durch das für die Anwohner der freie Blick auf die Landschaft beschnitten wird. Oder auch die Sorge um die geplante Schließung einer Schule, was einen längeren Schulweg für die Kinder bedeutet. Bürgerinitiativen versuchen durch zeitlich begrenzte Aktionen, die Öffentlichkeit über ihre Befürchtungen und Forderungen zu informieren. Sie werben um Unterstützung durch Flugblätter, Presseerklärungen, Unterschriftensammlungen, Onlinepetitionen, Protestkundgebungen und **Demonstrationen**. Durch die Mobilisierung der öffentlichen Meinung wollen sie politische Entscheidungen beeinflussen und Druck auf Parteien, Parlamente und Verwaltungen ausüben. Damit sollen die Missstände nach ihren Vorstellungen beseitigt werden.

Demonstrationen

M1

Durch Demonstrationen erreichen z. B. Bürgerinitiativen die größte öffentliche Wirkung. Auch Nichtmitglieder können spontan daran teilnehmen, um deren Ziele zu unterstützen. Demonstrationen sind durch Art. 8 des Grundgesetzes (**Versammlungsfreiheit**) geschützt. Damit aber Veranstaltungen „unter freiem Himmel" geschützt werden können, sind sie vorher anzumelden und müssen **genehmigt** werden. Die Veranstalter benennen Personen, die für die „ordnungsgemäße" Durchführung verantwortlich sind. Solche Veranstaltungen, auch von „unbequemen" Gruppen, haben deshalb auch Recht auf Polizeischutz. Wenn zugleich Gegendemonstrationen angemeldet oder erwartet werden, wird dieser notwendig. Geraten sonst friedliche Demonstrationen durch gewalttätige Chaoten außer Kontrolle, können sie aufgelöst und die Gewalttäter bestraft werden. Um sie zu erkennen, sind bei Demonstrationen Vermummungen verboten.

> **M2** Mit dem Auftreten der „Patriotischen Europäer gegen die Islamisierung des Abendlandes" (**Pegida**) im Oktober 2014 verschärft sich die Situation bei Demonstrationen und Gegendemonstrationen. Die Pegida vertritt einen extrem ausländerfeindlichen Kurs, der bald in mehreren Städten Nachahmer findet. Bei den **Gegendemonstrationen** versammeln sich Bürger, die eine offene Gesellschaft vertreten. Es kommen aber auch linke Gruppierungen aus dem „Antifaschistischen Lager" mit einem gewaltbereiten „Schwarzem Block". Mit dem Rückgang der Flüchtlingszahlen wird Pegida weniger wahrgenommen. Dennoch gibt es weiterhin Anlässe für nationalistische Aktionen und entsprechende Gegendemonstrationen der „Bündnisse gegen Rechts" (z. B. Gewerkschaften, linke Gruppierungen, Einzelpersonen).

> **M3** Eine neue, weltweite Demonstrationswelle, **Fridays for Future**, zunächst vorwiegend von Schülerinnen und Schülern, wurde von der jungen Schwedin Greta Thunberg mit ihrem Klimaeinsatz ausgelöst. Unvergessen, aber auch umstritten, bleiben ihre Worte beim UN-Klimagipfel 2019 in New York, mit denen sie beklagt, dass ihr ihre Kindheit gestohlen worden sei.
> Ein Teil der Klimaaktivisten hat sich radikalisiert. Die Bewegung **Extinction Rebellion (XR)** (engl. = Aufstand gegen das Aussterben) nutzt zivilen Ungehorsam als Form des Protests. Ausgehend von Großbritannien, ist sie in über 50 Ländern aktiv. In Berlin wurden z. B. am 07.10.2019, sorgfältig geplant, Verkehrsknotenpunkte „spontan" blockiert. Mit „friedlichem Ungehorsam" ist die Bereitschaft verbunden, auch Gesetze zu brechen. Andere Mittel hätten bisher keinen Erfolg gehabt, den Klimawandel zu stoppen.

Petitionen

Grundgesetz Artikel 17 (Petitionsrecht)

Jedermann hat das Recht, sich einzeln oder in Gemeinschaft mit Bitten oder Beschwerden an die zuständigen Stellen und an die Volksvertretung zu wenden.

Jeder Bürger kann sich einzeln oder gemeinsam mit anderen schriftlich oder im Internet an den Petitionsausschuss wenden, um Beschwerden, Bitten oder Vorschläge für die Politik zu machen. Dabei ist die Adresse anzugeben, um den oder die Absender zu informieren. Petitionseingaben können aber auch an die Petitionsausschüsse bei den Landtagen, beim Europäischen Parlament oder an den Europäischen Bürgerbeauftragten gerichtet werden.
Der Petitionsausschuss oder einzelne Mitglieder können
- Akten der Bundesregierung und der Bundesbehörden einsehen,
- Auskünfte von Regierung und Behörden verlangen, denn sie haben Zutritt zu deren Einrichtungen.
- Sie können Bittsteller (Petenten), Zeugen und Sachverständige anhören, Gerichte und Behörden müssen Amtshilfe leisten.

Der Petitionsausschuss und seine Mitglieder sind also mit erheblicher Kontrollmacht ausgestattet.

2019 sind 13 529 Petitionen beim Petitionsausschuss im Bundestag eingegangen. Am häufigsten waren folgende Ministerien betroffen:

Arbeit und Soziales 1 871
Inneres, Bau und Heimat: 1 191
Justiz und Gesundheit: 1 758
Verbraucherschutz: 1 645
Finanzen: 1 194
Verkehr und digitale Infrastruktur 1 016

vgl. Deutscher Bundestag, 19. Wahlperiode, Drucksache 19/2190, 09.08.2020, S.82

Bürgerbeteiligungen

In allen Bundesländern ist seit 2006 ein Bürgerentscheid auf kommunaler Ebene als „basisdemokratisches Element" eingeführt worden. Voraussetzung ist die rechtliche Zuständigkeit der Gemeinde. Zunächst ist ein **Bürgerbegehren** erforderlich. In Niedersachsen müssen sich dafür 5 % bis 10 % der Wahlberechtigten mit ihren Unterschriften für oder gegen ein Anliegen aussprechen, z. B. „Für den Erhalt unserer Grundschule" oder „Gegen den Skaterpark am Friedhof". Die Kommunalvertretung kann dann in dieser Sache einen zustimmenden Beschluss fassen. Tut sie das nicht, gibt es einen **Bürgerentscheid**, an dem alle Wahlberechtigten teilnehmen können. Es müssen aber mindestens 25 % sein, die mit einfacher Mehrheit mit „ja" oder „nein" abstimmen. Eine Kostendeckung muss nicht nachgewiesen werden. Die Kommunen informieren aber bereits vorher über die Machbarkeit, sodass bisher keine Projekte beschlossen wurden, die nicht zu finanzieren gewesen wären.

Volksentscheide, wie etwa in der Schweiz, sind auf Bundesebene nicht vorgesehen. Damit werben vor allem populistische Parteien mit dem Argument „mehr Demokratie". Sie erhoffen sich damit eine größere Zustimmung zu ihrer Politik. Auch werden Volksentscheide häufig von sachfremden Stimmungen überlagert. Kompromisse, die in einer parlamentarischen Debatte gefunden werden können, gibt es dabei nicht. Auch besteht die Gefahr einseitiger Informationen. Bei der Volksabstimmung über einen Austritt Großbritanniens (Brexit) aus der EU 2016 deuteten Umfragen eher auf Ablehnung des Austritts. Die Brexit-Gegner, vor allem junge Menschen, fühlten sich infolgedessen offenbar zu sicher und nahmen daher nicht an der Abstimmung teil. 52 % der Briten stimmten dann für einen Austritt Großbritanniens aus der EU.

„Das Eintreten der Rechtsradikalen für Volksabstimmungen erklärt der Politikwissenschaftler Herfried Münkler mit dem Zwang für die Diktatur, sich demokratisch zu verkleiden."
Wagner, Thomas: Rechtsextremismus. Direkt gegen die Demokratie, Warum auch Rechtsextremisten und Rechtspopulisten mehr Bürgerbeteiligung wollen. In: Die Zeit, 08.03.2012, S. 13

Arbeitsvorschläge

1. *Bearbeiten Sie die Karikatur M 1 auf S. 222 mit der Methode „Analyse politischer Karikaturen" (s. S. 246 f.).*
2. *Begründen Sie das Recht auf Polizeischutz bei Demonstrationen. (M 2, S. 222)*
3. *Erörtern Sie in Partnerarbeit*
   a) mögliche Folgen für die innere Sicherheit, wenn Polizeikräfte bei regelmäßigen Demonstrationen langfristig gebunden sind (M 2, M 3, S. 222),
   b) ob oder unter welchen Bedingungen es gerechtfertigt ist, dass Aktivisten zum Erreichen ihrer Ziele, z. B. kurz- oder mittelfristig Straßen blockieren und die allgemeine Ordnung außer Kraft setzen. Diskutieren Sie Ihre Ergebnisse in Ihrer Lerngruppe. (M 3, S. 222)
4. *Berichten Sie über aktuelle Bürgerinitiativen, Demonstrationen, Bürgerbeteiligungen und Volksentscheide. Erkunden Sie deren Anlässe, ihren Verlauf und mögliche Ergebnisse.*

2.3 Parteien in einer parlamentarischen Demokratie

Die Stellung der Parteien in der parlamentarischen Demokratie

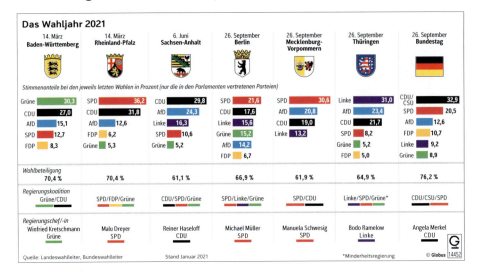

 M1 Grundgesetz Artikel 21 (Parteien)

(1) Die Parteien wirken bei der politischen Willensbildung des Volkes mit. Ihre Gründung ist frei. Ihre innere Ordnung muss demokratischen Grundsätzen entsprechen. Sie müssen über die Herkunft ihrer Mittel öffentlich Rechenschaft geben.
(2) Parteien, die nach ihren Zielen oder nach dem Verhalten ihrer Anhänger darauf ausgehen, die freiheitliche demokratische Grundordnung zu beeinträchtigen oder zu beseitigen oder den Bestand der Bundesrepublik Deutschland zu gefährden, sind verfassungswidrig. Über die Frage der Verfassungswidrigkeit entscheidet das Bundesverfassungsgericht.
(3) Das Nähere regeln Bundesgesetze.

 M2 Gesetz über die politischen Parteien (Parteiengesetz)

§ 1 Verfassungsrechtliche Stellung und Aufgaben der Parteien

(1) Die Parteien sind ein verfassungsrechtlich notwendiger Bestandteil der freiheitlichen demokratischen Grundordnung. Sie erfüllen mit ihrer freien, dauernden Mitwirkung an der politischen Willensbildung des Volkes eine ihnen nach dem Grundgesetz obliegende und von ihm verbürgte öffentliche Aufgabe.
(2) Die Parteien wirken an der Bildung des politischen Willens des Volkes auf allen Gebieten des öffentlichen Lebens mit, indem sie insbesondere
auf die Gestaltung der öffentlichen Meinung Einfluss nehmen,
die politische Bildung anregen und vertiefen,
die aktive Teilnahme der Bürger am politischen Leben fördern,
zur Übernahme öffentlicher Verantwortung befähigte Bürger heranbilden,
sich durch Aufstellung von Bewerbern an den Wahlen in Bund, Ländern und Gemeinden beteiligen,
auf die politische Entwicklung in Parlament und Regierung Einfluss nehmen,
die von ihnen erarbeiteten politischen Ziele in den Prozess der staatlichen Willensbildung einführen und
für eine ständige lebendige Verbindung zwischen dem Volk und den Staatsorganen sorgen.
(3) Die Parteien legen ihre Ziele in politischen Programmen nieder.

§ 2 Begriff der Partei

(1) „Parteien sind Vereinigungen von Bürgern, die dauernd oder für längere Zeit von Bürgern für den Bereich des Bundes oder eines Landes auf die politische Willensbildung Einfluss nehmen und an der Vertretung des Volkes im Deutschen Bundestag oder einem Landtag mitwirken wollen, wenn sie [...] eine ausreichende Gewähr für die Ernsthaftigkeit dieser Ziele bieten."

Die Parteienvielfalt ist ein wichtiges Merkmal der Demokratie. Die Geschichte zeigt, dass Staaten mit einer Einheitspartei Diktaturen sind.
In Deutschland traten 2017 bei der Bundestagswahl insgesamt 42 Parteien an, in unterschiedlicher Zahl in den Bundesländern. In Niedersachsen waren es z. B. nur 18.
Bei der Europawahl 2019 kandidierten 42 Parteien, von denen, nach dem Wegfall der 5 %-Klausel, 13 im Europaparlament vertreten sind.

Die Parteien der Bundesrepublik Deutschland

In der Bundesrepublik Deutschland gibt es eine Vielzahl von Parteien. Sieben von ihnen sind einer breiten Öffentlichkeit bekannt, weil sie in den Parlamenten vertreten sind:
- die Christlich Demokratische Union (CDU) und ihre bayerische Schwesterpartei,
- die Christlich Soziale Union (CSU),
- die Sozialdemokratische Partei Deutschlands (SPD),
- die Freie Demokratische Partei (FDP),
- das Bündnis 90/Die Grünen (BÜNDNIS 90/DIE GRÜNEN),
- Die Linke (DIE LINKE),
- die Alternative für Deutschland (AfD).

Daneben verfügt die umstrittene „Nationaldemokratische Partei Deutschlands" (NPD) in einigen Kommunen über Abgeordnete und erlangte 2014 wie die „Piratenpartei Deutschlands" (Piraten) einen Sitz im Europaparlament. Die 2013 gegründete „Alternative für Deutschland" (AfD) hat dort sieben Sitze.

Parteiprogramme

Parteien müssen ihre politischen Ziele in Programmen darlegen, die in der Partei diskutiert und auf Parteitagen verabschiedet werden.

Grundsatzprogramme	Sachprogramme	Wahl- und Regierungsprogramme
langfristig, allgemein gehalten, prinzipielle Standortbestimmung, Beispiele: Godesberger Programm der SPD (1959), Freiburger Thesen der FDP (1971); aktuelle Grundsatzprogramme (Stand 2/2021): CDU 2007, SPD 2007, FDP 2012, BÜNDNIS 90/DIE GRÜNEN 2002, DIE LINKE 2011, AfD 2016	**mittelfristig von Grundsätzen** abgeleitete Handlungskonzepte für praktische Politik, Beispiele: Bildungspolitik, Sicherheitspolitik, Energiepolitik, Kommunalpolitik aller politischen Parteien	**kurzfristig** (vier oder fünf Jahre) für die Dauer einer Legislaturperiode auf Europa-, Bundes-, Landes- oder Kommunalebene; überprüfbare Aktionsprogramme, Probleme bei Koalitionen

Die Tatsache, dass das Parteiensystem in der Verfassung verankert ist, zeigt die zentrale Rolle der Parteien bei der politischen Willenbildung in unserem parlamentarischen Regierungssystem. Ihre Reichweite geht aber über den politischen Bereich hinaus, wenn leitende Beamte in den Stadt-, Kreis- und Gemeindeverwaltungen von Rats- bzw. Kreistagsmitgliedern gewählt werden. Wird dabei die Parteizugehörigkeit berücksichtigt, können Verwaltungsentscheidungen indirekt von Parteien beeinflusst werden. Dies ist dann problematisch, wenn das Parteibuch wichtiger ist als der Sachverstand. Es ist allerdings auch zu beobachten, dass parteilose Bewerber um die Ämter als Bürgermeister, Oberbürgermeister und Landräte bei direkter Wahl gute Erfolgschancen haben.

Zur Erfüllung ihrer Aufgaben benötigen die Parteien finanzielle Mittel, die sich aus Mitgliedsbeiträgen, Spenden und staatlichen Mitteln zusammensetzen. Die staatlichen Mittel dienen vor allem zur Erstattung der Wahlkampfkosten. Parteien müssen über ihre Einnahmen und Ausgaben öffentlich Rechenschaft ablegen und private Spender über 10 000,00 € benennen, um mögliche Einflussnahmen offenzulegen. Wenn Parteien dagegen verstoßen (CDU 1999/2000) oder unrichtige Rechenschaftsberichte vorlegen (NPD 2009), werden sie mit hohen Geldstrafen belegt.

Arbeitsvorschläge

1. *Nennen Sie die Bedingungen für die Gründung einer Partei. (M 1, M 2)*
2. *Erklären Sie die im Parteiengesetz (M 2) genannten Aufgaben der Parteien mit eigenen Worten.*
3. *Erläutern Sie das Schlagwort „Parteiendemokratie".*
4. *Gestalten Sie in Gruppen Wandzeitungen mit Wahlaussagen, präsentieren Sie Ihr Ergebnis und diskutieren Sie darüber.*
5. *Berichten Sie über Parteiverbotsverfahren und erkunden Sie deren Hintergründe (M 3).*

M 3 Parteienverbot

Nur das Bundesverfassungsgericht entscheidet über Parteienverbote. 1952 wurde die Deutsche Reichspartei als neonazistische Partei verboten, 1956 die KPD. Danach hielt man es lange Zeit für besser, sich mit ihren Anhängern politisch auseinanderzusetzen.

Ein Antrag auf Verbot der NPD wird vom Bundesverfassungsgericht 2003 wegen eines Verfahrensfehlers eingestellt.

Nachdem im Herbst 2011 bekannt wird, dass Rechtsextremisten für zahlreiche Morde an Menschen mit Migrationshintergrund verantwortlich sind, wird von allen Bundestagsfraktionen erneut ein NPD-Verbot erwogen.

2013 beantragt der Bundesrat ein erneutes Verbot der NPD. Doch das Bundesverfassungsgericht lehnte ein Verbot der NPD 2017 ab. Es ließ aber Spielräume für zukünftige Verfahren. So kommen Parteiverbote nach wie vor in Betracht – und auch aus allein präventiven Gründen. Allerdings muss in diesem Fall überzeugend begründet werden, dass die Partei die freiheitlich-demokratische Grundordnung der Bundesrepublik Deutschland gefährden könnte.

Parteimitglieder
Stand: Ende 2020

	in Tausend
SPD	404,3
CDU	400,7
CSU	138,6
BÜNDNIS 90/DIE GRÜNEN	110,0
FDP	65,5
DIE LINKE	60,3
AfD	32,0

Quelle: Parteizentralen 2021

2.4 Politische Wahlen

Das Wahlsystem

Sonja W., 18. Jahre alt, Schülerin einer Berufsbildenden Schule, hat den Wahlkampf vor der Bundestagswahl im September 2017 im Wahlkreis Nr. 50, Braunschweig, aufmerksam verfolgt und auch Wahlveranstaltungen mehrerer Parteien besucht.

Aussichtsreichste Kandidaten sind Dr. Carola Reimann (SPD) und Carsten Müller (CDU). Frau Dr. Reimann erhält die meisten Erststimmen und gewinnt damit den Wahlkreis. Einen Tag nach der Wahl liest Sonja aber zu ihrem Erstaunen, dass auch Carsten Müller einen Sitz im Bundestag erhalten hat.

Politik
(griech. „Kunst der Staatsverwaltung")
jede Beschäftigung, die sich auf Ordnung und Gestaltung des Gemeinwesens bezieht. Im modernen Sinne bedeutet Politik, dass sich Einzelpersonen und Gruppen innerhalb der Gesellschaft bemühen, Macht und Herrschaft zu erlangen.

Legitimation
In demokratischen Staaten wird Herrschaft durch Wahlen legitimiert (gerechtfertigt).

Wahlvorschläge
Die meisten Wahlvorschläge kommen von Parteien. Wahlkreisvorschläge für Einzelbewerber benötigen 200 Unterschriften von Wähler oder Wählergruppen des Wahlkreises. Meist sind sie parteilos, können aber auch Parteimitglieder sein. Von über 1 000 Einzelbewerbern seit 1949 hatten nur drei Erfolg.

Wahlen sind die einfachste und wichtigste Form politischer Beteiligung in der Demokratie. Für die Mehrheit der Bürger sind sie die einzige Form der direkten Teilnahme am politischen Prozess. Alle anderen Arten von Partizipation sind mit einem deutlich höheren Aufwand verbunden. Durch Wahlen wird die politische Führung bestimmt und der politische Kurs der nächsten Legislaturperiode festgelegt.

Wahlen sind das wirksamste Instrument demokratischer Kontrolle: Wenn die Wähler mit der Politik der Regierenden unzufrieden sind, können sie diese abwählen und einen Machtwechsel herbeiführen.

Die Parteien haben in den einzelnen Bundesländern Landeslisten aufgestellt. Die Namen der ersten fünf Bewerber erscheinen auf dem Stimmzettel neben den Namen der Parteien. Bei der Verteilung der Sitze im Bundestag werden nur die Parteien berücksichtigt, die mindestens 5 % der Zweitstimmen erhalten oder drei Direktmandate errungen haben. Die „Fünfprozentklausel" soll eine Parteienzersplitterung im Parlament wie in der Weimarer Republik verhindern.

Der Wahlakt
Sein Ablauf ist in der Bundeswahlordnung festgelegt.

Wahlvorstand

Wahl-helfer	Wahl-vorsteher	Wahl-helfer
Prüfung der Wahlberechtigung	Aufsicht im Wahllokal	Aushändigung des Stimmzettels

Wahlkabine
Ankreuzen Stimmzettel

Wer am Wahltag verhindert ist, kann vorher durch Briefwahl seine Stimme abgeben.

Von 299 Wahlkreisen zum Deutschen Bundestag entfielen bei der Bundestagswahl 2017 z. B. auf Niedersachsen 30, auf Brandenburg 10 und auf Nordrhein-Westfalen 64. Um die Chancengleichheit der Wähler zu wahren, sind bei der Größe der Wahlkreise die Einwohnerzahlen zu berücksichtigen und für jede Wahlperiode neu zu berechnen. Der 19. Deutsche Bundestag hat einschließlich von 111 Überhangs- und Ausgleichsmandaten (s. S. 228) 709 Abgeordnete (18. WP 632), darunter 218 Frauen (18. WP 228).

Arbeitsvorschläge

1. Erläutern Sie, auf welche Weise Carsten Müller (s. M 2) in den Bundestag gekommen ist, obgleich Carola Reimann den Wahlkreis gewonnen hat.
2. Analysieren Sie die Karikatur M 1 auf S. 226 mithilfe der Anleitung auf Seite 246.
3. Erklären Sie, wie eine Partei einen Kandidaten durch eine Landesliste absichern kann.

Seit der Bundestagswahl 2009 ist für die Berechnung der Zweitstimmen ein neues Auszählverfahren eingeführt worden, das **„Höchstzahlverfahren Sainte-Laguë/Schepers"**.

M 1 Verfahren der Stimmverrechnung in Verhältniswahlsystemen

Bundestags- und Landtagswahlen sind **personalisierte Verhältniswahlen**, also Kombinationen aus **Verhältnis- und Mehrheitswahl**. Sie sollen die jeweiligen Nachteile ausgleichen.

Verhältniswahl	Mehrheitswahl
Die Sitze im Parlament werden im Verhältnis der abgegebenen Stimmen auf die Parteien verteilt. Es gibt keine Wahlkreise. Die Parteien stellen vor der Wahl Listen auf, welche die Reihenfolge der Kandidaten festlegen. Alle Parteien, die Listen aufstellen, können im Parlament vertreten sein.	Das Wahlgebiet ist in Wahlkreise eingeteilt. Ihre Zahl richtet sich nach den Sitzen im Parlament. Gewählt ist der Kandidat, der die meisten Stimmen (relative Mehrheit) oder mehr als 50 % der Stimmen (absolute Mehrheit) auf sich vereinigt. Die Stimmen für die übrigen Kandidaten bleiben ohne Gewicht.

M 2

Fünfprozentklausel

Sie ist 1949 im Bundeswahlgesetz eingeführt und 1953 bzw. 1957 verschärft worden. Für die Zuteilung eines Landeslistenmandats werden folgende Bedingungen erhoben:
1949 5 % der Zweitstimmen in einem Bundesland oder ein Direktmandat in einem Wahlkreis dieses Bundeslandes.
1953 5 % der Zweitstimmen im Bundesgebiet oder ein Direktmandat in einem Wahlkreis.
1957 5 % der Zweitstimmen im Bundesgebiet oder drei Direktmandate.
Zur Bundestagswahl 1994 hat die PDS wegen dreier Direktmandate erstmals die 5 %-Hürde überwunden.

Die **Sitzverteilung** bei Wahlen zu Landtagen, Bürgerschaften (Hamburg und Bremen) und zum Abgeordnetenhaus in Berlin erfolgt überwiegend nach Hare/Niemeyer, z. B. in Niedersachsen, Sachsen-Anhalt, Berlin und Brandenburg. Das frühere d'Hondt-Verfahren benachteiligt kleinere Parteien. Bei d'Hondt und Sainte-Legué/Schepers werden die Sitze gerechter verteilt und das Verhältnis der Zweitstimmen zueinander gewahrt.

Ein Ungleichgewicht entsteht aber durch **Überhangmandate**. Diese entstehen, wenn eine Partei mehr Wahlkreise und damit mehr Direktmandate gewinnt, als ihr nach den Zweitstimmen zustünden. Davon profitieren vor allem die größeren Parteien. Damit habe nicht jede Stimme das gleiche Gewicht, stellte das Bundesverfassungsgericht 2012 fest. Das Wahlgesetz muss geändert werden. Die übrigen Parteien erhalten nun die gleiche Zahl an Ausgleichsmandaten. Bei Landtagswahlen in Niedersachsen ist das z. B. üblich. Die Folge ist aber eine Vergrößerung der Abgeordnetenzahlen der Parlamente (s. S. 227). Nach strittigen Diskussionen wurde für die Bundestagswahl 2021 ein vorläufiger Kompromiss gefunden.

Hauptergebnis ist, dass **die ersten drei Überhangmandate** einer Partei nicht mehr ausgeglichen werden. Für 2025 soll die Zahl der Wahlkreise von 299 auf 280 verringert werden. Alle Oppositionsparteien wollten eine stärkere Begrenzung der Abgeordnetenzahlen.

Die **Sitzverteilung** bei Wahlen zu Landtagen, Bürgerschaften (Hamburg und Bremen) und zum Abgeordnetenhaus in Berlin erfolgt überwiegend nach Hare/Niemeyer, z. B. in Niedersachsen, Sachsen-Anhalt, Berlin und Brandenburg. Das frühere D´Hondt-Verfahren benachteiligt kleinere Parteien. Beim Verfahren nach Sainte-Laguë/Schepers bleibt das Verhältnis der Zweitstimmen gewahrt.

Rechtliche Grundlagen

Wahlrecht und Wählbarkeit sind im Bundeswahlgesetz und in entsprechenden Gesetzen auf Landes- und Gemeindeebene geregelt. Die Bestimmungen über das Wahlrecht legen fest, wer wählen darf (Wahlberechtigung), während die Bestimmungen über die Wählbarkeit regeln, unter welchen Voraussetzungen man gewählt werden kann. Im Sprachgebrauch haben sich die Begriffe **aktives** und **passives Wahlrecht** durchgesetzt.

© Bergmoser + Höller Verlag AG

Direkte Demokratie bedeutet, dass die Bevölkerung durch Abstimmen direkt an den Entscheidungen beteiligt wird. Beispiele dafür gibt es vereinzelt noch in der Schweiz, z. B. im Kanton Appenzell, wo sich einmal jährlich die Einwohner auf dem Marktplatz treffen, um die anstehenden Fragen zu entscheiden.

Repräsentative (indirekte) Demokratie ist die in modernen Staaten übliche Form der Volksherrschaft.
Die Bürgerinnen und Bürger wählen ihre Vertreter/-innen auf Zeit und übertragen ihnen dadurch die Aufgabe, politische Entscheidungen zu treffen.

Dreiklassenwahlrecht in Preußen bis 1918
Aufteilung der Wählerschaft in drei Gruppen mit je einem Drittel des Steueraufkommens: Bewertung der Stimmen nach Steuerleistung (ungleiches Wahlrecht)

Durch Grundgesetz Artikel 38 Absatz 1 werden die Grundsätze einer demokratischen Wahl festgelegt: „Die Abgeordneten des Deutschen Bundestages werden in allgemeiner, unmittelbarer, freier, gleicher und geheimer Wahl gewählt." Die Wahl ist
- **allgemein**, wenn Männer und Frauen unter gleichen Voraussetzungen wahlberechtigt sind,
- **unmittelbar**, wenn die Abgeordneten direkt in das Parlament gewählt werden, also nicht über Wahlmänner und Wahlfrauen,
- **frei**, wenn der Wähler unter mehreren Kandidaten oder Parteien ohne Zwang wählen kann,
- **gleich**, wenn jeder Wähler die gleiche Stimmenzahl und jede Stimme das gleiche Gewicht hat,
- **geheim**, wenn der Wähler unbeobachtet seine Stimme abgeben kann.

Vom Wahlrecht ausgeschlossen ist,
- wer das Wahlrecht durch Richterspruch verloren hat,
- wer zur Besorgung aller seiner Angelegenheiten einen gesetzlichen Betreuer erhalten hat,
- wer nicht nur vorübergehend durch Richterspruch in einem psychiatrischen Krankenhaus untergebracht ist.

Arbeitsvorschläge

1. Begründen Sie die Fünfprozentklausel des Bundeswahlgesetzes. (M 2, S. 228)
2. a) Erläutern Sie die Unterschiede der Auszählungsverfahren bei Wahlen. (M 1, S. 228)
   b) Erkunden Sie die Auszählungsverfahren bei Ihren Landes- und Kommunalwahlen.
3. Vergleichen Sie das Mehrheits- mit dem Verhältniswahlsystem unter den Gesichtspunkten „Wahlgerechtigkeit", „Mehrheitsfähigkeit" (Regierungsfähigkeit) und „Wählernähe".
4. Führen Sie in Ihrer Klasse eine Wahl zum Bundestag oder zu einem Landtag durch. Verwenden Sie dafür möglichst Muster-Stimmzettel. Beachten Sie dabei die jeweiligen Wahlvorschriften. Vergleichen Sie Ihr Wahlergebnis mit dem „amtlichen Endergebnis".
5. Jürgen Gansäuer, ehemaliger Parlamentspräsident im Niedersächsischen Landtag, äußerte, dass auch Nichtwähler wählen würden. Nehmen Sie Stellung zu dieser These.

2.5 Gewaltenteilung und Gewaltenverschränkung

Dreiteilung der Staatsgewalt

In der Bundesrepublik Deutschland wird die Dreiteilung der Staatsgewalt vom Grundgesetz und den Länderverfassungen vorgeschrieben. Sie ist Kennzeichen aller freiheitlichen demokratischen Grundordnungen. Neben demokratischen Wahlen ist sie das wirksamste Mittel zur Kontrolle politischer Macht. Voneinander unabhängige Teile der Staatsgewalt sollen sich gegenseitig kontrollieren und die Rechtmäßigkeit ihrer Handlungen überprüfen.

Gewaltenteilung

Die Lehre geht auf den französischen Philosophen Charles de Montesquieu (1689–1755) zurück. Er hat seine Gedanken in dem Satz zusammengefasst: „Macht hält die Macht in Schranken."

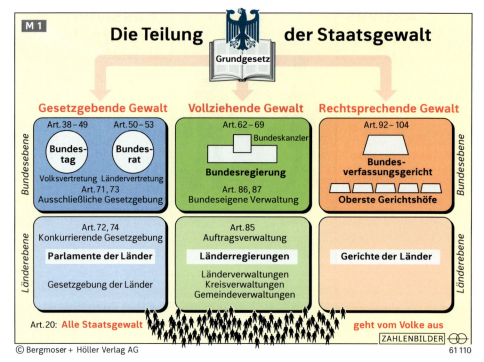

Haben die Parlamente ein Gesetz beschlossen (bei Bundesgesetzen unter Mitwirkung des Bundesrates), sorgen die Regierungen mit ihren Behörden für dessen Durchführung. Die Gerichte haben darüber zu wachen, dass das Gesetz der Verfassung entspricht, dass seine Anwendung rechtmäßig erfolgt und dass die Bürger das Gesetz beachten. Gesetzgebung, Ausführung und Rechtsprechung sind verfassungsrechtlich voneinander unabhängig.

Die Gewaltenteilung zwischen den Staatsorganen des Bundes, nämlich Bundestag und Bundesrat als Gesetzgeber, Bundesregierung und Bundesverfassungsgericht (Bundesebene) wird als **horizontale Gewaltenteilung** bezeichnet.

Föderalismus

(von lat. foedus = Bündnis) Organisationsprinzip, bei dem die einzelnen Mitglieder über eine begrenzte Staatlichkeit und Eigenständigkeit verfügen

In der **föderalistischen** Staatsform der Bundesrepublik Deutschland sind 16 selbstständige Bundesländer vereint. Außerdem haben die Gemeinden und Gemeindeverbände (Samtgemeinden, Landkreise) das Recht **zur kommunalen Selbstverwaltung** (Art. 28. Abs. 2 GG). Dies wird als **vertikale Gewaltenteilung** bezeichnet.

Arbeitsvorschläge

1. Ordnen Sie den Fremdwörtern „Legislative", „Exekutive" und „Judikative" die deutschen Begriffe zu. (M 1)
2. Unterscheiden Sie mit eigenen Worten die horizontale von der vertikalen Gewaltenteilung. (M 1)

Gewaltenverschränkung

Artikel 76 GG [Gesetzesvorlagen]

(1) Gesetzesvorlagen werden beim Bundestag durch die Bundesregierung, aus der Mitte des Bundestages oder durch den Bundesrat eingebracht.
(2) Vorlagen der Bundesregierung sind zunächst dem Bundesrate zuzuleiten [...]
(3) Vorlagen des Bundesrates sind dem Bundestag durch die Bundesregierung innerhalb von sechs Wochen zuzuleiten. Sie soll hierbei ihre Auffassung darlegen.

Zu den Aufgaben des Bundestages als Organ der Gesetzgebung gehört nicht nur die Verabschiedung von Gesetzen, sondern auch ihre Vorbereitung und Einbringung (Gesetzesinitiative). Die meisten Gesetze werden jedoch von der Bundesregierung (ausführende Gewalt) eingebracht. Die Abgeordneten der Regierungsparteien sorgen dafür, dass die Vorschläge der Regierung bei Abstimmungen die erforderliche Mehrheit erhalten. Die Gründe für diese Verschiebung der Aufgaben liegt in der Notwendigkeit, Gesetze von Fachleuten ausarbeiten zu lassen. Fachleute sind die Mitarbeiter der Ministerien, aber auch Vertreter von Fachverbänden, den „Lobbyisten". Bei den parlamentarischen Beratungen der Regierungsvorlagen (Gesetzesentwürfe) setzen vor allem die Regierungsparteien bestimmte „Nachbesserungen" durch.
Diese Aufgabenverteilung zwischen Parlament und Regierung ist ein Zeichen für Gewaltenverschränkung zwischen der Regierung und ihrer parlamentarischen Mehrheit. Dies unterscheidet parlamentarische Demokratien (z. B. Großbritannien) von Demokratien mit einem Präsidialsystem (z. B. USA): Dort ist der Regierungschef zugleich Staatsoberhaupt, er wird vom Volk gewählt, und es herrscht strikte Gewaltenteilung. Dort dürfen Regierungsmitglieder keinem Parlament angehören.

Kontrolle durch die parlamentarische Opposition

Die Aufgabe, die Regierung zu kontrollieren, damit sie ihre Macht nicht missbraucht, hat in parlamentarischen Systemen hauptsächlich die Opposition. Sie besteht aus den Parteien im Parlament, die nicht an der Regierung beteiligt sind. Damit bleibt das Prinzip der Gewaltenteilung gewahrt. Die Opposition
- überwacht die Maßnahmen der Regierung und nutzt Parlamentsdebatten und Fragestunden, um Fehler und Unterlassungen der Öffentlichkeit, und damit den Wählern, aufzuzeigen. Sie zeigt auch Alternativen zur Regierungspolitik auf. Bei vermuteten Verfehlungen kann sie Untersuchungsausschüsse zur Klärung beantragen.
- arbeitet in den Parlamentsausschüssen an der Gesetzgebungsarbeit mit und kann Ergänzungen und Korrekturen einbringen.
- ist die sachliche und personelle Alternative zur jeweiligen Regierung und bereit, selbst Regierungsverantwortung zu übernehmen, z. B. nach Neuwahlen.

Die Achtung der besonderen Rolle der Opposition in einer Demokratie wurde in der 18. Legislaturperiode deutlich. Weil sie nur aus 127 Abgeordneten bestand, hat der Bundestag die Geschäftsordnung geändert. Bereits 120 Mitglieder statt ein Viertel des Bundestages konnten Ausschüsse beantragen (vgl. M 2). Den Oppositionsparteien wurden auch längere Redezeiten eingeräumt. Beim gegenwärtigen 19. Bundestag ist das nicht mehr erforderlich.

M 2
Grundgesetz Artikel 44
„(1) Der Bundestag hat das Recht und auf Antrag eines Viertels seiner Mitglieder die Pflicht, einen Untersuchungsausschuss einzusetzen, der in öffentlicher Verhandlung die erforderlichen Beweise erhebt. Die Öffentlichkeit kann ausgeschlossen werden.
(2) Auf Beweiserhebungen finden die Vorschriften über den Strafprozess sinngemäß Anwendung. Das Brief-, Post- und Fernmeldegeheimnis bleibt unberührt."
Grundgesetz für die Bundesrepublik Deutschland. In: Deutscher Bundestag, Berlin.
www.bundestag.de/gg
[10.02.2021]

Arbeitsvorschläge

1. *Begründen Sie die enge Zusammenarbeit zwischen Regierungsmehrheit im Bundestag und Bundesregierung.*
2. *Erklären Sie die Gewaltenverschränkung am Beispiel der oben stehenden Karikatur. (M 1)*
3. *Überprüfen Sie in Partnerarbeit anhand aktueller Gesetzgebungsvorhaben der Regierung, ob und wenn ja, welche Änderungen durch die Regierungsfraktionen oder durch die Opposition erwirkt werden.*
4. *Leiten Sie aus der Änderung der Geschäftsordnung des Bundestages zugunsten von Minderheitsrechten die Bedeutung der Opposition in der parlamentarischen Demokratie ab.*

2.6 Die gesetzgebende Gewalt

Organisation und Aufgaben des Bundestages

M 1 Deutscher Bundestag: 555 Gesetze verabschiedet

Der Deutsche Bundestag hat in der 18. Wahlperiode 2013 bis 2017 555 Gesetze verabschiedet. „Eingebracht" wurden 729 Gesetzesinitiativen. Davon kamen 525 von der Bundesregierung, 147 vom Bundestag und 57 vom Bundesrat. Außerdem wurden rund 2 000 Dokumente und Entschließungen des Europäischen Parlaments beraten.
Daten: Deutscher Bundestag, Referat Parlamentsdokumentation, Stand: 03.07.2017

Die Vollversammlung des Bundestages, das Plenum, verhandelt grundsätzlich öffentlich, ein Ausschuss grundsätzlich unter Ausschluss der Öffentlichkeit.

Bundestagsausschüsse

Der Bundestag bildet zu jedem politischen Fachgebiet einen Ausschuss mit Mitgliedern aller Bundestagsparteien.

Beispiele:
Haushaltsausschuss, Finanzausschuss, Verteidigungsausschuss, Arbeits- und Sozialausschuss, Innenausschuss, Petitionsausschuss, Europaausschuss

Enquete-Kommissionen

Überfraktionelle Arbeitsgruppen, die umfangreiche und bedeutsame Probleme lösen sollen, bei denen verschiedene rechtliche, wirtschaftliche, soziale oder ethische Sichtweisen zu berücksichtigen sind. Eingesetzt werden sie vom Bundestag oder einem Landesparlament.

M 3

Neben der Gesetzgebung ist die Kontrolle der Regierung eine weitere ständige Aufgabe des Bundestages. Als Mittel stehen ihm zur Verfügung:
- Anfragen an die Regierung,
- Verabschiedung des Bundeshaushalts,
- Einsetzung von Untersuchungsausschüssen,
- Berufung des Wehrbeauftragten.

Einmalige Aufgaben des Bundestages sind:
- Wahl des Bundeskanzlers/der Bundeskanzlerin,
- Mitwirkung bei der Wahl des Bundespräsidenten,
- Wahl der Hälfte der Richter des Bundesverfassungsgerichts,
- Mitwirkung im Richterausschuss bei der Berufung der Bundesrichter,
- Feststellung des Verteidigungsfalles zusammen mit dem Bundesrat,
- Zustimmung bei Auslandseinsätzen der Bundeswehr.

Um die Regierungspolitik erfolgreich zu gestalten, sind parlamentarische Mehrheiten erforderlich. Abstimmungen, bei denen eine Regierung keine eigene Mehrheit ihrer Abgeordneten für einen Gesetzentwurf oder für eine Entschließung erhält, sind in der parlamentarischen Praxis äußerst selten. Die Gefahr für die Handlungsfähigkeit einer Regierung durch abweichende Abstimmungen einzelner oder mehrerer Abgeordneten wird umso größer, je geringer ihre Parlamentsmehrheit ist. Zur Stellung der Abgeordneten formuliert das Grundgesetz in Artikel 38 Abs.1 das sogenannte „freie Mandat":

Pflichten der Abgeordneten des Bundestages

„Abgeordnete müssen im Handbuch und auf der Internetseite des Bundestages Angaben über ihren Beruf sowie über „einmalige oder regelmäßige Einnahmen" ab 1 000,00 € veröffentlichen, um mögliche Interessenkollisionen aufzuzeigen."

Kürschners Volkshandbuch Deutscher Bundestag, 18. Wahlperiode, Kürschners Politikkontakte, Bad Honnef 2014, S. 31

M 4 Die Abgeordneten sind Vertreter des ganzen Volkes, an Aufträge und Weisungen nicht gebunden und nur ihrem Gewissen verantwortlich.

M 5 Abgeordnete zwischen freiem Mandat und Fraktionsdisziplin

„Fraktionsdisziplin ist für Sozialdemokraten nichts anderes, als gemeinsam mehr Erfolg zu haben."
Olaf Scholz, parlamentarischer Geschäftsführer der SPD-Bundestagsfraktion 2007, seit 2018 Vizekanzler und Finanzminister der Bundesregierung

„Parteien bilden den Allgemeinwillen, nicht der einzelne Abgeordnete".
Josef Isensee, Staatsrechtler

„Das Problem entsteht, wenn das, was die Fraktion tut, zu weit vom Wahlprogramm entfernt ist."
Dagmar Enkelmann, DIE LINKE

Zitate aus: Hille, Sebastian: „Nicht ohne mein Gewissen". In: Das Parlament vom 30.04.2007, S. 4

Mittel zur Disziplinierung von Abgeordneten sind u. a. eine Mahnung, von wichtigen Ausschüssen abgezogen zu werden oder bei der nächsten Wahl keinen sicheren Listenplatz zu bekommen.

Der „Alltagsfall" des Abgeordneten sieht anders aus, als im Grundgesetz vorgesehen ist. Vor allen wichtigen Abstimmungen im Bundestag laden die Vorsitzenden der **Fraktionen** des Bundestags ihre Mitglieder zu Fraktionssitzungen ein. Dort wird das Abstimmungsverhalten durch Mehrheitsentscheidung festgelegt. Die Minderheit, die sich dieser Entscheidung unterwirft, übt **„Fraktionsdisziplin"**. Bei Themen, die innerhalb der Fraktion umstritten sind, z. B. der „EU-Rettungsschirm" zur Unterstützung hoch verschuldeter Mitglieder der Eurozone (2011), werden auch Probeabstimmungen durchgeführt, um die Sicherung der eigenen Mehrheit auszuloten. Zuletzt gab es in der CDU/CSU-Fraktion eine Probeabstimmung am 12.02.2017 bei der Wahl des Bundespräsidenten. Bei Abstimmungen über ethische Sachverhalte wird das Abstimmungsverhalten in den Fraktionen „freigegeben". Zudem kann kein Abgeordneter zu einem bestimmten Abstimmungsverhalten gezwungen, er kann allenfalls überredet werden. Zur Rechtfertigung der Fraktionsdisziplin wird darauf hingewiesen, dass vor Entscheidungen diskutiert und dann erst demokratisch abgestimmt wird. Zudem hängt die Regierungsfähigkeit einer Partei oder **Koalition** (= Bündnis mehrerer Parteien zur Regierungsbildung) von stabilen Mehrheiten ab. Ein wichtiges Argument ist auch, dass normalerweise die Grundlage für eine erfolgreiche Kandidatur, außer bei Kommunalwahlen, die Mitgliedschaft in einer Partei ist. Die Partei sorgt für den organisatorischen Rahmen des Wahlkampfs, nachdem sie in einem demokratischen Verfahren ihre Kandidaten bestimmt hat. Zudem wünscht der Wähler oder geht zumindest davon aus, dass die Kandidaten und ihre Partei die gleichen politischen Ziele verfolgen.

Parteilose Abgeordnete gab es nur im ersten Deutschen Bundestag von 1949 bis 1953. Danach ging die erfolgreiche Bewerbung nur über eine Partei. Letzter Ausweg für einen Abgeordneten, um nicht gegen sein Gewissen entscheiden zu müssen, ist der Austritt. Das ist in mehreren Legislaturperioden vorgekommen. So ist beispielsweise 2017 Frauke Petri aus der AfD-Fraktion ausgetreten. Die Abgeordneten haben ihr Mandat behalten, um als Unabhängige oder in anderen Fraktionen weiter politisch tätig zu sein. Zur Rückgabe ihres Mandats können sie nicht gezwungen werden.

Fraktion

Darunter versteht man den Zusammenschluss der Abgeordneten einer Partei im Parlament. CDU und CSU haben sich im Deutschen Bundestag zu einer Fraktionsgemeinschaft zusammengeschlossen.

Mittel zur Disziplinierung sind u. a. eine Mahnung, von wichtigen Ausschüssen abgezogen zu werden oder bei der nächsten Wahl keinen sicheren Listenplatz zu bekommen.

Mandat

Durch eine politische Wahl erteilter Auftrag zur Mitarbeit in einem Parlament.

Arbeitsvorschläge

1. *Erstellen Sie einen Bericht über Organisation und Aufgaben des Bundestages. (M 1 bis 3)*
2. *Erklären Sie, warum das freie Mandat nicht immer durchgesetzt wird. (M 4, M 5)*
3. *Ein Abgeordneter/eine Abgeordnete wechselt die Fraktion, behält aber sein/ihr Mandat. Führen Sie zu diesem Thema eine Diskussion.*

Der Bundesrat

Änderung des Grundgesetzes – Bundesrat macht den Weg frei für Bundesfinanzhilfen

Alle 16 Bundesländer haben im März 2019 eine Änderung des Grundgesetzes genehmigt. Künftig erhalten sie Finanzhilfen des Bundes für die Bereiche Bildung (z. B. Digitalisierung), sozialen Wohnungsbau und öffentlichen Nahverkehr.

Vermittlungsverfahren

„Die Bundesratsbank besteht aus 16 Mitgliedern des Bundesrates, und zwar ein Mitglied aus jedem Bundesland [...]
Die Bundestagsbank setzt sich zusammen aus 16 Abgeordneten des Bundestags, die die Stärkeverhältnisse der Fraktionen [...] repräsentieren. [...].
Zweck des Vermittlungsverfahrens ist, das betreffende Gesetz so umzuarbeiten, dass Bundestag und Bundesrat der geänderten Fassung gleichermaßen zustimmen können."

Linn, Susanne/Sobolewski, Frank: So arbeitet der Deutsche Bundestag, Neue Darmstädter Verlagsanst., Rheinbreitbach 2014, S. 134 f.

„Durch den Bundesrat wirken die Länder bei der Gesetzgebung und Verwaltung des Bundes und in Angelegenheiten der Europäischen Union mit." (Art. 50 GG) Die Mitglieder werden von den Länderregierungen bestellt. Ihre Zahl richtet sich nach der Einwohnerzahl des entsprechenden Landes. Die Stimmen eines Bundeslandes können nur einheitlich und nur durch anwesende Mitglieder oder deren Vertreter abgegeben werden.

Beschlüsse muss der Bundesrat mit der absoluten Mehrheit seiner Stimmen fassen. Er wählt einen Präsidenten auf ein Jahr, und zwar den jeweiligen Regierungschef eines Bundeslandes. Der **Bundesratspräsident** ist zugleich **Vertreter des Bundespräsidenten**.

Seit 1950 soll in der Reihenfolge jeweils der Ministerpräsident des Landes mit der nächstkleineren Bevölkerungszahl zur Wahl vorgeschlagen werden. Durch diese Regelung ist die Wahl des Bundestagspräsidenten dem Länder- und Parteienstreit entzogen.

Bei der Gesetzgebung des Bundes wird zwischen einfachen, zustimmungsbedürftigen und verfassungsändernden Gesetzen unterschieden. Einfache Gesetze berühren keine Länderinteressen und können deshalb vom Bundestag auch gegen den Bundesrat durchgesetzt werden. Der Einspruch des Bundesrates muss in diesem Fall vom Bundestag mindestens mit den Stimmen der Mehrheit seiner Mitglieder zurückgewiesen werden (vgl. Art. 77 Abs. 4 GG). In den anderen Fällen handelt es sich um Gesetze, die ohne Zustimmung des Bundesrates nicht in Kraft treten können. Mit der Förderalismusreform im Jahr 2006 ist die Zahl der zustimmungspflichtigen Gesetze verkleinert worden.

Der **Vermittlungsausschuss** soll Gegensätze zwischen Bundestag und Bundesrat bei der Gesetzgebung des Bundes möglichst überbrücken. Die vom Bundesrat entsandten Mitglieder sind nicht an Weisungen ihrer Regierungen gebunden. Der Vermittlungsausschuss kann bei allen Gesetzen vom Bundesrat, bei Zustimmungsgesetzen auch vom Bundestag angerufen werden.

Arbeitsvorschläge

1. Ermitteln Sie die aktuelle Stimmenverteilung des Bundesrates.
2. Erkunden Sie das Bundesland und den Namen des gegenwärtigen Bundesratspräsidenten.
3. Erstellen Sie einen Kurzvortrag über Organisation und Aufgaben des Bundesrates.

Der Gang der Gesetzgebung

Teilzeit- und Befristungsgesetz

Die Koalitionen von CDU/CSU und SPD haben für die Teilzeitbeschäftigung einen Kompromiss gefunden. Zum 1. Januar 2019 haben Arbeitnehmer in Betrieben ab 45 Beschäftigten nach sechs Monaten Betriebszugehörigkeit für ein bis sechs Jahre einen Anspruch auf Teilzeitbeschäftigung.

Erneuerung des Berufsbildungsgesetzes

Der Bundestag hat im November 2019 das Berufsbildungsgesetz erneuert. Für Auszubildende gelten ab 2020 Mindestlöhne. Höhere tariflichen Ausbildungsvergütungen haben aber Vorrang. Fortbildungsstufen werden international vergleichbar und Teilzeitausbildung wird ermöglicht.

Debatte

Die Aussprache im Parlament, bei der in Rede und Gegenrede die unterschiedlichen politischen Meinungen dargelegt werden, nennt man Debatte. Ihr gehen in der Regel Diskussionen in den Arbeitskreisen, Ausschüssen und Fraktionen voraus. In den Fraktionen legt man auch fest, welche Abgeordneten zu welchen Sachpunkten das Wort ergreifen sollen. Die Plenardebatte im Parlament dient dazu, die unterschiedlichen Standpunkte darzustellen und die Öffentlichkeit über die Sachgründe zu informieren, die zu dieser oder jener politischen Entscheidung geführt haben.

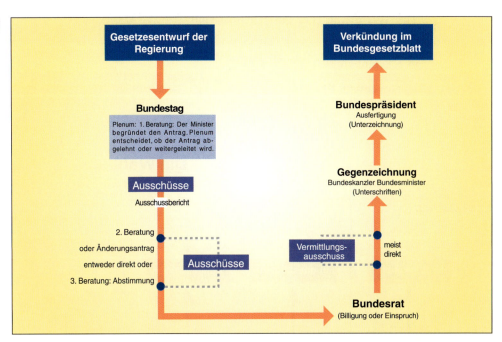

M 1

Oberstes Organ der Gesetzgebung ist der Bundestag. Mindestens 5 % der Abgeordneten, das sind zurzeit 36 (5 % von 709, aufgerundet), können sich zusammenschließen und gemeinsam einen Gesetzesvorschlag „einbringen". Dieser wird der Regierung und dem Bundesrat zugeleitet.

Gesetzesvorlagen der Bundesregierung und des Bundesrates werden beim Bundestag eingereicht, dort in drei Lesungen debattiert und mit der Mehrheit der abgegebenen Stimmen verabschiedet, es sei denn, das Grundgesetz bestimmt etwas anderes. So benötigen Verfassungsänderungen Zweidrittelmehrheiten von Bundestag und Bundesrat. Bei zustimmungspflichtigen Gesetzen, die vom Bundestag und vom Bundesrat mit Mehrheit verabschiedet werden müssen, können sich beide Parlamente bei unterschiedlichen politischen Mehrheiten gegenseitig blockieren.

Arbeitsvorschläge

1. *Entwickeln Sie in Partnerarbeit einen Gesetzesvorschlag und fertigen Sie eine Ablaufskizze über den Weg an, den Ihr Vorschlag gehen muss. (M 1)*
2. *Begründen Sie die Regelung, dass das Mandat eines Bundestagsabgeordneten an seine Person gebunden ist, er also z. B. bei Abstimmungen über Gesetzesvorlagen nicht vertreten werden kann, während Mitglieder des Bundesrates vertreten werden können.*
3. *Ermitteln Sie aktuelle Mehrheiten in Bundestag und Bundesrat und verfolgen Sie in den Medien ein Gesetzgebungsverfahren. (M 1)*

2.7 Die vollziehende Gewalt

Von der Wahl zur Regierungsbildung

Der Amtseid

„Ich schwöre, dass ich meine Kraft dem Wohle des deutschen Volkes widmen, seinen Nutzen mehren, Schaden von ihm wenden, das Grundgesetz und die Gesetze des Bundes wahren und verteidigen, meine Pflichten gewissenhaft erfüllen und Gerechtigkeit gegen jedermann üben werde. So wahr mir Gott helfe." (Der Eid kann auch ohne religiöse Beteuerung geleistet werden.)

Art. 64 Abs. 2 GG und Art. 56 GG

M 1

24. September 2017: Wahl zum 19. Deutschen Bundestag
Volksparteien CDU/CSU und SPD verlieren Stimmen, FDP kommt zurück, AfD ist neu dabei, Martin Schulz (SPD) kündigte noch in der Wahlnacht an, in die Opposition gehen zu wollen.

11. Januar 2018: Koalitions-Sondierungen zwischen Union und SPD erfolgreich. Was sagt die SPD-Basis?
14. März 2018: Angela Merkel ist zum vierten Mal Kanzlerin. Sie wurde im ersten Wahlgang mit 364 von 688 gültigen Stimmen gewählt.

24. Oktober: Der Bundestag konstituiert sich
Wolfgang Schäuble (CDU) wird neuer Bundestagspräsident.

20. November, kurz vor Mitternacht: Christian Lindner (FDP) lässt „Jamaika" platzen.
21. November, Bundespräsident Steinmeier mahnte, dass sich die Parteien nicht vor ihrer Verantwortung drücken dürfen.

Die Bundeskanzler der Bundesrepublik Deutschland:

Konrad Adenauer (CDU)
1949–1963
Ludwig Erhard (CDU)
1963–1966
Kurt Georg Kiesinger (CDU)
1966–1969
Willy Brandt (SPD)
1969–1974
Helmut Schmidt (SPD)
1974–1982
Helmut Kohl (CDU)
1982–1998
Gerhard Schröder (SPD)
1998–2005
Angela Merkel
seit 2005

Angela Merkel

Der erste Schritt zu einer neuen Regierung ist die Wahl eines Bundeskanzlers oder einer Bundeskanzlerin „auf Vorschlag des Bundespräsidenten" (Art. 63 GG) mit der Mehrheit der Mitglieder des Bundestages. Hat keine Partei allein diese Mehrheit, müssen Partner für eine **Koalition** (Bündnis) aus zwei oder mehreren Parteien gefunden werden. Das führt häufig zu schwierigen Verhandlungen, denn jede Partei möchte ihre Wahlversprechen einbringen. Die Parteien müssen sich aber auf Kompromisse einlassen. Erfolgreiche Verhandlungen münden in einen **Koalitionsvertrag**, der Richtschnur für die künftige Regierungspolitik sein soll.

Wird der Vorgeschlagene nicht gewählt, kann der Bundestag mit der Mehrheit seiner Mitglieder innerhalb von zwei Wochen einen anderen Bundeskanzler wählen. Erringt dieser Vorschlag keine Mehrheit, ist „unverzüglich" ein weiterer Wahlgang erforderlich. Gewählt ist dann der Vorschlag mit den meisten Stimmen. Der Bundespräsident kann ihn als Bundeskanzler ernennen – das führt zu einer **Minderheitsregierung** – oder der Bundestag wird aufgelöst und es kommt zu **Neuwahlen**. Bundesminister werden auf Vorschlag des Bundeskanzlers vom Bundespräsidenten ernannt (Art. 64 GG). Bei Koalitionen sind es die Vorschläge der Koalitionspartner.

Meinungsverschiedenheiten können z. B. auftreten, wenn Minister einer Fraktion oder einer Koalition über die Lösung politischer Probleme bei einem Gesetzesvorhaben streiten, z. B. der Finanz- mit dem Wirtschaftsminister.

Wird der Streit in die Öffentlichkeit getragen, entsteht der Eindruck einer Regierungskrise. Auseinandersetzungen über den richtigen Weg sind aber auch ein Merkmal der Demokratie. Wie viel Macht hat der Bundeskanzler? Er hat vom Grundgesetz eine starke Stellung erhalten. Seine Richtlinienkompetenz wird aber eingeschränkt durch die politische Abhängigkeit von seiner Fraktion und seiner Partei und gegebenenfalls durch die Ansprüche seiner Koalitionspartner.

Regierungswechsel

Die Schöpfer des Grundgesetzes haben den Regierungswechsel während einer Legislaturperiode erschwert, weil sie „Weimarer Verhältnisse" verhindern wollten. Zwischen 1928 und 1933 gab es fünf Reichskanzler und ebenso viele Reichstagswahlen. Gestürzt werden kann der Kanzler nur durch ein **konstruktives Misstrauensvotum**, indem der Bundestag mit Mehrheit seiner Mitglieder einen Nachfolger wählt (Art 67 GG). Zwei andere Wege gehen von ihm selbst aus:
- Er kann **zurücktreten** und damit den Weg für die Wahl eines Nachfolgers frei machen.
- Er kann die **Vertrauensfrage** stellen. Erhält er nicht die Zustimmung des Bundestages, „so kann der Bundespräsident auf Vorschlag des Bundeskanzlers binnen einundzwanzig Tagen den Bundestag auflösen." (Art. 68 GG) Dieses Recht erlischt nur, wenn der Bundestag in der Zwischenzeit einen anderen Bundeskanzler wählt.

Die Vertrauensfrage ist das wichtigste Mittel des Kanzlers zum Erhalt seiner Macht oder seiner Ablösung. Er kann wichtige Sachentscheidungen mit der Vertrauensfrage verbinden, um Abgeordnete, die anderer Meinung sind, zu „disziplinieren", also zum Einlenken zu bewegen. Bei Entzug des Vertrauens und Auflösung des Bundestages müssen sie befürchten, von ihrer Partei nicht mehr als Kandidaten aufgestellt zu werden.

In der Geschichte der Bundesrepublik ist die Vertrauensfrage bisher dreimal bewusst eingesetzt worden, um eine Regierung abzulösen und Neuwahlen herbeizuführen, zuletzt 2005 vom ehemaligen Bundeskanzler Schröder. Verfassungsrechtlich ist dieser Weg umstritten.

Arbeitsvorschläge

1. *Ergänzen Sie die Schlagzeilen von der Bundestagswahl 2017 (M 1, S. 236) und die weiteren Stationen bis zu einer Regierungsbildung und erklären Sie den Zeitaufwand.*
2. *Erklären Sie, warum die Fraktions- und Parteivorsitzenden der Regierungsparteien, manchmal auch Einzelpersonen, wichtige Gesprächspartner für den Bundeskanzler sind.*
3. *Suchen Sie Gründe dafür, dass die Vertrauensfrage ein „Disziplinierungsinstrument" des Bundeskanzlers gegenüber den Abgeordneten der Regierungsparteien ist.*
4. *Ermitteln Sie aus den Medien aktuelle Auseinandersetzungen innerhalb einer Regierungskoalition. Berichten Sie, ob und wie der Streit gelöst wurde.*

"So feiern wir heute den 60. Geburtstag eines Verfassungsorgans, ohne dessen gelebte Unabhängigkeit unsere Republik eine andere wäre."

Rede von Bundeskanzlerin Angela Merkel anlässlich des Festakts „60 Jahre Bundesverfassungsgericht", 28.09.2021. https://archiv.bundesregierung.de/archiv-de/rede-von-bundeskanzlerin-angela-merkel-anlaesslich-des-festakts-60-jahre-bundesverfassungsgericht--465832 [10.02.2021]

2.8 Das Bundesverfassungsgericht

Bindung staatlicher Gewalt an Verfassung, Gesetz und Recht

Verstoßen Entscheidungen staatlicher Behörden nach Auffassung eines Bürgers, eines Verbandes oder einer Partei gegen geltendes Recht, so können die je nach Sachverhalt zuständigen Gerichte angerufen werden. Sie können den Bürgern Schutz gewähren, weil sie gegenüber Regierung und Verwaltung unabhängig sind. Eine Reihe gesetzlicher Bestimmungen soll diese Unabhängigkeit der Richter sicherstellen. So sagt das Grundgesetz:

„Die Richter sind unabhängig und nur dem Gesetz unterworfen." (Art. 97 Abs. 1 GG). Sie sind an keine Weisungen, z. B. des Justizministers, gebunden und können gegen ihren Willen nicht versetzt werden. Die Gerichtsbarkeit ist die „dritte Gewalt" eines demokratischen Staates.

Bundesverfassungsgerichtsgesetz § 1 Abs. 1

Das Bundesverfassungsgericht ist ein allen übrigen Verfassungsorganen gegenüber selbstständiger und unabhängiger Gerichtshof des Bundes.

M 2

Wichtige Urteile des Bundesverfassungsgerichts in der Geschichte der Bundesrepublik Deutschland

- Urteil zum KPD-Verbot
- Urteil zur Wehrdienstverweigerung
- Urteil zum Grundlagenvertrag
- Urteil zur Parteienfinanzierung
- Volkszählungsurteil
- Urteil zum Einigungsvertrag
- Urteil zur Online-Durchsuchung
- Urteil zum Bundeswahlgesetz
- Urteil zum Europawahlgesetz
- Urteil zum NPD-Verbot
- Urteil über Hartz-IV-Sanktionen

Das Bundesverfassungsgericht (BVG) überprüft, ob in Deutschland das Grundgesetz beachtet wird. Überprüft das Bundesverfassungsgericht ein Gesetz auf seine Verfassungsmäßigkeit, spricht man von einem **Normenkontrollverfahren**. Streiten Bund und Länder vor dem Gericht, hat das Verfahren **Bund-Länder-Streitigkeiten** zum Inhalt.

Fühlt sich ein Bürger durch die öffentliche Gewalt in einem seiner Grundrechte verletzt, so kann er das Bundesverfassungsgericht anrufen. Das Verfahren wird als **Verfassungsbeschwerde** bezeichnet. Sie ist Ausdruck der besonderen Bedeutung, die das Grundgesetz den Grundrechten für die verfassungsmäßige Ordnung des Staates beimisst. Die Verfassungsbeschwerde kann jeder Bürger selbst ohne Hilfe eines Rechtsanwalts erheben. Voraussetzung ist nur, dass die Verfassungsbeschwerde notwendig ist, um eine Grundrechtsverletzung zu verhindern.

Viele Bürger sehen in den 16 Richtern des Bundesverfassungsgerichts oft die letzte Hilfe vor staatlicher Ungerechtigkeit. Jährlich gehen an die 5 000 Verfassungsbeschwerden ein.

Arbeitsvorschläge

1. Beschreiben Sie Aufbau und Aufgaben des Bundesverfassungsgerichts. (M 1)
2. Erklären Sie in einem Kurzreferat die Bedeutung der Unabhängigkeit der Richter für einen demokratischen Staat.
3. Berichten Sie, mithilfe einer Internetrecherche, über ein aktuelles Urteil des BVG. (M 2)

2.9 Der Bundespräsident

Der Bundespräsident ist **Staatsoberhaupt** der Bundesrepublik Deutschland. Bei Verhinderung wird er vom Präsidenten des Bundesrates vertreten.

Der Bundespräsident wird von der **Bundesversammlung** ohne Aussprache auf fünf Jahre gewählt, es sei denn, seine Amtszeit endet vorzeitig. Eine Wiederwahl ist einmal möglich. Wählbar sind Deutsche, die das Wahlrecht zum Bundestag besitzen und mindestens 40 Jahre alt sind.

Artikel 54 (3) GG (Wahl)

Die Bundesversammlung besteht aus den Mitgliedern des Bundestages und einer gleichen Anzahl von Mitgliedern, die von den Volksvertretungen der Länder nach den Grundsätzen der Verhältniswahl gewählt werden.

Die Vertreter der Bundesländer in der Bundesversammlung werden als Wahlmänner und Wahlfrauen bezeichnet und von ihren Parteien benannt. Es müssen keine Abgeordneten der Länderparlamente sein.

Der Kandidat oder die Kandidatin zum Amt des Bundespräsidenten braucht im ersten und zweiten Wahlgang die Mehrheit der Stimmen (absolute Mehrheit). In einem dritten Wahlgang ist gewählt, wer die meisten Stimmen erhält (relative Mehrheit). Der gegenwärtige Bundespräsident Frank-Walter Steinmeier wurde bereits im ersten Wahlgang mit einer deutlichen Mehrheit gewählt.

M 1

Aufgaben des Bundespräsidenten
- die völkerrechtliche Vertretung des Bundes gegenüber anderen Staaten
- Abschluss von Verträgen mit anderen Staaten
- Beglaubigung und Empfang der Gesandten auswärtiger Staaten
- Vorschlag, Ernennung und Entlassung des Bundeskanzlers und der Minister
- Ernennung und Entlassung der Bundesrichter, Bundesbeamten, Offiziere und Unteroffiziere
- Ausfertigung, Gegenzeichnung und Verkündung von Gesetzen mit Gegenzeichnung durch den Bundeskanzler oder durch den zuständigen Minister
- Begnadigung in Einzelfällen
- Erklärung des Gesetzgebungsnotstands

M 2 Der **Gesetzgebungsnotstand** ist das Recht einer Regierung, in besonderen Situationen mit Zustimmung des Bundesrates Gesetze zu erlassen, wenn sie dafür keine Mehrheit im Bundestag findet (Art. 81 GG).

Der Bundespräsident hat vor allem repräsentative Aufgaben und weder das Recht noch die Macht, politische Prozesse direkt zu beeinflussen. Es gibt zwei Ausnahmen:
- Er kann die Zustimmung zu einem Gesetz verweigern, wenn er es für nicht verfassungsgemäß hält. Es tritt dann nicht in Kraft. Das gilt auch beim Gesetzgebungsnotstand.
- Wenn bei der Kanzlerwahl nach einem dritten Wahlgang ein Kandidat keine Mehrheit bekommt (s. S. 236), kann er den Bundestag auflösen. Es folgen Neuwahlen. Oder er ernennt den Kandidaten zum Kanzler, der die meisten Stimmen erhält. Es gibt dann eine Minderheitsregierung, die auf wechselnde Mehrheiten angewiesen ist.

Arbeitsvorschläge

1. Ordnen Sie die Aufgaben des Bundespräsidenten einem „politischen" und einem „repräsentativen" Bereich zu (M 1 und Text).
2. Stellen Sie anhand von Art. 81 GG fest, unter welchen Umständen ein Gesetzgebungsnotstand auftreten kann. (M 2)
3. Sollte der Bundespräsident künftig direkt vom Volk gewählt werden? Führen Sie dazu eine Diskussion.

Bundesversammlung 2017
(Wahl von Frank-Walter Steinmeier)

CDU/CSU	539
SPD	384
BÜNDNIS 90/DIE GRÜNEN	147
Die Linke	95
FDP	36
AfD	35
Piraten	11
Freie Wähler	19
Brandenburger Vereinigte Bürgerbewegung (BVB)/FW	1
Fraktionslose	1

Die Bundespräsidenten der Bundesrepublik Deutschland

Theodor Heuss (FDP)
1949–1954, 1954–1959
Heinrich Lübke (CDU)
1959–1964, 1964–1969
Gustav Heinemann (SPD)
1969–1974
Walter Scheel (FDP)
1974–1979
Carl Carstens (CDU)
1979–1984
Richard von Weizsäcker
1984–1989, 1989–1994
Roman Herzog (CDU)
1994–1999
Johannes Rau (SPD)
1999–2004
Horst Köhler (CDU)
2004–2009, 2009–2010
Christian Wulff (CDU)
2010–2012
Joachim Gauck
2012–2017
Frank-Walter Steinmeier (SPD)
ab 2017

Frank-Walter Steinmeier

2.10 Der bundesstaatliche Aufbau Deutschlands

Die Verteilung der staatlichen Macht

Urteil des Bundesverfassungsgerichtes zur Eigenstaatlichkeit der Länder vom 23.10.1951

Die Länder sind als Glieder des Bundes Staaten mit eigener – wenn auch gegenständlich beschränkter – nicht vom Bund abgeleiteter, sondern von ihm anerkannter staatlicher Hoheitsmacht. Solange ein Land besteht und seine verfassungsmäßige Ordnung sich im Rahmen des Art. 28 Abs. 1 GG hält, kann der Bund ohne Verletzung des im Grundgesetz garantierten bundesstaatlichen Prinzips in seine Verfassungsordnung nicht eingreifen.

Die Deutschen in den Ländern Baden-Württemberg, Bayern, Berlin, Brandenburg, Bremen, Hamburg, Hessen, Mecklenburg-Vorpommern, Niedersachsen, Nordrhein-Westfalen, Rheinland-Pfalz, Saarland, Sachsen, Sachsen-Anhalt, Schleswig-Holstein und Thüringen haben in freier Selbstbestimmung die Einheit und Freiheit Deutschlands vollendet. Damit gilt dieses Grundgesetz für das gesamte Deutsche Volk.
Auszug aus der Neufassung der Präambel des Grundgesetzes vom Oktober 1990

Die Bundesrepublik Deutschland ist nach dem Grundgesetz ein **Bundesstaat**. In ihr sind 16 Gliedstaaten, die **Bundesländer**, zu einem Gesamtstaat, dem **Bund**, zusammengeschlossen.

Eine bundesstaatliche Ordnung wird **föderative Ordnung** genannt (lat. foedus = Bund, Bündnis). In unserem föderativen Staat ist die Staatsgewalt auf den Bund und die Länder aufgeteilt, d.h., die Länder sind neben dem Bund Staaten mit eigenständiger gesetzgebender, ausführender und richterlicher Gewalt.

Kommt es in unserem komplizierten Staatsaufbau zu Problemen zwischen dem Bund und zwischen den Ländern und können diese nicht einvernehmlich gelöst werden, so ist das Bundesverfassungsgericht (s. S. 238) als Schiedsstelle vorgesehen.

Arbeitsvorschläge

1. Zählen Sie Vor- und Nachteile eines Bundesstaates auf.
2. Nennen Sie Beispiele für die Staatsgewalt von Bundesländern.

Die Rechtsbereiche werden zwischen der Bundes- und der Länderebene unterschieden. Hinzu kommt, dass für einige Politikbereiche die Zuständigkeit auf die Europäische Union übertragen wurde (Vertrag über die Arbeitsweise der Europäischen Union AEUV, Bestandteil des Lissabon-Vertrags). Allerdings haben die nationalen Parlamente ein Mitspracherecht bei allen europäischen Rechtsakten und werden vorher informiert. Sie können dagegen Einspruch einlegen, falls sie einen Verstoß gegen das **Subsidiaritätsprinzip** vermuten. Dies ist der Fall, wenn eine Angelegenheit besser auf nationaler oder regionaler Ebene geregelt werden könnte. Die Kommission muss dann ihren Vorschlag überdenken. Außerdem kann jedes nationale Parlament beim Europäischen Gerichtshof klagen.

Die Bund-Länderbeziehungen sind 2017 durch 13 Grundgesetzänderungen neu geregelt worden. So wird z. B. künftig der Länderfinanzausgleich zwischen „armen" und „reichen" Ländern nicht mehr aus den Steuereinnahmen der Länder, sondern über die Verteilung der Umsatzsteuer ausgeglichen. 2019 wurde das Grundgesetz für Finanzhilfen des Bundes (s. o.) für die Länder noch einmal geändert. Zudem erhalten die Länder ab 2020 Zuschüsse vom Bund zur Sanierung von Schulen.

Gesetzgebungskompetenz			
der Länder	**des Bundes** (Art. 73 GG)	**konkurrierend** (Art. 73 GG)	**der EU** (Art. 3, AEUV)
- Landesstaatsrecht - Kommunalrecht - Schulrecht - Kulturrecht - Allgemeines Polizei- und Ordnungsrecht - Strafvollzug - Begnadigungsrecht - Ladenschlussrecht u. a.	- auswärtige Angelegenheiten - Verteidigung - Waffen- und Sprengstoffrecht - Melde- und Ausweiswesen - Postwesen und Telekommunikation - Terrorabwehr	- Vereinsrecht - Aufenthaltsrecht für Ausländer - Wirtschaftsrecht - Arbeitsrecht und Betriebsverfassung - Lebensmittelrecht - Umweltschutz - Wasserhaushalt - Hochschulzulassung	- Zollpolitik - Binnenmarkt - Wettbewerbspolitik - Geld- und Währungspolitik (der Eurostaaten) - Fischereipolitik (teilweise) - Umweltschutz - Verbraucherschutz

Verwaltung

Neben dem Bund verfügt jedes Bundesland über eine eigene Verwaltungsorganisation. Da die Länder ihre eigenen Gesetze und einen Großteil der Bundesgesetze ausführen müssen, ist die Verwaltungstätigkeit eine der Hauptaufgaben der Länder, aber auch der Gemeinden. Die Länderverwaltung umfasst die obersten Landesbehörden (z. B. Ministerien), in einigen Bundesländern Mittelbehörden (z. B. Bezirksregierungen) und die unteren Behörden auf Stadt-, Kreis- und Gemeindeebene.

Justiz

Bund und Länder verfügen über eigene Gerichte für die verschiedenen Rechtsbereiche. Dabei wird zwischen ordentlichen Gerichten und Fachgerichten unterschieden. Bürgerinnen und Bürger, Unternehmen und Organisationen kommen in einem Streitfall zunächst mit den Gerichten eines Landes in Berührung. Die Länder haben neben ihren oberen Instanzen (z. B. Oberlandesgericht) mittlere (z. B. Landgericht) und untere Instanzen (z. B. Amtsgericht). Die Bundesgerichte – also der Bundesgerichtshof, das Bundesverwaltungsgericht, das Bundesarbeitsgericht und das Bundessozialgericht – sind die obersten Instanzen der einzelnen Gerichtszweige.

Besondere Gerichtsbarkeit
Verwaltungsgerichte
Arbeitsgerichte
Sozialgerichte
Finanzgerichte

Arbeitsvorschläge

1. Erörtern Sie folgende Aussagen:
   a) Der Föderalismus ist teuer, schwerfällig und erschwert bundeseinheitliche Regelungen dringender Probleme.
   b) Der Föderalismus fördert den Wettbewerb zwischen den Ländern. Jedes Land kann neue Ideen entwickeln, sie weitergeben und dadurch zum Fortschritt beitragen.
2. Entwerfen Sie in Gruppenarbeit einen neuen Zuschnitt der Bundesländer und diskutieren Sie die Ergebnisse in Ihrer Klasse.

2.11 Streitbare Demokratie – Sicherheit kontra Freiheit

Gegner der Demokratie

M 1

Brauner Terror in Deutschland
Nationalsozialistischer Untergrund (NSU): 2000–2007 10 Morde;
Mord an Kasseler Regierungspräsident Walter Lübke (Juni 2019)
Anschlag auf Synagoge und Doppelmord in Halle (Oktober 2019)
Anschläge in Hanau mit Ermordung von 10 Menschen (Februar 2020)

Linke Gewalt in Hamburg
„Schwarzer Block" beim G-20-Gipfel 2017: Autos werden „abgefackelt", Schaufenster eingeschlagen, zahlreiche Polizisten verletzt

Islamistischer Terror im Herzen Berlins
Anis Amri, abgelehnter Asylbewerber, rast im Dezember 2016 in den Weihnachtsmarkt bei der Gedächtniskirche in Berlin mit 12 Toten und 12 Verletzten. Er galt als „Gefährder" mit Kontakten zur salafistischen Szene.

Bandenkriminalität durch Familien-Clans
Die Bandenkriminalität durch große eingewanderte Familiengruppen mit Morden, Drogenhandel und Geldwäsche gerät zunehmend in den Blick der Kriminalpolizei. 600 Tatverdächtige sind bekannt.

Cyber-Attacken in Deutschland nehmen zu
Das Bundeskriminalamt (BKA) hat für 2018 87 000 Cyber-Attacken festgestellt. Der jährliche Schaden wird auf 100 Mrd. Euro geschätzt.

(fiktive Schlagzeilen)

Jede Staatsform hat einen Teil ihrer Bürger als Gegner. Auch funktionierende Demokratien haben offene und versteckte Feinde. Es sind überwiegend Vertreter von Gesellschaftsmodellen rechter, linker oder radikal-religiöser Art. Häufig gelingt es ihnen, weitere Anhänger zu finden, die sich von der Gesellschaft ausgegrenzt fühlen, sich als Verlierer sehen und nun ein neues Selbstwertgefühl erfahren. Sie finden in den jeweiligen Ideologien einfache Antworten auf alle Missstände der Welt. Mit Terror soll Angst verbreitet, das Vertrauen in die verhassten politischen Führungen untergraben werden. Die Radikalisierung erfolgt zunehmend auch durch Internethetze. Einzeltäter sehen sich dann als „Vollstrecker" für ein höheres Ziel, aber auch um auf sich durch Videobotschaften aufmerksam zu machen, wie der Terrorist von Halle, der seine Taten im Internet ankündigte und „live" verbreitete.

Politisch motivierte Kriminalität 2019
(in Klammern: Anzahl der Körperverletzungen)
rechts: (1 483) 22 342
links: (668) 9 849
ausländische Ideologie: (144) 1 897
religiöse Ideologie: (32) 425
nicht zuzuordnen: (k. A.) 6 664

Gesamt: (k. A.) 41 177
vgl. Verfassungsschutzbericht 2019. Bundesministerium des Innern, für Bau und Heimat, Berlin 2020, S. 23 ff.

Rechtsextremisten wie Islamisten sind international vernetzt. Während insbesondere die „Identitären" weltweit die Verteidigung der „weißen Rasse" zum Ziel haben, ist das Ziel der Islamisten die Weltherrschaft des Islam.

M 2 **Rechtsextremisten** verstoßen durch Ausländerfeindlichkeit, Rassismus und Judenhass gegen den demokratischen Grundsatz, dass alle Menschen vor Gott und dem Gesetz gleich sind. Nach einem Polizistenmord in Bayern 2016 machen die bis dahin unauffälligen **Reichsbürger** auf sich aufmerksam. Sie „leben" im Deutschen Reich in den Grenzen von 1937 und erkennen die Bundesrepublik Deutschland nicht an. Daneben will die **„Identitäre Bewegung" (ID)** das „Deutschtum" gegenüber Nichtdeutschen bewahren. Rechtsterroristen arbeiten überwiegend im Untergrund und sind häufig international vernetzt, z. B. mit Nazi-Gruppen in Frankreich und den USA. Sie drohen verhassten Personen mit Mord, z. B. 2019 der Verteidigerin der NSU-Mordopfer Bassa-Yildiz. Sie legen „Todeslisten" und geheime Waffenlager an. Erkenntnisse des Verfassungsschutzes deuten auf Vorbereitungen zum Bürgerkrieg, z. B. von der rechtsradikalen Gruppierung „Revolution Chemnitz". Die rechte Szene finanziert sich z. B. durch Bankraub, aber auch durch große Rock-Konzerte („Rechtsrock"). Dort werden Songs mit nationalistischen und fremdenfeindlichen Texten gespielt.

M 3 **Linksextremisten** sind ebenfalls Gegner von Demokratie und Rechtsstaat. Bei den Linksextremen gibt es zahlreiche Positionen. Nach den Lehren von Karl Marx und Friedrich Engels ist der Kapitalismus Auslöser von Ausbeutung und Kriegen. Das rechtfertigt für Linksextremisten z. B. Hausbesetzungen wie in Hamburg und Berlin. Zu den Linksextremisten gehören die gewaltbereiten **Autonomen**. Orte der Auseinandersetzung sind Großveranstaltungen, z. B. die Demonstrationen in Hamburg gegen den G20-Gipfel 2017, und „Aktionen gegen rechts". Als Feinde gelten auch Polizisten, die als „Handlanger des Kapitals" gesehen werden.

M 4 **Cyber-Kriminalität** ist der Angriff durch „Hacker" aus dem Internet auf die Datennetze der Bundeswehr, politischer Institutionen, Verwaltungen und Wirtschaftsunternehmen. In der Wirtschaft sind allerdings auch „normale" kriminelle Hacker am Werk. Im politischen Bereich stehen fremde Geheimdienste (Russland, China, Iran, …) im Verdacht. Im Krisenfall könnten wichtige Versorgungs- und Verkehrseinrichtungen (z. B. Elektrizitätswerke, Krankenhäuser, Bahn) angegriffen werden. 2017 wurde z. B. die Deutsche Bahn Opfer eines Hackerangriffs.

M 5 Clan-Kriminalität

Clan-Kriminalität ist eine Form der organisierten Kriminalität. Seit Jahren haben sich in Deutschland gegenüber der Umwelt abgeschottete „Parallelwelten" eingewanderter großer Familien-Clans mit eigenen Gesetzen (z. B. „Ehrenmorde") gebildet. Die deutschen Gesetze werden kaum beachtet. Ein Beispiel ist der Fall des Clanchefs Ibrahim Miri. Er war wegen Drogenhandel und Körperverletzungen für sechs Jahre im Gefängnis. 2019 wurde er in den Libanon abgeschoben, kam aber wenige Monate später mithilfe von Schleusern zurück und beantragte erneut Asyl wegen Gefährdung im Libanon.

M 6 Mudschahedin – die Gotteskrieger – wollen die Weltherrschaft

Islamisten sind „Fundamentalisten" innerhalb des Islam. Fundamentalisten sind auch bei Christen anzutreffen. Die Aussagen des Korans bzw. der Bibel werden jeweils *wörtlich* verstanden. Nach muslimischem Glauben hat sich im **Koran** Allah dem Religionsgründer Mohamed „offenbart". Seine Botschaft wurde vom Erzengel Michael diktiert. Als Islamisten werden die Muslime bezeichnet, die politische Ziele verfolgen und diese auch mit Gewalt durchsetzen wollen. Den „Gotteskriegern" winkt nach ihrer Auffassung das Paradies. Islamisten fordern die Trennung von weltlicher und geistlicher Herrschaft und lehnen die Demokratie als Volksherrschaft ab, denn „Gott ist der Herrscher". Die Aussagen des Korans und der Scharia sind deshalb Gesetz. Das Ziel ist die **Weltherrschaft des Islams**. Dafür werden die passenden Koran-Suren (Verse) für die eigene Weltsicht herangezogen und ausgelegt.

M 7 Islamischer Staat in Syrien und Irak

Im syrischen Bürgerkrieg bildete sich die sunnitische Terrormiliz **Islamischer Staat (IS)** und rief im Juni 2014 ein sogenanntes „Kalifat" aus. Der IS kämpfte gegen die schiitische Regierung und mordete „ungläubige" Christen und Jesiden, die er als „Teufelsanbeter" bezeichnete. Zeitweise eroberte der IS weite Gebiete Syriens und des Iraks und formte ein staatsähnliches Gebilde. Er finanzierte seine Kämpfer durch den Verkauf von Öl aus den eroberten Gebieten, Altertümern und Lösegeldern. Die Folge war eine großen Fluchtwelle, zunächst in Richtung Türkei und Jordanien, von dort nach Europa. Die zunächst unkontrollierte Flüchtlingswelle nach Deutschland wurde vermutlich auch von Terroristen genutzt, um sich in die Bundesrepublik Deutschland einzuschleusen.

Nachdem das „Kalifat" des IS durch internationalen Einsatz und den der einheimischen Kurden 2019 als besiegt erklärt wurde, schleusten sich die „Kämpfer" in andere Länder ein. Die Kämpfe um die letzten IS-Positionen und der Einmarsch der Türkei in die nördlichen Kurdengebiete Syriens lösten eine neue Flüchtlingswelle, vor allem der Zivilbevölkerung, aus. Die Türkei schiebt gefangene deutsche IS-Kämpfer und ihre Familien nach Deutschland ab.

M 8 Salafisten

Die Radikalisierung junger Leute geschieht nach Erkenntnissen des Verfassungsschutzes durch Salafisten, den „Altvorderen". Selbst junge Frauen zählen dazu, wie die 16-jährige Safia M., die bei einer Personenkontrolle einen Bundespolizisten schwer verletzte. In Deutschland, aber auch international, sind sie die am stärksten wachsende Islamistische Gruppierung. Von 3 800 Personen 2011 stieg ihre Zahl bis 2019 auf über 12 000, obgleich einige ihrer Vereine verboten wurden. Unterschieden werden missionarische (z. B. Koranverteilung) und „dschihadistische" Salafisten mit rund 800 Gefährdern.

Islamismus
radikal-einseitige Auslegung des Korans mit dem Ziel eines „Gottesstaates"

Koran
Heilige Schrift des Islam, nach dem Glauben der Muslime das „unverfälschte Wort Gottes", verkündet durch den Propheten Mohammed

Scharia
islamisches Recht mit Strafrecht für alle Lebensbereiche der Gläubigen, basierend auf den Lehren Mohammeds, entstanden im 7. Jh.

Jesiden
Eine im 12. Jh. zunächst muslimische Bruderschaft im kurdischen Siedlungsgebiet. Sie glauben an einen Gott, die Seelenwanderung und verneinen die Existenz eines Teufels.

Mudschahedin
„die den Dschihad ausüben", insbesondere Kämpfer in Afghanistan gegen die sowjetischen Truppen, 1979–1989

Dschihad
„Bemühen auf dem Weg Gottes" zu moralischem Handeln, z. B. nicht zu betrügen. Der „kleine Dschihad" aber gilt als Aufforderung, auch mit kriegerischen Mitteln den Islam zu verteidigen oder auszubreiten.
vgl. Bundeszentrale für politische Bildung (Hrsg.): Kleines Islam-Lexikon, BzpB Schriftenreihe 383, Bonn 2003, S. 146 ff.

„Die Terroristen haben nichts mit dem Islam zu tun, wie ihn die überwältigende Mehrheit unserer muslimischen Mitbürger versteht."
Armin Maus, Chefredakteur der BZ, Braunschweiger Zeitung, 14.01.2017, S. 4

Arbeitsvorschläge

1. Nennen Sie Motive und Zielgruppen terroristischen Handelns. (M 1, M 2, M 3, M 4)
2. Beschreiben Sie die Mittel des IS, einen Gottesstaat zu errichten. (M 6, M 7)
3. Berichten Sie, falls möglich, über Erfahrungen mit salafistischer Werbung. (M 8)
4. Berichten Sie über Ihre Erfahrung im Umgang mit muslimischen Mitbürgern. Falls Sie selbst muslimischen Glaubens sind, können Sie ihre Mitschüler über Ihren Glauben informieren.
5. Berichten Sie über extremistische Vorfälle, ihren Verlauf und die Hintergründe der Taten.

Gefahrenabwehr

M 1 Aus der Abschiedsrede des Bundespräsidenten Joachim Gauck

Deutschland ist das beste, das demokratischste Deutschland, das wir je hatten, (dem aber) auch Gefahren drohen. Und dass große Anstrengungen notwendig sein werden, um es für die Zukunft stark zu machen. [...] Die neue deutsche Demokratie sollte nicht schwach, sondern wehrhaft sein. Sie sollte – so sagte es Carlo Schmidt, einer der großen Politiker der Nachkriegszeit – „auch den Mut zu Intoleranz denen gegenüber aufbringen, die die Demokratie gebrauchen wollen, um sie umzubringen." (Deshalb) ist es gegenwärtig so, dass mehr Sicherheit keine Gefahr für die Demokratie bedeutet, als vielmehr ein Erfordernis zu ihrem Schutz. [...] Wir brauchen eine engere internationale Zusammenarbeit und eine effektive Gefahrenabwehr im Innern. Was wir allerdings besonders brauchen, ist wirksame Prävention durch politische, kulturelle und religiöse Bildung, sodass Menschen gar nicht erst in den Bann von Extremisten gleich welcher Couleur kommen.

Gauck, Joachim: Rede zum Ende der Amtszeit zu der Frage „Wie soll es aussehen, unser Land?" aus der Antrittsrede vom 23. März 2012. www.bundespraesident.de/SharedDocs/Reden/DE/Joachim-Gauck/Reden/2017/01/170118-Amtszeitende-Rede.html [04.06.2020]

M 2

Die Diskussion in Deutschland wird seit Langem im Spannungsfeld von „Freiheit und Sicherheit" geführt. Geschichte und Gegenwart lehren auch, dass es keine totale Sicherheit geben kann. Gestritten wird nun, welche Maßnahmen zur Sicherheitsvorsorge geeignet sind, das Prinzip der Freiheit und die Forderung nach Sicherheit in ein Gleichgewicht zu bringen. Richtschnur für das politische Handeln in Deutschland ist das Grundgesetz. Es entstand auch als Reaktion auf die Erfahrungen der Weimarer Verfassung. Diese ermöglichte den Weg in die verbrecherische nationalsozialistische Diktatur. Deshalb kann das Bundesverfassungsgericht (BVG) Parteien und Vereinigungen verbieten, wenn diese die freiheitliche demokratische Grundordnung schwächen oder beseitigen wollen (s. S. 224).

Parteienverbote gab es 1952 (Sozialistische Reichspartei SRP) und 1956 (Deutsche Kommunistische Partei – KPD). 2017 wurde ein NPD-Verbotsantrag abgelehnt, u. a. waren V-Leute des Verfassungsschutzes in der NPD.

M 3 Am 17.01.2017 wurde der 2013 vom Bundesrat eingereichte Antrag, die NPD zu verbieten, vom Bundesverfassungsgericht abgelehnt. Einstimmigkeit herrschte in der Auffassung, dass die NPD verfassungsfeindlich ausgerichtet sei und auf die Abschaffung einer freiheitlich demokratischen Grundordnung abziele. Gleichzeitig sprach der 2. Senat der NPD jedoch das Potenzial ab, ihre Ziele mit Erfolg umsetzen zu können, so dass ein Parteienverbot zur Prävention nicht nötig sei. Die Zustimmung zu dieser rechtsextremen Partei sei zu gering, als dass eine konkrete Gefahr für Demokratie der Bundesrepublik Deutschlands von der NPD ausgehen könne. Ausreichend seien daher die geltenden straf- und polizeirechtlichen Maßnahmen.

vgl. „Karlsruhe weist NPD-Verbotsantrag des Bundesrates ab". In: Frankfurter Allgemeine Zeitung vom 18.01.2017, S. 1. © Frankfurter Allgemeine Zeitung GmbH, Frankfurt.

„Wir brauchen die Freiheit, um den Missbrauch der Staatsgewalt zu verhindern, und wir brauchen den Staat, um den Missbrauch der Freiheit zu verhindern."
Karl Popper. In: BMI (Hrsg.): Extremismus in Deutschland, Berlin 2004, S. 353

Religionsprivileg
Nach dem Vereinsgesetz sind religiöse Gemeinschaften keine Vereine und konnten daher nicht verboten werden. Dieses Verbot wurde im Rahmen des Anti-Terror-Pakts aufgehoben.

Das Urteil macht deutlich, dass eine parlamentarische Demokratie nur mit einem Mehrparteiensystem möglich ist. „Ein Parteienverbot ist kein Gesinnungs- und Weltanschauungsverbot", so Voßkuhle. Allerdings seien gegen Verfassungsfeinde Sanktionen möglich. Deshalb haben Bundestag und Bundesrat im Juni 2017 gesetzliche Wege eingeleitet, verfassungsfeindliche Parteien von der staatlichen Finanzierung auszuschließen.

Nicht nur Parteien., sondern auch andere verfassungsfeindliche Organisationen können verboten werden. Zur Gefahrenabwehr wurde deshalb das Religionsprivileg im Vereinsrecht aufgehoben. Damit konnten islamistischer Gruppierungen wie der „Kölner Kalifatstaat" und andere salafistische Gruppierungen verboten werden.

Wegen der Terroranschläge der letzten Jahre sind die Maßnahmen zur inneren Sicherheit verstärkt worden. Viele Terrorakte werden verhindert. Ein Problem ist die unterschiedliche Einschätzung der Gefährlichkeit polizeibekannter Personen. Hinzu kommt eine noch unzureichende gegenseitige Information von Erkenntnissen der Sicherheitsdienste. Deshalb soll die Zusammenarbeit durch das 2004 gegründete **Gemeinsame Terrorismusabwehrzentrum** verstärkt werden. Pannen wie 2016 beim Anschlag auf den Weihnachtsmarkt in Berlin durch den Islamisten Anis Amri sollen sich möglichst nicht wiederholen.

Im **Nationalen Cyber-Abwehrzentrum** werden Information zwischen den Behörden ausgetauscht, um Maßnahmen bei Angriffen aus dem Internet zu koordinieren. Einige Abwehrpläne sind politisch umstritten. Einig ist man sich über die Ausweitung vorbeugender Maßnahmen, z. B. durch Beratungsstellen, gegen Radikalisierung. Die Diskussion, wie man um Hass, Falschmeldungen und Morddrohungen im Internet bekämpfen kann, ist im vollen Gange.

Wichtig für den Schutz vor Terror ist die Überwachung möglicher Täter. Dazu gehört nicht nur die Personenüberwachung, sondern auch die der Kommunikation (PC, Telefon, Smartphone, ...). Die Sicherheitsbehörden werden wieder verstärkt. Die Bundespolizei soll z. B. bis 2025 deutlich aufgestockt werden. Eine Überwachung aller Gefährder wird aber auch dann nicht möglich sein. Allein für einen Gefährder sind rechnerisch täglich mindestens drei Polizisten im Volleinsatz.

Die Sicherheitsdienste
- Gemeinsames Terrorismusabwehrzentrum (GTAZ)
- Bundeskriminalamt (BKA)
- 16 Landeskriminalämter
- Bundespolizei mit Antiterroreinheit (GSG 9)
- Bundesnachrichtendienst (BND)
- Bundesamt für Verfassungsschutz (BfV)
- 16 Landesämter für Verfassungsschutz
- Militärischer Abschirmdienst (MAD)

M 5 Neue Sicherheitsgesetze sollen die Bekämpfung des Terrorismus erleichtern.

- **Abschiebehaft:** Sie wird durch einen neuen Haftgrund „Terrorgefahr" oder „erhebliche Gefahr für die Sicherheit Deutschlands" erleichtert. Sie kann bei Bedarf über drei Monate verlängert werden, wenn z. B. die Herkunftsländer die erforderlichen Papiere nicht rechtzeitig ausstellen.
- **Datenvernetzung:** Um künftig Informationslücken zu schließen, soll eine zentrale Datenbank den Zugriff aller Dienststellen ermöglichen und der internationale Datenaustausch verstärkt werden.
- **Datenspeicherung:** Viele Verbrecher und ihre Verbindungsleute werden erst durch Auswertung ihrer Telefon- und Handygespräche entdeckt. Diese werden von den Telefongesellschaften gespeichert. Umstritten ist die Speicherdauer.
- **Videoüberwachung:** Grundsätzlich wird die Videoüberwachung von Plätzen, Bahnhöfen und anderen Orten, bei denen Straftaten möglich sind, allgemein akzeptiert. Strittig ist ihre Ausweitung.

"Ich käme nie auf die Idee, im Big-Brother-Fernsehen aufzutreten!"

M 7 Videoüberwachung – ja oder nein?
Behauptung: Kameras verhindern keinen Terroranschlag. Sie ermuntern sogar Täter. Denn ihre „Heldentat" wird verbreitet und erzeugt Angst und Schrecken.
Gegenbehauptung: Durch Videoüberwachung können Täter erkannt und ergriffen werden. Sie können dann keine Anschläge mehr verüben.

Arbeitsvorschläge

1. Analysieren Sie M 1 mit der Methode Textanalyse (s. S. 206).
2. Interpretieren Sie M 2 mithilfe der Methode „Analyse politischer Karikaturen" (s. S. 246 f.).
3. Nehmen Sie Stellung zum Ausschluss verfassungsfeindlicher Parteien von staatlicher Finanzierung.
4. Finden Sie Beispiele, auf welche Weise die Sicherheitsmaßnahmen zu mehr Sicherheit führen können. (M 5)
5. Interpretieren Sie die Karikatur. (M 6)
6. Führen Sie in Ihrer Klasse eine Pro- und Kontra-Diskussion zur Ausweitung der Videoüberwachung und stimmen Sie darüber ab. (M 6, M 7)

In Europa leben und arbeiten

Methode:

Analyse politischer Karikaturen

M2 Karikaturen übertreiben …
Sie heben bestimmte Seiten eines Problems hervor, um darauf aufmerksam zu machen. Durch das Mittel der Zuspitzung zeigen sie dabei Zusammenhänge und Hintergründe kurz und prägnant auf.

Karikaturen umfassen ein breites Spektrum …
Es reicht von der sozialkritischen Pressezeichnung bis zum harmlos gezeichneten Witz. Seit Karikaturen politische Themen aufs Korn nehmen, werden sie auch immer im Kampf gegen Unrecht, Unterdrückung und Korruption eingesetzt. Sie gelten nach wie vor als wichtiges Medium zur Aufdeckung von Missständen und zur Wahrung der Menschenrechte.

Karikaturen sind „Interessenvertreter" …
Sie waren und sind Mittel, um politische Interessen deutlich zu machen und Meinungen zu beeinflussen. Dies gilt auch für Karikaturen mit unpolitischen, reaktionären, rassistischen und sexistischen Inhalten.

Karikaturen sind Spiegelbild gesellschaftlicher Spannungen …
Karikaturen sind, wenn sie über bestimmte Personen oder Volksgruppen, über Gegebenheiten und Erscheinungen berichten, stets provoziert worden. Der Widerspruch zwischen Anspruch und Wirklichkeit bildet dazu den Auslöser.

Karikaturen müssen hinterfragt werden …
Um Karikaturen zu verstehen, muss die aktuelle oder historische Situation bekannt sein oder aufgedeckt werden.

Methode:

M 3

M 4 Analyseschema Karikaturen

Analysebereich	Leitfragen
Was wird karikiert? (Aussage)	Was sieht man? Welche Personen/Gegenstände sind zu erkennen? Welches Problem/Ereignis ist dargestellt? Welcher Widerspruch wird aufgedeckt?
Wie wird karikiert? (Stil)	Welche Mittel werden verwendet? Was fällt besonders auf? Wie werden Personen dargestellt? Auf welche Weise wird der Betrachter angesprochen?
Wer karikiert? (Sender)	Wer hat die Karikatur gezeichnet? Welche Ziele verfolgt der Karikaturist? Welche bzw. wessen Partei ergreift er?
Wann und wo wurde karikiert? (Zeit/Ort)	Wann ist die Karikatur entstanden? Wo ist sie entstanden? Was wissen wir über diese Zeit? Wie wurde (wird) sie verbreitet (Zeitung, Fernsehen, Internet u. a.)?
Warum wurde karikiert? (Intention)	Was will der Karikaturist erreichen? Wen (was) greift er an und warum tut er das?
Welche Wirkung ist beabsichtigt?	Welche Empfindungen löst die Karikatur aus? Wie wirkt die Karikatur – auf die Zeitgenossen, – auf uns, – auf andere?

Arbeitsvorschläge

1. Fassen Sie den Sinn und die Aufgaben einer Karikatur mit eigenen Worten zusammen. (M 2)
2. Bearbeiten Sie die Karikaturen M 1 und M 3 mithilfe des Analyseschemas. (M 4)

1 Die Europäische Union entsteht

Winston Churchill (1874–1965)

Nach dem Zweiten Weltkrieg entsteht bei vielen Menschen die Idee eines vereinten Europas. Berühmt wurde eine Rede des damaligen britischen Premierministers Sir Winston Churchill 1946 in Zürich, in der er seine Idee von einer Art Vereinigter Staaten von Europa vortrug.

M 1 „Wenn Europa einmal einträchtig sein gemeinsames Erbe verwalten würde, dann könnten seine bis vierhundert Millionen Einwohner ein Glück, einen Wohlstand und einen Ruhm ohne Grenzen genießen [...]
Wir müssen eine Art Vereinigter Staaten von Europa schaffen [...] Der Weg dahin ist einfach. Es ist nichts weiter dazu nötig, als dass Hunderte von Millionen Männer und Frauen Recht statt Unrecht tun und Segen statt Fluch ernten."

Zitiert nach: Presse- und Informationsamt der Bundesregierung: Reihe Politik-Informationen, Europa, Bonn 1986, S. 8

M 2 Gründe für die **Forderung nach europäischer Einigung nach 1945**:
- Das vom Krieg zerstörte Europa kann den wirtschaftlichen Wiederaufbau nur leisten, wenn die Staaten zusammenarbeiten.
- Ein vereintes Europa soll den Nationalismus abbauen und damit künftige Kriege verhindern helfen.
- Der sich verschärfende Ost-West-Konflikt verstärkt in Westeuropa auch das Bedürfnis nach militärischer Zusammenarbeit, um eine drohende kommunistische Machterweiterung zu verhindern.

Den ersten Versuch einer europäischen Einigung bildet die Gründung des **Europarats** in Straßburg im Jahr 1949. Die Bundesrepublik Deutschland tritt ihm 1951 bei, heute gehören ihm 47 Staaten an. Die Hoffnungen auf eine rasche europäische Einigung erfüllen sich jedoch nicht, denn die Beschlüsse des Europarats sind für die Mitgliedsstaaten lediglich Empfehlungen und für die Regierungen der Mitgliedsstaaten nicht bindend. Nachdem deutlich wird, dass im Europarat kaum Fortschritte erzielt werden, schließen sich Belgien, die Bundesrepublik Deutschland, Frankreich, Italien, Luxemburg und die Niederlande zur **Montanunion** zusammen. Diese wird 1957 ergänzt durch die **Europäische Atom- und Wirtschaftsgemeinschaft**. Zehn Jahre später folgt der Zusammenschluss zur **Europäischen Gemeinschaft**, die 1993 in die **Europäische Union** mündet. Verbunden damit ist u. a. die **Unionsbürgerschaft** für alle EU-Bürger, das aktive und passive **Kommunalwahlrecht** im jeweiligen Aufenthaltsland sowie das **Petitionsrecht** beim Europäischen Parlament.

Mit dem Europäischen Binnenmarkt 1993 und der Einführung des **Euro** 1999 für zunächst zwölf Länder – die Bargeldausgabe erfolgt 2002 – sind Schritte noch engerer wirtschaftlicher Zusammenarbeit eingeleitet worden. Litauen hat 2015 als 19. Land den Euro eingeführt. Wegen der Verschuldungskrise südlicher Länder, vor allem Griechenlands, wird über eine noch engere wirtschaftliche Zusammenarbeit strittig diskutiert. Auch der Abschied vom Euro wird von einigen „populistischen" Politikern gefordert.

Mit dem Beitritt Kroatiens 2013 sind aus sechs Gründungsmitgliedern 28 EU-Staaten geworden – bis 2019. Großbritannien hat sich 2016 in einer Volksabstimmung mit knapper Mehrheit für den sogenannten **Brexit** (Exit = Austritt) entschieden. Mögliche Austrittstermine sind mehrfach verschoben worden. Erst nach einer Neuwahl, die Premierminister Boris Johnson eine absolute Mehrheit brachte, wurde im Dezember 2019 der Austritt zum 31.01.2020 beschlossen und der Europäischen Kommission übermittelt. Unabhängig davon haben weitere Länder Beitrittsanträge gestellt (s. S. 263).

Arbeitsvorschläge

1. Was ist aus Churchills Idee (M 1) geworden? Formulieren Sie Ihre Meinung.
2. Untersuchen Sie, welche in M 2 genannten Argumente heute noch oder heute wieder Gültigkeit haben.

M1 Der Weg zur Europäischen Union

1951: EGKS	1957: EWG	1957: Euratom
Europäische Gemeinschaft für Kohle und Stahl (Montanunion)	Europäische Wirtschaftsgemeinschaft	Europäische Atomgemeinschaft
Ziel: Schaffung eines gemeinsamen Marktes für Kohle und Stahl (Vertrag läuft am 23. Juli 2002 aus)	Ziele: – Zollunion, gemeinsamer Markt – gemeinsamer Agrarmarkt – polit. Zusammenarbeit	Ziel: gemeinsame, friedliche Nutzung der Kernenergie

Mitglieder:
Belgien, Bundesrepublik Deutschland, Frankreich, Italien, Luxemburg, Niederlande

1. Juli 1967 Zusammenschluss der drei Gemeinschaften zur Europäischen Gemeinschaft (EG)

1. Juli 1973 Erweiterung der EG durch Beitritt Dänemarks, Großbritanniens und Irlands

1. Januar 1979 Inkrafttreten des Europäischen Währungssystems (EWS) zur Koordinierung der nationalen Währungspolitik. (Großbritannien nimmt am Wechselkursmechanismus nicht teil.)

10. Juni 1979 Erste Direktwahl zum Europäischen Parlament

1. Januar 1981 Beitritt Griechenlands

1. Januar 1986 Beitritt Spaniens und Portugals

7. Februar 1992 Vertrag über die Europäische Union (EU) – Vertrag von Maastricht

1. Januar 1993 Europäischer Binnenmarkt

8. November 1993 Europäische Union

Gemeinsame Außen- und Sicherheitspolitik	Europäische Gemeinschaft Zollunion und Binnenmarkt gemeinsamer Agrarmarkt Wirtschafts- und Währungsunion	Zusammenarbeit in der Innen- und Rechtspolitik

Die drei Säulen des Einigungswerks nach dem Vertrag von Maastricht

1. Januar 1995 Beitritt Österreichs, Schwedens und Finnlands (Norweger stimmten gegen Beitritt)

1. Januar 1999 Beginn der Währungsunion durch Einführung des Euro (€)

1. Januar 2002 Der Euro ist alleiniges Zahlungsmittel im „Euroland" (EU ohne Dänemark, Großbritannien und Schweden)

1. Mai 2004 Erweiterung der EU um 10 mittel- und osteuropäische Länder, Zypern und Malta

1. Januar 2007 Beitritt Bulgariens und Rumäniens

1. Dezember 2009 Reformvertrag von Lissabon tritt in Kraft

21. Januar 2012 Fiskalpakt wird von 25 EU-Ländern geschlossen

1. Juli 2013 Beitritts Kroatiens

31. Januar 2020 Großbritannien verlässt die EU

Arbeitsvorschlag

Arbeiten Sie aus M 1 die wichtigsten „Meilensteine" heraus, die Europa verändert haben.

2 Die Organe der Europäischen Union – zwischen nationaler Selbstständigkeit und gemeinsamer Politik

Die Europäische Union benötigt wie jeder Einzelstaat Einrichtungen (Organe), die politische Regelungen anregen, vorbereiten, entscheiden und durchführen. Hinzu kommt eine demokratische Kontrolle. Von anfänglich vorwiegend wirtschaftlicher Zusammenarbeit hat sich eine immer stärkere politische Zusammenarbeit entwickelt. Mit dem **Vertrag von Lissabon** sollte die Union handlungsfähiger als bisher werden.

Mehr Informationen unter
www.consilium.europa.eu

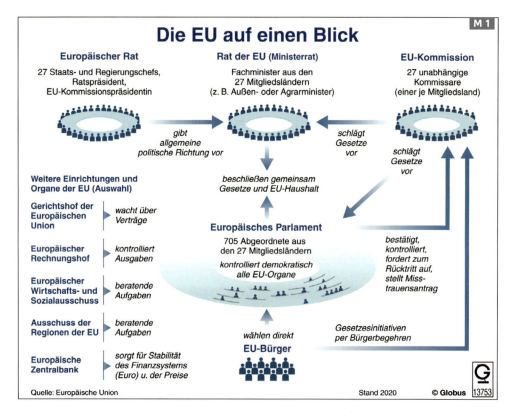

www.european-council.
europa.eu

Deutsche Ratspräsidentschaft
Im zweiten Halbjahr 2020 hat Deutschland die Ratspräsidentschaft von Kroatien übernommen. Es folgt am 01. Januar 2021 Portugal.

Rechtsakte der Union
Verordnungen gelten unmittelbar in jedem Mitgliedsstaat. Sie sind mit einzelstaatlichen Gesetzen vergleichbar.

Der Europäische Rat – der „Gipfel"
Der Europäische Rat (s. M 1) tagt in der Regel viermal im Jahr („Gipfeltreffen"), bei Problemen wie beim Brexit auch häufiger. Seit 2009 wird der Ratspräsident für jeweils zweieinhalb Jahre gewählt. Er bestimmt die Grundsätze der Außen- und Sicherheitspolitik, formuliert die allgemeinen politischen Ziele und setzt Schwerpunkte zur Entwicklung der Union. Er gibt Impulse, ist aber an der unmittelbaren Gesetzgebung nicht beteiligt.

Der Ministerrat – die Stimmen der Mitgliedsstaaten
Der Rat der EU, „Ministerrat" oder kurz „**Rat**" genannt, setzt sich aus den jeweiligen Fachministern der Mitgliedsländer oder ihren Vertretern zusammen. Diese können für ihre Regierungen verbindlich handeln. Gemeinsam mit dem Europäischen Parlament ist der Rat Gesetzgeber der Union. Der Vorsitz wechselt halbjährlich zwischen den Ländern in der Reihenfolge ihrer Größe. Beschlüsse werden entweder einstimmig (z. B. Steuerpolitik), in den meisten Fällen aber mit qualifizierter Mehrheit gefasst: 55 % der Ratsmitglieder aus mindestens 15 Ländern müssen 65 % der EU-Bevölkerung ausmachen.

Das Europäische Parlament (EP) – die Stimme der Bürger
Das Europäische Parlament wurde 2019 zum zehnten Mal seit 1979 direkt für fünf Jahre gewählt. Auf die Länder entfallen zwischen 96 (Deutschland) und 6 (Malta) Abgeordnete.

Die anfänglichen Beratungsrechte des Parlaments werden schrittweise erweitert.
- **Mitentscheiden** beim „ordentlichen Gesetzgebungsverfahren", gemeinsam mit dem Ministerrat: Seit dem Vertrag von Lissabon gilt das für die meisten Politikbereiche. Hinzu kommt das **Haushaltsrecht** für die Genehmigung der Geldausgaben der Union.
- **Zustimmung** muss es bei internationalen Verträgen geben, z. B. zum Beitritt neuer Länder und bei der Ernennung der Kommission. 2019 musste z. B. die Wahl der neuen Kommission verschoben werden, weil das Parlament drei der Kandidaten für ungeeignet hielt.
- Eine **Anhörung** zur Beratung erfolgt in den Politikbereichen, für die im Ministerrat Einstimmigkeit vorgesehen ist, z. B. bei der Steuer- und Außenhandelspolitik.

Das Parlament kontrolliert die EU-Organe, kann **Untersuchungsausschüsse** einrichten, **Petitionen** der Bürger annehmen und der Kommission das **Misstrauen** aussprechen. Der Sitz ist Straßburg, die Ausschüsse tagen in Brüssel. Die Abgeordneten vertreten ihre nationalen Interessen, mit ihren Fraktionen auch parteipolitische Ziele.

Die Europäische Kommission – „Regierung" der Union
Die Europäische Kommission in Brüssel ist praktisch die Regierung der Union. Den Vorsitz hat ein Präsident. Jeder EU-Staat schlägt einen Kandidaten vor, 2019 erfolgte dies ohne Großbritannien. Die Kommissionsmitglieder werden dann vom Parlament gewählt und vom Rat ernannt. Von Weisungen ihrer Regierungen unabhängig, sind sie nur dem Parlament rechenschaftspflichtig.

Das Vorschlagsrecht für Rechtsakte liegt bei der Kommission. Sie übernimmt aber auch Anregungen von Parlament und Ministerrat, formuliert die Rechtsakte, sorgt für ihre Durchführung und Einhaltung. Bei Verstößen kann sie Bußgelder verhängen. Der **Hohe Vertreter für die Außen- und Sicherheitspolitik** ist zugleich Vizepräsident der Kommission.

Der Europäische Gerichtshof (EUGH) – Hüter des Rechts
Der EUGH hat seinen Sitz in Luxemburg und kann von EU-Institutionen, Regierungen, Verbänden, Unternehmen und einzelnen Bürgern angerufen werden, wenn es um Auslegung und Anwendung des europäischen Rechts geht.

Der Europäische Rechnungshof – Wächter über die Geldverwendung
Der Rechnungshof mit dem Sitz in Luxemburg kontrolliert die ordnungsgemäße Verwendung der Finanzmittel der EU. Er darf alle Institutionen und Personen überprüfen, die EU-Gelder erhalten. Betrugsfälle werden dem **Amt für Betrugsbekämpfung (OLAF)** gemeldet.

Beratende Ausschüsse
Im **Wirtschafts- und Sozialausschuss** sind Gewerkschaften, Arbeitgeber- und andere Verbände vertreten. Im **Ausschuss der Regionen** werden die deutschen Bundesländer und der Städte- und Gemeindebund vertreten. Sie müssen vom Rat und von der Kommission gehört werden, wenn ihre Anliegen beraten werden.

Mitwirkung der nationalen Parlamente und der Bürger
- Bei allen Vorhaben der EU-Gesetzgebung müssen die nationalen Parlamente „frühzeitig und umfassend" informiert werden. Vor allem wachen sie darüber, ob das Prinzip der **Subsidiarität** eingehalten wird. Das bedeutet, dass die EU in einer Sache nur tätig werden darf, wenn sie von den einzelnen Mitgliedsstaaten nicht erfüllt werden kann.
- Mit dem **Europäischen Volksbegehren** kann die Kommission mit einer Mio. Unterschriften (von 500 Mio. EU-Bürgern) aufgefordert werden, Gesetzesvorschläge vorzubereiten.

Rechtsakte der Europäischen Union:
Richtlinien, z. B. zur Umweltpolitik, gelten für alle Mitgliedsstaaten. Sie sind verbindlich im Ziel, überlassen den Einzelstaaten die Umsetzung in nationales Recht.

Verordnungen, z. B. zur Lebensmittelsicherheit, sind Vorschriften, die unmittelbar in den Mitgliedsstaaten gelten.

Beschlüsse gelten z. B. für eine Regierung oder ein Unternehmen.

Empfehlungen und Stellungnahmen sind unverbindlich

M 2
Europäisches Parlament Fraktionen 2/2020

Fraktion	Sitze
EVP Europäische Volkspartei	187
S&D Progressive Allianz der Sozialdemokraten	147
Renew Europe (Liberale)	98
ID - Identität und Demokratie	76
Grüne/EFA - Die Grünen/ Freie Europäische Allianz	67
EKR - Europäische Konservative und Reformer	61
GUE/NGL - Vereinigte Europäische Linke/	39
Fraktionslose	29
	704

vgl. www.europarl.europa.eu/news/de/headlines/eu-affairs/20190612STO54311/die-sieben-fraktionen-des-europaischen-parlaments [10.02.2021]

Arbeitsvorschläge

1. Ordnen Sie die EU-Organe den Bereichen Legislative, Exekutive und Judikative zu. (M 1, S. 250)

2. Ermitteln Sie die Fraktionen im Europäischen Parlament, in denen deutsche Parlamentarier mitarbeiten.

3. Vergleichen Sie einstimmige Beschlüsse und solche mit qualifizierter Mehrheit im Rat hinsichtlich der Handlungsfähigkeit der Union und der Interessenwahrung der Länder.

3 Die Europäische Zentralbank – Hüterin der Währung

Geldpolitik

> **M 1** **Geldpolitik mit starken Nebenwirkungen**
> Einlagenzinsen tief im Minus, milliardenschwere Ankäufe Monat für Monat, große langfristige Kreditprogramme für Geschäftsbanken und ein Ausblick, dass es auf unbestimmte Zeit so bleibt. Es ist schon eine heftige Medizin, die Europas Wirtschaft von der Europäischen Zentralbank (EZB) verabreicht wird. „Unkonventionelle Geldpolitik" nennt sie das Programm, in Abgrenzung zur fast langweiligen Zinspolitik früherer Jahre.
> Christian Siedenbiedel: Geldpolitik mit starken Nebenwirkungen. 19.11.2019. In: FAZ.NET © Frankfurter Allgemeine Zeitung GmbH 2001 – 2020. www.faz.net/aktuell/finanzen/finanzmarkt/welche-negativen-folgen-die-aktuelle-geldpolitik-haben-koennte-16491978.html [04.06.2020]

Christine Lagarde, EZB-Präsidentin

Europäisches System der Zentralbanken

EZB-Rat
Direktorium
Präsident
vier weitere Mitglieder
+
19 Präsidenten der nationalen Zentralbanken (NZB) der Euroländer

Erweiterter Rat
(nur Beratung)
Präsident und Vize-Präsident der EZB
+
27 NZB-Präsidenten aller EU-Länder

Der **Euro** gilt in 19 Staaten der EU sowie in Monaco, San Marino, Vatikan, Andorra, Kosovo und in sechs Überseegebieten.
Euro-Anwärter
- Tschechien
- Polen
- Ungarn

Der 1. Januar 1999 ist die Geburtsstunde des Euro. Seitdem bestimmt die **Europäische Zentralbank (EZB)** mit Sitz in Frankfurt die Richtlinien der Geldpolitik für die 19 Mitgliedsstaaten des **Europäischen Währungsraums (EWR)**. Mit Einführung des Euro als Bargeld 2002 regelt sie auch den Geldumlauf und die Kreditversorgung der 19 Länder, die den Euro als Währung haben (Eurozone). Zudem regelt sie den Umtausch von Fremdwährungen. Das sind Währungen der acht EU-Länder, die den Euro nicht eingeführt haben, z. B. Polen und Schweden, aber auch die Währungen der übrigen Welt. Der Umtausch erfolgt zu einem Wechselkurs, z. B. 1,00 € = 1,10 $.

Das **Hauptziel** der Geldpolitik ist die **Preisstabilität**. Der jährliche Preisanstieg soll auf knapp unter 2 % begrenzt werden. Nebenziel ist die Unterstützung der allgemeinen Wirtschaftspolitik der EU. Dafür stehen der EZB geldpolitische Mittel zur Verfügung. Der **EZB-Rat** entscheidet darüber. Die **Deutsche Bundesbank** ist Mitglied des EZB-Rats.

Ihr Sitz ist auch Frankfurt. Sie überwacht den Zahlungsverkehr in Deutschland und die deutschen Währungsreserven. Sie ist „Bank der Banken" und „Hausbank" des Bundes.

> **M 2** **Mittel der Geldpolitik**
> **1. Der Leitzins** wird von der EZB bestimmt. Von ihm hängen alle übrigen Zinsen ab. Die Bundesbank ist die „Bank der deutschen Banken". Banken können sich von der Bundesbank Geld zum Leitzins leihen. Sie verleihen das Geld dann zu einem höheren Zinssatz. Geld können sie aber auch bei der Bundesbank „parken". Dafür bekommen sie zurzeit keine Zinsen, sie müssen sogar „Strafzinsen" zahlen. Das Geld soll eigentlich in die Wirtschaft.
>
> | Hohe Zinsen: | Niedrige Zinsen: |
> |---|---|
> | – Kredite werden teuer | – Kredite werden billiger. |
> | – weniger Investitionen | – mehr Investitionen |
> | – weniger privater Verbrauch | – mehr privater Verbrauch |
> | – geringerer Preisanstieg | – Wirtschaft bleibt stabil. |
>
> **2. Die Geldmenge** kann durch zwei Maßnahmen direkt beeinflusst werden:
> – **Offenmarktpolitik:** Hier werden Wertpapiere (z. B. Aktien) von Banken gekauft oder an sie verkauft.
>   • Beim Kauf kommt „frisches Geld" in den Umlauf.
>   • Beim Verkauf wird Geld dem Umlauf entzogen.
> – **Mindestreservenpflicht:** Banken müssen zur eigenen Sicherheit bei der Bundesbank Reserven halten. Gegenwärtig sind es 1 % der „Einlagen" (z. B. Guthaben von Firmen und Privatpersonen auf ihren Konten.

Bis 2008 haben die geldpolitischen Maßnahmen so gewirkt, wie sie gedacht sind. Der Leitzins pendelte zwischen 2000 und 2008 zwischen 2,5 % und 4,5 %. Die Preissteigerungen lagen im Durchschnitt bei 2 %. Die Wirtschaft wächst, Sparen lohnt sich. Dann kommt etwas Unerwartetes.

Eine **Bankenpleite in den USA** wirkt wie eine Lawine. Sie überrollt weltweit Banken, auch in Deutschland. Mittellose Hausbauer in den USA können ihre Kredite nicht mehr bezahlen. Ihre Schuldverschreibungen sind plötzlich wertlos. Banken, die solche Papiere besitzen, droht nun die Pleite. Sie hatten jedoch hohe Gewinne erwartet. Wenn die Wirtschaft von zahlungsunfähigen Banken keine Kredite mehr erhält, ist der ganze Wirtschaftskreislauf gefährdet. Höhere Arbeitslosigkeit wäre die Folge.

M 3 Die Bankenrettung
- Die Kreditwürdigkeit, zuerst Islands, dann Griechenlands, wird von amerikanischen Rating-Agenturen herabgestuft. Neue Kredite auf dem Kapitalmarkt werden teurer. Um Staatspleiten zu verhindern, erhalten sie von der **EZB** und dem **Internationalen Währungsfonds (IWF)** günstige Kredite. Sie müssen Reformen versprechen. Ihre Verschuldung steigt aber.
- Ab 2012 soll ein Europäischer Stabilitätsmechanismus **(ESM)** mit zunächst 700 Mrd. € für günstige Kredite die Wirtschaft stabilisieren. Bei Island und Portugal ist das gelungen. Im **Fiskalpakt** verpflichten sich 2013 25 der damals 27 EU-Länder zu einer **Schuldenbremse**.
- 2014 beginnt die **Bankenunion** unter Aufsicht der EZB: Erhöhung des Eigenkapitals, um Krisen selbst lösen zu können. Riskante Spekulationen sollen verhindert werden. Regeln für Bankpleiten sollen sichern, dass als Erstes Eigentümer und Kreditgeber haften.

Kranke Staatsfinanzen
Die Mehrzahl der Euroländer ist höher verschuldet, als sie bei der Einführung des Euro zugesagt haben.

Stabilitätspakt
Euroländer sollen neue Schulden auf 3 % und die Gesamtverschuldung auf 60 % ihres Bruttoinlandsproduktes (BIP) begrenzen.

BIP = Wert aller Güter und Dienstleistungen in einem Jahr

M 4 Rettung mit billigem Geld – und die Folgen
- Mit „unkonventioneller Geldpolitik" (s. M 1) versucht EZB-Präsident Mario Draghi die Wirtschaft vor allem der „Südländer" anzukurbeln. Auch die hohe Arbeitslosigkeit soll bekämpft werden. Seit 2015 werden zeitweise monatlich Vermögenswerte in Höhe von 60 Mrd. aufgekauft. Der Leitzins wird auf „null" gesenkt. Banken zahlen für Einlagen bei der EZB „Minuszinsen". Das sind 2020 -0,5 % (vgl. EZB Wirtschaftsbericht, Ausgabe 3 / 2020 – Aktuelle wirtschaftliche und monetäre Entwicklungen).
- Sparer und Lebensversicherungen erhalten für ihre Geldanlagen kaum noch Zinsen. Dadurch wird z. B. die Altersvorsorge vieler Menschen erschwert.
- Billiges Geld reizt zu Ausgaben. Bei höheren Zinsen kann das bei unrentablen Unternehmen in die Pleite führen. Banken machen wenige Gewinne. Geldbesitzer flüchten in „Betongold". Immobilienpreise und Mieten steigen vor allem in Großstädten stark an. Die Mieten dort können häufig von „Normalverdienern" nicht mehr bezahlt werden. Nur Bund, Länder und Gemeinden sparen bei Schuldendiensten viele Milliarden. Kritisiert wird die Nullzinspolitik z. B. von Sparern und von der Deutschen Bundesbank.

Bandbreiten für Wechselkursschwankungen im WKM II

Wechselkurspolitik
Freie Wechselkurse ergeben sich durch Angebot und Nachfrage an den Devisenmärkten. Zu starke Schwankungen, wie beim Dollar, können zu Risiken beim Außenhandel führen.

Deshalb wurden in der EU 1979 **feste Wechselkurse** mit einem Leitkurs verabredet. Dafür wurde ein **Wechselkursmechanismus (WKM)** eingeführt. Es mussten Bandbreiten von zunächst bis zu +/-15 % eines von der EZB festgesetzten Leitkurses eingehalten werden. Damit werden Währungsschwankungen begrenzt. Nähert sich der Wechselkurs einer nationalen Währung dieser Grenze, greifen die Zentralbanken ein. Bei sinkenden Kursen wird die Währung durch Aufkauf verknappt und stabilisiert – und umgekehrt.
Die Teilnahme am WKM ist eine Voraussetzung für die spätere Einführung des Euro. Die Bandbreite der Wechselkurse ist dann +/-2,5 %.

Arbeitsvorschläge

1. *Erklären Sie an Beispielen Einflüsse niedriger oder hoher Zinsen auf Ihr Kaufverhalten.*
2. *Ermitteln Sie aus M 1 und M 2 auf S. 252, wie die EZB die Geldmenge beeinflusst.*
3. *Verfolgen Sie in den Medien währungspolitische Entscheidungen der EZB und die beabsichtigte Wirkung. Berichten Sie darüber in Ihrer Klasse.*
4. *Formulieren Sie aus M 3 und M 4 mehrere Schlagzeilen.*
5. *Erkunden Sie den gegenwärtigen Wechselkurs zur Währung eines Nicht-EU-Landes, in dem Sie irgendwann einmal Urlaub machen möchten.*

4 Der europäische Binnenmarkt

M 2
Was bringt uns der EU-Binnenmarkt?

Handelshemmnisse werden abgebaut:
Normen werden vereinheitlicht oder müssen weichen (z. B. Lebensmittelvorschriften)

↓

Binnengrenzen fallen weg:
keine Zollformalitäten mehr

↓

Markt wird größer:
Unternehmen können in größerem Stil und deshalb kostengünstiger produzieren

↓

Wettbewerb nimmt zu:
Unternehmen müssen schärfer kalkulieren – Verbraucher profitieren

---

M 1

Mit der Einführung des Binnenmarktes zum 1. Januar 1993 wird ein wichtiger Schritt zum weiteren Zusammenwachsen Europas beschritten. Er soll vor allem die wechselseitigen Wirtschaftbeziehungen erleichtern. Die Ziele wurden bereits 1986 in der „Einheitlichen Europäischen Akte" formuliert:

1. Verwirklichung eines Raums ohne Binnengrenzen
2. Durchführung strukturpolitischer Maßnahmen
3. Zusammenarbeit auf den Gebieten Forschung und technologische Entwicklung
4. Zusammenarbeit in der Wirtschafts- und Währungspolitik (Wirtschafts- und Währungsunion)
5. Soziale Dimension (Vereinheitlichung der Arbeitnehmerrechte)
6. Umweltpolitik

vgl. Einheitliche Europäische Akte (EEA) © 2021 Presse- und Informationsamt der Bundesregierung. https://www.bundesregierung.de/breg-de/service/einheitliche-europaeische-akte-eea--615720 [28.02.201]

M 3 Die Voraussetzungen für den Binnenmarkt sind die **vier Grundfreiheiten**:

1. **Freier Personenverkehr:** Jeder Bürger kann ohne Kontrolle in alle Länder der EU reisen, seinen Arbeitsplatz suchen oder sich selbstständig machen. Mit Ausnahme von Großbritannien und Irland entfallen die Grenzkontrollen. Bei Neumitgliedern gibt es zeitliche Übergangsregelungen, auch für den Arbeitsmarkt.
2. **Freier Warenverkehr:** Durch den Wegfall der Grenzkontrollen können alle Waren in der EU frei befördert werden. Um zusätzliche Handelshemmnisse zu beseitigen, ist es erforderlich, z.B. Normen und Verbraucherschutzvorschriften anzugleichen.
3. **Freier Dienstleistungsverkehr:** Verbraucher haben durch EU-weite Dienstleistungsunternehmen wie Banken und Versicherungen eine größere Auswahl.
4. **Freier Kapitalverkehr:** Jeder kann sein Geld dort anlegen oder borgen, wo es ihm am vorteilhaftesten erscheint. Geldbeträge können unbeschränkt mitgeführt werden.

Reisemitbringsel aus dem Urlaub (2020)
Bei der Rückreise aus EU-Ländern gelten für den privaten Verbrauch keine Mengenbeschränkungen.

Bei Genussmitteln wird unterschieden (Beispiele):

	EU	Drittländer
Zigaretten	800 Stück	200 Stück
Schaumwein	60 l	20 l
Bier	110 l	16 l

Außerhalb der EU sind zollfrei:
im Landverkehr 300,00 €,
bei Flug- oder Seereisen 430,00 €
Tipp: Auskunft beim Zoll unter

vgl. bussgeldkatalog.org.
https://www.bussgeldkatalog.org/zollanmeldung/
[04.02.2021]

Vorausgegangen ist 1968 die **Zollunion** mit der schrittweisen Abschaffung von Zöllen zwischen den Mitgliedern der damaligen „Europäischen Gemeinschaft". Außer zu den Teilnehmern am **Europäischen Wirtschaftraum** (EWR = EU + Norwegen, Island und Liechtenstein) sowie gegenüber der Türkei (seit 1996) und den Zwergstaaten Andorra und San Marino wird gegenüber Drittstaaten Zoll erhoben, wenn bestimmte Freimengen überschritten werden.

Unterschiede bleiben bei den nationalen Verbrauchsteuern. Privatreisende zahlen die Umsatzsteuer für Waren des privaten Bedarfs im jeweiligen Land. Händler kaufen ihre Waren in anderen EU-Ländern steuerfrei ein und versteuern sie zu Hause.

M 4 Neben den Vorteilen des Binnenmarktes werden auch Nachteile befürchtet.
– Arbeitnehmer sorgen sich über die Abwanderung deutscher Unternehmen in EU-Länder mit geringeren Löhnen oder wenn dort strukturpolitische Zuschüsse winken (s. S. 256).
– Handwerksmeister sehen eine billige Konkurrenz durch ausländische Fachkräfte, die mit sechsjähriger Berufserfahrung nach EU-Recht selbstständig arbeiten dürfen.

M 5 In Großbritannien werden von einem Teil der Bevölkerung weitere Nachteile der EU gesehen. Bestandteile des „Binnenmarktes, wie die Arbeitnehmerfreizügigkeit und das „Diktat aus Brüssel" zum Verbraucher- und Arbeitnehmerschutz, zählen dazu. „Make Britain great again!" („Macht Großbritannien wieder groß!"), lautete eine Parole. Mehr als die Hälfte der Briten, vor allem der älteren Generation, stimmten deshalb für einen Austritt. Dieser erfolgte nach mehreren Neuwahlen am 31.01.2020.

Parallel zur Öffnung des Binnenmarkts ist das **Schengener Abkommen** in Kraft getreten. Damit entfallen grundsätzlich die Grenzkontrollen zwischen den beteiligten Ländern. Nur bei Seehäfen und internationalen Flughäfen bleiben die Pass- und Zollkontrollen. Hier reisen auch Menschen aus Drittstaaten in den Schengenraum ein. Bis auf Großbritannien, Irland, Bulgarien, Rumänien, Kroatien und Zypern sind alle EU-Länder dabei. Auch Island, Norwegen, die Schweiz und Liechtenstein sind beigetreten, zuletzt Gibraltar im Dezember 2020.

Grenzkontrollen an allen **Außengrenzen** der EU sollen die grenzüberschreitende Kriminalität bekämpfen und illegale Einwanderung verhindern. Der Grenzschutz wird international unterstützt. Deutsche Zöllner arbeiten z. B. an der polnischen Außengrenze zu Weißrussland und der Ukraine. Illegale Grenzübertritte haben seit 2015 zugenommen. Es handelt sich hierbei um Folgen der Fluchtbewegungen aus den Bürgerkriegsländern wie Syrien, Irak und Libyen. Deshalb hat auch Deutschland zeitlich befristete Kontrollen an der Grenze zu Österreich eingeführt.

Europol mit Sitz in Den Haag ist für die Strafverfolgung bei schwerer internationaler Kriminalität und Terrorismus zuständig. Dabei hilft das **Schengener Computer Fahndungs- und Informationssystem (SIS)**. Die Erweiterung der Kompetenzen von Europol ist immer noch nicht geklärt. Auch der Informationsfluss muss

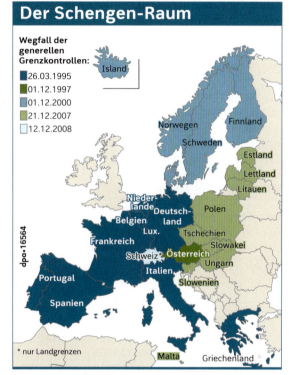

noch verbessert werden, um den Sicherheitskräften jederzeit den Zugriff zu ermöglichen.

Seit 2005 unterstützt die EU-Grenzschutzagentur **Frontex** (franz. Frontières extérieures) vor allem Griechenland, Italien und Spanien bei der Bewältigung der Flüchtlingsströme, die über das Mittelmeer kommen. Ab 2016 heißt sie Europäische Agentur für Grenz- und Küstenwache. Ihre Aufgabe ist es, Flüchtlinge ohne Papiere zu identifizieren und Reisedokumente aus Drittstaaten anzufordern. Die Zahl der Einsatzkräfte wurde bis 2017 verstärkt. Kritisiert wird, dass Frontex-Beamte Menschenrechtsverletzungen durch regionale Grenzschutzbeamte geduldet oder sogar selbst verübt haben.

SOLVIT hilft Bürgern und Unternehmen bei Problemen mit dem Binnenmarkt

SOLVIT ist ein Onlinenetzwerk zur Lösung von Problemen, die durch eine fehlerhafte Anwendung von Binnenmarktvorschriften durch Behörden entstehen, und seit Juli 2002 in Betrieb. Themenbereiche sind u. a.:
– Anerkennung von Berufsqualifikationen,
– Zugang zu Aus- und Weiterbildung,
– Aufenthaltsgenehmigungen,
– soziale Sicherung,
– Zulassung von Produkten.

SOLVIT-Stellen sind Teil der nationalen Verwaltungen und sollen innerhalb von 10 Wochen Problemlösungen finden.

Nähere Informationen zu SOLVIT finden Sie auf der Internetseite der **Europäischen Kommission**:
https://ec.europa.eu/solvit/what-is-solvit/index_de.htm

Arbeitsvorschläge

1. Beschreiben Sie die vier Freiheiten des Binnenmarktes mit je einem Beispiel. (M 3)
2. Berichten Sie über Ihre Erfahrungen an den Grenzen innerhalb und außerhalb der EU.
3. Stellen Sie in Partnerarbeit eine Liste von Vor- und Nachteilen der EU zusammen. Diskutieren Sie in Ihrer Klasse, ob diese zutreffen. (M 1–5)
4. Erkunden Sie, ob oder wo noch Grenzkontrollen innerhalb der EU bestehen.

5 Das soziale Europa

Leben und Arbeiten in Europa

Erasmus +
Neues EU-Programm für allgemeine und berufliche Bildung, Jugend und Sport läuft bis 2020
www.erasmusplus.de

Bundesagentur für Arbeit
Zentrale Auslands- und Fachvermittlung (ZAV)
www.arbeitsagentur.de/zav

Unterstützung bietet auch das europäische Job-Netzwerk EURES.

http://eures.europa.eu

„Dokumente" des Europasses
– Lebenslauf
– Sprachenpass
– Zeugniserläuterung
– Diplomzusatz
– Mobilitätsnachweis

www.europass-info.de
Weitere Informationen sind bei den Agenturen für Arbeit erhältlich.

IBS
Informations- und Beratungsstelle für Aus- und Weiterbildung im Ausland beim Bundesinstitut für Berufsbildung
Internet: www.go-ibs.de
E-Mail: ibs-info@bibb.de
Tel.: 0228/107-1644

In einer Berufsschulklasse mit Auszubildenden zum Beruf Koch/Köchin wird das Thema „Europäischer Binnenmarkt" erörtert. Dabei stellt sich die Frage, welche Arbeitsbedingungen in einem anderen EU-Land vorzufinden sind, wenn das Recht auf Freizügigkeit in Anspruch genommen wird, um nach der Ausbildung dort einen Arbeitsplatz zu finden. Neun von 21 Schülerinnen und Schülern ziehen einen solchen Schritt in Erwägung. Eine Schülerin berichtet von einer Freundin aus Braunschweig, deren Handelslehranstalt an Austauschprogrammen mit Betriebspraktika in Spanien beteiligt ist.

> **M 1** **Erasmus+**
> Internationale Berufserfahrungen vertiefen die eigenen Fähigkeiten und sind bei Bewerbungen um einen neuen Arbeitsplatz von Vorteil. Das Förderprogramm **Erasmus+** fördert u. a. Auslandspraktika zwischen zwei Wochen und 12 Monaten in allen Ländern der EU und des Europäischen Wirtschaftsraums (Island, Norwegen, Schweiz). Teilnehmen können z. B. Berufsschüler und Berufsfachschüler. Auslandspraktika werden von vielen Berufsschulen organisiert.

Das Recht, überall in der europäischen Union leben und arbeiten zu können, gilt seit 1968 als „Grundrecht der Arbeitnehmer". Für die Arbeitsaufnahme werden bei neuen Mitgliedsländern allerdings Übergangsfristen vereinbart. Um die Arbeitsaufnahme in einem anderen EU-Land zu erleichtern, wird an der gegenseitigen Anerkennung von Berufsabschlüssen gearbeitet. Dennoch sind manche deutschen Berufsbezeichnungen in anderen Ländern unbekannt.

Das beste Mittel, die eigenen Kenntnisse und Fertigkeiten nachzuweisen, ist der Europass. Hiermit ist es leichter, in einem anderen Land leben und arbeiten zu können. Zum Beispiel enthält er in mehreren Sprachen Hilfen, die eigenen Zeugnisse und Leistungsnachweise richtig einzuordnen. Das erleichtert eine der Qualifikation entsprechende Bezahlung (s. S. 22).

> **M 2**
> Informationen über Ausbildungs- und Studienmöglichkeiten im Ausland bieten auch die Berufsinformationszentren (BIZ) der lokalen Agenturen für Arbeit. Hilfen bietet auch die europäische Jobagentur EURES. Für die Arbeitsaufnahme im Ausland nach der Ausbildung gilt:
> – Wer länger als drei Monate in einem Mitgliedsstaat der Union lebt, muss eine Aufenthaltserlaubnis beantragen. Sie muss gewährt werden, wenn ein Arbeitsverhältnis vorliegt. Dies gilt nicht bei „Nebenjobs" von Studenten. Diese müssen drei Bedingungen erfüllen, um eine Aufenthaltserlaubnis zu bekommen:
>   • Sie müssen an einer Hochschule eingeschrieben sein,
>   • ausreichende Mittel für den Lebensunterhalt nachweisen,
>   • krankenversichert sein.
> – Erwerbstätige sind in dem Land kranken-, arbeitslosen und rentenversichert, in dem sie arbeiten. Das gilt auch dann, wenn sie in einem anderen Mitgliedsstaat wohnen oder der Arbeitgeber seinen Sitz in einem anderen Mitgliedsstaat hat. Ausgenommen davon sind Erwerbstätige, die für ihre deutsche Firma im Ausland arbeiten, z. B. „auf Montage". Erwerbstätige unterliegen aber nur den Rechtsvorschriften eines Landes.

Schutz sozialer Leistungen

Unterschiedliche Traditionen haben in Europa auch abweichende Sozialsysteme hervorgebracht, die sich nach allgemeiner Einschätzung nur teilweise angleichen lassen. Dies betrifft u. a. tarifliche und gesetzliche Lohnnebenkosten. Zu starke Benachteiligungen sollen jedoch durch die europäische **Sozialpolitik** gemindert und neue vermieden werden. Diese ergänzt die Strukturpolitik der EU (s. S. 256 f.) u. a. mit Bestimmungen zum Arbeitsschutz. Dazu gehören z. B. die Verbesserung des Mutterschutzes und die Festlegung des gesetzlichen Mindesturlaubs, der deshalb in Deutschland von 18 auf 24 Werktage erhöht werden musste.

Ziel ist die Angleichung des Arbeitsschutzes auf ein Mindestniveau, ohne weitergehende Vorschriften anderer Länder anzutasten. Kritiker befürchten, dass zusätzlicher Arbeitsschutz die Kluft zwischen den armen und reichen Regionen in Europa vertiefen könnte. Produktionskosten würden erhöht und damit die Wettbewerbsfähigkeit vermindert.

M 3 Die Festlegung von Mindeststandards, z. B. beim Arbeitsschutz, verhindert aber in keinem Land bessere Arbeitsbedingungen, die dort gelten. Kritiker befürchten, dass zusätzliche Arbeitsschutzauflagen die Kluft zwischen den ärmeren und den reicheren Regionen noch vergrößern würden. Arbeitsschutz erfordert häufig Zusatzkosten und könnte damit auch die Wettbewerbsfähigkeit dieser Regionen schwächen. Damit wären Arbeitsplatzverluste und geringere Einkommen möglich. Das soll aber gerade durch die EU-Strukturpolitik verhindert werden.

Grundlage für den sozialen Arbeitsschutz in der Europäischen Union ist die **„Gemeinschaftscharta der sozialen Grundrechte der Arbeitnehmer"** von 1989.

M 4 EU-Sozialcharta
1. Das Recht der Arbeitnehmer, in dem Mitgliedsstaat ihrer Wahl zu arbeiten
2. Das Recht auf ein geregeltes Entgelt
3. Das Recht auf verbesserte Lebens- und Arbeitsbedingungen
4. Das Recht auf sozialen Schutz entsprechend den Gegebenheiten der einzelnen Mitgliedsstaaten
5. Die Koalitionsfreiheit und das Recht auf Tarifverhandlungen
6. Das Recht auf Berufsausbildung
7. Das Recht von Männern und Frauen auf Gleichbehandlung
8. Das Recht der Arbeitnehmer auf Unterrichtung, Anhörung und Mitwirkung
9. Das Recht auf Gesundheitsschutz und Sicherheit am Arbeitsplatz
10. Der Kinder- und Jugendschutz
11. Das Recht der älteren Menschen auf einen angemessenen Lebensabend
12. Die Förderung der sozialen und beruflichen Eingliederung von Menschen mit Behinderung

Europäische Kommission (Hrsg.): Für ein soziales Europa, Brüssel 1996, S. 9

Arbeitsschutzfragen waren auch ein wichtiges Thema bei dem Handelsabkommen mit Großbritannien nach dem Brexit, um Einfuhren zu Dumpingpreisen zu verhindern.

Arbeitnehmern aus Kroatien ist der EU-Arbeitsmarkt am 01.01.2015 geöffnet worden. Damit endet die Arbeitsmarktbeschränkung.

Auch in der Charta der Grundrechte der Europäischen Union werden Arbeitnehmerrechte formuliert und sind mit dem Vertrag von Lissabon seit Dezember 2009 bindendes Recht.

M 5 Teil II, Die Charta der Grundrechte der Europäischen Union

Artikel II – 73   Versammlungs- und Vereinigungsfreiheit
Artikel II – 87   Recht auf Unterrichtung und Anhörung der Arbeitnehmerinnen und Arbeitnehmer im Unternehmen
Artikel II – 88   Recht auf Kollektivverhandlungen und Kollektivmaßnahmen
Artikel II – 90   Schutz vor ungerechtfertigten Entlassungen
Artikel II – 91   Gerechte und angemessene Arbeitsbedingungen
Artikel II – 92   Verbot von Kinderarbeit und Schutz der Jugendlichen am Arbeitsplatz

Arbeitsvorschläge

1. Projekt „Arbeiten in Europa": Erstellen Sie in Ihrer Klasse einen Fragenkatalog zur Arbeitsaufnahme und zu Arbeitsbedingungen in ausgewählten Ländern. (M 2, M 4, M 5) Sammeln Sie diese Informationen in Arbeitsgruppen und präsentieren Sie Ihre Ergebnisse.
2. Ermitteln Sie Informationen zu Betriebspraktika in der EU. (M 1, S. 256)
3. Erstellen Sie mithilfe der Homepage www.europass-info.de eine Bewerbung für ein Land Ihrer Wahl.
4. Diskutieren Sie den Zielkonflikt zwischen Arbeitsschutz und Erwerbschancen, z. B. für Frauen während der Schwangerschaft, wenn sie gern im Akkord arbeiten würden, um mehr zu verdienen, es aber nicht dürfen. (M 3)

6 Europäische Struktur- und Beschäftigungspolitik

M1 **Kompromiss für den EU-Haushalt 2021 – 2027 und die Corona-Milliarden**

Der 10. Dezember bringt den Durchbruch für den EU-Haushalt: 1 074 Mrd. € für die Förderperiode 2021 bis 2027 und 750 Mrd. € für die Corona-Aufbauhilfe „Connecting Europe". Davon sind 330 Mrd. € für die Strukturpolitik. Am Vortag kann die Ratspräsidentin Angela Merkel die Blockade Ungarns und Polens durch einen Kompromissvorschlag abwenden. Bei Korruption und Verstößen gegen Rechtsstaatlichkeitsprinzipien der EU sollen Geldmittel gekürzt werden. Die Vertragsverletzungen sollen zunächst vor den Europäischen Gerichtshof gebracht werden. Nun kann auch die Klimazielreform verabschiedet werden.

Der Streit um die Corona-Aufbauhilfen wurde bereits im Juli beigelegt. Nach der Blockade-Drohung der Niederlande wurde der Zuschussanteil von 500 auf 390 Mrd. € gesenkt. 360 Mrd. € sind nun Kredite. Das Geld soll 2021 und 2022 vor allem an die besonders von Corona betroffenen Länder Italien, Spanien und Griechenland fließen.

vgl. Hendrik Kafsack/Werner Messler: Die Allianz ist zerbrochen. In: FAZ vom 21.07.2020, S. 7 sowie Dr. Wolf-Fabian Hungerland: Verhandeln für eine erfolgreiche EU-Kohäsionspolitik, © 2021 Bundesministerium für Wirtschaft und Energie. www.bmwi.de/Redaktion/DE/Downloads/Monatsbericht/Monatsbericht-Themen/2020/2020-12-erfolg-reiche-eu-kohaesionspolitik.pdf?__blob=publicationFile&v=4

M4
Strukturförderung 2021 – 2027
(laufende Preise)

	(Mio. Einw.)	Mrd. €
Deutschland	(83,1)	18,4
Frankreich	(67,2)	16,8
Niederlande	(17,4)	1,3
Polen	(34,1)	70,0
Ungarn	(9,2)	22,5
Tschechien	(10,7)	21,8

Kohäsion = Zusammenhalt

Zwischen den Ländern der Europäischen Union und in diesen selbst bestehen erhebliche Unterschiede bei Wirtschaftsleistung und Einkommen. Das widerspricht dem Ziel, die Lebensverhältnisse schrittweise anzugleichen **(Kohäsion)**. Die **EU-Wachstumsstrategie** soll diesen Prozess fördern und Europa zukunftsfähig machen. Mittel dafür sind vor allem die **Europäischen Struktur- und Investitionsfonds (ESI)**. Der mehrjährige Finanzrahmen ermöglicht Planungssicherheit.

M2 **Struktur- und Investitionsfonds 2021 – 2027 in Mrd. Euro**	EU	D
– Europäischer Fonds für die regionale Entwicklung (EFRE)	200,4	10,9
– Europäischer Sozialfonds (ESF)	88,0	6,2
– Kohäsionsfonds für Umweltschutz und Verkehrsinfrastruktur (KF)	42,6	–
– *Ausgegliedert:* Europäischer Landwirtschaftsfonds für die Entwicklung des ländlichen Raums (ELER) (einschl. 7,5 Mrd. Euro aus Next Generation)	85,4	7,9

Zahlen zu M2 und M4: vgl. https://ec.europa.eu/info/sites/info/files/about_the_european_commission/eu_budget/1_table_breakdown_of_cohesion_policy_current_prices.pdf und www.consilium.europa.eu/media/47567/mff-2021-2027_rev.pdf [26.01.2021]

Die Dreiteilung der Regionen nach ihrer Wirtschaftskraft bleibt auch in der Förderperiode 2021 – 2027. Die Zuordnung der „stärker entwickelten Regionen" wird auf 100 % angehoben. (s. M 3)

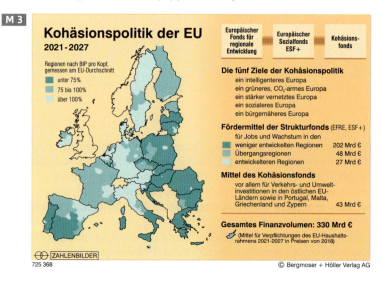

Beschäftigung

Die Mitgliedsstaaten und die Union arbeiten [...] auf die Entwicklung einer koordinierten Beschäftigungsstrategie und insbesondere auf die Qualifizierung, Ausbildung und Anpassungsfähigkeit der Arbeitnehmer sowie der Fähigkeit des Arbeitsmarkts hin, auf die Erfordernisse des wirtschaftlichen Wandels zu reagieren [...].

Vertrag über die Arbeitsweise der Europäischen Union, Art. 145 (Vertrag von Lissabon)

M 7

Strukturförderung in Deutschland 2021 – 2027

	(Mio. Einw.)	Mrd. €
Berlin	(3,3)	0,8
Brandenburg	(2,5)	2,0
Meckl.-Vorpom.	(1,6)	1,3
Niedersachsen	(7,8)	2,4
Sachsen-Anhalt	(2,3)	1,9

(vgl. Länderveröffentlichungen)

Hauptmittel der Beschäftigungspolitik der EU ist der **Europäische Sozialfonds**. Um daraus Fördermittel für konkrete Projekte beantragen zu können, sind öffentlich-rechtliche oder private Partnerschaften zu bilden. Für die Berufsausbildung kann z. B. das Land Niedersachsen mit einer Handwerks- oder Industrie- und Handelskammer kooperieren und Zuschüsse für die überbetriebliche Ausbildung erhalten.

Nachdem der Kommissionsvorschlag von nur 15,9 Mrd. € für das Programm Erasmus + vom EU-Parlament kritisiert wird, umfasst es bei den Schlussberatungen 21,7 Mrd. €. Mit dem Brexit nimmt Großbritannien nicht mehr daran teil und will ein eigenes Austausch-Programm schaffen. Projekte, für die Anträge auf EU-Fördermittel gestellt werden, müssen mindestens für eins der fünf Ziele geeignet sein:

M 5

Hauptziele für EU-Investitionen

1. Ein **intelligenteres Europa** durch Innovation, Digitalisierung, wirtschaftliche Transformation und Unterstützung kleiner und mittlerer Unternehmen.
2. Ein **umweltfreundlicheres, kohlenstofffreies Europa**, das das Pariser Abkommen umsetzt und in Energiewende, erneuerbare Energien und den Kampf gegen den Klimawandel investiert.
3. Ein **vernetzteres Europa** mit strategischen Verkehrs- und digitalen Netzen.
4. Ein **sozialeres Europa**, das die europäischen sozialen Rechte erfüllt und eine qualitativ hochwertige Beschäftigung, Bildung, Qualifikation, soziale Eingliederung und einen gleichberechtigten Zugang zur Gesundheitsversorgung unterstützt.
5. Ein **Europa näher an den Bürgern**, indem lokal geführte Entwicklungsstrategien und eine nachhaltige Stadtentwicklung in der gesamten EU unterstützt werden.

EU Regional- und Kohäsionspolitik 2021-2027, 06.11.2020. In: EU-Fördermittel Informationsplattform, Martina Michels, Berlin. www.eu-foerdermittel.eu/eu-regional-und-kohaesionspolitik-2021-2027/ [26.01.2021]. (verändert)

M 6 Wichtige Bausteine für diese Ziele sind:
- Der **Europäische Fonds für die Anpassung an die Globalisierung** unterstützt Arbeitnehmer, deren Betriebe oder ganze Wirtschaftszweige bei Problemen, die durch Veränderungen des Welthandelsgefüges entstehen.
- Die Initiative **Jugend in Bewegung** unterstützt „Mobilität zu Lernzwecken" und Beschäftigungsmobilität, z. B. bei einem Umzug zur Berufsaufnahme.

Ein Amt für Betrugsbekämpfung (OLAF) soll Verstöße gegen die ordentliche Mittelverwendung aufdecken.

Arbeitsvorschläge

1. Entnehmen Sie aus M 1 Konflikte bei der Festlegung der Mittel für die Förderperiode 2021 bis 2027.
2. Die EU-Regionen werden nach ihrer wirtschaftlichen Leistungskraft in drei Bereiche eingeteilt (M 3). Ermitteln Sie dafür je ein regionales Beispiel mithilfe einer Landkarte.
3. Vergleichen Sie an einem Beispiel Ihrer Wahl aus M 3 und M 7 Unterschiede bei der Förderhöhe im Verhältnis zur Bevölkerungszahl. Begründen Sie diese.
4. Erfragen Sie bei Ihrer Stadt- oder Kreisverwaltung geförderte Projekte und Fonds.
5. Erarbeiten Sie in Gruppen konkrete Beispiele aus M 2 und M 7, mit denen Ziele von M 6 erreicht werden können.

7 Die Agrarpolitik der EU

M1 Unter Protest: Agrar-Rekord-Etat verabschiedet

Zeitgleich fahren rund 8.600 Traktoren am Brandenburger Tor vorbei. Anschließend Protestkundgebung mit ca. 40.000 Teilnehmern.
vgl. Eisel, Jan, Das Parlament, 02.12.2019, S. 4

„Wir [...] stoßen Zukunftsthemen für Landwirte und Verbraucher an, wollen einen Beitrag zu einer starken und grüneren Agrarpolitik leisten."
*Klöckner: Konzept für Reform der EU-Agrarpolitik soll im Herbst stehen, 20.07.2020, Pressemitteilung Nr. 128/2020.
In: bmel.de, Bundesministerium für Ernährung und Landwirtschaft (BMEL), Berlin. www.bmel.de/SharedDocs/Pressemitteilungen/DE/2020/128-agrarrat.html [10.02.2021]*

M2 Es geht um die Gülle: Die „roten Gebiete"

In einigen Regionen Deutschlands ist das Trinkwasser gefährdet. Das Grundwasser enthält dort zu hohe Nitratanteile. Nach der **EU-Grundwasserrichtlinie** aus dem Jahr 2006 wurden die Düngeregeln verschärft. Nach der **EU-Grundwasserrichtlinie** aus dem Jahr 2006 darf Leitungswasser höchstens 50 Milligramm Nitrat je Liter enthalten.

Das deutsche Trinkwasser kommt zu über zwei Dritteln aus dem Grundwasser. Nach dem Umweltbericht der Bundesregierung von 2019 wird dieses Ziel z. B. in Niedersachsen in 39 % der landwirtschaftlichen Grundflächen (**rote Gebiete**) überschritten. Es drohen der Bundesrepublik Strafzahlungen von 850 000,00 € täglich. Deshalb wurden die Düngeregeln verschärft. In roten Gebieten soll z. B. 20 % weniger gedüngt werden, denn die Nitratbelastung erfolge überwiegend durch die Düngung der Felder mit Gülle aus Tierhaltung und mit Gärresten der Biogasanlagen.

M3 Der Zorn der Bauern

Die Umweltauflagen der Bundesregierung verärgern die Bauern. Sie fürchten um ihre Existenz. Haben ihre Kinder noch Zukunftsaussichten als Landwirte?
- Düngeverordnungen nach dem „Rasenmäherprinzip": 20 % weniger in „roten Gebieten",
- die Abgrenzung der roten Gebiete ist wissenschaftlich nicht belegbar,
- ungleiche EU-Maßstäbe, uneinheitliche Nitrat-Messstellen, undichte Abwasserrohre,
- Bürokratie, z. B. durch Dokumentation von Düngeranalysen und gedüngten Flächen,
- Weizen von mageren Böden bei weniger Dünger ist für Backwaren ungeeignet,
- Preise für Landwirtschaftsprodukte decken häufig häufig nicht die Produktionskosten,
- große Handelsketten konkurrieren mit Billigpreisen bei Lebensmitteln und setzen damit auch Landwirte unter Druck.

M4 Forderungen, nicht nur der Landwirte:

- Weg von Meinungsumfragen und Vermutungen – hin zu Fakten und Wissenschaft,
- Überprüfung der Nitrat-Messstellen, denn Nitratbelastung ist nicht immer durch Düngung erklärbar,
- Düngung muss nach Ergebnissen von Bodenuntersuchungen und dem Nährstoffbedarf der Pflanzen erfolgen. Die genaue Dosierung ist mit digitalisierter GPS-Technik erprobt.
- Gesetze und Verordnungen sind „am runden Tisch" mit den Landwirten zu formulieren.

Gewässerschutz als Teil des Umweltschutzes kann nur länderübergreifend erfolgen. Die Landwirtschaft ist ein wichtiges Teil der Umwelt. Gegenwärtige Probleme haben ihren Ursprung in der Vergangenheit. Seit Beginn des Einigungsprozesses der EU zählt die Agrarpolitik zu den wichtigsten Aufgabenbereichen europäischer Politik. Ihre Anfänge stehen in Erinnerung an die Hungerjahre nach dem Zweiten Weltkrieg. Europa konnte sich noch nicht selbst versorgen. Deshalb wurde 1957 formuliert (Auszüge):

M5 Ziele der Europäischen Agrarpolitik (§ 39 EWG-Vertrag)

- Produktivitätssteigerung der Landwirtschaft durch Förderung von technischem Fortschritt und Rationalisierung,
- angemessene Lebenshaltung der landwirtschaftlichen Bevölkerung,
- Stabilisierung der Märkte und Versorgung der Verbraucher zu angemessenen Preisen.

„Marktordnungen" gewährten Landwirten Preis- und Absatzgarantien, Überschüsse wurden aufgekauft und gelagert. Zölle schützten zeitweise die eigene Produktion, z. B. bei Geflügel. Aus dem Mangel wurden Überschüsse (sogenannte „Butterberge", „Milchseen"). Auch deshalb musste die **Gemeinsame Agrarpolitik (GAP)** mehrfach reformiert werden.

Durch diese Reformen sinkt der Anteil der Agrarausgaben am Gesamthaushalt der EU von 56 % 1991 auf 31 % in der Förderperiode 2014 bis 2020. Die gegenwärtige Agrardiskussion kann bis auf das Jahr 2001 zurückgeführt werden. Eine Rinderseuche führte zur **BSE-Krise**. Die damalige Landwirtschaftsministerin Renate Künast (Grüne) leitet die **ökologische Agrarwende** ein. Produktion, Handel und Verbrauch sollten umweltschonend ausgerichtet werden. Das Bio-Siegel wurde europaweit eingeführt.

M 7 Nitrat im Grundwasser
Grundwasser-Zustand nach EU-Wasserrahmenrichtlinie

unter Schwellenwert | 50 mg Nitrat/Liter | über Schwellenwert

dpa • 100627   Stand: März 2016   Quelle: Umweltbundesamt

M 6
Die **Gemeinsame Agrarpolitik** [...] stützt sich auf zwei Säulen: Die **Marktpolitik** (Direktzahlungen und marktbezogene Maßnahmen) und die **Entwicklung des ländlichen Raumes**. Umweltbelange haben immer mehr an Bedeutung gewonnen. So werden Betriebsprämien jedem Bauernhof unabhängig von den Produktionsmengen gezahlt. Von 2014 bis 2020 umfassen die Direktzahlungen [...] für Deutschland jährlich rund 5 Mrd. €, gebunden an strenge Auflagen für Umwelt- und Tierschutz, Lebensmittelqualität und an die Erhaltung der Kulturlandschaft.

Europa 2015, Das Europäische Parlament, Informationsbüro in Deutschland, Berlin 2014, S. 94

M 8 Die Zwei Säulen der Gemeinsamen Europäischen Agrarpolitik GAP

1. Der **Garantiefonds für die Landwirtschaft (EGFL)**
Zahlungen gibt es für aktive Landwirte nach der Größe ihrer bewirtschafteten Flächen. Zur **Basisprämie** erhalten sie **Greeningprämien**, wenn sie u. a. 5 % der Flächen aus der Produktion herausnehmen. Diese können z. B. begrünte Brache oder Blühflächen für Bienen werden. Pflanzenschutzmittel sind dort verboten.
2. Der **Europäische Landwirtschaftsfonds für die Entwicklung des ländlichen Raums (ELER)**
Mit diesen Mitteln können Maßnahmen für bessere Lebensbedingungen und kulturelle Zwecke finanziert werden. Ein Beispiel ist die Dacherneuerung und Instandsetzung einer historischen Scheune im Landkreis Wolfenbüttel.
Direktzahlungen erhalten nur aktive Landwirte. Für die neue Förderperiode 2021 bis 2027 wird über eine Begrenzung der Mittel diskutiert. Nach Kommissionsvorschlägen soll der Agraranteil auf 30 % (336,62 Mrd. Euro) sinken. Zahlungen an einzelne Betriebe würden ab 60 000 Euro gekürzt und nicht mehr als 100 000 Euro betragen.

vgl. Europäische Kommission, Vertretung Deutschland (Hrsg.): EU-Nachrichten Nr. 11, 14.06.2018

Niedersachsen bildet mit seinem Nitratgehalt im Grundwasser einen Schwerpunkt innerhalb der belasteten Gebiete in Deutschland.

Nach einem Bericht des Magazins „DER SPIEGEL" müssen einige Wasserwerke im Norden Niedersachsens belastetes Wasser der eigenen Brunnen z. B. mit Harzwasser mischen, um die Grenzwerte einzuhalten.

vgl. Fröhlingsdorf, Michael: Die Wasserschlacht, DER SPIEGEL Nr. 41/2019, S. 34

Im Juli 2020 entschieden der Rat und das EU-Parlament, dass die bisherigen Regeln der Gemeinsamen Agrarpolitik bis Ende 2022 gelten. Bis dahin werden neue Agrarrichtlinien erarbeitet.

Arbeitsvorschläge

1. Formulieren Sie den Konflikt zwischen Gewässerschutz und den Existenzängsten vieler Landwirte in einer Schlagzeile. (M 1–3, S. 260)
2. Entnehmen Sie aus M 3 und M 4 (S. 260) Kritikpunkte gegen die Düngemittelverordnung und suchen Sie Lösungsmöglichkeiten. Finden Sie die weitere Entwicklung in den Medien.
3. Ermitteln Sie aus M 5 (S. 260) und im Internet „rote Gebiete" in Ihrer Region.
4. Welche Ziele der Agrarpolitik von 1957 (M 5) halten Sie heute noch für gerechtfertigt?
5. Verfolgen Sie die Diskussionen zur Entwicklung der Agrarpolitik (M 7, M 8) und berichten Sie darüber.

8 Gemeinsame Außen- und Sicherheitspolitik

M1 Emmanuel Macron: Europa muss seine Verteidigung selbst in die Hand nehmen!

Der französische Präsident [...] will die EU-Partner in einer immer bedrohlicher werdenden Welt dazu bringen, ihr Schicksal selbst in die Hand zu nehmen. [...] Ziel sei es, eine gemeinsame Sicherheitskultur hervorzubringen. [...] Das Projekt stehe nicht in Konkurrenz zur NATO. [...] „Unsere Sicherheit wird langfristig durch ein starkes Bündnis mit den USA garantiert." Doch dieses Bündnis könne nur Bestand haben, wenn die Europäer mehr in ihre Verteidigungskapazitäten investierten.

Macrons Strategie. Wir müssen europäische Sicherheitsinteressen definieren. Auszug aus FAZ.NET, 07.02.2020 von Michaela Wiegel © Alle Rechte vorbehalten. Frankfurter Allgemeine Zeitung GmbH, Frankfurt. Zur Verfügung gestellt vom Frankfurter Allgemeine Archiv.

Der „Außenminister"
Seit 2019 ist der Spanier Joseph Borell „Hoher Vertreter der Außen und Sicherheitspolitik". Er ist zuständig für Gestaltung und Durchführung von GASP und GSVP. Zugleich ist er Vizepräsident der Kommission.

Deutsche Ausbilder in Mali

PESKO
2017 haben 25 EU-Länder eine „Gemeinsame Strukturelle Zusammenarbeit" (PESKO) beschlossen. Es geht z. B. um Rüstungsprojekte, Cybersicherheit und ungehinderte Verlegung von schwerem Gerät.

EDF
Der **Europäische Verteidigungsfond** EDF (D = defend = Verteidigung) stellt jährlich ab 2020 1,5 Mrd. € für gemeinsame Entwicklung und Beschaffung von Ausrüstung zur Verfügung.

vgl. Der Mittler-Brief: Informationsdienst zur Sicherheitspolitik, 1/2018, Mittler Report Verlag GmbH, Bonn, S. 2 und 7

Macrons Aufruf richtet sich direkt an die **Gemeinsame Sicherheits- und Verteidigungspolitik (GSVP)** der EU. Sie ist Teil der **Gemeinsamen Außen- und Sicherheitspolitik (GASP)**, der „Dritten Säule" des Vertrags von Maastricht 1992 (s. S. 249). Zur Sicherheitspolitik gehören zusätzlich Wirtschafts-, Entwicklungs- und Umweltpolitik.

Eine **neue Bedrohung** ist 2014 durch die völkerrechtswidrige Annexion der Krim durch Russland entstanden. Die US-Außenpolitik wurde mit Präsident Donald Trump unberechenbar. Kriege, Bürgerkriege, „zerfallende" Staaten (z. B. Libyen) und der IS-Terror in Nahost und Afrika führen zu Fluchtbewegungen nach Europa. Hinzu kommen verstärkte Cyber-Angriffe. Nach dem Ende des Ost-West-Konflikts in den 90er-Jahren verschob sich der Schwerpunkt der Sicherheitspolitik von der Landesverteidigung zu internationalen Einsätzen. Ein Beispiel ist die UN-Ausbildungsmission in Mali unter Führung der EU seit 2013. Die Bundeswehr ist daran mit bis zu 300 Soldaten beteiligt. Die somalischen Streitkräfte werden für den Kampf gegen IS-Rebellen ausgebildet. Die Bundeswehr richtete sich seit ihrem Einsatz in Afghanistan auf **Auslandseinsätze** ein. „Von Freunden umgeben", konnte die Landesverteidigung vernachlässigt werden. Dies führte zu weniger Soldaten, Aussetzung der Wehrpflicht, Schließung von Kasernen. Bundeswehreinheiten sind z. T. mit nur 70 % der Geräte augestattet.

M2 Das Dilemma: Gegen wen wollen sich die Europäer überhaupt verteidigen?

– Die Portugiesen haben nicht die gleiche Angst vor Russland wie die baltischen Völker.
– Die Polen interessieren sich nicht so für zerbrechliche Staaten in Afrika wie Frankreich.
– Und die Deutschen stehen irgendwo in der Mitte und sind überall dabei – mit knapp 500 Soldaten in Litauen und 1 000 Mann in Afrika.

Ladurner, Ulrich/Thumann, Michael: Rüstungspolitik-Blindgänger. In: Die Zeit. www.zeit.de/2019/15/ruestungspolitik-eu-militaerische-sicherheit-verteidigung-armee/komplettansicht [16.12.2020] (verändert)

M3 Probleme der Europäische Sicherheits- und Verteidigungspolitik, z. B.:

– Einstimmigkeit bei Entscheidungen statt einer qualifizierten Mehrheit (s. S. 250)
– Soll aus verstärkter militärischer Zusammenarbeit eine Europa-Armee werden?
– Frankreich bleibt einzige Atommacht in der GSVP.
– Steigerung der Verteidigungsausgaben auf 2 % der Wirtschaftsleistung
– Die Beschaffung und Ausrüstung muss ergänzt und EU- vereinheitlicht werden.
– Die „Schnelle Eingreiftruppe" soll in kurzer Zeit in Krisengebiete verlegt werden können.
– Transportfähigkeiten und grenzüberschreitender Truppentransport sind zu verbessern.

Arbeitsvorschläge

1. Beschreiben Sie die geänderte Sicherheitslage in Europa mit eigenen Worten. (M 1)
2. Fassen Sie M 2 in einem Satz zusammen.
3. Verfolgen Sie Lösungsansätze zu den Problemen in M 3 in den Medien.
4. Organisieren Sie in Ihrer Schule eine Podiumsdiskussion mit Vertretern der Bundestagsparteien zum Thema „Gemeinsame Europaarmee?".

9 Die Zukunft Europas - Chancen oder Risiken?

9.1 Die Erweiterung der Europäischen Union

Vertrag über die Europäische Union (Vertrag von Lissabon)

Artikel 2
Die Werte, auf die sich die Union gründet, sind die Achtung der Menschenwürde, Freiheit, Demokratie, Gleichheit, Rechtsstaatlichkeit und die Wahrung der Menschenwürde [...].

Artikel 49
Jeder europäische Staat, der die in Artikel 2 genannten Werte achtet und sich für ihre Förderung einsetzt, kann beantragen, Mitglied der Union zu werden.

Ein Merkmal der Europäischen Einigung ist die stetige Erweiterung. Aus sechs Gründungsmitgliedern wurden zunächst 28. Mit dem Ausscheiden Großbritanniens Ende Januar 2020 sind es 27 (s. S. 249). Trotz aller Probleme wollen weitere Länder der EU beitreten. Sie müssen aber zunächst den „gemeinsamen Besitzstand" erfüllen, die **Kopenhagener Kriterien**:
- **Stabilität der Demokratie** und ihrer Institutionen: Rechtsstaat, Mehrparteiensystem, Schutz der Menschenrechte und Minderheiten,
- **funktionierende Marktwirtschaft** ohne staatliche Preisregulierung und Handelsbeschränkungen,
- **Übernahme aller Rechte und Pflichten** aus der Mitgliedschaft,
- **Übereinstimmung mit den Zielen** der Wirtschafts- und Währungsunion,
- **Bewahrung der inneren Reformfähigkeit** der Union.

Für die Aufnahme von Beitrittsverhandlungen gilt:
- Die Kommission wird angehört und berichtet über den Verhandlungsstand.
- Das Parlament muss „mit der Mehrheit seiner Mitglieder" zustimmen.
- Das letzte Wort hat der Europäische Rat der Staats- und Regierungschefs.

Alle Ratsmitglieder müssen einem EU-Beitritt zustimmen, jedes Land kann ihn also verhindern.

Beitrittsverhandlungen werden gegenwärtig mit Montenegro und Serbien geführt. Serbiens Problem ist der Streit mit dem Kosovo. Die Verhandlungen mit der Türkei sind seit dem Einmarsch in Syrien im November 2019 ausgesetzt. Weitere Kandidaten für eine EU-Mitgliedschaft sind Albanien und Nordmazedonien, nachdem der Namensstreit mit Griechenland (griechische Provinz Mazedonien) beigelegt ist. Mit seinem Veto hat Frankreich die Aufnahme von in Aussicht gestellten Beitrittsverhandlungen verhindert. Künftige EU-Beitrittskandidaten sind Bosnien und Herzegowina und der Kosovo.

Veto = offizieller Einspruch

Die Diskussion um weitere Beitritte ist voller Gegensätze:
- Bevor neue Mitglieder mit mit neuen Problemen aufgenommen werden, sind zuerst die bisherigen Probleme der EU zu lösen („Vertiefung vor Erweiterung").
- Die Aufnahme der übrigen Westbalkanstaaten in die EU ist auch im Interesse der Union. Sie würde zur Stabilisierung der Region beitragen. Außerdem könnten auf diese Weise die Einflüsse Russlands und Chinas eingedämmt werden. China hat z.B. die Kontrolle über den griechischen Hafen von Piräus.

Arbeitsvorschläge

1. Zeigen Sie an einem Beispiel aus Ihrem Erfahrungsbereich die Notwendigkeit der Übernahme von Rechtsnormen für die Aufnahme in die EU.
2. Informieren Sie sich über den Stand von Beitrittsverhandlungen mit einem Land und den zu lösenden Problemen. Berichten Sie darüber in Ihrer Klasse.
3. Gestalten Sie eine Pro-und-Kontra-Diskussion zu einstimmigen Ratsbeschlüssen.

9.2 Europa und die Flüchtlinge – wo bleibt die Solidarität?

Kriege, Bürgerkriege, Hungersnöte, politische und religiöse Verfolgungen sind seit Jahren Fluchtursachen. Menschen fürchten um ihr Leben und suchen Zuflucht – auch in Europa. Die Lage verschärft sich, als 2014 schiitische „Gotteskrieger" weite Gebiete des Iraks und Syriens erobern und einen „Islamischen Staat" (IS) ausrufen. Menschen werden grausam ermordet. Opfer sind vor allem Christen und Jesiden, aber auch Muslime. Kulturdenkmäler werden als „unislamisch" zerstört.

> **M 1** Die Menschen aus den Kriegsgebieten in Nahost fliehen zunächst nach Jordanien und in den Libanon. Es entstehen große Flüchtlingslager. Das Geld aus dem UN-Welternährungsprogramm wird 2015 halbiert. Es reicht nicht mehr zum Überleben und ist somit Auslöser für die große Fluchtbewegung mit Tausenden Toten.

Ziele von über einer Million Flüchtlinge sind zunächst Griechenland, Italien und Spanien. Viele kommen über das Mittelmeer. Ein anderer Weg ist die **Balkanroute**. Sie führt über Ungarn. Das Land schließt seine Grenzen zur übrigen EU. Dort staut sich der Flüchtlingsstrom mit geschwächten Menschen und hungernden Kindern. In dieser Situation spricht Bundeskanzlerin Angela Merkel den umstrittenen Satz: **„Ihr seid willkommen!"** Gemeint sind die geflüchteten Menschen am Stacheldrahtzaun. Angesprochen fühlen sich aber auch andere.
Der Versuch, die Flüchtlinge europaweit zu verteilen, scheitert u. a. am Widerstand Ungarns und Polens. Entlastung bringt zunächst ein „Deal" (engl. Handel) mit der Türkei. Für 6 Mrd. € verpflichtet sie sich, Flüchtlinge zurückzunehmen, die aus der Türkei illegal nach Griechenland fliehen. Das Geld soll der Versorgung der etwa 3 Mio. Flüchtlinge dort dienen. Nach Drohungen, die Grenzen zur EU zu öffnen, wird über weitere finanzielle Unterstützung verhandelt. Kämpfe um die syrische **Provinz Idlib** führen 2019 zu neuen Fluchtbewegungen. Idlib ist die letzte Zufluchtsregion der Rebellen gegen den syrischen Diktator Assad. Darunter sind aber auch Islamisten. Vom Süden rollen syrische Panzer, vom Norden türkische. Eine Million Menschen flüchten zusätzlich. Zufluchtsorte sind auch die griechischen Inseln mit über 40 000 Geflüchteten. Die Zustände in den Camps sind katastrophal.

Mitarbeiter des roten Halbmondes bergen Leichen, die an der libyschen Küste angespült worden sind.

> **M 2** In libyschen Flüchtlingslagern sind die Zustände noch schlimmer als auf den Inseln Griechenlands. Viele Menschen suchen nun mit Hilfe von Schlepperbanden die Flucht über das Mittelmeer, häufig auf seeuntüchtigen Booten. Privaten Rettungsorganisationen wie z. B. „Ärzte ohne Grenzen" wird vorgeworfen, sie unterstützten die „Schleppermafia". Rettungsschiffe werden beschlagnahmt, ihre Kapitäne eingesperrt.

Zum Thema „Asyl" s. auch
S. 216 f.

> **M 3** **Herausforderungen für Europa**
> Auch in der zweiten Jahreshälfte 2020 ist es unter der deutschen EU-Ratspräsidentschaft nicht gelungen, Reformen und den Streit um die Verteilung von Flüchtlingen erreichen. Die EU muss sich also weiterhin den Herausforderungen stellen, hierzu gehören z. B.
> – menschengerechte Versorgung von Flüchtlingen, zunächst vor allem in den Flüchtlingscamps auf den griechischen Inseln,
> – Asylberechtigung schneller feststellen und Unberechtigte abweisen,
> – Fluchtursachen wirkungsvoller vor Ort bekämpfen.

Arbeitsvorschläge

1. *Formulieren Sie in Stichworten Fluchtursachen. (M 1 und Texte)*
2. *Diskutieren Sie das Thema „Seenotrettung – Lebensrettung oder Lockmittel?". (M 2)*
3. *Verfolgen Sie die Entwicklungen der Flüchtlingsproblematik und berichten Sie darüber. (M 3)*

9.3 Neue Weltlage: Stärkung oder Zerfall der EU?

Mit der Wahl Donald Trumps zum US-Präsidenten verschärfen sich die internationalen Konflikte. Sie wirken sich auch auf Europa aus. Die USA fordern von Europa mehr Verteidigungsanstrengungen. Der Zollstreit der USA mit Europa und China („America first") verunsichert die Weltwirtschaft. Kriegshandlungen im Nahen Osten und Nordafrika sind der Grund für neue Flüchtlingsströme. Diese und weitere Faktoren führen zur Frage nach der Zukunft Europas.

> **M1** Können die Europäer sich gegenüber der übrigen Welt nur durch verstärkte Zusammenarbeit behaupten – oder wird dadurch die Entwicklung der einzelnen Staaten zu Wohlstand und Sicherheit gehemmt?

> **M2** **Für die Einheit Europas** – *Aus einer Rede des ehemaligen EP-Präsidenten*
> Das ist die Botschaft Europas: Das Trennende zu überwinden, um das Einende zu schaffen. [...]. Wer Grenzen einführen will, der will uns erneut trennen! Ich bin überzeugt: Wenn wir uns in Einzelteile zerlegen, dann versinkt Europa in die Bedeutungslosigkeit. [...] Wir haben gemeinsam so viel erreicht: Feinde wurden zu Freunden, Diktaturen zu Demokratien, Grenzen geöffnet, der größte und reichste Binnenmarkt der Welt geschaffen. Wir haben Menschenrechte und Pressefreiheit, aber keine Todesstrafe und Kinderarbeit.
>
> *Rede von Martin Schulz, 15.05.2015. In: Der Internationale Karlspreis von Aachen. Für die Einheit Europas, Stiftung Internationaler Karlspreis zu Aachen, Aachen. www.karlspreis.de/de/preistraeger/martin-schulz-2015/rede-von-martin-schulz [08.06.2020]*

> **M3** **Der Brexit**
> Die Briten haben mit ihrem Austritt aus der EU am 1. Januar 2020 den Versuch begonnen, sich von der „Knebelung" Brüssels zu befreien. Großbritannien soll zu „neuer Größe" geführt werden. Bis Ende 2020 blieben sie im Binnenmarkt und der Zollunion. Um ein größeres Chaos zu vermeiden, gab es am Heiligabend eine Einigung, u. a. über gleiche Wettbewerbsbedingungen und Fischereirechte. Nun regelt ein Freihandelsabkommen den zollfreien Warenhandel ohne Mengenbeschränkungen. Der Dienstleistungsverkehr muss weiter verhandelt werden.
> Zwischen EU-Irland und Nordirland ist die Wirtschaftsgrenze zur Hauptinsel Großbritanniens eine Wassergrenze. Gibraltar wird Mitglied im Schengenraum (s. S. 255).

Die Brexit-Verhandlungen haben die Probleme aufgezeigt, die mit dem EU-Austritt eines Landes verbunden sind. Bei den Nationalisten in ganz Europa könnte der Brexit zu einem Umdenken geführt haben: „Früher wollten sie die EU zerstören. Jetzt träumen sie davon, die Union zu übernehmen."

Krupa, Matthias/Ladurner, Ulrich/Lau, Miriam: Nationalsozialismus – Alles, was rechts ist, Die Zeit, 11.04.2019, S. 4

Bei der Europawahl 2019 haben die Nationalisten ihr Ziel verfehlt, stärkste Fraktion zu werden. Aber in Polen und Ungarn haben sie z. B. die Mehrheit. Da für viele EU-Reformen Einstimmigkeit gefordert ist, können diese leicht blockiert werden.

> **M4** **Reformdiskussionen in der EU (Beispiele)**
> - Abstimmungen im EU-Parlament: qualifizierte Mehrheit statt Einstimmigkeit. (s. S. 250)
> - Verstärkung der Rechte des EU-Parlaments: Vorschlagsrecht bei der Gesetzgebung
> - Wahl des Parlamentspräsidenten auch ohne Zustimmung der Regierungen
> - Verbesserung des Asylsystems, solidarische Verteilung von Flüchtlingen

Arbeitsvorschläge

1. Führen Sie zu M 1 und M 2 eine Pro- und-Kontra-Diskussion.
2. Beobachten Sie die Entwicklung des Brexits und die Reformbemühungen der EU. Berichten Sie darüber und diskutieren Sie die Ergebnisse in Ihrer Klasse. (M 3, M 4)
3. Diskutieren Sie, ob Teile der Strukturförderung der EU (s. S. 258) an die Aufnahme von Flüchtlingen und/oder an die Einhaltung von Rechtsstaatlichkeit gebunden sein sollten.
4. Entwerfen Sie ein Szenario zum Thema „Die Zukunft Europas".

Aus dem Europawahlprogramm der AfD, 2019
- Abschaffung des undemokratischen EU-Parlaments, Gesetze nur von Nationalstaaten
- EU-Austritt aus der EU, wenn AfD-Programm in „angemessener Zeit" nicht umgesetzt ist

vgl. Europawahlprogramm. Programm der Alternative für Deutschland für die Wahl zum 9. Europäischen Parlament 2019. S. 12. www.afd.de/europawahlprogramm/ [08.06.2020]

Fünf gegen Brüssel
Viktor Orban
Ministerpräsident in Ungarn
Fidesz Partei, Ungarn
Jörg Meuthen
AfD-Sprecher, Deutschland
Matteo Salvini
Ex-Ministerpräsident, Italien
Lega Nord
Marine Le Pen
Rassemblement National, Frankreich
Geert Wilders
Partij voor de Vrijheid, Niederlande

vgl. Krupa, Matthias/Ladurner, Ulrich/Lau, Miriam: Nationalsozialismus - Alles, was rechts ist, Die Zeit, 11.04.2019, S. 4

Welt im Wandel mitgestalten

Methode:

Szenario

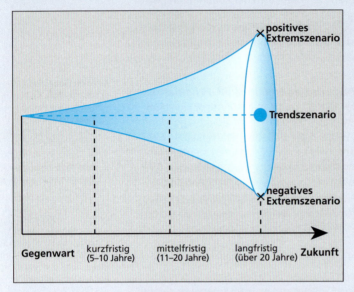

Der Begriff „Szenario" kommt aus der Welt des Schauspiels und meint die Spiel- oder Bildfolge eines Bühnenstücks. Mithilfe der Szenario-Spiel-Methode soll hier der Versuch unternommen werden, sich vorzustellen, wie sich die Welt von morgen in naher, mittlerer oder ferner Zukunft entwickeln könnte. Vor allem Wirtschaftsplaner, Politiker und Militärs bedienen sich dieser Methode, um sich rechtzeitig auf mögliche künftige Entwicklungen einzustellen und passende Maßnahmen treffen zu können.

Ausgangspunkt ist die gegenwärtige Lage mit bekannten Entwicklungstendenzen, z. B. der immer schnellere Wandel der Produktionstechniken, die Krise der Europäischen Union, die Flüchtlingskrise, die weltweite Umweltverschmutzung und die Klimakrise, das Wachstum der Weltbevölkerung oder die Entwicklung der internationalen Sicherheit. Diese Fakten und Gegebenheiten werden nun unter dem Gesichtspunkt betrachtet, wie sie sich weiterentwickeln könnten. Je nach Fantasie und verfügbarer Zeit ist dabei eine unbegrenzte Zahl von Möglichkeiten denkbar.

Ein häufig herangezogenes Modell zur Entwicklung von Szenarien ist der Szenario-Trichter, der u. a. die Unterscheidung von Trend- und Extremszenarien vorsieht. Trendszenarien schreiben die wahrscheinliche Entwicklung fort, Extremszenarien die bestmöglichen und die denkbar schlechtesten.

Eine einfache Anwendungsform der Szenario-Methode ist die Formulierung und Beantwortung von Schlüsselfragen: „Was wäre, wenn ...?", z. B.:

– Was wäre, wenn der freie Zugang zum Trinkwasser eingeklagt werden könnte?
– Was wäre, wenn es ein Recht auf Nahrung geben würde?
– Was wäre, wenn die Abholzung der Regenwälder verboten würde?
– Was wäre, wenn es keinen Terrorismus mehr geben würde?
– Was wäre, wenn alle Schulden der Entwicklungsländer aufgehoben würden?

Für diese Methode ist ein Vorgehen in mehreren Schritten üblich. Mit einem vereinfachten Drei-Schritt-Modell soll versucht werden, Hinweise für die Entwicklung von Szenarien zu geben.

1. Vorbereitungsphase

In der Vorbereitungsphase soll zwischen Schülern und Lehrern zunächst das organisatorische Vorgehen abgesprochen werden: Zeitplanung, Gruppenzusammensetzungen, Informationsbeschaffung und Darstellungsweisen der Arbeitsergebnisse. Auch sind möglichst Gruppenarbeitsräume und die erforderlichen Sachmittel bereitzustellen: Papier, Flipcharts, Stifte, Befestigungsmittel, Computer, Beamer usw.

2. Durchführungsphase

Problemanalyse
Die Durchführungsphase beginnt mit der Auswahl von Fragen zu einem Teilbereich der internationalen Beziehungen, z. B.:
- Welche Auswirkung hätte die Erweiterung der Europäischen Union durch die Türkei auf uns?
- Wie reagieren wir auf die Gefährdung unserer und der internationalen Sicherheit durch den internationalen Terrorismus?
- Wie reagieren wir auf die Fähigkeit einiger autoritärer Staaten, künftig atomare, chemische und biologische Waffen bis nach Mitteleuropa einsetzen zu können?
- Welche Auswirkungen hat die Bevölkerungszunahme und Verarmung von Entwicklungsländern für unsere Nachbarn und für uns?
- Wie gehen wir in der EU und in Deutschland mit Flüchtlingen um?

Anschließend sind in arbeitsteiligen Gruppen mögliche Schwierigkeiten, Risiken und Probleme aufzulisten und schriftlich festzuhalten, z. B. auf Wandzeitungen.

Bestimmung von Einflussfaktoren (Umfeldanalyse)
Jetzt sollen Sie in Gruppen mithilfe des Buches und weiterer Informationen untersuchen, welche Faktoren (Personengruppen, Institutionen, geografische Gegebenheiten usw.) wesentliche Einflüsse auf die weitere Entwicklung nehmen. Auch diese Ergebnisse sind für alle festzuhalten.

Entwicklung von Szenarien
Dies erfordert Ihre Fantasie. Nachdem Sie die Probleme analysiert und Faktoren bestimmt haben, sollen Sie nun in Gruppen Bilder von möglichen zukünftigen Situationen und Zuständen der Welt von morgen entwerfen.
Dabei sind Verabredungen zu treffen, dass eine Gruppe „rosige" und eine andere „düstere" Auswirkungen beschreibt („Positiv-" und „Negativ-Szenarien"). Stellen Sie Ihre Ergebnisse erneut vor.

Auswirkungsanalyse
Auf der Grundlage der unterschiedlichen Szenarien können nun Chancen und Risiken künftiger Entwicklungen eingeschätzt und bewertet werden. Nach der Vorstellung der Arbeitsergebnisse durch die Gruppen ergibt sich die Überleitung zur letzten Phase.

3. Problemlösungsphase

Der letzte Schritt ist die Folgerung aus den erarbeiteten Szenarien und der Auswirkungsanalyse. Gemeinsam oder wieder in Gruppen sollen Sie nun einen Katalog von Entscheidungen und Maßnahmen erstellen, auf welche Weise unerwünschte Entwicklungen vermieden bzw. vermindert und gewünschte gefördert werden.

Schließlich sollten Sie überlegen, welchen Beitrag Sie selbst zur Förderung gewünschter Entwicklungen leisten können (z. B. Fair-Trade-Produkte zur Unterstützung der Landbevölkerung in Entwicklungsländern kaufen). Um keine Illusionen aufkommen zu lassen, sollten Sie auch darüber diskutieren, welche Realisierungschancen Ihre Vorschläge haben.

1 Frieden in der Welt?

1.1 Die Vereinten Nationen, Ziele und Aufgaben

Das UNO-Gebäude in New York mit den Flaggen aller Mitgliedsländer

UNO ist eine Abkürzung für „United Nations Organisation" und wird mit „Organisation der Vereinten Nationen" übersetzt. Üblich sind auch die Bezeichnungen „UN" oder „Vereinte Nationen".

M 1 Die „UN-entbehrliche"

Die Vereinten Nationen bleiben zur Lösung globaler Probleme ohne Alternative, sagte Ex-UN-Generalsekretär Kofi Annan bei der 70. Generalversammlung der UN im September 2016 in New York.

vgl. Engelhardt, Marc. In: Das Parlament, 19.10.2015, S. 9

Die UN – der Friedenskoloss

Die UNO kann mehr politische Durchschlagskraft entfalten als jede andere Organisation auf der Erde. Kriege gibt es dennoch immer wieder. Die UN kann den Himmel nicht öffnen, aber vor der Hölle retten.

vgl. Kosfeld, Claus Peter. In: Das Parlament, 09.04.2018, S. 7

Das Scheitern des Völkerbundes gipfelte 1939 im Ausbruch des Zweiten Weltkrieges. Noch während des Krieges griffen der US-Präsident Roosevelt und der britische Premier Churchill die Idee einer neuen Weltorganisation zur Friedenssicherung auf. Die UN-Charta, das Gründungsdokument der UN, wurde von April bis Juni 1945 ausgearbeitet. Am 24. Oktober wurde es von 51 Nationen unterzeichnet. Darunter waren die USA, Großbritannien, die Sowjetunion, Frankreich und China. Diese Länder gelten als die „ständigen Mitglieder" des Sicherheitsrats. Inzwischen sind 193 von 197 Staaten der Welt in der UNO.

M 2 Charta der Vereinten Nationen vom 26. Juni 1945

Artikel 1

Die Vereinten Nationen setzen sich folgende Ziele:

1. den Weltfrieden und die internationale Sicherheit zu wahren und zu diesem Zweck wirksame Kollektivmaßnahmen zu treffen, um Bedrohungen des Friedens zu verhüten und zu beseitigen, Angriffshandlungen und andere Friedensbrüche zu unterdrücken und internationale Streitigkeiten, durch friedliche Mittel nach den Grundsätzen der Gerechtigkeit und des Völkerrechts zu bereinigen oder beizulegen;
2. freundschaftliche, auf der Achtung vor dem Grundsatz der Gleichberechtigung und Selbstbestimmung der Völker beruhende Beziehungen zwischen den Nationen zu entwickeln [...]
3. eine internationale Zusammenarbeit herbeizuführen, um internationale Probleme wirtschaftlicher, sozialer, kultureller und humanitärer Art zu lösen und die Achtung vor den Menschenrechten und Grundfreiheiten [...] zu fördern und zu festigen. [...]

Artikel 2

Die Organisation und ihre Mitglieder handeln [...] nach folgenden Grundsätzen: [...]

1. Alle Mitglieder erfüllen [...] nach Treu und Glauben die Verpflichtungen, die sie mit dieser Charta übernehmen.
2. Alle Mitglieder legen ihre internationalen Streitigkeiten mit friedlichen Mitteln so bei, dass der Weltfriede, die internationale Sicherheit und die Gerechtigkeit nicht gefährdet werden.
3. Alle Mitglieder unterlassen [...] jede gegen die territoriale Unversehrtheit oder die politische Unabhängigkeit eines Staates gerichtete oder sonst mit den Zielen der Vereinten Nationen unvereinbare Androhung oder Anwendung von Gewalt.
4. Alle Mitglieder leisten den Vereinten Nationen jeglichen Beistand bei jeder Maßnahme, welche die Organisation im Einklang mit der Charta ergreift; sie leisten einem Staat, gegen den die Organisation Vorbeugungs- oder Zwangsmaßnahmen ergreift, keinen Beistand [...].

Charta der Vereinten Nationen, 26.06.1945. In: http://www.documentarchiv.de/in/1945/un-charta.html [10.02.2021]

Arbeitsvorschläge

1. Umreißen Sie die Ziele der UNO in zehn Schlagzeilen. (M 2)
2. „Kriege gibt es immer wieder". Diskutieren Sie aus dieser Sicht die Aussage von Kofi Annan, die UNO sei „ohne Alternative". (M 1)

1.2 Das System der Vereinten Nationen

M 1

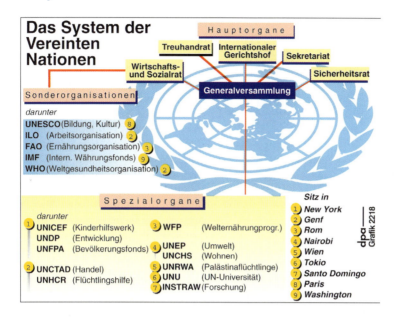

Generalversammlung der UN
Vollversammlung der Mitgliedsstaaten der Vereinten Nationen. Sie tritt jährlich im September in New York zusammen. Jeder Mitgliedsstaat darf durch bis zu fünf Personen in einer Sitzung vertreten sein.

Beispiele für die Umsetzung der UN-Charta durch ihre Einrichtungen

Hauptorgane, z. B. **Sicherheitsrat**: USA, Großbritannien, Frankreich, Russland, China: ständige Mitglieder mit Sonderrechten	Friedenserhaltende Maßnahmen: z. B. Entsendung von Blauhelmen, Handelsembargo Schlichtung von Streitigkeiten zwischen Staaten	
Hauptorgane, z. B. **Internationaler Gerichtshof**	Beilegung völkerrechtlicher Streitigkeiten durch ein gerichtliches Verfahren	
Sonderorganisationen, z. B. **IWF**	Wenn ein Mitglied in Zahlungsschwierigkeiten gerät, kann es beim Internationalen Währungsfonds Hilfe beanspruchen	
Unterorganisationen, z. B. **UNHCR**	Schutz und Unterstützung von geflüchteten Menschen	

Arbeitsvorschlag

Stellen Sie mithilfe von Beispielen den Zusammenhang fest, der zwischen Aufgaben der Sonderorganisationen und Spezialorganen der EU besteht. (M 1) Finden Sie dafür aktuelle Beispiele und berichten Sie darüber.

1.3 Der Weltsicherheitsrat

M 1

Der UN-Sicherheitsrat

193 Staaten sind in den **Vereinten Nationen (UN)** zusammengeschlossen. Ihre wichtigsten Ziele sind die Wahrung des Weltfriedens und internationale Sicherheit. Zur Verfolgung der Ziele kann der **UN-Sicherheitsrat** bindende **Beschlüsse** fassen.

China – Frankreich – Großbritannien – Russland – USA

Äquatorialguinea – Dom. Republik
Elfenbeinküste – Peru
Südafrika – Belgien
Indonesien – Deutschland
Kuwait – Polen

Ein **Beschluss** gilt als gefasst, wenn 9 der 15 Mitglieder zustimmen UND kein ständiges Mitglied ein Veto einlegt.

MITGLIEDER INSGESAMT 15
davon 5 ständige
10 wechselnde jeweils von der UN-Generalversammlung für 2 Jahre gewählt
davon aus:
Afrika
Asien
Lateinamerika und Karibik
Westeuropa, Nordamerika u.a.
Osteuropa

Quelle: UN | 12927 © Globus | Stand Januar 2019

Der Weltsicherheitsrat (auch „UN-Sicherheitsrat" oder „Sicherheitsrat der Vereinten Nationen") ist das einzige Organ der UNO, dessen Beschlüsse für alle Mitgliedsstaaten bindend sind. Für eine Zustimmung neun der 15 Mitglieder erforderlich. Die fünf ständigen Mitglieder können aber mit ihrem Veto (Einspruch) alle Entscheidungen verhindern (s. M 1). Das führt immer wieder zur Handlungsunfähigkeit der UNO. Russland und die VR China blockieren z. B. das militärische Eingreifen der UNO in Syrien, die USA Verurteilungen von Israel.

Fünf der 10 nichtständigen Mitglieder werden von der UN-Generalversammlung jährlich für zwei Jahre gewählt, Deutschland zum sechsten Mal 2018.

Die Zusammensetzung des Sicherheitsrats spiegelt immer noch die Machtverhältnisse nach dem Zweiten Weltkrieg wider. Deshalb wird eine **Reform** gefordert:
- kein Vetorecht bei Aktionen gegen Kriegsverbrechen und Völkermord,
- der Sicherheitsrat soll vergrößert werden, weil sich die Zahl der UN-Mitglieder fast vervierfacht hat. Deutschland, Japan, Indien und Südafrika haben sich bereits um einen ständigen Sitz beworben. Im Gespräch ist auch ein ständiger Sitz für die Europäische Union.

Trotzdem sind Friedensmissionen der UNO seit Jahren weltweit mit über 120 000 militärischen „Blauhelmen", polizeilichen und zivilen Personen tätig. Organisationen wie die NATO, die OSZE (Organisation für Sicherheit und Zusammenarbeit in Europa) und die EU können im Auftrag der UNO tätig werden.

Mittel der UNO zur Friedenssicherung (aus der UN-Charta)

M 2

UN-Mittel zur Friedenssicherung

– Vorbeugende Diplomatie
Vermittlung beim Namensstreit Mazedonien

– Friedenssicherung
„Blauhelm"-Einsätze, z. B. UNFCYP auf Zypern, Überwachung des Waffenstillstands, Einsatz von Waffen nur zur Selbstverteidigung erlaubt

– Friedensdurchsetzung
mit militärischer Gewalt, z. B. EUTM in Mali gegen IS-Rebellen zur Regierungsunterstützung

– Friedenserhaltung
nach Beendigung eines Konflikts, z. B. UNMIL in Nigeria zur Stärkung staatlicher Organe, Konflikt zwischen türkischen und griechischen Zyprioten

M 3 Artikel 41 (Zwangsmaßnahmen)

Der Sicherheitsrat kann beschließen, welche Maßnahmen – unter Ausschluss von Waffengewalt – zu ergreifen sind, um seinen Beschlüssen Wirksamkeit zu verleihen. Er kann die Mitglieder [...] auffordern, diese Maßnahmen durchzuführen. Sie können die vollständige oder teilweise Unterbrechung
- der Wirtschaftsbeziehungen
- des Eisenbahn-, See- und Luftverkehrs sowie sonstiger Verkehrsmöglichkeiten und
- den Abbruch diplomatischer Regelungen einschließen.

Artikel 42 (Anwendung von Waffengewalt)

Sollte der Sicherheitsrat zur Auffassung gelangen, dass die in Artikel 41 vorgesehenen Maßnahmen nicht genügen oder sich als ungeeignet erwiesen haben, kann er durch Luft-, See- oder Landstreitkräfte die Operationen durchführen, die zur Aufrechterhaltung oder Wiederherstellung des Weltfriedens und der internationalen Sicherheit erforderlich sind. Solche Maßnahmen können Demonstrationen, Blockaden und andere Operationen von Luft-, See- oder Landstreitkräften von Mitgliedern der Vereinten Nationen umfassen.

Arbeitsvorschläge

1. Erklären Sie einem Partner/einer Partnerin das Schaubild „Der UN-Sicherheitsrat". (M 1)
2. Entwickeln Sie einen Lösungsvorschlag zur besseren Entscheidungsfähigkeit der UNO.
3. Erstellen Sie eine Mindmap mit Vorschlägen, wie die UN den Frieden sichern kann. (M 1, M 2, M 3)
4. Erkunden Sie den aktuellen Stand von Reformen des Weltsicherheitsrates.

1.4 Die OSZE – die kleine UNO für Europa

Friedensarbeit ist eine Schnecke

Als OSZE-Beobachterin erzählt Herta Eckert, wie der Friede nach Luhansk zurückkehrt. **M1**

„Mein Einsatz als Monitoring Officer der OSZE in der Ukraine begann im März 2015 mit einer Fahrt von Kiew in den umkämpften Osten des Landes. Als wir damals mit unseren gepanzerten Fahrzeugen die Frontlinie überquerten und wenig später in Luhansk ankamen, war mein erster Eindruck: So schlimm sieht es hier gar nicht aus. Doch ich habe schnell gemerkt, dass das nicht ganz stimmt. Im Vergleich zu vor dem Konflikt waren die Straßen sehr leer, auch die Regale in den Geschäften. [...] Damals hat man noch oft die bewaffneten Auseinandersetzungen zwischen den Regierungstruppen und den Nichtregierungseinheiten gehört.

Die Frontlinie verläuft heute wenige Kilometer außerhalb von Luhansk. [...] Zu meinen Hauptaufgaben gehört es, Verstöße gegen Waffenstillstandsabkommen zu dokumentieren und, wenn es zu Schäden an der Infrastruktur gekommen ist, dafür zu sorgen, dass zum Beispiel Wasser- und Stromleitungen wieder repariert werden. [...] Wir sind dabei immer unbewaffnet. [...]

Friedensarbeit ist eine Schnecke, aber sie bewegt sich. In Luhansk gibt es zum Beispiel eine Brücke, die 2015 zerstört wurde. [...] Nun beginnt langsam der Wiederaufbau der Brücke."

deutschland.de, FAZIT Communication GmbH, in Zusammenarbeit mit dem Auswärtigen Amt, Berlin (Hrsg.): Friedensarbeit ist eine Schnecke. 04.10.2019. www.deutschland.de/de/topic/politik/osze-beobachter-in-der-ukraine [08.06.2020]

Die **OSZE** (**O**rganisation für **S**icherheit und **Z**usammenarbeit in **E**uropa), wird auch die „kleine UNO" für Europa genannt. Sie ist 1994 aus der **K**onferenz für **S**icherheit und **Z**usammenarbeit in **E**uropa (**KSZE**) entstanden. Mit den **drei „Körben"** der KSZE, der **Schlussakte** von Helsinki im Jahr 1975 begann der Entspannungsprozess zwischen Ost und West. Die Schlussakte von Helsinki wurde von allen europäischen Staaten (außer Albanien), den USA und Kanada unterzeichnet.

Vor allem die Einbeziehung der **Menschenrechte** in Korb 1 und 3 der Schlussakte hat den Anstoß zur Gründung von Bürgerrechtsbewegungen im ehemaligen „Ostblock" gegeben. Wichtige Erfolge waren auch Abrüstungsvereinbarungen für konventionelle und atomare Waffen.

Heute gehören 57 Staaten der OSZE an: alle europäischen Staaten, die USA, Kanada und die Mongolei. Sie ist die größte Sicherheitsorganisation der Welt. Die OSZE kann aber ihre Ziele nicht immer erreichen. Für ihre Einsätze müssen alle beteiligten Konfliktparteien zustimmen.

Wichtige Organe der OSZE

- Der **Vorsitz in der OSZE** wechselt jährlich zwischen den Außenministern der Mitgliedsstaaten. Der damalige deutsche Außenminister Frank-Walter Steinmeier war 2016 OSZE-Vorsitzender.
- Das **Sekretariat** hat seinen Sitz in Wien und Prag.
- Die **Mitgliederversammlung** tagt einmal im Jahr.
- Der **OSZE-Ministerrat** (Außenminister) tagt ebenfalls einmal im Jahr.
- Der **Ständige Rat** der OSZE-Botschafter der Mitgliedsländer trifft sich wöchentlich.
- Das **Konfliktverhütungszentrum** der OSZE befindet sich in Wien.

M2 Zusammenarbeit der OSZE mit ihren Mitgliedern und Nachbarstaaten

- **Wahlbeobachtung** bei allen OSZE-Mitgliedern
- **Politisch-militärisch** geht es um Abrüstung, Rüstungskontrolle, Kriseneindämmung und Terrorismusbekämpfung.
- Bekämpfung von Geldwäsche, Korruption und Terrorfinanzierung.
- Humanitärer Bereich: Medienfreiheit, Nicht-Diskriminierung und Rechtsstaatlichkeit.

M3
Die drei KSZE-Körbe

Korb 1
Gewaltlosigkeit, friedliche Regelung von Streitigkeiten, Achtung der Menschenrechte

Korb 2
Zusammenarbeit in Wirtschaft, Wissenschaft, Technik, Umweltschutz

Korb 3
Menschliche Kontakte, Familienzusammenführung, Reiseerleichterung

OSZE-Beobachter aus 40 Nationen befinden sich seit 2014 in der Ukraine.

Arbeitsvorschläge

1. Beschreiben Sie die Arbeit einer OSZE-Friedensmission mit eigenen Worten (M 1). Ordnen Sie diese Mission einem OSZE-Aufgabenbereich (M 2) zu.

2. Begründen Sie den Einfluss von Korb 1 und 2 der KSZE-Schlussakte (M 3) für die Entstehung von Bürgerrechtsbewegungen in Osteuropa.

1.5 Die NATO – Beiträge zur Friedenssicherung

M1 NATO-Vertrag (vom 4. April 1949)

Artikel 5
Die Parteien vereinbaren, dass ein bewaffneter Angriff gegen einen oder mehrere von ihnen in Europa oder Nordamerika als Angriff gegen sie alle angesehen werden wird; sie vereinbaren daher, dass im Falle eines solchen bewaffneten Angriffs jede von ihnen [...] der Partei oder den Parteien, die angegriffen werden, Beistand leistet, [...] einschließlich der Anwendung von Waffengewalt [...].
Der Nordatlantikvertrag, 04.04.1949, www.nato.int/cps/ennatohq/official_texts_17120.htm?selected Locale=de [10.02.2021]

Unter dem Eindruck der Berlin-Blockade gründen die USA, Kanada und zehn westeuropäische Staaten am 4. April 1949 die **NATO** (**N**orth **A**tlantic **T**reaty **O**rganization). Mit dem Beitritt Nordmazedoniens im März 2020 gibt es 30 NATO-Staaten. Hauptziel ist zunächst, die gemeinsame Verteidigung, vor allem gegen eine weitere Machtausbreitung der Sowjetunion. Eine Zusammenarbeit mit der UNO und der OSZE auf politischem, wirtschaftlichem und militärischem Gebiet soll zur internationalen Friedenssicherung und Krisenbewältigung beitragen. Die Gründung der Bundeswehr 1955 und der Beitritt Deutschlands in die NATO liefern den Anlass für die UdSSR, 1955 mit Bulgarien, der DDR, Polen, Rumänien, Ungarn und der Tschechoslowakei den **Warschauer Pakt** zu schließen. Es beginnt die Zeit des „Kalten Krieges". Ein heißer Krieg mit einer militärischen Auseinandersetzung wird durch ein „Gleichgewicht des Schreckens" verhindert: Wer zuerst schießt, stirbt als Zweiter.

M2 Ende der Friedensdividende – 70 Jahre NATO mit alten und neuen Problemen

1986 wird der **INF-Vertrag** (**I**ntermediate **N**uclear **F**orces) abgeschlossen, ein neues Zeichen der Entspannung nach Jahren des Kalten Krieges. 1991 sind alle atomaren Mittelstreckenraketen in Europa verschrottet. Im gleichen Jahr lösen sich die Sowjetunion und der Warschauer Pakt auf. Die ehemaligen ost- und südosteuropäischen Mitglieder sowie die baltischen Staaten treten der NATO nacheinander bis 2004 bei. Rüstungskosten und die Zahl der Soldaten können verringert werden. Das ist die **Friedensdividende:** Gewinne durch Frieden.

Mit der völkerrechtswidrigen Annexion (widerrechtliche Aneignung eines fremden Gebietes) der Krim durch Russland ändert sich die Sicherheitslage in Europa. Landesverteidigung wird wieder wichtig, vor allem für die baltischen Staaten.

Deshalb verständigen sich 2014 alle Staats- und Regierungschefs, ihre Verteidigungsausgaben auf 2 % ihrer Wirtschaftsleistung (BIP) anzuheben.

vgl. Stützle, Peter, Das Parlament, 08.04.2019, S. 3

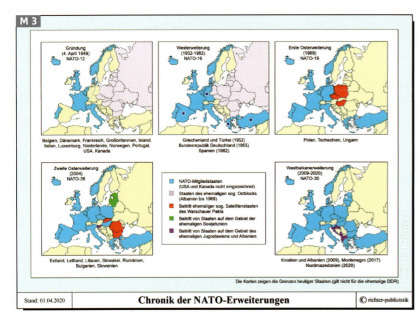

M4 Neue Bedrohungen
- Der **IFN**-Vertrag ist gekündigt, weil die USA Russland beschuldigen, neue Mittelstreckenraketen mit Reichweiten bis Westeuropa aufzustellen. Beginnt ein neues Wettrüsten?
- Die starke militärische Aufrüstung Chinas erschwert neue Bemühungen zur internationalen Rüstungskontrolle.
- Konflikte im Nahen Osten, internationaler Terrorismus und verstärkte Cyberangriffe, auch auf NATO-Einrichtungen, bedrohen nicht nur die NATO-Länder.

Arbeitsvorschläge

1. Erläutern Sie Artikel 5 des NATO-Vertrags mit eigenen Worten. (M 1)
2. Formulieren Sie in Schlagzeilen Entwicklungen der Ost-West-Beziehungen. (M 2, 3)
3. Erläutern Sie die Bedeutung der NATO-Mitgliedschaft vor allem für die baltischen Staaten.
4. Berichten Sie Ihrer Klasse über aktuelle Entwicklungen der Sicherheitslage in Europa. (M 4)

1.6 Die Bundeswehr – Beiträge zur Friedenssicherung

M 1 Aufgaben der Bundeswehr
- Landes- und Bündnisverteidigung im Rahmen der NATO und der EU
- internationales Krisenmanagement
- Heimatschutz, Risikovorsorge
- Partnerschaft und Kooperation, auch über EU und NATO hinaus
- humanitäre Not- und Katastrophenhilfe
- Verteidigungsaspekte der gesamtstaatlichen Cybersicherheit

vgl. Bundesministerium der Verteidigung, Berlin (Hrsg.): Weissbuch 2016. Zur Sicherheit und Zukunftspolitik der Bundeswehr 2016, S. 91 ff.

M 2

Die Bundeswehr wurde nach der Auflösung des Warschauer Paktes von einer Verteidigungsarmee zur Einsatzarmee. Seitdem beteiligt sie sich auch an Auslandseinsätzen. Von 495 000 Soldaten 1989 wurde sie auf knapp 185 000 (Anfang 2020) verringert.

Die Bundeswehr ist, anders als in anderen Ländern, eine **„Parlamentsarmee"**. Auslandseinsätze müssen vom Bundestag genehmigt werden. Seit der „Aussetzung der Wehrpflicht" ist sie eine **Freiwilligenarmee**.

Mit der Ukraine-Krise ist eine neue Bedrohung bestanden. Insbesondere die baltischen Staaten fürchten sich vor der neuen Großmachtpolitik des russischen Präsidenten Putin. Die NATO reagiert mit der Aufstellung einer „Schnellen Eingreiftruppe für weltweite Einsätze (NRF)" (s. S. 262). Sie soll vor einem Angriff auf das NATO-Gebiet abschrecken (vgl. dpa, AFP, Nato bekommt schnelle Einsatztruppe, ZEIT ONLINE, 05.09.2014, www.zeit.de/politik/ausland/2014-09/nato-beschliesst-truppe-fuer-schnellen-einsatz [20.10.2020]).

Vor allem die Bundeswehr muss wieder ihre Fähigkeiten zur Landesverteidigung zurückgewinnen. Dies erfordert eine Erhöhung der Verteidigungsausgaben. Kritiker sprechen dabei von „Aufrüstung", Sicherheitspolitiker dagegen von „Ausrüstung". Denn viele Bundeswehreinheiten sind nicht ausreichend mit Waffen und Geräten ausgestattet.

Diese Mängel wurden z. B. bei einem NATO-Manöver 2018 in Norwegen deutlich. Das I. Deutsch-Niederländische Korps mit dem Hauptquartier in Münster hat daran teilgenommen. Von den 8 000 Soldaten waren 4 000 deutsche. Weil die deutschen Einheiten nicht voll ausgestattet sind, mussten z. B. Panzer aus ganz Deutschland von anderen Bundeswehrstandorten „ausgeliehen" werden (vgl. u. a. Christoff Prössl: Ein Kraftakt, der Eindruck machen soll. In: tagesschau.de, 25.10.2018. www.tagesschau.de/ausland/nato-trident-manoever-bundeswehr-101.html [28.10.2020]).

Arbeitsvorschläge

1. Ermitteln Sie für einen von Ihnen ausgewählten Auslandseinsatz der Bundeswehr aus M 2 den Aufgabenbereich, die ausrichtende Organisation, das Ziel und den Verlauf der Mission.
2. Diskutieren Sie die Aussage von Bundespräsident Frank-Walter Steinmeier, dass Deutschland mehr internationale Verantwortung übernehmen müsse.

2 Armut und Hunger auf der Welt

2.1 Folgen von Armut und Hunger

M 1
Die Weltbank definiert Menschen als **extrem arm,** wenn sie weniger als 1,90 US-Dollar pro Tag zur Verfügung haben.

Unter Armut versteht man verschiedene Arten von Entbehrungen im Zusammenhang mit der Unfähigkeit, menschliche Grundbedürfnisse zu befriedigen. Dazu gehören vor allem der Mangel von Nahrungsmitteln, Gesundheitsversorgung, Bildung, Ausübung von Rechten, Mitsprache, Sicherheit und Würde sowie menschenwürdige Arbeit.
Menschen, die unter absoluter Armut leiden, haben kein Geld zur Befriedigung ihrer Grundbedürfnisse. Sie versuchen, sich durch das Tauschen von Produkten am Leben zu erhalten. 1,2 Milliarden Menschen fallen unter diese Kategorie. Für in Deutschland lebende Menschen ist dies kaum nachvollziehbar.

> **M 2** Die Kindersterblichkeit stellt noch heute in vielen Ländern der Welt ein erhebliches Problem dar. Jedes Jahr sterben weltweit 5,2 Millionen Kinder unter fünf Jahren.
> vgl. Ninja Charbonneau: Kindersterblichkeit: Warum sterben eigentlich Kinder? 18.09.2020. Deutsches Komitee für UNICEF e. V., Köln. www.unicef.de/informieren/aktuelles/blog/kindersterblichkeit-weltweit-warum-sterben-kinder/199492 [10.02.2021]

M 3
DER KREISLAUF DER ARMUT

M 4 Gestorben wird überall gleich. Ob in den somalischen Flüchtlingslagern, den Elendsvierteln von Karachi oder in den Slums von Dacca, der Todeskampf folgt immer denselben Etappen.
Bei unterernährten Kindern setzt der Zerfall nach wenigen Tagen ein. Der Körper braucht erst die Zucker-, dann die Fettreserven auf. Die Kinder werden erst lethargisch, dann immer dünner. Das Immunsystem bricht zusammen. Durchfälle beschleunigen die Auszehrung. Mundparasiten und Infektionen der Atemwege verursachen schreckliche Schmerzen. Dann beginnt der Raubbau an den Muskeln. Die Kinder können sich nicht mehr auf den Beinen halten. Ihre Arme baumeln kraftlos am Körper. Ihre Gesichter gleichen Greisen. Dann folgt der Tod. [...]
Der französische Schriftsteller Georges Bernanos sagt: „Gott hat keine anderen Hände als die unseren." Entweder wir verändern diese Welt oder sonst tut es niemand.
Ziegler, Jean: Wie kommt der Hunger auf die Welt?, übersetzt von Hanna van Laak, Bertelsmann Jugendbuch Verlag, München 2002, S. 7 ff.

Arbeitsvorschläge

1. Wie könnte man in Deutschland mit 1,90 $ pro Tag überleben? (M 1)
2. Erläutern Sie M 2 und nehmen Sie dazu Stellung.
3. Entwickeln Sie in Partnerarbeit Vorschläge, wie der Teufelskreis der Armut unterbrochen werden könnte. (M 3)
4. „Entweder wir verändern diese Welt oder sonst tut es niemand." Nehmen Sie Stellung zu dieser Aussage. (M 4)

2.2 Die Agenda 2030 der UN

Die Vereinten Nationen (UN) wollen bis 2030 Hunger und extreme Armut auf der ganzen Welt beseitigen. Mithilfe von 17 Nachhaltigkeitszielen wollen die Staats- und Regierungschefs aus aller Welt die Zukunft des Planeten rundum verbessern. Die Ziele gelten seit dem 01.01.2016.

Den 17 Nachhaltigkeitszielen sind **fünf Kernbotschaften** vorangestellt:
1. Die Würde des Menschen achten – Eine Welt ohne Armut und Hunger schaffen
2. Den Planeten schützen – Klimawandel begrenzen, natürliche Lebensgrundlagen bewahren
3. Wohlstand für alle fördern – Globalisierung gerecht gestalten
4. Frieden fördern – Menschenrechte einhalten und gute Regierungsführung schaffen
5. Globale Partnerschaften aufbauen – Global gemeinsam voranschreiten

17 Ziele für eine nachhaltige Entwicklung M 1

Arbeitsvorschläge

1. Bringen Sie die Ziele der Agenda 2030 in eine begründete Reihenfolge. (M 1)
2. Überprüfen Sie mithilfe einer Internetrecherche, wie es um die Verwirklichung der Ziele steht. Berichten Sie von Ihren Ergebnissen.
3. Bilden Sie Arbeitsgruppen, die sich mit einzelnen Zielen befassen. Erarbeiten Sie anschließend Lösungsvorschläge zur Erreichung dieser Ziele.

3 Den Planeten schützen

Die zunehmende Gefährdung unserer Umwelt, die wachsende Kluft zwischen den Industrieländern und den sogenannten armen Ländern, die immer größer werdende Kluft zwischen Arm und Reich, die Bekämpfung der Corona-Pandemie sind heute die Probleme, welche die gesamte Menschheit bedrängen. Eine weltweite Verbreitung der Lebensstile der Menschen in den Industrieländern hätte den baldigen Kollaps des Planeten zur Folge. Notwendig ist deshalb eine Entwicklungsstrategie, die allen lebenden Menschen und den künftigen Generationen die gleichen Lebenschancen einräumt, die jedem Menschen das gleiche Recht auf eine intakte Umwelt zubilligt. Dies allerdings mit der Einschränkung, dass die Natur dadurch nicht übernutzt wird. Die Menschen erkennen nur langsam, dass die Natur ein kompliziertes und empfindliches Ökosystem ist, das durch zu große Eingriffe seine Ausgewogenheit verliert. Als Folge ergeben sich Schäden für alle Lebewesen.

M 2 Raumschiff Erde
„Stellen wir uns die Erde als ein riesiges Raumschiff vor. Mit Menschen an Bord rast es durch das Weltall. Die Verbindungen zum Heimatplaneten sind abgebrochen. Es gibt keine Rückkehr mehr. Die Passagiere müssen mit den vorhandenen Vorräten an Nahrung, Wasser, Sauerstoff und Energie auskommen. Während die Zahl der Menschen an Bord steigt, verringern sich die Vorräte. Gleichzeitig steigen Abfall- und Schadstoffmengen an. Das Leben wird immer schwieriger, die Luft zum Atmen immer knapper. Einige Bewohner des Raumschiffes geraten in Panik. Sie prophezeien einen baldigen Tod durch Ersticken, Verdursten, Verhungern oder Erfrieren. Andere beuten die zu Ende gehenden Vorräte aus, schlagen Warnungen in den Wind, maßvoller damit umzugehen. Sie vertrauen darauf, dass jemandem noch in letzter Minute etwas zur gemeinsamen Rettung einfallen werde."
Hans-Georg Herrnleben, Jochen Henrich: Thema im Unterricht, Umweltfragen, Arbeitsheft 7, Bundeszentrale für politische Bildung, Bonn, 1997

M 3
„Wir können die erste Generation sein, der es gelingt, die Armut zu beseitigen, ebenso wie wir die letzte sein können, die die Chance hat, unseren Planeten zu retten."
Transformation unserer Welt: die Agenda 2030 für nachhaltige Entwicklung. Resolution der Generalversammlung der Vereinten Nationen, verabschiedet am 25. September 2015, S. 13. www.un.org/Depts/german/gv-70/band1/ar70001.pdf [10.02.2021]

Arbeitsvorschläge

1. Bearbeiten Sie die Karikatur M 1 mithilfe der Methode „Analyse politischer Karikaturen" (s. S. 246 f.).
2. Nutzen Sie die Gedanken des Textes „Raumschiff Erde" zu einem Rollenspiel über das weitere Geschehen an Bord. (M 2)
3. Welche Meinung haben Sie zur Aussage in M 3? Bereiten Sie eine Stellungnahme vor.

3.1 Klimawandel

Die Erde wird von einer Lufthülle umgeben, die verschiedene Gase, z. B. CO_2, enthält. Ein Teil der Strahlen wird von der Lufthülle aufgehalten und zur Erde zurückgeschickt, die sich dadurch erwärmt. Das ist der natürliche Treibhauseffekt. Ohne den natürlichen Treibhauseffekt wäre unsere Erde eine Eiswüste mit einer Durchschnittstemperatur von -18 Grad Celsius.

Das Klima unserer Erde hat sich über Jahrmillionen verändert. Es gab Warm- und Kaltzeiten.

Mit der Industrialisierung nahm der Treibhauseffekt zu. Das heißt, durch die Verbrennung fossiler Energieträger, wie Öl, Kohle und Gas, entsteht vermehrt CO_2 (CO). Ein weiteres schädliches Gas ist das Methangas, CH_4, das durch die Massentierhaltung, Klärwerke und Mülldeponien entsteht.
Auch in Dauerfrostböden ist dieses Methangas enthalten. In Folge der Erderwärmung tauen diese Böden auf und setzen das Methangas frei. Somit kommt es zu einer weiteren Erwärmung der Erdatmosphäre. Deshalb ist es wichtig, die Erderwärmung zu bremsen.

M 2 Die Folgen des Klimawandels
Durch die Treibhausgase wird das Klima wärmer. Genaue Vorhersagen, wie sich das Klima an welchem Ort genau verändern wird, sind nicht möglich. Die Temperaturen der Ozeane steigen, die Eisberge schmelzen ab und somit erhöht sich der Meeresspiegel. Dadurch ist die Existenz einiger Inselstaaten (z. B. der Malediven) und tief liegender Küstenregionen bedroht. Satellitenaufnahmen zeigen, dass das Eis der Arktis innerhalb von 35 Jahren um rund 40 % abgenommen hat.
Weltweit müssen die Menschen mit mehr Wirbelstürmen, Dürreperioden und Überschwemmungen rechnen.

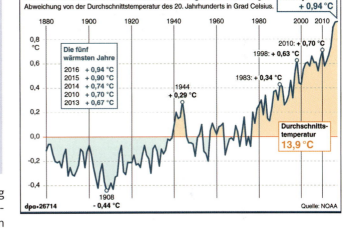

Die durch das Corona-Virus ausgelöste Krise zwang 2020 die Menschen, das gesamte Leben, einschließlich der Produktion und des Flugverkehrs, in der ganzen Welt drastisch einzuschränken. Nach drei Wochen konnte man einen deutlichen Rückgang der CO_2-Werte über Deutschland messen. Satellitenbilder über China zeigten nach drei Monaten eine deutliche Luftverbesserung.

Die Corona-Krise hat deutlich gemacht, wie stark der Klimawandel mit Produktion und Lebensstil des Menschen verbunden ist.

Arbeitsvorschläge

1. Beschreiben Sie das Schaubild M 1.
2. Erstellen Sie mithilfe von 15 Stichworten einen Kurzbericht über mögliche Auswirkungen des Treibhauseffekts und des Klimawandels. (M 1, M 2)
3. Erklären Sie das Schaubild M 3.

3.2 Klimawandel - Reaktionen der Menschen

Cover des Emissions Gap Report 2019, UNEP

In den letzten Jahren fanden verschiedene Klimakonferenzen und UN-Klimagipfel statt, die in mehreren Klimaschutzvereinbarungen gipfelten. Deutschland will bis 2050 weder Kohle noch Gas oder Atomkraft für die Herstellung von Energie verwenden. Dazu bildete die Bundesregierung ein sogenanntes „Klimakabinett" und beschloss ein „Klimapaket".

Verschiedene Umweltorganisationen erhoben ihre Stimme gegen zu wenig Klimaschutz von Seiten der Regierenden in aller Welt. So demonstrierte die Schülerbewegung „Fridays for Future" 2019 an jedem Freitag für den Klimaschutz und für ein Recht auf Zukunft.

Die Europäische Union verpflichtete sich auf der Klimakonferenz von Paris, die Treibhausemissionen um 40 % gegenüber dem Stand von 1990 zu senken.

Allerdings prallen die Forderungen der jungen Demonstranten auf die Sachzwänge, mit denen Wissenschaftler und Politiker argumentieren.

M 1

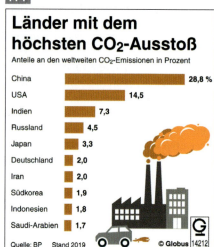

Länder mit dem höchsten CO_2-Ausstoß
Anteile an den weltweiten CO_2-Emissionen in Prozent

Land	Anteil
China	28,8 %
USA	14,5
Indien	7,3
Russland	4,5
Japan	3,3
Deutschland	2,0
Iran	2,0
Südkorea	1,9
Indonesien	1,8
Saudi-Arabien	1,7

Quelle: BP Stand 2019 © Globus 14212

M 2 Inzwischen ist aus dem Einsatz junger Menschen für das Klima ein Stück weit auch ein Generationenkonflikt geworden.

Die Forderungen vieler junger Menschen nach einem sofortigen Ausstieg aus der Kohle, dem Atomstrom oder der sofortigen Abschaffung der Dieselautos sind derzeit ohne massive Einschränkungen des persönlichen Lebens nicht denkbar. Auch ist zu überlegen, ob die Forderung nach einem sofortigen Umstieg auf öffentliche Verkehrsmittel und die ausschließliche Nutzung von E-Autos realistisch ist.

Vertreter der älteren Generation weisen auf die daraus resultieren Folgen hin, werden aber vielfach nicht ernst genommen und teilweise verhöhnt: „Was redet ihr mit, ihr seid ohnehin nicht mehr lange auf dieser Welt." Die junge Generation baut jedoch auf den Erkenntnissen und Leistungen der vorigen Generationen auf. Allerdings muss sie auch mit den ökologischen Folgen leben, die der moderne Lebensstil in den Industrieländern hat.

M 3 Ist diese Welt verloren? NEIN!

Angesichts des Klimawandels macht sich insbesondere bei vielen jungen Menschen eine Weltuntergangsstimmung breit. Jedoch ist es an der Zeit, neue Wege zu gehen. Zu lernen und zu erforschen, wie unsere Erde funktioniert. Wie bei den Demonstrationen kommt es auch beim Forschen und Entwickeln auf jeden Einzelnen an. So sind technische Weiterentwicklungen gefragt, um den CO_2-Ausstoß zu verringern. Das bedeutet z. B., neben vielem anderen auch neue Baustoffe zu entwickeln, denn auch Beton stößt beispielsweise CO_2 aus. So sind insbesondere junge Menschen gefordert, in Wissenschaft und Technik umfangreiches Wissen zu erlangen, um den künftigen Herausforderungen gewachsen zu sein.

Arbeitsvorschläge

1. Erklären Sie mithilfe einer Internetrecherche die Begriffe Klimakabinett und Klimagipfel.
2. Recherchieren Sie im Internet, wie die Bewegung „Fridays for Future" entstanden ist. Benennen Sie die wichtigsten Akteure dieser Bewegung sowie Aufbau und Arbeitsweise.
3. Erläutern Sie die Grafik in M 1.
4. Lesen Sie M 2 und M 3. Entsprechen diese Aussagen Ihrer eigenen Lebenseinstellung oder Lebenssituation? Welche Widersprüche erkennen Sie? Diskutieren Sie in der Klasse.

Klimakonferenzen: Wie bekommen wir die Erderwärmung in den Griff?

M1 Ihre persönliche Klimarechnung
Liebgewordene Gewohnheiten – Es kommt auf jeden an

Die Menschen haben sich daran gewöhnt, jederzeit miteinander kommunizieren zu können. Wir bestellen per Klick das neueste Smartphone, die angesagtesten Klamotten, Essen oder andere Artikel. Viele Menschen wohnen in großen Wohnungen oder Häusern mit sehr guter Ausstattung. Viele fliegen häufig in den Urlaub und unternehmen Wochenendtrips mit dem Pkw oder Flugzeug. Der Konsumhunger ist nicht zu stillen. In vielen Gruppen muss man sich auch gegenseitig überbieten, um bei den anderen anerkannt zu sein. Der CO_2-Ausstoß bei diesen Aktivitäten ist jedoch enorm.
Kann das alles so weitergehen, ohne unsere Welt zu zerstören?
Viele Experten verweisen darauf, dass es beim Kampf gegen den Klimawandel nicht nur auf Regierungen und Großunternehmen ankomme, sondern auf alle Menschen. Jeder muss seine ganz persönliche Klimabilanz ziehen.

Verzicht muss nicht unbedingt Verlust bedeuten.

emittieren = Schadstoffe und Abgase in die Luft ablassen

Der **ökologische Fußabdruck** ist die biologisch produktive Fläche auf der Erde, die nötig ist, um den Lebensstil und Lebensstandard eines Menschen dauerhaft zu sichern. Ist der Verbrauch, also der Fußabdruck zu groß, so ist die menschliche Existenz gefährdet.

M2 Knapp 11 Tonnen CO_2 emittiert jeder Deutsche pro Jahr. Dies wundert nicht, betrachtet man die in M 1 aufgezählten „liebgewordenen Gewohnheiten". Der sogenannte ökologische Fußabdruck, den jeder Einzelne von uns hinterlässt, ist messbar. Er setzt sich zusammen aus folgenden Faktoren:
- **Ernährung:** Kaufe ich Bio-Obst und Gemüse, esse ich oft Fleisch, ernähre ich mich vegetarisch oder vegan?
- **Wohnen:** Wieviel Quadratmeter Wohnfläche beanspruche ich, ist das Haus wärmegedämmt, ist die Heizung umweltfreundlich?
- **Mobilität:** Fahre ich mit einem umweltfreundlichen Auto, benutze ich den öffentlichen Nahverkehr oder das Fahrrad, benutze ich das Flugzeug?
- **Konsum:** Kaufe ich zu viele Textilien, kaufe ich Gebrauchsgegenstände gebraucht oder borge sie mir auch aus, kaufe ich Nahrungsmittel im Überfluss und werfe vieles davon weg?

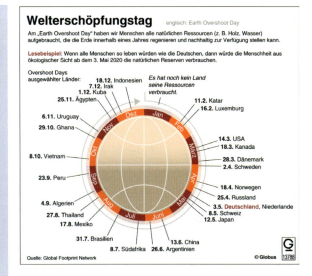

M3
- Viele Kinder werden mit dem Auto zur Schule gefahren.
- Die meisten haben Zugang zu jederzeit verfügbaren Medien.
- Der Unterricht ist computergestützt.
- Wenn es kalt oder warm ist, gibt es eine Heizung oder Klimaanlage.
- Kleidung wird schnell und durch neue ersetzt.
- Essen wird online per Lieferservice bestellt.

... und früher?
- Strümpfe, die kaputt waren, wurden gestopft.
- Alte Kleidung wurde zu neuer verarbeitet.
- Lebensmittel wurden selten weggeworfen.
- Essen wurde selbst gekocht.
- In der Familie wurde geredet und gespielt.
- Defekte Geräte wurden repariert.

Arbeitsvorschläge

1. Lesen Sie M 1 und M 2. Vielleicht erkennen Sie sich wieder. Worauf könnten Sie verzichten und auf was nicht? Fertigen Sie eine Liste an.
Welche Gewohnheiten aus früherer Zeit sollten in unseren Alltag wieder aufgenommen werden?
2. Ermitteln Sie mithilfe des Internets Ihren persönlichen ökologischen Fußabdruck und vergleichen Sie in der Klasse.
3. Ermitteln Sie mithilfe des Internets, welche verschiedenen Bereiche des Lebens betrachtet werden müssen, um den ökologischen Fußabdruck eines Landes zu ermitteln.

3.3 Klimaflüchtlinge

Als Klimaflüchtlinge werden Menschen bezeichnet, die sich aufgrund von Umweltveränderungen oder Naturkatastrophen gezwungen sehen, ihre Heimat zu verlassen. Genaue Zahlen zum Umfang von Umweltflucht existieren nicht. Doch fest steht: Fast alle Menschen aus ländlichen Gebieten werden in die Elendsviertel der Städte strömen. Denn wohin sollten sie sonst gehen? Wir stehen an der Schwelle einer gigantischen Revolution: vor dem Ende des Landlebens und der Verstädterung der Erde.

Klimaflüchtlinge in einem Camp in Somaliland werden von Oxfam mit Trinkwasser notversorgt.

M1 Die Völkergemeinschaft steuert schleichend, aber zielgenau auf eine humanitäre Katastrophe bisher unbekannten Ausmaßes zu. Durch die menschengemachte Klimaerwärmung verschlechtern sich für viele Millionen Menschen die oft bereits jetzt bedrohten natürlichen Lebensgrundlagen. Vielen bleibt infolgedessen nichts anderes als die nackte Flucht. Wo einst fruchtbares Land bewirtschaftet werden konnte, breiten sich nun Wüsten aus, paradiesische Inseln werden vom Meer verschluckt, ganze Siedlungen versinken im Matsch auftauender Permafrostböden. Etwa 30 der weltweit am wenigsten entwickelten Länder drohen in den kommenden Jahren zu zerfallen. Die Folgen der Klimaerwärmung verschärfen die Probleme von Armut, Destabilisierung und Gewalt, mit denen diese Staaten allein nicht mehr fertig werden. Die Entwicklung macht deutlich, wie dringend der weltweite Klimaschutz ist. Allerdings werden selbst sofortige, wirksame Maßnahmen zur Reduktion der Treibhausgase das Ausmaß der Flüchtlingsströme nur noch begrenzen, aber nicht mehr gänzlich verhindern können.
Jakobeit, Cord/Methmann, Chris: Klimaflüchtlinge. Die verleugnete Katastrophe. Greenpeace e.V., Hamburg 2007, S. 4. www.greenpeace.de/sites/www.greenpeace.de/files/klimafluechtlinge_endv_0.PDF [08.07.2020]

M2 **Wir verursachen den Klimawandel, die Armen zahlen**
Nicht nur beim Anstieg des Klimawandels oder bei Ernterückgängen in der Landwirtschaft, auch bei Problemen mit der Wasserversorgung oder sich ausbreitenden Krankheiten gilt: Betroffen werden vor allem die Ärmsten sein, die kein Geld haben, um bei Ernteausfällen Nahrungsmittel zu kaufen, abgefülltes Wasser oder medizinische Behandlungen zu bezahlen. Dies ist die moralische Last des Klimawandels: Am meisten bezahlen (möglicherweise mit ihrem Leben) müssen die, die am wenigsten dazu beigetragen haben. Nach den Worten des englischen Umweltpolitikers Aubrey Meyer läuft eine Strategie des Abwartens daher auf „die faktische Ermordung von Teilen der ärmeren Weltbevölkerung" hinaus. [...] Die historische Antwort des Menschen auf Klimaveränderungen war immer die Wanderung in andere Regionen. Der ungebremste Klimawandel wird die Anpassungsfähigkeit vieler, vor allem armer Staaten übersteigen und zu politischer Destabilisierung führen; heute gibt es aber keine fruchtbaren, aber unbesiedelten Gebiete mehr auf der Erde. Wanderungsbewegungen heißen jetzt Flüchtlingsströme, und diese führen oftmals auch zu Konflikten zwischen Staaten und können neue Konfliktlinien in der Weltpolitik entstehen lassen.
Paeger, Jürgen: Die Folgen des Klimawandels. In: Ökosystem Erde, Jürgen Paeger 2006 – 2019. www.oekosystem-erde.de/html/klimawandel-03 html#deutschland [06.10.2017]

Arbeitsvorschläge

1. Erklären Sie einem Partner/einer Partnerin den Begriff „Klimaflüchtling".
2. Zählen Sie Ursachen für die Zunahme von Klimaflüchtlingen auf.
3. Erarbeiten Sie mithilfe einer Mindmap Folgen, welche durch die Zunahme der Klimaflüchtlinge entstehen. Präsentieren Sie Ihr Ergebnis. (M 1, M 2)

3.4 Weitere Fluchtursachen

Die weltweit wachsenden Flüchtlingszahlen scheinen endgültig auch in unserem Alltag angekommen zu sein. Menschen kommen auf schwierigsten Wegen und mit unsicheren Transportmitteln nach Europa. Krieg, Hunger und Perspektivlosigkeit treiben sie häufig auf eine waghalsige, gefährliche Reise auch in Richtung Europa.

M1 Weltweit sind fast 80 Millionen Menschen auf der Flucht, so viele wie seit dem Zweiten Weltkrieg nicht mehr (Quelle: UNHCR Global Trends 2019, veröffentlicht im Juni 2020). Sie alle wurden durch Krieg und Gewalt oder Menschenrechtsverletzungen, politische, ethnische oder religiöse Verfolgung gezwungen, ihr Zuhause zu verlassen und das Risiko einer Flucht auf sich zu nehmen. [...] Nur ein kleiner Teil macht sich auf den Weg nach Europa. Rund 85 Prozent bleiben in der Region und werden von Entwicklungsländern aufgenommen.
Menschen auf der Flucht. (Hrsg.) Bundesministerium für wirtschaftliche Zusammenarbeit und Entwicklung (BMZ), 2021, Berlin. www.bmz.de/de/entwicklungspolitik/flucht [10.02.2021]

M2 **UNICEF-BERICHT ZU FLUCHT UND MIGRATION VON KINDERN**
Fast 50 Millionen Kinder und Jugendliche weltweit sind in Folge von Flucht und Migration entwurzelt – mehr als die Hälfte von ihnen (28 Millionen) wurden durch Konflikte aus ihrem Zuhause vertrieben. [...]
Die wichtigsten Fakten zu Flucht und Migration von Kindern:
- Kinder sind von Flucht besonders betroffen: Unter 18-Jährige stellen nur rund ein Drittel der Weltbevölkerung, aber die Hälfte der Flüchtlinge. Rund 45 Prozent aller Flüchtlingskinder unter dem Mandat des UN-Flüchtlingskommissariats (UNHCR) kamen 2015 aus Syrien und Afghanistan.
- 28 Millionen Kinder sind vor Gewalt und Konflikt auf der Flucht. Dazu gehören zehn Millionen geflüchtete Kinder, eine Million Mädchen und Jungen in Asylverfahren und schätzungsweise 17 Millionen Kinder und Jugendliche, die innerhalb ihres Landes auf der Flucht sind (Binnenvertriebene).
- Immer mehr Kinder und Jugendliche verlassen ihre Heimat allein, ohne den Schutz der Eltern. 2015 haben über 100 000 sogenannte unbegleitete minderjährige Flüchtlinge in 78 Ländern Asyl beantragt – das sind dreimal so viele wie 2014. Unbegleitete Flüchtlingskinder sind besonders von Ausbeutung und Missbrauch bedroht.
- Rund 20 Millionen Kinder haben aus unterschiedlichen Gründen ihr Heimatland als Migranten verlassen, beispielsweise um extremer Armut oder gewalttätigen Gangs zu entkommen. Viele von ihnen können leicht Opfer von Missbrauch werden oder werden eingesperrt, weil ihnen Papiere fehlen, sie einen unsicheren Rechtsstatus haben und ihr Wohlergehen nicht systematisch beachtet und erfasst wird. Kinder fallen häufig durch alle Raster.

Fast 50 Millionen Kinder sind entwurzelt. Pressemitteilung 07.09.2016. Deutsches Komitee für UNICEF e.V., Köln. www.unicef.de/informieren/ueber-uns/impressum [13.06.2020]

Arbeitsvorschläge

1. *Zeigen Sie mithilfe der Methode Spinnwebanalyse (s. S. 194) die Ursachen von Flucht auf. (M 1)*
2. *Fassen Sie den UNICEF-Bericht mit zehn Stichworten zusammen und tragen Sie diese vor. (M 2)*

3.5 Welt steht historische Trinkwasserknappheit bevor

Wasser bedeckt zu 71 % unseren Planeten. 97 % davon ist Salzwasser. Nur 1 % der Wasservorräte weltweit ist Trinkwasser verfügbar. Dieses ist extrem ungleich verteilt. 20 Liter Wasser pro Tag gelten international als ausreichende Menge. Der durchschnittliche Wasserverbrauch in Europa und den USA reicht von 200 bis 400 Litern pro Tag. Bereits mit fünf Minuten Duschen verbrauchen wir mehr Wasser, als vielen Menschen an einem ganzen Tag zur Verfügung steht. Wassermangel ist bereits heute für einen von sechs Menschen bittere Realität. Betroffen sind vor allem die Ärmsten – noch. Denn die Wasservorräte sind auch dort bedroht, wo es Wasser zurzeit scheinbar noch im Überfluss gibt.

M1 UNO warnt vor akutem Wassermangel

Die Verschwendung von Trinkwasser nimmt nach Angaben der UNO bedrohliche Ausmaße an. Es gebe zwar genügend Wasser, um die Bedürfnisse der Weltbevölkerung zu befriedigen, erklärten die Vereinten Nationen [...]. Es seien aber „einschneidende Änderungen bei der Nutzung, Verwaltung und Aufteilung" der Ressource nötig. Sollten Reformen ausbleiben, drohe eine Trinkwasser-Knappheit, die vor allem Länder mit heißem und trockenem Klima hart treffen werde. Bis zum Jahr 2030 könne die Lücke zwischen dem Bedarf und der natürlichen Neubildung von Grundwasser auf 40 Prozent anwachsen, schrieben die Experten der UN-Wetterorganisation WMO. [...] Laut dem UN Bericht haben 748 Millionen Menschen keinen Zugang zu sauberem Trinkwasser, 2,5 Milliarden Menschen leben demnach ohne Kanalisation.

Ingham, Richard: UNO warnt vor akutem Wassermangel, 20.03.2015. © Agence France-Presse

Arbeitsvorschläge

1. Fassen Sie M 1 mit zehn Stichworten zusammen.
2. Erläutern Sie die Grafik M 2.
3. Welche Lösungen außer der Verteuerung gibt es Ihrer Meinung nach gegen Wasserknappheit? Stellen Sie Ihre Vorschläge zur Diskussion.

3.6 UN machen Trinkwasser zum Menschenrecht

M 1 Die Generalversammlung der Vereinten Nationen hat das Recht auf sauberes Wasser in einer Resolution am 28.07.2010 als Menschenrecht anerkannt. Die Resolution wurde mit großer Mehrheit angenommen. Gegenstimmen gab es keine.

M 2 Jeder Mensch hat das Recht auf sauberes Trinkwasser und Toiletten.
In vielen Ländern gibt es kaum Wasser zum Trinken. Zum Beispiel in einem großen Teil von Afrika. Dort hat fast die Hälfte der Bewohner kein Trinkwasser. Und die meisten haben keine Toilette. Darum fließt der Dreck in das Wasser. Dadurch werden viele Menschen krank. [...] Mehr Kinder sterben an den Folgen von schmutzigem Wasser als an Malaria, Masern oder Aids. [...] Wenn Kinder schmutziges Wasser trinken, bekommen sie oft Durchfall. Dann können sie nicht zur Schule gehen. Darum lernen sie weniger. Lernen ist aber wichtig, um später eine Arbeit zu finden. Und ohne Arbeit verdienen sie kein Geld. Darum bleiben sie arm.
Auswärtiges Amt (Hrsg.): Jeder Mensch hat das Recht auf sauberes Trinkwasser und Toiletten, 03.07.2012. www.auswaertiges-amt.de/de/leichte-sprache/uebersicht-node-leichte-sprache/-/242784 [13.06.2020]

M 3 Menschenrecht Wasser

„Kein Land der Welt wird sich der Wasserkrise entziehen können"

ZEIT ONLINE: Der Begriff „Globale Wasserkrise" steht für Millionen von Menschen, die weltweit unter Trinkwasserknappheit leiden. Zudem lebt ein Drittel der Menschheit in Ländern mit unzureichenden sanitären Einrichtungen. Betroffen sind vor allem die Entwicklungsländer. Welche Verantwortung tragen die Industriestaaten für diese Entwicklung?
Barlow: Die Industriestaaten und große Investmentfonds kaufen ganze Landstriche und Wasserrechte auf. Das ist besonders in Afrika ein großes Thema. Länder wie China, Indien und Saudi Arabien wissen, dass ihnen das Wasser knapp wird. Deswegen verlagern sie den Anbau von Baumwolle und Lebensmitteln nach Afrika. Wir sprechen hier von einer Fläche, die zweimal so groß ist wie Großbritannien.
ZEIT ONLINE: Kann man sagen, dass die Industriestaaten verschwenderisch mit Wasser umgehen?
Barlow: Ja. Wir müssen endlich einsehen, dass es kein unbegrenztes Angebot an Wasser auf unserem Planeten gibt. An vielen Orten geht den Menschen das Wasser aus. Wir nutzen es, um Pflanzen für die Lebensmittelproduktion anzubauen, in Entwicklungsländern, die nichts davon haben. Hier hungern die Menschen und haben Durst für unseren Wohlstand. Wir schicken Wasser in die großen Metropolen, wo es verschwendet wird und entziehen es den Landmassen systematisch.
Sven Stockrahm: Interview mit Maude Barlow: Menschenrecht Wasser - Kein Land der Welt wird sich der Wasserkrise entziehen können, 03.08.2010 © ZEIT ONLINE.

Maude Barlow ist *Trägerin des Alternativen Nobelpreises* von 2005 und zudem Mitbegründerin des *Blue Planet Projects*. Außerdem ist sie Ratsmitglied des *World Future Councils*. Barlow ist seit Jahren Aktivistin für Handels- und Gerechtigkeitsfragen und engagiert sich für den Umweltschutz. Sie erhielt Ehrendoktortitel von sechs kanadischen Universitäten.

Arbeitsvorschläge

1. Ist der freie Zugang zu Trinkwasser Ihrer Meinung nach ein durchsetzbares Menschenrecht? Bereiten Sie Ihre Stellungnahme vor. (M 1)
2. Erklären Sie die Folgen von fehlendem oder unsauberem Trinkwasser. (M 2)
3. Tragen Sie Argumente für oder gegen die folgende These zusammen: „Kein Land der Welt wird sich der Wasserkrise entziehen können." (M 3)

4 Kann Entwicklungshilfe helfen?

M 1

M 2 Nachhaltige Hilfe für Afrika ...

das bedeutet, dass die Hilfe für Afrika so erfolgen muss, dass sich die Menschen dort selbst helfen können. Wenn man beispielsweise eine Anlage für die Wassergewinnung und Trinkwasseraufbereitung installiert, dann kommt man nicht umhin, die Menschen auch darin zu unterweisen, wie diese Anlage aufgebaut ist und funktioniert. Denn sollte diese Anlage einmal nicht mehr funktionieren, können sie diese selbstständig reparieren und sind nicht auf die Entwicklungshelfer angewiesen.
Es ist auch nicht sinnvoll, Textilien für Afrika zu sammeln und diese dorthin zu schicken, weil die afrikanische Textilindustrie dadurch kaputt gemacht wird. Nachhaltiger wäre es, Produktionsstätten zu errichten, um Textilien herzustellen.

M 3 Entwicklungshilfe durch Konsumverzicht in der westlichen Welt?

Die Rohstoffe wie Gold, Kupfer, Tantal und seltene Erden in Smartphones und anderen Geräten stammen zumeist aus Entwicklungsländern. Sie werden unter menschenunwürdigen Bedingungen gefördert. Der Arbeits- und Klimaschutz wird dabei völlig vernachlässigt. Minenarbeiter riskieren ihr Leben für die Handyherstellung weltweit. Herstellern allerdings zu verbieten, Rohstoffe aufzukaufen, die aus Minen ohne Mindeststandards stammen, gleicht einem Embargo, also einem Exportverbot, und lässt den Schwarzmarkt erblühen. Ein Verbot ist demnach keine Lösung. Die Bundesrepublik Deutschland beteiligt sich daher an Projekten, um den menschenwürdigen Abbau von Rohstoffen zu gewährleisten. Je mehr der Verbraucher nachfragt, unter welchen Bedingungen der Abbau der Rohstoffe erfolgt ist, desto mehr werden auch die Hersteller bemüht sein, nachhaltig geförderte Rohstoffe in die Produktion zu bringen.

Arbeitsvorschläge

1. Bearbeiten Sie die Karikatur M 1 mithilfe der Methode „Analyse politischer Karikaturen" (s. S. 246 f.).
2. Fassen Sie die Texte M 2 und M 3 zusammen. Formulieren Sie Ihre eigene Meinung dazu.

Würden Sie mithelfen?

Freiwillige Dienste im Ausland

Freiwilligendienste können innerhalb und außerhalb Europas absolviert werden. Auslandserfahrung sammeln zwischen Schule und Berufsausbildung oder Studium: Dazu bieten – neben Jobs und Praktika – auch verschiedene freiwillige Dienste Gelegenheit.

Europäischer Freiwilligendienst für Jugendliche

Gemeinsam mit anderen Jugendlichen im europäischen Ausland eine Tagesstätte für Menschen mit Behinderung einrichten, ein bislang ungenutztes Stück Land in einen Park verwandeln, ein altes Fabrikgebäude renovieren und daraus ein Jugendzentrum machen – solche Möglichkeiten bietet die Europäische Kommission jungen Leuten zwischen 18 und 30 Jahren. Der Europäische Freiwilligendienst für Jugendliche (EFD) dauert von zwei Wochen bis zu maximal zwölf Monaten. Reisekosten, Kosten für Unterkunft und Verpflegung werden erstattet. Außerdem erhalten die Teilnehmer/-innen ein Taschengeld. Neben der Verbesserung der Sprachkenntnisse sind die Erfahrungen, die die Jugendlichen bei diesen Einsätzen sammeln können, auch für die spätere Suche nach einer Ausbildungs- und Arbeitsstelle wertvoll. Deshalb erhalten die Jugendlichen nach Beendigung des EFD ein Zeugnis über die erworbenen Kenntnisse, das sie ihren Bewerbungsunterlagen beilegen können.

Weitere Informationen im Internet unter **www.go4europe.de/**

Friedensdienste im Ausland

Über Möglichkeiten eines Friedensdienstes im Ausland informiert die Aktionsgemeinschaft Dienst für den Frieden (AGDF), der z. B. die Aktion Sühnezeichen Friedensdienst (ASF) oder der internationale christliche Friedensdienst (EIRENE) angehören.
Die Friedensdienste im Ausland umfassen einen Zeitraum von drei bis 24 Monaten. Tätigkeitsfelder wie z. B. Umwelt, Soziales, Friedens- und Erinnerungsarbeit stehen im Mittelpunkt der freiwilligen Arbeit. Die Teilnehmer sollten mindestens 18 und höchstens 26 Jahre alt sein.

Weitere Informationen im Internet unter **www.friedensdienst.de/**

Die anerkannten Entwicklungsdienste

Gemeinsames Ziel der Entwicklungsdienste ist es, benachteiligte Bevölkerungsgruppen bei ihren Bemühungen um die Verbesserung ihrer Lebenssituation zu unterstützen.

Weitere Informationen im Internet unter **www.entwicklungsdienst.de/**

Dazu zählen gegenwärtig folgende Organisationen:

Arbeitsgemeinschaft für Entwicklungshilfe e. V. (AGEH), Christliche Fachkräfte International e. V. (CFI), Deutsche Gesellschaft für Internationale Zusammenarbeit (GIZ-Entwicklungsdienst), EIRENE – Internationaler Christlicher Friedensdienst e. V., Evangelischer Entwicklungsdienst e. V. (EED/DÜ), Forum Ziviler Friedensdienst e. V. (forumZFD), Weltfriedensdienst e. V. (WFD).

Die Dauer des Einsatzes kann zwischen sechs und 24 Monaten betragen, die Regeldauer beträgt 12 bis 18 Monate. Grundsätzlich ist eine Entsendung in alle Entwicklungsländer nach der OECD-Länderliste möglich, wobei afrikanische Staaten einen Schwerpunkt bilden sollen. Arbeitsprojekte sind u. a. in den Bereichen Armutsbekämpfung, Bildung, Gesundheit, Ernährungssicherung, Umwelt und Wasser vorhanden.

vgl. Bundesagentur für Arbeit (Hrsg.): Freiwillige Dienste. www.arbeitsagentur.de/bildung/zwischenzeit/ freiwilligendienst-leisten [29.03.2020]

Arbeitsvorschlag

Einer Ihrer Mitschüler/-innen möchte einen Beitrag zur Entwicklungshilfe leisten. Beraten Sie ihn/sie mithilfe einer PowerPoint-Präsentation.

A

ABC-Methode 9, 107
Abfindung 78, 79, 105, 106
Abgeltungssteuer 189
Abmahnung 79, 81
Absatz 65, 143
Abschlussprüfung 17, 19, 81, 163
Abstimmung 219, 233
Abwehrausperrung 99
Agenda 2030 275
Agrarpolitik 260
Akkordlohn 76, 77
Aktiengesellschaft 159, 160
Aktiengesetz (AktG) 155
Aktionär 159
Aktives Wahlrecht 229
Allgemeine Versicherungsbedingungen (AVB) 49
Allgemeinverbindlichkeit 93
Alternative für Deutschland (AfD) 225
Altersabsicherung 39
Altersrente 38
Amtsgericht 180
Analyse politischer Karikaturen 246
anfechtbares Rechtsgeschäft 170
Anfechtung 78, 170
Angestellte 76
Arbeiter 76
Arbeitgeber 63, 72, 81, 100
Arbeitnehmer 63, 72, 84, 105
Arbeitsagentur 23, 43, 78, 81
Arbeitsbedingungen 14, 71, 97
Arbeitsförderung 24, 42
Arbeitsgenehmigung 75
Arbeitsgericht 104, 241
Arbeitskampf 97
Arbeitskosten 148
Arbeitsleistung 72
Arbeitslosengeld I 43
Arbeitslosengeld II 43
Arbeitslosenversicherung (AV) 42
Arbeitslosigkeit 23, 136
Arbeitspapiere 72, 80
Arbeitsplatz 65, 145, 149
Arbeitsproduktivität 147, 150
Arbeitsrecht 70
Arbeitsschutz 63, 65, 82, 151, 257
 - Arbeitsschutzgesetz 86
 - Arbeitsschutzvorschrift 73
Arbeitssicherheit 151
Arbeitstage 86
Arbeitsunfall 40
Arbeitsverhältnis 256
Arbeitsvermittlung 43
Arbeitsvertrag 71, 72, 73, 75, 78
Arbeitsverweigerung 79
Arbeitszeit 21, 61, 70, 72, 86, 151
Arbeitszeitgesetz 70, 86
Asyl 216
Aufhebungsvertrag 78
Auflassung 174
Aufsichtsrat 158, 159
Ausbildende/r 105
Ausbilder 19, 103
Ausbildung 14, 15, 16, 43
Ausbildungsbeihilfe 24, 47
Ausbildungsberuf 16, 24
Ausbildungsförderung 25
Ausbildungsvergütung 91, 94, 98, 104
Ausbildungsverhältnis 18, 19, 80
Ausbildungsvertrag 17, 18, 24
Auslobung 169
Ausschuss der Regionen 251
außergewöhnliche Belastungen 191
außerordentliche Kündigung 78
Aussperrung 97, 99, 100
Ausweispflicht 75
Auszubildende 91
Auszubildende/r 17, 18, 61, 66, 81, 98, 103, 105

B

Baustellenfertigung 150
Bedürfnis 126
Beitrag 41
Beitragsbemessungsgrenze 34, 38, 42
Beitragssatz 38, 42
Bemessungsentgelt 42, 43
Benutzerprofil 115
Beratungsrecht 65
berufliche Bildung 15
Berufsausbildung 14, 15, 16, 18, 81, 163, 257
Berufsberatung 43
Berufsbildung 15, 16, 42, 65
Berufsbildungsgesetz 42, 235
Berufsbildungsgesetz (BBiG) 16, 102
Berufsgenossenschaft 40
Berufskrankheit 40
Berufsschule 17, 20, 21
Berufswahl 14, 15, 43, 208
Berufung 47, 106, 182
beschränkt geschäftsfähig 167
Besitzsteuer 189
Besitz und Eigentum 172
Beteiligungslohn 77
Betrieb 144, 145
betriebliches Bündnis 108
Betriebsfrieden 65
Betriebsgeheimnis 73
Betriebsrat 60, 61, 62, 63, 65, 71, 78, 80
Betriebsvereinbarung 63, 68, 71, 72, 73
Betriebsverfassungsgesetz 63, 71, 81
Betriebsversammlung 62
Binnenmarkt 241, 248, 254, 255, 265
Bismarck 32
Börse 159
Bots 117
Brexit 223, 248, 249, 259, 265
Bruttoarbeitsentgelt 76
Bruttoarbeitslohn 191
Bund 188
Bundesagentur für Arbeit 16, 24, 42
Bundesaufsichtsamt für das Versicherungswesen (BAV) 49
Bundeselterngeld 86
Bundeskanzler 232, 236, 237
Bundeskartellamt 161
Bundesländer 227, 239, 240
Bundespräsident 232, 234, 239, 244
Bundesrat 230, 231, 232, 234, 244
Bundesratspräsident 234
Bundesregierung 223, 231
Bundessozialgericht 47
Bundesstaat 240
Bundestag 221, 224, 227, 231, 232, 235, 237
Bundesurlaubsgesetz 86
Bundesverband der Deutschen Industrie (BDI) 163
Bundesvereinigung der Deutschen Arbeitgeberverbände (BDA) 163
Bundesverfassungsgericht 99, 232, 238
Bundesversammlung 239
Bundeswehr 273
Bürgerbegehren 223
Bürgerbeteiligung 223
Bürgerentscheid 223
Bürgerliches Gesetzbuch (BGB) 73, 155
Bürgerrecht 212

C

Collage 9, 50
Cyber-Abwehr 245
Cyber-Kriminalität 242

D

Datenschutz 111
Debatte 9, 219, 235
Demokratie 220, 229, 244, 263
Demonstration 221, 226
Demonstrationen 222
Deutscher Industrie- und Handelskammertag (DIHK) 163
d'Hondt 228
Diagramme auswerten 122
Dienstleistung 142, 151
Dienstvertrag 175
Digitalisierung 149, 151, 163
direkte Steuern 189
Dreiklassenwahlrecht 229
Drittelbeteiligungsgesetz 69
Dynamisierung der Rente 37

E

Ehe 52, 53, 54, 56
Ehegattensplitting 192
Eheliches Güterrecht 55
Ehescheidung 56
Eigenkapital 77, 145
Eigentum 172
Einigungsstelle 64, 68
Einkommensbesteuerung 191
Einkommensteuererklärung 193
Einkommensteuertarif 192
Einteilung 189
Einzelhandel 146
Einzeltarifvertrag 93
Einzelunternehmung 156
ELSTER 193
Elterngeld 86
Elternzeit 80, 86
Entgelt 72, 73, 76, 257
Entgeltfortzahlung 76
Entgeltgruppe 94
Entgeltrahmentarifvertrag 93
Entgelttarifvertrag 92, 93
Entscheidung 251
Entwicklungshilfe 284
Entwicklungsland 267
equal pay 96
Erasmus 256
Erfüllungsort 171, 173
Ergebnisbeteiligung 77
Ernährungssünden 36
Erwerbsminderungsrente 38
Erwerbstätigkeit 135
Erwerbswirtschaft 146
Europa-AG 160
Europa GmbH 158
Europäische Aktiengesellschaft (SE) 160
Europäische Außen- und Sicherheitspolitik 262
Europäische Betriebsräte 62, 64, 66
Europäische Gemeinschaft 248
Europäische Kommission 251
- Europäische Union 248
- Europäische Wirtschaftsgemeinschaft 248
Europäischer Binnenmarkt 254
Europäischer Gerichtshof 211, 251
Europäischer Gerichtshof für Menschenrechte 211
Europäischer Rat 250
Europäisches Parlament 250
Europäische Strukturpolitik 258
Europäische Union 248
Europäische Union Zollunion 249
Europäische Zentralbank 252
Europäische Zentralbank (EZB) 138
Europarat 211, 248
Europass 22, 256
expansive Lohnpolitik 96

F

Fachkompetenz 15
Fachverband 161, 163
FairTrade-Produkt 205, 267
Fake News 113
Familie 51, 52, 53
Fertigungsverfahren 150
Finanzgericht 241
Finanzierung 154
Finanzkontrolle Schwarzarbeit 75
Firma 153
Fischereipolitk 241
Flexibilität 14, 135
Fließbandarbeit 87
Fließfertigung 150
Formvorschrift 168
Forschung 254
Fortbildung 23, 24
Fraktion 233, 237
Fraktionsdisziplin 233
Frauen 80
freier Dienstleistungsverkehr 254
freier Kapitalverkehr 254
freier Personenverkehr 254
freier Warenverkehr 254
Freistellung 62
Freiwilligendienst 285
Freizeit 21, 116
Fremdenfeindlichkeit 63, 65
Fridays for Future 222
Friedensfunktion 92
Friedenspflicht 93
friktionelle Arbeitslosigkeit 136
fristlose Kündigung 81, 99
Fünfprozentklausel 228
Fürsorgepflicht 73
Fürsorgeprinzip 31

G

Gehalt 73, 76
Gehaltstarifvertrag 92, 93
Geldakkord 77
Geldpolitik 131, 138, 241
Gemeindeebene 241
Gemeinden 188
Gemeindeverwaltung 225
Gemeinschaftscharta der sozialen Grundrechte der Arbeitnehmer 257
Gemeinwirtschaft 146
gemeinwirtschaftliche Betriebe 146
Genossenschaft 146, 159
Genossenschaftsgesetz 155
Gerechtigkeit 213
Gericht 223, 230
gerichtliches Mahnverfahren 180
Gerichtsbarkeit 241
- Arbeitsgerichte 241
- Finanzgerichte 241
- Sozialgerichte 241
- Verwaltungsgerichte 241
Gerichtsstand 173
Gerichtsverfahren 104
Gerichtsvollzieher 180
Geschäftsfähigkeit 167
Geschäftsidee 154
Geschäftsleitung 61
Gesellschafter 157
Gesellschaft mit beschränkter Haftung 158
Gesellschaftsvertrag 158
Gesetzesentwurf 231
Gesetzgebung 220, 231, 234
Gesetzgebungsnotstand 239
Gesetz gegen den unlauteren Wettbewerb (UWG) 185
Gesetzliche Krankenversicherung (GKV) 33
Gesetzliche Unfallversicherung (GUV) 40
Gesundheitsfonds 34
Gesundheitsvorsorge 36
Gewährleistung 177
Gewaltenteilung 231
Gewaltenverschränkung 231
Gewerbeaufsicht 20
Gewerbeordnung 73
Gewerkschaft 61, 62, 71, 90, 97, 100
Gewinn 146, 155
Gewinnbeteiligung 76
Gewinnverteilung 157, 158, 159
Gläubigerverzug 178
Gleichbehandlung 257
Gleichbehandlungspflicht 73
Gleichberechtigung 54
GmbH 158
GmbH & Co. KG 159
GmbH-Gesetz 155
Grundbuch 174
Grundgesetz 73, 88, 99, 220, 224, 229–231, 231, 234, 237, 238, 240, 241, 263
Grundrechte 212, 213
Gruppenfertigung 150
Gruppenlesen 9, 10
Gruppenpuzzle 9, 26
Günstigkeitsklausel 94
Günstigkeitsprinzip 73
Güter 96, 126, 127, 150
Güterrecht 55
Güteverhandlung 105

H

Haftung 155
haftungsbeschränkt 158
Handelsbetrieb 142
Handelsgesetzbuch 73, 75, 155
Handelsklasse 178
Handlungskompetenz 15
Handwerk 146, 162
Handwerker 156
Handwerksbetrieb 144
Handwerksinnung 105, 162
Handwerksordnung (HWO) 16, 162
Handwerksrolle 75
Hare/Niemeyer 228
Hauptversammlung 159
Haustürgeschäft 176
Herrschaft 220
Holding 161
Humanisierung 150

I

indirekte Steuern 189
Individualversicherung 26, 48
Industrie 146, 162
Industrie 4.0 149
Industrie- und Handelskammer 163
Inflation 138
Innung 20
Instanzenzug 182
Integration 63
Internetrecherche 121
Investition 65, 145, 148
Islamischer Staat 243

J

JAV-Wahl 67
Jugendarbeitsschutzgesetz 20, 21, 32, 60, 86
Jugendlicher 21, 61, 66, 71
Jugend- und Auszubildendenversammlung 67
Jugend- und Auszubildendenvertretung 60, 63, 66, 80, 81
juristische Personen 166
Justiz 241

K

kalte Aussperrung 99
Kapital 145
Karikaturen 9, 246
Karikaturenrallye 9, 12
Kartell 161
Kartellgesetz 161, 185
Kaufkraft 101
Kaufvertrag 171, 173
Kinderfreibetrag 191
Kindergeld 45, 47, 53, 193
Kindschaftsrecht 57
 - Sorgerecht 57
 - Umgangsrecht 57
Klageverfahren (Zivilprozess) 182
Klimakonferenz 278
Klimawandel 277, 280
Koalition 233, 236, 237
Kohäsion 258
Kollektivrecht 71
Kombilohn 76
Kommanditgesellschaft 159
Kommanditgesellschaft auf Aktien (KGaA) 159
Kommanditist 159
Kommunalwahlrecht 248
Komplementär 159
König 220
Konjunktur 133, 148
konjunkturelle Arbeitslosigkeit 136
Konjunkturpolitik 134
konstruktives Misstrauensvotum 237
Konsumgüter 127, 130
Konzern 161
Koran 243
Kosten 62
Krankenkasse 35
Krankenversicherung 152
 - Gesundheitsvorsorge 33
 - Krankengeld 33
 - Mutterschaftshilfe 33
Krankheit 23, 79
Kreisebene 241
Kreisverwaltung 225
Kündigung 18, 19, 65, 78, 79
Kündigungsfrist 72, 73, 78
Kündigungsschutzgesetz 78
Kündigungsschutzklage 79, 105, 106
Kurzarbeitergeld 42, 44, 45

L

Länder 188, 240
Länderfinanzausgleich 241
Landesarbeitsgericht 106
Landesliste 227
Landessozialgericht 47
Landwirtschaft 142, 162
Landwirtschaftskammer (LWK) 162
Lebensgemeinschaft 54, 59
Lebensgemeinschaften 50
Legitimation 226
Lehrlingsrolle 104
Leiharbeitnehmer 96
Leihvertrag 175
Leistungslohn 76
Leistungsstörung 177
Leonardo da Vinci 256
Linksextremisten 242
Liquiditätsengpass 183
Lobbyisten 231
Lohn 70, 73, 76, 92
Lohn-, Gehalts-, Entgeltrahmentarifvertrag 93
Lohnquote 96
Lohnsteuerhilfeverein 193
Lohntarifvertrag 92

M

Mandat 233
Manteltarifvertrag 93
Marketing 154
Markt 126, 130
Marktanteil 145
Massenentlassung 81
Medien 108
Meinungsbildung 108
Menschen mit Schwerbehinderung 80, 87
Menschenrechte 209, 211, 271
Menschenrechtskonvention 211
Menschenwürde 212
Methoden 9
Mietvertrag 175
Minderheitsregierung 239
Mindestkapital 155
Mindmap 9, 137
Ministerrat 250
Mismatch-Arbeitslosigkeit 136
Mitbestimmung 60, 64, 65, 69, 151
Mitbestimmungsgesetz 69
Mitbestimmungsrecht 65
Mitwirkung 60, 257
Mitwirkungsrecht 65
Montanmitbestimmung 69
Montanunion 248
Muttergesellschaft 161
Mutterschutz 80
Mutterschutzgesetz 86, 87

N

nachrangiges Recht 178
Nachtarbeit 86
Nachtruhe 21
Nachweisgesetz 72
Namensrecht 54
NATO 272, 273
natürliche Personen 166

Nettoarbeitsentgelt 76
neue Bundesländer 38
nicht eheliche Lebensgemeinschaft 59
nichtiges Rechtsgeschäft 170
Nicht-rechtzeitig-Leistung 178
Normenkontrollverfahren 238

O

offene Handelsgesellschaft 157
öffentliche Beglaubigung 168
öffentliche Beurkundung 168
öffentlicher Betrieb 146
Öffnungsklausel 93
Ökologie 128, 194, 199, 201
Ökonomie 128, 194, 199, 201
ökonomisches Prinzip 128
Opposition 231
ordentliche Kündigung 78
Ordnungsfunktion 92
Ost-West-Konflikt 248
OSZE 271

P

Pachtvertrag 175
Parlament 223, 227
parlamentarische Demokratie 224, 231
Partei 224, 225, 226, 227, 228, 233, 237
 - Bündnis 90/Die Grünen 225
 - Christlich Demokratische Union (CDU) 225
 - Christlich Soziale Union (CSU) 225
 - Freie Demokratische Partei (FDP) 225
 - Sozialdemokratische Partei Deutschlands (SPD) 225
Parteibuch 225
Parteiengesetz 224
Parteienverbot 225, 244
Partnerschaft 59
passives Wahlrecht 229

Personalakt 64
Personalplanung 65
Personalvertretungsgesetz 62
Personengesellschaft 155
Persönlichkeitsrechte 110
Petitionsrecht 223, 248
Pfändung 181
Pflegegrad 45
Pflegeversicherung 44
Pflichtverletzung 79
Planspiel 9, 60
politische Willensbildung 224
Prämienlohn 76
Präsentieren 9, 164
Präsidialsystem 231
Prävention 40
Preisanstieg 96
Pressefreiheit 108
primärer Sektor 142
Privatvermögen 157
Probezeit 18, 19, 72, 80
Produktion 65, 143, 145, 150
Produktionsfaktor 142
Produktionsgüter 127, 142, 148
Produktivität 147
Prüfungsordnung 162, 163

R

Rahmentarifvertrag 93
Rassismus 63
Rationalisierung 65, 79, 148
Rechenschaft 225
Rechtsbeistand 103, 106
Rechtsextremisten 242
Rechtsfähigkeit 166
Rechtsform 154, 155, 158
Rechtsgeschäft 168, 169
Rechtsmittel 182
  - Berufung 182
  - Revision 182
Rechtspfleger 180
Rechtsprechung 220, 230
Regierung 230, 231, 232, 233
Regierungsbildung 233
Regierungswechsel 237
Rehabilitation 38, 40
Reichsbürger 242
Rentabilität 147
Rentenleistung 38

Rentenversicherung (RV) 37
Revision 47, 182
Richter 238
Richtlinie 251
Richtlinienkompetenz 237
Risikoersatz 145
Risikostrukturausgleich 34
Roboter 149
Rollenspiel 9, 102
Ruhepause 21, 86
Ruhezeit 86

S

Sainte-Laguë/Schepers 228
saisonale Arbeitslosigkeit 136
Samstagsruhe 21
Schadensersatzpflicht 48
Scharia 220, 243
Scheidung 56, 57, 58
Schengen 255
Schichtarbeit 86
Schlichtungsverfahren 97, 100
Schlüsselqualifikation 15
Schriftform 72, 168
Schuldnerberatung 183
Schülerunfallversicherung 41
Schutzfunktion 92
Schwarzarbeit 75
schwebend unwirksam (Rechtsgeschäft) 167
Schwerbehinderung 80, 87
sekundärer Sektor 142
Selbstständigkeit 152
Sicherung von Arbeitsplätzen 42
Single 59
Solidarität 30, 264
SOLVIT 255
Sonderausgaben 191, 193
Sorgerecht 57
Sozialabgaben 73
Sozialausschuss 251
soziale Marktwirtschaft 124
Soziale Medien 116
sozialer Arbeitsschutz 86
soziale Sicherung 28, 30, 32
soziales Netz 29

Sozialgericht 47, 241
Sozialgerichtsbarkeit 47
Sozialgesetzbuch 42, 78, 87
Sozialkompetenz 15
Sozialplan 65
Sozialrecht 29
Sozialstaat 28
Sozialstaatsprinzip 28
Sozialsystem, Mängel 46
Sozialversicherung 26, 33
Spickzettel 9, 207
Spinnwebanalyse 9, 194
Staatsgewalt 230
Staatsoberhaupt 231, 239
Stadtebene 241
Stadtverwaltung 225
Stammkapital 155, 158
Standort 154
Stellungnahmen 251
Steuer 188, 189
Steuerspirale 188
stille Gesellschaft 156
Streik 97, 98, 100
Streikformen 99
Streikrecht 100
Streikziel 98
Streitwert 182
strukturelle Arbeitslosigkeit 136
Stundenlohn 76
Subsidiarität 31
Subsidiaritätsprinzip 31
Subvention 146
Szenario 9, 266

T

Tarif 104
Tarifautonomie 88, 91, 100
Tarifgebundenheit 91
Tarifkommission 99
Tarifkorridor 93
Tarifpartei 163
Tarifverhandlung 97, 147, 163, 257
Tarifvertrag 63, 71, 72, 73, 76, 78, 91, 92, 97, 151
Tarifvertragsgesetz 92
Tarifvertragsgesetz (TVG) 71, 91
Tarifvertragspartei 89, 91, 97, 162
Tendenzbetrieb 64
Terrorismus 245, 267
tertiärer Sektor 142

Textanalyse 9, 206
Textbearbeitung 9, 207
Tochtergesellschaft 161
Träger der Krankenversicherung 35
Träger der Rentenversicherung 38
Träger der Unfallversicherung 40
Treuepflicht 73, 75
Trinkwasser 283
Trust 161

U

Überhangmandat 228
Überschuldung 183
Überstunden 66
Umlageverfahren 37
Umsatz 145
Umschulung 23, 24, 43
Umweltschutz 63, 199, 200, 202, 241
Unfallschutz 65
Unfallverhütungsvorschrift 63
UNO 270
Unterhalt 54, 57, 58
Unterhaltspflicht 54, 58
Unternehmensgesellschaft 158, 160
Unternehmensgründung 152, 154
Unternehmenskonzentration 160
Untersuchungsausschuss 232
Urlaub 21, 66, 70, 86, 95
Urlaubsdauer 92, 95
Urlaubsgewährung 73
Urlaubsplan 66
Urlaubsregelung 61
Urproduktion 142
Urteil 105, 106

V

Verband 89, 221
Verbraucherinsolvenz 183, 184
Verbraucherschutz 241
Verbraucherzentrale 187
Verbrauchssteuern 189
Vereinte Nationen 268, 269
Verfassungsbeschwerde 238

verfassungsmäßige Ordnung 220
Verfassungsrecht 73
Verkehrssteuern 189
Vermittlungsausschuss 234
Versammlungsfreiheit 222
Versicherungsabschluss 49
Versicherungsombudsmann 49
Versicherungspflichtgrenze 34
Versicherungsprinzip 30
Versicherungsvertragsgesetz (VVG) 49
Versorgungsausgleich 56
Versorgungsprinzip 30
Vertragsfreiheit 70
Vertrauensfrage 237
Videoüberwachung 245
Volksentscheid 223
Vollbeschäftigung 135
voll geschäftsfähig 167
vollstreckbarer Titel 180
Vollstreckungsbescheid 180
vollziehende Gewalt 220
vorrangiges Recht 178
Vorstand 159

W

Wahl 220, 230
Wählbarkeit 60, 63, 229
Wahlberechtigung 60, 63, 229
Wahlkampf 233
Wahlkreis 228
Wahlrecht 229
Wahltarif 35
Wahlvorschlag 61
Wahlvorschrift 63
Wahlvorstand 61, 63, 67, 227
Währungspolitik 241
Waisenrente 38
Warnstreik 98
WebQuests 217
Wechselkurs 253
Wegeunfall 40
Weimarer Republik 227
Weiterbildung 23
  - Fortbildung 23
  - Umschulung 23
Weltbetriebsräte 62
Werbungskosten 193
Werbungskostenpauschale 193
Werkstattfertigung 150
Werksvertrag 175
Wettbewerbspolitik 241
Wettbewerbsverbot 73, 75
Widerstandsrecht 220
Wiederherstellung 40
Willenserklärung 168
Wirtschaftlichkeit 147
Wirtschaftsausschuss 64, 251
Wirtschaftsflüchtlinge 216
Wirtschaftspolitik 124, 131
Witwenrente 38

Z

Zeitakkord 77
Zeitlohn 76, 77
Zeugnis 80
Zoll 189
Zollpolitik 241
Zollunion 265
Zwangsvollstreckung 181
Zweiter Weltkrieg 248
Zweitstimme 227

Bildquellenverzeichnis

Aktion Deutschland Hilft e.V., Bonn: 274.1, 282.1.
Alamy Stock Photo (RMB), Abingdon/Oxfordshire: Cole, David 248.1; Worldspec/NASA 195.1.
Baaske Cartoons, Müllheim: Freimut Wössner 140.2; Gerhard Mester 200.1, 202.1, 209.1, 222.1, 254.2; Thomas Plaßmann 28.1.
BC GmbH Verlags- und Medien-, Forschungs- und Beratungsgesellschaft, Ingelheim: 41.1, 41.2, 41.3, 41.5, 85.1, 85.2, 85.3, 85.4, 85.6, 85.7.
Bergmoser + Höller Verlag AG, Aachen: Zahlenbilder 17.1, 66.1, 80.1, 90.1, 90.2, 105.1, 133.1, 136.1, 139.1, 142.1, 146.1, 153.1, 155.1, 161.1, 163.1, 169.2, 180.1, 181.1, 182.1, 212.1, 228.1, 229.1, 230.1, 232.1, 236.1, 237.1, 238.1, 258.1.
Berufsgenossenschaft Energie Textil Elektro Medienerzeugnisse (ETEM), Köln: Michael Hüter, Bochum 84.1.
Brauner, Angelika, Hohenpeißenberg: 141.1.
Bundesagentur für Arbeit, Nürnberg: 256.1, 256.2.
Bundesamt für Migration und Flüchtlinge (BAMF), Nürnberg: 217.1.
Bundespräsidialamt, Berlin: Bundesregierung/Steffen Kugler 239.1.
DGB Bundesvorstand, Berlin: 20.1, 20.2, 20.3, 20.4.
Erasmus + Europass Nationalagentur Erasmus + Bildung, Wien: 22.2.
Fairtrade Deutschland, Köln: 205.3.
Forest Stewardship Council (FSC) Deutschland, Freiburg: 205.2.
fotolia.com, New York: Annas, Karin & Uwe 169.1; Bacho Foto 186.2; seanlockephotography 53.1.
Franke-Media.net, Leipzig: 34.1.
Galas, Elisabeth, Schwelm: 119.1, 197.1, 197.2, 277.2.
GUT Gemeinschaft umweltfreundlicher Teppichboden e.V., Aachen: 186.5.
Haitzinger, Horst, München: 226.1, 244.1.
Haus der Geschichte der Bundesrepublik Deutschland, Bonn: Jupp Wolter 35.1, 97.1, 231.1, 276.1; Peter Leger 211.1.
IG Metall, Frankfurt/M.: 91.1.
infratest dimap - Gesellschaft für Trend- und Wahlforschung mbH, Berlin: Bundesweite Umfrage von infratest dimap im Auftrag des WDR 114.1.
iStockphoto.com, Calgary: AndreyPopov 227.4; evgenyatamanenko 50.3; FangXiaNuo 126.1; gopixa 186.3; ljuba-photo 57.1; luoman 196.2; thehague 269.3; wwwebmeister 186.1.
Koufogiorgos, Kostas; www.koufogiorgos.de, Stuttgart: 39.1, 190.1, 216.2.
Kranenberg, Hendrik, Drolshagen: 52.1, 52.2, 52.3, 52.4, 52.5, 52.6, 52.7, 59.1, 59.2, 59.3, 59.4, 59.5.
Löffler, Reinhold, Dinkelsbühl: 70.1, 123.2.
Marine Stewardship Council (MSC), Berlin: 205.4.
OKS Group, Delhi: 36.2, 47.1, 122.1, 122.2, 122.3, 122.4, 122.5, 137.1, 138.1, 173.1, 230.2, 235.1, 249.1, 254.1, 266.1.
Pfohlmann, Christiane, Landsberg am Lech: 151.1.
Picture-Alliance GmbH, Frankfurt/M.: AP Photo/Uncredited 264.1; dpa-infografik 14.1, 16.1, 17.2, 23.1, 29.1, 37.2, 41.4, 43.1, 46.1, 69.1, 71.1, 75.1, 78.1, 100.1, 112.1, 134.1, 138.2, 138.3, 140.1, 148.1, 188.1, 192.1, 197.3, 199.1, 203.1, 224.1, 227.1, 234.1, 240.1, 250.2, 255.1, 261.1, 269.1, 270.1, 273.1, 277.3, 278.2, 279.1; dpa-Zentralbild/Lösel, Jürgen 37.1; dpa/dpa-infografik (9429, globus analog) 101.1; dpa/epa afp Hoang Dinh Nam 243.1; dpa/Hildenbrand, Karl-Josef 121.1; dpa/Palitza, Kristin 262.1; dpa/Rassloff, Thomas 269.5; dpa/Reichel, Michael 106.1; dpa/Vennenbernd, Rolf 185.1; Gregoire Elodie/ABACA 252.1; imageBROKER/Allgöwer, Walter G. 268.1; imageBROKER/F. Schneider 277.1; imageBROKER/Fischer, Guenter 269.4; Karl-Josef Hildenbrand 98.1; Photoshot/Xinhua/Chuang, Zheng 269.2; The Print Collector 32.1; ZB/Martin Schutt 93.1; ZUMAPRESS.com 283.1.
RAL gGmbH, Bonn: 205.1.
Richter-Publizistik, Bonn: 272.1.
Robert Koch-Institut, Berlin: 36.1, 84.2.
Sakurai, Heiko, Köln: 134.2.
Schwalme, Reiner, Lübbenau: 125.3.
Schwarwel, Leipzig: 216.1.
Shell Deutschland Oil GmbH, Hamburg: 51.1, 51.2, 51.3, 51.4, 51.5.
Shutterstock.com, New York: 360b 236.2; cigdem 250.1; hxdbzxy 30.2; Take Photo 141.2; wavebreakmedia 167.2; WAYHOME studio 167.3.
Speth, Frank, Quickborn: 214.1, 284.1.
Stadt Braunschweig, Braunschweig: 226.2.

stock.adobe.com, Dublin: Alexander, U. J. 196.1; Alterfalter 184.1; Annas, Karin & Uwe 144.1; ARochau 50.2; Asier 42.1; by-studio 127.1; Countrypixel 129.1; Dierks, Janina 72.2; Dietl, Jeanette 72.1; Edler von Rabenstein 172.1; Elnur 33.1; Eppele, Klaus 127.2; fotodesign-jegg.de 167.1; fotohansel 149.1; Herrndorff 143.3, 150.1; ifeelstock 257.1; industrieblick 143.4, 156.1; ink drop 74.1; Kahlmann, Eva 62.1; karepa 145.1; Kneschke, Robert 152.1, 170.1; Korta 171.1; lambokung 85.5; lassedesignen 207.1; luckybusiness 143.2; Luftbildfotograf 30.1; M. Schuppich 189.1; Marco2811 143.1; melita Titel, 176.1; Michel, T. 85.8; Milan 19.1; MQ-Illustrations 174.1; nmann77 55.1; nullplus 87.1; PeJo 147.1; Photographee.eu 50.1, 70.3, 103.1; Rheingucken 263.1; RioPatuca Images 44.1; Sanders, Gina 183.1; Sandy1983 124.1; Schwier, Christian 40.1, 227.3; Stolt, Matthias 227.2; Trueffelpix 25.1, 154.1; vectorfusionart 178.1; ©Monkey Business 158.1.

Stuttmann, Klaus, Berlin: 12.1, 12.2, 13.1, 13.2, 24.1, 113.1, 116.1, 117.1, 118.1, 196.3, 211.2, 211.3, 215.1, 246.1, 247.1.

Süddeutsche Zeitung - Photo, München: ap/dpa/picture alliance 125.1.

Tomicek/www.tomicek.de, Werl: 48.1.

toonpool.com, Berlin, Castrop-Rauxel: Mandzel 39.2; Rabe 133.2; Tomaschoff 120.1; Troganer 164.1.

toonsUp e.V., Berlin: Sebastian Sprenger 165.1.

Traxler, Hans, Frankfurt/Main: 213.1.

ullstein bild, Berlin: ullstein bild 70.2.

United Nations - UNRIC Verbindungsbüro in Deutschland, Bonn: https://www.un.org/sustainabledevelopment/ "The content of this publication has not been approved by the United Nations and does not reflect the views of the United Nations or its officials or Member States" 275.1.

United Nations Environment Program (UNEP), Nairobi Kenia: 278.1.

Verbraucherzentrale Bundesverband e.V. (vzbv), Berlin: 187.1.

Wetterauer, Oliver, Stuttgart: 189.2.

Wiedenroth, Götz/www.wiedenroth-karikatur.de, Flensburg: 210.1, 245.1.

www.stiftungfuerzukunftsfragen.de, Hamburg: 120.2.

YPS - York Publishing Solutions Pvt. Ltd.: 26.1, 82.1, 125.2, 128.1, 128.2, 130.1, 253.1.

Zentralverband des Deutschen Handwerks (ZDH), Berlin: 162.1.

© Bundesanstalt für Landwirtschaft und Ernährung (BLE), Bonn: 186.4.

© Europäische Union: © 2019 22.1.

© Marie Marcks, München: 54.1.

© Oxfam Deutschland e.V., Berlin: 280.1.

© Statistisches Bundesamt (Destatis), Wiesbaden: 123.1.